*Die berühmtesten Propheten Europas
und ihre Weissagungen für das
Dritte Jahrtausend*

1. Auflage Oktober 2007
2. Auflage August 2012

Copyright © 2012, 2007 bei
Kopp Verlag, Pfeiferstraße 52, D-72108 Rottenburg

Alle Rechte vorbehalten

Umschlaggestaltung: Angewandte Grafik/Peter Hofstätter
Satz und Layout: BOOKWORM Buchproduktion, Eichenau
Druck und Bindung: GGP Media GmbH, Pößneck

ISBN 978-3-938516-60-7

Gerne senden wir Ihnen unser Verlagsverzeichnis
Kopp Verlag
Pfeiferstraße 52
D-72108 Rottenburg
Email: info@kopp-verlag.de
Tel.: (0 74 72) 98 06-0
Fax: (0 74 72) 98 06-11

Unser Buchprogramm finden Sie auch im Internet unter:
www.kopp-verlag.de

Manfred Böckl

Die berühmtesten Propheten Europas und ihre Weissagungen für das Dritte Jahrtausend

KOPP VERLAG

INHALT

Hildegard von Bingen 6

Der Blinde Hirte von Prag /
Der Bauer aus dem Waldviertel 92
    Der Blinde Hirte von Prag 98
    Der Bauer aus dem Waldviertel 130

Alois Irlmaier 174

Johannes von Jerusalem 262

Malachias 346

Merlin 428

Der Mönch von Wismar /
Der Eismeerfischer Johansson 520
    Der Mönch von Wismar 524
    Der Eismeerfischer Johansson 550

Sibylle von Prag 608

Weiterführende Literatur 705

Bildnachweis 710

Hildegard von Bingen

FEUERSÄULEN BERSTEN AUS DER ERDE, UND DIE OZEANE TRETEN ÜBER IHRE UFER

Die Wende vom zweiten zum dritten Millennium ist Geschichte; die Menschheit befindet sich im dritten Jahrtausend christlicher Zeitrechnung. Im 21. Jahrhundert, das im Zeichen „grauer" tyrannischer „Wölfe" stand, die in der westlichen Hemisphäre herrschten und „viel Raub an Macht und anderen Vorteilen" an sich brachten, bereitete sich der globale Zusammenbruch vor. Jetzt, im 22. Jahrhundert, bäumt sich die Erde in einem unvorstellbaren „Harmageddon" gegen ihre Peiniger auf:

„In dieser Endzeit werden die Elemente durch eine plötzliche und völlig unerwartete Katastrophe entfesselt. Die gesamte Menschheit gerät in unvorstellbare Panik. Feuersäulen bersten aus der Erde, die Atemluft verflüchtigt sich; die Ozeane und Ströme treten über ihre Ufer. Der Erdball wird von schrecklichen Beben erschüttert; Blitzstrahlen zucken, Donnerschläge krachen. Berge werden wie von Schwerthieben gespalten, weite Wälder brechen zusammen. Alle sterblichen Wesen, egal ob in der Luft, im Wasser oder auf dem Boden, verlieren ihr Leben. Der Feuersturm erschüttert und vernichtet nämlich alle Atemluft, und die tobenden Fluten überrennen alles feste Land. Auf diese Weise wird alles gereinigt. Alles Häßliche auf Erden verschwindet; ganz so, als sei es nie gewesen. Es vergeht, so wie Salz zerfließt, wenn es ins Wasser geworfen wird."

Hildegard von Bingen erlebte diese schreckliche Vision in der Mitte des 12. Jahrhunderts, und aus dem gesamten Kontext ihrer Schauung vom „Ende der Zeiten" ergibt sich, daß diese „Apokalypse" im Zusammenhang mit einem Kippen der Erdachse stehen wird: einem geophysikalischen Kataklysmus, wie er auch von anderen Propheten angekündigt wurde. Weil die berühmte mittelalterliche Seherin diese Globalkatastrophe zudem in den Rahmen eines großen und historisch nachprüfbaren Zyklus einordnete, läßt sich die Epoche der künftigen Menschheitsgeschichte, in der die hochtechnisierten Zivilisationen untergehen werden, genau bestimmen. Gegenwärtig befinden wir uns in der Phase des „grauen Wolfes", die etwa mit dem Jahr 2100 enden wird; danach wird der „Tag von Harmageddon" kommen.

Diese Präkognition Hildegards deckt sich mit der entsprechenden Vision einer anderen großen Hellseherin, der Sibylle von Prag[1], die im 17. Jahrhundert lebte und den „Weltuntergang" für das Jahr 2155 vorhersagte. Hildegard von Bingen wiederum weist sich – unter anderem – durch diesen Fakt als ausgesprochen ernstzunehmende Prophetin aus. Keinesfalls darf sie „lediglich" als mittelalterliche Mystikerin, Dichterin, Heilkundige und Beraterin der mächtigsten Männer ihrer Zeit eingeordnet werden, so wie das in der Literatur über sie vielfach geschieht.

Allerdings sind ihre Weissagungen für das neue Jahrtausend nicht unbedingt auf den ersten Blick als solche zu erkennen. Vielmehr wurden sie von der Visionärin in ihrem umfangreichen Werk „Scivias" („Wisse die Wege") quasi „doppelbödig" publiziert. Vordergründig handelt es sich bei den Texten um religiöse Literatur; erst bei genauem Hinsehen erschließt sich in vielen Fällen der verborgene, dann aber um so brisantere Sinngehalt. Um ihre Warnungen vor einer zutiefst gefährlichen Fehlentwicklung der Menschheit auszusprechen, benutzte Hildegard von Bingen also eine Methode, wie sie auch andere Autoren verwendeten, um sich vor kirchlicher Zensur oder noch Schlimmerem zu schützen. Nach außen hin diktierte sie ihren Sekretären sogenannte eschatologische Bibelinterpretationen, in denen es scheinbar um ein lediglich theologisch definiertes „Jüngstes Gericht" geht; zwischen den Zeilen jedoch sagte sie das aus, was ihr wirklich am Herzen lag – und in diesen Fällen handelt es sich ganz ohne Zweifel um echte Präkognitionen.

Auf diese Weise entging die mittelalterliche Nonne jenem Schicksal, das ihr sonst möglicherweise gedroht hätte: zusammen mit ihren Büchern als Ketzerin verbrannt zu werden. So aber überdauerte ihr Werk viele Jahrhunderte und erlebt in der Gegenwart sogar eine vehemente Renaissance, so daß die Visionen Hildegards exakt in dem historischen „Moment" wirksam werden können, für den sie in erster Linie gedacht sind. In einer Zeit, da die reale „Apokalypse" bereits sehr nahe gerückt ist, bekommen die Völker der westlichen Welt dadurch noch eine letzte Chance zur Umkehr. Dies und nichts anderes ist das Vermächtnis der Hildegard von Bingen für das Ende des zweiten und den Beginn des dritten Millenniums.

Im Rahmen des vorliegenden Buches werden ihre in „Scivias" verborgenen Weissagungen in vollem Umfang vorgestellt und interpretiert. Ebenso wird versucht, den paranormalen „Techniken" der rheinischen Nonne auf die Spur zu kommen. In diesem Zusammenhang geht der Autor unter anderem der Frage nach: Inwieweit nutzte Hildegard von Bingen „Wasseradern" oder Kraftorte auf Berggipfeln, um ihrer Gabe zum Durchbruch zu verhelfen? Um hier Antworten geben zu können, ist es freilich zunächst angebracht, die Vita der Visionärin näher unter die Lupe zu nehmen: das Leben einer Frau, die sich dank ihrer außergewöhnlichen geistigen und spirituellen Kraft in der von Männern dominierten Welt des Mittelalters zu behaupten vermochte.

DAS LEBEN DER RHEINISCHEN ADLIGEN UND NONNE HILDEGARD VON BINGEN

Kindheit und Jugend (1098 – 1115)

Der kleine Ort Bermersheim liegt einige Kilometer nördlich der Stadt Alzey in Rheinhessen; ganz in der Nähe donnert heute der Verkehr über das Autobahnkreuz Alzey. Im Sommer des Jahres 1098 hingegen, als Hildegard hier geboren wurde, dürfte das Burgdorf ruhig und verträumt in der Rheinebene gelegen haben. Etwa ein Dutzend Gehöfte werden sich um den Herrensitz der Edelfreien von Bermersheim geschart haben: den einzigen mehrstöckigen Steinbau der Ansiedlung, neben dem wahrscheinlich ein klobiger Wehrturm stand. Eine einfache Ringmauer oder vielleicht auch nur ein Palisadenwall friedete den Besitz ein; Bermersheim bot damit wohl das typische, eher bescheidene Bild einer frühen deutschen Burganlage, die noch nichts oder zumindest nicht viel von dem ausgeklügelten Fortifikationswesen späterer Jahrhunderte an sich hatte.

Dennoch war der Grundbesitzer, der hier das Sagen hatte, ein durchaus einflußreicher Mann. Hilbebertus von Bermersheim stammte aus einer altadligen Sippe und war Landesgutsverwalter des bischöflichen Hochstiftes Speyer; nach modernem Sprachgebrauch somit ein hochrangiger

„Verwaltungsbeamter" in kirchlichen Diensten. Im Gegensatz zu den nichtadligen Ministerialen leistete er keinen abhängigen Lehensdienst, sondern wurde für seine Tätigkeit in barer Münze bezahlt; zudem konnte er als Edelfreier nicht gezwungen werden, sich an den häufigen Kriegszügen oder Fehden des Kirchenfürsten in Speyer zu beteiligen. Mechthild, seine Gemahlin, wird dieses Privileg vermutlich zu schätzen gewußt haben; sie kam aus der ebenfalls altadligen Familie derer von Merxheim, deren Stammsitz sich im Nahetal befand.

Im Sommer 1098 lag Mechthild von Merxheim zum zehnten Mal im Kindbett; die neun vorangegangenen Geburten hatten ihren Körper offenbar ausgelaugt, denn das Mädchen, das sie zur Welt brachte, wird in den Überlieferungen übereinstimmend als schwächlich bezeichnet. Während ihrer ersten Lebensjahre mußten die Eltern der kleinen Hildegard mehrmals um ihr Leben bangen. Erst spät soll sie das Laufen gelernt haben; außerdem berichten die Quellen, daß sie immer wieder an schmerzhaften Krankheiten litt und nur selten an den ausgelassenen Spielen ihrer Geschwister teilnehmen konnte.

Es sieht infolgedessen so aus, als sei Hildegard von Bermersheim, wie die spätere Prophetin eigentlich hieß, ein introvertiertes Kind gewesen, das in seiner eigenen Welt lebte und deshalb schon sehr früh gewisse „Entrückungen" erfuhr. Sie selbst bestätigte das später indirekt, als sie in einem autobiographischen Text schrieb: „Bis zu meinem fünften Lebensjahr sah ich vieles, und manches erzählte ich einfach, so daß die, die es hörten, sich sehr wunderten, woher es käme und von wem es sei." Hildegard kann damit eigentlich nur Visionen gemeint haben, die sie bereits als kleines Kind hatte; ihre paranormale Gabe scheint ihr also angeboren gewesen zu sein.

Zum Beweis dafür wird gerne die folgende, in der Tat mit dem „normalen Menschenverstand" kaum zu erklärende Geschichte herangezogen: Das fünfjährige Mädchen unternahm zusammen mit seiner Kinderfrau einen Spaziergang über die Viehweiden von Bermersheim und blieb plötzlich versonnen vor einer trächtigen Kuh stehen. Nach einer Weile behauptete Hildegard, sie könne das ungeborene Kälbchen genau sehen. Es sei von weißer Farbe, habe aber an der Stirn, am Rücken und an den Beinen dunkle Flecken. Die Amme tat diese Äußerungen der Fünfjährigen aus irgendeinem Grund nicht einfach als kindliches Geplapper ab, sondern gab sie weiter. Infolgedessen wartete man auf dem Adelsgut gespannt auf die Geburt des Kalbes – und dann stellte sich zur grenzenlosen Verblüffung der Erwachsenen heraus, daß Hildegard die Fellzeichnung des kleinen Tieres in der Tat völlig zutreffend beschrieben und damit einen ersten Beweis für ihre präkognitive Gabe erbracht hatte.

Ihre Mutter wiederum könnte diese sensitiven Anlagen bewußt oder unbewußt gefördert haben; auf jeden Fall heißt es von ihr, sie habe sich weit über das gewöhnliche Maß hinaus um die Erziehung ihrer Sprößlinge gekümmert. Wie die moderne Psychologie weiß, wirkt sich gerade eine derartige Zuwendung noch in der frühen Kindheit ausgesprochen positiv auf die geistige Entwicklung eines Menschen aus; es ist anzunehmen, daß Hildegard davon für ihr ganzes späteres Leben profitierte. Um so unverständlicher scheint für uns Heutige dann aber die Entscheidung zu sein, die ihre Eltern trafen, als das paranormal veranlagte Mädchen acht Jahre zählte. In diesem zarten Alter nämlich wurde Hildegard von Bermersheim aus ihrer vertrauten Umwelt gerissen und in ein Kloster „gesteckt".

Was genau den bischöflichen Landesgutsverwalter und seine Gattin zu diesem Schritt bewog, kann heute nicht mehr eruiert werden; man weiß nur, daß eine gewisse Jutta von Spanheim dabei eine wichtige Rolle spielte. Diese junge Edelfrau war mit der Familie in Bermersheim befreundet, und nachdem sie sich Anno 1106 entschlossen hatte, ihr künftiges Leben als Klausnerin im Kloster Disibodenberg zu verbringen, wurde ihr die achtjährige Hildegard zur weiteren Erziehung anvertraut. Zum Allerheiligenfest des genannten Jahres brachten die Bermersheimer ihre jüngste Tochter in die etwa einen Tagesritt entfernte Benediktinerabtei auf dem Disibodenberg; zusammen mit Jutta von Spanheim und einem weiteren Mädchen bezog Hildegard dort feierlich die Klause: einen durch Mauern abgegrenzten Bereich auf dem Klosterareal, der im wesentlichen aus einer Zelle und einem kleinen Garten bestand.

Im Kapitel „Gefährliche Gratwanderung zwischen Heiligenschein und Scheiterhaufen" werden wir noch etwas näher auf das ungewöhnliche Leben derartiger Inklusinnen, wie man die „weltflüchtigen" Frauen auch nannte, eingehen; vorerst nur soviel: Das behütete und kontemplative Dasein in der Obhut jener Jutta von Spanheim hatte, wie es scheint, eine stabilisierende Auswirkung auf Hildegards Gesundheit; vielleicht ist hierin auch einer der Gründe für die auf den ersten Blick so hartherzig wirkende Entscheidung ihrer Eltern zu sehen. Auf jeden Fall absolvier-

Konventssiegel des Hildegard-Klosters St. Disibod

te das heranwachsende Mädchen während der folgenden Jahre eine ziemlich umfangreiche klösterliche Ausbildung. Die Quellen berichten, daß Hildegard sich intensiv mit dem „Alten Testament" der Bibel, den Evangelien sowie der „Geheimen Offenbarung" des Johannes von Patmos beschäftigte. Außerdem wurde sie im Singen der Psalmen mit ihren ganz besonderen, „mathematisch" aufgebauten Rhythmen geschult, eignete sich beachtliche Kenntnisse der lateinischen Sprache in Wort und Schrift an und betrieb darüber hinaus astronomisch-astrologische[2] Studien.

Aber auch ihre hellseherische Gabe entwickelte sich in der Abgeschiedenheit des Benediktinerklosters weiter, wie sie in den autobiographischen Teilen ihres späteren Werkes selbst angibt. Häufiger noch als in ihrer frühen Kindheit erschien ihr jenes „Licht", das in ihren Visionen zeitlebens eine so große Rolle spielen sollte, und Hildegard schrieb, ungefähr auf ihr 15. Lebensjahr bezogen, dazu: „Wenn ich von dieser Schau ganz durchdrungen war, sprach ich vieles, was denen, die es hörten, fremd war. Ließ aber die Gewalt der Schau ein wenig nach, in der ich mich mehr wie ein kleines Kind als nach den Jahren meines Alters verhielt, so schämte ich mich sehr, weinte oft und hätte häufig lieber geschwiegen, wenn es mir möglich gewesen wäre."

Ganz ohne Zweifel drückte sie im letzten Satz aus, daß es ihr eben nicht möglich war, sich gegen ihre Visionen zu wehren – und in dieser Situation, die sie seelisch vermutlich schwer belastete, entschloß sie sich wohl dazu, dem Beispiel ihrer mittlerweile zur Leiterin des Frauenkonvents aufgestiegenen Mentorin Jutta von Spanheim zu folgen und selbst Klausnerin zu werden. Wann genau sie die Gelübde auf die benediktinische Ordensregel ablegte, ist nicht bekannt; sie traf ihre Entscheidung jedoch spätestens in ihrem 17. Lebensjahr, also Anno 1115.

In einem Alter, da andere an Heirat und Familie dachten, wählte Hildegard das kontemplative religiöse Leben mit seinen strengen und oft genug zwängenden Einschränkungen und war damit den Geboten der Armut, der Keuschheit und des Gehorsams gegenüber ihren Oberen unterworfen.

Nonne und Prophetin auf dem Disibodenberg (1115 – 1147)

In den folgenden beiden Jahrzehnten von 1115 bis 1136 erwarb sich Hildegard von Bermersheim den Ruf einer außergewöhnlich fähigen Führungspersönlichkeit sowohl in geistiger als auch organisatorischer Hinsicht. Die anderen Klausnerinnen des Konvents sahen zunehmend zu ihr auf, und als im Dezember 1136 die bisherige Priorin Jutta von Spanheim starb, wählten sie Hildegard einstimmig zur Nachfolgerin. Die nunmehr 38jährige Sensitive zögerte freilich lange, ehe sie das Amt annahm. Nach wie vor litt sie häufig an Krankheiten; hinzu kamen ihre Visionen, die jetzt immer öfter und intensiver auf sie einstürmten. Letztlich allerdings widersetzte Hildegard von Bermersheim sich dem Wunsch der übrigen Inklusinnen nicht und leitete den Konvent ab dem Spätwinter 1137.

Vier Jahre später, wohl im Februar oder März 1141, erreichte Hildegard ihre volle prophetische Reife. Sie erlebte eine erschütternde Vision, deren nähere Umstände sie später mit folgenden Worten schilderte:

„Das Licht, das ich schaute, ist nicht an den Raum gebunden.
Es ist viel lichter als eine Wolke, die die Sonne in sich trägt.
Weder Höhe noch Länge noch Breite vermag ich zu erkennen.

Es wird mir als der 'Schatten des lebendigen Lichts' bezeichnet. Und wie Sonne, Mond und Sterne im Wasser sich spiegeln, so leuchten mir Schriften, Reden, Kräfte und gewisse Werke des Menschen in ihm auf."

Weiter berichtet sie, daß sie „unter heftigen Schmerzen gezwungen wurde, zu offenbaren, was ich gesehen und gehört hatte". Eine Stimme habe ihr befohlen: „Tu kund die Wunder, die du erfährst! Schreibe sie auf und sprich!"

Was das konkret für sie bedeutete, drückt die moderne Hildegard-Biographin Rosel Termolen sehr griffig so aus: „Dieser visionäre Aufruf (...) verändert ihr Dasein auf einen Schlag. Die kränkliche, bescheidene, in die klösterliche Einsamkeit eingebettete Nonne muß nun ihre so sorgsam gehüteten Visionen hinaustragen in eine dunkle gebeutelte Welt, muß mit Fürsten und Äbten, Päpsten und Kaisern in Kontakt treten, sie mahnen, beraten, fordern und anklagen, muß öffentlich Kunde geben von den geheimsten Erfahrungen ihrer Seele ..."

Hildegard selbst erzählt, was anschließend geschah:

„Ich vertraute dies einem Mönch an, meinem Lehrer Volmar, der sich durch einen guten klösterlichen Wandel und sein eifriges Streben auszeichnete, und dem neugieriges Ausfragen, das vielen Menschen anhaftet, fern lag. Daher hörte er auch diese wunderbaren Erscheinungen gerne an, war voller Staunen und trug mir auf, sie insgeheim aufzuschreiben, bis er sähe, welcher Art sie seien und woher sie kämen. (...) Ich weigerte mich aber zu schreiben, nicht aus Hartnäckigkeit, sondern aus dem Empfinden meines Unvermögens, wegen der Zweifelsucht, des Achselzuckens und des mannigfaltigen Geredes der Menschen, bis Gottes Geißel mich auf das Krankenlager warf. Da endlich legte ich, bezwungen durch das viele Leiden, Hand ans Schreiben ..."

Das ungewöhnliche Werk, das daraufhin im Lauf der folgenden Jahre entstand, umfaßt in einer modernen Kleindruckausgabe rund 600 Seiten – es handelt sich um Hildegards berühmte „Scivias": ein Kompendium sowohl mystischer Schauungen als auch echter, sachlich fundierter Prophezeiungen. Die ersten, nicht präkognitiven Teile wurden von der Visionärin ab dem Frühjahr 1141 noch eigenhändig niedergeschrieben; bald jedoch übernahm der erwähnte Mönch Volmar, ein Mitglied der Benediktinerabtei auf dem Disibodenberg, diese Arbeit, während Hildegard von Bermersheim ihm nun ihre Schauungen diktierte. Beide hatten anfangs gewisse Schwierigkeiten, den Abt des Männerklosters, dem der Frauenkonvent unterstand, vom Sinn ihres Tuns zu überzeugen; nachdem der Prior jedoch einige Kapitel gelesen hatte, war auch er vom „göttlichen Auftrag" der Inklusin überzeugt.

Hildegard hingegen litt auch in der Folge noch unter periodisch wiederkehrenden Zweifeln an ihrer Berufung als Prophetin und scheint deshalb fast wie besessen nach der Anerkennung höchster Autoritäten gesucht zu haben. Aus diesem Grund wandte sie sich 1146 an den französischen Kirchenreformer und Kreuzzugsprediger Bernhard von Clairvaux – eine der schillerndsten und zwiespältigsten Gestalten jener Zeit, zweifelsohne aber eine herausragende Persönlichkeit – und bat um sein Urteil über ihre Gabe.

Im Frühjahr 1147 antwortete der in ganz Europa berühmte Abt, der auch mit dem irischen Bischof und Hellseher Malachias in Kontakt stand und heimlich dessen spektakuläre Papstprophezeiungen in seinem Kloster verwahrte, auf den Brief der rheinischen Nonne: „Wir freuen uns mit dir über die Gnade Gottes, die in dir ist. Und was uns angeht, so mahnen und beschwören wir dich, daß du sie als Gnade erachtest und ihr mit der ganzen Kraft deiner Liebe in Demut und Hingabe entsprichst." Bernhard von Clairvaux hatte die Schauungen der Hildegard von Bermersheim damit quasi sanktioniert, und als dies in Deutschland bekannt wurde, avancierte die Inklusin vom Disibodenberg zur „Prophetissa Teutonica": zur „Prophetin der Deutschen" schlechthin.

Ab der Mitte des 12. Jahrhunderts nahmen höchste weltliche und kirchliche Würdenträger Anteil an den Visionen Hildegards. Einer von ihnen war Heinrich, Erzbischof von Mainz und Primas des Heiligen Römischen Reiches Deutscher Nation; als 1147 Papst Eugen III. zu einer Synode nach Trier kam, machte der Mainzer ihn auf Hildegard von Bermersheim aufmerksam. Was daraufhin geschah, erzählt der belgische Theologe und Mönch Wibert vom Gembloux, der in späteren Jahren die erste Vita der nachmaligen Hildegard von Bingen verfaßte:

„Der Papst, ein Mann von sehr hoher Diskretion, ordnete eine sorgfältige Untersuchung an. Er sandte den verehrungswürdigen Bischof von Verdun, den Primizerius Adalbert und weitere geeignete Männer zu dem Kloster, unter dessen Schutz die Jungfrau bereits viele Jahre in ihrer Klause lebte. Unauffällig, ohne sich von der Neugierde anstacheln zu lassen, sollten sie von ihr selbst zu erfahren versuchen, was an der Sache sei. Da sie nun unter Beachtung großer Zurückhaltung ihre Fragen stellten, eröffnete ihnen die Jungfrau in Bescheidenheit, was sich mit ihr zugetragen hatte. Alsbald kehrten sie zum apostolischen Herrn zurück und berichteten ihm und den Versammelten (der Synode; Anm. d. A.) über das Gehörte. Die Aufmerksamkeit aller Anwesenden wurde wach. Der Papst ließ sich nach kurzer Überlegung die mitgebrachten Schriften der seligen Hildegardis reichen und übernahm selbst das Amt des Vorlesers. (...)
Da wurden alle Herzen zum Lobe des Schöpfers entflammt, und sie brachen in jubelnde Freude aus. Zugegen war auch der

Abt Bernhard von Clairvaux heiligen Angedenkens. Dieser ergriff das Wort und bat, wobei die übrigen ihn unterstützten, den Hohenpriester, er möge nicht zulassen, daß ein so hell strahlendes Licht im Dunkel des Schweigens bleibe; vielmehr solle er die Gnadenfülle, die der Herr unter seinem Pontifikat kundtun wolle, durch seine Autorität bestätigen. Dem stimmte der verehrungswürdige Vater der Väter gütig und weise zu und wandte sich mit einem huldvollen Schreiben an die selige Jungfrau. Er erteilte ihr in Christi und des heiligen Petrus Namen die Erlaubnis, was immer sie im Heiligen Geiste erkenne, kundzutun, und ermunterte sie zum Schreiben."

Was sich auf der Trierer Synode von 1147 abspielte, war in den Augen der mittelalterlichen Welt eine Sensation. Sie muß auf die Menschen der damaligen Zeit so ähnlich gewirkt haben, als würden sich heutzutage die führenden Staatsmänner der Erde auf einem ihrer G-7-Gipfel öffentlich zu einem modernen Visionär bekennen und begeistert aus seinen Schriften rezitieren. Schlagartig war Hildegard durch die Geste des Papstes zu unerhörter Prominenz gelangt, und da an der Synode insgesamt 18 Kardinäle, viele Dutzende von Bischöfen und Äbten sowie Hunderte von weltlichen Adligen aus Deutschland, Britannien, Burgund, Flandern, Tuscien, der Lombardei und anderen Teilen des Reiches teilgenommen hatten, verbreitete sich die Kunde von den Geschehnissen rasch über ganz Europa.

Was von Hildegards mittlerweile schon sehr umfangreichem Œuvre greifbar war, wurde nun vielfach abgeschrieben. Vor allem die Skriptorien der Klöster verbreiteten die Texte weiter; darunter auch Teile der „Scivias", dem Werk, das zu diesem Zeitpunkt allerdings noch nicht vollendet war. Auf den Disibodenberg selbst strömten die Pilger von nun an in hellen Scharen; Tausende wollten den Ort sehen und seine

Ausstrahlung spüren, an dem Hildegard von Bermersheim ihre „übernatürlichen" Schauungen empfing. So mancher gewöhnliche Charakter wäre angesichts derartiger Aufmerksamkeit und teilweise auch manischer Verehrung größenwahnsinnig geworden. Nicht so jedoch die inzwischen fast fünfzigjährige Vorsteherin der Inklusinnen des Benediktinerklosters; vielmehr nutzte Hildegard ihre außerordentliche Popularität ausgesprochen altruistisch und einzig zu dem Zweck, den ihr anvertrauten Frauen ein höheres Maß an Selbstverwirklichung als bisher zu verschaffen.

Äbtissin auf dem Rupertsberg (1147 – 1179)

Auf dem Disibodenberg war der Bereich, in dem die Klausnerinnen lebten, sozusagen nur ein Anhängsel des ungleich bedeutenderen Männerklosters. Die Frauen unterstanden damit der Befehlsgewalt des Abtes, sie hatten im Zweifelsfall alle seine Anordnungen widerspruchslos auszuführen. Nachdem der Konvent der Inklusinnen dank des spirituellen Rufes der Hildegard von Bermersheim Anno 1147 zudem auf ungefähr zwanzig Mitglieder angewachsen war, bot es sich für die Priorin förmlich an, ein eigenes Nonnenkloster zu gründen. Um dies zu erreichen, mußte sie freilich beträchtliche Widerstände überwinden.

Die Benediktinermönche hatten nämlich gerade während der letzten Jahre kräftig von den Klausnerinnen um Hildegard profitiert, weil die vielen tausend Pilger natürlich auch eine Menge Geld auf dem Disibodenberg zurückgelassen hatten. Da die Abtei außerdem Nutznießer der oft beträchtlichen Aussteuer war, welche die Frauen des Konvents von ihren zumeist adligen Familien mitbekommen hatten, stieß Hildegard beim Abt zunächst auf wenig Gegenliebe, als sie ihm ihren Entschluß mitteilte. Sie ließ sich indessen nicht beirren, sondern nutzte ihre ausgezeichneten „politischen" Kontakte – in diesem Fall zum Mainzer Erzbischof Heinrich. Nachdem dieser Kirchenfürst sich auf ihre Seite gestellt hatte, erwirkte Hildegard auch die päpstliche Erlaubnis zur Klostergründung, womit das Projekt kurz nach 1147 in Angriff genommen werden konnte.

Als Bauplatz suchte die Prophetin, die von ihren Mitschwestern nun zur Äbtissin gewählt worden war, den brachliegenden Rupertsberg in unmittelbarer Nähe von Bingen am Rhein aus. Wie wir im Kapitel „Wie weit stand Hildegard von Bingen in der Tradition heidnischer Seherinnen?" noch erkennen werden, handelte es sich dabei um einen ganz besonderen Ort. Hier wurde in den Jahren zwischen 1147

Bingen und die Klosterruine Rupertsberg (Stahlstich um 1830)

und 1150 die Abtei errichtet, die bis zum Dreißigjährigen Krieg bestehen sollte. 1150 zogen die Nonnen vom Disibodenberg dorthin um; der Mönch Volmar, welcher der Äbtissin bis zu seinem Tod 1173 als Sekretär und Klosterpropst dienen sollte, begleitete sie. Hildegard selbst schildert in ihren Lebenserinnerungen die Szenerie des ersten Tages mit sehr eindrucksvollen Sätzen:

„Sturmwolken zogen über das Kloster hinweg und bedeckten die Sonne. Trübsale brachen über mich herein; ich vergoß bittere Tränen. Manche der Schwestern sahen mich böse an, lästerten hinter meinem Rücken über mich und sagten, sie könnten den unausstehlichen Druck ihrer Klosterregel nicht ertragen."

Schon bald freilich hatten die Nonnen sich auf dem Rupertsberg eingerichtet, und die Lebensumstände dort während der nun folgenden Jahre beschreibt wiederum Volmars Nachfolger Wibert von Gembloux so:

„Die Schwestern und ihre Meisterin sind ein Herz und eine Seele. Ihr Eifer im Dienste Gottes, ihre Selbstzucht, Wachsamkeit sowie ihr liebenswürdiger, geselliger Verkehr untereinander – all das atmet Andacht, Heiligkeit und Frieden. An den Sonntagen ruhen Webstuhl, Spindel und Feder. In heiligem Schweigen lauscht man den frommen Lesungen und übt sich im liturgischen Gesang. An den Werktagen hingegen regen sich emsig die Hände. Sie sticken, spinnen, weben und nähen vom Morgengrauen bis zum Abendbrot. Kein Müßiggang wird geduldet, kein unziemliches Wort fällt. Die Räume des Klosters zeugen von Einfachheit und Geschmack. Mittels einer Röhrenleitung wird jeder Arbeitsraum mit frischem Wasser versorgt. Zahlreiche Gäste sprechen am Tor vor, geschäftig gehen Dienstleute aus und ein. Fünfzig Schwestern finden Wohnung, Klei-

dung und ergiebige Versorgung. Die Äbtissin selbst waltet ihres Amtes in Bescheidenheit und Würde. Sie versucht, allen alles zu sein; immer ist sie beschäftigt. Obwohl Alter und Krankheit sie gebeugt haben, ist sie unermüdlich."

Dies war jedoch nur der eine Aspekt im Dasein der Hildegard von Bingen, wie sie jetzt genannt wurde. Denn ob sie wollte oder nicht – ihre visionäre Gabe sorgte dafür, daß sie auch auf dem Rupertsberg vom Treiben der Großen Welt nicht verschont blieb. Im eben zitierten Text Wiberts werden die zahlreichen Gäste erwähnt, die am Tor vorsprachen; bestimmt dachte der Biograph bei der Niederschrift auch an die Kavalkade, die im Jahr 1154 Einlaß begehrte: eine Gesandtschaft des Kaisers Friedrich I. Barbarossa.

Kaiser Friedrich I. Barbarossa
(Miniatur von 1188)

Der Staufer lud Hildegard auf seine Pfalz Ingelheim ein und führte dort ein langes vertrauliches Gespräch mit der paranormal veranlagten Äbtissin. Über den Inhalt ist nichts überliefert; gesichert ist jedoch, daß dem Treffen ein Briefwechsel folgte, und in einem dieser Schreiben warnte die Seherin den Kaiser vor einer dunklen Gefahr:

„Du mußt in den Angelegenheiten deines Lebens sehr vorsichtig sein! Denn in der Schau sehe ich dich von Stürmen und Wider-

wärtigkeiten umgeben. Hüte dich, daß der höchste König dich nicht niederwerfe wegen der Blindheit deiner Augen!"

Vierzehn Jahre später, als der Investiturstreit[3] zwischen Barbarossa und der römischen Kurie seinen Höhepunkt erreicht und Friedrich I. kurz hintereinander drei Gegenpäpste ernannt hatte, richtete Hildegard von Bingen einen weiteren Brief an den Monarchen und sprach darin die folgende bedrohliche Prophezeiung aus:

„Gottes Strafgericht wird dich vernichten, wenn du nicht von deinem falschen Weg abgehst! Denn der da ist, spricht: Die Widerspenstigkeit zerstöre Ich, und den Widerstand derer, die Mir trotzen, zermalme Ich durch Mich selbst. Wehe, wehe diesem bösen Tun der Frevler, die Mich verachten. Dies höre, König, wenn du leben willst! Sonst wird Mein Schwert dich durchbohren!"

Man könnte diese 1168 gefallenen Sätze als religiöses Eifern der Äbtissin vom Rupertsberg abtun – wenn sie sich am 10. Juni 1190 nicht auf schreckliche Weise bewahrheitet hätten. In jenem Sommer nämlich führte Friedrich Barbarossa das Heer des dritten Kreuzzuges mit dem Ziel Jerusalem durch Kleinasien, und als er am genannten Tag ein Bad im Fluß Saleph nahm, ereilte ihn unvermittelt der Tod. Bis heute rätseln die Historiker, ob ein jäher Herzschlag daran schuld war, oder ob der Kaiser in einen Strudel geriet und ertrank. Tatsache bleibt, daß Hildegard von Bingen ihm bereits Jahrzehnte zuvor ein derartiges Ende vorhergesagt und damit ihre Prophetengabe unter Beweis gestellt hatte. Denn in der Tat war Friedrich I. leichtsinnig, also „blinden Auges" ins Wasser gegangen und hatte sich damit – ebenso wie mit dem Kreuzzug selbst – auf einem „falschen Weg" befunden.

Deshalb hatte er sein Leben verloren, und es war so schnell geschehen, als hätte ihn ein „Schwert durchbohrt".

Schonungslos hatte die Visionärin vom Rupertsberg dem Stauferkaiser 1154 und 1168 die Wahrheit entgegengehalten; ähnlich unverblümt setzte sie sich mit anderen Großen ihrer Zeit auseinander. Sie geißelte mehrere der Päpste, die während ihres langen Lebens regierten; an Anastasius IV. beispielsweise schrieb sie schroff:

„Du, o Mensch, der du auf dem päpstlichen Thron sitzt, bist ein Gottesverächter, wenn du das Böse umfängst und nicht von dir schleuderst, es vielmehr liebkost. (...) Du vernachlässigst die Gerechtigkeit. Du läßt zu, daß das Böse sich übermütig erhebt. (...) Laufe eilends zur Gerechtigkeit, damit du nicht verklagt werdest vor dem großen Arzt, weil du seine Schafherde nicht vom Schmutz gereinigt hast."

Wie wir später noch sehen werden, weissagte Hildegard von Bingen letztlich sogar den Untergang der Papstkirche; ihre diesbezüglichen Prophezeiungen korrespondieren (nicht nur in diesem Punkt) mit denen einiger anderer großer Visionäre, die in dieser Buchreihe vorgestellt werden. Da die rheinische Nonne freilich wußte, daß die katholische Kirche nicht vor dem dritten Millennium von einem solchen „Harmageddon" heimgesucht werden würde, bemühte sie sich in ihrer eigenen Zeit, Fehlentwicklungen zumindest abzuschwächen, indem sie den Kirchenfürsten von ihrem Kloster aus ins Gewissen redete.

Sie tat dies nicht nur in ihren Briefen, sondern auch in einer ganzen Reihe weiterer Bücher, die sie ihren beiden Sekretären Volmar und Wibert von Gembloux nun – nachdem „Scivias" Anno 1151 abgeschlossen war – in den folgenden Jahrzehnten auf dem Rupertsberg diktierte. Auch diese Werke,

Das Leben der Hildegard von Bingen

ad exponendum. 7 indocta ad scribendum ea dic 7 scribe illa ñ secm of hominis. nec secm intellectum humane ad inuentionis nec secm uoluntate humane compositionis; sed secm id quod ea in celestib' desup in mirabilib' dei uides 7 audis ea sic edisserendo pferens quemadmodum 7 auditor uerba pceptoris sui percipiens ea secm tenore locutionis illi ipso uolente. ostendente. 7 pcipiente ppalat. Sic g̃ 7 tu ó homo. dic ea q̃ uides 7 audis 7 scribe ea non secm te. nec secm aliū hominem s; secundū uoluntate scientis uidentis 7 disponentis omnia in secretis misteriorum suorum. Et iterū audiui uoce de celo michi dicente. Dic g̃ mirabilia hec. 7 scribe ea hoc modo edocta 7 dic.

Factum ē in millesimo centesimo quadragesimo pmo filii dei ihū x̃ incarnationis anno. cū q̃draginta duoz̃ annoz̃ septe q̃; insuum ēem maxime coruscationis igneū lumē aperto celo ueniens totū cerebrū meū trāsfudit. 7 totū cor totūq; pectus meū uelut flamma ñ tam ardens s; calens ita inflammauit. ut sol rem aliquam calefacit. sup̃ quam radios suos ponit. Et repente intellectum expositionis libroz̃ uidelicet. psalterii euuangelii 7 alioz̃ catholicoz̃ tam ueteris quam noui testamenti uolumina sapiebam. ñ aut̃ inp̃tationem uerboz̃ textus eoz̃ nec diuisione

Ecce quadragesimo tercio temporalis cursus mei anno cum celesti uisioni magno timore 7 tremula intentione inhererem uidi maximū splendore. in quo facta ē uox de celo ad me dicens. O homo fragilis 7 cinis cineris 7 putredo putredinis. dic 7 scribe q̃ uides 7 audis. Sed quia timida es ad loquendū 7 simplex

Die Seherin (Tafel I des Rupertsberger Kodex)

wie zum Beispiel das „Liber vitae meritorum" („Das Buch der Lebensverdienste") oder das „Liber divinorum operum" („Das Buch der göttlichen Werke"), tragen starke spirituelle Züge, enthalten aber eher Lebensweisheiten, mystische Ermahnungen und teils ganz erstaunliche Einsichten in das Zusammenspiel von Mikro- und Makrokosmos, die oft außerordentlich modern anmuten.

Hildegard von Bingen gewann derartige Erkenntnisse ganz ohne Zweifel aufgrund des innigen Umganges mit der Natur, den sie seit ihrer Kindheit gepflegt hatte. Bereits Jutta von Spanheim hatte die Achtjährige zur Arbeit in dem kleinen Garten, der zur Klause auf dem Disibodenberg gehörte, angeleitet; später, als die Visionärin ihr eigenes Kloster gründete, sorgte sie dafür, daß die Kräuterkunde auch dort bald in hoher Blüte stand. Dies war zwar in allen mittelalterlichen Abteien so; Hildegard indessen erwarb sich auch in diesem Bereich einen herausragenden Ruf. Ihre Schriften zur Pflanzenheilkunde sind bis heute bahnbrechend und erfahren gerade in der Gegenwart wieder immense Beachtung. Ähnliches gilt für ihre Lehren über die verborgenen Kräfte von Mineralien; auch in diesem Bereich war die Äbtissin eine Eingeweihte von hohen Graden.

Kloster Eibingen, vor 1803

Angesichts ihres Wissens und ihrer Ausstrahlung, die von Zeitgenossen als „heiligmäßig" beschrieben wird, war es kein Wunder, daß die Benediktinerinnenabtei auf dem Rupertsberg bald aus allen Nähten platzte. Aus den ursprünglich nur zwanzig Nonnen waren, wie Wibert von Gembloux berichtet, bereits nach wenigen Jahren fünfzig geworden; 1165 schließlich sah Hildegard sich wegen des weiter und weiter anhaltenden Zustromes von Novizinnen und Inklusinnen gezwungen, die Errichtung eines Filialklosters in Angriff zu nehmen. In Eibingen (nahe Rüdesheim), wo die Ruinen eines ehemaligen Augustinerstifts standen, fand Hildegard von Bingen den geeigneten Platz und bewies dort – obwohl mittlerweile 67 Jahre alt – einmal mehr ihre ungewöhnliche Tatkraft in praktischen Dingen.

Persönlich leitete sie den Wiederaufbau der durch eine Fehde verwüsteten Gebäude; nachdem das Filialkloster bezogen war, setzte sie wöchentlich zweimal vom Rupertsberg aus in einem Fährkahn über den Rhein und stieg über die steilen Flanken der Weinberge zum Eibinger Kloster hinauf. Bei einer dieser Gelegenheiten, so die Überlieferung, heilte sie „auf wundersame Weise" einen erblindeten Jungen; vermutlich wandte sie in Wahrheit ihr außergewöhnliches medizinisches Wissen an, um dem bedauernswerten Kind zu helfen.

Hildegard selbst hingegen litt im Alter zuzeiten noch ärger unter ihren eigenen Krankheiten als in ihrer Jugend. Ihr Leben lang hatten verschiedenste Gebrechen sie immer wieder aufs Krankenbett gezwungen; mit beinahe übermenschlicher Kraft hatte sie sich stets aufs neue aufgerafft. Und auch jetzt, nachdem das Filialkloster florierte und sie bereits ihr 70. Lebensjahr vollendet hatte, gönnte sie sich keine Ruhe. Etwa zehn Jahre zuvor hatte sie – zusätzlich zu ihren sonstigen Pflichten – auch noch begonnen, ausgedehnte Predigtreisen zu unternehmen. Sie soll die Menschen, die ihr in den Kirchen oder auf den Marktplätzen lauschten, förmlich in Bann geschlagen haben; außerdem pflegte sie in den Pfarrhäusern oder auch Bischofspalästen solchen Klerikern ins Gewissen zu reden, denen mehr an ihren oft horrenden Pfründen als an den Evangelien lag. Nun, zu Beginn ihres achten Lebensjahrzehnts, steigerte sie diese Anstrengungen noch und erwarb sich dadurch den Beinamen „Athletin Gottes".

Für die Jahre zwischen 1168 und 1171 sind zwei Dutzend Reisen dokumentiert: nach Würzburg, Mainz, Bamberg, Kitzingen und Wertheim, dann wieder in den Steigerwald oder den Hunsrück. Sie kam nach Trier, Zabern, Metz, Alzey und Maulbronn, hielt sich im berühmten Kloster Hirsau auf und besuchte Kirchheim, Zwiefalten, Boppard, Andernach und Siegburg. Weitere Stationen waren Koblenz, Bonn, Laach, Verden und Köln. Die Fortbewegungsmittel, welche die Greisin benutzte, waren äußerst unkomfortabel: Hildegard von Bingen reiste auf Flußkähnen oder Flößen, sie saß im Sattel von Zeltern oder Maultieren, wurde in Tragsesseln durchgerüttelt und ging notfalls auch über Dutzende von Meilen schlicht zu Fuß. 1171 schließlich verließ die Äbtissin den rheinischen Rupertsberg zum letzten Mal, um in Schwaben zu predigen; „auf den Tod ermüdet", so ein Chronist, kehrte sie nach Monaten in ihr Kloster heim.

Doch noch immer war ihre ungebärdige Lebenskraft nicht verbraucht. Während ihrer letzten acht Jahre diktierte sie ihrem Sekretär Wibert von Gembloux weitere Manuskripte, darunter auch beachtliche religiöse Lyrik – und bewies zusätzlich ganz erstaunlichen Mut, indem sie sich auf Biegen und Brechen mit der Amtskirche in Gestalt der Mainzer Prälaten anlegte.

Auslöser war eine Leiche, die eines Tages auf den Rupertsberg gebracht wurde. Der junge Adlige, der im Sarg lag, hatte sich im Investiturstreit allzusehr auf der kaiserlichen Seite exponiert und war deswegen vom Klerus seiner Heimatstadt exkommuniziert worden. Nachdem er verstorben war, ohne zu Kreuze gekrochen zu sein, hatten die Mainzer Prälaten ihm auch noch ein christliches Begräbnis verweigert, worauf seine Angehörigen den Toten zum Kloster der Hildegard von Bingen brachten. Die hochbetagte Äbtissin zeigte Barmherzigkeit und ließ den Ritter nach katholischem Ritus auf dem Klosterfriedhof beisetzen – worauf die Amtskirche nun gegen sie und ihre Nonnen vorging.

Die Prälaten verlangten, daß der Leichnam exhumiert und auf dem Schindanger verscharrt werden müsse. Als Hildegard sich weigerte, wurde das Interdikt über ihre Abtei verhängt. Das bedeutete, daß weder die Äbtissin noch ihre Mitschwestern mehr die Messe feiern oder die Sakramente empfangen durften. Im tiefreligiösen Mittelalter lösten solch geistliche Zwangsmaßnahmen gewöhnlich schreckliche Höllenfurcht bei den Gläubigen aus – Hildegard von Bingen hingegen lehnte es auch weiterhin ab, die Totenruhe zu stören, weil sie ihr Gewissen über die Theologie stellte. Zusammen mit den übrigen Nonnen ertrug sie das Interdikt bis kurz vor ihrem Tod; dann wurde, dank ihrer Courage, der öffentliche Druck auf den Mainzer Klerus zu groß, so daß die dortigen Prälaten sich gezwungen sahen, den Bannspruch zurückzunehmen.

Noch einmal hatte die Visionärin bewiesen, welch außergewöhnliche Frau sie war, und als sie am 17. September 1179 im Alter von 81 Jahren starb, soll sich an ihrem Totenbett ein PSI-Phänomen – ein „Wunder" im Sprachgebrauch des 12. Jahrhunderts – ereignet haben. Ein Augenzeuge beschrieb die paranormale Erscheinung so: Am Nachthimmel über dem Kloster habe sich ein übernatürliches Licht gezeigt. Zwei breite und prächtige Bögen von verschiedenfarbigem

Glanz seien aus den vier Himmelsrichtungen emporgestiegen und hätten sich im Zenit geschnitten. Sodann sei dort, groß und leuchtend wie der Vollmond, eine Lichtscheibe erschienen, in deren Innerem ein rotschimmerndes Kreuz geleuchtet habe. Scheibe und Kreuz seien zu unermeßlicher Größe angewachsen, während ringsum kleine Kreuze aufleuchteten, die, in allen Regenbogenfarben schillernd, abermals kleinere Kreuze in sich trugen.

Hildegard von Bingen wurde im Chor der von ihr erbauten Klosterkirche auf dem Rupertsberg beigesetzt; später sollen an ihrem Grab weitere „Wunder" geschehen sein. Bis zum Jahr 1631 blieben die Gebeine der Prophetin in ihrer Gruft; nachdem die Abtei im Dreißigjährigen Krieg zerstört worden war, wurden die sterblichen Überreste Hildegards nach Köln überführt. Dort ruhten sie jedoch nur bis 1636; seitdem befinden sie sich in der Klosterkirche von Eibingen und genießen dort gerade an der Wende vom zweiten zum dritten Jahrtausend wieder sehr große Verehrung.

GEFÄHRLICHE GRATWANDERUNG ZWISCHEN HEILIGENSCHEIN UND SCHEITERHAUFEN

Die besondere Situation der Visionärin Hildegard in ihrer Zeit

Was wäre geschehen, wenn Hildegard ihre ersten kindlichen Schauungen nicht als Angehörige einer Adelsfamilie, sondern als Tochter eines Tagelöhners erlebt hätte, und wenn im Fall ihrer Wahrschau auf der Viehweide von Bermersheim statt der verständnisvollen Amme ein fanatischer Kleriker Zeuge geworden wäre? Unter Umständen hätte dies für das unschuldige Mädchen ein grauenhaftes Ende bedeuten können, denn tiefe Religiosität und krankhafter Aberglaube mit allen seinen schrecklichen Folgen lagen im Mittelalter außerordentlich nahe beieinander. Hätte die fünfjährige Hildegard also ihre Prophezeiung über die Fellzeichnung des ungeborenen Kalbes in einer Situation abgegeben, wie sie oben beschrieben wurde, dann wäre es sehr leicht möglich gewesen, daß man sie nach dem Eintreffen der Vision kurzerhand auf den Scheiterhaufen gezerrt und als „Teufelsbalg" verbrannt hätte.

Zwar begannen die großen Hexenverfolgungen in Deutschland erst im frühen 13. Jahrhundert mit dem Auftreten des päpstlichen Inquisitors Konrad von Marburg, doch der mörderische Wahn selbst hatte sich bereits lange zuvor im Volk festgesetzt. Vor allem weil die christlichen Missionare spätestens ab der Zeit Karls „des Großen", der im Pakt mit der katholischen Kirche einen Holocaust gegenüber dem europäischen Heidentum betrieben hatte, die alten Götter mit allen Mitteln dämonisierten, waren zwangsläufig die gräßlichen Obsessionen entstanden. Die erhabenen Gestalten der paganen Gottheiten wurden von den Priestern zu blutrünstigen Zerrbildern ihrer selbst verunstaltet: zu einem Pandämonium höllischer Bestien, an deren Spitze der gehörnte „Satan" stand; ursprünglich der keltische Gott Cernunnos, dessen vielfach verästeltes Geweih die Gleichwertigkeit allen Lebens symbolisiert.

Da die Christianisierung Europas zudem einen tiefen geistigen Absturz nach sich gezogen hatte, war es kein Wunder, daß die mittelalterliche Gesellschaft nun eine entsetzliche irrationale Furcht vor den vermeintlichen teuflischen Mächten empfand. Überall schienen die Schemen der vom Klerus heraufbeschworenen finsteren Gespenster zu lauern; alles, was außerhalb der Norm lag – vom seltsam verwachsenen Baum über ein Ferkel mit zwei Köpfen bis hin zu Menschen mit paranormalen Fähigkeiten –, wurde sehr rasch als Ausgeburt des „Leibhaftigen" und damit als Bedrohung des eigenen Seelenheils angesehen. Vor allem Frauen wurden zu Opfern solch krankhafter Zwangsvorstellungen; zum einen deswegen, weil die christliche Theologie völlig unverblümt Frauenfeindschaft predigte und das Weibliche von Natur aus als bösartig und satanisch verdammte; zum anderen aber auch, weil es in erster Linie Frauen waren, die trotz der damit verbundenen Gefahren heimlich noch immer dem alten Glauben und den spirituellen Praktiken des Heidentums anhingen: die sogenannten Hexen.

Diese *Hagazussa*[4], wie sie eigentlich hießen, waren häufig als Naturheilkundige tätig, wußten also um die verborgenen Kräfte von Pflanzen, Mineralien oder auch besonderen Orten wie Quellen oder Steinsetzungen. Darüber hinaus besaßen sie oft PSI-Fähigkeiten; sie waren zum Beispiel imstande, das Wetter vorherzusagen oder anderweitig in die Zukunft zu blicken. Es war durchaus möglich, daß eine solche Hexe von der Bevölkerung geduldet wurde und die Bauern zu ihr kamen, um etwa Hilfe bei Krankheiten zu erhalten. Unvermittelt freilich konnte die Stimmung umschlagen; nach Unwettern oder Mißernten sah man in der *Hagazussa* häufig den Sündenbock. Wenn das geschah – und sich womöglich noch ein eifernder Priester einmischte – war es nur noch ein Schritt bis zur Lynchjustiz: einem spontanen Mord an der völlig unschuldigen, aber außerhalb der Norm stehenden Frau.

Bereits vor dem Einsetzen der großen, von Kirche und Staat organisierten Hexenverfolgungen fielen auf diese Weise zahlreiche paranormal veranlagte Menschen dem Aberglauben zum Opfer. Betroffen waren in der mittelalterlichen Gesellschaft, wo in erster Linie das „Recht" des Stärkeren zählte, logischerweise die Angehörigen der niedrigeren sozialen Schichten. Klerus und Adel hingegen vermochten sich aufgrund ihrer Machtposition zu schützen, und das wiederum bedeutete in letzter Konsequenz, daß Sensitive – besonders solche, deren paranormale Veranlagung sich spektakulär äußerte – nur dann eine gesicherte Überlebenschance hatten, wenn sie „hochgeboren" waren, beziehungsweise ein Amt innerhalb der Kirche bekleideten.

Beides trifft auf Hildegard von Bingen zu, und es muß im nachhinein – auch wenn dies zynisch klingt – als Glücksfall betrachtet werden, daß sie eben nicht in einer Tagelöhnerkate, sondern in der Burg eines Edelfreien zur Welt kam. Wäre es anders gewesen, so hätte sie ihre kindliche Vision auf der Rinderweide vielleicht tatsächlich mit dem Tod bezahlt;

wenn nicht, wäre sie ganz sicher als Erwachsene zu einer Verfolgten geworden und hätte fast zwangsläufig auf dem Scheiterhaufen geendet. So aber konnte ihre sensitive Begabung sich mehr oder weniger unangefochten entwickeln; da ihre Eltern außerdem dafür gesorgt hatten, daß dies ab ihrem achten Lebensjahr in der Abgeschiedenheit eines Klosters geschah, bekam Hildegard sogar die Chance, ihre einschlägigen Fähigkeiten sozusagen in einer für ihre Zeit optimalen Umgebung auszubilden.

Die Nonnenklöster nämlich stellten damals die einzigen Refugien dar, wo Frauen sich wenigstens einigermaßen selbst verwirklichen konnten. Zwar engte die strenge Disziplin der Ordensregeln sie in einem Maße ein, wie das heute kaum noch vorstellbar ist; gleichzeitig standen den Inklusinnen aber die traditionellen Bildungsmöglichkeiten einer Abtei offen. Es gab einerseits die Bibliotheken, die nicht unbedingt nur theologische Traktate enthielten, sondern auch die eine oder andere Abschrift antiker Werke der Philosophie, Astronomie oder Naturwissenschaft; andererseits fand in den Klöstern oft ein intensiver Dialog zwischen den dort lebenden Frauen statt. Beides zusammen ermöglichte den Nonnen ein Bildungsniveau, das hoch über das gewöhnliche ihrer Epoche hinausreichte; die Stifte, besonders wenn sie von toleranten Äbtissinnen geleitet wurden, waren damit quasi Pflanzgärten des Geistes inmitten einer dumpfen und abergläubischen Umwelt.

Da die Frauen zudem weitestgehend unter sich waren, regierte hinter den Klostermauern vielfach eher ein „matriarchales" Bewußtsein, das durchaus in erfrischendem Gegensatz zur öden Dogmatik der katholischen Kirche stehen konnte. Wie zeitgenössische Quellen – auch aus der Biographie der Hildegard von Bingen – beweisen, erzeugte dieses mehr „weibliche" Denken eine oft ganz erstaunliche intellektuelle Aufgeschlossenheit. Daraus wiederum resultierten echte philosophische und sogar naturwissenschaftliche Erkenntnisse, mit denen sich die offizielle scholastische Lehre des Mittelalters, die sich damit begnügte, die zumeist völlig abstrusen „Weisheiten" der Kirchenväter im wahrsten Sinne des Wortes dumpf nachzubeten, nicht zu messen vermochte.

Weil nun aber wenigstens in bestimmten Nonnenklöstern mehr geistige Freiheit als irgendwo sonst in der christlichen Welt des 12. Jahrhunderts existierte, stand man dort auch paranormalen Phänomenen unvoreingenommener gegenüber. Dies wiederum nicht nur theoretisch, sondern sehr wohl auch in der Praxis, denn so manche Inklusin war quasi ein praktizierendes Medium. Die zahlreichen Berichte von „Wundern", die sich gerade in solchen Abteien zugetragen haben sollen, sprechen dafür; realiter setzten sensitive Frauen, die den Schleier genommen hatten, ihre speziellen PSI-Kräfte eben gezielt ein und erzielten damit Effekte, welche die „blauäugigen" Zeugen dann als „göttliches Wirken" bezeichneten. Da solche „Wunder" sich aber im sakralen Bereich eines Klosters zutrugen, liefen ihre Verursacherinnen kaum Gefahr, als Hexen verfolgt zu werden; zumindest im Regelfall bewahrte ihr Nimbus als „Bräute Christi" sie vor dem traurigen Schicksal der *Hagazussa* anderswo.

Dies ist auch der Grund dafür, warum aus jenen Jahrhunderten, in denen die Hexenverfolgungen wüteten, fast ausschließlich Weissagungen von Nonnen, nicht jedoch von „gewöhnlichen" Frauen überliefert sind.[5] Während männliche Visionäre durchaus öffentlich tätig sein konnten, wie am Beispiel des Blinden Hirten von Prag, Nostradamus, Malachias, Johannes von Jerusalem, des Mühlhiasl und vieler anderer deutlich wird, durften weibliche Propheten es nur in Ausnahmefällen wagen, an die Öffentlichkeit zu treten. Mit

Sicherheit gingen der Nachwelt dadurch zahlreiche hochinteressante Schauungen verloren; um so wertvoller sind vor diesem Hintergrund aber die Weissagungen der Hildegard von Bingen, die noch dazu in einem der frauenfeindlichsten und auch von daher dunkelsten Jahrhunderte des Mittelalters entstanden.

Die rheinische Seherin der Stauferzeit vermochte ihr herausragendes visionäres Talent ganz ohne Zweifel nur deswegen voll zu entfalten, weil sie von allem Anfang an das für ihre Epoche ideale Umfeld dafür fand. Ehe sie ins Kloster Disibodenberg kam, wurde sie bereits von ihren adligen Eltern, vor allem der Mutter, gefördert und geschützt; achtjährig dann nahm die Klausnerin Jutta von Spanheim sie in ihre Obhut, und auch diese Frau schien sich der seltenen Gabe Hildegards sehr wohl bewußt gewesen zu sein und hat ganz bestimmt ohne Scheuklappen zu ihrer Entwicklung beigetragen. Nur so ist die innige, jahrzehntelange Freundschaft zu erklären, welche die beiden Nonnen bis zum Tod der Älteren miteinander verband. Hätte Jutta dem mentalen Weiterkommen der ihr anvertrauten Novizin irgend etwas in den Weg gelegt, dann hätte Hildegard sich früher oder später zumindest innerlich von ihr abgewandt. Sie selbst schrieb aber, sie sei ihrer Mentorin zu tiefem Dank in sehr vielen Dingen verpflichtet, und das kann eigentlich nur heißen, daß sie von ihr auch Unterstützung bei der Ausbildung ihres paranormalen Talents erfuhr.

Eine Inklusin wie Jutta von Spanheim war dazu sogar wie kaum jemand sonst prädestiniert. Denn gerade diese Frauen führten – wenn auch vor christlichem Hintergrund – noch immer ein Dasein, das dem gewisser Priesterinnen der alten heidnischen Religion ähnelte. Im antiken Europa hatte es die Sibyllen gegeben, die vor allem in Griechenland und Italien oft in abgelegenen Höhlen lebten, wo sie meditierten und prophezeiten. Die la-tène-zeitlichen *Vates*[6] und ebenso die weisen Frauen der Germanen hatten sich zum selben Zweck vorzugsweise in heilige Haine zurückgezogen – und nichts anderes taten im Prinzip die mittelalterlichen Klausnerinnen auf ihre Weise. Auch sie suchten, um ihre mentalen Fähigkeiten voll entfalten zu können, die Einsamkeit, und wenn wir dazu zwei Quellen aus der Zeit Hildegards betrachten, dann sind die heidnischen Wurzeln solchen Tuns unmöglich mehr zu übersehen.

So lebte beispielsweise in der zweiten Hälfte des 11. Jahrhunderts, also nur zwei Generationen vor Hildegard, die später von der Kirche seliggesprochene Edigna. Es heißt von ihr, sie sei eine Angehörige des französischen Königshauses gewesen, die es nach Bayern verschlagen habe. In diesem einst keltischen Land habe sie sich – nahe eines Klosters bei der heutigen Stadt Fürstenfeldbruck – im hohlen Stamm einer Linde niedergelassen und habe in dieser natürlich gewachsenen Klause über viele Jahre hinweg „göttliche Erleuchtungen" gehabt. Hier wird die heidnische sibyllinische Höhle, die in diesem Fall gleichzeitig heiliger keltogermanischer Sakralbaum ist, beinahe mit Händen greifbar. Die ungewöhnliche christliche Inklusin Edigna schlug quasi eine Brücke von den vorchristlichen Meditationstraditionen bis ins Mittelalter, und ihre „Erleuchtungen" könnten sehr wohl einen ähnlichen Charakter getragen haben wie später diejenigen der Hildegard von Bingen.

Eine weitere Frau, welche derartig ungewöhnliche Praktiken pflegte, taucht in der berühmten Dichtung „Parzival" des Wolfram von Eschenbach auf. Dieses Werk ist um das Jahr 1200 entstanden, und Wolfram erzählt darin die offenbar wahre Geschichte einer gewissen Sigune, die sich als Eremitin in einen einsamen Hain zurückzog, um dort wieder in Einklang mit dem Sinn des Lebens zu kommen. Auch sie nutzte also auf kontemplativem Weg die heilende und spirituell richtungweisende Kraft der Natur; sie handelte heidnisch, und Wolfram von Eschenbach, der im Innersten vermutlich Heide war, bietet genau diesen mentalen Erkenntnispfad als besonders sinnvoll an.

Als weise Frau, die gleichermaßen in dieser Tradition stand, könnte man nun durchaus auch Jutta von Spanheim sehen, welche in ihrer Klause – einer Art Höhle, die inmitten eines Gartens und damit letztlich abermals eines Haines lag – nichts anderes suchte als Edigna und Sigune: körperlichen und geistigen Einklang mit der Natur, die in vorchristlicher Zeit sehr zutreffend als Große Mutter oder Große Göttin bezeichnet wurde. Hildegard wiederum wurde von ihrer Mentorin nach und nach ebenfalls in diese spirituelle Richtung gelenkt, und auf diese Weise konnte sie sich zu der Prophetin entwickeln, die in ihren späteren Jahren so großen Eindruck selbst auf einen Papst machte.

Nach ihrem Tod im Jahr 1179 wurde sie sogar als Heilige verehrt; diese Vita war jedoch nur deswegen möglich geworden, weil die Seherin ihren Weg im Schutz des Klosters auf dem Disibodenberg und später in ihrer eigenen Gründung auf dem Rupertsberg gegangen war. Hätte Hildegard nach dem Verlassen der elterlichen Burg den Schleier nicht genommen, dann wäre ihr Leben als Sensitive möglicherweise schon frühzeitig und auf sehr tragische Weise beendet worden, denn der Grat zwischen Heiligenschein und Scheiterhaufen war, wie wir eingangs dieses Kapitels gesehen haben, zu jener Zeit ausgesprochen schmal.

Da Hildegard von Bermersheim aber das Glück hatte, gerade in ihren prägenden Jahren die Hilfe anderer erfahrener Frauen zu bekommen, vermochte sie ihr Werk zu vollenden und konnte als herausragende Visionärin des Mittelalters in die Geschichte eingehen.

WIE WEIT STAND HILDEGARD VON BINGEN IN DER TRADITION HEIDNISCHER SEHERINNEN?

In der griechischen und römischen Antike nutzten die legendären Sibyllen die „Ausstrahlung" gewisser Naturheiligtümer, um einen tranceartigen Bewußtseinszustand zu erreichen, der sie zu ihren Prophezeiungen befähigte. Meistens handelte es sich bei diesen „Tempeln der Weissagung" um Höhlen, in deren Innerem ein Menhir aufgestellt war. Dieser Stein markierte vermutlich einen Knotenpunkt von „Erdkräften", die in einer solchen Grotte besonders stark wirksam wurden, und wenn eine Sibylle genau dort meditierte, dann stimulierte dies ihre sensitive Wahrnehmungsfähigkeit.

Diese „Technik" der Zukunftsschau wurde über Jahrtausende hinweg nach gleichen oder zumindest ähnlichen Prinzipien im gesamten vorchristlichen Abendland angewandt; auf anderen Kontinenten praktizieren Schamanen sie teilweise bis heute. Es handelt sich also um eine uralte „Methode" der Präkognition, und die Menschen, die sie beherrschten, genossen in den heidnischen Gesellschaften sehr hohe Verehrung. Die Pythia von Delphi beispielsweise, die ihren Sitz über einer geheimnisvollen Erdspalte hatte, wurde als personifizierte „Stimme des Gottes Apoll" angesehen; die keltischen *Vates* wiederum standen im Fürstenrang.

Mit der Christianisierung Europas freilich wurde, wie so vieles andere, auch diese ehrwürdige Tradition des Prophe-

Die Pythia von Delphi

tentums verteufelt. Wer jetzt noch öffentlich die geheimnisvollen Naturkräfte nutzte, um mit ihrer Hilfe sein „Drittes Auge" zu öffnen, wurde von den Priestern des Kreuzes verfolgt, so daß die jahrtausendealte Weisheit weitgehend verlorenging. Allerdings vermochte die Kirche sie nicht ganz auszurotten; da und dort überlebte das heidnische Wissen um die Verbindung zwischen bestimmten Naturkräften und menschlicher Psyche im Untergrund – und war damit auch in der Zeit der Hildegard von Bingen noch vorhanden.

Mehr noch: Gerade in manchen Klöstern des Mittelalters, die immer wieder auch als Refugien für Außenseiter der Gesellschaft dienten, wurden die alten spirituellen „Techniken" heimlich weiterhin gepflegt. In Irland etwa war noch bis ins 12. Jahrhundert hinein die Grenze zwischen heidnischem Druidentum und christlicher Religion fließend. In vielen Abteien gab es die sogenannten *Culdees*, welche Reste von druidischer Weisheit und christlichen Glauben miteinander zu verbinden versuchten, und noch der berühmte Visionär und Bischof Malachias (1094 – 1148) nutzte das uralte einschlägige Wissen der *Vates*, um bis ins beginnende dritte Jahrtausend zu blicken und seine spektakuläre Papstprophezeiung abzugeben.

Wenn wir nun die Vita der Hildegard von Bingen unter diesem Aspekt betrachten, dann stellt sich heraus, daß auch diese herausragende Vertreterin der katholischen Kirche, die später ebenso wie Malachias sogar heiliggesprochen wurde, sehr wohl um die genannten heidnischen Traditionen wußte und sich der paganen Weisheit ähnlich wie der irische Bischof bediente. Jutta von Spanheim könnte darin, wie in so vielen anderen Dingen auch, ihre geistige und praktische Führerin gewesen sein. Mit Sicherheit hatte diese Frau nämlich ihre Lehren aus den einschlägigen Legenden gezogen, die mit dem Disibodenberg verknüpft sind und die besagen, daß es sich bei dieser Erhebung seit jeher um einen „heiligen Ort" handle – und womöglich war Hildegards Mentorin speziell aus diesem Grund gerade dort zur Klausnerin geworden.

Der Disibodenberg liegt am Zusammenfluß von Glan und Nahe; wir haben es damit zunächst einmal mit einer topographischen Situation zu tun, wo das reichliche Vorkommen von „Wasseradern" vorausgesetzt werden kann. Solch unterirdische Ströme bündeln sogenannte „Erdstrahlen" – präziser ausgedrückt: elektromagnetische Kraftlinien -, weshalb Wünschelrutengänger an derartigen Orten heftige Ausschläge registrieren. Aber auch andere Sensitive reagieren auf dieses geophysikalische Phänomen, und wenn es sich um präkognitiv veranlagte Menschen handelt, dann können an solchen Plätzen unter Umständen spontane Visionen erfolgen.

Das ist aber im Fall des Disibodenberges noch nicht alles.

Eine der uralten Überlieferungen vermeldet nämlich, daß die Erhebung schon im siebten Jahrhundert besiedelt war – und zwar von einem Eremiten namens Disibod, der hier in der Abgeschiedenheit „Zwiesprache mit Gott" gehalten habe und fähig gewesen sei, „Wunder" zu tun. Moderne Linguisten können den Namen Disibod als iroschottisch identifizieren; bei dem Einsiedler handelte es sich infolgedessen um einen jener Wandermönche, die vom frühen sechsten bis zum späten achten Jahrhundert auf dem Kontinent missionierten und auch am Rhein ihre keltische Version des Christentums zu verbreiten versuchten.

Diese spezielle und im Gegensatz zum Katholizismus tolerante religiöse Ausrichtung korrespondierte aber nun sehr oft wieder mit dem Weg der *Culdees*, stellte also eigentlich eine Symbiose zwischen Heidentum und Christentum dar – und ein ganz wesentliches Element eines solchen spirituellen Pfades war das „Schöpfen" geistiger Kraft aus der Natur. Dies geschah logischerweise an Plätzen, wo die Energiefelder der Erde besonders stark waren; der iroschottische Wandermönch Disibod wählte also den Berg, der später nach ihm benannt wurde, exakt aus diesem Grund aus. Die „Erdstrahlen", die dort – vielleicht in extremer Weise an einem ganz bestimmten Punkt gebündelt – wirksam waren, befähigten ihn dann zu dem, was einfachere Gemüter anschließend als „Wunder" bezeichneten; in Wahrheit ereigneten sich im siebten Jahrhundert auf dem Disibodenberg paranormale Phänomene, so wie sie gerade den keltischen Missionaren auch anderswo zugeschrieben werden.

Nach dem Tod des mutmaßlichen *Culdees* blieb die Erinnerung daran im Volk haften, und in den folgenden Jahrhunderten fanden sich wohl immer wieder sensitive Menschen, welche die außergewöhnliche Natur des Platzes, auf dem die Eremitenklause gestanden hatte, erkannten: die Gründer eines lange vor der Zeit Hildegards wieder abgegangenen und dann eines weiteren Klosters; schließlich mit ziemlicher Sicherheit auch Jutta von Spanheim, die dort als Inklusin lebte und Hildegard von Bermersheim in das Geheimnis des Disibodenberges einführte.

Wenn das so war, dann lernte Hildegard die „Ausstrahlung" des Ortes bereits als Jugendliche zu nutzen; das nötige PSI-Talent war ihr, wie wir wissen, ohnehin in die Wiege gelegt worden. Jetzt bildete sich ihre paranormale Gabe von Jahr zu Jahr stärker aus; es erfolgte quasi eine Art psychischer und gleichzeitig physischer „Rückkoppelung" zwischen ihrem Geist und der geophysikalisch herausragenden Lokation, wo sie aufgrund einer besonderen Fügung, die kein bloßer Zufall gewesen sein kann, heranwuchs und zur jungen Frau wurde. Das „überirdische Licht", das sie zuweilen schon als Jugendliche erblickte, könnte so etwas Ähnliches wie eine „Widerspiegelung" jener elektromagnetischen „Erdkräfte" gewesen sein, für die normale Menschen blind sind. Ebenso ist es denkbar, daß ihre häufigen Schmerzen und Krankheiten körperliche Reaktionen auf die mentalen Belastungen der heranreifenden Seherin darstellten; derartige Phänomene jedenfalls sind durchaus auch von anderen Sensitiven bekannt.

Wenn es sich nun aber beim Disibodenberg um ein spirituelles „Kraftzentrum" handelt, dessen Einfluß Hildegard von Bermersheim zu ihren spektakulären Schauungen befähigte, dann müssen logischerweise auf dem Rupertsberg vergleichbare oder sogar noch gravierendere „andersweltliche Verhältnisse" geherrscht haben. Denn im Kloster auf dem Hügel über Bingen kulminierte Hildegards Gabe; hier brachte sie ihre „Scivias" zur Vollendung und durchlitt dabei jene Gesichte, die sich auf die fürchterlichen Geschehnisse im dritten Jahrtausend beziehen.

Betrachtet man die Biographie der „Prophetissa Teutonica" unter diesem Aspekt, so fällt zunächst auf, daß Hildegard den Ort für die Gründung ihrer Abtei selbst aussuchte. Erst nachdem sie mehrere andere mögliche Plätze verworfen hatte, entschied sie sich für den Rupertsberg – und das aus sehr guten Gründen. Auf dieser Hügelkuppe nämlich befanden sich, wie ebenfalls aus Hildegards Vita hervorgeht, die Ruinen eines „kleinen Heiligtums". Mitte des 12. Jahrhunderts wußte man auch noch, daß dieses Sakralgebäude – eine Kapelle, eine bescheidene Kirche oder dergleichen – Anno 893 während eines Einfalles der damals noch heidnischen Normannen zerstört worden war. Weiter nannte die Fama den Namen eines gewissen „Herzogs Rupert", welcher einst, noch ehe das „Heiligtum" zu seinem Andenken errichtet wurde, an der fraglichen Stelle gelebt und Kranke und Verkrüppelte geheilt haben sollte.

Wenn das Gebäude nun aber bereits 893 wieder in Ruinen lag und sich andererseits zu diesem Zeitpunkt längst die Rupertslegende um den Sakralbau gebildet hatte, dann muß dieser Rupert logischerweise sehr lange zuvor auf dem später nach ihm benannten Berg gewirkt haben. Auch sein Titel Herzog weist darauf hin, denn dieser Adelsrang wurde von den Karolingern Ende das achten Jahrhunderts abgeschafft; erst im zehnten Jahrhundert führten die Ottonenkaiser ihn wieder ein. Rupert kann infolgedessen eigentlich nur ein merowingischer Herzog des siebten oder frühen achten Jahrhunderts gewesen sein; damit lebte er in einer noch halbheidnischen Epoche. Dies wiederum bedeutet, daß ihm das alte pagane Wissen um Naturheiligtümer und ihre besonderen Kräfte alles andere als fremd war – am Ende der Indizienkette ergibt sich also ungefähr folgende Kurzbiographie:

Jener Rupert war ursprünglich ein merowingischer Herzog; entweder ein Heerführer, der nach germanischem Recht nur für die Dauer eines Kriegszuges gewählt worden war, oder aber ein Adliger, den der König mit der Verwaltung einer Provinz betraut hatte. Irgendwann in seinem Leben legte dieser Mann die Insignien seiner Macht ab und gab seinem Dasein eine völlig andere Ausrichtung. Am wahrscheinlichsten ist eine Hinwendung zum Christentum in seiner kontemplativen, von den iroschottischen Wandermönchen in Mitteleuropa verbreiteten Form; nur so ist zu erklären, warum Rupert jetzt als Einsiedler auf einem Berg über dem Rheintal lebte.

Diese Erhebung wiederum hatte sich der ehemalige Herzog sehr gezielt ausgesucht. Wie es in der Legende heißt, galt sein „ganzes Bestreben" der Pflege und Heilung von Kranken und Verkrüppelten – und da ihm die Mittel der modernen Medizin nicht zur Verfügung standen, kann er einzig Naturheilkunde betrieben haben. Dazu aber nutzten die Eingeweihten der fraglichen Zeit sehr wohl noch das erprobte heidnische Wissen und übten ihre menschenfreundliche Tätigkeit infolgedessen an ehemals paganen „heiligen" Plätzen aus, was in der ursprünglichen etymologischen Bedeutung des Wortes einen heilkräftigen Ort meint. Der Hügel, der später als Rupertsberg bezeichnet wurde, ist damit, genau wie der Disibodenberg, als geophysikalisches „Kraftzentrum" erkannt; auch hier – im Spannungsfeld zwischen massivem Fels und rasch strömendem Rheinwasser – existierten oder existieren bis heute besonders starke elektromagnetische Knotenpunkte. Diese Energiefelder können bei richtiger Anwendung unter anderem therapeutische Wirkung haben.

Irgendwann nach dem Tod Ruperts errichtete man eine Kapelle oder kleine Kirche an der Stelle, wo einst seine Klause gestanden hatte. Der Platz wurde wohl zu einer christlichen Wallfahrtsstätte und bestand bis zum Jahr 893, als er während eines Normannenüberfalls geschleift wurde. Und selbst diese scheinbar barbarische Tat könnte noch einmal ein Indiz dafür sein, daß es sich bei der Lokation auf dem Rupertsberg tatsächlich um ein uraltes heidnisches Heiligtum handelte. Die Wikinger nämlich, welche im späten neunten Jahrhundert nach wie vor die alten Götter verehrten, wollten den Ort, den sie als pagan erkannt hatten, eventuell lediglich von der christlichen Überbauung befreien und ihn so reinigen; dies vielleicht um so mehr, als das Christentum ihrer Zeit längst auf sehr aggressive Weise dazu übergegangen war, heidnische Kultplätze zu vereinnahmen und sie damit spirituell zu zerstören, auch wenn ihre geophysikalisch relevante Ausstrahlung erhalten blieb.

Diese seltene Bündelung von „Erdstrahlen" scheint nun Jahrhunderte nach Rupert die Visionärin Hildegard von Bingen wiedererkannt zu haben. Das – nach unserem ausführlichen Ausflug in die Geschichte des Rupertsberges wird es um so deutlicher – war der tiefste Grund dafür, daß die

Kloster Rupertsberg (zerstört 1632)

sensitive Frau ihr Kloster genau dort erbaute. Ebenso wie auf dem Disibodenberg wollte sie auch hier die „Erdkräfte" nutzen, die ihre PSI-Fähigkeit unterstützten, und wie ihre Vita beweist, hatte sie damit außerordentlichen Erfolg. Auf dem Rupertsberg hoch über dem Ort Bingen erreichte Hildegard ihre volle prophetische Potenz und konnte so zu einer deutschen „Sibylle" werden.

Ohne Zweifel schöpfte sie dabei aus heidnischen Quellen, denn die parapsychologische Wirkung der „Erdstrahlen" an dem bewußten Platz war lange vor ihr und dem Eremiten Rupert bereits paganen Initiierten bekannt gewesen. Es ist durchaus möglich, daß auf der Anhöhe über dem Rhein schon keltische *Vates* oder germanische Schamaninnen weissagten, die im Prinzip die gleichen „Techniken" anwandten wie die südeuropäischen Sibyllen. In dieser Tradition stand auch Hildegard von Bingen, und wenn wir nun die Art, wie sie ihre Visionen erlebte, mit dem vergleichen, was wir wiederum über die antiken Sibyllen wissen, dann wird eine weitere frappierende Übereinstimmung deutlich.

Der griechische Philosoph Heraklit von Ephesus, dem wir eine ganze Reihe von Informationen über die römischen und griechischen Seherinnen verdanken, schilderte deren Auftreten um das Jahr 500 v. d. Z. so: „Die Sibylle spricht mit rasendem Mund, ohne Lachen, ohne Schminke und ohne Myhrren und dringt vermöge göttlicher Hilfe mit ihrer Stimme durch Jahrtausende." Heraklit stellte also dezidiert klar, daß die antiken Visionärinnen rein verbal agierten, obwohl sie als gebildete Frauen sicherlich auch dazu fähig gewesen wären, ihre Schauungen niederzuschreiben. Die ihnen eigentümliche Art, zu prophezeien, bestand aber offenbar darin, das, was sie „sahen", im gleichen Moment wie gehetzt wiederzugeben; Zeugen notierten die Orakelsprüche dann und überlieferten sie so der Nachwelt. Auf exakt dieselbe Weise

„arbeitete" aber nun auch Hildegard von Bingen, wie das folgende Selbstzeugnis beweist:

> *„Ich sehe, höre und weiß gleichzeitig, und das, was ich weiß, erfasse ich wie in einem einzigen Augenblick. (...) Wenn ich eine Schau erlebe, so sind die Worte nicht wie Worte, die aus dem Mund eines Menschen kommen, sondern wie eine heranzuckende Flamme. (...) Solange ich es sehe, sind alle Bedrückung und Qual fern von mir; ich bin dann erneut wie ein junges Mädchen und nicht wie eine alte Frau. (...) Ich bin, als sei ich eine andere, und ich vergesse alle Schmerzen und Hemmungen. Meine Seele trinkt wie aus einer Quelle; die überströmende Quelle aber bleibt stets unerschöpflich."*

Auch die deutsche Prophetin „sprudelte" ihre Schauungen offenbar förmlich aus sich heraus; auch ihr waren die Weissagungen nur verbal möglich, und es geschah, wie sie selbst sagt, so intensiv, daß sie „alle Hemmungen vergaß". Zwar versuchte sie in jungen Jahren, ihre Visionen später aus der Erinnerung niederzuschreiben, hatte damit aber große Schwierigkeiten, wie sie selbst und ihre Biographen berichten. Erst als sie die Methode wählte, derer sich auch die antiken Sibyllen bedient hatten, und dazu überging, ihre Visionen sofort zu diktieren, waren die Resultate wirklich befriedigend. Genau aus diesem Grund hatte sie jahrzehntelang, wann immer möglich, stets einen ihrer Sekretäre bei sich: zunächst den Mönch Volmar, dann Wibert von Gembloux, und in dieser „klassischen" Symbiose – Prophetin „mit rasendem Mund" und mit fliegender Feder mitschreibender Skribent – entstand das erstaunliche Werk „Scivias".

Dies ist um so ungewöhnlicher, als derartige Praktiken so gar nicht in die Atmosphäre eines mittelalterlichen Klosters paßten. Hildegard hingegen scheint statt dessen auf dem Disibodenberg und später auf dem Rupertsberg dem „Genius Loci" gehorcht zu haben: dem jahrtausendealten heidnischen Geist dieser Lokationen, die vormals pagane Heiligtümer gewesen waren und gerade von daher selbst auf die christliche Nonne noch wirkten. Die „Prophetissa Teutonica" wiederum war unvoreingenommen genug, daran nichts Abwegiges zu sehen – und dies machte sie zusätzlich zu einer Frau, die spirituell wahrhaftig bedeutend war.

Wahre geistige Größe freilich äußert sich stets auch darin, daß das Großartige und Erhabene im Kleinen und scheinbar Niedrigen erkannt wird. Nur so kann der Sinn der uralten heidnischen Weisheit „Wie oben, so unten" begriffen und die begrenzte menschliche Erkenntnisfähigkeit in Einklang mit dem umfassenden kosmischen Gesetz gebracht werden, damit sie – bis hinein in den visionären Bereich – aus dieser Quelle zu schöpfen vermag. Und auf dieser spirituellen Ebene war Hildegard von Bingen ebenfalls Meisterin, wie wir im folgenden Kapitel sehen werden.

PFLANZEN, STEINE UND STERNKUNDE: DER NATURMYSTISCHE ERKENNTNISPFAD DER MITTELALTERLICHEN PROPHETIN

„Was der Saft im Baum ist, das ist im menschlichen Körper die Seele, und sie entfaltet ihre Kräfte ebenso wie der Baum seine Gestalt. Menschliche Einsicht gleicht dem Grün der Zweige und Blätter, menschlicher Wille ist den Blüten ähnlich. Das Sehen und Empfinden ist der jungen Frucht zugeordnet; das klare, vom Verstand getragene Begreifen hat seine Entsprechung in der reifen Frucht. Die Erkenntnis des Ganzen mit allen Sinnen schließlich gleicht der Größe des Baumes in seiner gesamten Höhe und Breite."

Diese Sätze der Hildegard von Bingen finden sich in ihrem Werk „Causae et Curae" („Vom Wesen und von der Heilung der Krankheiten"), und sie drücken in prägnanter Kürze den Kern einer ganzen Philosophie aus: Alles Leben ist aufs engste miteinander verknüpft und korrespondiert ununterbrochen miteinander. Pflanzen, Tiere, Mineralien und Menschen sind letztlich lediglich Facetten des einzigen Ganzen: einer umfassenden planetarischen und kosmischen Einheit, deren Geist – das Göttliche – ohne irgendeinen Unterschied sowohl im Größten als auch im Kleinsten wirkt.

Was die mittelalterliche Äbtissin hier sagt, ist abermals nicht christlich, sondern heidnisch; letztlich geht es um ein pantheistisches Weltbild, das die von der Bibel gepredigte und in der Praxis so verderbliche „hierarchische Theologie", wonach der Mensch „Krone der Schöpfung" sei und er sich „die Erde untertan machen" solle, aufhebt. Hildegard proklamiert im Gegensatz dazu eine „Kosmologie des gleichwertigen Miteinander"; im Grunde vertritt sie damit eine Metaphysik, wie sie lange vor ihr bereits von den keltischen Druiden gelehrt und gelebt wurde. Von diesen „Großen Wissenden" der europäischen Antike aber ist bekannt, daß sie ihre außerordentlich hochstehende Philosophie vor allem deswegen zu entwickeln vermochten, weil sie die Natur, ihre Große Mutter, als Lehrerin annahmen – und denselben Weg ging ohne jeden Zweifel auch Hildegard von Bingen, denn nur so konnte sie zu jener tiefen Einsicht gelangen, die sie in ihrem Buch „Causae et Curae" ausdrückte.

Betrachten wir nun wieder die Biographie der Prophetin, dann wird diese Methode, Erkenntnis aus der Natur zu schöpfen, auf Schritt und Tritt greifbar. Bereits in ihren Kindheits- und Jugendjahren auf dem Disibodenberg war Hildegard durch Jutta von Spanheim zur Gartenarbeit und damit zur Betrachtung des Aufblühens, Reifens und Vergehens der Kräuter angehalten worden. Dadurch aber verinnerlichte die Heranwachsende nicht nur den Lebenskreislauf der Pflanzen, sondern gewann zusätzlich – wenn auch zunächst wohl noch unbewußt – erste Einblicke in einen natürlichen Zeitzyklus.

Um andere derartige Zyklen ging es bei den astronomisch-astrologischen Studien, die Hildegard von Bermersheim ebenfalls bereits seit ihrer Jugend betrieb und als erwachsene Frau vervollkommnete. Wenn sie sich mit den Planetenbahnen und „Tierkreisen" beschäftigte oder zum nächtlichen Sternenhimmel blickte und dabei meditierte, erschlossen sich ihr ganz sicher weitere Einsichten über die Zusammenhänge von Raum, kosmischer Energie und Zeit. Die Methode, die sie dabei anwandte, bestand vermutlich aus einer Kombination von rationaler Beobachtung, beziehungsweise Reflexion der Vorgänge am Firmament – und andererseits damit verbundenen intuitiven Assoziationen, die bis in den metaphysischen Bereich hineinreichen konnten.

Wir werden uns mit dieser mystischen Ebene, auf der Hildegards Präkognitionen anzusiedeln sind, gleich noch ausführlicher beschäftigen; vorerst weitere Indizien, die Hinweise auf den geistigen Weg (mit seinen faszinierenden praktischen Auswirkungen) geben, den die reifende Visionärin beschritt. In zahlreichen Büchern über sie wird zum Beispiel deutlich gemacht, daß sie als eine Meisterin der Pflanzenheilkunde galt; konkret bedeutet das: Die Äbtissin war auch auf diesem speziellen Feld imstande, verborgene Wechselwirkungen zwischen humaner und floraler Physis zu erkennen, so daß sie Kranken auf vielfältige Weise und bedeutend besser als die meisten anderen Ärzte ihrer Zeit zu helfen vermochte.

Der Schlüssel dazu war abermals ihr Wissen um die innige Verbindung aller Erscheinungsformen des Lebens, die sich in erstaunlich vielfältiger Weise gegenseitig beeinflussen, und diese Verflechtung wird auch im „Verhältnis" zwischen Mensch und Mineralien wirksam. Seit Jahrtausenden ist bekannt, daß sich die „Ausstrahlung" gewisser edler Steine positiv auf die menschliche Psyche und Physis auswirken kann: sie beruhigen, regen die Aktivität an, fördern die Konzentration oder stabilisieren die Gesundheit. Hildegard von Bingen nun nutzte auch dieses Wissen, um ihren Nächsten Gutes zu tun; ebenso profitierte sie aber selbst von dieser Art der „real praktizierten Weisheit", denn einmal mehr gelang ihr dadurch ein intellektuell-intuitiver Vorstoß in jene tieferen Schichten menschlicher und planetarischer Existenz, wo die „äußerlichen" Naturgesetze scheinbar aufgehoben sind. In Wahrheit jedoch treten sie in einer anderen Dimension umfassender als in der sichtbaren, alltäglichen Welt zutage; sie manifestieren dort sozusagen Kräfte, die im „diesseitigen" Bereich nur für Eingeweihte greifbar sind.

In vielen verschiedenen Bereichen beobachtete Hildegard also die Natur, verinnerlichte deren offenkundige und verschlüsselte Gesetze und lernte auf diese Weise mehr als die meisten anderen Menschen ihrer Epoche. Zuletzt, als sie „wie der Baum in seiner ganzen Höhe und Breite" war, konnte sie von daher auch die „ganze Höhe und Breite" der Zeit erkennen. Dies war ihr deswegen möglich, weil auch der Ablauf der Zeit letztlich Emanation der geistbeseelten Materie ist, welche die unendlich vielen Erscheinungsformen des Lebens hervorbringt – und weil es zudem unterschiedliche Zeitebenen gibt, die wiederum mit den verschiedenen Dimensionen des Daseins korrespondieren. Verständlicher ausgedrückt: Wer die Zeit wahrhaftig begreift, weiß, daß sie sich jenseits der „realen Welt", wo sie als chronologisch beobachtet wird, auch in andere Richtungen bewegen kann, so daß die Grenzen zwischen Vergangenheit, Gegenwart und Zukunft durchlässig werden – und künftige Ereignisse von inspirierten Menschen deshalb lange vor ihrem Eintreffen erschaut werden können.

Im 20. Jahrhundert gelangte Albert Einstein auf physikalisch-mathematischem und teils sogar experimentellem Weg zu dieser Erkenntnis; der mittelalterlichen Nonne waren diese Pfade natürlich noch verschlossen. Hildegard von Bingen fand jedoch eine andere Möglichkeit, um das, was sie durch ihre intensiven Naturbeobachtungen sowie ihre Meditationen über die innerste „Natur der Dinge" herausgefunden hatte, zu einem geschlossenen geistigen Gebäude zusammenzufügen, damit sie die gewonnene Weisheit dann in der Praxis um so wirksamer anwenden konnte. Es handelte sich in ihrem Fall um den Weg der Mystik, worunter sich kaum ein moderner Mensch etwas vorzustellen vermag und damit höchstens irgendwelche religiösen Verzückungen oder dergleichen assoziiert. Sofern man aber ein wenig tiefer nachforscht, wird schnell deutlich, daß die Äbtissin offenbar in einer sehr faszinierenden spirituellen Welt lebte.

Gelegentlich wird die mittelalterliche Mystik heute als „buddhistische Ausrichtung" innerhalb des damaligen Christentums bezeichnet. Im Prinzip betrieben Mystikerinnen wie Hildegard von Bingen Meditation auf außerordentlich hohem Niveau und strebten dabei das gleiche an wie der indische Erleuchtete Siddharta Gautama: ein möglichst tiefes Einswerden mit dem ewigen und grenzenlosen Geist des Kosmos. Wenn dies einem Adepten gelang, sprengte sein Bewußtsein die irdischen Fesseln und weitete sich in normalerweise unzugängliche mentale Dimensionen aus. Immer wieder ist in den Texten der Mystiker die Rede von unbeschreiblichen Klangkaskaden, die gleichermaßen Musik und Materie seien; ebenso wird von einem „überirdischen Licht" berichtet, das in seiner Intensität und Schönheit kaum zu ertragen sei.

Hildegard von Bingen beschreibt dieses „jenseitige" Leuchten gleich zu Beginn ihres Werkes „Scivias" so:

Aus dem weit geöffneten Himmel fuhr ein blitzendes, feuriges Licht herab. Es durchströmte mein Gehirn und setzte mein Herz sowie die ganze Brust gleich einer Flamme in Brand. Dennoch verbrannte es mich nicht; es war vielmehr nur so heiß, wie die Sonne einen Gegenstand erwärmt, auf den ihre Strahlen fallen."

Dieses aus extrasensorischen Bereichen kommende Strahlen nun, das die rheinische Mystikerin im Lauf ihres Lebens und aufgrund regelmäßiger Übung wohl immer problemloser „herbeizurufen" lernte, hatte bei ihr unter anderem den folgenden Effekt, den sie wiederum mit ihren eigenen Worten schildert:

> *„Ganz nach dem Willen Gottes erhebt sich meine Seele bei diesem Schauen entweder zur Höhe des Firmaments und in die wechselnden Luftbereiche empor, oder aber meine Seele weitet sich aus bis zu den unterschiedlichsten Völkern der Erde. Dies geschieht, obwohl jene Völker sich teils in sehr weit entfernten Gegenden und an mir völlig unbekannten Orten befinden. Dennoch erschaue ich das alles in meiner Seele, wobei ich es so erblicke, als würden die Formen von Wolken sich verändern oder andere Formen der Schöpfung unablässig ihre Gestalt wechseln."*

Diese Aussagen sind erstaunlich präzise und haben, bei genauer Betrachtung, gar nichts mit dem zu tun, was man landläufig unter Mystizismus versteht. Statt dessen beinhalten sie sehr konkrete Informationen über die Natur von Hildegards Visionen. Sie ordnet diese geographisch und anthropologisch (ferne Gegenden und unterschiedliche Völker) ein und macht zudem eine genaue Angabe über den optischen Ablauf der Schauungen. Deren Bilder nämlich erscheinen ihr wie das Wechselspiel dahintreibender Wolken; ein Geschehnis schiebt sich über das andere, beziehungsweise ergibt sich aus dem vorhergehenden.

Diese Beschreibung geht weitgehend konform mit dem, was andere Hellseher über den Ablauf ihrer Visionen aussagten. Alois Irlmaier etwa, ein Prophet aus der ersten Hälfte des 20. Jahrhunderts, sprach von einem „Wirbel" künftiger Ereignisse; hinter einer Art von Nebelschleier erkannte er in schneller Folge Menschen, Landschaften oder Städte der Zukunft. Und der noch lebende Bauer aus dem österreichischen Waldviertel, der in beklemmenden Weissagungen sehr detaillierte Szenen eines Dritten Weltkrieges preisgab, erklärte einmal, daß eine Art Film vor seinen offenen Augen ablaufe, wobei der Rand seines Blickfeldes nach wie vor die Realität zeige, während die Präkognitionen selbst sich gleichzeitig im Zentrum seiner Pupillen abspielten.

Auf ihrem mystischen Erkenntnispfad erreichte Hildegard von Bingen infolgedessen dieselbe extrasensorische Wahrnehmungsfähigkeit wie die genannten Sensitiven des ausgehenden Jahrtausends, wodurch allein sie sich bereits als wahrhaft Eingeweihte ausgewiesen hätte. Doch die oben zitierten Zeilen über die Natur ihrer Schauungen enthalten einen noch frappierenderen Beweis für ihre Hellsichtigkeit. Sie schreibt nämlich, ihre Seele hebe sich „in die wechselnden Luftbereiche" empor, und das kann nun eigentlich nur bedeuten, daß sie sich aufgrund ihres paranormalen Könnens der Existenz von Troposphäre, Stratosphäre und Mesosphäre bewußt war, obwohl diese unterschiedlichen Schichten der Atmosphäre erst in der Moderne entdeckt wurden.

Der mystische Weg, den die rheinische Nonne beschritt, hatte also in letzter Konsequenz weniger mit religiöser Verzückung als vielmehr mit einer tiefen, zu ihrer Zeit anders nicht erreichbaren Einsicht in die Naturgesetze zu tun – und dies wiederum ist kein Wunder, wenn wir uns nun wieder daran erinnern, daß Hildegard ja zunächst einmal aufgrund präziser Naturbeobachtung dorthin geführt worden war. Zusammenfassend läßt sich damit sagen: Die „Prophetissa Teutonica" gelangte durch ein tiefes Erfassen und Verinnerlichen der sichtbaren Welt auf eine Erkenntnisebene, die es ihr ermöglichte, geistig dermaßen innig in Einklang mit den unsichtbaren Dimensionen des Daseins zu kommen, daß sie letztlich aus dem zu schöpfen vermochte, was sie als „Gott" oder „göttliches Licht" bezeichnete: aus jenem höheren kosmischen Bewußtsein, in dessen Rahmen die alltäglichen Grenzen von Zeit und Raum aufgehoben sind. Infolgedessen wurde auch ihr Blick grenzenlos, und ihr „Drittes Auge" konnte die Schranke durchdringen, welche gewöhnlichen Menschen den Blick in die Zukunft verwehrt.

Um dieses Ziel zu erreichen, wählte Hildegard von Bingen den Pfad der Mystik, weil er der einzige war, der ihr im christlichen Mittelalter zur Verfügung stand; nur ihn durfte sie einschlagen, wenn sie nicht Gefahr laufen wollte, als Ketzerin verfolgt und womöglich ermordet zu werden. Ihre Naturmystik stellte quasi ein geistiges Biotop dar, das von einer ansonsten engstirnigen und intoleranten Kirche geduldet wurde, nachdem sich vor der rheinischen Äbtissin bereits andere Mystiker als für den Glauben wertvolle Persönlichkeiten erwiesen hatten. Allerdings beinhaltete dieser spirituelle Weg eine Gefahr: Weil seine Adepten sich in ihren Äußerungen stets innerhalb der Grenzen christlicher Dogmatik zu halten hatten, drohte jederzeit der Absturz in biblische Denkschablonen und damit der Verlust echter, aus völliger mentaler Freiheit geborener Erkenntnis.

In Hildegards Werk „Scivias" wird dieses Handikap sehr deutlich greifbar. Die darin enthaltenen Präkognitionen stellen insgesamt nur einen kleinen Teil des gesamten Textes dar. Ansonsten besteht das umfangreiche Buch aus einer Fülle rein religiöser Passagen, die zwar manchmal den Anschein erwecken, als handle es sich um Weissagungen; in Wahrheit jedoch haben wir es hier lediglich mit theologischen „Versatzstücken" zu tun. Deren Herkunft wiederum ist leicht zu erkennen; vielfach stand ganz ohne Zweifel die „Geheime Offenbarung" des Johannes von Patmos Pate, die am Ende des ersten Jahrhunderts niedergeschrieben wurde und den abschließenden Teil des christlichen „Neuen Testaments" bildet.

Wahrscheinlich war es so, daß Hildegard von Bingen über diese Johannes-Apokalypse ebenso meditierte wie über die Natur von Pflanzen und Steinen, weshalb dann zahlreiche Metaphern daraus in ihre eigenen Schriften einflossen. So etwas war bei Mystikern durchaus üblich; sie spielten quasi mit den vorgegebenen Bildern: versuchten, deren verschiedenartige Facetten zu erkennen und daraus eigene spirituelle Einsichten abzuleiten. Stets ging es dabei aber um religiöse Erleuchtungen und nicht um Präkognition.

Wenn beispielsweise sowohl in der „Offenbarung" als auch im einen oder anderen Text Hildegards die Rede vom „Himmlischen Jerusalem" ist – einer manchmal durchaus futuristisch anmutenden Stadt, die in ferner Zukunft den strahlenden Mittelpunkt der Welt bilden werde -, dann darf dies nicht als tatsächliche Wahrschau mißverstanden werden. Vielmehr wird in diesem Bild die theologische Sehnsucht nach einem weltweiten Sieg des Christentums ausgedrückt.

Ähnliches gilt für den häufig gebrauchten Begriff „Harmageddon". In der christlichen Theologie ist darunter die sogenannte Parusie zu verstehen: die vorgebliche Wiederkunft Christi am „Jüngsten Tag", die im Glauben der katholischen Kirche eine zentrale Rolle spielt. Nach „weltlichem" Sprachgebrauch hingegen steht „Harmageddon" für eine reale Globalkatastrophe, wie sie von vielen Hellsehern teils mit schrecklichen Einzelheiten vorhergesagt wurde. Der „Jüngste Tag" der Johannes-Apokalypse hat mit dem, was echte Präkognitive erschauten, nichts zu tun, und unter der gleichen Voraussetzung müssen auch zahlreiche weitere in „Scivias" auftauchende Metaphern interpretiert werden.

Ebenso wie die „Geheime Offenbarung" ist also auch das Werk der mittelalterlichen Nonne über weite Passagen hinweg eher mystische Predigt auf hohem poetischen Niveau als tatsächliche Prophezeiung, obwohl „Scivias" gewöhnlich in seiner Gesamtheit als „visionäres" Werk hingestellt wird. Die Kommentatoren, die das tun, unterscheiden dann leider nicht zwischen religiösen „Visionen", in denen es letztlich nur um Verzückungen des Glaubens geht, und tatsächlichen Weissagungen.

In Wahrheit sind bei Hildegard von Bingen theologische Aussagen und wertfreie Präkognitionen eng miteinander verknüpft, und es bedarf deshalb einiger „Detektivarbeit", um das eine vom anderen zu trennen. Vielleicht ist dies auch deswegen so, weil Hildegard selbst daran gelegen war, ihre hochbrisanten Prophezeiungen zu tarnen; es könnte zu ihrer Zeit und in ihrem Fall schlicht Selbstschutz gewesen sein. Um so brisanter freilich sind die Ergebnisse, wenn man sozusagen die Spreu vom Weizen scheidet, denn hinter dem Schleier der religiösen Mystik tauchen dann plötzlich Bilder aus dem dritten Jahrtausend auf, wie sie im 12. Jahrhundert wahrlich nur einer echten Zukunftsseherin greifbar werden konnten.

DIE WEISSAGUNGEN DER HILDEGARD VON BINGEN FÜR DAS DRITTE JAHRTAUSEND

Die moderne Taschenbuchausgabe des Werkes „Scivias" umfaßt rund 600 Seiten und ist in drei Teile gegliedert. Präkognitiven Charakter tragen das elfte und zwölfte Kapitel des dritten „Buches", denen die mittelalterliche Prophetin die Titel „Das Ende der Zeiten" und „Der Tag der großen Offenbarung" gab. Die beiden Kapitel enthalten zusammen 57 kurze Texte; bei einem Teil davon handelt es sich zweifellos um echte Visionen, während andere Passagen diese Schauungen von einer theologisch-mystischen Warte aus kommentieren. Die prophetischen Aussagen wurden daher vom Autor aus dem religiösen Kontext herausgelöst. Sie wurden entweder nach verschiedenen vorliegenden Übersetzungen aus dem Lateinischen (siehe Literaturverzeichnis) zitiert, beziehungsweise eigenständig in zeitgemäßes Deutsch übertragen und außerdem interpretiert.

Der so entstandene Weissagungs-Kanon gliedert sich wiederum in drei inhaltlich unterschiedliche Teile. Der erste, der unter der Überschrift „Die fünf Tiere der Zeit" vorgestellt wird, gibt einen historischen Überblick von der Epoche Hildegards bis etwa zum Jahr 2100; in ihm sind naturgemäß auch bereits eingetroffene Schauungen enthalten. Der zweite Abschnitt „Vom Sturz des Stuhles Petri" beschäftigt sich mit dem Untergang der katholischen Kirche, beziehungsweise der christlichen Religion insgesamt. Im dritten und letzten Teil schließlich, der den Titel „Die Apokalypse" trägt, schildert die Visionärin eine Globalkatastrophe von unvorstellbaren Ausmaßen, bei der es offenbar auch zu einem Kippen der Erdachse kommt.

Die fünf Tiere der Zeit

Dann blickte ich nach Norden, und siehe: Es standen dort fünf wilde Tiere. Das erste war wie ein feuerfarbener, aber nicht brennender Hund. Eines war wie ein Löwe von dunklem Gelb, ein anderes glich einem fahlen Roß. Das nächste war einem schwarzen Schwein ähnlich und ein weiteres einem grauen Wolf.
Sie drehten sich in westlicher Richtung. Und dort im Westen erschien vor diesen Tieren so etwas wie ein Berg mit fünf Gipfeln. Aus dem Rachen jedes einzelnen der Tiere erschien ein Seil und reichte bis zu je einem Gipfel des Berges. Alle diese Seile waren von schwärzlicher Farbe, mit Ausnahme des einen Seils, das aus dem Rachen des Wolfes kam. Dieses schien halb schwarz, halb weiß zu sein.
Und ich vernahm eine Stimme vom Himmel, die zu mir sprach: Alles auf Erden strebt seinem Ende entgegen, denn die Welt ist durch das Schwinden ihrer Kräfte zu einem Ende bestimmt, und sie wird von vielen Drangsalen und Katastrophen erdrückt und gebeugt. Das besagt auch die Vision, welche du schaust. Du blickst nämlich nach Norden, und siehe: Dort stehen fünf wilde Tiere. Das sind die dahineilenden fünf Reiche der Welt, die in der Gier des Fleisches leben und an denen der Makel der Sünde hängt, so daß sie wild gegeneinander wüten.

***

Das erste davon ist wie ein feuerfarbener, aber nicht brennender Hund. Dies ist so, weil jene Epoche bissige

Menschen ausgebären wird. Sie selbst sehen sich zwar als reines Feuer an, aber sie sind nicht in der göttlichen Gerechtigkeit entbrannt.

***

Und eines ist wie ein Löwe von dunklem Gelb. Dies ist so, weil jene Epoche kampflüsterne Menschen hervorbringen wird. Sie werden zahlreiche Kriege vom Zaun brechen, aber dabei nicht das göttliche Recht beachten. Und bald beginnen diese Reiche in dunkelgelber Farbe zu verwelken.

***

Ein anderes gleicht einem fahlen Roß. Dies ist so, weil jene Epoche eine Flut sündiger Ausschweifungen ausgebärt, welche in ihrer hemmungslosen Gier die ihnen entgegenstehende Kraft der Tugend überwältigen werden. Deshalb wird das Herzstück dieser Reiche in der Blässe seines Niedergangs zerbrochen; es wird völlig seine kraftvolle Röte verlieren.

***

Das nächste ähnelt einem schwarzen Schwein. Dies ist so, weil in jener Epoche führende Menschen auftreten, welche die tiefe Schwärze der Trauer in ihrem Inneren tragen und sich im Schmutz der Unreinheit wälzen. In ihrer widernatürlichen Unzucht und aufgrund ähnlicher Bösartigkeiten setzen sie das göttliche Gebot hintan und lösen dadurch zahlreiche Zersplitterungen der heiligen göttlichen Gebote aus.

***

Ein weiteres ist einem grauen Wolf ähnlich. Dies ist so, weil in jener Epoche Menschen leben, die viel Raub an Macht und anderen Vorteilen an sich bringen. Da sie in jenen Streitigkeiten weder schwarz noch weiß, sondern grau und somit voller List auftreten, gelingt es ihnen, die Herrscher jener Reiche zu stürzen, und sie teilen diese Reiche unter sich auf. Es kommt dann nämlich die Epoche, in der zahllose Seelen in Verwirrung geraten, weil sich der Irrtum aller Irrtümer von der Unterwelt bis zum Himmel ausbreitet. Dadurch werden die Kinder der Sonne in eine Kelter der Leiden gestoßen werden, denn sie werden das Gute retten wollen und das Böse ablehnen; das Böse aber wird danach trachten, sein Ziel mit teuflischen Listen zu erreichen.

***

Diese Tiere aber drehen sich nach Westen. Dies ist so, weil jene vergänglichen Epochen mit der sinkenden Sonne dahinschwinden. Denn wie die Sonne am Firmament aufsteigt und sinkt, so verhält es sich auch mit dem Lauf des Menschen: dieser entsteht und jener vergeht.

*****

Mit dem eben zitierten letzten Abschnitt gibt Hildegard von Bingen – genauso wie gleich im ersten Satz des ganzen Textes – den entscheidenden Hinweis auf die Natur dieser Weissagung. Unmittelbar zu Beginn der Einleitung heißt es, daß die Visionärin nach Norden blicke, und in dieser Himmelsrichtung erkenne sie das Auftauchen der fünf Tiere. Anschließend und dann noch einmal ganz zuletzt sagt sie, die Tiere würden sich nach Westen „drehen", und die ihnen zugeordneten Epochen verschwänden mit der sinkenden Sonne. Sie bezieht sich hier also dezidiert auf den Kreislauf des Gestirns, das aus dem Dunkel der Nacht im Norden aufsteigt und einen vollen Tag lang über die Erde wandert, ehe es im Westen untergeht – und dies ist eine uralte Metapher für einen großen, abgeschlossenen Zeitzyklus an sich.

Die fünf Tiere stehen damit für ebenso viele Abschnitte einer langen historischen Epoche, wofür zusätzlich die fünf Berggipfel sprechen. Jedes der Tierwesen ist mit einer solchen Klippe verbunden; es werden durch dieses Bild zeitliche Zäsuren gekennzeichnet. Insgesamt ergibt sich aus dieser Metaphorik ein „Zeitschlüssel", mit dessen Hilfe die Prophezeiungen, die mit den jeweiligen Tieren verknüpft sind, geschichtlich eingeordnet werden können. Ehe dies möglich wird, muß freilich noch ein „Fixpunkt" gefunden werden: der historische Moment, an dem der feuerfarbene Hund auftaucht.

Mit dieser Frage hat sich im 20. Jahrhundert, das einen sehr weiten Blick zurück und damit gute Interpretationsmöglichkeiten im nachhinein bietet, besonders intensiv die Benediktinerin Maura Böckeler beschäftigt. Als Nonne der St. Hildegardis-Abtei in Eibingen erforschte sie das Leben der Visionärin, wozu sie neben den Schriften von Hildegards Biographen Volmar und Wibert von Gembloux auch das Werk des mittelalterlichen Klerikers Gebeno von Ebersbach heranzog, der Anno 1220 eine erste Auslegung der Schauungen vorgelegt hatte. Dabei kam Maura Böckeler zu folgendem Ergebnis: „Sicher scheint zu sein, daß Hildegard unter dem ersten Zeitalter, dem des feurigen Hundes, ihre eigene Zeit versteht. (...) Gebeno setzt den Anfang dieser Zeit, angeblich nach einem Ausspruch Hildegards, auf das Jahr 1100."

Wenn wir nun die erste Prophezeiung unter diesem Aspekt betrachten, dann wird sofort klar, wie treffend diese historische Einordnung ist. Jene Epoche werde „bissige Menschen ausgebären", heißt es; Menschen, die „sich zwar als reines Feuer" ansehen, aber „nicht in der göttlichen Gerechtigkeit entbrannt" sind. Vor dem Hintergrund der Jahreszahl 1100 lassen sich in diesen Menschen zweifelsfrei die Teilnehmer an den Kreuzzügen erkennen. Sie glaubten, sie würden das „reine Feuer" der christlichen Religion über die Grenzen Europas hinaustragen; in Wahrheit machten sie sich aber unsäglicher Greueltaten schuldig, so daß sie wahrlich nicht im Sinn des Göttlichen handelten. Unter der Epoche des Hundes ist infolgedessen die Kreuzzugzeit zu verstehen, welche 1098 mit dem ersten Feldzug zur „Befreiung" Jerusalems einsetzte und 1291 mit dem Fall der letzten christlichen Festung Akkon in Palästina endete. Fast auf das Jahr genau ist so der historische Abschnitt zwischen 1100 und 1300 markiert: zwei Jahrhunderte, die wir damit als jene Zeitspanne definieren können, die jeweils dem Auftreten oder der Epoche eines der Tiere entspricht.

Das Zeitalter des Löwen umfaßt nach dieser Rechnung das Spätmittelalter von 1300 bis 1500, und wieder ist die Charakterisierung, die Hildegard von dieser Epoche gibt, ausgesprochen zutreffend. Sie spricht von kampflüsternen Menschen, zahlreichen Kriegen und dem Verwelken dieser Welt – und man glaubt förmlich die Raubritter, die vielen Fehden und den Niedergang des Heiligen Römischen Reiches Deutscher Nation vor sich zu sehen, das zu jener Zeit mehr und mehr in kleine Territorialstaaten zersplitterte.

Ab dem Jahr 1500 wurde wahr, was Hildegard von Bingen für die Epoche des fahlen Rosses vorhersagte. Damals wurde die katholische Kirche von den Renaissancepäpsten beherrscht, deren „sündige Ausschweifungen" (bis hin zum Inzest mit Söhnen und Töchtern) bis heute Abscheu hervorrufen. Aufgrund dieser und zahlloser weiterer Verbrechen des Papsttums wurde letztlich in der Tat das „Herzstück des Reiches", nämlich Rom, zerbrochen. Die Reformation spaltete die römisch-katholische Kirche; Katholiken und Protestanten kämpften bis zum ausgehenden 17. Jahrhundert in zahlreichen Religionskriegen gegeneinander. Zuletzt hatte Rom seinen Einfluß in halb Europa verloren; seine zuvor als unerschütterlich angesehene Kraft war für immer dahin.

Das schwarze Schwein kennzeichnet die Zeit von 1700 bis 1900. Unter den „führenden Menschen", welche die „Schwärze der Trauer" in sich tragen, sind die Revolutionäre jener Epoche zu verstehen, die das Unrecht des Feudalismus nicht mehr ertragen konnten, das Los ihrer Mitmenschen also zutiefst betrauerten. Ihr größter Sieg war die Französische Revolution von 1789, doch auch sie bewirkten viel Böses, wenn man etwa an Robespierre denkt. Den Kirchen sagten diese Aufklärer, die sich bereits mehr oder weniger vom Christentum losgesagt hatten und unter anderem auch sexuelle Befreiung proklamierten, den Kampf an, was innerhalb der Religion wieder turbulente Richtungskämpfe – zum Beispiel die

Abspaltung der Altkatholiken von den Katholiken im 19. Jahrhundert – auslöste.

Die Epoche des grauen Wolfes umfaßt das 20. und 21. Jahrhundert. Sie ist, von der gegenwärtigen Warte aus betrachtet, infolgedessen zur Hälfte bereits Vergangenheit, zur anderen Hälfte aber noch Zukunft. Sofern wir diejenigen Textelemente herausfiltern, die wir als Geschichte erkennen können, haben wir hier andererseits eine erste Präkognition der Hildegard von Bingen für das anbrechende dritte Jahrtausend.

Die Menschen, die „viel Raub an Macht und anderen Vorteilen" an sich brachten, traten bereits um 1900 auf. Damals setzte jene, zunächst noch positive Entwicklung ein, die nach 1918 zum Sturz der meisten europäischen Monarchien führte. Sehr schnell jedoch wurden die frühen Demokratien, die nach dem Ersten Weltkrieg in Deutschland, Italien, Spanien und Rußland entstanden waren, von den Faschisten unterminiert, welche in Gestalt Hitlers, Mussolinis, Francos und Stalins anschließend den größten Teil des Kontinents unter sich aufteilten. Anfangs, ehe sie zur totalen Macht gelangten, zeigten sich diese Verbrecher tatsächlich „grau" und „voller List", indem sie sich nämlich scheinbar ein demokratisches Deckmäntelchen umhängten.

In der zweiten Hälfte des 20. Jahrhunderts begann dann wohl die Epoche, in der „zahllose Seelen in Verwirrung geraten", denn abermals tauchten „graue Eminenzen", wenn jetzt auch in anderer Gestalt, auf. Es handelte sich um jene Konzernherren, die während der vergangenen Jahrzehnte mit Hilfe zunehmend von ihnen abhängiger Politiker immer unverfrorener die westlichen Demokratien unterwanderten und heutzutage längst die eigentlichen Drahtzieher im Hintergrund sind. Am Ende des Jahrtausends ist infolgedessen das inzwischen völlig unverblümte Hochkommen eines global agierenden Neokapitalismus zu beobachten; gewählte Staatsoberhäupter, die noch Widerstand versuchen, werden mit infamen Methoden attackiert, wie die Lewinsky-Affäre um Bill Clinton zeigte.

Ebenso zeichnet sich bereits jetzt jener „Irrtum aller Irrtümer" ab, von dem die Prophetin sagt, er werde sich von der „Unterwelt bis zum Himmel" ausbreiten. Diese fundamentale Fehlentwicklung hat wohl abermals mit dem neuen Brutalkapitalismus des ausgehenden 20. Jahrhunderts zu tun, der die Erde in ihren Grundfesten und dazu ihre Atmosphäre bedroht. Unterirdische Atomversuche erschüttern den Planeten bis in seinen flüssigen Magma-Kern hinein und lösen immer wieder verheerende Erd- und Seebeben aus; gleichzeitig vergrößern sich die Ozonlöcher über den Polen von Jahr zu Jahr. Und dies alles, weil die Politiker, Wirtschaftsführer, Militärs und Wissenschaftler gerade der sogenannten hochentwickelten Staaten in dem fatalen Glauben befangen sind, ungestraft Schindluder mit der Natur treiben zu können – was sich aber im 21. Jahrhundert wahrlich als katastrophaler Irrtum herausstellen wird.

Hemmungslose Profitgier und ungezügelter Machthunger, vor allem der USA, haben nämlich längst einen Prozeß eingeleitet, der im Grunde nur in einem globalen Debakel von apokalyptischen Ausmaßen enden kann. Um aber die Menschen darüber hinwegzutäuschen, wurde von den Herrschenden gleichzeitig eine Medienindustrie etabliert, die auf immer perfektere Weise Volksverdummung betreibt und die Seelen und den Verstand der Konsumenten dadurch immer noch weiter „verwirrt". Deutschland erlebte während der letzten Jahrzehnte einen kulturellen Absturz sondergleichen. An die Stelle des öffentlich-rechtlichen Fernsehens mit seinem einstmals hohen Standard traten zunehmend Privatsender mit unsäglichen amerikanischen oder amerikanisierten Primitivprogrammen; ebenso wurde die deutsche Literatur, die noch in den 70er und 80er Jahren starken gesellschaftlichen Einfluß nahm, seither Zug um Zug demontiert und in großen Teilen liquidiert, so daß die Buchhandlungen heute von amerikanischen Trivialschwarten überquellen, während etwa die Werke von Heinrich Böll vielfach gar nicht mehr in den Regalen zu finden sind.

Wohin diese Entwicklung im 21. Jahrhundert führen wird, ist leicht abzusehen. Bereits zur Jahrtausendwende steigt die Zahl der Analphabeten in den modernen Industriegesellschaften rapide an; schon jetzt sind Millionen westeuropäischer Bürger nicht mehr imstande, auch nur einen einfachen Satz zu entziffern, und in den Vereinigten Staaten von Amerika liegt der entsprechende Prozentsatz noch höher. Im neuen Millennium werden, falls das Ruder nicht doch noch in letzter Minute herumgerissen wird, breite Bevölkerungsschichten ein äußerst niedriges geistiges Niveau aufweisen – und dieses gezielt gezüchtete Proletentum wird dann ganz gewiß nicht mehr fähig sein, sich gegen noch weitergehende Manipulationen bis hin zur Einführung einer neuen Sklavenhaltergesellschaft zu wehren.

Dennoch wird es, folgt man der Prophezeiung der

Hildegard von Bingen für das dritte Jahrtausend, verzweifelten Widerstand von anderer Seite geben: nämlich durch die „Kinder der Sonne". Unschwer sind darin die Ökobewegungen wie „Die Grünen", „Greenpeace" oder die „Regenbogenkrieger" der Zukunft zu erkennen, die nicht nur auf alternative Energien setzen, sondern vielfach auch das Sonnensymbol in ihren Emblemen führen. Diese Gruppierungen sind offenbar die einzigen, die sich der allgemeinen Verdummung zu entziehen vermochten; sie wollen „das Gute" (die Natur und das Leben) retten und lehnen „das Böse" (hemmungslose Profitgier und globale Herrschsucht der Neokapitalisten) ab. Doch die skrupellosen neuen Herren der Erde bekämpfen diese letzten denkenden Menschen mit „teuflischen Listen" und stoßen sie in eine „Kelter der Leiden".

Im letzten Abschnitt ihrer Vision weissagt die Seherin des 12. Jahrhunderts das „Dahinschwinden" und damit den Untergang der ganzen, tausendjährigen Epoche, nachdem die Tiere sich entlang der Sonnenbahn nach Westen gedreht hätten. Sie vertieft damit die Aussage aus dem einleitenden Passus ihrer Schauung, wo vom Ende der Welt unter „vielen Drangsalen und Katastrophen" die Rede ist. Der Westen steht hier zugleich für die Himmelsrichtung, aus welcher der Auslöser für „Harmageddon" gekommen ist – und wie diese „Apokalypse" sich vollzieht, wird an anderer Stelle der „Scivias"-Prophezeiung noch ausführlich geschildert werden. Unmittelbar bevor jedoch dieses globale Debakel erfolgt, „stirbt" zunächst die römisch-katholische Kirche ...

Vom Sturz des Stuhles Petri

Doch jetzt wankt der katholische Glaube unter den Völkern, und das Evangelium gilt nichts mehr unter den Menschen.

***

O Rom! Es ist, als lägest du in den letzten Zügen. Die Kraft deiner Füße, auf denen du gestanden hast, schwindet dahin.

***

Jetzt durcheilt die Menschheit den Zeitenlauf, welcher dem Erscheinen des Blutrichters vorausgeht. Dieser wird danach trachten, den katholischen Glauben zu stürzen.

***

Noch dauert der Kampf der Mächte, das satanische Spiel von Lüge und Betrug, an. Endlich aber trifft ein Donnerschlag das Haupt der seit einer Ewigkeit herrschenden Schlange mit derartiger Wut, daß es von seinem Berg stürzt und seinen Geist im Tod ausröchelt. So offenbart sich die göttliche Macht, welche die Ausgeburt des Verderbens mit solcher Wucht ihres Zorns niederwirft, daß die Ausgeburt des Verderbens von dem stolzen Gipfel, auf dem sie sich wider das Göttliche aufgeworfen hat, in den Pfuhl ihrer Vermessenheit stürzt. Im Tod der ewigen Verdammnis wird sie ihren Atem ausröcheln und so enden.

***

*Die Kirche hat den Stand der Gerechtigkeit verlassen.
Der Nordwind stürmt über die Kirche, reißt ihr die
Krone vom Haupt und zerfetzt ihre Gewänder, so daß
die Häupter der Geistlichkeit fallen.*

***

Denn der Tod rennt gegen die Kirche zu derselben Stunde an, da am Ende der Zeiten der Fluch der Flüche über sie kommt. Und er ist wahrlich der Fluch der Flüche, so wie Jesus im Evangelium über die Stadt des schlimmsten Irrtums bezeugt und spricht.

*****

Der Untergang der Papstkirche und möglicherweise sogar des Christentums insgesamt war im Mittelalter schlicht unvorstellbar. Wenn Hildegard von Bingen ihn trotzdem – und noch dazu mit dermaßen deutlichen Worten – anspricht, dann weist sie sich dadurch einmal mehr als herausragende Prophetin aus. Denn am Ende des zweiten Jahrtausends liegt zumindest die römisch-katholische Kirche tatsächlich in ihren letzten Zügen, und die Schuld daran trägt – wie Hildegard ebenfalls sagt – die Kirche selbst.

Permanente Judenverfolgungen von Anbeginn ihrer Geschichte an, Verfälschung der jesuanischen Lehre bis hin zur völligen Unkenntlichkeit, theologisch sanktionierte Frauendiskriminierung übelster Art, Hexen- und Ketzerverfolgungen, die Abermillionen unschuldiger Opfer kosteten; dazu die Kreuzzüge, die Zwangsmissionierungen in Europa und auf anderen Kontinenten, welche dutzendfach in Völkermorden gipfelten; schließlich das Paktieren mit den faschistischen Diktaturen des 20. Jahrhunderts sowie die stillschweigende Hinnahme des Holocaust durch Pius XII. – dies sind „nur" einige der Verbrechen, welche die Papstkirche, deren Oberhäupter sich auch noch zu „Stellvertretern Gottes auf Erden" aufwarfen, zu verantworten hat.

Stets und bis in die unmittelbare Gegenwart unterdrückte diese Institution jegliche konstruktive Kritik, die sie aus ihrer moralischen Misere hätte herausführen können. Die Reformatoren Wiclif, Hus, Müntzer oder Luther sind Beispiele dafür; heutzutage werden herausragende Christen wie Ranke-Heinemann, Küng und Drewermann durch Lehr- und Berufsverbote drangsaliert. Der weltfremde Standpunkt des Katholizismus und anderer fundamentalistischer Weltreligionen hinsichtlich der Empfängnisverhütung trägt die Mitschuld daran, daß an der Wende von zweiten zum dritten Millennium täglich 40.000 Kinder in der dritten Welt den Hungertod sterben; trotzdem verschanzt sich ein starrsinniges Papsttum hinter seinen Dogmen und verschließt in zutiefst inhumaner Weise die Augen vor der Realität der Welt.

Dies alles muß nach den ehernen Gesetzen der Geschichte unweigerlich zum Untergang der römisch-katholischen Kirche führen – und Hildegard von Bingen schildert in ihren einschlägigen Weissagungen offenbar die näheren Umstände.

Bereits im ausgehenden 20. Jahrhundert begann der katholische Glaube wie nie zu „wanken"; es ist deutlich festzustellen, daß die „Lehren" der Kirche, die von ihr selbst andauernd konterkariert werden, zunehmend abgelehnt werden. Mehr und mehr wird das Papsttum als sterbende Institution angesehen – und dies sind die überdeutlichen Zeichen der Zeit, welche die finale Katastrophe des Katholizismus ankündigen. Der „Blutrichter" weist ohne Zweifel darauf hin, daß der Zusammenbruch der Kirche im 21. Jahrhundert gewaltsam erfolgen wird, und in ihrer nächsten Prophezeiung nennt Hildegard die Gründe: das „satanische Spiel" von Lüge, Betrug, Vermessenheit und weiteren Verbrechen, das vor allem das Papsttum betrieb.

Jetzt aber wird es von einem „Donnerschlag" getroffen und stürzt von seinem „Berg", dem römischen Vatikanhügel, um zur Strafe für seine Gottfeindlichkeit auf schreckliche Weise zu sterben. Im vorletzten Teil ihrer Weissagung nennt die mittelalterliche Visionärin abermals die Gründe dafür, und die „zerfetzten Gewänder" sowie die „fallenden Häupter der Geistlichkeit" müssen keineswegs nur Metaphern sein, wie wir im folgenden Kapitel sehen werden, wo die Prophezeiungen Hildegards mit den einschlägigen und teils sehr viel präziseren Aussagen anderer Seher verglichen werden. Abschließend dann enthält die Schauung einen Hinweis darauf, wann dies alles geschehen wird: am „Ende der Zeiten", also der tausendjährigen „Epoche der fünf Tiere", deren letzte Phase wir als das 21. Jahrhundert definiert haben.

Dieses „Ende der Zeiten" fällt mit dem ebenfalls von Hildegard vorhergesagten „Harmageddon" zusammen, wie sich wiederum aus der von ihr selbst vorgenommenen Gliederung der Prophezeiungen in ihrem Werk „Scivias" ergibt, wo auf die eben geschilderten Ereignisse „Der Tag der großen Offenbarung" folgt ...

Die Apokalypse

In den letzten Zeiten werden zahlreiche Heimsuchungen zu beobachten sein, und zahlreiche Vorzeichen werden den Weltuntergang ankündigen. Denn an jenem Tag wird der gesamte Erdball von schrecklichen Erschütterungen getroffen und von furchtbaren Unwettern zerrüttet. Alles, was auf Erden hinfällig und sterblich ist, wird durch dieses Unheil zugrunde gehen. Weil nämlich der Weltenlauf zu seinem Ende gekommen ist, kann er nicht länger fortbestehen, sondern wird nach dem Ratschluß des Göttlichen vernichtet. Es werden dem Weltenende gewaltige Schrecken vorangehen und die Erde zuletzt unter verschiedenen Schrecknissen zertrümmern. Von den Elementen werden diese Schrecken ausgehen, weil die Elemente selbst zusammenbrechen.

***

Danach erschaute ich: Plötzlich wurden sämtliche Elemente und Lebewesen von einem fürchterlichen Beben erschüttert. Feuer, Luft und Wasser sprengten ihre Fesseln und versetzten den gesamten Erdball in Aufruhr. Blitze flammten, und Donnerschläge dröhnten. Berge stürzten zusammen, und Wälder brachen nieder, so daß Myriaden von Sterblichen ihr Leben verloren.

***

Die Sonne, der Mond und die Sterne verharrten bewegungslos auf ihrer Kreisbahn, so daß sie nicht wie zuvor das Licht von der Dunkelheit trennten. Auf diese

Weise war es nicht länger dunkle Nacht, sondern heller Tag. Das Ende war da.

***

In dieser Endzeit werden die Elemente durch eine plötzliche und völlig unerwartete Katastrophe entfesselt. Die gesamte Menscheit gerät in unvorstellbare Panik. Feuersäulen bersten aus der Erde, die Atemluft verflüchtigt sich; die Ozeane und Ströme treten über ihre Ufer. Der Erdball wird von schrecklichen Beben erschüttert; Blitzstrahlen zucken, Donnerschläge krachen. Berge werden wie von Schwerthieben gespalten, weite Wälder brechen zudammen. Alle sterblichen Wesen, egal ob in der Luft, im Wasser oder auf dem Boden, verlieren ihr Leben. Der Feuersturm erschüttert und vernichtet nämlich alle Atemluft, und die tobenden Fluten überrennen alles feste Land. Auf diese Weise wird alles gereinigt. Alles Häßliche auf Erden verschwindet ganz so, als sei es nie gewesen. Es vergeht, so wie Salz zerfließt, wenn es ins Wasser geworfen wird.

***

Nachdem dies alles geschehen ist, werden die Elemente in vollkommener Reinheit und Schönheit leuchten. Alle widerwärtige Schwärze und aller Schmutz sind verschwunden. Dann wird das Feuer ohne häßliche Schlacke gleich dem Morgenrot schimmern. Ohne jegliche Trübung wird die Luft sein: rein und leuchtend. Glasklar, ruhig und ohne Turbulenzen werden die Gewässer sein. Die Erde selbst wird ihre Verwüstung überwunden haben und wird erneut ohne jede Verunstaltung fest und eben daliegen, sobald all der Aufruhr sich in unendliche Ruhe und Schönheit verwandelt hat. Auch die Sonne, der Mond und die Sterne werden gleich kostbaren Juwelen auf goldenem Hintergrund in großer Klarheit und tiefem Glanz am Firmament schimmern.

*****

Die Vorzeichen der Globalkatastrophe sind bereits seit der zweiten Hälfte des 20. Jahrhunderts spürbar. Noch nie zuvor seit Menschengedenken gab es dermaßen viele Erdbeben, die zum Teil viele Zehntausende Todesopfer forderten. Hinzu kommen immer wieder verheerende Flutkatastrophen oder andererseits jahrelange Dürreperioden vor allem in Afrika. Aids, eine völlig neue Geißel der Menschheit, breitet sich explosionsartig aus; ebenso sterben Jahr für Jahr mehr Menschen an Hautkrebs: einer Krankheit, von der noch im 19. Jahrhundert nur ein verschwindend geringer Bruchteil der Weltbevölkerung befallen wurde. Alle diese Heimsuchungen sind letztlich auf die rapide fortschreitende Umweltzerstörung infolge eines hemmungslosen Industriewachstums zurückzuführen, was den Politikern, Wirtschaftsführern und Wissenschaftlern auch sehr wohl bekannt ist. Trotzdem gebieten diese dem Wahnsinn nicht Einhalt; vielmehr verteufeln und verfolgen sie jene, die vor einem „Harmageddon" als Folge solch kriminellen Umganges mit der Natur warnen.

Diese vorgeblichen „Fortschrittsfeinde" werden jedoch nach der Prophezeiung der Hildegard von Bingen recht behalten. Urplötzlich wird die Erde sich gegen eine wahnsinnig gewordene Menschheit aufbäumen, und zwar dann, wenn „der Weltenlauf zu seinem Ende gekommen ist". Hier macht die Seherin eine sehr präzise zeitliche Aussage, denn ihre „Epoche der fünf Tiere" endet, wie wir gesehen haben, mit dem 21. Jahrhundert – und mit diesem Säkulum fällt nun der Übergang vom Tierkreiszeichen der „Fische" zu dem des „Wassermannes" zusammen.

Naturwissenschaftlich ausgedrückt: Der Planet Erde beendet zu diesem astronomisch relevanten Zeitpunkt einen großen Pendelausschlag um seine „torkelnde" Achse, so daß an einem bestimmten Punkt des Nachthimmels das neue Sternbild aufsteigen und für etwa zweitausend Jahre dort bleiben wird. Da sich aber im Erdinneren unvorstellbare Mengen glühender Magmaflüssigkeit befinden, preßt diese labile Materie sich am Ende der beschriebenen Pendel- oder „Weltenlauf"-Bewegung besonders stark gegen die relativ dünne Erdkruste. Diese Belastung birgt eine extrem gesteigerte Gefahr von Vulkanausbrüchen, Erdbeben und Tsunamis in sich, und da der Planet aufgrund der globalen Umweltzerstörung ohnehin schon schwer angeschlagen ist, werden, wie die Visionärin es ausdrückt, „die Elemente selbst zusammenbrechen" – und zwar vermutlich schon kurz nach dem Jahr 2100.

Naturwissenschaftlich völlig richtig und in präzisen Bildern schildert Hildegard von Bingen die Auswirkungen eines solchen Kataklysmus, doch damit hat die Menschheitskatastrophe, in deren Verlauf ganze Bergmassive in sich zusammenstürzen, noch immer nicht ihren Höhepunkt erreicht. Denn jetzt plötzlich, offenbar während der Nacht, bleiben die Gestirne scheinbar am Himmel stehen, und die eben noch herrschende Dunkelheit verwandelt sich in helles Tageslicht. Diese Beschreibung gibt abermals sehr exakt den Eindruck wieder, den ein Beobachter auf der Erde während eines jähen Polsprunges haben würde. Offenbar kippt aufgrund der grauenhaften Erschütterungen des Planeten auch noch die Erdachse, und der Globus hält deshalb vorübergehend in seiner Rotation inne, so daß Sonne, Mond und Sterne unvermittelt an Stellen auftauchen, wo sie nicht hingehören, und dort für eine gewisse Zeit verharren, ehe sich die Erdumdrehung wieder stabilisiert.

Nachdem sie dies vorhergesagt hat, vertieft die Seherin ihre einleitende Prophezeiung über die Auswirkungen von „Harmageddon" noch. Ihre Beschreibung ist hier detaillierter; es scheint, als könne sie ihren Blick beim besten Willen nicht von dem unvorstellbaren Grauen abwenden. Zuletzt jedoch erkennt sie den „Sinn" der „Apokalypse" und drückt es so aus: „Alles Häßliche auf Erden verschwindet; ganz so, als sei es nie gewesen."

Abschließend folgt ein höchst beeindruckendes Bild vom Antlitz dieser „erneuerten" Welt. Die Folgen der von einer verantwortungslosen Menschheit verursachten Umweltzerstörung sind beseitigt. Die Luft ist wieder rein, das Wasser klar, das Land makellos und die einstmals verschmutzte Atmosphäre durchscheinend, so daß der Blick erneut tief hinaus ins All reicht. Der Planet hat sich also von dem befreit, was diejenigen, die sich fälschlicherweise als „Krone der Schöpfung" bezeichneten, ihm antaten.

DIE PROPHEZEIUNGEN HILDEGARDS IM VERGLEICH MIT DEN VISIONEN ANDERER SEHER

Die Prophezeiungszyklen „Vom Sturz des Stuhles Petri" und „Die Apokalypse", in denen es um hochdramatische Ereignisse im dritten Jahrtausend geht, gewinnen in ihren Aussagen noch schärfere Konturen, wenn man einschlägige Visionen anderer bedeutender Seher zum Vergleich heranzieht. Aus Platzgründen kann diese Gegenüberstellung allerdings nicht umfassend sein, sondern nur „Kostproben" geben, die teilweise gekürzt sind. Bei weitergehendem Interesse verweist der Autor auf die übrigen Bände der Buchreihe „Prophezeiungen für das neue Jahrtausend" und andere seiner Werke (siehe Literaturverzeichnis), wo die auf den folgenden Seiten genannten Präkognitiven und ihre Weissagungen ausführlich vorgestellt werden.

Prophezeiungen über das Ende des Papsttums

Im Stiefelland bricht eine Revolution aus. Ich glaube, es ist ein Religionskrieg, weil sie alle Geistlichen umbringen. Viele Kirchen stürzen ein. Ich sehe Priester mit weißen Haaren, die tot am Boden liegen. Hinter dem Papst ist ein blutiges Messer und tote Priester mit weißen Haaren. Der Papst flieht nach Südosten oder über das große Wasser. (Alois Irlmaier)

Ein gebet zů der heyligen sant Hildegard.

Almechtiger ewiger got wir bitten dich / das du uns verlehen wollest den geist der warheit / und so genedig sein / alß du der heylige iungfrawen sant Hildegard gewesen bist / das wir hie zeitlich und bey dir inn ewiger seligkeit deinen willen volnbringen mögen. Amen.

Das Kreuz wird von der Wand heruntergeholt. Die Pfarrer werden sich Hände und Gesichter anrußen, damit man sie nicht erkennt. Die Religion wird noch so klein, daß man's in einen Hut hineinbringt. Der Glauben wird so dünn, daß man ihn mit der Geißel abhauen kann. Über den katholischen Glauben spotten am meisten die eigenen Christen. Den Herrgott reißen sie von der Wand und sperren ihn im Kasten ein. (Mühlhiasl)

***

Während der äußersten Verfolgung der Hl. Römischen Kirche wird Petrus der Römer auf dem Stuhl sitzen. Unter vielen Bedrängnissen wird er die Schafe weiden. An deren Ende wird die Siebenhügelstadt zerstört werden, und ein furchtbarer Richter wird das Kirchenvolk richten. Ende. (Malachias)

***

In jener Zeit, da der Weltuntergang naht, wird der letzte römische Papst so heißen wie der erste. Rom geht unter. Ehe dies aber geschieht, ist die Schar der Katholiken so klein geworden, daß sie im Schatten eines Birnbaumes Platz hat. (Sibylle von Prag)

***

Der religiöse Kult wird völlig vernichtet werden, und alle werden Zeugen des Unterganges der Kirchen werden. (Merlin)

***

Europa wird zu einer Zeit, wo der päpstliche Stuhl leer ist in Rom, von fürchterlichen Züchtigungen heimgesucht werden. Es zerstört die Klöster und vernichtet die heiligen Orden. (Mönch von Wismar)

Prophezeiungen über den „Weltuntergang" und das Schicksal der Menschheit danach

Das Vieh fällt um. Das Gras wird gelb und dürr. Die toten Menschen werden ganz gelb und schwarz. Ich sehe große Löcher im Meer. Die fallen dann wieder zu, wenn die riesigen Wellen zurückkommen. Drei Städte sehe ich untergehen. Die schöne Stadt am blauen Meer versinkt fast ganz im Meer und im Schmutz und Sand, den das Meer herauswirft. Ein Teil Englands verschwindet. Nach der Katastrophe werden mehr Menschen tot sein als in den zwei Weltkriegen zusammen. Die landlosen Leute ziehen jetzt dahin, wo die Wüste entstanden ist. Jeder kann siedeln, wo er mag, und Land haben, soviel er bebauen kann. Durch die Klimaänderung wird bei uns wieder Wein angebaut. Es werden Südfrüchte bei uns wachsen. Es ist viel wärmer als jetzt. Nach der großen Katastrophe wird eine lange, glückliche Zeit kommen. (Alois Irlmaier)

***

Dann jedoch wird Flammenglut aufbrüllen. Die Pein Sodoms und Gomorrhas in jeglicher Stadt. Kinder, die zu brennenden Feuerzungen werden. (Johannes von Jerusalem)

***

Einer dieser um den halben Globus rasenden Orkane tobt zweimal – zuerst in nördlicher, dann in nordöstlicher Richtung – über die USA und erreicht anschließend Europa. Im Mittelmeerraum richtet er immense Verwüstungen an, ehe er sich in den Weiten Osteuropas verliert. (Eismeerfischer Johansson)

Hildegard von Bingen

***

Es geht dem Ende zu. Ein furchtbarer Sturmwind braust über die Stadt und das Land. Gelbgraue Staubwolken und schwere, giftige Schwaden rauben Mensch und Tier den Atem. Vom Vysehrad her kommt ein ungeheurer Feuerball. Felsen fliegen durch die Luft, und über allem lodert das Feuermeer. Der Hradschin steht in Flammen. In der Stadt bersten die Mauern, überall wütet Feuer. Die Erde wird erschüttert und gepackt vom dumpfen Beben. Tiefe Klüfte öffnen sich, sie verschlingen Totes und Lebendiges. Alles versinkt in unergründlich schwarze Tiefe. Man hört nur mehr das Brausen des Sturmes. Das Leben ist erloschen. Es ist vorbei! Prag, dein Schicksal hat sich erfüllt! Wo sind deine Häuser, stolze Stadt? Weshalb bespülen trübe Fluten die Gestade der öden Heide? Grausiges Gewürm läßt Leib und Geist erschauern. Unkraut und Sumpf, voll von giftigem Odem, beherrschen das Land. Ist das die Ernte der menschlichen Saat?
(Sibylle von Prag)

***

Beim Platzen der Erdrinde kommt es zu einem Weltbeben, bei dem fast alles zerfällt, was zerfallen kann. Alle nachher noch lebenden Menschen stehen vor dem Nichts.
Das Nächste: Wir kamen in ein wahrscheinlich südlicheres Gebiet – es gab schon wieder Sträucher, aber kaum Gras. Wir bauten uns davon Hütten.
Anschließend machte ich Jagd auf etwas Eßbares. Es waren vorwiegend Eidechsen oder ähnliche Tiere. (Bauer aus dem Waldviertel)

***

Innerhalb eines Augenblicks werden die Meere sich erheben, und die Arena der Winde wird abermals geöffnet werden. Die Winde werden gegeneinander kämpfen mit einem Getöse von böser Vorbedeutung, und ihr Toben wird widerhallen von einem Sternzeichen zum anderen.
Der Tod wird seine Hand auf die Menschen legen und all die Völker vernichten. Diejenigen, die am Leben geblieben sind, werden den Ort ihrer Geburt verlassen und werden ihre Saat in die Felder anderer Menschen säen. (Merlin)

*****

Nicht nur Merlin, der große keltische Prophet Britanniens, der vor eineinhalbtausend Jahren lebte, sondern auch mehrere andere der hier zitierten Visionäre sagten für die Epoche nach der Globalkatastrophe einen Neuanfang der Menschheit voraus. Wenn Hildegard von Bingen nicht darüber sprach, dann vielleicht aus gutem Grund: Möglicherweise wollte sie dadurch, daß sie die Zeit nach der „Apokalypse" im dunkeln ließ, um so nachdrücklicher vor „Harmageddon" im dritten Jahrtausend warnen und auf diese Weise doch noch eine rechtzeitige Umkehr der modernen Zivilisationen erreichen.

Denn trotz der schrecklichen Weltuntergangsszenarien, welche die mittelalterliche Hellseherin und andere Präkognitive ausmalten, gilt eines: Noch hat die Menschheit eine Chance, auch wenn die Zeiger der Uhr bereits sehr, sehr nahe der Zwölf stehen!

ANMERKUNGEN

[1] Siehe zu diesen und anderen im Buch erwähnten Propheten die entsprechenden Werke des Autors, die im Literaturverzeichnis aufgeführt sind.

[2] Zur damaligen Zeit machte man, ebenso wie in der Antike, keinen Unterschied zwischen Astronomie und Astrologie.

[3] Im Investiturstreit des 11. und 12. Jahrhunderts bekämpften sich Kaiser- und Papsttum bis zum Exzeß, weil jede Seite das Recht auf die Einsetzung von Bischöfen und Äbten für sich beanspruchte.

[4] Das Wort bedeutet „Zaunreiter(in)"; es sollte damit wohl ausgedrückt werden, daß eine(e) *Hagazussa* sich auf der Grenzlinie zwischen den Welten zu bewegen vermochte.

[5] Ausnahmen bilden lediglich die adlige (sic!) Sibylle von Prag (17. Jahrhundert) und „Mother Shipton" (16. Jahrhundert), die in Britannien – einem Land mit in der Neuzeit noch starker heidnischer Tradition – lebte.

[6] So oder als Ovaten bezeichnete man die HellseherInnen der keltischen Kultur. Sie standen im Druidenrang und nahmen damit eine fürstliche Stellung ein.

Der Blinde Hirte von Prag

Der Bauer aus dem Waldviertel

BALD NACH DEM STURZ DER THRONE FALLEN DIE STERNE WIE BLÄTTER VOM HIMMEL

Anno 1356. Seit kurzem ist Prag, die uralte Stadt an der Moldau, Kaiserresidenz. Auf dem Hradschin spielt sich in dieser Nacht eine unwirkliche Szene ab. Vor dem vierzigjährigen Monarchen Karl IV., der in seinem dunklen Hofgewand streng und unnahbar wirkt, steht ein verwildert aussehender Mann im Schafspelz eines Hirten. Etwas seitlich, an einem Pult, spitzt ein Schreiber seinen Federkiel an. Dann, ganz plötzlich, verändert sich die Atmosphäre in dem kleinen spätgotischen Audienzsaal. Etwas Eisiges scheint den Kaiser und den Skribenten zu streifen, als der Hirte in Trance fällt. Die

Der Prager Hradschin (Stich von W. Hollar, 1636)

Spannung steigt beinahe ins Unerträgliche, zuletzt keucht der Hirte seine Weissagungen heraus und beschwört schreckliche Bilder herauf:

Drei Kriege würden in ferner Zukunft den Planeten erschüttern. Prag werde völlig dem Erdboden gleichgemacht, Deutschland ein einziger Trümmerhaufen sein. Die Sonne werde stürzen und die Erde erbeben. Vernichtendes Feuer werde einschlagen wie ein Blitz in einen Ameisenhaufen, und am Himmel würden die Totenvögel schreien. Die Menschen würden die Welt vernichten, und die Welt werde die Menschen vernichten.

Die Feder des Schreibers kratzt hastig über das Pergament. Der Monarch verharrt wie gebannt, während weitere furchtbare Sätze fallen – auch die beiden folgenden, die Karl IV. bis ins Mark erschüttern:

„In einer Zeit, da einer länger denn sechzig Jahre Herr über Böhmen war, wird durch einen Fürstenmord ein großer Krieg entstehen. Dann werden die gekrönten Häupter wie reife Äpfel von den Bäumen fallen."

Der Kaiser kann nicht wissen, daß fünfeinhalb Jahrhunderte später ein Namensvetter von ihm auf dem österreichisch-böhmischen Thron sitzen wird: Karl I. von Habsburg, mit dem 1918, vier Jahre nach dem Attentat von Sarajewo, die Donaumonarchie ihr Ende finden soll. Und vor Karl I. wird der legendäre Franz Josef fast siebzig Jahre lang regieren. Aber vielleicht ahnt der Herrscher des 14. Jahrhunderts, daß der Prophet soeben den noch in ferner Zukunft liegenden Untergang des abendländischen Kaisertums angekündigt hat. Zutiefst erschrocken nämlich, so die Überlieferung, verbietet Karl IV. seinem Schreiber die Weitergabe der Schauungen des Hirten. Mehr noch: Er gibt den Befehl, den Visionär auf der Stelle festnehmen zu lassen. Doch kaum sind die Worte gefallen, erleben der Monarch und der Skribent einen weiteren Schock.

Der Hirte, der eine Stunde zuvor von einem Pagen in den Raum geführt werden mußte, weil er bereits vor Jahren das Augenlicht verlor, ist von einem Lidschlag auf den anderen spurlos verschwunden. Als der Schreiber die Wachen draußen alarmiert, stellt sich heraus, daß keiner der Hellebardiere den Mann im Schafspelz vorbeikommen sah. Der ganze weitläufige Hradschin wird durchsucht, aber der Blinde kann nicht mehr aufgefunden werden. Schließlich bleibt dem Kaiser nur eine einzige Erklärung: Der Seher, der aus den Böhmischen Wäldern nach Prag geholt wurde, muß seine übernatürlichen Fähigkeiten genutzt haben, um den Audienzsaal und die Burg gleich einem Gespenst zu verlassen.

*****

So lautet die jahrhundertealte Fama, die den geheimnisvollen Auftritt des Blinden Hirten von Prag vor Karl IV. schildert und die bis zum heutigen Tag lebendig geblieben ist. Weiter ist dokumentiert, daß der spätmittelalterliche Herrscher alles tat, um die Prophezeiungen des Hirten geheimzuhalten. Dies gelang ihm freilich nicht, denn entweder brachte der Skribent, der jedes Wort mitgeschrieben hatte, die Weissagungen heimlich an die Öffentlichkeit, oder aber der Visionär wiederholte sie später anderswo selbst. Auf jeden Fall wurden die Visionen des Blinden Hirten schon bald Allgemeingut. Zunächst mündlich und handschriftlich, ab dem 15. Jahrhundert gedruckt, kursierten sie in ganz Mitteleuropa. Auf diese Weise überdauerten sie mehr als ein halbes Jahrtausend und bewahrheiteten sich Punkt für Punkt, bis die spektakulärsten Gesichte schließlich ab dem frühen 20. Jahrhundert einzutreffen begannen.

Es stellte sich heraus, daß der Blinde Hirte von Prag den Ersten und Zweiten Weltkrieg, die Vertreibung der Deutschen 1945 und die Okkupation der CSSR durch Truppen des Warschauer Paktes 1968 vorhergesagt hatte, doch damit erschöpfen seine Prophezeiungen sich nicht. Ein Teil von ihnen bezieht sich ohne jeden Zweifel auf das dritte Jahrtausend: auf einen weiteren Weltkrieg, einen Rücksturz Europas in ein vorindustrielles Zeitalter – und eine sehr glückliche „Goldene" Epoche, die anschließend folgen soll.

Die Große Vision des Hirten, der aus den Böhmischen Wäldern kam, geht in ihren abschließenden und dramatischsten Teilen fast nahtlos in eine andere Weissagung über, die in unseren Tagen abgegeben wurde und von einem noch lebenden Bauern aus dem österreichischen Waldviertel stammt. Das ist auch der Grund, warum in diesem Buch beide Schauungen gemeinsam vorgestellt werden. Über den Abgrund der Zeit hinweg reichen der spätmittelalterliche und der moderne Seher sich sozusagen die Hände; die Kombination beider Prophezeiungen meißelt die Konturen des Geschehens, das für das neue Millennium zu erwarten ist, um so schärfer heraus.

Doch auch für sich allein genommen, lassen gerade die beklemmenden Visionen des Bauern aus dem Waldviertel an Deutlichkeit nichts zu wünschen übrig. Dieser geheimnisvolle Sensitive, der in derselben abgelegenen Region lebt, wo einst der Hirte seine Tiere hütete, schilderte in einer Reihe von Schauungen eine Fülle von Szenen vermutlich aus den ersten Jahrzehnten des 21. Jahrhunderts. Die prophetischen Bilder sind außerordentlich präzise und erwecken beim Lesen den Eindruck, als könne man das entsetzliche Geschehen wie auf einer Kinoleinwand mitverfolgen. Auch hier geht es um einen Dritten Weltkrieg und dazu eine Globalkatastrophe unvorstellbaren Ausmaßes; wie es aussieht, wird die Menschheit von diesen Kataklysmen heimgesucht, weil ein moralischer, politischer und wirtschaftlicher Irrweg, der sich bereits heute abzeichnet, in naher Zukunft kulminiert. Hier ein Auszug aus einer der insgesamt einunddreißig Visionen des Bauern aus dem Waldviertel:

„Die Sterne fallen wie die Blätter. (...) Wir schauten (...) gegen den Himmel. Da schien sich die Sonne zu verdunkeln. Alle glaubten, sie sähen die Sterne. Dabei handelte es sich in Wirklichkeit um eine Art Glut – wie Millionen weißglühende herabfallende Leuchtkugeln – die, sich über gelblich, dann rötlich färbend, im Osten beginnend zu Boden fiel. Wo sie auftraf, verbrannte fast alles Brennbare. In der Reihenfolge: Das Getreide, der Wald, Gras und viele Häuser. Wir löschten, was wir konnten. Nachher schaute ich um mich: ich sah, so weit ich blicken konnte, nur Rauch aufsteigen. Zu dieser Zeit gab es bei uns noch kein Kriegsgeschehen."

Unmittelbar darauf bricht nach den Worten des Waldviertler Bauern der Dritte Weltkrieg auch in Mitteleuropa aus, und eine fatale Entwicklung, deren Einsetzen der Blinde Hirte von Prag für das beginnende 20. Jahrhundert vorhersagte, erreicht ihren Höhepunkt. Ehe wir uns jedoch ausführlich mit den Schauungen und dem Leben des geheimnisvollen Waldbauern beschäftigen, wollen wir uns zunächst wieder dem Hirten zuwenden, der Anno 1356 auf dem Prager Hradschin den Sturz der Donaumonarchie vorhersagte.

ERSTER TEIL

DER BLINDE HIRTE VON PRAG

DIE GEHEIMNISUMWITTERTE VITA DES BLINDEN HIRTEN ODER JÜNGLINGS VON PRAG

Der böhmische Hellseher des 14. Jahrhunderts ist unter beiden Bezeichnungen bekannt, wobei die weniger rätselhafte diejenige ist, die ihn als „Jüngling" charakterisiert. Dies kennzeichnet nach altem Sprachgebrauch nicht unbedingt einen jungen Mann, was der Prophet, der 1356 auf dem Hradschin auftrat, damals ganz bestimmt nicht mehr war. Vielmehr ist der Ausdruck so zu verstehen, daß der Visionär zeitlebens unverheiratet blieb. Solchen Menschen schrieb man noch im 19. Jahrhundert auf ihren Grabstein, daß sie als „Jüngling" verstorben seien; analog galt eine unvermählte Frau grundsätzlich als „Jungfrau" und wurde deshalb häufig in einem weißen Sarg beigesetzt.

Der Beiname, den der Hellseher seit mehr als einem halben Jahrtausend im Volksmund trägt, erhellt seine Lebensumstände folglich zumindest in diesem einen Punkt: Er hatte keine Familie; entweder, weil er arm war, oder aber, weil er ein sehr bewegtes und vielleicht sogar abenteuerliches Leben führte, bei dem ihm eine Gattin und Kinder hinderlich gewesen wären. Stellt man sich jedoch eine solch unruhige Existenz vor, so kollidiert das sofort mit dem Bild, das man sich von einem Hirten macht, dessen Dasein ja eher bodenständig abläuft. Außerdem gibt es hier natürlich noch ein zweites Rätsel: Wie konnte ein Blinder die Arbeit eines Viehhüters tun? Noch dazu, wo eine derartige Tätigkeit in den Böhmischen

Wäldern des 14. Jahrhundert aufreibend und gefährlich war, denn die Tiere, die auf die Waldweiden getrieben wurden, mußten dort vor Wölfen und Bären beschützt werden.

Die beiden Bezeichnungen, unter denen der Hellsichtige in die Prophezeiungsliteratur einging, weisen also auf ein ganzes Bündel von Geheimnissen hin. Das stellte 1950 auch der Schriftsteller Max Erbstein fest, der im genannten Jahr ein inzwischen längst wieder vergriffenes Buch über den Visionär herausbrachte und darin einleitend meinte: „Über Herkunft und Person des Sehers ist trotz emsiger Suche kein zusammenhängendes Ergebnis zu verzeichnen. Aus zwei Druckschriften – aus dem Jahre 1669 und 1700, beide ohne jede nähere Angaben über Verfasser – war zu entnehmen, daß es sich laut ersterer um einen blindgeborenen Knaben böhmischer Schafhirten gehandelt hätte; die zweite Druckschrift aber berichtet, daß es ein später erblindeter Hirte gewesen sein soll."

Immerhin machte Erbstein, wobei er sich seinerseits wieder auf das 1922 erschienene Werk „Die Weissagungen des Blinden Jünglings" eines Pfarrers namens Emanuel Jungmann berief, dann doch einige nähere biographische Angaben: „Zur Person des blinden Jünglings fand Jungmann, daß es sich um einen blindgeborenen Bauernsohn aus dem Dorfe Kouto bei Taus (Domazlice) handeln sollte. Sogar seinen Namen wollte man festgestellt haben, Tartar, tschechisch Tatarsin. (...) Einmal soll er für das Jahr 1347 ein großes Sterben vorausgesagt haben; die in den darauffolgenden Jahren wütende Pest in Böhmen könnte eine Deutung ergeben. Dem damaligen Herrscher Böhmens (...) soll er die Krönung zum deutschen Kaiser durch den Papst vorausgesagt haben, unter Umständen, die den Kaiser 'in Rom keinen Schlaf finden lassen'. (...) Ob es nun dieses Ereignis war, das den Kaiser bewog, den Seher vor sich zu bringen (...), wir wissen es nicht."

Die geheimnisvolle Vita des Blinden Hirten oder Jünglings von Prag

Diese wenigen Sätze Erbsteins enthalten etliche wichtige Indizien, mit deren Hilfe sich zumindest einige Eckdaten im Leben des Hellsehers festklopfen lassen. Zunächst prophezeite der Mann mit dem ungewöhnlichen Namen, der in deutscher Übersetzung „Der Tatar" lauten würde, die große mitteleuropäische Pestepidemie des 14. Jahrhunderts, die – zunächst lokal begrenzt – tatsächlich 1347 ausbrach, sich dann furios ausbreitete und bis 1352 andauerte. Der Blinde Hirte hatte demnach schon einige Jahre zuvor seine volle Kraft als Visionär ausgebildet – dieser Zeitpunkt aber ist nach allem, was wir über die typische Entwicklung präkognitiv veranlagter Menschen wissen, meist erst nach einem jahrzehntelangen Reifeprozeß erreicht.

Nostradamus war als Fünfzigjähriger soweit, die Veröffentlichung seiner „Centurien" in Angriff nehmen zu können. Die Sibylle von Prag, neben Tatarsin die andere herausragende Seherin Böhmens, stand etwa im gleichen Alter, als 1616 ihre Weissagungen über eine Menschheitskatastrophe im dritten Jahrtausend erschienen. Alois Irlmaier wiederum, einer der ganz großen Propheten des 20. Jahrhunderts, wurde 1894 geboren und schockte Europa 1950 mit seiner Weltuntergangsvision. Ähnliches gilt für Hildegard von Bingen, Johannes von Jerusalem, den irischen Bischof Malachias oder den Eismeerfischer Anton Johansson[1]; sie alle besaßen erst in ihrem fünften oder gar sechsten Lebensjahrzehnt die PSI-Kraft, die sie zu ihren außergewöhnlichen paranormalen Leistungen befähigte. Nicht anders wird es vermutlich beim Blinden Hirten gewesen sein – und wenn er seine erschütternde Schauung von der Pestepidemie etwa 1345 hatte, dann müßte er um die Wende vom 13. zum 14. Jahrhundert geboren worden sein.

---

[1] Siehe zu diesen und anderen im Buch erwähnten Propheten die entsprechenden Werke des Autors, die im Literaturverzeichnis aufgeführt sind.

1356, als er auf dem Prager Hradschin seine Große Vision erlebte, wäre Tatarsin demnach fünfzig bis sechzig Jahre alt gewesen, und die Prophezeiung, wonach Karl IV. bei seiner Erhebung zum Kaiser in Rom keinen Schlaf finden werde, hätte der Visionär, da sie einige Jahre vor dem Ereignis 1355 gefallen sein muß, ungefähr als Fünfzigjähriger abgegeben. Sie traf übrigens ebenso ein wie die andere hinsichtlich des Schwarzen Todes, denn noch in der Nacht nach der Krönungszeremonie brach in Rom ein Volksaufstand los, und der eben erst gesalbte Monarch mußte die Stadt unter dem Schutz seiner dreihundertköpfigen Leibwache fluchtartig verlassen.

Skulptur Karls IV. am Prager St. Veits Dom

Die Konturen des Bildes, das wir uns vom Blinden Hirten machen können, werden also dank der Angaben Erbsteins durchaus etwas schärfer. Der Sensitive im Schafspelz, der 1365 vor dem Kaiser stand, hatte den Zenit seines Lebens längst überschritten; Karl IV. und sein Skribent sahen sich vermutlich einem bereits ergrauten Mann gegenüber. Möglicherweise hatte der Monarch den geheimnisvollen Tatarsin aber auch schon bei früheren Gelegenheiten erblickt; einiges weist nämlich darauf hin, daß bereits die Krönungsprophezeiung während einer Audienz fiel. Und Tatarsin müßte damals keinesfalls als Viehhüter aufgetreten sein; vielmehr

Die geheimnisvolle Vita des Blinden Hirten oder Jünglings von Prag

gibt es die Theorie, er sei ursprünglich weder blind noch ein einfacher Hirte gewesen.

Erbstein deutet es an, wenn er schreibt: „Die zweite Druckschrift aber berichtet, daß es ein *später* erblindeter Hirte gewesen sein soll." Da sich nun jedoch in der mündlichen Volksüberlieferung seit Jahrhunderten Gerüchte erhalten haben, wonach Tatarsin ein höfisches Leben geführt habe, ehe er seine Herden im Böhmerwald zu hüten begann und dort sein Augenlicht verlor, könnte der Visionär zuvor sogar eine gehobene Position innerhalb der feudalen Hierarchie eingenommen haben. In dieser Stellung – zum Beispiel als Ministeriale oder Ritter – wäre es ihm möglich gewesen, dem künftigen Kaiser die Turbulenzen bei dessen Krönung in Rom von Angesicht zu Angesicht vorherzusagen: während eines Prager Hoftages oder dergleichen. Einige Zeit danach, als Tatarsin seinen Rang freiwillig oder gezwungen abgelegt hatte, könnte Karl IV. sich an ihn erinnert haben und holte ihn vielleicht genau aus diesem Grund noch einmal auf den Hradschin.

Scheinbar steht diese These allerdings Jungmanns Angabe entgegen, Tartar sei ein Bauernsohn aus dem Dorfe Kouto bei Taus gewesen. Wenn man freilich weiß, daß im frühen 14. Jahrhundert Ministerialen oder Ritter keineswegs dem Geburtsadel angehörten, sondern sehr oft Abkömmlinge wohlhabenderer Bauern waren, die es an den Hof gezogen hatte, weil sie dort als berittene Söldner ihr Glück machen wollten, so hebt sich der vermeintliche Widerspruch auf. „Der Tatar" (der diesen Beinamen möglicherweise wegen seiner Reitkunst oder wilden Kampftechnik erhielt), könnte also in seiner Jugend des langweiligen Landlebens leid geworden sein und sich im Heer Meriten erworben haben. Ein Ritterschlag (der nicht mit einem Adelsbrief verwechselt werden darf!) wäre in einem solchen Fall die Belohnung gewesen.

Der Blinde Hirte

Anschließend bekam ein auf diese Weise ausgezeichneter Krieger oft eine Stellung als Hauptmann oder sogar Vogt einer Burg. Er durfte ferner ein ritterliches Wappen tragen und genoß auch sonst eine Reihe von Privilegien, konnte seine Würde jedoch nicht vererben.

Genau deswegen, weil sie keine Dynastien zu begründen vermochten, hinterließen die meisten dieser Ritter oder Einrösser, wie man sie im Jargon der Zeit nannte, keine Spuren in der Geschichte. Setzt man einen derartigen Lebensweg nun bei Tatarsin voraus, dann wäre wohl auch an ihn keine Erinnerung geblieben, wenn er nicht zusätzlich die hellseherische Gabe besessen hätte. So aber bewahrte die Volksüberlieferung seinen Namen, seine bäuerliche Abkunft und seinen Herkunftsort – und Tatarsins Gesichtszüge schälen sich zumindest spekulativ doch wieder mit einiger Schärfe aus dem Dunkel der Vergangenheit.

Für die Annahme, der Prophet sei, ehe er sich in die Böhmischen Wälder zurückzog, ein Ritter gewesen, sprechen ferner Wortwahl und Metaphorik seiner Weissagungen. Es tauchen immer wieder Formulierungen auf, die keineswegs bäuerlich, sondern viel eher höfisch anmuten. So ist beispielsweise vom „Böhmischen Löwen" die Rede, und das ist einwandfrei die Ausdrucksweise eines heraldisch Gebildeten. Noch deutlicher werden die Indizien, wenn der Seher von einem „Goldenen Zeitalter" spricht; hier möchte man beinahe schon ein Wissen um die Mythologie der Antike unterstellen.

Tatarsins Sprache ist darüber hinaus ein schlagender Beweis dafür, daß der Visionär keinesfalls blind geboren worden sein kann, so wie es in der von Erbstein erwähnten Druckschrift aus dem Jahr 1660 heißt. Erbstein selbst schrieb zu dieser Frage sehr nachvollziehbar: „Die Version, wonach es sich um einen *später* erblindeten Hirten gehandelt hat, gewinnt bei der Betrachtung der Sätze viel an Wahrscheinlichkeit, denn seine Angaben von 'reifen Äpfeln, von blühenden Kirschen, von blauen Steinen, von der Eiche' oder dem Begriff 'Glanz' können nur vom Sehen her erklärt werden".

Dem ist uneingeschränkt zuzustimmen; allerdings fiel Erbstein die höfische Metaphorik anderswo im Text der Prophezeiungen nicht auf, weshalb er nach wie vor von der in der Druckschrift von 1700 niedergelegten Annahme ausging, Tatarsin habe zeitlebens als Hirte gearbeitet. Diese These aber muß bei präziser Auswertung aller vorliegenden Hinweise ebenso verworfen werden wie jene andere von 1660, in der behauptet wird, er sei das Kind von Schafhirten gewesen. Vielmehr müssen seine Eltern in der Gegend der Stadt Taus ein größeres Bauerngut besessen und ihrem Sohn den Ausbruch aus der dörflichen Welt ermöglicht haben. Und darauf wiederum weist ein weiteres Indiz hin, nämlich die oben bereits erwähnte Textstelle von den „blauen Steinen" in den Weissagungen.

Die Prophezeiung, in der sie enthalten ist, lautet folgendermaßen: „Deutschland wird ein großer Trümmerhaufen sein, und nur die Gebiete der blauen Steine werden verschont bleiben." Der Visionär kündigt hier also eine fürchterliche Katastrophe für die ferne Zukunft an und gibt außerdem einen geographischen Hinweis, der auf den ersten Blick reichlich dunkel erscheint. Bei einigem Nachdenken freilich kann das Rätsel um die „blauen Steine" sehr wohl gelöst werden. Denn „Steine", die eine ganze Region charakterisieren, gibt es einzig im äußersten Süden Deutschlands: in den Alpen. Und die nackten Felsschroffen dort schimmern, wenn man sie aus der Ferne betrachtet, tatsächlich in einem eindrucksvollen Blau.

Der Visionär schilderte demnach hier eine Szenerie, die er nur aus eigener Anschauung kennen konnte. Er muß infolgedessen irgendwann – und zwar noch als Sehender – ins Gebirge gewandert oder geritten sein. Für einen einfachen böhmischen Hirten, der im Dienst örtlicher Bauern stand, wäre das unmöglich gewesen; nicht hingegen für einen Kriegsmann oder Ritter, der auf den vielen Feldzügen jener Zeit naturgemäß weit herumkam. Mehr noch: Gerade die Alpen hätte ein solcher Einrösser, der im Dienst eines böhmischen Adligen oder gar des Herrschers selbst stand, wahrscheinlich mehr als nur einmal in seinem Leben überqueren müssen, denn die Monarchen des „Heiligen Römischen Reiches Deutscher Nation" sahen sich immer wieder zu Romzügen oder Kampagnen gegen die traditionell rebellischen lombardischen Städte gezwungen.

Wenn wir uns nun wieder daran erinnern, was wir außerdem über den geheimnisvollen Tatarsin in Erfahrung bringen konnten, und die einzelnen Stücke des Puzzles zusammenfügen, dann läßt sich in etwa folgende Vita des Propheten rekonstruieren.

*****

Um das Jahr 1300 wurde er als Sohn eines wohlhabenden Hofbesitzers im Dorf Kouto nahe der westböhmischen Stadt Taus geboren. Als junger Mann verließ er seine Heimat und trat als Waffenknecht in die Dienste eines Edelmannes, beziehungsweise des böhmischen Königs selbst; um 1320 wäre dies Johann von Luxemburg, der Vater Karls IV. gewesen. Da der Söldner, der jetzt vielleicht den kriegerischen Beinamen „Der Tatar" führte, sich militärisch auszeichnete, erhielt er den Ritterschlag, was ihm Zugang zu höfischen Kreisen verschaffte. Dort erwarb er sich das heraldische und mythologische Wissen, das später in den Formulierungen

Die geheimnisvolle Vita des Blinden Hirten oder Jünglings von Prag

seiner Weissagungen durchscheinen sollte. Als Privilegierter der Feudalzeit, wenn auch auf der untersten Stufe, nahm er ferner an zumindest einem Italienzug des Reichsheeres oder eines anderen Truppenverbandes teil.

Seine visionäre Gabe zeigte sich auf spektakuläre Weise erstmals um das Jahr 1345, als er die verheerende Pestepidemie erschaute, die ab 1347 halb Europa heimsuchen und rund 25 Millionen Opfer fordern sollte. Möglicherweise erfolgte zur gleichen Zeit auch eine grundlegende Wende in Tatarsins Leben; das Grauen, mit dem er sich unzweifelhaft konfrontiert sah, könnte sein hellseherisches Talent voll zur Entfaltung gebracht haben. Betrachtet man nämlich den „Werdegang" anderer großer Sensitiver, so stößt man immer wieder auf einen direkten Zusammenhang zwischen schockhaften Todeserlebnissen und dem endgültigen Durchbruch extremer PSI-Fähigkeiten.

In Tatarsins Fall hätte sich diese „Erweckung" dann auf besonders brutale Weise abgespielt, denn gerade in Böhmen kam es zu außergewöhnlich schrecklichen Szenen. Ganze Dörfer wurden entvölkert, Geißlerschwärme zogen durchs Land und peitschten sich im religiösen Wahn bis aufs Blut. Oft blieben die Pestleichen unbestattet liegen, und die Aasgeier kröpften nach Augenzeugenberichten dermaßen, daß sie vorübergehend fluguntüchtig wurden. Aber gerade angesichts dieser Art von „Apokalypse" könnte sich das Dritte Auge des Sehers völlig geöffnet haben, so daß er von da an imstande war, weit über das eigene Jahrhundert und selbst das zweite Jahrtausend hinauszublicken.

Ebenfalls in dieser Dekade von 1345 bis 1355 muß Tatarsin die jetzt extreme Schärfe seines geistigen Blickes mit dem Verlust der körperlichen Sehfähigkeit bezahlt haben. Denn in den historischen Quellen wird er im Zusammenhang mit seiner Pestprophezeiung noch als „Jüngling" bezeichnet; die späteren Textstellen, welche seine Große Vision in Prag schildern, sprechen hingegen vom „Blinden Hirten". Auf welche Weise er sein Augenlicht (und damit auch seine Tauglichkeit für den ritterlichen Dienst) verlor, läßt sich heute nicht mehr klären; immerhin darf spekuliert werden. Vielleicht erblindete er infolge einer Krankheit; ebenso wären eine Kriegsverletzung oder sogar eine Blendung durch Feinde, beziehungsweise die grausame mittelalterliche Justiz möglich, mit der Tatarsin aus irgendeinem Grund in Konflikt geraten sein könnte.

Gesichert ist, daß der nunmehrige Blinde Hirte jetzt wieder in Kouto lebte – und durch seine Gabe dort großes Aufsehen erregte. So heißt es in den Überlieferungen, er habe Namen und Heimatort völlig fremder Menschen nennen können, sobald sie sich seinem Dorf näherten. Zudem soll er über weite Entfernungen hinweg jedes einzelne Tier in einer Herde erkannt haben, und damit löst sich nun auch das Rätsel, wie er denn trotz seiner Erblindung als Hirte zu arbeiten vermochte. Offenbar setzte er seine sensitiven Fähigkeiten auch auf den Waldweiden ein und hatte dabei vermutlich einen Gehilfen bei sich, der aktiv wurde, sobald Tatarsin mit Hilfe seines Sechsten Sinnes früher als jeder gewöhnliche Mensch auf irgendein Raubwild in der Nähe aufmerksam wurde.

Da der Blinde Hirte außerdem schon kurz nach seiner Rückkehr in die Böhmischen Wälder verschiedene spektakuläre, leider jedoch verschollene Einzelprophezeiungen über das künftige Schicksal seines eigenen Landes und Europas abgegeben haben soll, ist es nicht verwunderlich, daß die Kunde davon bald bis Prag drang. Schließlich wurde auch Karl IV. auf den begnadeten Seher aufmerksam – oder erinnerte sich vielleicht auch wieder an den ehemaligen Einrösser, der ihm womöglich schon früher begegnet war – und ließ ihn auf den Hradschin holen.

Dort kam es dann zur Großen Vision des Blinden Hirten, deren nähere Umstände im einleitenden Kapitel geschildert wurden – und im folgenden soll die Weissagung Tatarsins nun in ihrem vollen Umfang vorgestellt werden.

Der Böhmerwald

DIE PROPHEZEIUNGEN DES BLINDEN HIRTEN VON PRAG

Die Schauungen des böhmischen Hellsehers wurden erstmals im Jahr 1356 niedergeschrieben: in jener Nacht auf dem Hradschin, als der Skribent Karls IV. Zeuge der spektakulären Vision wurde und jedes Wort notierte. Zwar verlangte der Kaiser damals strikte Geheimhaltung von dem Schreiber; da dieser sich jedoch offenbar nicht daran hielt, begannen die Weissagungen schon bald unter der Hand in Prag zu kursieren.

Während der nächsten Generationen wurden sie mündlich tradiert und verbreiteten sich auf diese Weise in ganz Böhmen. Anno 1491 wurden sie von einem gewissen Josef Kochan aus Roschmital erstmals in Druck gegeben; schon zuvor soll eine Buchausgabe existiert haben, für die ein spätmittelalterlicher Verleger namens Johann Melichar aus Horschau verantwortlich zeichnete. 1559 erschienen die Prophezeiungen erneut; ein Exemplar dieser Ausgabe kann für das Jahr 1602 in der Wiener Hofbibliothek nachgewiesen werden. Erbstein wiederum führt zwei Druckschriften von 1660 und 1700 an; ferner ist eine Veröffentlichung bekannt, die 1760 in Budweis erschien. 1922 folgten „Die Weissagungen des Blinden Jünglings" von Emanuel Jungmann, und 1950 schließlich erschien das Buch „Der Blinde Jüngling" von Max Erbstein.

Spätestens ab 1678, also im Zeitalter der Gegenreformation, machte die katholische Kirche gegen die Prophezeiungen mobil. Im genannten Jahr wurde ihre Verbreitung bei Strafe der Exkommunikation verboten; wo immer man der Schriften über den Blinden Hirten habhaft werden konnte, kam es zu öffentlichen Bücherverbrennungen. Der Hauptgrund lag wohl darin, daß der Visionär unter anderem den Sturz aller gekrönten Häupter – also nicht nur des Adels, sondern auch des Papsttums – vorhergesagt hatte. Doch die Menschen in Böhmen und längst auch in anderen mitteleuropäischen Ländern ließen trotz der klerikalen Unterdrückungsmaßnahmen nicht von den Prophezeiungen. Heimlich wurden sie immer wieder gedruckt und trotz des katholischen Index weitergegeben.

Auf diese Weise überdauerten sie bis ins 20. Jahrhundert, und gerade heute, im Übergang vom zweiten zum dritten Jahrtausend, gewinnen die Schauungen

Holzschnitt aus Hartmann Sedels „Liber Chronicum" (1493), älteste Stadtansicht Prags

des geheimnisvollen Mannes aus Kouto beklemmende Aktualität. Sie schildern nämlich nicht nur herausragende Ereignisse aus längst vergangenen Tagen oder die beiden Weltkriege, die Vertreibung der Deutschen aus der Tschechoslowakei 1945 und den Fall des „Eisernen Vorhanges", sondern warnen auch vor eine „Apokalypse" im neuen Millennium und sprechen zuletzt von einem „Goldenen Zeitalter", das nach dem „Weltuntergang" anbrechen soll.

Die Weissagungen bis zum 20. Jahrhundert

*Ihr Kaiser, Könige und Fürsten,
ihr armen Leute im Lande:
Es wird eine Zeit kommen,
da werdet ihr wünschen, nicht geboren zu sein.*

***

*So viele Leute wird es geben,
daß kein Brot mehr für sie da ist.
Aber die einen werden fressen,
und die anderen werden verhungern.*

***

*Böhmen wird die Herrscher wechseln
wie der feine Herr das Hemd.*

***

*Eine und noch eine halbe Zeit
werden über Böhmen fremde Herrscher sein.*

***

*Dann werden die Herren in Prag
dem zweiten Volke
die Freiheit aus dem Fenster zuwerfen.
Aber es ist zu spät.*

***

*Wenn im großen Krieg jeder gegen jeden ist,
dann beginnt die Zeit,
da der Schrecken
unser Land nicht mehr verlassen wird.*

***

*Die Menschen werden einander nicht mehr mögen.
Wenn einer sagt: Rück ein wenig,
und der andere tut es nicht, ist es sein Tod.*

***

*Dann sind die Burgen verödet,
und die hohen Herren greifen zum Pflug.*

***

*Von da an wird es nicht mehr sein dürfen,
daß sich die Leute auf der Welt verstehen.*

***

*Sie werden keine Ruhe geben,
bis der Böhmische Löwe wieder selbst herrscht
und niemandem untertan ist.
Bis ein Mächtiger kommt.*

***

Zwei Völker werden in Böhmen leben.

***

*Das Herrschervolk
wird dem anderen nach dem Leben trachten
und ihm keine Freiheit gönnen.*

***

*In einer Zeit,
da einer länger denn sechzig Jahre
Herr über Böhmen war,
wird durch einen Fürstenmord
ein großer Krieg entstehen.*

***

*Wird einmal ein Krieg kommen
und alles anders werden.
Dann fallen die Kronen.*

***

*Dann werden die gekrönten Häupter
wie reife Äpfel von den Bäumen fallen.*

***

*Zwischen Böhmens Bergen
wird ein Volk dem anderen nach dem Leben trachten.*

***

*Dann aber kommt einer,
der wird die Geißel schwingen über Prag.*

***

*Es kommt abermals ein großer Krieg
zwischen allen Völkern der Erde.*

Die Prophezeiungen des Blinden Hirten von Prag

***

*Es wird nicht der letzte Krieg sein,
aber er wird anfangen die letzten Zeiten.*

***

*Deutschland wird ein großer Trümmerhaufen sein,
und nur die Gebiete der blauen Steine
werden verschont bleiben.*

***

*Um Böhmen herum
wird ein großer Trümmerhaufen sein,
denn es wird Feuer hageln.*

***

*Der große Krieg wird zu Ende gehen
wenn die Kirschen blühen.*

***

*In Böhmen aber wird der heimliche Brand
nicht erlöschen.*

***

*Solange die Kirschen reifen,
möchte ich kein Deutscher sein.*

***

*Wenn aber die Kirschen geerntet sind,
möchte ich kein Böhme sein.*

***

*Zweimal wird das Böhmerland gesiebt werden.
Das erste Mal bleiben nur soviel Deutsche,
wie unter einer Eiche Platz haben.*

***
*Die eine andere Sprache reden,
werden das Land verlassen.*

***
*Wieder wird der Löwe über Böhmen herrschen,
aber sein Glanz ist zu Ende.*

***
In Böhmen wird nur noch ein Volk leben.

***
*Und immer noch wird Blut fließen
unter den Brüdern.*

Die Weissagungen für das dritte Jahrtausend

*Ein neuer Krieg wird ausbrechen,
dieser wird der kürzeste sein.*

***
*Das Volk in Böhmen
wird durch den Krieg vernichtet,
und alles im Land wird verschüttet werden.*

***
*Zweimal wird das Böhmerland gesiebt werden,
das zweite Mal bleiben nur soviel Böhmen,
wie auf einer Hand Platz haben.*

***

Über das große Wasser wird der Krieg kommen,
und die eisernen Rosse
werden Böhmens Erde zerstampfen.
Ganz Böhmen wird mit Pferdehufen bedeckt sein.

***

Der Krieg wird Prag verwüsten,
und die Überlebenden
werden auf einem Fuhrmannswagen Platz finden.

***

Aber es wird nicht eher Friede in Europa sein,
ehe nicht Prag ein Trümmerhaufen ist.

***

Abermals zur Kirschblüte
wird Prag vernichtet werden.

***

Eine Sonne wird stürzen und die Erde beben.

***

Die Rache kommt übers große Wasser.

***

Die Menschen werden die Welt vernichten,
und die Welt wird die Menschen vernichten.

***

Wann es kommt?
Es wird lange dauern
und noch viel Wasser die Moldau hinabrinnen.

***

*Wenn es aber kommt,
dann wird es einschlagen
wie ein Blitz in einen Ameisenhaufen.*

***

*Wenn die Menschen meinen,
Gottes Schöpfung nachmachen zu sollen,
dann ist das Ende da.*

***

*Es dauert nicht länger, als man dazu braucht,
Amen zu sagen.*

***

Die Wilde Jagd braust über die Erde.

***

Die Totenvögel schreien am Himmel.

***

*Ihr Mächtigen und Gewaltigen,
ihr werdet kleiner sein als der arme Hirte.*

***

Und das Land Bayern hat viel zu leiden.

***

*Wenn zum zweiten Mal die Kirschen reifen,
werden die Vertriebenen aus Böhmen traurig wieder zu
ihren Webstühlen und Feldern zurückkehren.*

***

Aber nur wenige werden es noch sein.

***

*Und diese wenigen werden einander fragen:
Wo hast du gesteckt und wo du?*

***

*Die Bauern werden hinter dem Pflug
mit der Peitsche knallen und sagen:
Hier hat Prag gestanden.*

***

*Dann wird über die Welt
ein neues Zeitalter kommen,
das man das Goldene nennen wird.*

PRAGER FENSTERSTURZ, WELTKRIEGE UND HARMAGEDDON:

Eine Interpretation der Weissagungen des Blinden Hirten

Durch jene dreißig Prophezeiungen, die im vorangegangenen Kapitel unter der Überschrift „Die Weissagungen bis zum 20. Jahrhundert" zusammengefaßt sind, weist sich der Blinde Hirte als ernsthafter Zukunftsseher aus. Er erlebte die Schauungen 1356, und ab dem 17. Jahrhundert trafen sie eine nach der anderen ein, wie sich herausstellt, wenn man sie mit den tatsächlichen historischen Ereignissen vergleicht.

Eingangs und quasi zusammenfassend kündigt der Präkognitive an, daß die kommenden Jahrhunderte schrecklich für Europa sein würden. Ganz richtig sagt er dann den Bevölkerungsanstieg ab der Mitte des zweiten Jahrtausends voraus, der damals eine Folge verbesserter Landwirtschaftsmethoden und der um 1500 einsetzenden Frühindustrialisierung war. Ebenso spricht er mit dem Satz „Die einen werden fressen, und die anderen werden verhungern", die schrecklichen sozialen Mißstände jener Epoche an, ehe er sich zu den künftigen politischen Verhältnissen seines Heimatlandes äußert.

„Eine und noch eine halbe Zeit werden über Böhmen fremde Herrscher sein" lautet die entsprechende Weissagung. Dazu muß man nun wissen, daß Böhmen 1310 nach dem Aussterben des angestammten Herrscherhauses der Premysliden zunächst an die ausländische Dynastie der Luxemburger fiel. Von 1458 bis 1471 trug mit Georg von Podebrad kurzfristig wieder ein in Böhmen geborener König die Krone, anschließend gelangten die polnischen Jagiellonen zur Macht. Ab 1526 regierten – mit Ausnahme der Jahre 1619 bis 1620, als der protestantische König Friedrich von der Pfalz auf dem Hradschin saß – die ebenfalls ausländischen Habsburger. Erst 1918 gewann das Land in Form der Tschechoslowakei vorübergehend seine Selbstbestimmung zurück. Von 1939 bis 1945 war es von Nazideutschland okkupiert und war sodann bis 1989 ein Vasallenstaat der UdSSR; erst seitdem ist das tschechische Volk wieder wirklich frei.

Die Zeit der Fremdherrschaft umfaßte also, von einigen ganz kurzen Unterbrechungen abgesehen, fast ein dreiviertel Jahrtausend – und das wäre nach altem mythologischem Sprachgebrauch in der Tat etwa „eine und eine halbe Zeit", nämlich eineinhalb sogenannte „Götterjahre", wie man in

Prager Fenstersturz

der Antike eine Epoche von ca. fünfhundert Erdenjahren bezeichnete. Dieser Terminus war bestimmten Eingeweihten durchaus noch während des Mittelalters geläufig und hat sich in esoterischen Kreisen bis heute erhalten. Ebenso kannte ihn offenbar Tatarsin, denn nur unter dieser Prämisse bekommt seine zunächst etwas rätselhafte Prophezeiung Sinn und erweist sich als zutreffend.

„Dann werden die Herren in Prag dem zweiten Volke die Freiheit aus dem Fenster zuwerfen", heißt es weiter in der Weissagung. Ganz klar bezieht dieser Ausspruch sich auf den berühmten „Prager Fenstersturz" vom 23. Mai 1618, als protestantische böhmische Ständevertreter die beiden kaiserlichen Statthalter Martinitz und Slawata aus einem Fenster des Hradschin warfen und damit den Dreißigjährigen Krieg auslösten. Mit dem „zweiten Volk", von dem hier die Rede ist, meint der Visionär das böhmische, das unter der Knute der österreichischen Oberschicht stand und 1618 nach dem „Prager Fenstersturz" tatsächlich seine Freiheit errang, wenn auch nur für kurze Zeit.

In den folgenden Sentenzen beschreibt der Blinde Hirte die schrecklichen Zustände während des großen Religionskrieges. Haß und Intoleranz werden angesprochen, dazu der Untergang des protestantischen Adels in Böhmen. Aber auch nach dem Krieg wird es keinen wirklichen Frieden geben, denn das Volk wird bis in ferne Zeiten, da „der Böhmische Löwe wieder selbst herrscht", gespalten sein. Erst wenn „ein Mächtiger kommt" (der demokratische Souverän?), wird Böhmen niemandem mehr untertan sein, doch bis dahin wird „das Herrschervolk" den unterdrückten Bevölkerungsteilen „keine Freiheit gönnen".

Wir erkennen hier den Terror der katholischen Gegenreformation des 17. und 18. Jahrhunderts; ebenso macht der Prophet deutlich, wie die Habsburger Monarchie und mehr noch das spätere „Großdeutsche Reich" bis herauf ins 20. Jahrhundert in einem Zweiklassen-Staat mit den vorgeblich unmündigen slawischen Tschechen umsprangen.

Außerordentlich zutreffend ist die bereits in der Einführung zu diesem Buch zitierte Schauung: „In einer Zeit, da einer länger denn sechzig Jahre Herr über Böhmen war, wird durch einen Fürstenmord ein großer Krieg entstehen." Eindeutig bezieht sie sich auf Kaiser Franz Josef von Österreich, der von 1848 bis 1916 regierte. Am 28. Juni 1914 wurde sein Neffe, der Thronfolger Franz Ferdinand, in Sarajewo ermordet, was letztlich zum Ausbruch des Ersten Weltkrieges führte. 1917 lösten die Kriegswirren zunächst die russische Oktoberrevolution und damit den Sturz des letzten Zaren aus. 1918 gingen dann auch die Monarchien in Deutschland und Österreich unter, so daß „die gekrönten Häupter wie Äpfel von den Bäumen" fielen.

Kaiser Franz Joseph I.

Sehr gut charakterisiert Tatarsin auch die Situation nach dem Ersten Weltkrieg, wenn er ankündigt, zwei Völker würden sich „zwischen Böhmens Bergen" nach dem Leben trachten. Denn speziell im gebirgigen Sudetenland prallten zu Beginn des 20. Jahrhunderts tschechische und deutsche Interessen ausgesprochen hart aufeinander; Hitler nahm dies

1939 als Vorwand, um die Tschechoslowakei gewaltsam zu okkupieren. Er war es auch, der anschließend auf brutalste Weise „die Geißel schwingen ließ". Er schwang sie über Prag und das übrige Land; das Massaker von Lidice, wo 1942 zur Vergeltung für das Attentat auf Reinhard Heydrich, den „Reichsprotektor" in Böhmen und Mähren, die unschuldige Bevölkerung eines ganzen Dorfes ausgerottet wurde, steht unter anderem dafür.

Dieses Verbrechen geschah während des Zweiten Weltkrieges, den der Visionär des 14. Jahrhunderts anschließend schildert und von dem er sagt: „Es wird nicht der letzte Krieg sein, aber er wird anfangen die letzten Zeiten." Wir erkennen in den Metaphern des Blinden Hirten die Bombenangriffe, welche die Alliierten „um Böhmen herum" gegen deutsche Städte wie Dresden, Nürnberg oder München führten. Richtig ist ebenso, daß in Deutschland praktisch einzig „die Gebiete der blauen Steine", also die Alpen, von Kämpfen verschont blieben, denn ehe die alliierten Truppen 1945 diese Region erreichten, hatte das „Dritte Reich" kapituliert.

Admiral Dönitz unterzeichnete die Waffenstillstandsvereinbarung im Mai 1945: zu der Jahreszeit, da „die Kirschen blühen". Doch während der folgenden Monate, da diese Früchte reiften, brach sich in der Tschechoslowakei der so lange aufgestaute Haß gegen die deutschsprachigen Bevölkerungsteile Bahn. Es kam zu zahlreichen Vergeltungsaktionen, denen auch sehr viele Unschuldige zum Opfer fielen. Anfang August, nachdem die Potsdamer Konferenz der Alliierten ihr Plazet zur Austreibung der deutschen Bevölkerung aus der Tschechoslowakei „in humaner Form" gegeben hatte, wurden zweieinhalb Millionen Menschen aus ihrer Heimat verjagt, wobei teilweise schreckliche Exzesse passierten. Ende August 1968 wiederum, als die Kirschenernte dieses Jahres bereits eingebracht war, marschierten sowjetische und andere

Truppen des Warschauer Paktes in die CSSR ein, so daß sich auch der dritte Teil der „Kirschprophezeiung" des Blinden Hirten bewahrheitete.

Abschließend geht Tatarsin auf die Verhältnisse in der Tschechischen Republik unmittelbar vor der Jahrtausendwende ein. Nachdem „das Böhmerland gesiebt" wurde, leben seither kaum noch Deutsche dort, und der „Löwe" herrscht in der Tat wieder über das Land, denn das tschechische Volk hat seine Souveränität zurückgewonnen. „Aber sein Glanz ist zu Ende" – nämlich durch die Spaltung der ehemaligen Tschechoslowakei in die Tschechische und die Slowakische Republik, weshalb in Böhmen selbst jetzt wirklich nur noch ein Volk, das tschechische, lebt.

Die nachfolgende Schauung des Blinden Hirten – „Und immer noch wird Blut fließen unter den Brüdern." – könnte mit der Abspaltung der Slowakei zu tun haben. Möglicherweise wird es noch im ausklingenden 20. Jahrhundert zu bewaffneten Konflikten zwischen Prag und Bratislava kommen; vielleicht auch blickte Tatarsin mit dieser Vision schon ins dritte Jahrtausend, wo nicht nur Böhmen entsetzliche Katastrophen erleben wird, wie die Interpretation der dreiundzwanzig Prophezeiungen für das neue Millennium zeigt.

*****

Kurz und prägnant kündigt der Blinde Hirte einen Dritten Weltkrieg an. Bei der Beschreibung des Debakels konzentriert er den Blick zunächst auf sein Heimatland, das völlig zerstört und fast total entvölkert wird. Das „große Wasser", über das der Angriff erfolgt, und die „eisernen Rosse", welche die „Erde zerstampfen", deuten auf eine Invasion

Europas hin, die auf dem Seeweg durchgeführt, beziehungsweise durch ein Desaster in einem Land jenseits des Meeres ausgelöst wird und bei der außerordentlich schweres technisches Kampfgerät zum Einsatz kommt. Ähnlich wie bei den anderen Bildern handelt es sich auch bei den „Pferdehufen" um eine Metapher; wahrscheinlich umschreibt der Visionär damit Ketten von Bombentrichtern, die – aus großer Höhe betrachtet – ganz Böhmen gleich Hufabdrücken bedecken.

Der Schrecken erreicht seinen Höhepunkt mit dem Untergang Prags, wo offenbar kein Stein auf dem anderen bleibt. Im Frühjahr geschieht es, „abermals zur Kirschblüte", und der Kataklysmus ist von so verheerenden Ausmaßen, daß die Menschheit noch nie zuvor etwas Vergleichbares erlebte, wenn „eine Sonne stürzen und die Erde beben" wird. Mit der „Rache", die über das „große Wasser" kommt, sind vermutlich katastrophale Entwicklungen in den USA mit globalen Auswirkungen gemeint, wie im Rahmen der Interpretation der Prophezeiungen des Bauern aus dem Waldviertel im achten Kapitel dieses Buches noch ausführlich dargelegt werden soll.

„Die Menschen werden die Welt vernichten, und die Welt wird die Menschen vernichten", heißt es weiter. Tatarsin nennt damit die tiefste Ursache für „Harmageddon" beim Namen: den Wahn der modernen, technisch ausgerichteten „Zivilisationen", welche in ihrer Vermessenheit glauben, die Naturgesetze ungestraft mißachten zu können. Es scheint also so, als würde der Planet selbst sich gegen die Menschheit aufbäumen, weil sie „Gottes Schöpfung" – in welchen Bereichen auch immer – nachahmen wollte. Deswegen kommt es zur Globalkatastrophe, die wie die „Wilde Jagd" über die Erde braust, und der „Weltuntergang" trifft die Völker ähnlich unvermittelt, als würde „ein Blitz in einen Ameisenhaufen" einschlagen.

Lange werden danach „die Totenvögel schreien", und diejenigen, welche der Welt ihr „Harmageddon" bescherten, die „Mächtigen und Gewaltigen", werden „kleiner sein als der arme Hirte". Diese Aussage deutet auf grundlegende soziale und politische Umwälzungen nach der Katastrophe hin; die wenigen Überlebenden geben sich eine neue und bessere Gesellschaftsordnung. Andere Propheten wie Alois Irlmaier, der Mühlhiasl, Malachias oder auch die Sibylle von Prag sagten in diesem Zusammenhang einen Sturz des Papsttums und den Untergang des Christentums voraus; zu den „Mächtigen und Gewaltigen" dürften also auch das letzte Oberhaupt der katholischen Kirche und andere religiöse Führer zählen.

Abschließend fixiert Tatarsin seinen Blick noch einmal auf Böhmen und das benachbarte Bayern und kündigt an, daß nach dem Dritten Weltkrieg eine Neubesiedelung der entvölkerten tschechischen Landstriche erfolgt. „Wenn zum zweiten Mal die Kirschen reifen", ist dies der Fall; es kann damit eigentlich nur der Sommer des ersten Nachkriegsjahres gemeint sein. Die wenigen Menschen, die nun an ihren Webstühlen und auf den Feldern arbeiten, leben offenbar in einer vorindustriellen Gesellschaft. Selbst die Gegend, wo einst Prag stand, ist wieder Agrarland geworden; einzig die Erinnerung an die Metropole an der Moldau ist den dort pflügenden Bauern geblieben.

Doch sie trauern den untergegangenen Megastädten und der technischen Ära mit all ihren negativen Auswüchsen, für die sie standen, nicht nach. Vielmehr blüht im dritten Jahrtausend allmählich ein ganz neues und besseres Zeitalter auf, „das man das Goldene nennen wird". Obwohl der Blinde Hirte diese erstrebenswerte Zivilisation nicht näher beschreibt, darf als sicher angenommen werden, daß die Menschen dann wieder in tiefem Einklang mit der Natur und in Harmonie mit ihrem Nächsten leben werden, denn nur auf diese Weise kann ein positiver Aufschwung, so wie ihn Tatarsin in Aussicht stellt, erfolgen.

*****

Bei genauer Betrachtung macht der Blinde Hirte eine Fülle von Angaben über dritte Millennium. Noch deutlicher aber wird das Bild, wenn wir uns nun im zweiten Teil dieses Buches mit jenem mitteleuropäischen Visionär beschäftigen, der ungleich näher am neuen Jahrtausend lebt und deshalb vieles um so schärfer erkennt: mit dem Bauern aus dem Waldviertel.

ZWEITER TEIL

DER BAUER AUS DEM WALDVIERTEL

DER KENNEDY-MORD, DER DREI JAHRE VOR DEM ATTENTAT IN DALLAS PASSIERTE

Die spektakuläre Präkognition ist für das Jahr 1960 bezeugt; sie ereignete sich mitten in der heißen Phase des damaligen amerikanischen Präsidentschafts-Wahlkampfes. In einem Wahrtraum sah sich ein junger Bauer aus dem österreichischen Waldviertel, der zu jener Zeit gerade zweiundzwanzig Jahre zählte, in der Gastwirtschaft seines Dorfes sitzen. Im Hintergrund des Raumes lief der Fernsehapparat; plötzlich wurde das Programm unterbrochen, und ein geschockt aussehender Nachrichtensprecher verlas eine entsetzliche Meldung: „Soeben ist in der texanischen Stadt Dallas Präsident John F. Kennedy ermordet worden!"

Die Stimme verklang; in der Küchenstube seines Bauernhofes, wo er sich an diesem Abend in Wahrheit aufhielt, schreckte der junge Landwirt aus einem seltsam betäubenden Halbschlaf hoch und fand sich verwirrt wieder in der Wirklichkeit zurecht. Während er noch einmal kurz nach draußen sah und anschließend zu Bett ging, versuchte er, den Traum als Hirngespinst abzutun.

Am nächsten Tag hatte er den Vorfall schon fast wieder vergessen, doch als er nach Feierabend in der Zeitung einen Bericht über die Präsidentschaftskandidatur John F. Kennedys las und unvermittelt ein Nachbar in die Stube kam, blickte der Waldviertler Bauer jäh auf und rief dem Bekannten mit erregter Stimme zu: „Der da, der Kennedy,

Der amerikanische Präsident John F. Kennedy an seinem Schreibtisch im Weißen Haus (21.6.1961)

wird Präsident! Und ermordet wird er auch! In einer Stadt in Texas, die Dallas heißt, wird es geschehen!"

Der Nachbar nahm den vermeintlichen Spinner nicht ernst. Aber drei Jahre später, am 22. November 1963, wurde die Wahrschau des jungen Mannes Realität. Im offenen Wagen fuhren der amerikanische Präsident und seine Gattin Jaqueline inmitten einer Kavalkade weiterer Fahrzeuge durch Dallas. Sie winkten den Menschen zu, die sich jubelnd am Straßenrand drängten. Urplötzlich dann schien ein heftiger Schlag den Körper des Staatsoberhauptes zu treffen. Der US-Präsident sackte zusammen, einer der Sicherheitsbeamten warf sich über ihn – Minuten später erfuhr die Weltöffentlichkeit von dem heimtückischen Attentat auf John F. Kennedy.

Zu dieser Stunde saß der nunmehr fünfundzwanzigjährige Waldviertler Bauer in der Gastwirtschaft seines Dorfes. Und hier wurde nun all das Wirklichkeit, was er drei Jahre zuvor in seinem Wahrtraum gesehen hatte. Im Hintergrund des Raumes lief der Fernsehapparat, unvermittelt wurde das Programm unterbrochen, dann kam die Meldung über den Mordanschlag genau so, wie der junge Landwirt sie bereits 1960 in seiner Präkognition erlebt hatte. Mehr noch: Er hatte damals mit seinem Nachbarn und später auch anderen Leuten darüber gesprochen, so daß jeder Betrug ausgeschlossen ist.

*****

Der Münchner Schriftsteller Wolfgang Johannes Bekh, der sich intensiv mit paranormalen Erscheinungen befaßt hat, schildert den Fall in seinem Buch „Das dritte Weltgeschehen", und in diesem Werk ist noch eine weitere erstaunliche Geschichte über den österreichischen Hellseher festgehalten: Der Visionär prophezeite nicht nur das Attentat von Dallas, sondern – ebenfalls beweisbar – auch den Einsturz der Wiener „Reichsbrücke" Jahre danach; eine Katastrophe, die auf die Verwendung von Billigmaterial bei der Errichtung des monumentalen Bauwerkes zurückzuführen war und europaweit für Schlagzeilen sorgte.

Angesichts dieser eindeutig gesicherten Schauungen kann es keinen Zweifel daran geben, daß der Bauer aus dem Waldviertel ein echter Präkognitiver und beileibe kein Scharlatan ist – und vielleicht ist gerade das der Grund, warum sich der Prophet gegenüber der Öffentlichkeit so auffällig zurückhält. Der geheimnisvolle Mann aus der niederösterreichischen Provinz scheut jeglichen Rummel um seine Person; noch nie trat er irgendwo vor Publikum auf. Um keinen Preis möchte er von der heutzutage leider zumeist unseriösen Medienindustrie vermarktet werden, und er steht ebensowenig für irgendwelche Konsultationen außerhalb seines engsten Bekanntenkreises zur Verfügung.

Deswegen ist es in diesem Buch auch nicht möglich, seinen Namen zu nennen. Wolfgang Johannes Bekh, der Entdecker des „Anonymus aus dem Waldviertel", hat es in seinen einschlägigen Abhandlungen ebenfalls nicht getan. Aber einige Lebensdaten und im parapsychologischen Sinn relevante Eigenheiten dieses sehr bedeutenden österreichischen Hellsehers unserer Tage sind mittlerweile dennoch greifbar. Sie stehen „zwischen den Zeilen" verschiedener Briefe, in denen der Sensitive in den 70er Jahren dem Münchner Schriftsteller sowie anderen Vertrauenspersonen seine Gesichte mitteilte; weitere Fakten lassen sich anhand gewisser Indizien eruieren.

So pflegt der Waldviertler Bauer beispielsweise regelmäßig auf den Spuren des berühmten Bayerischen Hellsehers Mühlhiasl aus dem 18. Jahrhundert zu wandeln und sucht wie dieser immer wieder einen bestimmten Berg im Bayerischen Wald auf, weil dessen besondere geophysikalische Eigenschaften offenbar seine visionäre Gabe fördern. Mehr darüber im nächsten Kapitel, in dem versucht werden soll, dem „verborgenen Antlitz" des österreichischen „Anonymus" zumindest einige Konturen zu geben.

DIE RÄTSELHAFTE EXISTENZ DES BAUERN AUS DEM WALDVIERTEL

Sein bürgerliches Leben

Der geheimnisvolle Visionär wurde 1938 in einem unscheinbaren Dorf am Rande des Truppenübungsplatzes Döllersheim geboren. Die Ort liegt auf einer Hochebene nahe der Kleinstadt Zwettl, etwa hundert Kilometer nordwestlich von Wien im westlichen Teil des Waldviertels. In seinem Buch „Bayerische Hellseher" schildert Wolfgang Johannes Bekh die Gegend folgendermaßen:

„Am 23. August 1979 um fünf Uhr nachmittags traf ich im Heimatdorf des Waldviertler Sehers ein. Die Landschaft war schon seit längerem karg gewesen und immer karger geworden, je näher ich meinem Ziel kam. Zuletzt noch durchquerte ich einen riesigen Truppenübungsplatz, der meinen Eindruck ins Trostlose steigerte. Auf Schotterwegen fuhr ich durch eine menschenleere Ödnis, deren einzige Abwechslung gelegentlich einige zu Ruinen zusammengeschossene landwirtschaftliche Bauwerke bildeten. Das Dorf, in dem ich dann eintraf, war in lang hingestreckten ebenerdigen Häusern zu beiden Seiten eines breiten Angers erbaut, der sich wie eine schnurgerade lange Straße zwischen den niedrigen Häuserreihen hinzog. Die Fassaden der Häuser, feingegliedert und gelegentlich mit zartem Stuck verziert, waren zum Teil abgeschlagen und mit modernen Kippfenstern verschandelt; es tat den Augen weh..."

In dieser wenig idyllischen Umgebung, nur etwa dreißig Kilometer von der tschechischen Grenze entfernt, wuchs der Visionär auf. Er stammt aus einem der Bauernhöfe des von Bekh beschriebenen Dorfes; das Anwesen befindet sich bereits seit vielen Generationen im Eigentum der Familie. Der Hof besitzt mit 53 Hektar Ackerland beinahe schon die Größe eines kleinen Gutes; der Waldviertler Bauer erledigt die Arbeiten auf den Feldern mehr oder weniger allein, wenn auch mit Hilfe moderner Maschinen.

Was nach seinem Tod mit dem Hof geschehen wird, weiß niemand. Weil der Bauer nie verheiratet war, sind keine Erben vorhanden. Aus den Mitteilungen Bekhs läßt sich entnehmen, daß der Sensitive seit 1979, in welchem Jahr sein Vater an Krebs verstarb, einsam mit seiner damals schon betagten Mutter unter einem Dach lebte. Mittlerweile wird der Landwirt, der nun ebenfalls schon das sechzigste Lebensjahr überschritten hat, völlig auf sich gestellt sein.

Den Charakter des Mannes stellt der Münchner Schriftsteller als etwas zwiespältig dar. Einerseits stehe der Paranormale mit beiden Beinen im Leben und leiste in seinem Beruf überdurchschnittlich viel, weil er seine Arbeit ausgesprochen tatkräftig und mit nüchterner Intelligenz angehe. Andererseits müsse der Visionär aber offensichtlich große innere Spannungen ertragen, was Bekh in seinem 1985 erschienenen Buch so ausdrückt: „Auch am anderen Morgen erzählte der (...) Bauer ohne Unterbrechung von seinen Gesichten. Er schien überhaupt keinen anderen Gesprächsstoff zu kennen. So unangenehm und lästig, ja bedrückend ich das empfand, es stärkte meinen Glauben an die Echtheit seiner Vorausgesichte. Nur einer, den ein Leiden bis zur heftigsten Qual erfaßt hat, ist gezwungen, ohne Unterlaß daran zu denken und andere an diesen Gedanken teilnehmen zu lassen. (...) Froh war ich, als ich an diesem regnerischen

Morgen des nächsten Tages meinen Koffer packen und 'das Weite suchen' konnte. Froh war ich, diesen Finsternissen entronnen zu sein..."

Immerhin hatte der Autor das Glück, dem Bauern aus dem Waldviertel persönlich gegenübertreten zu können, was keineswegs selbstverständlich war. Normalerweise nämlich meidet der Sensitive den direkten Kontakt mit Menschen, die sich für seine Gabe interessieren; allenfalls läßt er sich auf einen Briefwechsel ein. So korrespondierte er mit verschiedenen Professoren, unter anderem dem international beachteten Hans Bender in Freiburg, die auf dem Gebiet der psychologischen Grenzwissenschaft tätig waren oder sind, und teilte ihnen – ebenso wie Bekh – einen Teil seiner Schauungen mit. Er tat das freilich erst ab den 70er Jahren; zuvor hatte der Hellseher nur wenige Freunde sowie seinen Hausarzt eingeweiht.

Das war unter anderem deshalb geschehen, weil der Paranormale diese ihm besonders vertrauten Menschen rechtzeitig vor einem nahe bevorstehenden Dritten Weltkrieg warnen wollte, so daß sie, ähnlich wie er selbst, gewisse Vorkehrungen treffen konnten. Was das konkret bedeutet, ergibt sich wiederum aus einer beklemmenden Schilderung Bekhs: „Und er zeigte mir hinter der Ausfahrt der Maschinenhalle, wo noch das gedroschene Roggenstroh lag, den schwachen Hügel, in den er den Bunker eingraben werde. 'Nur die paar Leute, die in diesem Bunker sitzen, überleben. Und außerdem noch eine Handvoll Einwohner, die sich in einen Hohlweg am anderen Ende des Dorfes verkriechen. Sonst kommt alles um.' Und schuld sei die schwefelgelbe Glut, die über dem südwestlichen Böhmen aufsteige..."

Dies erklärte den Seher 1979; mittlerweile ist der Unterstand hinter der Maschinenhalle des Waldviertler Hofes längst errichtet. Der Visionär ist felsenfest davon überzeugt, daß er dort einen radioaktiven Niederschlag überleben wird – im Verlauf eines Dritten Weltkrieges, zu dem es nach seinen Angaben höchstwahrscheinlich noch in der ersten Dekade des neuen Millenniums kommt.

Aus diesem Grund unternahm der Sensitive vor einigen Jahren auch seine einzige größere Auslandsreise. Er wollte London sehen, das, wenn seine Schauungen eintreffen, bereits in naher Zukunft im Meer versinken wird. Während eines Rundganges durch den Tower berichtete die Reiseführerin mit etwas spöttischem Schmunzeln von der uralten keltischen Überlieferung, wonach der Untergang Londons dann erfolgen werde, wenn die berühmten Tower-Raben das Weite suchen würden. Jäh hatte der Waldviertler Bauer das beängstigende Gefühl, daß dies schon sehr bald der Fall sein werde, und er dachte: Hoffentlich wird dir dein Lachen nicht eines Tages vergehen!

Überhaupt spielen die Raben – welche im keltisch-germanischen Heidentum den Hellseher-Göttern Lug und Odin beigeordnet waren – eine wichtige Rolle im Leben des österreichischen Propheten. Denn wenn auch die Flugreise nach London die einzige blieb, die er sich je leistete, so unternimmt er doch häufig Tagesausflüge über die bayerische Grenze und dort zu einem Berg, der einst den Namen Rabenstein trug. Und er tut das ganz offensichtlich deswegen, weil dieser geheimnisvolle Kraftort seine paranormalen Fähigkeiten fördert, wie wir im zweiten Abschnitt dieses Kapitels sehen werden.

Das „Dritte Auge" des Visionärs

Offiziell heißt der Berg, von dem sich der Bauer aus dem Waldviertel immer wieder wie magisch angezogen fühlt, heute Hennenkobel, und er liegt über dem Dorf Rabenstein in der Nähe von Zwiesel im Bayerischen Wald. Der österreichische Hellseher weiß, daß genau hier der legendäre Matthäus Lang, vulgo Mühlhiasl (1753 bis 1809) lebte. Dieser wohl bedeutendste deutsche Prophet des späten 18. und frühen 19. Jahrhunderts schlug sich in der genannten Gegend als Wanderarbeiter, Köhler und Hirte durch und pflegte regelmäßig zwischen den Steintürmen auf dem Gipfel der sagenumwobenen Erhebung zu meditieren.

Genau hier – auf dem Berg mit dem alten Namen Rabenstein, wo sich in vorchristlicher Zeit ein Heiligtum des keltischen Gottes Lug befand – hatte er seine großen Schauungen, so daß er nicht nur den präzisen Zeitpunkt des Ausbruchs der beiden Weltkriege vorherzusagen vermochte, sondern auch von einem dritten „Weltabräumen" sprechen konnte, das sich im 21. Jahrhundert ereignen soll. Die Kraft aber, die den Seher vom Rabenstein zu diesen spektakulären Prophezeiungen befähigte, schöpfte dieser Mann quasi aus dem Inneren des genannten Berges, der eine ganz besondere geologische Struktur besitzt.

Das Granitgestein des Hennenkobel ist – und darin liegt das Geheimnis – weit überdurchschnittlich quarzhaltig; außerdem befindet sich in einer Kaverne ein unterirdischer See. Damit ist aber auch die elektromagnetische Strahlung, die sich aus den Spannungsfeldern zwischen den Kristallen und dem Wasser ergibt, außerordentlich stark; zudem werden die Kräfte dieser überdimensionalen „Wasserader" durch den

Quarz polarisiert. Für den Mühlhiasl und seine Gabe bedeutete das, daß deswegen auch die geophysikalischen Auswirkungen auf seine Psyche extrem intensiv waren, und dies war der Grund, warum er speziell diesen Berg, der vor ihm schon über Jahrtausende hinweg anderen medial veranlagten Menschen bekannt war, immer wieder erstieg.

Wie die PSI-Forschung herausgefunden hat, unterstützen nämlich sogenannte „Erdstrahlen" der beschriebenen Art die paranormalen Fähigkeiten Sensitiver oft auf ganz erstaunliche Weise – und genau deswegen wandelt offenbar wiederum der Bauer aus dem Waldviertel so oft auf den Spuren des Mühlhiasl und sucht haargenau dieselben Plätze auf dem Rabenstein auf, wo lange vor ihm der berühmte Bayerwaldprophet meditierte und in Trance fiel.

Der österreichische Visionär scheint die weit und breit einzigartige „Ausstrahlung" des Hennenkobel mit untrüglichem Instinkt schon vor Jahrzehnten entdeckt zu haben; bereits 1979 erklärte er Bekh, der freilich die Zusammenhänge nicht zu begreifen schien, er halte sich gerne dort auf. Das bedeutet nichts anderes, als daß es ihn dazu treibt, seine paranormalen Fähigkeiten auf dem Berggipfel in Einklang mit unterstützenden „Erdkräften" zu bringen – dies ist allerdings nur eine von zwei ganz unterschiedlichen Methoden, mit deren Hilfe er seine Schauungen „herbeizurufen" pflegt.

Der andere Erkenntnisweg, den er regelmäßig zuhause beschreitet, hat beinahe etwas Triviales an sich. Gleich nach dem morgendlichen Aufwachen läßt sich der Prophet „seelisch noch eine Weile treiben", oder aber er setzt sich nach Feierabend entspannt in seinen Sessel. Nach einer Weile kann es dann geschehen, daß eine Art Film vor seinen offenen Augen abläuft, wobei der Rand seines Blickfeldes aber nach wie vor die Realität zeigt. Die Visionen selbst spielen sich gleichzeitig im Zentrum seiner Pupillen ab.

Die rätselhafte Existenz des Bauern aus dem Waldviertel

Blick auf Zwiesel mit dem Berg Hennenkobel

Es handelt sich um sehr lebendige und naturgemäß oft dramatische Szenen. Manchmal passiert es sogar, daß sich der Waldviertler Bauer selbst in einer zukünftigen Katastrophensituation beobachtet – ganz so, als hielte er sich zur selben Zeit an einem gegenwärtigen und einem zukünftigen Ort auf. Dieses erstaunliche Phänomen deutet darauf hin, daß gewisse Schauungen des Hellsehers schon sehr bald eintreffen werden. Er persönlich ist aufgrund mehrerer, sehr klarer Gesichte davon überzeugt, noch als alter Mann mit der Waffe in der Hand gegen Marodeure eines Dritten Weltkrieges zu kämpfen, und da er im Jahr 1998 seinen sechzigsten Geburtstag feierte, können sich die entsprechenden präkognitiven Bilder eigentlich nur auf die erste Dekade des neuen Jahrtausends beziehen.

In einem Brief an den Schriftsteller, PSI-Forscher und Prämonstratensermönch Norbert Backmund, der bis vor kurzem im niederbayerischen Kloster Windberg lebte, wo Anno 1753 der Mühlhiasl getauft wurde, beschrieb der Bauer aus dem Waldviertel unter dem Datum vom 6. September 1976 sehr präzise, was sich abspielt, wenn er eine derartige Vision erlebt:

„Die einzelnen Gesichte zeigen sich bei mir in keiner Reihenfolge und überschneiden sich zeitmäßig hundertfach. Sie betreffen meistens nur ein Thema, selten das ganze Leben einer Person. Ich sehe das ähnlich, wie wenn ich in schneller Reihenfolge mehrere Filme sehen würde (wohl so, als seien sie übereinanderkopiert; Anm. d. A.), dabei das, was ich nicht selbst erlebe, mehr oder weniger undeutlich, inzwischen (der Bauer meint offenbar: dazwischen) meistens Radiomeldungen, Fernsehmeldungen, Leute, die das Ereignis erzählen, oder wie ich selbst mit jemandem darüber rede. Eine Zeit mit wenig Ereignissen erscheint kürzer, eine mit vielen dagegen länger. Vom Zeitpunkt kann ich mir nur über die dabei anwesenden Personen, wie sie zu der Zeit aussehen, und zum Teil über Häuser, die oft erst gebaut werden müssen, verwendete Fahrzeuge, oder wenn jemand sagt: das kam erst zehn Jahre nach dem oder dem, das hat so lange gedauert, eine Vorstellung machen. So könnten leicht falsche Angaben über den Kriegsausbruch (den der Präkognitive gelegentlich schon für die zweite Hälfte des 20. Jahrhunderts befürchtete; Anm. d. A.) entstanden sein. Die Bezugspunkte sind selten richtig erfaßbar. Gesichte mit weniger Inhalt kann ich besser und richtiger behalten, als wenn sich mehr auf einmal zeigt. Vor allem sind kleinere Verwechslungen in der Reihenfolge möglich. Auf das, was ich sehe, konnte ich noch niemals Einfluß nehmen. Manchmal kann ich mir aus dem Geschauten kaum einen Reim machen, aus manchem erst zu einer späteren Zeit."

Hochinteressant in diesem Zusammenhang ist die Tatsache, daß der berühmte Freilassinger Hellseher, Wünschelrutengänger und Brunnenbauer Alois Irlmaier (1894 bis 1959) seine Schauungen auf ganz ähnliche Weise wie der Bauer aus dem Waldviertel erlebte. Etwas Undefinierbares packte ihn; er fiel in eine Art Trance und „sah" im nächsten Moment wie in einem Film einen Wirbel zukünftiger Ereignisse: unbekannte, in seinen Augen seltsam gekleidete Menschen, die in fremdartiger, futuristischer Umgebung agierten; in Landschaften oder Städten, die auf gar keinen Fall Irlmaiers Zeit widerspiegelten. Hinzu kamen gelegentlich Symbole – Striche oder auch zahlenartige Gebilde –, durch die offenbar etwas Verborgenes gekennzeichnet werden sollte.

Was den österreichischen Seher angeht, so erlebte er im Lauf der Jahre eine solche Fülle derartiger Visionen, daß er aus ihnen quasi das umfassende Szenario eines Dritten Weltkrieges zusammenzufügen vermochte, wie der Kanon seiner Schauungen im folgenden Kapitel beweist.

DIE PROPHEZEIUNGEN DES BAUERN AUS DEM WALDVIERTEL

Der österreichische Visionär legte seine Vorhersagen für das dritte Jahrtausend in einer Reihe von Briefen nieder, die er Mitte der 70er Jahre unter anderem an die Publizisten Wolfgang Johannes Bekh und Norbert Backmund sowie den Freiburger Lehrstuhlinhaber für Grenzgebiete der Psychologie, Professor Hans Bender richtete. Die Erstveröffentlichung der Prophezeiungen besorgte Bekh im Rahmen seines Buches „Bayerische Hellseher".

In der Einleitung des Kapitels, in dem er den Bauern aus dem Waldviertel und dessen Schauungen vorstellt, weist der Münchner Schriftsteller darauf hin, daß der Präkognitive seine Einwilligung zur Publikation nur unter der Bedingung der strikten Geheimhaltung seines Namens gab. In der Tat wurde seine Identität in den vielen Jahren seit dem Erscheinen des genannten Werkes nicht gelüftet. Der schaurigen Faszination der Zukunftsbilder tut dies keinen Abbruch; sie sprechen – besonders weil der Leser sie oft ganz hautnah nachvollziehen kann – vielmehr voll und ganz für sich.

Der zutiefst erschütternde Kanon wurde aus den oben erwähnten, von Bekh zitierten Briefen zusammengestellt und um der besseren Verständlichkeit willen vom Autor teilweise in direkte Rede übertragen. Da die Gesichte in verschiedenen Schriftstücken niedergelegt wurden und deshalb die Reihenfolge der Ereignisse nicht ganz eindeutig ist, wurden sie, wo nötig, nach logischen Gesichtspunkten geordnet. Die große, von dem österreichischen Visionär vorgegebene Linie im Ablauf der Globalkatastrophe blieb davon selbstverständlich unberührt.

Ein Konflikt auf dem Balkan und die Zerstörung New Yorks, das ist der Anfang der kriegerischen Auseinandersetzungen.

***

Die Überschwemmungen im Mittelmeergebiet werden durch A-Waffen-Zündungen in großer Höhe über der Adria, von Norden beginnend, hervorgerufen. Die Erschütterungen sind bei uns deutlich spürbar.

***

Worum es bei dem Krieg in Südeuropa geht? Wer daran beteiljgt ist? Es ist ein Gewirr. Der Krieg beginnt in der Nähe der Adria und endet in der Türkei. Dabei werden die ersten größeren A-Waffen eingesetzt. Auf den Feldern bei uns sah ich zu der Zeit kaum Vegetation. Die Menschen im übrigen Europa sagen sich da noch erleichtert: Na, Gott sei Dank nicht bei uns!

***

Ich wußte zwar nichts Genaues von einem Bürgerkrieg in Italien und Frankreich, dafür aber von einer erdrückenden Bedrohung aus diesen Ländern gegenüber dem deut-

schen Sprachraum. Auch Amerika ist auf die Dauer nicht zuverlässig.

***

New York wird unerwartet bereits zu dieser Kriegszeit durch kleine Sprengsätze, die sehr nieder explodieren, zerstört. So entsteht der Eindruck, als würden die Häuser von einem heftigen Sturm weggeblasen.

***

Bei der Zerstörung New Yorks sah ich (...) Einzelheiten, die man mit dem Auge niemals wahrnehmen könnte. Es war auch die Lauffolge um ein Vielfaches langsamer. Ich sah diese Stadt in allen Einzelheiten. Da fiel ein dunkler Gegenstand auf einer sich stets krümmenden Bahn von oben herab. Gebannt starrte ich diesen Körper an, bis er barst. Zuerst waren es Fetzen, dann lösten sich auch diese auf. In diesem Moment begriff ich noch immer nicht, was geschehen war. Der erste Sprengkörper explodierte einige Häuser weit hinter einem größeren, mit der Breitseite am Meer stehenden Haus, die anderen, vom Meer aus gesehen, etwas südlicher dahinter.

***

Die Häuser fielen nicht um oder in sich zusammen, sondern sie wurden meist als ganze, sich nur wenig neigend, vom Explosionsherd weggeschoben. Sie zerrieben sich dabei förmlich von unten her. Von vorne hatte es den Anschein, als würden sie näherkommend im Erdboden *versinken. Im Explosionsherd sah ich nichts Feuerartiges. Es dürfte um die Mittagszeit (Ortszeit) sein.*

***

In Österreich gibt es zu dieser Zeit noch keinen Krieg. Wie die Meldung von der Zerstörung im Rundfunk durchgegeben wurde, wollte ich gerade eine Kleinigkeit essen gehen. Bei uns ist etwa frühsommerliches Wetter. Überall wurde heftig und aufgeregt diskutiert. Daß dies der Racheakt von Terroristen sei, hörte ich sagen. Sicher, was die Amerikaner gemacht hätten, sei nicht schön gewesen. Daß man aber deswegen gleich eine ganze Stadt zerstöre, gehe entschieden zu weit! So redeten die Leute. Bei uns konnte ich da noch keinerlei Kriegseinwirkungen erkennen. Folglich muß dieses Ereignis viel früher eintreten als bisher angenommen wurde. Den Reden nach zu schließen, müßte es ein Bravourstück eher psychopathischer Gegner sein.

***

Die Sterne fallen wie die Blätter – das bezieht sich auf ein Ereignis, dessen Ursache ich nicht genau kenne, das sich aber nach eigenem Erlebnis so beschreiben läßt: Ich stand bei schönem Wetter in unserem Ort mit mehreren Leuten, die ich zum Teil erkannte. Wir schauten etwas erwartend gegen den Himmel. Da schien sich die Sonne zu verdunkeln. Alle glaubten, sie sähen die Sterne. Dabei handelte es sich in Wirklichkeit um eine Art Glut – wie Millionen weißglühende herabfallende Leuchtkugeln – die, sich über gelblich, dann rötlich färbend, im Osten beginnend zu Boden fiel. Wo sie auftraf, verbrannte fast alles Brennbare. In der Reihenfolge: Das Getreide, der Wald, Gras und viele Häuser. Wir löschten, was wir konnten. Nachher schaute ich um mich: ich sah, so weit ich blicken konnte, nur Rauch aufsteigen. Zu dieser Zeit gab es bei uns noch kein Kriegsgeschehen.

***

Einmal nahm ich wahr, daß wir den Erdbunker bauten. Manche Gespräche, die wir dabei geführt haben, merkte ich mir lange Zeit genau. Ich sagte mir dazu wörtlich: So ein Unsinn, es ist doch Frieden, wie kann man da so einen Bunker bauen?

***

Eine Einzelvision: Ich sah die Russen wieder hier einziehen; sie nisteten sich am Übungsplatz ein und verschanzten sich nachher auf den östlich und südlich vorgelagerten Hügelketten. Sie erschienen mir dabei außergewöhnlich hektisch und gereizt. Mir fielen bei ihnen keine sonderlich neuen Waffen auf. An größere Kampfhandlungen konnte ich mich bei uns nicht erinnern.

***

Ich sagte mir damals: Was machen die Russen wieder da, was haben sie hier verloren? Wir haben doch den Staatsvertrag! Wo bleiben die Amerikaner? Niemand schert sich, niemand kümmert sich darum.

***

Später einmal standen wir bei Tage unruhig am Bunkereingang und schauten aufgeregt in die Richtung, in der ich die Russen in Stellung gehen sah. Es war die Richtung Langenlois-Krems. Es war von dort starker Kampflärm zu hören. Der Vormarsch schien da etwas ins Stocken geraten zu sein. Bei uns war noch nichts zerstört. Es folgten dann wiederholt länger dauernde Beschießungen mit konventionellen Waffen, bei denen viele, auch mir nahestehende Personen den Tod fanden. Einige hatte ich leider vergeblich vor bestimmten Gefahren gewarnt. Der Ahnung und den Reden entnehmend, gibt es im Kremser Raum viele Tote.

***

Bereits vor der Endschlacht wird es bei uns wegen der stets wechselnden Front kaum ein Haus geben. Diese findet am Beginn hauptsächlich zwischen den kommunistischen Verbänden und China, vorwiegend mit sehr beweglichen Panzern, in und um die CSSR[2] statt.

***

An den kometenhaften Aufstieg Chinas glaubte nicht nur ich nicht so recht. Deswegen zweifelte ich lange Zeit an der Identität der Menschen mit den vielen kleinen flinken Panzern, die den heutigen so überlegen sind wie ein Maschinengewehr einem Vorderlader. Daraufhin schaute ich mir alle Menschen asiatischer Herkunft sehr genau an.
Von diesen Panzern, von diesem mondfähreähnlichen Fluggerät, das ganz frei im Raum stehen kann, sowie

---

[2] Der Bauer aus dem Waldviertel verwendet hier die politische Bezeichnung aus den 70er Jahren, als er die Vision erlebte.

von der Art, wie es Lenkwaffen zerstörte, erzählte ich bereits im Jahr 1976 Professor Hoffmann. Dieses mondfähreartige Gefährt war mit einer blitzeschleudernden Maschine ausgerüstet. Das ist die einzig wirklich überlegene Waffe des Westens. Sie bewahrt Deutschland vor der totalen Niederlage. Mit ihr können auch Lenkwaffen der zweiten Generation – impulsweise erfolgender Antrieb, Steuergerät versehen mit Zufallsgenerator; so entsteht ein völlig unlogischer Flug, wie er sonst nur Mücken eigen ist – sicher bekämpft werden.

***

Über den Kriegsverlauf kann ich viel bessere Auskünfte geben, nicht aber, wie China hineingezogen wird. Es könnte eventuell auf fremdem Territorium Partei ergreifen. Vor dem Ausbruch des großen Krieges hält die Linke einen Siegeszug, und es gibt Krieg im Osten Afrikas von Nord bis Süd.

***

Ich war mit einigen Leuten in einem aus Holz erbauten Erdbunker. (Es handelt sich sicherlich um denjenigen, den wir in größter Eile bereits vor Kriegsbeginn errichteten.) Es tobte eine riesige Panzerschlacht vom Raum Wien-Krems in Richtung Schrems-Gmünd. Ich hörte mich sagen: Jetzt geht das schon zum dritten Mal so, was soll da noch übrigbleiben? – Nachher gab es fürchterliche Kämpfe in der CSSR. Ich erkannte auch die mageren, haßerfüllten Gesichter der Angreifer.

***

Einige Zeit (die ich nicht genau bestimmen kann) später: Es dürfte Abend sein. Wir vernahmen im Bunker heftige Erdstöße und Explosionen aus WNW. Ich schaute vom Eingang in diese Richtung. Da war die Hölle los. Ich sah am Horizont in der Ferne im Rauch und Feuerschein der ununterbrochen erfolgenden Explosionen weißgelbe Lichtblitze. Ich sagte mir: Mein Gott, da möchte ich nicht sein. (Es dürfte sich um den Einsatz taktischer A-Waffen handeln.)

***

Da erfolgte eine gewaltige, kurze weißgelbe Explosion, deren Feuerpilz von W bis über WNW reichte. Gleich darauf schoß eine alles überragende, eruptionsähnliche, qualmende, schwarzrote Feuersäule empor. Hoch oben, sicherlich über der Atmosphäre, gab es noch gewaltige Feuerwirbel. Sie reichten von WNW bis fast N. Die Erde bebte. Ich wurde in den Eingang geschleudert und konnte wegen der Erschütterungen kaum Halt finden. Vielleicht wurde ich bewußtlos. Nachher verbrachten wir eine lange Zeit im Erdbunker. Es war fast nichts wahrzunehmen. Wir besprachen, wie dringend wir draußen benötigt würden. Wir blieben aber drinnen, obwohl die Tür nicht verschlossen war.

***

Später ging ich mühevoll in Richtung SSW. Die Orientierung fiel mir schwer; es gab kein Haus, keinen Baum, weder einen Strauch oder Halm. Alles war mit Trümmern und Felsbrocken übersät. Nicht einmal Ruinen fand ich, wo früher Häuser waren. Irgendwo sah ich einen schwächlichen alten Mann sitzen. Nachher sah ich so etwas wie einen Raumgleiter oder eine Lenkrakete; sie war von einem modernen Flugobjekt wahrscheinlich deutscher Nationalität abgeschossen worden.

***

Bei dem (...) Kampf in der CSSR werden erstmals in sichtbarer Weite von unserem Ort in nordöstlicher Richtung massiert stärkste Nuklearwaffen eingesetzt. Es dürfte in der nördlichen CSSR sein. Es ist zur späteren Abendzeit. Bis zum dunkelroten Feuerpilz gibt es viel Rauch. Erstmals bekommen viele Menschen wirklich Angst, der Erdball könnte das einfach nicht aushalten. (...) Der radioaktive Niederschlag dürfte in unserer Gegend nicht so stark sein wie beim letzten Einsatz.

***

Dieser Kampf wird hauptsächlich zwischen China und Rußland ausgetragen. Die Chinesen versuchen, die zurückweichenden Russen mit ihren Helfern in der CSSR in die Zange zu nehmen, die Russen wollen das verhindern. Der Westen ist zu der Zeit so desolat, daß er nicht einmal den schon fliehenden Russen Widerstand entgegensetzen kann. Das muß er mit dem Krieg in eigenen Landen teuer bezahlen. Es werden dann gehäuft A-Waffen eingesetzt, ganze Berge weggesprengt, um die anderen zu erschlagen. Da kommt es in der westlichen CSSR zum Platzen der Erdrinde. Der erste Auswurf wird bis hundert Kilometer oder weiter geschleudert.

***

Dabei kommt es zu dem von Irlmaier vorausgesagten Phänomen mit dem 'Gekreuzigten'.[3] *Es ist der erste in der Stichflamme emporgeschleuderte, sich bewegende Auswurf. Dieses Bild ist unverkennbar ähnlich! Die dabei ausgestoßenen Gase bewirken die Finsternis und die Atemkrämpfe der ungeschützten Lebewesen. Der Auswurf nimmt später das Bild eines alleinstehenden großen Birkenbaumes an. Das Verharren vor dem Wiederherunterfallen gleicht den Laubbüscheln. Auch ich sehe dieses Schauspiel, neben mir stehende Personen höre ich sagen: Wie ein Birkenbaum.*

***

Die erste riesige Explosion ist sicherlich von einer oberirdischen Massenzündung atomarer Sprengsätze, die zweite nicht. Es könnte eine geologische sein, oder vielleicht eine Massenzündung von A-Waffen in Böhmens Kohlebergwerken. Etwa nach der Parole der totalen Vernichtung.

***

Beim Platzen der Erdrinde kommt es zu einem Weltbeben, bei dem fast alles zerfällt, was zerfallen kann. Alle nachher noch lebenden Menschen stehen vor dem Nichts. Da kommen sie zur Besinnung. Wer es bis dahin nicht gelernt hat, sich in einer solchen Lage mit eigenen Händen zu helfen, ist verloren.

---

[3] Die entsprechende Stelle in den Irlmaier-Prophezeiungen (siehe den Band „Alois Irlmaier" in dieser Reihe) lautet: „Während oder am Ende des Krieges sehe ich am Himmel ein Zeichen." Dieser Satz wurde manchmal als Kreuzerscheinung interpretiert.

***

*In S-SSO-Richtung, in bewaldeter, leicht bergiger
Gegend bei oder in einem eher verfallenen Haus, sah ich
im Zusammenhang mit anderen miesen kleinen Greueln
folgende Szene: Ein Mann, etwas dunkler Haarfarbe,
mittleren Alters, war mittels eines Strickes, mit dem
Rücken in Richtung Westen, an eine Säule oder ähnliches gefesselt. Zwei etwas jüngere Männer gingen vor
ihm umher und sprachen mir nicht Verständliches. Es
herrschte eine gespannte, unfreundliche Atmosphäre. Mir
schien es, als wollten sie ihn erpressen. Der Mann rührte
sich aber nicht. Sie quälten ihn auch mit einem Messer
oder ähnlichem. Der Mann blieb stumm. Da ging der
Mann mit dem etwas längeren blonden Haar auf ihn
zu, erschoß ihn, drehte sich um und ging. Es waren nur
Menschen europäischen Typs zu sehen.*

***

*Diese Zeit kenne ich (...) meist aus der Sicht, wie ich
sie selbst, mit dem eigenen Körper, erleben werde. Ich
weiß deshalb genau, wie dieser Kampf endet, wie es nach
dieser Katastrophe in Deutschland aussieht. Ich kämpfe
da selbst auf Seite der Deutschen gegen die räuberischen
Truppenreste und weiß, was mir alles zustößt. Eine
schwerwiegende Verletzung bekomme ich erst nachher.*

***

*Der erwähnte Krieg am Mittelmeer fand noch nicht statt.
Er erfolgt im Gebiet Albanien-Türkei. Die Verlierer
sind die östlichen Verbände.*

Die Prophezeiungen des Bauern aus dem Waldviertel

***

Das Nächste: Wir kamen in ein wahrscheinlich südlicheres Gebiet – es gab schon wieder Sträucher, aber kaum Gras. Wir bauten uns davon Hütten, aber nicht mit hängendem Geflecht wie die der Eingeborenen tropischer Gebiete und die der Buschmänner (wasserabweisend), sondern mit querliegendem Geflecht. (Sicher gibt es zu der Zeit keinen Regen.) Uns waren dabei mehrere Personen. Anschließend machte ich Jagd auf Eßbares. Es waren vorwiegend Eidechsen oder ähnliche Tiere.

***

Ich kann mich nicht erinnern, daß wir an ein größeres Gewässer gekommen wären oder daß wir einmal sehr gefroren hätten. Wir benutzen nie viel Kleidung. Es friert uns nicht dabei. Gekühlte Lebensmittel verderben wegen der Unterbrechung der Kühlung, Dosengläser halten nicht durch.

***

Es ist leicht erklärbar, daß in einer solchen Situation eine Führungsperson auserkoren wird, deren Titel allerdings nicht einmal eine untergeordnete Rolle spielt und mit den Mätzchen des bekannten Monarchismus nichts gemein hat. Bei der (...) Krönung bin ich selbst dabei. Deshalb weiß ich auch, wer Deutscher Kaiser wird. Werde aber nie einen genaueren Kommentar geben. Drei Männer sitzen mit dem Rücken nach Süden an einer Wand, in der Mitte der, der Deutscher Kaiser wird, einer wird österreichischer, der andere, soviel ich mich erinnern kann, ungarischer. Der Mann, den die Deutschen am Ende des Krieges zu ihrem Kaiser machen, hat als Schulbub noch Hitlers Reden gehört.

EINE ANALYSE DER „HARMAGEDDON"-VISION DES ANONYMUS IM VERGLEICH MIT AUSSAGEN ANDERER HELLSEHER

Ich denke, auf dem Balkan wird es sein. Südöstlich von uns geschieht es." Mit diesen Worten wies der Prophet Alois Irlmaier Mitte des 20. Jahrhunderts auf die näheren Umstände hin, unter denen ein Dritter Weltkrieg ausbrechen soll. Der Bauer aus dem Waldviertel stimmt damit überein, nennt als Kerngebiete des Konflikts die Adria sowie die Türkei und spricht vom Einsatz atomarer Waffen.

In der Tat entwickelten sich die genannten Regionen am Ende des zweiten Jahrtausends zu hochbrisanten Krisengebieten. Im ehemaligen Jugoslawien kam es zu einer Reihe schrecklicher Bürgerkriege; kaum hatte die NATO in Bosnien mit Hilfe von Bombardements zumindest einen Scheinfrieden erzwungen, schwelte der Krieg im Kosovo weiter und kann von dort aus jederzeit nach Albanien und die nordgriechische Provinz Mazedonien überspringen. Da die Marodeure eines Milosevics und Karadzic ihre Greueltaten vor allem an den Moslems auf dem Balkan verübten, fühlt sich die islamische Welt zu Recht herausgefordert, wodurch die radikalen Kräfte in den Ländern des Halbmondes Auftrieb bekommen. Die Türkei ist in dieser Hinsicht bereits destabilisiert, so daß sie unter Umständen zur Speerspitze eines gegen Südosteuropa gerichteten Dschihad werden könnte.

Falls an der Adria oder in ihrem Hinterland moslemische Truppenverbände mit Armeen der christlich dominierten Staaten Serbien und Kroatien zusammenprallen würden, müßte man von einem Religionskrieg sprechen: der schlimmsten Form militärischer Auseinandersetzung, wie die Geschichte lehrt. Beidseitiger Fanatismus könnte dann sehr schnell zum Einsatz von Nuklearwaffen führen; dies um so mehr, als nach dem Zerfall der UdSSR und ihrer Zersplitterung in teils faschistoide Nationalstaaten auch massenhaft atomare Sprengkörper in die Hände radikaler, sowohl islamisch als auch christlich orientierter Gruppierungen gelangten.

Vor einem fürchterlichen Kampf zwischen diesen beiden Weltanschauungen warnte der mittelalterliche Visionär Johannes von Jerusalem in seinen Prophezeiungen für das dritte Jahrtausend. Ebenso kündigte der Eismeerfischer Johansson (1858–1929) eine außerordentlich folgenschwere Auseinandersetzung auf dem Balkan an und sagte zudem – worin er wieder mit dem Bauern aus dem Waldviertel korrespondiert – die Zerstörung der größten Städte der USA im Verlauf eines Dritten Weltkrieges voraus.

Im Sommer 1998 kam es zu schrecklichen Terroranschlägen wahrscheinlich moslemischer Fundamentalisten gegen Botschaften der USA in Afrika. Wenige Wochen später antwortete Präsident Bill Clinton – wegen der Lewinsky-Affäre in immensen innenpolitischen Schwierigkeiten steckend – mit Raketenangriffen auf angebliche Einrichtungen der Attentäter im Sudan und Afghanistan. Gleichzeitig gaben die USA, wie unter anderem die „Süddeutsche Zeitung" in ihrer Ausgabe Nr. 193/98 berichtete, eine Erklärung ab, wonach aufgrund ihrer „Doktrin für teilstreitkräfteübergreifende nukleare Gefechtsfeldoperationen vom 9. Februar 1996 nichtstaatliche Akteure, die im Besitz von Massenvernichtungswaffen sind, sowie ihre Einrichtungen und Operationszentralen mögliche Ziele für den Gebrauch von Nuklearwaffen" sein könnten.

Falls die Vereinigten Staaten wirklich Atomraketen gegen angebliche oder tatsächliche Terroristenstützpunkte irgendwo auf dem Globus einsetzen würden, wäre damit ein neuer und in der bisherigen Menschheitsgeschichte noch nie dagewesener Gipfelpunkt militärischen Wahnsinns erreicht. Denn zwangsläufig würde ein derartiger Angriff etwa auf eine Kommandozentrale der Hisbollah irgendwo in der arabischen Welt das Leben zahlloser Unschuldiger kosten, was die Gewaltspirale mit Sicherheit noch weiter eskalieren ließe.

Genau das scheint der österreichische Prophet „erblickt" zu haben, wenn er schildert, wie New York „durch kleine Sprengsätze, die sehr nieder explodieren", zerstört wird. Ohnehin drohten moslemische Organisationen in den 90er Jahren mehrmals damit, amerikanische Megastädte durch Selbstmordkommandos angreifen zu lassen oder in den Tiefgaragen unter den Wolkenkratzern zentnerweise Sprengstoff zu zünden – und wenn man sich jetzt noch einmal die Darstellung des Hellsehers vor Augen führt, in der er schreibt: „Die Häuser (...) zerrieben sich dabei förmlich von unten her", so gibt er mit seinen Worten exakt das Bild wieder, das ein in sich zusammenkrachender Wolkenkratzer bieten würde, nachdem in seinem Fundament eine sehr schwere Detonation stattfand.

Ein solch menschenverachtender Anschlag wiederum könnte zu einer Kriegserklärung der USA gegenüber jenen Staaten führen, welche die Bombenterroristen unterstützten, womit die Zerstörung New Yorks – neben einem bis dahin noch begrenzten Krieg auf dem Balkan – tatsächlich am Anfang eines Dritten Weltkrieges stünde. Der Blinde Hirte von Prag sagte dazu: „Über das große Wasser wird der Krieg kommen", und vielleicht bedeutet das nichts anderes, als daß die USA, nachdem sie in ihrem Drang nach Weltherrschaft und ihrer damit verbundenen Maßlosigkeit die Gewaltspirale selbst so extrem hochgeschraubt haben, das Verhängnis jetzt indirekt auch nach Europa tragen. Eine weitere Eskalation jedenfalls wäre nur logisch, und die soll nach den Aussagen des Bauern aus dem Waldviertel zunächst in Italien und Frankreich erfolgen. Zwar „berichtet" er darüber etwas dunkel, aber andere Hellseher haben sich dafür um so deutlicher geäußert.

Der Eismeerfischer Anton Johansson beschrieb die Ereignisse so: „Auch in Italien bricht nun ein Krieg aus. Gleichzeitig kommt es dort zu schweren Naturkatastrophen, so daß Abermillionen Menschen obdachlos werden." Und weiter: „Ein Angriff aus Osten, wobei die Armeen zunächst Ungarn, Österreich, Norditalien und die Schweiz überrennen, richtet sich mit der Gewalt einer Sturmflut gegen Frankreich. Frankreich wird von innen und außen erobert. Die Massenvernichtungswaffen, die in den Bunkern des Landes gelagert sind, fallen in die Hände der Aggressoren, die in Frankreich für einige Zeit eine Militärregierung installieren."

Johannes von Jerusalem beleuchtete vermutlich die ideologischen Hintergründe dieser Ereignisse, als er für das beginnende dritte Millennium weissagte: „Über die Erde hin werden sich mit der Macht des Meeres die Fluten der abtrünnigen Religion (des Islam; Anm. d. A.) ergießen. Die Ungläubigen werden schwer gerüstet sein wie nie in den alten Tagen. Sie werden nach Gerechtigkeit rufen. Ihr Glaube wird brennend und schneidend sein, so werden sie sich rächen für den Kreuzzug."

Alois Irlmaier sagte voraus: „Paris wird zerstört, die eigenen Leute zünden es an." Noch konkreter äußerte er sich zur Entwicklung in Italien: „Im Stiefelland bricht eine Revolution aus. Ich glaube, es ist ein Religionskrieg, weil sie alle Geistlichen umbringen. Ich sehe Priester mit weißen Haaren tot am Boden liegen. Hinter dem Papst ist ein blutiges Messer und tote Priester mit weißen Haaren."

Mit einer dramatischen Vision, in der ebenfalls die Vernichtung der katholischen Kirche und der Untergang des „Stuhles Petri" angekündigt wird, enden unter Namensnennung des letzten „Pontifex Maximus" die berühmten Papstprophezeiungen des irischen Bischofs Malachias aus dem 12. Jahrhundert: „Während der äußersten Verfolgung der Hl. Römischen Kirche wird Petrus der Römer auf dem Stuhl sitzen. Unter vielen Bedrängnissen wird er die Schafe weiden. An deren Ende wird die Siebenhügelstadt zerstört werden, und ein furchtbarer Richter wird das Kirchenvolk richten. Ende."

*****

Wenn man also die einleitenden Schauungen des Bauern aus dem Waldviertel mit den Prophezeiungen anderer herausragender Propheten vergleicht, gewinnt das Bild, das er für die erste Phase des Dritten Weltkrieges zu zeichnen versucht, sofort schärfere Konturen und kann in den Rahmen des globalen Geschehens jener vielleicht schon nahe bevorstehenden Zeit eingeordnet werden. Dies gilt zumindest für die sieben einleitenden Schauungen seiner großen Vision; ab der achten Weissagung im Kontext des im vorangegangen Kapitel vorgestellten Kanons werden die Zukunftsschilderungen plötzlich hautnah, denn jetzt „erlebt" der Sensitive fast das gesamte weitere Geschehen persönlich mit.

„In Österreich gibt es zu dieser Zeit noch keinen Krieg", lautet die einleitende Feststellung. Der Bauer erwähnt dann die erregten Diskussionen aufgrund der Fernsehnachrichten von der Zerstörung New Yorks; zudem gibt er die Jahreszeit an: Frühsommer. Offensichtlich handelt es sich bei dieser

Sequenz um eine „Rückblende" auf jene Tage, da nach dem Terroranschlag in den USA der Dritte Weltkrieg ausbricht, denn von der Aggression gegen Italien und Frankreich ist noch nicht die Rede. Statt dessen zeigt sich – entweder unmittelbar nach dem Untergang New Yorks oder vielleicht auch erst einige Wochen später – jenes schreckliche Phänomen, in dessen Verlauf irgendwo östlich des Waldviertels Millionen weißglühender „Leuchtkugeln" vom Firmament stürzen und die Erde in Brand setzen.

Die Ursache für diese Katastrophe kann der Prophet nicht benennen; es scheint jedoch eine gigantische Explosion erfolgt zu sein, deren enorme Hitzestrahlung das Land weithin verwüstet. Im Osten des Dorfes, wo der Bauer lebt, liegt in etwa einhundert Kilometer Distanz das weite Flußtal der March: ein ideales Vormarschgebiet für große Panzerverbände, die – aus der Slowakei oder Ungarn angreifend – über diese Tiefebene in Richtung Wien vordringen könnten. Möglicherweise wird ein atomarer Schlag gegen sie geführt, der zusätzlich riesige Mengen der von den Tanks mitgeführten Munition hochgehen läßt, so daß es zu dem beschriebenen Flächenbrand noch in sehr weiter Entfernung kommt.

Im Heimatort des Sehers werden nun Bunker errichtet, obwohl manche Menschen noch immer nicht wirklich an einen Kriegsausbruch glauben können. Doch dann tauchen plötzlich russische Truppen auf und besetzen das Manövergelände von Döllersheim. Im Zusammenhang damit trifft der Visionär eine äußerst aufschlußreiche Feststellung; er sagt, die Soldaten seien nicht mit „sonderlich neuen Waffen" ausgerüstet. An einer anderen Stelle seiner Prophezeiungen erwähnt er die „mageren, haßerfüllten Gesichter der Angreifer" – und beides zusammen erweckt unwillkürlich Assoziationen hinsichtlich der gegenwärtigen militärischen Situation in der zusammengebrochenen UdSSR.

Die ehemalige Rote Armee befindet sich nämlich derzeit in einem ausgesprochen desolaten Zustand, konnte schon lange keine neuen Waffensysteme mehr einführen, und selbst an ausreichender Verpflegung herrscht oft genug Mangel. Gleichzeitig wissen die Soldaten vom Überfluß im Westen, und deswegen wird hierzulande immer wieder die Befürchtung geäußert, rebellierende Truppenverbände des einstigen Warschauer Paktes könnten – da sie sowieso nichts mehr zu verlieren haben – zu einem verzweifelten Angriff gegen das reiche Westeuropa antreten. Dies würde mit einer Aussage des Eismeerfischers Johansson übereinstimmen, wonach Rußland auch einen Angriff auf Skandinavien unternehme, also dort eine zweite Front eröffne.

In Österreich wiederum stoßen die Aggressoren jetzt in Richtung Krems vor, wo sie – vermutlich von NATO-Truppen – gestellt werden. Der Waldviertler Bauer deutet Panzer- und Artillerieduelle an, wobei die Fronten ständig in Bewegung sind. Diese Kämpfe scheinen sich längere Zeit hinzuziehen, kosten sehr viele Tote und verwandeln große Teile Niederösterreichs in eine Ruinenlandschaft. Dann aber nimmt der Krieg in Mitteleuropa und wohl auch anderswo eine ganz erstaunliche Wende, denn nun greift völlig überraschend China ein.

In diesem Punkt seiner Schauung zweifelt zunächst selbst der Paranormale aus dem Waldviertel; in der Tat wirkt seine Prophezeiung auf den ersten Blick äußerst unwahrscheinlich. Vor allem stellt sich die Frage, wie denn chinesische Armeen so schnell nach Europa vordringen könnten? Wenn wir nun aber zum Vergleich die Große Vision des Eismeerfischers Johansson heranziehen, findet sich eine Erklärung. Der Skandinavier sprach nämlich davon, daß China zu Beginn des Dritten Weltkrieges zunächst den indischen Subkontinent überrennen werde, wobei etwa 25 Millionen Opfer zu beklagen seien. Andererseits heißt es bei Johansson, Rußland werde die Türkei und Persien erobern, wodurch seine Truppen dann eigentlich an den östlichen Grenzen des Iran mit chinesischen Verbänden zusammenstoßen müßten. Damit aber stünden die Armeen Chinas bereits relativ nahe an Europa, und in diesem Fall wäre auch ein Eingreifen in den hier tobenden Krieg nicht mehr ausgeschlossen.

Dies um so mehr, als die asiatischen Truppen offenbar außerordentlich modern ausgerüstet sind, wie der österreichische Bauer im weiteren Verlauf seiner Schauung „beobachtet". Er spricht bezeichnenderweise von „kleinen flinken Panzern" und überdies von einem „mondfähreähnlichen Fluggerät, das ganz frei im Raum stehen kann" und „mit einer blitzeschleudernden Maschine ausgerüstet" ist. Weiter sagt er aus, besonders diese Waffe bewahre den Westen vor der totalen Niederlage, da sie Raketen mit „völlig unlogischem Flug, wie er sonst nur Mücken eigen ist", abfeuern könne.

Auf dem Höhepunkt des Dritten Weltkrieges wird nun diese futuristische Waffe eingesetzt. Russen und Chinesen prallen auf dem Territorium der Tschechischen Republik sowie in den südlich und westlich angrenzenden Ländern aufeinander. Die Kämpfe spielen sich in der Luft, aber auch auf dem Boden ab; eine riesige Panzerschlacht tobt „vom Raum Wien-Krems in Richtung Schrems-Gmünd", zieht sich also von der österreichischen Hauptstadt aus nach Nordwesten. Gmünd ist die Grenzstadt zwischen Niederösterreich und Südböhmen; von dort aus setzen sich die apokalyptischen Schlachten auf tschechischem Boden fort.

Wenn der Seher nun weiter mitteilt, daß er und andere Bewohner seines Dorfes in ihrem Bunker „heftige Erdstöße und Explosionen aus WNW" vernehmen, dann deutet das darauf hin, daß diese Kataklysmen, von Zwettl aus gesehen, in der Region Budweis passieren. Ohne jeden Zweifel schildert der Visionär an dieser Stelle eine Serie von Atombombeneinschlägen, wobei die gewaltigen „Feuerwirbel" schließlich „von WNW bis fast N" (von Budweis bis Prag) reichen und die verheerenden Druckwellen selbst noch in dem sehr weit entfernten Dorf des Waldviertels wirksam werden. Die Insassen des Bunkers dort müssen „eine lange Zeit" in ihrem Unterschlupf verbringen und vermögen, obwohl die Tür (vielleicht einen Spalt weit) offen ist, wegen der anhaltenden Dunkelheit draußen „fast nichts wahrzunehmen".

Diese Sequenz der Schauung korrespondiert nun abermals auf ganz verblüffende Weise mit einschlägigen Aussagen anderer Propheten. Schon im 14. Jahrhundert hatte der Blinde Hirte eine erst heute verständliche Vision von Panzerschlachten und dem Untergang Prags: „Die eisernen Rosse werden Böhmens Erde zerstampfen. Ganz Böhmen wird mit Pferdehufen bedeckt sein. Die Wilde Jagd braust über die Erde. Eine Sonne wird stürzen und die Erde beben. Die Menschen werden die Welt vernichten, und die Welt wird die Menschen vernichten. Der Krieg wird Prag verwüsten, und die Überlebenden werden auf einem Fuhrmannswagen Platz finden."

Um das Jahr 1700 erschaute der Mönch von Wismar das Verhängnis und beschrieb es so: „Feurige Drachen werden durch die Lüfte jagen und Schwefel und Feuer speien, und Städte und Dörfer werden vernichtet."

Im 18. Jahrhundert äußerte der Mühlhiasl: „Das Böhmerland wird mit dem eisernen Besen ausgekehrt. Dann wird der Teufel ohne Füße und Kopf über das Waldgebirge reiten. Er wird alle Farben haben und sein wie Glas."

Und Alois Irlmaier sagte voraus: „Während oder am Ende des Krieges sehe ich am Himmel ein Zeichen. Finster wird es werden an einem Tag unterm Krieg. Während des Krieges kommt die große Finsternis, die 72 Stunden dauert."

Die Sibylle von Prag schließlich schilderte in ihrem erstmals 1616 gedruckten Buch „Die Prophezeiung der Sibylle Michalda" auf zutiefst beklemmende Weise und sehr detailliert den Untergang der Moldaumetropole durch eine Katastrophe, wie sie zu ihrer Zeit im Grunde unausdenkbar war:

„Noch dauert deine Herrschaft, mein geliebtes Prag. Aber auch dir schlägt einst die letzte Stunde. Aus Osten wird ein Drachen kommen, der furchtbar anzusehen ist. Aus seinen neunmal neunundneunzig Augen werden tödliche Blitze sprühen. Seinem weit aufgerissenen Maul entströmt giftiger Atem.

Prag, mein liebes Prag! Du wirst ein selten grausames Ende finden. Ein Hauch durcheilt deine Gassen, süß und warm. Erstaunt werden die Menschen ihn fühlen. Mit grausig verzerrten Gesichtern legen sich Abertausende zur Ruhe und frösteln trotz der Wärme. Es geht dem Ende zu. Zehn dumpfe Schläge der letzten Kirche dröhnen durch die Luft. Langsam und trübe wälzen sich die Fluten der Moldau dahin.

Ein furchtbarer Sturmwind braust über die Stadt und das Land. Gelbgraue Staubwolken und schwere, giftige Schwaden rauben Mensch und Tier den Atem. Vom Vysehrad her kommt ein ungeheurer Feuerball. Felsen fliegen durch die Luft, und über allem lodert das Feuermeer. Alles, was Menschenfleiß geschaffen hat, liegt in Schutt und Asche. Der Hradschin steht in Flammen. In der Stadt bersten die Mauern, überall wütet Feuer. Die Erde wird erschüttert und gepackt vom dumpfen Beben.

Tiefe Klüfte öffnen sich, sie verschlingen Totes und Lebendiges. Wie von Geisterhänden durchwühlt, öffnen sich die Gräber, und die Skelette grinsen ein grausames Lachen. Alles versinkt in unergründlich schwarze Tiefe. Man hört nur mehr das Brausen des Sturmes. Das Leben ist erloschen. Ich sehe nur Trümmer und Leichen. Langsam verziehen sich die

Wolken. Nur dort, wo einmal der stolze Dom stand, sehe ich einen blutroten Feuerball.

Es ist vorbei! Prag, dein Schicksal hat sich erfüllt! Wo sind deine Häuser, stolze Stadt? Weshalb bespülen trübe Fluten die Gestade der öden Heide?"

*****

Ein nuklearer Feuersturm, tödlicher radioaktiver Fallout und ein sogenannter „Atomarer Winter", der ausbricht, weil Milliarden Tonnen vom emporgewirbeltem Staub tagelang die Sonne verfinstern – so sieht der grauenerregende Höhepunkt des Dritten Weltkrieges aus. Und an die letzte Aussage der Sibylle von Prag schließt sich quasi nahtlos die Schauung des Bauern aus dem Waldviertel an, wenn er nun schreibt: „Später ging ich mühevoll in Richtung SSW. Die Orientierung fiel mir schwer; es gab kein Haus, keinen Baum, weder einen Strauch oder Halm. Alles war mit Trümmern und Felsbrocken übersät. Nicht einmal Ruinen fand ich, wo früher Häuser waren."

Die Erde ist wahrlich wieder „wüst und leer" geworden, aber noch immer findet „Harmageddon" kein Ende. Denn weitere Nuklearschläge, die jetzt nach Angaben des Hellsehers auf Nordböhmen niedergehen, um die dorthin geflohenen Reste der russischen Armeen völlig zu vernichten, führen nun zum Bersten der Erdkruste. Es werden „ganze Berge weggesprengt, um die anderen zu erschlagen", schreibt der Visionär – doch dann schlägt der Planet selbst zurück.

Bereits in den letzten Jahrzehnten des 20. Jahrhunderts waren immer wieder schreckliche Erdbeben zu verzeichnen, die oft Hunderttausende von Menschenleben forderten –

und die Kataklysmen ereigneten sich in sehr auffälliger Weise stets nach unterirdischen oder unterseeischen Atomtests. Dennoch leugneten Politiker und Militärs solch augenfällige Zusammenhänge stets ab; sie taten es trotz zahlreicher Warnungen von Wissenschaftlern und ökologischen Organisationen. Selbst als es ab 1997 sogar im angeblich so sicheren Europa zu geologischen Katastrophen kam und ganze italienische Provinzen erschüttert wurden, verdrängte man die Bilder von den zerstörten Städten und Dörfern schnell wieder.

Doch nun, auf dem Höhepunkt des Dritten Weltkrieges zu Beginn des neuen Jahrtausends, rächt sich der verantwortungslose Umgang mit „Mutter Erde" auf wahrlich apokalyptische Weise. Hundert Kilometer oder noch höher schießen in Westböhmen Eruptivgase, Magma und glühender Staub in die Stratosphäre des Planeten empor und formen die „Himmelserscheinung", von der auch in den Prophezeiungen Alois Irlmaiers („Während oder am Ende des Krieges sehe ich am Himmel ein Zeichen.") die Rede ist. Der Bauer aus dem Waldviertel vergleicht das grauenhafte Phänomen mit dem Bild eines über riesige Entfernungen hinweg sichtbaren Birkenbaumes, der langsam sein brennendes „Laub" verliert, und dieses Zerrbild der Weltenesche Yggdrasil, des uralten heidnischen Lebenssymbols, steht für geraume Zeit als Fanal über dem von fürchterlichen Erdbebenwellen erschütterten Europa.

*****

„Alle nachher noch lebenden Menschen stehen vor dem Nichts", fährt der Seher fort. Und er selbst wird jetzt, da von den kriegführenden Armeen nur noch marodierende

Reste übrig sind, Zeuge abscheulicher Greueltaten. Viele der Überlebenden scheinen jegliche Moral verloren zu haben; diejenigen, welche wenigstens die Reste einer Zivilisation retten wollen, sind gezwungen, dies ebenfalls mit gewaltsamen Mitteln zu tun.

Wie lange diese anarchischen Zustände andauern, wird nicht ganz klar; irgendwann jedoch entschließen sich kleinere oder auch größere Gruppen, das zumindest vorübergehend unbewohnbar gewordene Österreich zu verlassen und weiter im Süden einen Neuanfang zu versuchen. Auch dazu äußerten sich zwei andere Visionäre wieder etwas präziser als der Bauer aus dem Waldviertel.

Vom Bayerwaldpropheten Mühlhiasl hat sich folgende Schauung erhalten: „Der erste Schub tut mit Freuden fort. Der zweite geht auch noch gern. Die Dritten aber wollen nicht mehr, weil man von den Ersten nichts mehr hört und sieht. Die Letzten werden auf den Wagen gebunden. Die müssen fort. Die gehen in ein anderes Land, wo es warm ist. Das wird nicht nur bei uns, sondern auf der ganzen Welt so sein."

Alois Irlmaier weissagte: „Die landlosen Leute ziehen jetzt dahin, wo die Wüste entstanden ist. Jeder kann siedeln, wo er mag, und Land haben, soviel er bebauen kann."

Unter welchen Umständen sich das abspielt, schildert neuerlich der anonyme Bauer in sehr griffigen Bildern. Die „Wüste" Irlmaiers ist in Wirklichkeit eine Buschsteppe, in der es so gut wie keine Niederschläge gibt. Die einfachen Laubhütten, die dort errichtet werden, sollen vor allem Schatten vor einer wohl sengenden Sonne spenden. Die Flüchtlinge aus Mitteleuropa, die sich jetzt vielleicht in Norditalien, Slowenien oder Ungarn befinden, vegetieren als Sammler und Jäger; kleine Reptilien und andere Kriechtiere sind ihre Beute.

Das Klima in den ehemals gemäßigten Breiten südlich oder südöstlich von Österreich hat sich also ganz offensichtlich verändert, wenn dort kein Ackerbau mehr möglich ist, keine größeren Gewässer mehr existieren und man trotz dünner Kleidung niemals friert, wie der Visionär weiter ausführt. Auch das bestätigte Irlmaier, als er für die Jahrzehnte nach der Globalkatastrophe – in seinem Fall wieder auf Bayern bezogen – vorhersagte: „Durch die Klimaänderung wird bei uns wieder Wein angebaut. Es werden Südfrüchte bei uns wachsen. Es ist viel wärmer als jetzt."

Der Grund für diesen „Umschwung" in der Natur könnte in einem Kippen der Erdachse infolge der durch die Nuklearexplosionen verursachten geologischen Kataklysmen liegen. Hildegard von Bingen sprach in ihrem hellseherischen Werk „Scivias" eine derartige kosmische Katastrophe für die „Endzeit" an, als sie die damit verbundenen Phänomene, die sich in einem solchen Fall am Himmel zeigen würden, auf folgende Weise beschrieb: „Die Sonne, der Mond und die Sterne (...) blieben unbeweglich auf ihrer Kreisbahn stehen, so daß sie nicht mehr Tag und Nacht schieden."

In der Tat müßte ein Beobachter auf der Erde diesen Eindruck gewinnen, wenn die Erdrotation sich infolge des Taumelns der Planetenachse verlangsamen oder für kurze Zeit ganz zum Stillstand kommen würde, ehe die Bewegung des Globus unter einem veränderten Neigungswinkel wieder einsetzte. Die Pole hätten sich anschließend verschoben; der Äquator, der bisher quer durch Zentralafrika verlief, könnte sich dann plötzlich im nördlichen Teil des Schwarzen Kontinents befinden – und ehemals gemäßigte Klimazonen in Europa wären damit zu subtropischen oder sogar tropischen Regionen geworden.

Ganz wie der Bauer aus dem Waldviertel abschließend erklärt, würden sich in einer solchen Situation unter den

Überlebenden von „Harmageddon" sehr schnell gravierende soziale Umwälzungen ergeben. Um den harten Existenzkampf, der jetzt geführt werden muß, zu bestehen, beschließen die Horden südlich der Alpen eine Rückkehr zu einer Art von Monarchie. Es werden verschiedene Führungspersönlichkeiten „erkoren"; vermutlich solche Menschen, die zu schnellen Entscheidungen fähig sind und sie effektiv umzusetzen vermögen. Diese „Kaiser" – je einer für die Österreicher, die Deutschen und die Ungarn – scheinen dann allmählich wieder so etwas wie eine geordnete Zivilisation aufzubauen: vielleicht kleine Fürstentümer, in denen für monarchistische „Mätzchen" freilich kein Platz ist.

Dies geschieht zu einer Zeit, die noch sehr früh im 21. Jahrhundert liegen muß, denn der „Mann, den die Deutschen zu ihrem Kaiser machen, hat als Schulbub noch Hitlers Reden gehört." Ein Schüler des Jahrganges 1945 hätte zur Jahrtausendwende sein sechzigstes Lebensjahr bereits knapp überschritten; die Angaben, die der Prophet über die Wiedereinführung der „Monarchie" macht, müßten sich demnach auf die erste oder höchstens noch die zweite Dekade des neuen Millenniums beziehen.

Mit der „Kaiserwahl" bricht die Weissagung des Waldviertler Bauern ab. Der Blinde Hirte jedoch „schaute" im ausgehenden Mittelalter noch ein Stück tiefer ins neue Jahrtausend hinein und kündigte an: „Dann wird über die Welt ein neues Zeitalter kommen, das man das Goldene nennen wird." Diese Epoche wiederum beschrieb die Sibylle von Prag unter anderem so: „Nachher werden neue Religionen ersonnen. Die Geister der alten Welt kommen wieder zu Ehren. Dort, wo heute die Statue des heiligen Wenzel (in Prag; Anm. d. A.) steht, wird ein hoher Turm einen neuen Tempel krönen. Prächtig wird dieser Tempel sein, aus Gold und Silber erbaut."

Nach uralter heidnischer Metaphorik steht Gold für die lebenspendende – weibliche – Sonne und das Silber für den sie umkreisenden – männlichen – Mond. Der Geist des vorchristlichen Europa wird also (nach einer „monarchistisch-mittelalterlichen" Zwischenphase) wiedergeboren – und dies deckt sich mit den Schauungen des Johannes von Jerusalem, der von einer Rückkehr der Großen Mutter oder der Großen Göttin sprach, welche die Menschen in einem „matriarchalen" Zeitalter wieder mit der Natur des Planeten und damit ihrer eigenen versöhnt.

*****

Eine solche Aussöhnung mit den unverbrüchlichen Gesetzen des Lebens, verbunden mit einer Rückbesinnung auf die wahren moralischen Werte, könnte die Globalkatastrophe, die der Bauer aus dem Waldviertel und zahlreiche andere Hellseher vorhersagten, sogar noch verhindern – sofern die Menschheit im Übergang vom zweiten zum dritten Jahrtausend das Ruder in letzter Minute herumreißt. Dann wären die schrecklichen Zukunftsbilder „nur" Warnungen vor einer gravierenden Fehlentwicklung gerade der führenden Industrienationen unseres Blauen Planeten gewesen, und „Harmageddon" mit allen seinen unbeschreiblichen Greueln müßte nicht stattfinden.

Eine Wende kann jedoch nur dann erfolgen, wenn der Geist, den die Sibylle von Prag beschwor, das Bewußtsein möglichst vieler einzelner Individuen positiv verändert. Denn hier – in jedem von uns – liegt eine Kraft verborgen, die – mit vielen anderen gebündelt – letztlich stärker ist als

Machtwahn, Profitgier, Herzlosigkeit, Ellenbogenmentalität und Naturverachtung derjenigen, die sich gerade derzeit immer rücksichtsloser zu Tyrannen auf allen gesellschaftlichen Ebenen aufzuwerfen versuchen. Zivilcourage und das Prinzip des Miteinander statt des Gegeneinander, dazu entschlossene Inanspruchnahme aller demokratischen und rechtlichen Möglichkeiten unserer modernen Verfassungen – dies sind die friedlichen Waffen, mit denen jede und jeder Einzelne den Zerstörern der Erde entgegentreten kann. Sofern wir – wir alle – das begreifen, wird die Geschichte der Menschheit bereits am Anfang des neuen Millenniums in ein „Goldenes Zeitalter" einmünden.

Alois Irlmaier

EIN SZENARIO DER APOKALYPSE

„Das Grauen bricht vielleicht schon im 21. Jahrhundert über die Menschheit herein. Das Datum des Tages, an dem der Dritte Weltkrieg beginnt, enthält zweimal die Ziffer Acht und einmal die Neun. Die globale Katastrophe, die offenbar Folge eines schweren Konflikts zwischen Islam und westlichen Industrienationen ist, nimmt ihren Anfang mit einem Attentat auf dem Balkan."

So prophezeite der bayerische Hellseher Alois Irlmaier. Weiter sagte er voraus:

„Zwei Männer werden einen dritten, einen Hochgestellten, umbringen. Sie sind von anderen Leuten bezahlt worden. Der eine Mörder ist ein kleiner, schwarzer Mann. Der andere ist

etwas größer, mit heller Hautfarbe. Nach der Ermordung des Dritten geht es über Nacht los ..."

Der Brunnenbauer von Freilassing, wie Alois Irlmaier im Volksmund genannt wurde, hatte diese Vision kurz nach dem Zweiten Weltkrieg. Der Bosnienkrieg mit seinen Greueln in Sarajewo und anderen Städten sollte erst zwei Generationen später seine abstoßende Fratze zeigen. Erst in den 90er Jahren zersplitterte plötzlich der bis dahin scheinbar so sichere Friede in Europa. Während die Massaker an moslemischen, kroatischen und serbischen Zivilisten nicht enden wollten und sich unter der dünnen Tünche der Zivilisation jäh wieder unsägliche Barbarei zeigte, lernte der Kontinent seine bittere Lektion.

Doch die Prophezeiungen des Alois Irlmaier besagen, daß jener erste Balkankonflikt nur der Auftakt zu einer noch schlimmeren Katastrophe war. Denn dem Attentat an dem „Hochgestellten" würden eine weltweite militärische Auseinandersetzung nie zuvor erlebten Ausmaßes und danach eine verheerende Umweltkatastrophe folgen.

„Die Mörder können fliehen, aber dann passiert es!" heißt es dazu bei Irlmaier. „Von Sonnenaufgang kommt der Krieg, und es geht sehr schnell!" Die Ereignisse, die der Hellseher anschließend schildert, stellen ein Szenario der Apokalypse dar. Verschiedene „Heersäulen" attackieren Mitteleuropa von Osten und Südosten her. Zu Tausenden dröhnen die Panzer heran; Bombergeschwader, so dicht wie Vogelschwärme, jagen über den Planeten. Noch führen die Militärs den Dritten Weltkrieg konventionell – aber dann wird eine völlig neue Massenvernichtungswaffe eingesetzt. Quer über den Kontinent regnet es einen „gelben Staub in einer Linie". Wo diese tödliche Substanz niedergeht, „lebt nichts mehr, kein Mensch und kein Tier; die Pflanzen werden welk und schwarz."

Ein Szenario der Apokalypse

Weiter spricht Alois Irlmaier von einem furchtbaren Himmelszeichen und einer dreitägigen Finsternis im Verlauf des Völkermordens. Drei Weltstädte würden untergehen, die Meere sich in ungeheuren Tsunamis aufbäumen und die Küsten bis weit ins Landesinnere hinein überfluten. Nach dem Ende der Globalkatastrophe seien mehr Leichen zu beklagen als im Ersten und Zweiten Weltkrieg zusammen. Unter den Toten befänden sich auch Scharen von Priestern, die einer Revolution in Italien zum Opfer gefallen seien; der letzte Papst müsse aus Rom fliehen.

Die eben geschilderten künftigen Geschehnisse stellen nur einen kleinen Ausschnitt aus der apokalyptischen Schauung des Alois Irlmaier dar. Seine Visionen insgesamt (siehe „Die Große Prophezeiung", S. 61 ff) beschreiben zahlreiche weitere entsetzliche Ereignisse, von denen die Menschheit unter Umständen bereits zu Beginn des neuen Jahrtausends heimgesucht werden soll. Freilich stellt sich die Frage, ob es sich bei diesen Visionen, die im Prinzip „Harmageddon", den Weltuntergang, beschwören, möglicherweise um nichts anderes als Ausgeburten einer überschäumenden und vielleicht sogar krankhaften Phantasie handeln könnte.

Nicht nur die schlüssigen Informationen jedoch, mit denen Irlmaier Gegenwart und nahe Zukunft charakterisierte, obwohl diese Fakten zu seinen Lebzeiten noch gar nicht bekannt waren, sprechen gegen eine solche Annahme. Vor allem hat sich der Hellseher auf seinem ureigenen Gebiet längst als seriös ausgewiesen. Wie später noch aufgezeigt werden soll, sind nämlich zahlreiche Prophezeiungen des Brunnenbauers von Freilassing, die dieser außerhalb seiner großen Schauung hatte, beweisbar eingetroffen. Und aus diesem Grund kann definitiv gesagt werden, daß es sich bei Alois Irlmaier ganz bestimmt nicht um einen Scharlatan, sondern einen ernstzunehmenden Propheten handelte.

Wer aber war nun dieser Mann, der vor allem in den Jahren zwischen 1939 und 1959 nationales und bald internationales Aufsehen erregte; dieser einfache Arbeiter, der sich eher menschenscheu gab und ausgesprochen bescheiden lebte – und zu dem trotzdem Zehntausende wie zu einem Heiligen pilgerten?

DAS LEBEN DES ALOIS IRLMAIER

Seine Heimat

Das Dorf Oberscharam (Gemeinde Siegsdorf) liegt etwas südlich von Traunstein am Rand der bayerischen Voralpen. Bei gutem Wetter ist von den Berghängen aus der Chiemsee im Nordwesten sichtbar; im Süden, hinter Ruhpolding, bauen sich die Ketten der Salzburger Alpen auf. Hier, im idyllischen Grenzland zwischen Bayern und Österreich, wurde Alois Irlmaier am 8. Juni 1894 geboren. Seine Eltern Alois und Anna Irlmaier bewirtschafteten den Bruckthalerhof bei Oberscharam, der ein Stück unterhalb der bekannten Wall-

Maria Eck und Oberscharam

fahrtskirche „Maria Eck" auf einem Bergsporn stand. Es handelte sich um ein Einöd-Anwesen mittlerer Größe, das seinen Bewohnern ein bescheidenes Auskommen sicherte.

Die frühen Jahre

Kindheit und Jugend des späteren Hellsehers verliefen weitgehend unspektakulär. Bis zum Jahr 1908 besuchte Alois die Volksschule in Eisenärzt, anschließend arbeitete er zu Hause in der Landwirtschaft mit. Es war ein Leben, wie es Tausende von Bauernburschen im Bayern der Jahrhundertwende führten – mit einer Ausnahme, die den jungen Irlmaier bereits in seinen frühen Jahren als Sensitiven kennzeichnete. Wenn Alois nämlich über die Felder und Wiesen seiner Heimat wanderte und zu bestimmten Plätzen kam, dann pflegte sein Körper unvermittelt auf die sogenannten Erdstrahlen zu reagieren.

Die elektromagnetischen Kräfte der „Wasseradern", wie diese unterirdischen Energieströme im Volksmund bezeichnet werden, wirkten in solchen Momenten außerordentlich stark auf ihn ein. In seinen Gliedmaßen schien es zu „zischen", wie er selbst es bezeichnete. Er verspürte ein Vibrieren und Kitzeln in seinen Fußsohlen; etwas Unsichtbares zerrte an ihm und verursachte manchmal sogar schüttelnde Muskelkrämpfe. Außerdem schwollen die Adern an seinen Händen dick und blau an; drohten beinahe zu platzen.

Schon im Alter von sieben Jahren hatte Alois Irlmaier dieses Phänomen erstmals erlebt, aber erst später – als sich ein erfahrener Rutengänger seiner annahm – wurde ihm auch vom Verstand her bewußt, welch zwiespältige Gabe ihm in die Wiege gelegt worden war: die instinktive Fähigkeit,

Alois Irlmaier mit Wünschelrute

Quellen und andere tief in der Erde verborgene Wasservorkommen aufzuspüren. Wie jeder Sensitive litt der junge Bursche bisweilen unter seiner besonderen Veranlagung; speziell die Tage um Voll- und Neumond bereiteten ihm physische und psychische Probleme. Andererseits konnte Alois die seltene Fertigkeit aber positiv nutzen, indem er im Auftrag der in der Gegend ansässigen Bauern oder in Zusammenarbeit mit Brunnengräbern nun mit Hilfe der Wünschelrute gezielt nach Wasser suchte und sich auf diese Weise ein Zubrot verdiente.

Die Existenz des künftigen Hoferben schien damit doppelt gesichert – doch 1914, etwa zwei Monate nachdem Alois Irlmaier seinen 20. Geburtstag hatte feiern können, brach der Erste Weltkrieg aus.

Der lebendig begrabene Soldat

Bereits in den ersten Kriegstagen wurde der junge Scharamer eingezogen und sofort nach Rußland abkommandiert. In den folgenden vier Jahren erlebte der bayerische Soldat das ganze Grauen der Ostfront. Er erlitt einen schweren Lungenschuß; während der Operation wäre Alois Irlmaier um ein Haar verblutet. Nach einem Lazarettaufenthalt von vielen Wochen erholte er sich, kehrte zu seiner Kompanie zurück – und geriet im weiteren Verlauf des Krieges in eine Situation, die jeder „Landser" noch mehr als den Kugelregen oder selbst den Nahkampf mit dem Bajonett fürchtete.

Irlmaier hielt sich in einem der aus Balken und Erde errichteten Unterstände seines Frontabschnitts auf, als die schwere Granate heranheulte und direkt auf dem primitiven Bunker explodierte. Der Scharamer wurde, ebenso wie mehrere andere Soldaten, unter den Holztrümmern und Lehmmassen verschüttet. Vier Tage und Nächte hindurch kämpfte Alois

Schützenstand im 1. Weltkrieg an der Ostfront

Irlmaier ums Überleben. Wiederholt war er vom Erstickungstod bedroht; mußte außerdem andauernd darauf gefaßt sein, daß nachrutschende Trümmer ihn ebenso zerquetschten wie die ganz in seiner Nähe begrabenen Kameraden. Hinzu kamen der Hunger und vor allem der Durst; zusätzlich litt Irlmaier die ganze Zeit unter den qualvollen psychischen Symptomen eines schweren Nervenschocks. Als man ihn schließlich wie durch ein Wunder unter den Toten fand und zurück ans Tageslicht zerrte, war der junge Soldat mental für immer gezeichnet.

Die vier Tage und Nächte seines schrecklichen Beinahe-Sterbens scheinen ein wesentlicher Auslöser für Irlmaiers spätere präkognitive Fähigkeiten gewesen zu sein – wir werden später noch ausführlich darauf zurückkommen.

Heirat und Familie

Im Winter 1918 kehrte der nunmehr Vierundzwanzigjährige als völlig verwandelter Mensch nach Oberbayern heim. Er soll Monate gebraucht haben, bis er wieder Tritt im bäuerlichen Leben zu fassen vermochte. Möglicherweise wäre es ihm gar nicht mehr gelungen, wenn er nicht die Landwirtstochter Maria Schießlinger aus Obergschwind bei Ruhpolding kennengelernt hätte. Sie war es, die ihm wieder Halt gab, und schon am 3. Mai 1920 heirateten die beiden. Etwa zum gleichen Zeitpunkt übergaben die Eltern Irlmaiers dem jungen Paar den Bruckthalerhof und zogen sich selbst aufs Altenteil ins sogenannte Zuhaus zurück; ein kleines Nebengebäude, das in der künftigen dramatischen Familiengeschichte noch eine wichtige Rolle spielen sollte.

In den folgenden sechs Jahren schien das Leben des Kriegsheimkehrers in ruhigere Bahnen münden zu wollen. 1922 wurde Alois Irlmaier zum ersten Mal Vater; offenbar aus Dankbarkeit für die Geburt ihrer Tochter Maria nahmen er und seine Frau im selben Jahr auch noch einen Ziehsohn namens Johann Stöckl bei sich auf. Ein eigener Sohn, der wiederum auf den Namen Alois getauft wurde, kam bereits ein Jahr später, 1923, zur Welt. Der Hof mußte nun, eine Dienstmagd eingerechnet, acht Personen ernähren. Wohl aus diesem Grund war Alois Irlmaier jetzt noch häufiger als vor dem Krieg als Wassersucher und teilweise auch als Brunnengräber unterwegs, um die Einkünfte aus der bäuerlichen Arbeit aufzubessern.

Die verschleierten Toten

Wo er jedoch in seinen früheren Jahren meistens die Wünschelrute benutzt hatte, um die verborgenen Wasserläufe aufzuspüren, konnte er jetzt völlig auf dieses Hilfsmittel verzichten. Denn seit er an der russischen Front verschüttet gewesen war, hatten seine sensitiven Fähigkeiten sich rapide verstärkt. Allein aufgrund des Prickelns in seinen anschwellenden Händen war Alois Irlmaier imstande, die unterirdischen Rinnsale zu finden und zudem ihren Lauf über weite Strecken hinweg präzise zu verfolgen. Darüber hinaus entwickelte der nun etwa 30jährige Bergbauer eine weitere und bedeutend seltenere parapsychologische Fähigkeit, deren allmähliches Entstehen er selbst auf sein furchtbares Ringen mit dem Tod in jenem zusammengeschossenen Unterstand zurückführte. In den Jahren nach seiner Heirat begann Alois Irlmaier nämlich zum Hellseher zu werden.

Wenn er etwa Fotografien betrachtete, schienen die darauf abgebildeten Personen plötzlich so etwas wie eine unterschiedliche Aura zu gewinnen. Noch lebende Menschen konnte der Bergbauer völlig klar erblicken, Tote hingehen sah er schemenhaft: wie durch einen milchigen Schleier. Irlmaier soll durch Zufall und zunächst beim Anschauen von Konterfeis lebender oder im Krieg gefallener Verwandter und Bekannter mit diesem Phänomen konfrontiert worden sein. Bald jedoch äußerte sich seine Gabe auch dann, wenn er sich auf die Bilder ihm völlig fremder Personen, zum Beispiel in alten Zeitungen, konzentrierte.

Freilich schien Irlmaier mit dieser hellseherischen Kraft zunächst noch zögerlich umgegangen zu sein. Zeugen berichteten, er habe damit zwar gelegentlich „experimentiert", sei aber im Grunde immer wieder vor seinem rätselhaften parapsychologischen Können zurückgeschreckt. Offenbar versuchte er, trotzdem ein normales Leben zu führen – auf einem Foto, das 1925 oder in der ersten Jahreshälfte 1926 entstanden ist, wirkt er auch nicht abgehoben oder gar „jenseitig", sondern durchaus wie ein Mensch, der mit beiden Beinen auf der Erde steht. Im Kreis seiner Familie sitzt Alois Irlmaier hier auf der Hausbank des Bruckthalerhofes: ein hagerer, mittelgroßer Mann mit länglichem Gesicht, kräftigem Kinn, streng nach hinten gekämmtem dunklen Haar und Schnurrbart. Fürsorglich hält er seinen kleinen Sohn im Arm; Vaterstolz scheint aus seinen Augen zu leuchten – einzig der Mund, verkniffen und in den Winkeln bereits tief gekerbt, deutet darauf hin, daß dieser Bergbauer starke psychische Spannungen zu ertragen hat. Und unwillkürlich stellt sich beim Betrachten dieses Bildes die Frage, ob Alois Irlmaier tief drinnen damals vielleicht schon spürte, daß ihn und die Seinen wenig später ein fürchterlicher Schicksalsschlag treffen würde?

Die Brandstiftung

Es war die Nacht des 29. September 1926. Zwei Tage zuvor war plötzlich der Bernhardiner der Familie verschwunden und bislang nicht wieder aufgetaucht. Auch der Besitzer des Bruckthalerhofes war, einer spontanen Eingebung folgend, am Morgen des 29. September nach München gefahren; er hatte seiner Frau gesagt, daß er erst am nächsten Tag zurückkommen würde. Maria Irlmaier, die Großeltern, die Kinder und die Magd schliefen bereits, als auf bis heute rätselhafte Weise ein Brand ausbrach und das Bauernhaus innerhalb kürzester Zeit bis auf die Grundmauern zerstörte. Nur mit knapper Not konnten die Bewohner ihr Leben retten; fast ihre ganze Habe wurde durch die Feuersbrunst vernichtet.

Als Alois Irlmaier nach Oberscharam heimkehrte, stand er vor den Trümmern seiner Existenz. Und neben seinem materiellen Besitz hätte er um ein Haar auch noch seine Familie verloren. Er selbst aber, und das ist das Frappierende an dieser Geschichte, hatte sich rechtzeitig in Sicherheit gebracht. Er hatte – sicher nicht bewußt, sondern aus einer unreflektierten Intuition heraus – genau wie der Hofhund gehandelt. Auch das Tier hatte den Brand wohl instinktiv vorausgeahnt, war deshalb verschwunden und, ebenso wie Irlmaier, erst am Tag nach der schrecklichen Feuersbrunst zurückgekommen.

Aber damit nicht genug! Als der Bergbauer nämlich seinen ersten Schock überwunden hatte, brach es hellsichtig aus ihm heraus: Jemand, den er kenne, habe sich einer Brandstiftung schuldig gemacht! Der Täter werde jedoch niemals zur Rechenschaft gezogen werden, denn es gebe keine Beweise, mit deren Hilfe er überführt werden könne. Anschließend, so die damaligen Augenzeugen, ging Alois Irlmaier zielsicher zu einer bestimmten Stelle des Hofzaunes und deutete dort auf das bisher unbemerkt gebliebene Loch, das der Kriminelle hineingebrochen hatte, um ungesehen zum Wohnhaus zu kommen. Später, als die Kriminalpolizei ermittelte, kam alles so, wie der Sensitive es vorhergesagt hatte. Die Indizien wiesen wirklich auf Brandstiftung hin, doch der Verbrecher hatte keinerlei persönliche Spuren hinterlassen, so daß er tatsächlich nie gefaßt werden konnte.

Bankrott und Neuanfang

Im bereits erwähnten Zuhaus, das den Eltern Alois Irlmaiers bisher als Austragswohnung gedient hatte, überstand die Familie – aufs äußerste beengt und unter heute kaum noch vorstellbaren Bedingungen vegetierend – den folgenden Winter, das Jahr 1927 und einen großen Teil des nächsten Jahres. Verzweifelt bemühten der Bergbauer und seine Angehörigen sich, den zerstörten Hof wieder aufzubauen. Einzig mit Hilfe der anderen Oberscharamer Bauern, zu denen Alois Irlmaier nun als „Brandbettler" gehen mußte, konnte das Vorhaben gelingen. Einem uralten Brauch folgend, leisteten die Nachbarn Hand- und Spanndienste, spendeten Material und arbeiteten in ihrer Freizeit auf der Baustelle mit. Zusätzlich freilich sah sich Irlmaier gezwungen, einen hohen Bankkredit aufzunehmen – und dies an der Schwelle der Weltwirtschaftskrise, die sich 1928 bereits dramatisch ankündigte.

Als der Neubau des Bruckthalerhofes im Sommer 1928 so gut wie abgeschlossen war, platzte plötzlich die Finanzierung. Beinahe über Nacht stand Alois Irlmaier erneut vor dem Nichts. Und diesmal konnten auch die zumeist ebenfalls verschuldeten anderen Scharamer Landwirte nicht mehr helfen. Der Bruckthalerbauer, dessen Vorfahren seit Generationen auf dem Hof gesessen hatten, mußte einer Notversteigerung zustimmen. Wenige Monate später wurde das Anwesen „zertrümmert", verschiedene neue Besitzer erwarben das Wohnhaus und die Flurteile.

Mit seinem letzten Geld kaufte Irlmaier am 26. November 1928 im Weiler Hagn bei Freilassing ein seltsames heruntergewirtschaftetes Gebäude: die seit vielen Jahren nicht mehr genutzte „Kurr-Villa", die vor dem Krieg einem gleichnamigen königlichen Rittmeister gehört hatte. Um den eigenen

Lebensunterhalt fristen zu können, vermietete Alois Irlmaier den größten Teil des Hauses; seine siebenköpfige Familie bezog die Räume in Parterre und Keller. Hier überlebten die Irlmaiers, zunächst in äußerster Armut, nun bis 1934. Kurz nach dem Einzug verstarb der Großvater, und es wurde eine weitere Tochter, Elisabeth, geboren; 1932 raffte der Tod auch Irlmaiers Mutter dahin. Der ehemalige Bergbauer selbst kämpfte in diesen Jahren zuerst um seine nackte Existenz, kam dann aber dank seines Talents als Wassersucher und seiner Fertigkeiten als Brunnenbauer wirtschaftlich langsam wieder auf die Beine. Seine Unfehlbarkeit in diesen Dingen sprach sich bald in der Gegend herum, so daß Irlmaier mit der Zeit Kunden bis hinüber nach Österreich fand.

Die „Madonnenerscheinung"

Ebenfalls jenseits der österreichischen Grenze hatte der Sensitive bereits 1928, gleich nach dem Erwerb der „Kurr-Villa", ein weiteres parapsychologisches Erlebnis gehabt, das ihn ähnlich wie seine Nahtoderfahrung im verschütteten Bunker nachhaltig prägte und seine hellseherischen Fähigkeiten von da an noch stärker zum Tragen brachte.

Es geschah, als Alois Irlmaier in jenem Frühwinter 1928 die Wohnstube eines im Salzkammergut gelegenen Bauernhofes betrat, wo er einen Brunnen graben sollte. Im „Herrgottswinkel" des Anwesens hing ein Gemälde, das die Madonna im Kreis von zwölf Heiligen zeigte. Plötzlich, so schilderte Irlmaier es später, hätten die Heiligen sich bewegt; die Muttergottes aber sei lebensgroß aus dem Rahmen getreten, habe ihn angelächelt und sei dann in das Bild zurückgewichen.

Diese Schauung – „Madonnenerscheinung" oder vielleicht

Freilassing in den 30er Jahren

etwas ganz anderes – soll im nächsten Kapitel noch sehr genau analysiert werden. Vorerst bleibt festzuhalten, daß der Brunnenbauer aus Freilassing von diesem Augenblick an über zusätzliche hellseherische Kräfte verfügte. Genau seit dieser Stunde überfiel ihn immer wieder sein von ihm dann so oft beschriebener „Riß". Etwas Undefinierbares packte ihn; er fiel in eine Art Trance und „sah" im nächsten Moment einen Wirbel zukünftiger Ereignisse: unbekannte, in seinen Augen seltsam gekleidete Menschen, die in fremdartiger, futuristischer Umgebung agierten; in Landschaften oder Städten, die auf gar keinen Fall Irlmaiers Zeit widerspiegelten. Ebenso schienen sich manchmal „verschleierte" Tote zwischen noch Lebenden zu bewegen. Hinzu kamen gelegentlich Symbole – Striche oder auch zahlenartige Gebilde -, durch die offenbar etwas Verborgenes gekennzeichnet werden sollte; diese Bilder freilich blieben für den Seher zumeist sehr undeutlich.

Deutlich hingegen wird eines: Im Jahreswechsel von 1928 auf 1929 hatte Alois Irlmaier seine volle visionäre Kraft erreicht.

Die Weltkriegsprophezeiungen

Wirtschaftlich ging es mit der Familie ab dem Jahr 1934 wieder aufwärts. Zu diesem Zeitpunkt konnte die heruntergekommene „Kurr-Villa" verkauft werden; das Ehepaar Irlmaier erwarb an der Freilassinger Jennerstraße (heute Hausnummer 7) ein Baugrundstück und bezog vorerst eine Wohnung im Gebäude Reichenhaller Straße 41. Als Wassersucher und Brunnengräber war Alois Irlmaier jetzt durchaus erfolgreich. Beinahe täglich war er auf seinem Fahrrad unterwegs, um die vielen Aufträge zu erfüllen. Wieder schien sein Leben in friedliche Bahnen münden zu wollen, doch dann brach die Katastrophe des Zweiten Weltkrieges über Europa herein.

Alois Irlmaier wurde nicht wieder zum Militär eingezogen, trotzdem litt er in den Jahren von 1939 bis 1945 zumindest indirekt entsetzlich unter den Greueln des Krieges. Da sich nämlich sein Ruf als Seher mittlerweile weit herumgesprochen hatte und sich in der Folge rapide über ganz Deutschland hin ausbreitete, kamen immer mehr Menschen zu ihm, um die oft grausame Wahrheit über ihre an den verschiedenen Weltkriegsfronten stehenden Söhne, Gatten, Brüder oder Verlobte zu erfahren.

Mehrere Stunden täglich verbrachte der Visionär von Freilassing nun in einer kleinen Materialhütte auf seinem Baugrundstück. Dort empfing er die Hilfesuchenden, die ihm Fotos, beziehungsweise Briefe ihrer zur Wehrmacht, Luftwaffe oder Marine eingezogenen Angehörigen vorzulegen pflegten. Mit beinahe unfehlbarer Sicherheit konnte er dann sagen, ob der Betreffende noch am Leben oder gefallen war. Er selbst erklärte das, was er sah, so: Tote würden als verstümmelte, blutbefleckte Gestalten vor seinem inneren Auge auftauchen; zudem seien sie an ihrer „Verschleierung" kenntlich. Sei ein Soldat jedoch am Leben, erscheine der ihm als gesunde Person, bewege sich wie eine solche und sei nicht von der milchigen Aura umgeben.

Zahlreichen Menschen vermochte der Hellseher wieder Hoffnung zu geben; vielen anderen hingegen mußte er die bittere Wahrheit vermitteln. Wenn das geschah, litt er seelisch selbst schwer; oft, so ist überliefert, wünschte er sich, die Hilfesuchenden würden ihn in Ruhe lassen. Dennoch wies er niemanden ab und bezahlte mancher armen Frau, die sonst keine Möglichkeit gehabt hätte, zu ihm zu kommen, sogar die Fahrt nach Freilassing. Er hingegen nahm niemals Geld für seine Dienste an. Konnte er jemanden trösten, so war ihm dies Lohn genug; den Schmerz andererseits, den die Todesvisionen auch in seinem Inneren auslösten, trug der Sensitive nach den Séancen zumeist allein.

Der visionäre Lebensretter

Ein spektakulärer Fall von Präkognition, der jedoch nicht mit toten Frontsoldaten, sondern einem brutalen US-Angriff auf die Zivilbevölkerung Freilassings in Zusammenhang stand, ereignete sich während der letzten Kriegstage. Die Bomben trafen die Stadt am 25. April 1945 – aber schon Tage vorher lief Alois Irlmaier wie gehetzt durch die Straßen, warnte die Bevölkerung vor dem Angriff und bezeichnete diejenigen Häuser, die zerstört, beziehungsweise verschont werden würden.

Nachdem dies getan war, gruben der Brunnenbauer und einige Helfer beim Mehrfamilienhaus an der Reichenhaller Straße, wo die Irlmaiers wohnten, einen Bunker. Zur Verwunderung der anderen bestand der Hellseher darauf, daß dieser Unterstand an der Straßenseite des Gebäudes angelegt würde und nicht an der Rückfront, die viel besser gedeckt schien. Am Nachmittag des 25. April, als der Bunker eben fertiggestellt war, drängte Irlmaier seine Angehörigen und Nachbarn, in den Schutzraum zu gehen. Nur wenige Stunden später, um 17.30 Uhr und dann nochmals um 21.30 Uhr, erfolgten die verheerenden Bombardements in sieben Wellen.

Das Wohnhaus an der Reichenhaller Straße wurde mehrmals schwer getroffen – doch immer nur an der dem Bunker abgewandten Seite, während die Vorderfront heil blieb. Der Brunnenbauer hatte die ganz konkrete Gefahr richtig vorhergesehen, und auch hinsichtlich zahlreicher anderer Freilassinger Anwesen trafen seine Voraussagen zu. Jene Häuser, die er als gefährdet bezeichnet hatte, lagen in Trümmern – doch die Bewohner, die seine Warnung beherzigt und rechtzeitig die von ihm ebenfalls genannten sicheren Plätze aufgesucht hatten, waren gerettet worden. Dennoch gab es in dieser Nacht 78 Todesopfer – bei ihnen freilich handelte es sich in vielen Fällen um Ortsfremde, die Alois Irlmaier nicht gekannt und deshalb nicht auf ihn gehört hatten.

Verbrecherjagd mit dem „Dritten Auge"

Nicht nur aufgrund dieser spektakulären Rettung zahlreicher Menschenleben verbreitete sich der Ruf Alois Irlmaiers in den nun folgenden Nachkriegsjahren über halb Europa und sogar bis in die USA. Der Brunnenbauer von Freilassing entwickelte vielmehr in jener Zeit, da in Bayern wieder demokratische Polizeiorgane etabliert wurden, noch eine zusätzliche hellseherische Fähigkeit, die sich bereits lange vorher – nämlich nach der hinterhältigen Brandstiftung auf dem Bruckthalerhof – angedeutet hatte.

Nachdem zunächst die örtliche Kriminalpolizei einige Male versuchsweise den Rat Irlmaiers bei der Aufklärung kleinerer Delikte eingeholt und dabei erstaunlich positive Erfahrungen gemacht hatte, wurde der Hellseher, der nun bereits in seinem sechsten Lebensjahrzehnt stand, schnell zum gefragten Helfer auch überregionaler und selbst ausländischer Polizeidienststellen. Alois Irlmaier (Einzelheiten finden sich im Kapitel „Die verborgene Silberplatte") klärte intuitiv eine ganze Reihe von Kriminalfällen auf, bei denen die Fachleute hilflos im dunkeln getappt waren; darunter mehrere spektakuläre Morde und andere Kapitalverbrechen. Aber auch geraubte und verborgene Wertgegenstände brachte der Brunnenbauer von Freilassing dank seiner paranormalen Fähigkeit wieder ans Tageslicht; ebenso machte er Personen ausfindig, die sich vor der Justiz versteckt hatten.

Die Weltuntergangs-Visionen

Es war die frühe Zeit der Bundesrepublik, in der Alois Irlmaier als „hellsehender Kriminalist" immer wieder für Schlagzeilen in den Medien sorgte. Doch nicht nur dies und dazu den wiederum rapide anwachsenden Zulauf Tausender privater Ratsuchender hatte er zu ertragen. Zusätzlich wurde er in jenen Jahren, da er den Gipfel seines „magischen" Könnens erreichte, von seinen großen, global bedeutsamen Zukunftsvisionen heimgesucht.

Im Buchteil „Die Große Prophezeiung" werden diese Schauungen in ihrem vollen Umfang vorgestellt; hier nur soviel: Sie lösten, nachdem sie 1950 erstmals deutschlandweite Verbreitung fanden, bei zahlreichen Menschen, die eben erst den Krieg überstanden hatten, panische Reaktionen aus. Größere Bevölkerungsgruppen fürchteten den Ausbruch eines Dritten Weltkrieges; in verschiedenen Städten kam es zu hysterischen Aktionen. Hektisch wurden Kellerräume zu „atombombensicheren" Bunkern umgebaut und Lebensmittel gehortet, um die von Alois Irlmaier vorhergesagte Katastrophe, die angeblich bereits unmittelbar drohte, zu überstehen.

Als sie nicht eintraf, geriet der Ruf des Brunnenbauers von Freilassing vorübergehend ins Wanken, obwohl dieser den Beginn eines Dritten Weltkrieges gar nicht dezidiert am Jahr 1950 festgemacht, sondern nur davon gesprochen hatte, daß die Welt zu diesem Zeitpunkt eine schwere Krise erleben werde. In der Tat überschritten im Sommer des genannten Jahres nordkoreanische Truppen die Grenze zu Südkorea, und da am 15. September eine amerikanische Gegenoffensive erfolgte, sah es für eine Weile wirklich so aus, als könnte dieser Konflikt zu einer globalen Auseinandersetzung eskalieren. Insofern hatte Alois Irlmaier also nicht ohne

Grund gewarnt, auch wenn der militärische Schlagabtausch zwischen Kapitalismus und Kommunismus letztlich auf den südostasiatischen Raum beschränkt blieb und als Koreakrieg in die Geschichte einging.

Auf Dauer tat dieses Mißverständnis der Faszination, die nach wie vor von dem oberbayerischen Visionär ausging, jedoch keinen Abbruch. In den folgenden Jahren wurden seine Prophezeiungen mehr oder weniger Volksgut. Gedruckt erlebten sie hohe Auflagen und sorgten dafür, daß der Zustrom zu Irlmaiers Wohnhaus, das der Seher sich und seiner Familie mittlerweile an der Freilassinger Jennerstraße erbaut hatte, nicht versiegte.

Die letzten Jahre des Propheten

Zunehmend litt Alois Irlmaier jetzt unter den zahllosen Ratsuchenden oder einfach Neugierigen, die sein Domizil zeitweise förmlich belagerten. Schon 1950 hatte er die Redaktion der „Süddeutschen Zeitung" gebeten, ihren Lesern klarzumachen, daß er sich aus der Öffentlichkeit zurückzuziehen wünsche und nur noch seinem Beruf als Brunnenbauer und inzwischen auch Installateur nachgehen wolle. Gefruchtet hatten dieser und verschiedene andere Appelle indessen wenig. In der ersten Hälfte der 50er Jahre wurde der Hellseher nicht nur andauernd von aufdringlichen Verehrern, Spinnern, dubiosen Geschäftemachern und der Sensationspresse bedrängt, sondern wurde außerdem das Opfer einer üblen Verleumdungskampagne.

Das Kesseltreiben, das gewisse Neider gegen ihn vom Zaun brachen, gipfelte im Frühjahr 1954 in dem Vorwurf, er sei ein Betrüger und Scharlatan, der mit kriminellen

Methoden zahllose Gutgläubige finanziell geschädigt habe. Alois Irlmaier wurde daraufhin der „Gaukelei" angeklagt; die Verhandlung fand vor dem Amtsgericht Laufen statt. Dutzende von Menschen, die bei ihm Hilfe gefunden hatten, bestätigten allerdings übereinstimmend, daß der Brunnenbauer niemals Geld für seine Beratungen genommen hatte. Andere Zeugen, darunter auch Kriminalbeamte, legten Beweise für das Eintreffen verschiedener Irlmaier-Prophezeiungen vor, so daß der ungewöhnliche Prozeß mit einem Freispruch endete.

Mehr noch! Die Urteilsbegründung ist quasi ein amtliches Dokument, das die parapsychologischen Fähigkeiten des Brunnenbauers von Freilassing dezidiert festschreibt, denn in der richterlichen Entscheidung heißt es: „Die Vernehmung der Zeugen (...) hat so verblüffende, mit den bisher bekannten Naturgesetzen kaum noch zu erklärende Zeugnisse für die Sehergabe des Angeklagten erbracht, daß dieser nicht als Gaukler bezeichnet werden kann."

Alois Irlmaier war damit rehabilitiert, doch den Schock über die Verleumdungen, mit denen man ihn überschüttet hatte, überwand er offenbar nicht mehr. In seinen letzten Lebensjahren zog er sich rigoros aus der Öffentlichkeit zurück und verweigerte weitere Konsultationen. Er umgab sein Grundstück mit einem hohen Stacheldrahtzaun, der von einem bissigen Schäferhund bewacht wurde und an dem ein Schild hing: „Bin nur noch in Angelegenheiten des Brunnenbauens zu sprechen!"

Nachdem am 5. September 1957 seine Gattin Maria verstorben war, sah der Prophet von Freilassing ganz offensichtlich auch seinen eigenen Tod für die nahe Zukunft voraus. Seinen Verwandten gegenüber äußerte er, er werde sterben, wenn er mit dem Bau einer Marienkapelle beginne.

Im Juni 1959 legte er neben seinem Wohnhaus die Grundmauern für das kleine Sakralgebäude, doch mehr als die Fundamente vermochte er nicht mehr zu errichten. Nach kurzer, schwerer Krankheit verschied er am 26. Juli 1959 – auch seine letzte Prophezeiung war damit beweisbar eingetroffen. Und die Worte, mit denen er sich von dieser Welt verabschiedete, lauteten:

Eines der letzten Fotos von Irlmaier

„Ich bin froh, daß der Herrgott mich sterben läßt. Jetzt brauche ich das, was ich voraussehe, nicht mehr erleben."

DIE „ERWECKUNG" DES HELLSEHERS

Noch die Umstände seines Todes dokumentieren es: Alois Irlmaier war ein echter Prophet. Einer jener seltenen und rätselhaften Menschen, die bereits aus vorchristlichen Zeiten bezeugt sind: im griechischen Delphi, im biblischen Palästina, im antiken Rom, in den Überlieferungen der Kelten und ebenso in der germanischen „Edda" oder in slawischen Quellen.

Später, in Mittelalter und früher Neuzeit, setzten Visionäre wie Hildegard von Bingen, Johannes von Jerusalem, der irische Bischof Malachias, die „Sibylle von Prag" oder Michel de Notredame, genannt Nostradamus, ihre unübersehbaren Zeichen. Aber auch aus dem 18., 19. und 20. Jahrhundert sind tatsächlich ganz erstaunliche Schauungen von Hellsehern bezeugt, wenn wir etwa an den mittlerweile über die Grenzen Deutschlands hinaus bekannten Bayerwaldpropheten „Mühlhiasl", eigentlich Matthäus Lang, (1753 bis 1809) oder an den norwegischen Eismeerfischer Anton Johansson (1858 bis 1929) denken.

Für sie alle waren die Grenzen von Zeit und Raum durchlässig. Sie vermochten in ferne Zukunft (oft aber auch in weit zurückliegende Epochen) zu blicken, und beweisbar wurden ihre großen Schauungen Jahrzehnte oder Jahrhunderte nach ihrem Tod wahr. Selbstverständlich faszinierte diese Gabe ihre Zeitgenossen und noch mehr diejenigen, die nach ihnen kamen und das Eintreffen der Prophezeiungen erlebten.

Immer wieder, jedoch lange erfolglos, wurde darüber spekuliert, woher diese ganz besondere Fähigkeit der Wahrschau komme, was die Prophezeiungen auslöse und welche „übernatürlichen" Kräfte in der Seele oder im Gehirn der Hellseher wohl am Werk seien.

Jenseits der Spekulationen, nämlich wissenschaftlich, näherte man sich dem Phänomen freilich erst in der Gegenwart an. Vor allem der Freiburger Parapsychologe Hans Bender hat sich in der zweiten Hälfte unseres Jahrhunderts dabei mit seinen breit angelegten theoretischen und praktischen Untersuchungen große Verdienste erworben. Er wertete auch umfangreiches Material über Alois Irlmaier aus und gab anschließend das folgende Urteil (zitiert nach W. J. Bekh) über den Brunnenbauer von Freilassing ab: „Fest scheint zu stehen, daß (...) Irlmaier Psi-Fähigkeiten hatte. (...) Irlmaier kann als eines der erstaunlichsten Phänomene unter den Sensitiven der neueren Zeit bezeichnet werden."

Nun hat Professor Bender zwar für seine Wertung – Irlmaier besaß paranormale Fähigkeiten, und diese können nachgewiesen werden! – Augenzeugenberichte und andere Quellen gesichtet und entsprechende Schlüsse daraus gezogen, ist aber hier naturgemäß auf seinem ureigenen Terrain im Bereich der psychologischen Grenzwissenschaft geblieben. Der mit den Mitteln der exakten Wissenschaft ungleich schwerer faßbaren Frage, wie Irlmaier zum Propheten wurde und was sich dabei in seinem Inneren abspielte, ist Bender zumindest in seinen Publikationen weniger nachgegangen. Mit Hilfe etwas anderer Denkansätze, als der Freiburger Professor sie verwendete, soll daher nun der Versuch gemacht werden, speziellere Antworten zu geben.

Sucht man im Leben des oberbayerischen Sensitiven nach der Initiation („Erweckung"), die seine Hellsichtigkeit auslöste, so stößt man unweigerlich auf drei wahrscheinliche

Ursachen. Zunächst kann es keinen Zweifel daran geben, daß Irlmaiers Gabe eine ihrer Wurzeln in seiner „Wasserfühligkeit" hatte; daß er also von Kindheit an imstande war, sogenannte Erdkräfte zu erspüren. Zum zweiten hatte er im Ersten Weltkrieg ein Nahtoderlebnis, das irgend etwas in seiner Psyche veränderte und ihm von da an die Schau in jene Dimension ermöglichte, die von den Kelten als Anderswelt bezeichnet wurde. Drittens spielte seine „Madonnenerscheinung" im Salzkammergut eine wichtige Rolle – sie scheint sogar der entscheidende und letzte Schritt gewesen zu sein, den Alois Irlmaier benötigte, um endgültig zum Visionär zu werden.

Der Bauernbub aus Oberscharam wuchs, was seine Sensibilität im Zusammenhang mit „Wasseradern" und anderen geophysikalischen Phänomenen angeht, an einem Ort auf, der offenbar ideal dazu geeignet war, das „Psi-Talent" des jungen Alois zu fördern. Der Bruckthalerhof lag auf einem Bergsporn, auf dessen höchster Felskuppe wiederum die Wallfahrtskirche „Maria Eck" steht. Dieser Sakralbau indessen erhebt sich auf einem Areal, das bereits in vorchristlicher Zeit „kultische" Bedeutung hatte. Dort, wo heute die Barockkirche aufragt, trafen sich nämlich bereits vor mehr als zweitausend Jahren die Kelten bei einem heidnischen Heiligtum.

Diese besonderen, von den Druiden ausgesuchten Plätze beherbergten jedoch keineswegs Altäre oder Götterbildnisse wie später die christlichen Sakralbauten, sondern waren allein durch die besonderen Kräfte, die hier aus der Erde heraus wirksam wurden, definiert. Anders ausgedrückt: Die heutige Wallfahrtskirche „Maria Eck" kennzeichnet einen topographischen Punkt, an dem sich starke geophysikalische Energien bündeln und sensible Menschen beeinflussen. Genau diese Kräfte aber waren es, die von den „Vates",

Postkarte aus Maria-Eck, um 1930

den keltischen Wahrsagern, gezielt genutzt wurden, um die Schleier zur Anderswelt zu durchdringen und einen Blick in die Zukunft zu tun.

Da nun wiederum der junge Alois Irlmaier bereits von Natur aus extrem sensibel war, mußten die besonderen Energiefelder seiner unmittelbaren heimatlichen Umgebung logischerweise auf ihn stärker als auf andere Menschen wirken. Dies um so mehr, da verbürgt ist, daß er die Kirche „Maria Eck" schon von Kindesbeinen an unzählige Male besuchte; der Sakralbau war schließlich so etwas wie die Hauskapelle der Familie auf dem Bruckthalerhof. Und auf diese Weise, wieder und wieder in Kontakt mit den „Erdkräften" dort, wuchs sich allmählich auch seine paranormale Gabe aus; jene jetzt gar nicht mehr so rätselhafte Fähigkeit, die sich zunächst darin äußerte, daß seine Fußsohlen kribbelten und seine Adern aufschwollen, wenn er irgendwo auf unterirdische Quellen oder Wasserläufe stieß.

Alois Irlmaier war damit bereits so etwas wie ein Eleve

des Paranormalen, als er im Alter von 20 Jahren zum Militär eingezogen wurde und an die russische Front mußte. Dort stand er sodann sein zweites, schreckliches Initiationserlebnis durch. Im zusammengeschossenen Bunker verschüttet, kämpfte er vier Tage und Nächte lang um sein Überleben; er blickte dem Tod dabei buchstäblich ins Auge. Nun ist aber bekannt, daß derartige Nahtoderlebnisse gravierende Veränderungen in der menschlichen Psyche hervorrufen können – möglicherweise deswegen, weil der Geist eines Todgeweihten sich bereits auf eine „jenseitige" Dimension einstellt, in der ganz andere Gesetze als in der Welt der Lebenden gelten. Zahlreiche Menschen, welche solche Erfahrungen machten, berichteten anschließend, sie hätten eine Art Bewußtseinserweiterung erfahren. Sie hätten „von außerhalb" auf ihren eigenen Körper geblickt und hätten sich quasi gleichzeitig auf zwei verschiedenen Wahrnehmungsebenen befunden. Hochinteressant im Zusammenhang damit ist ein weiteres Phänomen, das ebenfalls von vielen Beinahe-Verstorbenen geschildert wurde: Innerhalb weniger Sekunden sei noch einmal das ganze Leben mit seinen unendlich vielen Ereignissen an ihrem inneren Auge vorübergezogen. Wiederum mit anderen Worten gesagt: Die gewöhnlichen Gesetze des Zeitablaufes sind offenbar aufgehoben, wenn ein Mensch dem Tod ins Auge blickt.

Alois Irlmaier tat es in Rußland – und stieß damit die „Pforte zur Anderswelt" noch weiter als ohnehin schon auf. Mehr noch: Weil er bereits seit seiner Jugend entsprechend sensibilisiert worden war, blieb der Zugang zur „jenseitigen" Dimension nun für ihn auf Dauer geöffnet; zumindest einen Spalt weit. Konkret äußerte sich dies nach seiner Heimkehr aus dem Krieg in der Fähigkeit, allein anhand von Fotos zu erkennen, ob die abgebildete Person lebte oder verstorben war. Irlmaier war also nach seinem Nahtoderlebnis nicht länger ein Eleve des Paranormalen, sondern hatte einen entscheidenden weiteren Schritt getan; der dritte und letzte sollte schließlich im Jahr 1928 erfolgen, als der nunmehrige Brunnenbauer von Freilassing in eine Bauernstube im Salzkammergut trat.

Die „Madonnenerscheinung", die Alois Irlmaier vielleicht am entscheidendsten prägte, ereignete sich in dem kleinen Ort Kuchl. Der damals 33jährige sollte auf dem Hofgrund eines Dorfbauern einen Brunnen graben, arbeitete einige Stunden und ging dann in die Stube des Anwesens, um dort ein wenig auszuruhen. Kaum hatte er den Raum betreten, zog ihn wie magisch ein im „Herrgottswinkel" hängendes Gemälde an, das eine Madonna im Kreis von zwölf Heiligen zeigte. Im nächsten Moment schien die Muttergottes lebensgroß aus dem Rahmen herauszutreten und auf ihn zuzukommen. Die Madonna habe ihn angelächelt, so erzählte Irlmaier später; gleichzeitig hätten sich auch die zwölf Heiligen bewegt, ehe alle zusammen wieder zu schlichten, gemalten Figuren geworden seien.

Verschiedene katholisch geprägte Autoren haben dieses rätselhafte Ereignis als wundersame Marienerscheinung interpretiert, was angesichts der christlichen Denkweise dieser Kommentatoren durchaus verständlich ist. Bei einer Analyse aus nichtchristlichem Ansatz heraus ergibt sich jedoch eine ganz andere Möglichkeit der Deutung, die zudem mit der Erklärung der ersten „Erweckung" des Hellsehers harmoniert, die schon in seiner Jugend im Umkreis der Bergkirche „Maria Eck" stattfand. Wie bereits erwähnt, wurde dieser katholische Sakralbau ja über einem viel älteren keltischen Heiligtum errichtet, und dieses heidnische Kraftzentrum war – der später hier entstandene christliche Madonnenkult beweist es religionsgeschichtlich – der Großen Göttin der Kelten geweiht. Diese Göttin aber verkörpert den ewigen

Kreislauf des Lebens und damit auch den der Zeit. Ihr Wirken in Diesseits- und Anderswelt verknüpft Geburt, Reife, Tod und Wiedergeburt; es umfaßt Vergangenheit, Gegenwart und Zukunft – und es verbindet Erde und Kosmos.

Die „Kultstätten" der Großen Göttin standen infolgedessen nicht nur auf geophysikalisch „starken" Plätzen, sondern wurden stets auch unter Beachtung astronomischer Gesetzmäßigkeiten genutzt. Da nun aber der keltische Kalender die Mond- und nicht die Sonnenmonate zählte, spielte die Dreizehn (Zahl der Mondmonate eines Jahres) eine außerordentlich wichtige Rolle. Durch sie war ein voller Zeitzyklus auf exakter naturwissenschaftlicher Basis definiert – gleichzeitig aber, da die Druiden ganzheitlich dachten, war das Verinnerlichen der Mond-Dreizehn auch ein metaphysischer Pfad, auf dem die Grenzlinie im unterschiedlichen Zeitablauf zwischen Diesseits- und Anderswelt überschritten werden konnte. Oder auch hier einfacher ausgedrückt: Bei der Dreizehn handelt es sich um eine mental funktionierende Schlüsselzahl, die mit dem Geheimnis der Zeit und damit eben auch der Zukunftsschau aufs engste verknüpft ist.

Betrachtet man nun die „Marienerscheinung" des Alois Irlmaier (die dieser lediglich aufgrund seiner christlichen Prägung so bezeichnete) unter diesem Gesichtspunkt, dann wird klar, was in der österreichischen Bauernstube tatsächlich mit ihm passierte. Nachdem sich ihm die Pforte zur „jenseitigen" Dimension bereits in Rußland einen Spalt weit geöffnet hatte und er in der Folge wiederum sehr oft den alten keltischen Kraftplatz bei „Maria Eck" aufgesucht und dort die Große Göttin „erkannt" hatte, wodurch er als Sensitiver noch mehr gereift war, verinnerlichte er wohl im Jahr 1928 urplötzlich und intuitiv eine grundlegende kosmische Gesetzmäßigkeit.

Es handelte sich dabei quasi um einen allumfassenden Rhythmus, in dem die Zeit pulst, tanzt oder spiralt – in

Irlmaiers Fall durch die dreizehn scheinbar aus dem Bild tretenden oder sich darin bewegenden Figuren symbolisiert. Dies war – nicht vom Verstand, sondern von „unbewußt" arbeitenden Gehirnregionen gesteuert – seine dritte „Erweckung", durch die er seine volle prophetische Kraft gewann. Und genau deswegen konnte er ab jetzt in seinen Schauungen ganze Landschaften und Städte der Zukunft erkennen, in denen Menschen agierten, die zu seinen Lebzeiten noch gar nicht geboren waren.

Zugegeben, dies klingt reichlich phantastisch. Doch vergleicht man die einschlägigen Erlebnisse des Alois Irlmaier mit denen anderer Hellseher, dann kann die vom Autor vorgetragene These sofort auf eine solide Basis gestellt werden.

Nostradamus etwa, der im 16. Jahrhundert lebte und eine regelrechte „Technik der Prophetie" benutzte, pflegte Nacht für Nacht auf der obersten Plattform eines schlanken Turmes zu sitzen, den er neben seinem Wohnhaus im südfranzösischen Salon hatte errichten lassen. Von dort aus beobachtete er den Lauf der Gestirne, aber gleichzeitig war er intensiv mit den Kräften der Erde verbunden. Denn ebenso hoch wie der Turm gen Himmel ragte, reichten dessen hohle Fundamente unter dem Straßenniveau auch in die Tiefe. Mit Sicherheit hatte der Seher von Salon diese „Achse" zwischen dem Irdischen und dem Kosmischen sehr bewußt so konstruieren lassen; auch er suchte den Kontakt mit einer geophysikalischen Kraftquelle, um mit ihrer Hilfe den geistigen Aufschwung ins All zu erreichen.

In seinem „Testament" schreibt Michel de Notredame vom „Schlüssel der Zeit", der in den Bahnen der Himmelskörper verborgen liege; ebenso stellt er aber klar, daß der Seher „mit den Beinen in der Erde" wurzeln müsse, um das große kosmische Schwingen zu erkennen. Ähnlich wie Alois Irlmaier hatte zudem auch der Seher von Salon sein prägendes Todeserlebnis, das ihn bereits in jungen Jahren parapsychologisch reifen ließ. Der Medizinstudent Michel de Notredame war nämlich wegen unerlaubten Sezierens gestohlener Leichen zum Galgen verurteilt worden und lag bereits in der Hinrichtungszelle, ehe er begnadigt wurde, um bei der Bekämpfung einer Pestepidemie zu helfen, wobei er dem Tod dann neuerlich hundertfach ins Auge blickte.

Eine damit korrespondierende Entwicklung zum Hellseher machte auch der Kreuzritter Johannes von Jerusalem (1043 bis 1120) durch. Im Jahr 1099 war er an der Erstürmung Jerusalems beteiligt, kam dabei in Lebensgefahr und sah zudem das Gemetzel an der Bevölkerung, in dessen Verlauf die Pferde der Christen nach einem Augenzeugenbericht „bis zum Bauch im Blut der Ungläubigen wateten". Später soll er sich häufig in der Wüste aufgehalten haben, um zu meditieren, und es heißt von ihm sehr bezeichnend: „Er kannte den Körper der Erde und den des Himmels. Er konnte den Pfaden folgen, die in diesen Welten zu den Geheimnissen führen."

Ein böhmischer Prophet des 14. Jahrhunderts wiederum, der „Blinde Hirte" oder „Jüngling" von Prag, mußte erst sein Augenlicht verlieren und sich als Einsiedler in die geophysikalisch hochinteressante Landschaft des Böhmerwaldes zurückziehen, ehe er zum Visionär wurde. In der gleichen Region, dem Bayerischen Wald, nutzte der Mühlhiasl den außerordentlich starken Kraftplatz auf dem Gipfel des Hennenkobel bei Zwiesel; regelmäßig hielt er sich auf der Kuppe dieses Berges auf, weil die natürliche „Strahlung" dort seine paranormalen Fähigkeiten stärkte. Ähnliches gilt für eine ganze Reihe weiterer Hellseher; immer wieder stößt man auf vergleichbare Phänomene, wenn man ihre Lebensläufe daraufhin abklopft. Nahtoderfahrungen und/oder in der Erde verborgene Energieströme brachten ihre angeborene Gabe zum entscheidenden Durchbruch, beziehungsweise förderten sie.

Nicht anders verhielt es sich bei Alois Irlmaier, dem das „Talent" mit Sicherheit schon in die Wiege gelegt worden war, dessen eigentliche Initiation aber erst später in drei großen Schritten erfolgte und der genau deswegen als eines der erstaunlichsten Phänomene unter den Sensitiven der neueren Zeit bezeichnet werden kann, wie der Parapsychologe Professor Bender urteilte.

DIE DREIFACHE TODESZAHL

Irlmaiers Schauungen im privaten Bereich

Die medialen Fähigkeiten Alois Irlmaiers äußerten sich – vielfach bezeugt besonders aus den Jahren des Zweiten Weltkrieges und der Nachkriegszeit – zunächst vor allem darin, daß er den Exitus unbekannter und weit entfernter Menschen bildhaft erkennen konnte. Allein durch das Betrachten von Fotos fand der Brunnenbauer von Freilassing heraus, ob der Betreffende noch lebte oder bereits tot war – und in manchen besonders spektakulären Fällen benötigte er überhaupt keine Hilfsmittel. Verstorbene sah er von einem milchigen Schleier umgeben: als schwebende Schemen, die sich wie in zwei Dimensionen zu bewegen schienen.

Hier nun eine Reihe von konkreten Fällen, die durch die Irlmaier-Forscher Conrad Adlmaier, Norbert Backmund und Wolfgang Johannes Bekh dokumentiert worden sind.

Originaltitel des Irlmaier-Forschers Conrad Adlmaier

Die tödliche Falle von Rosenheim

Daß Alois Irlmaier die Bombardierung Freilassings vorhersah und schon Tage zuvor haargenau die besonders bedrohten Gebäude und Straßenzüge bezeichnete, wurde bereits im zweiten Kapitel dieses Buches erwähnt. Doch er hatte noch eine weitere derartige Vision, durch die er ebenfalls zahlreichen Menschen das Leben rettete.

Während des Zweiten Weltkrieges hielt sich Alois Irlmaier gelegentlich bei Verwandten in der oberbayerischen Kreisstadt Rosenheim auf. Bei einer dieser Gelegenheiten stutzte er plötzlich; einmal mehr hatte es ihm seinen berühmten „Riß" gegeben. Dann warnte er mit gehetzter Stimme vor einem Fliegerangriff, der bald kommen würde. Er sagte, daß die Menschen, die sich in den Bunker am Salinenplatz flüchten würden, sich auf gar keinen Fall in der Mitte des unterirdischen Schutzraumes aufhalten dürften. Dort nämlich sehe er einen ganzen Haufen Leichen, während den Leuten am Eingang des Stollens nichts passieren werde.

Irlmaiers Verwandte gaben die Information in Rosenheim weiter. Als die Bombergeschwader in der folgenden Woche auftauchten, rannten Dutzende von Zivilisten in den Bunker, vermieden es aber, bis in die Mitte zu gehen. Gleich darauf detonierten die ersten Sprengbomben, und im selben Moment kam auch noch ein Trupp fremder Soldaten in den Schutzraum. Obwohl die Einheimischen ihnen zuriefen, im Eingangsbereich des Bunkers zu bleiben, suchten die Uniformierten den Platz in der Mitte auf – wo Minuten später ein Volltreffer einschlug und sie alle tötete. Die Zivilisten jedoch, die dem Rat Irlmaiers gefolgt waren, kamen alle mit dem Schrecken davon.

Granatsplitter in Schulter und Schläfe

Während des Krieges kamen die Eltern eines bayerischen Soldaten zum Brunnenbauer von Freilassing. Sie wollten sich Gewißheit über das Schicksal ihres Sohnes verschaffen, von dem sie schon monatelang kein Lebenszeichen mehr erhalten hatten. Alois Irlmaier konzentrierte sich auf das Foto, das man ihm vorlegte; gleich darauf sagte er erschüttert zur Mutter des Wehrmachtsangehörigen: „Tu's weg, das Bildl! Ich kann's nimmer anschauen! Der arme Mensch!" Dann wandte er sich beklommen an den Vater des Soldaten: „Wie soll ich's seiner Mutter sagen?! Die fällt ja um vor Schmerz!"

Als das Ehepaar darauf bestand, die Wahrheit zu erfahren, beschrieb Irlmaier, wie der Soldat gefallen war: Ein Granatsplitter habe seine Schulter und ein anderer die rechte Schläfe getroffen. Er sei auf der Stelle tot gewesen.

Als die Eltern später einen Brief des Offiziers erhielten, zu dessen Einheit ihr Sohn gehört hatte, bestätigte sich die Schauung des Brunnenbauers. Der Soldat war an den Verwundungen gestorben, die Irlmaier präzise bezeichnet hatte.

Die dreifache Todeszahl

In einem anderen Fall kurz nach 1945 ging es um das Schicksal eines kriegsgefangenen Soldaten. Irlmaier zögerte lange, ehe er mitteilte: „Der Mann kommt bald heim und muß in ein Lazarett. Aber danach seh' ich nichts mehr." Die Verwandten des Gefangenen waren damit nicht zufrieden und beknieten den Seher, ihnen womöglich doch noch genauere Auskünfte zu geben. Vor allem wollten sie wissen, wann der Soldat heimkehren werde. Schließlich ließ Irlmaier sich breitschlagen und sagte, das genaue Datum könne er nicht nennen, aber er erkenne eine Siebenundzwanzig. Dreimal sogar sehe er diese Zahl. Er wisse jedoch nicht, was sie bedeuten soll.

Einige Monate darauf erhellte sich die Vision des Brunnenbauers auf schreckliche Weise. Am 27. Dezember erhielt die Familie des Kriegsheimkehrers die amtliche Nachricht, daß der Soldat nach seiner Entlassung aus der Gefangenschaft in einem deutschen Lazarett gestorben sei. Als die Angehörigen dort nachfragten, stellte sich weiter heraus: Am 27. September war der Mann aus einem Gefangenenlager in Rußland repatriiert worden und schwerkrank im Lazarett in Frankfurt an der Oder eingetroffen. Und am 27. Oktober hatte ihn dort der Tod ereilt.

Später machten die Hinterbliebenen Irlmaier Vorhaltungen, weil er ihnen den Tod ihres Verwandten verschwiegen habe. Der Seher antwortete: „Ich hab's genau gesehen, wie er verschleiert worden ist. Aber ich wollt's euch net sagen, weil ihr mich erbarmt habt."

Der Blutende im Wasser

Ebenfalls nach dem Krieg bat ein Freilassinger Bürger Irlmaier um Auskunft über seinen Schwager, einen Offizier, der sich nach den letzten Informationen der Familie noch immer in Gefangenschaft befinden sollte. Der Hellseher fixierte das vorgelegte Foto, schien eine Weile wie entrückt zu sein und erklärte dann: „Das ist ein Höherer! Ich seh' eine große Stadt. Lauter Trümmer, einen breiten Fluß. Es ist in Rußland, könnt' Stalingrad sein. Es geht dem Mann schlecht. Ich seh' ihn flüchten. Er wird wieder eingefangen. Es geht ihm noch schlechter. Er flieht wieder, springt ins große Wasser. Ich seh' Blut! Ich seh' Blut – er ist verwundet. Jetzt wird's auf einmal ganz weiß, wie ein Schleier. – Der kommt nicht mehr! Der ist tot! Er hat ein weißes G'wand an ..."

In der Tat war der Offizier seit der Katastrophe von Stalingrad vermißt, was Irlmaier – zumindest rein informativ – nicht bekannt war. Durch seine Vision, in der er ganz real das tragische Ende des Soldaten erblickt hatte, war nun auch das bislang ungewisse Schicksal des Offiziers geklärt.

Die Rettung um 16.12 Uhr

Anfang 1948 befand sich ein armselig aussehender junger Mann, der im Krieg zwangsrekrutierter SS-Soldat gewesen war, auf dem Weg von Berlin nach Österreich und sprach in der Freilassinger Bauhütte Irlmaiers vor.

Der Seher sagte ihm auf den Kopf zu: „Du bist lang eing'sperrt g'wesen, drei Jahr'. Hast aber keinem was getan. Deswegen helf' ich dir. Du möchtest ins Österreichische, und das wird dein Vorteil sein. Deine Frau ist in Österreich begraben. Du lernst eine andere Frau kennen, die wirst du heiraten, dann geht's dir wieder gut. Deine erste Frau ist krank gewesen. Ihre Krankheit ist nicht erkannt worden, darum mußte sie sterben. Siehst's, da steht's neben dir und lächelt traurig. Jetzt paß auf, was ich dir sag': Am nächsten Montag zwischen zwölf und vier Uhr gehst du über die Grenz'. Wenn du früher oder später gehst, dann schnappen's dich. Nach vier Uhr möcht' dich ein österreichischer Grenzer verhaften. Dann mußt von deiner Militärzeit erzählen, dann läßt er dich wieder laufen. Das ist um vier Uhr, zwölf Minuten, weil ich deine Uhr seh' ..."

Genau nach den Anweisungen Irlmaiers versuchte der Berliner den illegalen Grenzübertritt. Ein österreichischer Uniformierter stellte ihn und verlangte seinen Passierschein. Der junge Mann erklärte, er habe keinen. Dann brachte er das Gespräch auf den Krieg, und schließlich drückte der andere ein Auge zu. Erleichtert wandte der Berliner sich ab und schaute dabei auf die Uhr. Sie zeigte genau die Zeit, die Irlmaier angegeben hatte. Und auch die übrigen Vorhersagen des Brunnenbauers erfüllten sich später: Der ehemalige SS-Soldat, dem Irlmaier geholfen hatte, weil er trotz seiner Zugehörigkeit zu der verbrecherischen Organisation unschuldig geblieben war, lernte in Österreich eine Witwe kennen und heiratete sie.

Das Weizenfeld als Zeitmesser

Die Eltern eines Kriegsgefangenen wußten nichts weiter von ihrem Sohn, als daß er die Lagernummer „Moskau 3956" hatte. Alois Irlmaier prophezeite ihnen sein Schicksal mit diesen Sätzen: „Vor eurem Haus habt ihr ein kleines Feld. Auf dem Feld wird im Herbst Weizen angebaut. Wenn dieser Weizen im nächsten Jahr geschnitten ist und die Stoppeln auf dem Feld stehen, dann kommt er heim. Aber er ist sehr krank. Trotzdem wird er wieder gesund werden."

Im folgenden Herbst 1947 bauten die Eltern auf ihrer schmalen Ackerbreite Weizen an. Kurz nach der Ernte 1948, als nur noch die Stoppeln auf dem Feld standen, kehrte der Kriegsgefangene heim. Da er unter einem gefährlichen Hungerödem litt, kam er zunächst in eine Heilanstalt. Dort erholte er sich allmählich und war danach wieder mit seinen Eltern vereint. Zur Erinnerung an Irlmaiers Vorhersage wurde auch in den folgenden Jahren immer wieder Weizen und nichts anderes auf dem kleinen Feld angebaut.

Der Mann unter der „anderen Sonne"

Als der Traunsteiner Journalist und Schriftsteller Conrad Adlmaier den Sensitiven nach einem Bekannten befragte, der im Krieg Soldat gewesen und mittlerweile bereits mehr als sechs Jahre vermißt war, erwiderte Irlmaier zunächst, daß dieser Mann in Rußland am linken Bein verwundet worden sei. Nach einem Lazarettaufenthalt habe er noch bei drei verschiedenen Einheiten gekämpft, ehe er gegen Kriegsende in Gefangenschaft geraten sei. Dann wörtlich: „Jetzt ist er dort, wo so viele Maschinen gebaut werden. Aber so weit weg, mein Gott, so weit weg, da geht die Sonn' von einer anderen Richtung auf. – Aber im nächsten Frühjahr kommt einer, der sagt dir, daß er lebt. Und dann dauert's noch ein Jahr, dann kommt er heim."

Wieder geschah es so, wie Irlmaier prophezeit hatte. Zum angegebenen Zeitpunkt erfuhr der Schriftsteller von einem Kriegsheimkehrer, daß sein Bekannter noch am Leben war: interniert in einem Lager nahe einer Maschinenfabrik in Sibirien – wo die Sonne an einer für Mitteleuropäer ungewohnten Stelle aufgeht. Und wiederum ein Jahr später kam der Mann mit der Narbe am Bein tatsächlich nach Hause.

Alois Irlmaier

Der geisternde Kunstmaler

Alois Irlmaier hatte aber auch Visionen, die nicht im Zusammenhang mit dem Zweiten Weltkrieg standen – wie zum Beispiel die folgende Schauung, in der er ein leibhaftiges Gespenst erblickte.

In seiner Eigenschaft als Brunnenbauer hielt sich der Freilassinger einmal mehr in Österreich auf: in einem alten mehrstöckigen Haus, zu dem ein großer, verwilderter Garten gehörte. Während Irlmaier mit den Eigentümern Kaffee trank und das geplante Bauvorhaben besprach, stutzte er plötzlich, starrte durchs Fenster nach draußen auf die Gartentür und rief dann aus: „Was ist denn das für ein Kund' [seltsamer Mensch], der da hinten steht?! – Ah ja, der g'hört schon her! Den hat am Gartentürl der Schlag getroffen. Der hat in diesem Haus gewohnt, und da droben, im ersten Stock, hat er seine Malerbude gehabt. Ja, jetzt weiß ich' s, das ist der Maler M., nach dem haben sie eine Straß' an der Salzach benannt ..."

Die Eigentümer des Gebäudes wußten nicht, daß dieser bekannte Künstler einst hier gewohnt hatte. Aber im Oberstock hing noch ein Selbstportrait des Malers, das sie Irlmaier nun zeigten. Der Hellseher nickte: „Ja, das ist er! Jetzt steht er drunten im Zimmer. Und jetzt dankt er mit der Hand, jetzt geht er weg ..."

Die verblüfften Hauseigentümer nahmen nun Kontakt mit jemandem auf, der den längst verstorbenen Kunstmaler M. gut gekannt hatte. So bekamen sie die Bestätigung dafür, daß Alois Irlmaier einen veritablen Geist erblickt hatte. Der Künstler M. hatte tatsächlich in dem Gebäude gewohnt und hatte sein Atelier im ersten Stock gehabt. An der Gartentür hatte er einen Schlaganfall erlitten und war genau an dieser Stelle, wo Irlmaier ihn zuerst gesehen hatte, verstorben.

Der Unternehmer mit den drei Frauen

Ein Geschäftsmann kam zum Brunnenbauer von Freilassing und bat ihn um Rat wegen seiner kranken Gattin. Die Wahrheit, die ihm Irlmaier zu verkünden hatte, war bitter: „Fahr heim! Deine Frau stirbt in drei Wochen!" Dann setzte er tröstend hinzu: „Aber in einem Jahr kommst du schon mit deiner Zukünftigen daher!"

Die Gattin des Geschäftsmannes verstarb nach Ablauf der angegebenen Zeit. Als ein Jahr um war, tauchte der Mann tatsächlich mit einer anderen Frau in Freilassing auf und stellte sie Irlmaier als seine künftige Gemahlin vor. Doch der Seher erklärte: „Ihr zwei kommt nicht zusammen! Du heiratest eine andere." Diese Vorhersage löste einen Streit zwischen dem Paar aus. Obwohl bereits das Aufgebot bestellt war, ging die Beziehung in die Brüche. Und wenig später kam der Geschäftsmann zum dritten Mal zu Alois Irlmaier und präsentierte ihm eine andere Frau, die er dann wirklich heiratete.

Versöhnung mit einem Verstorbenen

Wegen einer Erbschaftsangelegenheit war es in einer Familie zum Zerwürfnis gekommen. Die Dinge uferten dermaßen aus, daß die Verwandten sich gegenseitig denunzierten und sogar vor Gericht gingen. Der betagte Vater stand zwischen allen Fronten und erlitt in seinem Kummer schließlich einen tödlichen Schlaganfall.

Sein Sohn, der nicht mehr daheim wohnte, erhielt eine kurze Nachricht vom Ableben des Vaters. Noch in derselben Stunde kam er zu Alois Irlmaier, um sich von ihm beraten zu lassen. Nachdem einige Sätze gewechselt worden waren, sagte Irlmaier spontan: „Was hast du denn mit deinem Vater gehabt? Jetzt hat er schnell umi [hinüber] müssen und ist so unruhig. Jetzt reut's ihn, daß er nimmer mit dir reden können hat. Er geht immer auf und ab und hat die rechte Hand auf dem Rücken, die linke Hand schwenkt er hin und her. Er bittet dich, daß du ihm verzeihst! Jetzt möcht' er dir die Hand geben! Gib's ihm halt!"

Staunend bestätigte der junge Mann, daß sein Vater tatsächlich die Angewohnheit gehabt hatte, die rechte Hand hinter den Rücken zu legen und die Linke beim Gehen hin und her zu schwingen – was Irlmaier nicht wissen konnte. Doch dann wandte der Sohn des Verstorbenen ein: „Ich seh' ihn ja nicht! Wie kann ich ihm da die Hand reichen, obwohl ich meinem toten Vater alles von Herzen verzeihe, was er mir angetan hat!"

Der Sensitive jedoch erblickte den Verstorbenen als Schemen. Er nahm die Rechte des jungen Mannes, legte sie in die Hand des Toten und äußerte: „Siehst, jetzt schaut er ganz zufrieden drein! Und jetzt geht er weg ..."

Der rätselhafte Trauerfall

Die folgende Präkognition ereignete sich in Salzburg. Der Brunnenbauer war bei Bekannten dort eingeladen, plötzlich brach er das Gespräch ab und starrte. Die übrigen Anwesenden ahnten, daß er eine Vision hatte, und bestürmten ihn, zu sagen, was er sehe. Irlmaier konnte sich nur schwer dazu durchringen, aber dann gab er nach: „In eurer Familie wird sich bald ein Trauerfall ereignen! Ich sehe einen Mann am Boden liegen. Er hat etwas am Unterleib und wird daran sterben!"

Geschockt überlegten die Salzburger, auf wen die Schauung zutreffen könnte. Am ehesten, so dachten sie, könnte es einen nicht anwesenden Verwandten treffen, der unter einem Magengeschwür litt. Aber vier Wochen später starb jäh ein anderes Familienmitglied. Es handelte sich um einen völlig gesunden Burschen, den der Hufschlag eines wild gewordenen Pferdes am Bauch verletzte. Die inneren Blutungen führten kurz darauf zum Tod.

Verhängnisvolle Sonnenwende

Einmal sprach der Traunsteiner Publizist Conrad Adlmaier mit einem Freund über Irlmaier. Dieser wollte den Brunnenbauer nun testen, sandte ihm ein Foto und bat ihn brieflich, ihm die Zukunft vorherzusagen. Irlmaier indessen reagierte nicht auf diese Aufforderung – äußerte sich aber unter vier Augen gegenüber Adlmaier: „Dein Freund lebt nicht mehr lang. Über seinem Todestag seh' ich die Sonn' senkrecht stehen. Sag ihm aber nichts davon!"

Adlmaier konnte einfach nicht an diese Prophezeiung glauben, denn sein Bekannter stand in der Blüte seines Lebens und war kerngesund. Etwa zwei Jahre später jedoch verstarb der Freund von einer Minute auf die andere an einem Schlaganfall. Es geschah zur Zeit der Sommersonnenwende – zu jener Jahreszeit, da die Sonne mittags senkrecht steht ...

Alois Irlmaier

Wundersame Genesung einer Frau

Wiederum in Salzburg ist ein weiteres rätselhaftes Ereignis angesiedelt; in diesem Fall konnte Alois Irlmaier Hoffnung wecken.

Eine Frau erkrankte schwer an doppelseitiger Lungenentzündung. Innerhalb weniger Tage war sie so geschwächt, daß die Ärzte der Meinung waren, sie sei unrettbar verloren. Der zu Tode erschrockene Gatte fuhr nach Freilassing und bat: „Sag mir die Wahrheit, Irlmaier! Muß meine Frau wirklich sterben?!" Der Hellseher betrachtete ein Foto der Todkranken, lächelte und erwiderte: „Brauchst keine Angst haben! Die stirbt noch net, die wird schon wieder gesund! Fahr' nur heim, dann wirst es schon sehen, sie wird wieder!"

Obwohl die Ärzte die Todkranke bereits aufgegeben hatten, behielt der Brunnenbauer recht. Schon nach erstaunlich kurzer Zeit war die Frau wieder völlig gesund.

Die dreifache Todeszahl

Der Bayerische Löwe: „Jatz bin i neugierig, ob er mi a net einelaßt, der Irlmeier Aloisi. I mecht'n ja net fragn wia be neugierig'n Leit, wann der nächste Kriag ogeht, sondern i taat eahm grad rat'n, daß er bene s'Wasser abgrabt, de solchane Krampf über sei Hellseherei verzapfan."

Als eine der ersten Zeitungen berichtete 1950 die noch heute existierende „Altbayerische Heimatpost" über Alois Irlmaier – und dies teilweise auch humorvoll.

DIE VERBORGENE SILBERPLATTE

Der Visionär als Helfer der Kriminalpolizei

Läßt man seine „Große Prophezeiung" mit ihrer beklemmenden globalen Aussage beiseite, so äußerte sich Irlmaiers hellseherische Gabe am spektakulärsten dann, wenn er sie zur Lösung ungeklärter Verbrechen einsetzte. Als „Detektiv mit dem Dritten Auge" sorgte er national und international immer wieder für Schlagzeilen. In diesem Kapitel – ebenfalls von Adlmaier, Backmund und Bekh dokumentiert – sollen nun einige besonders dramatische Kriminalfälle geschildert werden, deren Hintergründe ohne den Brunnenbauer von Freilassing wohl für immer im dunkeln geblieben wären.

Entlarvung eines Frauenmörders

Ganz Stuttgart war schockiert! Eine wohlhabende Bürgersfrau war ermordet aufgefunden worden, und sehr viel deutete darauf hin, daß ihr Ehemann der Täter war. Nachbarn sagten nämlich aus, das Paar habe in letzter Zeit oft Streit miteinander gehabt. Infolgedessen erhob die Staatsanwaltschaft Anklage wegen Mordverdachts gegen den Gatten der Toten. Dieser freilich beteuerte wieder und wieder seine Unschuld; auch dann, als er tagelangen Kreuzverhören unterzogen wurde. Zuletzt bat er den Untersuchungsrichter verzweifelt, Alois Irlmaier zuzuziehen; der Brunnenbauer sei wahrscheinlich der einzige, der die wahren und auch ihm unbekannten Hintergründe des Verbrechens aufklären könne.

Richter und Kriminalpolizei gestanden dem Angeklagten einen Besuch in Freilassing zu. Zwei Beamte fuhren mit dem vermeintlichen Gattenmörder zu Alois Irlmaier. Dort mußte der Mann der Toten unter Bewachung im Garten warten; die beiden Stuttgarter Kriminalisten und ein Freilassinger Gendarm gingen ins Haus und sprachen mit dem Hellseher. Kaum hatten sie Irlmaier den Fall dargelegt und ihm ein Foto des Ehepaares gezeigt, als dieser sagte: „Nein, nein! Der da hat's nicht umgebracht! Das war ein anderer – tut mir das andere Bild her, das ihr noch dabei habt!" Erstaunt, denn er hatte kein Wort von diesem zweiten Foto erwähnt, holte einer der Stuttgarter Kriminalbeamten das betreffende Lichtbild aus seiner Mappe. Es zeigte die Teilnehmer am Begräbnis der Ermordeten. Irlmaier konzentrierte sich auf die abgebildeten Personen, dann deutete er auf einen Mann ganz hinten und gab an: „Der da ist's gewesen! Der hat sie umgebracht! Er hat ihren Schmuck gestohlen, einen Ring und einen Fotoapparat. – Aber das hättet ihr schon selbst rausbringen können! Ihr habt ja ein Schreiben daheim, da steht's drauf. Der da hat einer anderen Frau was geschenkt von dem gestohlenen Zeug. Zu der geht's hin, dann erwischt's ihn, den Richtigen!"

Zurück in Stuttgart, sichteten die Kriminalpolizisten noch einmal ihre Akten. Dabei fand sich ein anonymes Schreiben, in dem eine bestimmte Frau wegen des Besitzes eines wertvollen Ringes verdächtigt wurde. Dieses Schmuckstück aber war der Ermordeten geraubt worden, wie sich wenig später herausstellte – und nun war es auch nicht mehr schwer, den wahren Täter zu finden, welcher der Frau den Ring geschenkt hatte. Nach seiner Verhaftung gestand der Mann das Kapitalverbrechen – und bei dem Mörder handelte es sich um jenen Teilnehmer an der Beisetzung, den Alois Irlmaier bezeichnet hatte.

Die verborgene Silberplatte

Als drei Polizeibeamte im zivilen PKW zu Alois Irlmaier kamen, fixierte dieser sie erstaunt und fuhr sie dann barsch an: „Was wollt's denn ihr bei mir mit eurem gestohlenen Wagen?!" Die Beamten zeigten sich empört; spätere Nachforschungen ergaben jedoch, daß sich Irlmaier nicht geirrt hatte. Denn der PKW war seinem Besitzer einige Zeit zuvor von einer anderen Behörde unrechtmäßig enteignet und später der betreffenden Polizeidienststelle als Dienstfahrzeug übergeben worden. Quasi „im Vorbeigehen" hatte der Sensitive diesen Fall von Behördenwillkür durchschaut – aber auch in der Angelegenheit, um derentwegen die Kriminalbeamten zu ihm gekommen waren, ließ ihn seine erstaunliche Gabe nicht im Stich.

Die Polizei vermutete, daß ein Mann ermordet worden war, konnte jedoch die Leiche nicht ausfindig machen. Irlmaier konzentrierte sich, dann beschrieb er die Stelle, wo der Tote verscharrt worden war, und setzte noch hinzu: „Da liegt er, mit der silbernen Platte im Bauch! Da findet ihr ihn!"

Exakt an dem bezeichneten Platz wurde die Leiche entdeckt. Als man sie sezierte, wurde auch klar, was der rätselhafte Satz bedeutete, in dem der Hellseher die Silberplatte erwähnt hatte. Denn aufgrund einer Kriegsverwundung trug der Ermordete, was nur seine nächsten Angehörigen gewußt hatten, ein solches Implantat unter dem Bauchfell.

Das Kapitalverbrechen in der Schweiz

Ein Zürcher Bankdirektor war von zwei Kriminellen aus seinem Büro gekidnappt und wenig später brutal ermordet worden. Soviel wußte die Polizei, doch da die Täter ihre Spuren anschließend perfekt verwischt hatten, schienen sie nun wie vom Erdboden verschwunden. Die Kriminalpolizei war völlig ratlos – aber dann bekam Alois Irlmaier, der sich zu dieser Zeit gerade in der Schweiz aufhielt, um Wasser für ein Turbinenkraftwerk zu suchen, Kenntnis von dem Kapitalverbrechen.

Im Haus von Bekannten, wo er vorübergehend wohnte, betrachtete er lange einen Zeitungsartikel, der auch ein Foto des Bankdirektors enthielt. Anschließend bat er seine Gastgeber, ihm den Kontakt zur Zürcher Kriminalpolizei herzustellen. Dort gab er den Beamten nicht nur eine exakte Personenbeschreibung der beiden Täter, sondern nannte auch den Ort und das Haus, wo sie sich versteckt hielten. Aufgrund von Irlmaiers Angaben konnten die Mörder wenig später verhaftet werden und gestanden die abscheuliche Tat.

Der entlarvte Erbschleicher in den USA

In einem anderen Fall bewies der Brunnenbauer von Freilassing, daß seine sensitiven Fähigkeiten sogar über den halben Globus hinweg wirkten. Ein amerikanischer Tourist kam zu ihm; eher aus Neugier als aus einer wirklichen Notlage heraus wollte er den Visionär konsultieren. Alois Irlmaier gab seinem Besucher auf der Stelle einen schlagenden Beweis für sein paranormales Können. Er beschrieb ihm sein Haus in den USA in allen Details. Dann jedoch – urplötzlich hatte es ihm wieder seinen „Riß" gegeben – sah er etwas sehr Schlimmes. „Deine Frau liegt daheim auf dem Totenbett!" sagte er mitleidig zu dem Amerikaner. Nachdem der seinen ersten Schreck einigermaßen überwunden hatte, fügte Irlmaier warnend hinzu: „Und in deinem Haus sitzt einer drinnen, der will dich um dein Hab und Gut bringen! Er sinniert Tag und Nacht darauf, wie er in den Besitz des Hauses kommen kann. Fahr' so bald wie möglich heim, sonst ist es zu spät!"

Der Tourist reiste auf der Stelle zurück in die USA, was jedoch in der Nachkriegszeit und per Schiff einige Zeit in Anspruch nahm. Zu Hause fand er seine Gattin tot vor – und ihr Bruder hatte bereits Schritte eingeleitet, um die Erbschaft an sich zu reißen. Er hatte versucht, seinen Schwager in dessen Abwesenheit für unzurechnungsfähig erklären zu lassen, wodurch er im Erfolgsfall selbst zum Nutznießer des beträchtlichen Vermögens geworden wäre. Buchstäblich in letzter Minute gelang es dem Witwer, die Intrige auffliegen zu lassen und das Erbe für sich zu retten. Durch ein Dankschreiben des Amerikaners erfuhr Alois Irlmaier später, daß auch in diesem Fall seine Vorhersagen eingetroffen waren.

„Dreimal ist es passiert!"

In der Nachkriegszeit suchte eine Berlinerin namens Vogel den Hellseher auf und erzählte ihm folgende tragische Geschichte, die so auch in den Akten des nachfolgenden Mordprozesses aufgezeichnet wurde: „Ich lebe von meinem Mann Erhart Vogel getrennt. Wir hatten uns bei einem Bombenangriff in Berlin verloren, und er behauptete, nicht zu wissen, ob ich noch am Leben sei. Er eröffnete in Traunstein eine Drogerie. Ein Fräulein Paula Kratzer wurde seine Angestellte, dann seine Geschäftsführerin und schließlich seine Geliebte. Er hatte ihr schon das Heiratsversprechen gegeben, als ich plötzlich wieder auftauchte. Es kam zu schweren Auseinandersetzungen zwischen uns. Er betreibt die Scheidung, und ich bin jetzt ratlos. Die Paula sucht meinen Mann zu erpressen mit der Drohung, sie werde ihn bei den Amerikanern anzeigen, weil er im Fragebogen seine Zugehörigkeit zur SS verschwiegen hatte."

Alois Irlmaier riet der Berlinerin, im Moment gar nichts zu unternehmen, weil ihr Gatte sowieso bald sterben werde. Tatsächlich lebte der Drogist nur noch kurze Zeit. Als man sein Testament eröffnete, wurde klar, daß er seine Geliebte Paula Kratzer zur Alleinerbin bestimmt hatte. Seine Witwe fuhr erneut nach Freilassing, und nachdem Irlmaier sich auf ein Foto des Toten konzentriert hatte, machte er der betrogenen Ehefrau eine schaurige Mitteilung: „Ich seh' deinen Mann im frischen Grab liegen. In seinem Bauch sind Gifttabletten. Wenn du ihn ausgraben läßt, erfährst du noch mehr. Dreimal ist es passiert. Und ich sehe eine große Schwarze dabei, die hat es ihm gegeben!"

Frau Vogel erstattete daraufhin Anzeige bei der Staatsanwaltschaft Traunstein. Nachdem die Leiche exhumiert worden war, fand man in ihr dermaßen viel Arsen, daß an einem Giftmord nicht mehr gezweifelt werden konnte. Paula Kratzer, die Geliebte des Toten, wurde verhaftet. Ganz wie der Hellseher gesagt hatte, handelte es sich bei ihr um eine große, schwarzhaarige Frau – die das Verbrechen schließlich gestand. Und aufgrund dieses Geständnisses wurde zuletzt auch klar, was Alois Irlmaier mit dem Satz „Dreimal ist es passiert!" gemeint hatte. Bei drei verschiedenen Gelegenheiten hatte die Mörderin ihrem Geliebten das Arsen heimlich verabreicht: zunächst auf einer Bergtour, dann während eines Besuches in der Klinik, in die der bereits Leidende eingewiesen worden war, und zuletzt, nachdem sie Vogel zum Verlassen des Krankenhauses überredet hatte, in seiner eigenen Wohnung.

Die Wiederauffindung eines Vermögens

Nicht nur die geschilderten Mordfälle klärte der Hellseher auf, sondern zusätzlich eine ganze Reihe schwerer Eigentumsdelikte. So rettete er beispielsweise die Existenz einer Kriegswitwe.

Die Frau kam aus Oberfranken zu ihm und berichtete ihm schluchzend, daß ihr ganzes Geld gestohlen worden sei: 8000 Mark, was in den frühen Jahren der Bundesrepublik ein echtes Vermögen darstellte. Weiter gab die Witwe ihrem Verdacht Ausdruck, eine Bekannte von ihr sei die Diebin; leider könne sie das aber nicht beweisen.

Der Brunnenbauer schüttelte den Kopf. „Nein! Dein Geld hat dir nicht die Frau gestohlen, sondern ein Mann!" Dann gab Alois Irlmaier eine so detaillierte Personenbeschreibung des Betreffenden ab, daß es für die Witwe keinen Zweifel geben konnte, um wen aus ihrer oberfränkischen Heimat es sich handelte. Zuletzt riet der Präkognitive ihr: „Jetzt fährst du heim und sagst es ihm auf den Kopf zu! Dann kriegst du dein Geld wieder!"

Die Frau befolgte Irlmaiers Rat, suchte den von ihm beschriebenen Mann auf und stellte ihn zur Rede. Der Dieb gestand auf der Stelle und gab das Geld reumütig zurück. Er entschuldigte sich damit, daß er eine große Familie ernähren müsse und der Versuchung bei einer günstigen Gelegenheit nachgegeben habe. Die Witwe verzichtete daraufhin auf eine Anzeige. In einem ausführlichen Brief an Alois Irlmaier bestätigte sie diesem zutiefst dankbar, daß er sie durch seine präzise eingetroffene Schauung vor dem Ruin bewahrt hatte.

Der ausgeschlachtete Lastwagen

Ein anderer Brief, der sich im Nachlaß Conrad Adlmaiers befand, soll hier abschließend als Beispiel für zahlreiche weitere Kriminalfälle stehen, die der Brunnenbauer von Freilassing ebenfalls löste:
„Ich (der Briefschreiber) fuhr mit meinem Schwager zu Irlmaier, um einen Diebstahl, einen Lastwagen betreffend, zu klären. Irlmaier wußte weder, woher Herr H. (der Schwager) kam noch was passiert war. Herr H. bezweifelte grundsätzlich die Möglichkeit des Hellsehens und gab sich nach diesem Ergebnis restlos geschlagen.

Irlmaier sagte H. folgendes: „Dir hat man an deinem Lastwagen Reifen abmontiert. Vier sind's! Wenn sie nicht gestört worden wären, hätten sie die restlichen auch noch mitgenommen. Ich sehe den Wagen stehen in einer Sandmulde – warum hast du den Wagen nicht in der Garage? Er steht auf drei Füßen, ganz nieder am Boden. Ein umgebauter Personenwagen war es, der deine Reifen fortbrachte. Von der Hangleite her ist der Diebeswagen angefahren und nicht von der Straße, wo nach Spuren gesucht wurde."

Hierauf folgte die genaue Beschreibung der Diebe, die soweit ging, daß er sogar sagen konnte: „Der eine ist ein Steiermärker. Kriegen tust deine Reifen nicht mehr, einen hat er vertauscht gegen Lebensmittel, die anderen drei liegen unterm Heu in einem Stadl versteckt. Mit diesen können sie nicht viel anfangen, sie sehen nur äußerlich gut aus, taugen aber nicht mehr viel. Beim Reifen vom linken Hinterrad hast du einen Steindurchschlag." (Stimmte ganz genau!) Die Personen-, Orts- und Verwandtschaftsbezeichnungen der beiden Diebe waren absolut exakt und deckten sich völlig mit der Person, die Herr H. schon vorher in Verdacht hatte ..."

* * * * *

Wie die geschilderten Fälle in diesem und im vorangegangenen Kapitel beweisen, vermochte Alois Irlmaier, nachdem er sich auf dem Höhepunkt seiner paranormalen Kraft befand, die Schleier von Zeit und Raum praktisch jederzeit zu durchdringen. Scharlatanerie oder betrügerische Praktiken sind völlig ausgeschlossen; mit solchen Methoden hätten gerade die beschriebenen Kapitalverbrechen und anderen Straftaten unmöglich aufgeklärt werden können – noch dazu vielfach unter den Augen der Kriminalpolizei.

Wenn der Brunnenbauer von Freilassing aber nachweisbar über die Gabe der Präkognition verfügte, dann können auch jene Prophezeiungen, die er über das Schicksal der Menschheit im dritten Jahrtausend abgab und die im nun folgenden Kapitel vorgestellt werden, keine Hirngespinste gewesen sein!

DIE GROSSE PROPHEZEIUNG

IRLMAIERS VORHERSAGEN FÜR DAS DRITTE JAHRTAUSEND

Alois Irlmaier erlebte seine Visionen, die sich offenbar auf den Beginn des dritten Millenniums und die folgende Epoche beziehen, vor allem in den Jahren unmittelbar nach dem Zweiten Weltkrieg.

Der Traunsteiner Journalist und Schriftsteller Conrad Adlmaier, der mit dem Seher von Freilassing gut bekannt war und ihn über einen langen Zeitraum hinweg beobachtete und immer wieder interviewte, zeichnete die Schauungen zunächst stenographisch auf. Erstmals 1950 und in einer zweiten ergänzten Version 1956 veröffentlichte er sie. Die Texte erlebten eine weite Verbreitung im In- und bald auch im Ausland.

Später publizierten vor allem der Münchner Autor Wolfgang Johannes Bekh sowie der Prämonstratensermönch Norbert Backmund aus Windberg (bei Straubing in Bayern), aber auch andere wie etwa der Schriftsteller Paul Friedl aus Zwiesel (Bayerischer Wald) in kleinerem Rahmen über Irlmaier. Gelegentlich wurden durch ihre – heute teils nicht mehr erhältlichen – Arbeiten zusätzliche Prophezeiungen über den Kanon Adlmaiers hinaus greifbar.

Die hier vorgestellte Sammlung wurde vom Autor aus sämtlichen vorhandenen Quellen zusammengestellt. Da die Schauungen – wie so oft bei Präkognitiven – nicht chronologisch, sondern spontan und in „Einzelbildern" erfolgten, wurden sie vom Autor vorrangig auf der Basis der bereits von Adlmaier geordneten Texte in eine möglichst logische Reihenfolge gebracht und zudem ins Hochdeutsche übertragen.

*Zwei Männer bringen einen dritten,
einen Hochgestellten, um.*

***

Sie sind von anderen Leuten bezahlt worden.

***

*Der eine Mörder ist ein kleiner, schwarzer Mann.
Der andere ist etwas größer, mit heller Hautfarbe.*

***

*Ich denke, auf dem Balkan wird es sein,
kann es aber nicht genau sagen.*

***

Südöstlich von uns geschieht es.

***

*Dem Krieg geht voraus ein fruchtbares Jahr
mit viel Obst und Getreide.*

***

*Nach der Ermordung des Dritten
geht es über Nacht los.*

***

Die Mörder können fliehen, aber dann passiert es.

***

*Ich sehe ganz deutlich drei Zahlen,
zwei Achter und einen Neuner.*

***

*Was das bedeutet, weiß ich nicht;
eine Zeit kann ich nicht sagen.*

***

*Von Sonnenaufgang kommt der Krieg,
und es geht sehr schnell.*

***

*Die Bauern sitzen beim Kartenspielen im Wirtshaus.
Da schauen die fremden Soldaten
bei den Fenstern und Türen herein.*

***

*Ganz schwarz kommt eine Heersäule von Osten,
ganz schwarz kommt es über den Wald herein.*

***

*Es geht in drei großen Linien westwärts.
Drei Heersäulen streben zum Rhein.*

***

*Einen Dreier sehe ich, weiß aber nicht,
sind's drei Tage oder drei Wochen.*

***

Von der Goldenen Stadt geht es aus.

***

*Der erste Wurm geht vom blauen Wasser
nordwestlich bis an die Schweizer Grenze.*

***

*Der zweite Stoßkeil geht von Sachsen aus
direkt nach Westen.
Der dritte von Nordosten nach Südwesten.*

***

*Bis Regensburg steht keine Brücke mehr über die Donau.
Südlich vom blauen Wasser kommen sie nicht.*

***

*Die Feuerzungen fliegen unermeßlich weit
nach Nordwesten, nach Westen und Süden.
Ich sehe sie wie Kometenschweife.*

***

*Die Stadt Landau/Isar leidet schwer
durch eine verirrte Bombe oder Rakete.*

***

*Tag und Nacht rennen sie unaufhaltsam.
Ihr Ziel ist das Ruhrgebiet.*

***

*Ich sehe die Erde wie eine Kugel vor mir,
auf der nun die weißen Tauben heranfliegen.*

***

Alois Irlmaier

*Aus dem Sand steigen sie auf,
so viele, daß ich sie nicht zählen kann.*

***

*Eine klare Nacht wird es sein,
wenn sie zu werfen anfangen.*

***

Es regnet einen gelben Staub in einer Linie.

***

Die Goldene Stadt wird vernichtet, da fängt es an.

***

*Wie ein gelber Strich geht es hinauf
bis zur Stadt in der Bucht.*

***

*Wo es hinfällt, lebt nichts mehr.
Kein Mensch und kein Tier;
die Pflanzen werden welk und schwarz.*

***

*Die Panzer rollen noch,
aber die Fahrer sind schon tot.
Sie sind ganz schwarz geworden.
Die Häuser stehen noch.*

***

*Was das ist, weiß ich nicht und kann es nicht sagen.
Es ist ein langer Strich. Wer darüber geht, stirbt.
Die herüben sind, können nicht hinüber,
und die drüben nicht herüber.*

***

*Dann bricht bei den Heersäulen
herüben alles zusammen.*

***

*Sie müssen alle nach Norden.
Was sie bei sich haben, schmeißen sie alles weg.*

***

*Heim kommt keiner mehr
von den drei Heereszügen.*

***

*Während oder am Ende des Krieges
sehe ich am Himmel ein Zeichen.*

***

*Finster wird es werden
an einem Tag unterm Krieg.*

***

*Während des Krieges kommt die große Finsternis,
die 72 Stunden dauert.*

***

*Welche Jahreszeit es ist?
Trüb, regnerisch und Schnee durcheinander.
Vielleicht Tauwetter.*

***

*Auf den Bergen ist Schnee,
gelb schaut es aus.
Herunten ist es schneefrei.*

***

*Dann bricht ein Hagelschlag aus
mit Blitz und Donner,
und ein Erdbeben schüttelt die Erde.*

***

Aufs Hauptquartier schmeißen sie was runter.

***

*Nahe beim Hauptquartier sehe ich eine Kirche.
Der Altar schaut nicht nach Osten,
sondern nach Norden.
Die Kirche sehe ich brennen.*

***

*Die Flieger werfen
ihre kleinen, schwarzen Kästchen ab.
Sie explodieren, bevor sie den Boden berühren.*

***

*Ein Jahr lang darf kein Lebewesen
dieses Gebiet mehr betreten,
ohne sich größter Lebensgefahr auszusetzen.*

***

Geht nicht hinaus aus dem Haus!

***

*Die Lichter brennen nicht,
außer Kerzenlicht.
Der Strom hört auf.*

***

*Wer den Staub einatmet,
kriegt einen Krampf und stirbt.
Macht die Fenster nicht auf!
Hängt sie mit schwarzem Papier zu!*

***

*Alle offenen Wasser werden giftig.
Und alle offenen Speisen,
die nicht in verschlossenen Dosen sind.*

***

*Eßt auch keine Speise in Gläsern,
die halten es nicht ab!*

***

*Draußen geht der Staubtod um.
Es sterben sehr viele Menschen.*

***

Nach 72 Stunden ist alles wieder vorbei.

***

*Aber noch einmal sage ich es: Geht nicht hinaus!
Schaut nicht zum Fenster hinaus!*

Laßt die Kerze oder den Wachsstock brennen.

***

*Kauft ein paar verlötete Blechdosen
mit Reis und Hülsenfrüchten.*

***

*Brot und Mehl hält sich. Feuchtes verdirbt,
außer in blechernen Konservendosen.
Wasser aus der Leitung ist genießbar,
nicht aber Milch.*

***

*Viel Hunger werden die Leute sowieso nicht haben
während der Katastrophe und der Finsternis.*

***

*Die Flüsse werden so wenig Wasser haben,
daß man leicht durchgehen kann.*

***

*Das Vieh fällt um. Das Gras wird gelb und dürr.
Die toten Menschen werden ganz gelb und schwarz.*

***

Der Wind treibt die Todeswolken nach Osten ab.

***

*Am Rhein sehe ich einen Halbmond,
der alles verschlingen will.
Die Hörner der Sichel wollen sich schließen.
Was das bedeutet, weiß ich nicht.*

***

*Die Inseln vor der Küste gehen unter,
weil das Wasser ganz wild ist.*

***

*Da hebt sich das Wasser wie ein einziges Stück turmhoch
und fällt wieder herunter.*

***

*Ich sehe große Löcher im Meer.
Die fallen dann wieder zu,
wenn die riesigen Wellen zurückkommen.*

***

*Es gibt ein Erdbeben,
und die große Insel wird zur Hälfte versinken.*

***

Drei Städte sehe ich untergehen.

***

*Die schöne Stadt am blauen Meer
versinkt fast ganz im Meer und im Schmutz
und Sand, den das Meer herauswirft.*

***

*Ein Teil Englands verschwindet,
wenn das Ding ins Meer fällt,
das der Flieger hineinschmeißt.*

***

*Dann hebt sich das Wasser wie ein festes Stück
und fällt wieder zurück.
Was das ist, weiß ich nicht.*

***

*Eine große Stadt
wird durch Raketengeschosse vernichtet werden.*

***

*Paris wird zerstört.
Die eigenen Leute zünden es an.
In Rußland bricht ein Bürgerkrieg aus.*

***

*Die Leichen sind so viel,
daß man sie nicht mehr wegbringen kann
von den Straßen.*

***

*Die Großen unter den Parteiführern bringen sich um.
Im Blut wird die lange Schuld abgewaschen.*

***

*Im Stiefelland bricht eine Revolution aus.
Ich glaube, es ist ein Religionskrieg,
weil sie alle Geistlichen umbringen.*

***

Viele Kirchen stürzen ein.

***

*Ich sehe Priester mit weißen Haaren,
die tot am Boden liegen.*

***

*Hinter dem Papst ist ein blutiges Messer
und tote Priester mit weißen Haaren.*

***

*Der Papst flieht nach Südosten
oder über das große Wasser.*

***

*Drei Neuner sehe ich.
Der dritte Neuner bringt den Frieden.*

***

*Nach der Katastrophe
werden mehr Menschen tot sein
als in den zwei Weltkriegen zusammen.*

***

Frieden wird dann sein und eine gute Zeit.

***

*Die Gesetze, die den Kindern den Tod bringen,
werden ungültig nach der Abräumung.*

***

*Wenn der Herbst kommt,
sammeln sich die Leute in Frieden.*

***

*Zuerst ist noch eine Hungersnot.
Aber dann kommen so viele Lebensmittel herein,
daß alle satt werden.*

***

*Die landlosen Leute ziehen jetzt dahin,
wo die Wüste entstanden ist.*

***

*Jeder kann siedeln, wo er mag,
und Land haben, soviel er bebauen kann.*

***

*Durch die Klimaänderung
wird bei uns wieder Wein angebaut.*

***

Alois Irlmaier

Es werden Südfrüchte bei uns wachsen.
Es ist viel wärmer als jetzt.

***

Nach der großen Katastrophe
wird eine lange, glückliche Zeit kommen.

***

Wer's erlebt, dem geht's gut,
der kann sich glücklich preisen.

ABC-KRIEG UND NATURKATASTROPHE?

Es kann keinen Zweifel geben: Die 92 Einzelvisionen von Alois Irlmaiers Großer Prophezeiung wirken in ihrer Gesamtheit nicht nur zutiefst bedrohlich, sondern auch beklemmend aktuell. Vor einem halben Jahrhundert abgegeben, könnten sie sich heute, im Übergang vom zweiten zum dritten Jahrtausend, tatsächlich jederzeit erfüllen – denn die entsprechenden politischen und technischen Voraussetzungen sind bereits ganz oder weitgehend Realität.

Auf den folgenden Seiten soll nun der Versuch unternommen werden, Irlmaiers Zukunftsschau aus der Perspektive der Jahrtausendwende genauer zu interpretieren. Dank der oft erstaunlich präzisen Hinweise, die der Seher von Freilassing vorgibt, ist es möglich, eine große Entwicklungslinie, die zunächst ins 21. Jahrhundert und dann noch bedeutend weiter reicht, herauszuarbeiten.

Obwohl Alois Irlmaier die weltpolitische Situation, welche die globale Katastrophe auslösen soll, nicht näher beschreibt, grenzt er sie dennoch durch eine Reihe von Indizien ein. Sehr deutlich sagt er, daß „es südöstlich von uns" (also von seiner süddeutschen Heimat aus gesehen) beginnen werde. Wahrscheinlich auf dem Balkan, so vermutet er, werde es zu einem folgenschweren Attentat kommen. Der Mord an einem „Hochgestellten" lasse sodann den furchtbaren Krieg losbrechen.

Gerade das ist frappierend. Denn um das Jahr 1950, als der Brunnenbauer diese Aussagen machte, hätte sich kein Mensch vorzustellen vermocht, daß vom Balkan eine menschheitsbedrohende Krise ausgehen könnte. Erst in der letzten Dekade des 20. Jahrhunderts kam es zur barbarischen Konfrontation zwischen den Bevölkerungsgruppen des ehemaligen Jugoslawien. Mehr noch: Ausgerechnet im angeblich längst säkularisierten Europa, wo man einen solchen Krieg für schlicht unmöglich gehalten hatte, prallten orthodoxes und katholisches Christentum sowie der Islam nicht weniger schlimm als zu den Zeiten der Reformations- und Türkenkriege aufeinander. Damit aber noch immer nicht genug: Auf europäischem Boden standen sich damit letztlich unvermittelt moslemische und „westlich" orientierte Welt insgesamt in Waffen gegenüber. Der von Nordafrika bis in den Mittleren Osten schon länger schwelende Konflikt zwischen Islam und Industrienationen war damit direkt vor der Haustür des EU- Wohlstandsbürgertums angelangt – und Europa versagte über Jahre hinweg kläglich; weitgehend hilflos nahmen seine Politiker die Greueltaten hin.

Gerade deswegen aber – weil nicht mit äußerster Entschlossenheit für Humanität, Menschenrechte und weltanschauliche Freiheit gestritten wurde und das Gros der Kriegsverbrecher ungestraft davonkam – wird der Balkan ein Pulverfaß bleiben. Jederzeit – siehe Kosovo – drohen die nur mühsam zugeschütteten Gräben neuerlich aufzubrechen, und es könnte sehr leicht zu einer Situation kommen, wie

Irlmaier sie vorhersieht: zu einem Attentat auf einen westlichen Diplomaten oder gar einen Spitzenpolitiker durch bezahlte Mörder. Weiter sagt Irlmaier, der eine Attentäter sei weiß und der andere dunkelhäutig, was eher auf international organisierte moslemische Terroristen als auf Serben oder Kroaten hindeutet. Falls sich jedoch ein solcher Anschlag ereignete, dann sähe die westliche Welt sich dermaßen massiv herausgefordert, daß sie tatsächlich mit einem Vergeltungsschlag der NATO, zum Beispiel gegen den islamischen Teil Bosniens, reagieren könnte.

Ein derartiger Angriff des westlichen Militärbündnisses würde in der moslemischen Welt nicht nur ausgesprochen böses Blut machen, sondern könnte sich sehr schnell zu einem noch größeren Konflikt ausweiten und die außerordentlich instabile südosteuropäische Region insgesamt in ein militärisches Chaos stürzen. Wäre eine solche Anarchie erst einmal ausgebrochen, würden möglicherweise auch die südwestlichen Teile der ehemaligen UdSSR mit ihren unruhigen islamischen Bevölkerungsgruppen und unter Umständen auch die Türkei in den Strudel gerissen. Von da an schließlich wäre es nur noch ein kleiner Schritt zu einem moslemisch geführten Gegenschlag in Richtung Westen, so wie Irlmaier es sieht: „Von Sonnenaufgang kommt der Krieg ..."

Der Seher von Freilassing erwähnt nun drei „Heersäulen", die Deutschland in Richtung auf den Rhein angreifen. Gleichzeitig sagt er aber auch: „Von der Goldenen Stadt geht es aus." Vermutlich ist damit die „Goldene Stadt am Bosporus", Istanbul, gemeint, und dies könnte bedeuten, daß vom „Goldenen Horn" aus ein zweiter Angriff nicht nur auf das Herz Europas erfolgt. „Die Feuerzungen fliegen unermeßlich weit nach Nordwesten, Westen und Süden", heißt es dazu. Die beiden ersten Angaben sind klar; die Raketen würden Mittel- und Südeuropa treffen. Aber auch nach Süden erfolge eine Attacke, und dort liegt, von Istanbul aus gesehen, das östliche Mittelmeer mit Zypern – um dessen Besitz sich (islamische) Türken und (christliche) Griechen seit Menschengedenken streiten. Vor den Küsten Ägyptens, des Libanon und Israels wiederum kreuzen ebenfalls traditionell starke Flottenverbände der USA und anderer NATO-Staaten, um im Notfall bei einem der vielen Nahostkonflikte präsent zu sein – und damit ist auch klar, gegen wen die in südlicher Richtung abgefeuerten Raketen außerdem gerichtet wären.

Spätestens jetzt, da verschiedene Großmächte im Feuer stünden, müßte man vom Ausbruch eines Dritten Weltkrieges sprechen, wobei Europa sich plötzlich von zwei Seiten – aus Osten und Südosten – angegriffen sähe. Und genau für diesen Zeitpunkt der furchtbaren Entwicklung gibt Alois Irlmaier einen weiteren frappierenden Hinweis: „Ich sehe die Erde wie eine Kugel vor mir, auf der nun die weißen Tauben heranfliegen. Aus dem Sand steigen sie auf, so viele, daß ich sie nicht zählen kann."

Zu Irlmaiers Lebzeiten waren „auf dem Sand", also wohl in der Arabischen Wüste, noch keine US-Bombengeschwader stationiert, die über sehr große Distanzen hinweg eingesetzt werden konnten. Seit dem Golfkrieg von 1991 jedoch sind solche Kampfverbände auf den Territorien der arabischen Emirate massiert vorhanden – und nur sie könnten es sein, die jetzt zu Hunderten oder gar Tausenden starten wür-

ABC-Krieg und Naturkatastrophe

den, um dem in Europa ausgebrochenen Krieg eine Wende zu geben.

Laut Irlmaier trifft zunächst ein entsetzlicher Schlag – wahrscheinlich atomarer Art – Istanbul und vernichtet die „Goldene Stadt". Von dort aus („... da fängt es an.") lassen die Bombergeschwader nun offenbar einen chemischen oder biologischen Kampfstoff abregnen: jenen „gelben Staub". Die Kampfflugzeuge ziehen einen Todesstreifen vom Bosporus „bis zur Stadt in der Bucht", vermutlich einer der Nord- oder Ostseemetropolen am nördlichen Festlandsrand des bedrohten Mitteleuropa. Und jetzt Irlmaiers Vision über die verheerende Wirkung dieses besonderen militärischen Vorgehens, das wiederum in der Mitte des 20. Jahrhunderts noch nicht vorstellbar gewesen wäre: Menschen, Tiere und Pflanzen, die mit dem „gelben Staub" in Kontakt kommen, sterben.

Zusätzlich werfen die Flugzeuge „kleine, schwarze Kästchen" ab. Unwillkürlich denkt man heute an sogenannte Neutronenbomben, welche exakt die Wirkung hätten, die der Seher nunmehr beschreibt: „Die Panzer rollen noch, aber die Fahrer sind schon tot." Und: „Die Häuser stehen noch." Militärische Studien ergaben nämlich, daß die relativ schwach dosierte Strahlung der genannten Neutronenbombe zwar alles biologische Leben vernichten, jedoch keine nennenswerten Sachschäden anrichten würde.

Fürchterlich werden die Aggressoren durch dieses Zusammenwirken von atomaren, biologischen und chemischen Waffen getroffen. Ihre Logistik bricht zusammen, und aus dem Vormarsch in Richtung Westen wird eine kopflose Flucht nach Norden – dorthin, wo der Abwurf des „gelben Staubes" an der

Nord- oder Ostseeküste endete und die Soldaten sich infolgedessen Rettung erhoffen. Trotzdem, so steht es weiter in der Prophezeiung, vermag keine der bereits zerschlagenen Armeen zu entkommen. Denn nun ereignet sich eine weitere Katastrophe, die Irlmaier als die „große Finsternis" bezeichnet.

Im Frühjahr oder Herbst – nur im Gebirge, nicht aber im Flachland liegt laut Irlmaier Schnee – scheint es zu passieren. „Ein Erdbeben schüttelt die Erde", begleitet von Hagelschlag, Blitz und Donner. Allem Anschein nach handelt es sich um eine grauenhafte Naturkatastrophe, die auf diese Weise einsetzt, und dann verschwindet das Sonnenlicht für 72 Stunden.

Zu Lebzeiten des Hellsehers interpretierte man diese Vorhersage gerne mit einem von Gott gesandten apokalyptischen Strafgericht, das über die Menschheit hereinbrechen werde; vor allem auch deswegen, weil Irlmaier zusätzlich von einem „Himmelszeichen" spricht. Seit dem Golfkrieg 1991 jedoch, als ein Atomschlag gegen Saddam Hussein im Bereich des Denkbaren lag, gibt es eine ganz andere, realistische Erklärung für eine solch mögliche Verdunkelung der Hemisphäre. Klimaforscher warnten damals vor einem „atomaren Winter" als Folge eines Nuklearkrieges. Eine Reihe atomarer Explosionen (die „Himmelszeichen"?) würde nämlich dermaßen viel Staub in die Erdatmosphäre schleudern und die Stratosphäre damit global so stark sättigen, daß das Sonnenlicht für längere Zeit nicht mehr hindurchdringen könnte. Dadurch würde ein rapider Temperatursturz auf dem ganzen Planeten einsetzen; erst nach längerer Zeit, wenn die Atmosphäre sich gereinigt hätte, könnte man Tag und Nacht wieder unterscheiden.

ABC-Krieg und Naturkatastrophe

Erneut hat Alois Irlmaier hier also ein Phänomen beschrieben, das Mitte des 20. Jahrhunderts, als gerade die ersten Wasserstoffbomben getestet wurden und niemand an die ökologischen Folgen eines Atomkrieges dachte, noch völlig unbekannt war. Und ebenso gibt der bayerische Prophet für den Fall einer nuklearen, biologischen und chemischen Verseuchung Verhaltensmaßregeln, wie sie erst viele Jahre nach seinem Tod offiziell in sogenannten ABC-Schutz-Broschüren niedergelegt wurden. Wenn er warnt: „Alle offenen Wasser werden giftig. Und alle offenen Speisen, die nicht in verschlossenen Dosen sind. Eßt auch keine Speise in Gläsern, die halten es nicht ab!", dann spricht er sehr präzise die Gefahr chemisch/biologisch kontaminierter oder atomar verstrahlter Lebensmittel an; andererseits wären Reis und Hülsenfrüchte in verlöteten Blechdosen tatsächlich ungefährlich.

Doch zurück zu den Natur- und anderen Katastrophen, die im Gefolge des Krieges einhergehen. Der Seher von Freilassing schockt nicht nur mit der „großen Finsternis", sondern sagt auch entsetzliche Erd- und Meeresbeben voraus; vermutlich verursacht durch die Erschütterung der Erdkruste infolge der Nuklearschläge. Tsunamis – turmhohe Wellenfronten, wie sie sich gewöhnlich nur im Pazifik zeigen – brechen über die europäischen Küsten herein; möglicherweise („Ich sehe große Löcher im Meer") kommt es außerdem zu unterseeischen Vulkanausbrüchen. Mit der großen Insel, die zur Hälfte versinken werde, ist Britannien gemeint, denn Irlmaier sagt präzisierend: „Ein Teil Englands verschwindet ..."

London könnte damit eine der drei großen Städte sein, die der Prophet untergehen sieht; eine zweite liegt wohl am („blauen") Mittelmeer, die dritte wird genannt: Paris. Im Zusammenhang mit der Zerstörung der Seine-Metropole erklärt Irlmaier, daß die eigenen Bewohner sie in Brand setzen würden. Dies klingt nach Anarchie und Bürgerkrieg; unter Umständen bricht letzterer deswegen aus, weil Paris bereits seit geraumer Zeit von starken Spannungen zwischen den verschiedenen ethnischen Bevölkerungsgruppen geschüttelt wird und besonders gegenüber den dort lebenden Moslems heftige Aggressionen zutage treten. Zu Straßenschlachten und Schlimmerem soll es aber auch in Rußland kommen; möglicherweise prallen dort wiedererstarkte Kommunisten und skrupellose Kapitalisten in einem bewaffneten Konflikt aufeinander.

Schließlich ist auch Rom betroffen. Vermutlich aus den gleichen Gründen wie anderswo – Verzweiflung und Haß auf die Herrschenden, denen man die Schuld am Dritten Weltkrieg gibt – kommt es zu einer Revolution, die sich am Tiber vor allem gegen den Vatikan richtet (vielleicht weil diese Institution im jahrhundertealten Konflikt Europas mit dem Islam stets die treibende Kraft war). Zahlreiche Kirchen werden zerstört, katholische Priester gejagt und getötet. Der Papst selbst, der mit der blanken Waffe bedroht wird, kann offensichtlich mit knapper Not entkommen: nach Südosten (wo die NATO nun das Mittelmeer beherrscht?) oder „über das große Wasser", den Atlantik.

„Nach der Katastrophe werden mehr Menschen tot sein als in den zwei Weltkriegen zusammen", zieht Alois Irlmaier das kaum vorstellbare Resümee. Und auch dies kann nur bedeuten, daß es sich bei der „Abräumung" um ein globales Debakel von nie dagewesenen Ausmaßen handelt. Dennoch gelingt der Menschheit ein Neuanfang. Nach einer Notzeit scheinen die Überlebenden Solidarität untereinander zu zeigen; diejenigen, die noch unverseuchte Lebensmittel besitzen, versorgen damit die anderen.

Der Wiederaufbau einer Zivilisation muß jedoch in einer Welt erfolgen, die mit der alten vor der Globalkatastrophe nicht mehr zu vergleichen ist. Der Prophet spricht von einer Klimaveränderung in Mitteleuropa, wo nun offenbar subtropische Verhältnisse herrschen, weil Wein angebaut werden kann und Südfrüchte wachsen. Anderswo sind „Wüsten" entstanden, die aber nicht völlig lebensfeindlich sein können, weil dort die „landlosen Leute" hinziehen. Und für die Nachfahren, so klingt die Große Vision des Alois Irlmaier beinahe versöhnlich aus, wird eine „lange, glückliche Zeit kommen" – die folgenden Jahrhunderte des dritten Jahrtausends werden also friedlich sein.

Eine und vielleicht die drängendste Frage bleibt: Wann soll die Menschheit vom Dritten Weltkrieg und der damit einhergehenden Naturkatastrophe heimgesucht werden? Der Seher von Freilassing machte auch dazu einige Angaben, doch wie stets, wenn es bei Visionären um Zahlen geht, lassen sie sich nicht präzise einordnen. Irlmaier selbst sagte dazu, er sehe zwar die Ereignisse wie einen Film vor seinem inneren Auge ablaufen, aber das Datum entschleiere sich ihm nur in einzelnen Ziffern oder Strichen. Immerhin bezeichnete er indirekt die Jahreszeit, in welcher der Dritte Weltkrieg ausbrechen werde: Frühling oder Herbst. Und das Jahr zuvor, so sagte er weiter, werde sehr fruchtbar sein. Darüber hinaus machte er die folgende Zahlenangabe: „Ich sehe (...) zwei Achter und einen Neuner."

Um 1950, als der Präkognitive diese Äußerung tat, nahmen viele Menschen an, er hätte damit das Jahr 1988 gemeint. Heute wissen wir es besser, und wenn sich die Prophezeiung tatsächlich auf eine reine Jahreszahl bezieht, dann eigentlich erst wieder auf 2889 – also auf sehr ferne Zukunft. Ebenso ist es aber möglich, daß Irlmaier ein kombiniertes Datum schaute: etwa den 28. 9. 2008, beziehungsweise 2018 oder den neunten Monat des Jahres 2088. Ebenso kämen z. B. der 29. April 2088 oder der 28. März 2089 in Frage. Der Spekulation sind hier lediglich mathematische Grenzen gesetzt, so daß letztlich keine gültige Antwort gegeben werden kann.

Dies aber war, wie wir im abschließenden Kapitel sehen werden, möglicherweise sogar die unbewußte Absicht, die hinter der zeitlich verschlüsselten Mitteilung des Sehers von Freilassing stand.

TROTZ ALLEM BESTEHT HOFFNUNG!

Alois Irlmaier war ein einfacher Arbeiter und dazu ein Mann, der in seinem täglichen Leben wieder und wieder für praktizierte Humanität stand. Tausenden von Ratsuchenden half er selbstlos; er war glücklich, wenn er es tun konnte. Andererseits litt er – vor allem während der Jahre des Zweiten Weltkrieges – zutiefst mit jenen Bedauernswerten, denen er schlimme Eröffnungen nicht zu ersparen vermochte. Der Seher von Freilassing besaß also zweifellos ein mitfühlendes Herz – dennoch versetzte er mit seiner Großen Prophezeiung, die das globale „Abräumen" schildert, zahllose Menschen in Angst und Schrecken.

Warum tat Irlmaier das? Warum schwieg er nicht? Wäre es nicht gnädiger gewesen, er hätte sein Wissen um „Harmageddon" für sich behalten? Warum mußte er, wenn er die Katastrophe ja doch unausweichlich herannahen sah, seine Zeitgenossen noch zusätzlich mit der Furcht vor dem Unabänderlichen quälen? Viele, welche die Schauungen des Brunnenbauers über einen „Weltuntergang" im dritten Jahrtausend kennenlernten, haben sich diese Fragen natürlich gestellt. Eine schlüssige Antwort darauf ist allerdings nur dann möglich, wenn man begreift, welche Absichten solch herausragende Visionäre wie Alois Irlmaier wirklich verfolgen.

Keiner dieser wahrhaft Erleuchteten, deren Spur sich unübersehbar durch die Weltgeschichte zieht, war nämlich ein bloßer „Unglücksprophet". Vielmehr versuchten sie alle, vor gravierenden Fehlentwicklungen zu warnen. Sie traten auf, um die Menschheit von einem falschen Weg, der sie ins Verderben führen würde, abzubringen. Einzig zu diesem Zweck malten sie ihre „Menetekel" an die Wand: um mit Hilfe eines heilsamen Schocks aufzurütteln und so das Ruder – womöglich im letzten Moment – noch herumzureißen.

Auch Alois Irlmaier verfolgte im ausgehenden zweiten Jahrtausend diese Absicht. Er tat es unmittelbar nach der verheerendsten Katastrophe, welche die menschliche Zivilisation bis dahin getroffen hatte: dem Fanal des Zweiten Weltkrieges, an dessen Ende die Atombombenabwürfe auf Hiroshima und Nagasaki gestanden hatten. Ausgehend von dieser Situation, in der „Harmageddon" bereits in Reichweite gerückt war, erlebte er seine Schauungen eines Beinahe-Weltunterganges als Folge eines Dritten Weltkrieges. Weil aber dem Seher von Freilassing alles daran lag, sich mit seinen Mitteln gegen ein solches „Weltabräumen" zu stemmen, konnte er gar nicht anders handeln, als seine warnenden Visionen öffentlich zu machen. Denn nur wenn er seine Zeitgenossen und ihre Nachkommen dazu zwang, sich dem Horrorszenario einer künftigen Realität zu stellen, eröffnete er ihnen die Möglichkeit, das Verhängnis aufzuhalten und das scheinbar Unausweichliche zu verhindern.

Hierin, so sieht es zumindest auf den ersten Blick aus, liegt nun allerdings ein logischer Widerspruch. Denn wenn Alois Irlmaier ein echter Visionär war, der künftiges Geschehen richtig erkennen konnte, dann müßte doch eigentlich ausgeschlossen sein, daß die von ihm prophezeiten Ereignisse letztlich gar nicht einträfen. Oder andersherum gedacht: Falls es der Menschheit des neuen Jahrtausends gelänge, einen Dritten Weltkrieg zu verhindern, so daß Irlmaiers Schauungen gegenstandslos würden, dann wäre der Seher von Freilassing damit zum Scharlatan geworden.

Dieses Problem löst sich jedoch, wenn wir bedenken, daß sich das Phänomen der Präkognition in einer Dimension abspielt, wo ein solch einfaches Entweder-Oder nicht unbedingt mehr greift. Um dies zu verstehen, wollen wir uns den Weg vom zweiten ins dritte Jahrtausend einmal als eine geflochtene Schnur vorstellen. Ein Dutzend Fäden bündeln sich in ihr; jeder davon ist sozusagen ein Pfad, der von einem (fast) gleichen Anfang zu einem (fast) gleichen Ende führt. Und jeder einzelne Faden bietet uns die Möglichkeit, vorwärts zu kommen – scheinbar zu einem identischen Ziel.

Wir wählen nun einen dieser Pfade, doch in unserer menschlichen Unvollkommenheit sehen wir nicht genau, wo er mündet. Wir erkennen nicht, daß das Ende der Schnur ausgefasert ist und sich nahe einer Kerzenflamme befindet. Die Faser ganz rechts wird irgendwann in Brand geraten; diejenige ganz links dagegen nicht, weil sie einen Zentimeter weiter von der Glut entfernt ist. Wir aber laufen auf dem „verflochtenen Weg ins dritte Jahrtausend" ausgerechnet an jenem gefährlichen Faden entlang, der sich am nächsten an der Flamme befindet.

Wir tun das, weil unsere Augen schwach sind – doch dies gilt nicht für andere, die heller sehen: für die Propheten. Die Präkognitiven erschauen, daß wir ins Feuer taumeln werden. Sie erblicken das in allen grauenhaften Einzelheiten; sie erschrecken, sie schreien. Sie erkennen, wie ein Dritter Weltkrieg ausbricht, wie ABC-Waffen eingesetzt werden, wie Tsunamis heranbranden, wie Städte und ganze Inseln untergehen, wie die Erdkruste birst. Und diese Visionen sind durchaus Realität, weil eben die „Entwicklungsfaser", welche die Menschheit sich ausgesucht hat, in der „Flamme" mündet. Wenn wir auf diesem Weg weitergehen, dann wird genau das eintreffen, was die Propheten sehen! Ihre Schauung gilt unverbrüchlich für die spezielle „Dimension" innerhalb der verflochtenen Schnur, für die wir uns zu Beginn entschieden haben.

Nun haben wir aber das Glück, daß sich unter uns ebendiese Warner befinden, die uns das katastrophale Ende des falschen Pfades drastisch ausmalen. Sie bringen uns damit ins Bewußtsein, wohin wir treiben, und sofern wir fähig sind, auf sie zu hören, gibt es Rettung. Wir können den gefährlichen inhumanen Pfad verlassen und uns dem parallel laufenden humanen anvertrauen. Auch dieser wird ins dritte Jahrtausend einmünden, doch mit dem Feuer wird er nicht in Berührung kommen. In dieser „Dimension" treffen daher auch die „Endzeitvisionen" nicht ein – doch das bedeutet keineswegs, daß die Propheten sich geirrt hätten. Ihre Worte bleiben trotzdem wahr hinsichtlich der anderen, gefährlichen „Entwicklungsfaser".

Dies ist die Antwort auf die Frage, die wir uns weiter oben gestellt haben: Wir dürfen in unserem Denken nicht das Entweder-Oder-Schema anwenden, sondern müssen die Große Prophezeiung Irlmaiers im Rahmen verschiedener möglicher „Parallelwelten" sehen. Seine Schreckensvision ist mit derjenigen „Dimension" davon verknüpft, zu der sie gehört – und diese „Faser" ist stets auch der wahrscheinlichste Weg, den die Menschheit zu Lebzeiten eines Hellsehers nimmt. Hoffnung gibt uns jedoch das Bewußtsein, daß wir vom falschen „Strang" auf den richtigen wechseln und damit das Ruder herumreißen können. Wenn die Menschheit aber auf diese Weise die Linie ihrer Entwicklung ändert, dann liegt der Visionär mit seinen Warnungen zwar im Bereich des „fatalen Pfades" nach wie vor richtig – für das Ende des „positiven Pfades" treffen seine Prophezeiungen nicht mehr zu.

An einem weiteren, ganz praktischen Beispiel läßt sich diese Theorie der „parallelen Möglichkeiten" noch besser erläutern:

Angenommen, zwei Freunde wollen gemeinsam einen Flug von Frankfurt nach New York antreten. In der Nacht vor der Abreise sitzen sie in der Hotelbar. Sie trinken ein paar Gläser, und dann hat der eine – nennen wir ihn Peter – plötzlich eine Vision. Er sieht sich und seinen Freund Franz in einem Wahrtraum in der über dem Ozean abstürzenden Boeing sitzen. Das Bild ist so zwingend, daß er fest daran glaubt und natürlich sofort seinen Begleiter warnt. Der jedoch verlacht ihn und führt die „Spinnerei" auf den Alkoholgenuß zurück. Am folgenden Morgen startet Franz zum Transatlantikflug; Peter dagegen weigert sich und bleibt in Frankfurt zurück.

Das Unglück geschieht tatsächlich. Die Boeing rast in ihr nasses Grab – und wir müssen uns sagen, daß die Vision Peters sowohl eingetroffen als auch nicht eingetroffen ist. Denn was das abstürzende Flugzeug und den Tod von Franz angeht, wurde sie Wirklichkeit; Peter dagegen überlebte, obwohl er sich doch zusammen mit seinem Freund in der abschmierenden Boeing hatte sitzen sehen. Er entging der mörderischen „Entwicklungsfaser" aber, weil er auf die mentale Warnung gehört und quasi eine „parallele Möglichkeit" gewählt hatte.

Übertragen auf die Große Prophezeiung Alois Irlmaiers bedeutet das: Der Hellseher aus Freilassing, der sein paranormales Können bei zahlreichen anderen Gelegenheiten unwiderlegbar unter Beweis stellte, irrte auch hinsichtlich des „Abräumens" ganz bestimmt nicht – und trotzdem muß seine Horrorvision nicht um jeden Preis eintreffen. Denn es liegt an der Menschheit selbst und damit bei uns allen, den Kurs hinein ins dritte Jahrtausend zu bestimmen und ihm hoffentlich eine positivere Ausrichtung als zur Zeit der beiden Weltkriege des 20. Jahrhunderts zu geben.

Ganz konkret ausgedrückt: Wir werden diesen richtigen Weg finden, wenn wir uns wieder auf die wahren Werte unseres Daseins besinnen und es schaffen, diese Ideale auch an die nach uns kommenden Generationen weiterzugeben. Humanität, Toleranz, Achtung vor dem Nächsten und der Natur, Barmherzigkeit, Fairneß und Zivilcourage heißen unter anderem die Pfeiler, die es gegen das drohende Verhängnis einzuwurzeln gilt. Unter Umständen ist dazu durchaus konstruktiver Kampfgeist nötig – immer dann, wenn es gilt, Menschenrechte und lebendige Demokratie zu verteidigen: gegen Politiker, die pure Machtausübung mit echter Arbeit für die Bevölkerung verwechseln; ebenso gegen Kirchenfürsten, welche die Nächstenliebe zugunsten dogmatischer Theologie verraten; oder auch gegen internationale Konzerne, beziehungsweise Regierungen, die im Zeichen der sogenannten Globalisierung um ihrer Profitgier und ihrer Herrschsucht willen bereit sind, über Leichen zu gehen.

Gerade demokratische Gesellschaften bieten zahlreiche und sehr wirkungsvolle Möglichkeiten, Widerstand gegen die genannten Fehlentwicklungen zu leisten – und von den Demokratien aus kann zudem Hilfestellung für solche Länder kommen, wo die Menschen noch unter Despoten und Diktaturen verschiedenster Couleur leiden. Wenn wir uns das bewußt machen und es – im Alltag beginnend – in die Tat umsetzen, dann können wir sicher sein, daß trotz allem Hoffnung für das dritte Jahrtausend besteht. Und die Große Prophezeiung Alois Irlmaiers wird dann nicht furchtbare, sondern fruchtbare Warnung gewesen sein.

Johannes von Jerusalem

GEHEIMUNTERNEHMEN TEMPELBERG

Urplötzlich tauchten vor wenigen Jahren die Spuren des wohl außergewöhnlichsten mittelalterlichen Propheten Europas aus dem Abgrund der Zeit auf. Doch es geschah nicht im Abendland, sondern in der Stadt, wo Jesus am Kreuz gehangen hatte. Ein Stollen, der im frühen 12. Jahrhundert ins Gestein des Jerusalemer Tempelberges geschlagen worden war und von israelischen Archäologen wiederentdeckt wurde, ließ das Wirken des vor beinahe neunhundert Jahren verstorbenen Visionärs buchstäblich wieder greifbar werden. Denn Johannes von Jerusalem, so der Name des Propheten, hatte mit Sicherheit selbst mit Hand angelegt, um jenen unterirdischen Gang aus dem Fels zu meißeln. Er drang damit zu einem der bestgehüteten Geheimnisse der biblischen Geschichte aus der Zeit des Königs Salomo vor und erfuhr vermutlich auf diese Weise die Erleuchtung, die ihn zum Hellseher machte und ihn zu einer Zukunftsschau befähigte, die bis zum Ende des dritten Jahrtausends reicht.

Das spektakuläre Unternehmen des Archäologenteams hatte Mitte der 90er Jahre bereits im Vorfeld für Schlagzeilen gesorgt. Dies freilich zunächst weniger aus wissenschaftlichen Gründen; vielmehr wegen der Spannungen, die sich aufgrund der geplanten Ausgrabung zwischen Juden und Arabern ergeben hatten. Schwerbewaffnete israelische Soldaten sicherten deshalb das Areal am Fuß des Tempelberges ab, ehe die Archäologen Spitzhacken und Spaten ansetzten.

Johannes von Jerusalem

Der Tempelberg in Jerusalem

Wenig später war die Sensation perfekt. An der Südseite des geschichtsträchtigen Hügels legten die Wissenschaftler eine meisterlich getarnte Stollenmündung frei, die sie auf das frühe 12. Jahrhundert datierten. Anschließend arbeiteten sie sich so weit wie möglich in den bis dahin nur aus der Literatur bekannten unterirdischen Gang vor, der im Mittelalter ausgehauen und später wieder vergessen worden war – und der zu den größten Rätseln des „Heiligen Landes" zählt.

Im offiziellen Grabungsprotokoll wird berichtet, was weiter geschah: „Der von der Südflanke ausgehende Tunnel führte etwa dreißig Meter weit ins Innere, ehe er von Steintrümmern und Geröll versperrt wurde. Wir wußten, daß er noch weiterlaufen mußte, respektierten aber das Abkommen, aufgrund dessen wir ohne die Erlaubnis der muslimischen Behörden im Bereich des Tempelberges nicht graben durften. Im vorliegenden Fall erlaubte man uns schließlich nur, den von uns freigelegten vorderen Abschnitt des Tunnels zu vermessen und zu fotografieren. Weiterführende Grabungen durften nicht in Angriff genommen werden. Wir beendeten unsere Forschungsarbeit, indem wir den Stollen wieder mit Steinen verschlossen."

Der kurze Bericht der Archäologen ist in nüchternem Tonfall gehalten – und verschweigt, daß es bereits wegen der rund dreißig Meter, welche die Wissenschaftler in den Tunnel eindrangen, zu scharfen diplomatischen Auseinandersetzungen zwischen Israelis und Moslems kam. Dies vor allem deswegen, weil direkt über dem wiederentdeckten Stollen aus der Zeit der Kreuzzüge zwei der heiligsten Stätten des Islam aufragen: der Felsendom und die Aqsa-Moschee. Und die Moslems befürchteten, eine Fortführung der Grabungskampagne könnte zur Beschädigung der Fundamente dieser Sakralgebäude führen, was in ihren Augen einer Gotteslästerung gleichgekommen wäre.

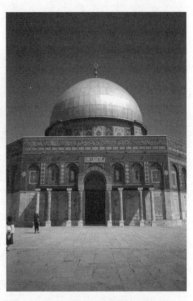

Der Felsendom

Den Israelis wiederum ging es natürlich nicht um eine „Schändung" der heiligen Stätten, die dank moderner archäologischer Technik kaum in Gefahr gewesen wären. Vielmehr waren die Wissenschaftler einem großen Geheimnis aus ihrer eigenen Geschichte auf der Spur: den „Verborgenen Gewölben" des vor zweieinhalbtausend Jahren durch die Babylonier zerstörten salomonischen Tempels. Es heißt nämlich in einer jüdischen Legende, daß im Jahr 586 v. d.

Der Tempel Salomos in Jerusalem (Kupferstich aus dem 17. Jh.)

Z., als der feindliche König Nebukadnezar Jerusalem niederbrennen und den Tempel Salomos (965 bis 926 v. d. Z.) schleifen ließ, nur dessen oberirdische Teile zerstört wurden. Ein unterirdischer Trakt hingegen, von dem nur wenige Eingeweihte gewußt hätten, sei damals verschont geblieben. In diesen Gewölben aber wäre unmittelbar vor der Eroberung Jerusalems durch die Babylonier der Schatz des Königs Salomo versteckt worden und harre nun dort seiner Wiederentdeckung.

Beinahe sechsundzwanzig Jahrhunderte hatte diese Sage in der Überlieferung des in alle Welt verstreuten Volkes überdauert – und immerhin fast neunhundert Jahre hatte sich eine zweite Legende am Leben erhalten, welche den israelischen Archäologen letztlich die Spur zu jenem Tunnel im Tempelberg wies. In dieser jüngeren Überlieferung, die auf die frühe Zeit der Kreuzzüge zurückgeht, wird behauptet, daß die neun Gründer des Templerordens, unter ihnen der eingangs erwähnte Johannes von Jerusalem, in der zweiten Dekade des 12. Jahrhunderts den Zugang zu den Schatzgewölben Salomos entdeckt hätten – nachdem sie einen Stollen von der südlichen Flanke des Tempelberges aus bis zu den „Verborgenen Gewölben" vorgetrieben hätten. Und genau dieser Tunnel war es, nach dem die Archäologen kurz vor der Wende vom zweiten zum dritten Jahrtausend forschten und ihn schließlich wiederfanden.

Hätten die islamischen Behörden sich kooperativer gezeigt, so wären Mitte der 90er Jahre tiefer im Felsmassiv des Bergkegels vermutlich mittelalterliche Spuren nachgewiesen worden, welche aus der Sage von der rätselhaften Grabung der Tempelritter greifbare Realität gemacht hätten. Auf den salomonischen Schatz jedoch wären die Archäologen höchstwahrscheinlich nicht mehr gestoßen, denn gerade wegen der Entdeckung des Tunneleingangs aus dem 12. Jahrhundert spricht alles dafür, daß auch jene Überlieferung zutrifft, wonach die neun Templer etwas unendlich Wertvolles aus den unterirdischen Gewölben geborgen und von da an gehütet hätten.

Es soll sich dabei allerdings nicht um materielle, sondern um geistige Schätze gehandelt haben. Unter anderem, so wurde später spekuliert, ging es um architektonisches Wissen und damit um das Geheimnis des Kathedralenbaues. Außerdem – so kann im Fall des Johannes von Jerusalem vermutet werden – um einen „Schlüssel" zur visionären Erweckung, so daß dieser Tempelritter später zum Hellseher wurde und fähig war, eine umfangreiche Prophezeiung für das dritte Jahrtausend abzugeben.

Ehe wir uns jedoch ausführlich mit dem Leben dieses Erleuchteten beschäftigen, ist es zum besseren Verständnis seines Werdeganges nötig, in einem kurzen Abriß auf die Entstehung des Templerordens einzugehen.

* * * * *

Die Geschichte des „Ordens der Ritter vom Tempel Salomos" setzt 1104, kurz nach dem Ersten Kreuzzug, ein. Damals, Jerusalem war seit fünf Jahren christliches Königreich, unternahm der französische Chevalier Hugues de Payens in Begleitung des Grafen der Champagne eine Pilgerfahrt nach Palästina, wobei er in der von den Eroberern als Adelsherberge genutzten Aqsa-Moschee Unterkunft fand. Eine zweite Reise führte Hugues 1116 erneut nach Jerusalem, wieder lebte er monatelang auf dem Tempelberg, und anschließend tat der Edelmann etwas sehr Ungewöhnliches. Er rief eine Organisation, eben den „Orden der Ritter vom Tempel Salomos", ins Leben, dessen Absicht es angeblich war, den Schutz der Pilgerwege in Palästina zu garantieren – der aber in militärischer Hinsicht völlig ungeeignet dazu war und sich in der Folge auch gar nicht bemühte, diese Aufgabe zu erfüllen.

Der von Hugues de Payens gegründete Templerorden bestand nämlich außer ihm selbst gerade einmal aus acht, vermutlich speziell ausgewählten Männern, die der Adlige, welcher jetzt als erster Großmeister des Ordens fungierte, teils in Frankreich und teils im Königreich Jerusalem zum Beitritt bewogen hatte. Und diese neun ersten Tempelritter verfolgten nun konsequent das Ziel, sich auf dem Tempelberg festzusetzen, was ihnen erstaunlich schnell gelang. Niemand anders als der christliche König Balduin II. gestand ihnen zu, daß sie die in den Jahren zuvor von ihm selbst als Palast genutzte Aqsa-Moschee zu ihrem Hauptquartier machen konnten. Sofort riegelten die Templer das Areal hermetisch ab – und begannen mit ihrer heimlichen Suche nach den „Verborgenen Gewölben" und damit dem Schatz des Königs Salomo.

Der Vortrieb des fast neunhundert Jahre später von den Israelis wiederentdeckten Stollens soll längere Zeit in Anspruch genommen haben. Gesichert ist, daß Hugues de Payens selbst bis 1126 grub, um dann zusammen mit mehreren seiner Gefährten ganz plötzlich nach Frankreich zurückzukehren, während das Quartier auf dem Tempelberg, das mittlerweile zu einer Festung des Ordens ausgebaut worden war, unter der Obhut anderer Ritter zurückblieb.

Der Grund für diese überstürzte Abreise des Großmeisters kann eigentlich nur darin gelegen haben, daß Hugues das Ziel seines geheimnisvollen Unternehmens in Jerusalem erreicht hatte. Auch die mittelalterlichen Legenden behaupten das, denn sie berichten ja, er habe tief unter dem zerstörten salomonischen Tempel eine außerordentlich wichtige Entdeckung gemacht, die aber nicht näher bezeichnet wird. Das Rätsel löst sich jedoch zumindest teilweise, wenn man den weiteren Lebensweg des Hugues de Payens verfolgt und sich zusätzlich mit der Geschichte des Kathedralenbaues beschäftigt.

Der aus Palästina heimgekehrte Adlige ließ sich nämlich jetzt in Chartres (südwestlich von Paris) nieder, leitete von dort aus jedoch keineswegs nur die Geschicke des Templerordens, der jetzt rapide an Macht und Einfluß gewann. Vielmehr nahm er auch ganz maßgeblichen Einfluß auf den Neubau der Bischofskirche von Chartres – und revolutionierte damit die gesamte abendländische Architektur. Denn in der Stadt an der Eure wuchs von da an die erste gotische Kathedrale der europäischen Geschichte empor – und sie konnte errichtet werden, weil quasi über Nacht völlig neue Kenntnisse über die Gesetze der Statik vorhanden waren.

Johannes von Jerusalem

Frontansicht der weltberühmten Kathedrale von Chartres, zwischen 1194 und 1221 nach dem Brand der früheren Kirche wieder aufgebaut. Hier auf dem Bild rechts der alte, stehengebliebene Südturm von 1145 und links der spätgotische Turm des Jean de Beauce.

Einzig aufgrund dieses urplötzlich auftauchenden Wissens war es möglich, die plumpen, gedrungenen Bauformen der Romanik zu überwinden und die Mauern der Kirche scheinbar schwerelos gen Himmel steigen zu lassen. Die Ursache für diese architektonische Revolution, die von Hugues de Payens ausging, kann aber letztlich allein in Jerusalem gesucht werden. Es muß tatsächlich ein Geheimnis im Inneren des Tempelberges verborgen gewesen sein; genau dort waren den Begründern des Templerordens offenbar außerordentlich wichtige Erkenntnisse geistiger Art zuteil geworden.

* * * * *

Diese Hintergründe mußten erklärt werden, damit nun auch die Geschichte des Johannes von Jerusalem wirklich verstanden werden kann. Denn er war schließlich einer jener acht Ritter, die sich zusammen mit Hugues de Payens auf die Suche nach den „Verborgenen Gewölben" gemacht hatten und tief unter der Aqsa-Moschee fündig geworden waren. Im Fall des Jehan de Vézelay allerdings, wie der spätere Prophet ursprünglich hieß, zeichnet sich – außerhalb der Grabungsgeschichte – eine zusätzliche individuelle Entwicklungslinie ab, die schon lange vor der Gründung des Templerordens einsetzt, irgendwann nach 1116 vom Tempelberg aus in die Einsamkeit der judäischen Wüste führt und bereits 1120 mit dem Tod des Visionärs endet.

Davon mehr im folgenden Kapitel, vorerst nur soviel: Ganz offensichtlich wurde Johannes von Jerusalem sowohl durch den „Schatz des Königs Salomo" als auch durch intensive Meditationen in der Wüste, so wie sie auch die biblischen Propheten und Jesus im Einklang mit uralten Traditionen

Minen des Königs Salomo in der Negev-Wüste in Israel.

praktizierten, entscheidend geprägt. Das Ergebnis war eine derart weitreichende Hellsichtigkeit des Tempelritters, daß er seine visionäre Kraft auf das „Millennium, das auf das Millennium folgt" (wie er selbst es ausdrückte) zu konzentrieren vermochte: auf das dritte Jahrtausend. Und für diese Epoche sagte er im frühen 12. Jahrhundert dermaßen frappierende Ereignisse voraus, daß sie ein nicht mit prophetischen Kräften ausgestatteter Mensch seiner Zeit unmöglich hätte erfinden können.

Hier nun, ehe wir uns der Lebensgeschichte des Jehan de Vézelay widmen, einige Kostproben:

Wenn das Millennium einsetzt,
das auf das Millennium folgt:
Wird der Mensch alle Fesseln sprengen wollen.
Der gute Pfad der Natur wird verleugnet werden.
Frauen werden grauhaarig sein und doch gebären.

*Die Sippen werden wie Spreu sein,
die in den Wind geworfen wurde
und deren Spelzen zügellos im Wind taumeln.
Wenn das Millennium einsetzt,
das auf das Millennium folgt:
Entsteht eine finstere, heimliche Ordnung.
Neid wird ihr Schlachtruf sein und Gift ihr Schwert.
Sie wird schrankenlos Gold raffen
und den Erdkreis unter ihre Peitsche zwingen.*

*Wenn das Millennium einsetzt,
das auf das Millennium folgt:
Wird Sol den Leib Terras verzehren.
Nicht länger wird die Luft vor der Glut bewahren.
Wird nur noch ein durchlöcherter Schleier sein,
und tödliche Glut wird Haut und Augen verätzen.*

Noch einmal: Diese drei Prophezeiungen wurden (zusammen mit 37 weiteren) zu Beginn des 12. Jahrhunderts niedergeschrieben: im finstersten Mittelalter, als niemand – wenn nicht ein herausragender Visionär – sich hätte vorstellen können, daß die Menschheit eines Tages in wenigen Stunden von Kontinent zu Kontinent rasen, sich gleichzeitig völlig von der Natur entfremden und ihre familiären Verbindungen verlieren würde. Und ebenso kann erst in unserer Zeit nachvollzogen werden, was die drohende, umweltvergiftende Wirtschaftsaggression eines hemmungslos expandierenden Kapitalismus bedeutet; eines Systems, dem zunehmend die soziale Verantwortung fehlt und das den gesamten Erdball „globalisieren" möchte. Klar wird im 20. Jahrhundert auch das Bild eines sich immer weiter durch die Stratosphäre fressenden Ozonloches und die daraus resultierende, buchstäblich brandgefährliche UV-Strahlung, die in der Tat Haut und Augen „verätzt": nämlich mit Krebs.

All dies und noch vieles mehr sah Johannes von Jerusalem vor beinahe neunhundert Jahren voraus, und angesichts seiner beklemmenden Visionen, die nicht nur den Beginn des dritten Jahrtausends, sondern auch dessen Ende betreffen, stellen sich nun desto drängender die Fragen: Wer war dieser geheimnisvolle Mann? Woher kam er? Wie verlief sein Leben? Und auf welchen Wegen reifte er zum Visionär?

DER KREUZRITTER AUS VÈZELAY

Abgesehen von verstreuten Hinweisen in verschiedenen Quellen, ist nur ein einziger zusammenhängender mittelalterlicher Text erhalten, der sich mit dem Leben des Jehan de Vézelay oder Johannes von Jerusalem beschäftigt. Er ist kurz, umfaßt gerade zwanzig Zeilen und wurde, zusammen mit den Prophezeiungen des Visionärs, erst vor wenigen Jahren in Rußland wiederentdeckt. Hier der Wortlaut des ursprünglich aus Frankreich stammenden Dokuments, das aus dem 14. Jahrhundert datiert und vom Autor ins Deutsche übertragen wurde:

Johannes von Jerusalem: Zögling des Klosters, Sproß der Bourgogne. Sproß der Erde des Herrschers: dem Land dunkler Wälder und leuchtenden Glaubens. Wo lichte Haine der Hoffnung die Forste des finsteren Fürsten überstrahlen.
Streiter Christi auf Heiliger Erde. Tapferer unter Tapferen, Heiliger unter Heiligen.
Johannes von Jerusalem: Der da die Zeichen lesen und dem Firmament zu lauschen vermochte.
Der Auge und Ohr aller Sterblichen war.
Durch den die Aura Gottes sich erblicken und vernehmen ließ.
Johannes von Jerusalem: Der dort weilte, wo All und Erde sich berühren.
Welcher die Körper des Menschen, der Erde und des Himmels erkannte.

Johannes von Jerusalem

Der den Pfaden zu folgen vermochte, die in diesen Sphären zu den Rätseln leiten.
Johannes von Jerusalem: Zweimal von der Zahl des Siegels berührt, dann von Gott gerufen.

Ein dunkler Text, ganz im symbolträchtigen Stil des späten Mittelalters verfaßt und teilweise sogar verschlüsselt. Dennoch gibt das mehr als sechshundert Jahre alte Manuskript, wenn seine Aussagen vor dem gesellschaftlichen und historischen Hintergrund des Jehan de Vézelay gesehen werden, eine ganze Reihe wichtiger Hinweise auf die Vita des Kreuzritters und Visionärs.

Der französische Historiker Galvieski, der das seit langer Zeit verschollene Material über Johannes von Jerusalem kürzlich auf wahrhaft abenteuerliche Weise in Rußland wiederfand (Näheres darüber im Kapitel „Der Weg durch neun Jahrhunderte"), interpretiert den abschließenden Satz des Manuskripts sinngemäß folgendermaßen:

„Zweimal" sah sich der Kreuzritter „von der Zahl des Siegels berührt", ehe er „von Gott gerufen" wurde. Die abschließende Metapher ist klar – sie bedeutet den Tod des Hellsehers. Dessen Zeitpunkt aber wird definiert durch die doppelte „Zahl des Siegels". Erinnert man sich nun an die „Geheime Offenbarung" des Johannes von Patmos in der Bibel, so bekommt diese geheimnisvolle Ziffer ihre spezielle christliche Bedeutung. Denn dort heißt es in 5,1: „Ich sah in der Rechten dessen, der auf dem Thron saß, ein Buch. Das war innen und außen beschrieben und mit sieben Siegeln versiegelt." Die „Zahl des Siegels" kann nach dem Sprachgebrauch des mittelalterlichen Theologen, der den Text über Johannes von Jerusalem verfaßte, also nur die Sieben sein.

Zweimal die Sieben ergibt die Siebenundsiebzig – und

damit haben wir zweifellos das Alter (77 Jahre), in dem Jehan de Vézelay verstarb. In den Chroniken des Templerordens wiederum taucht der Name des Kreuzritters nach 1120 nicht mehr auf, woraus auf das Datum seines Ablebens geschlossen werden kann. Wenn sein Tod aber in das Jahr 1120 fiel, dann muß er 1043 zur Welt gekommen sein.

Wer die Eltern des jungen Jehan waren, bleibt hingegen im dunkeln. Immerhin gibt es jedoch deutliche Hinweise darauf, daß der spätere Kreuzritter und Prophet aus adligem Geschlecht stammte, denn er wird als „Sproß der Bourgogne" bezeichnet. Dies bedeutet jedoch nicht einfach, daß er Burgunder war, denn nach mittelalterlichem Sprachgebrauch wurde das Land mit seinen Edelleuten gleichgesetzt. Ein Sproß der Bourgogne wäre also aus der Adelsschicht der Region gekommen, und wahrscheinlich waren die Vorfahren Jehans, der auch „Sproß der Erde des Herrschers" genannt wird, direkte Vasallen des französischen Königs.

Jedoch scheint die Familie schon wenige Jahre nach der Geburt des Jungen von einem schweren Unglück getroffen worden zu sein. Nur so wird verständlich, warum Jehan „Zögling des Klosters" wurde. Was damals genau geschah, läßt sich nicht mehr herausfinden; möglicherweise fielen die Eltern und vielleicht auch weitere Angehörige des Halbwüchsigen einer der damals häufigen Epidemien zum Opfer, oder das Geschlecht ging aufgrund einer der ebenfalls nicht seltenen brutalen Fehden zwischen den Adelssippen unter. Gesichert ist nur, daß der offenbar verwaiste Jehan Aufnahme im Kloster von Vézelay fand.

Diese Benediktinerabtei lag im heutigen Departement Yonne an der Nordwestgrenze Burgunds und war berühmt für ihre Reliquien, die der Legende nach von Maria Magdalena stammen sollten. Die Mönche dort erzogen ihren Schützling nun sowohl in den geistlichen als auch den ritterlichen „Künsten", was erneut seine adlige Herkunft unterstreicht. Offenbar wurde Jehan de Vézelay für eine militärische und kirchliche Karriere gleichermaßen ausgebildet, was für die damalige Zeit keineswegs ungewöhnlich war. Als Erwachsener dann – von da an wird er relativ häufig in den Aufzeichnungen des Klosters erwähnt – nahm der theologisch geschulte Ritter eine doppelte Funktion wahr. Einerseits diente er dem Kloster von Vézelay als Priester, andererseits trug er „im Dienste Christi" auch Harnisch, Schwert und Lanze.

Die Annalen der Benediktinerabtei berichten, daß er mehrmals nach Santiago de Compostela und Rom reiste, ehe er in Vézelay zum Abt berufen wurde. Bei diesen „Reisen" kann es sich in Wirklichkeit um bewaffneten Geleitschutz für größere Pilgerzüge zu dem berühmten spanischen Wallfahrtsort oder zur Residenz des Papstes gehandelt haben. Da die Sitten in der zweiten Hälfte des 11. Jahrhunderts rauh waren und sich gerade fromme, unbewaffnete Wanderer immer wieder Überfällen ausgesetzt sahen, hätte der Priester und Ritter Jehan damit eine wichtige Aufgabe erfüllt.

Vielleicht waren die Meriten, die er sich auf diese Weise erwarb, einer der Gründe für seine spätere Berufung zum „Oberen" der Abtei von Vézelay. Auf jeden Fall wurde er im ausklingenden 11. Jahrhundert mit der Abtswürde ausgezeichnet; stand dem Kloster, in dem er erzogen worden war, damit nun vor. Es gibt einen Hinweis, daß er ebenfalls in dieser Zeit nach Byzanz[1] reiste und dort einige Monate am Hof des Oströmischen Reiches verbrachte. Der Grund dafür könnte mit den Vorbereitungen zum Ersten Kreuzzug zusammenhängen, zu dem Papst Urban II. am 27. 11. 1095 aufgerufen hatte. Möglicherweise weilte Jehan de Vézelay – als Abt gehörte er dem hohen Adel an – in der byzantinischen Residenz, um in der Planungsphase des Kreuzzuges französische Interessen zu vertreten.

Der Kreuzritter aus Vèzelay

Belagerung und Einnahme von Jerusalem
(Miniatur aus dem 13. Jahrhundert)

Anno 1096, als die christlichen Truppen, die vor allem in Frankreich, der Normandie und Lothringen rekrutiert worden waren, in Konstantinopel anlangten, um von dort aus nach Kleinasien einzufallen, befehligte auch Jehan de Vézelay einen Kampfverband. Der weitere Vormarsch in Richtung Jerusalem, wo die Bekreuzten das „Heilige Grab" zu „befreien" hofften, wie die vom Papst ausgegebene Parole lautete, war die Hölle. Verzweifelt setzten die Moslems sich gegen die katholische Aggression zur Wehr; unter schwersten Verlusten erreichten die Christen am 7. Juni 1099 die Stadt, in der Jesus gekreuzigt worden war. Am 15. Juli stürmten sie Jerusalem, richteten innerhalb der Mauern ein Blutbad an und ermordeten mehr als 10.000 Moslems und Juden – darunter zahllose Frauen, Kinder und Alte.

Es ist nicht überliefert, welche Rolle Jehan de Vézelay bei diesem Massaker spielte. Angesichts seiner weiteren Entwicklung kann jedoch angenommen werden, daß er eher zur kleinen Zahl jener Eroberer gehörte, die sich mit Abscheu von dem Gemetzel abwandten. Ebensogut könnten die fürchterlichen Erlebnisse beim Sturm auf Jerusalem aber auch eine grundlegende innere Wandlung des Abtes und Ritters bewirkt haben, so daß er von jetzt an das Ziel des Kreuzzuges – zumindest für sich persönlich – überhaupt nicht mehr im militärischen oder machtpolitischen Bereich sah.

Interessant in diesem Zusammenhang ist möglicherweise seine Demission als Vorsteher des Klosters in Vézelay. Der kämpfende Abt, der bei einer Rückkehr nach Frankreich ganz ohne Zweifel mit Ehren überhäuft worden wäre, verzichtete seltsamerweise auf alle seine Würden und blieb statt dessen in Palästina. Natürlich hätte er auch dort – im christlichen Königreich Jerusalem, das noch in der zweiten Jahreshälfte 1099 von Gottfried von Bouillon gegründet wurde – aufgrund seines Standes und seiner Bedeutung eine hohe

Position anstreben können, was er aber ebenfalls nicht tat. Vielmehr wurde es jetzt plötzlich ausgesprochen still um seine Person – und deswegen bleibt eigentlich nur der Schluß, daß er seinem Leben nach der Eroberung Jerusalems ganz bewußt eine völlig neue Richtung geben wollte.

„Tapferer unter Tapferen, Heiliger unter Heiligen", lautet eine Passage in dem eingangs vorgestellten Manuskript aus dem 14. Jahrhundert. Wahrscheinlich ist das ein Hinweis darauf, wie Jehan de Vézelay die folgenden Jahre bis etwa 1116 verbrachte. Interpretiert man die Aussage des Satzes nämlich chronologisch, dann wäre aus dem Kriegsmann nun ein geistig suchender, kontemplativer Mensch geworden. Das geeignete Umfeld dafür hätte der französische Adlige, der sich jetzt vielleicht bereits als Johannes von Jerusalem bezeichnete, auf jeden Fall in Palästina finden können.

Trotz der zahllosen Toten und der Zerstörungen, die nach dem „siegreichen" Kreuzzug zu beklagen waren, bot das „Heilige Land" noch immer außergewöhnliche Möglichkeiten für einen, der Erleuchtung und Wissen suchte. Da der Islam bis zur katholischen Aggression die Christen in Palästina keineswegs verfolgt, sondern ihre Niederlassungen geduldet hatte, gab es nach wie vor eine ganze Reihe von Klöstern, in denen uralte Traditionen, die teilweise bis in die ersten Jahrhunderte zurückreichten, bewahrt wurden. Mehr oder weniger im verborgenen lebte die geheimnisvolle, von Rom verketzerte Lehre der Gnosis fort; in koptischen Eremitagen wurden Schriften und Apokryphen gehütet, die noch in unmittelbarem Bezug zum Urchristentum und dessen Rätseln standen. Hinzu kamen die ehrwürdigen jüdischen Überlieferungen mit ihrer schon damals jahrtausendealten reichen Prophezeiungsliteratur; in so mancher ländlichen Synagoge lehrten Meister der Kabbala und erläuterten ihren Schülern die Mysterien der in der Thora niedergelegten „heiligen Zahlen".

In diese Welt, die sehr viel Jenseitiges und Metaphysisches an sich hatte, scheint sich Johannes von Jerusalem in jenen Jahren nach dem Kreuzzug mehr und mehr zurückgezogen zu haben. In dieser Zeit tat er wohl zumindest die ersten Schritte auf dem Pfad, der ihn dann irgendwann befähigte, „die Zeichen zu lesen und dem Firmament zu lauschen". Den spärlichen Quellen nach, welche diese Phase seines Lebens erwähnen, soll er sich jetzt oft in der Wüste aufgehalten und dort meditiert haben. Wenn das so war, dann handelte er ganz so wie andere Propheten, die aus der Bibel bekannt sind: Ezechiel, Elias oder Daniel; Johannes der Täufer, der sich von wildem Honig und Heuschrecken ernährte; auch Jesus, der im Angesicht der nackten kosmischen Pracht göttliche Klarheit suchte.

Ebenso aber wird berichtet, der ehemalige Abt von Vézelay habe sich in Palästina umfangreiche medizinische Kenntnisse erworben und zeitweise als Arzt gearbeitet; darüber hinaus soll er sich, wahrscheinlich wiederum bei seinen Aufenthalten in der Wüste, auch mit Astronomie und Astrologie beschäftigt haben. Nimmt man dies alles zusammen, so wird ein weiterer Satz aus jenem spätmittelalterlichen Manuskript klar, in dem über Johannes von Jerusalem gesagt wird, daß er „die Körper des Menschen, der Erde und des Himmels erkannte".

Wann der französische Adlige, der auf diesen erstaunlichen Pfaden wandelte, mit Hugues de Payens in Kontakt kam, ist nicht mehr zu eruieren. Unter Umständen geschah es bereits 1104, als der spätere Initiator des Templerordens in Begleitung des Grafen der Champagne erstmals in Jerusalem auftauchte. Es kann aber auch sein, daß die beiden Edelmänner sich erst um das Jahr 1116 fanden; zu jener Zeit, da Hugues de Payens konkret daranging, den „Orden der Ritter vom Tempel Salomos" zu gründen und zu diesem Zweck geeignete Gefährten suchte.

Wie wir uns erinnern, blieb die Zahl der Mitglieder zunächst auf neun beschränkt, und mit Sicherheit handelte es sich bei jedem einzelnen Mann um eine herausragende Persönlichkeit. Mehr noch: Die neun Adligen bildeten von allem Anfang an so etwas wie einen verschworenen Geheimbund, der sich unter Verzicht auf irgendwelche Machtmittel selbst den König von Jerusalem gefügig zu machen vermochte, denn Balduin II. stellte ihnen widerspruchslos die Aqsa-Moschee zur Verfügung, als sie dies von ihm forderten. Ferner nahmen die „Gründerväter" der Templer keinerlei militärische Aufgaben wahr; vielmehr konzentrierten sie sich, wie wir wissen, auf ein ganz bestimmtes, außerordentlich hochgestecktes geistiges Ziel.

Wo andere einen großen Teil Palästinas und die Stadt Jerusalem erobert hatten und das Land jetzt mit Feuer und Schwert beherrschten, suchten die ersten Templer, moralisch und intellektuell ungleich höherstehend, nach unvergänglichen Werten. Es handelte sich bei ihnen ganz offenbar um eine Elite, die im Abendland und dazu im christlich dominierten Outremer, wie Palästina bei den Kreuzrittern hieß, nicht ihresgleichen hatte – und wenn der ehemalige Abt von Vézelay für würdig befunden wurde, sich dem Bund anzuschließen, dann kann das wiederum nur bedeuten, daß er mittlerweile einen Grad des Wissens erreicht hatte, der höchstens noch von seinen acht Gefährten geteilt wurde.

Diese herausragenden Männer waren es nun, die etwa 1116 damit begannen, den unmittelbar vor dem Jahrtausendende von israelischen Archäologen wiederentdeckten Stollen in den Jerusalemer Tempelberg zu treiben. Daß sie irgendwann fündig wurden und auf jenen „Hort des Wissens" stießen, der in der jüdischen Überlieferung als Schatz des Königs Salomo bekannt war, steht außer Zweifel. Das plötzliche Aufkommen des himmelstürmenden Baustils der Gotik in

Frankreich, der auf Hugues de Payens zurückgeht, ist ein Beweis dafür.

Vermutlich wurden dem Tempelberg aber noch weitere Geheimnisse entrissen – zum Beispiel im Mittelalter nicht mehr vorhandene geographische Kenntnisse. Denn wiederum waren es im 14. Jahrhundert und damit lange vor Kolumbus Überlebende des 1314 von Papst und französischem König zerschlagenen Templerordens, die von den Orkneyinseln aus eine Expedition nach Nordamerika unternahmen und dort eine Siedlung errichteten, welche ebenfalls im 20. Jahrhundert wieder aufgefunden wurde.

Wie die weitere Lebensgeschichte des Johannes von Jerusalem vermuten läßt, müssen tief im Gestein unter der Aqsa-Moschee zusätzlich hochkarätige metaphysische Informationen verborgen gewesen sein, die in ihrer Bedeutung weit über den Bereich der reinen Naturwissenschaft hinausreichten. Worum es dabei vermutlich ging, erhellt ein Abschnitt aus dem biblischen „Ersten Buch der Könige", wo in 11,1-5 von einer erstaunlichen geistigen Neuausrichtung des Herrschers Salomo die Rede ist: „König Salomo liebte neben der Tochter des Pharao noch viele andere ausländische Frauen. (...) Es waren Frauen aus den Völkern, von denen der Herr den Israeliten gesagt hatte: Ihr dürft nicht zu ihnen gehen (...), denn sie würden euer Herz ihren Göttern zuwenden. An diesen (Frauen) hing Salomo mit Liebe. (...) Als Salomo älter wurde, führten ihn seine Frauen zur Verehrung anderer Götter. (...) Er verehrte Astarte, die Göttin der Sidonier, und Milkom, den Gott der Ammoniter."

König Salomo war also laut biblischem Bericht mit Hilfe weiser Frauen ins Heidentum heimgekehrt und suchte neuerlich den Geist jener uralten Gottheiten, die lange vor Jahwe gewesen waren. Wenn wir nun aber diese Götter etwas näher betrachten, wird schnell klar, warum sie nicht nur für den großen jüdischen König, der bekanntlich ebenfalls über die Sehergabe verfügte, sondern zweitausend Jahre später auch für Johannes von Jerusalem solch immense Bedeutung hatten.

Astarte ist der orientalische Name der Großen Göttin aller Indoeuropäer, welche in ihrer dreifachen Gestalt von Jungfrau, Mutter und Greisin den ewigen Lebenszyklus auf Erden verkörpert. Ebenso steht sie, in ihrer kosmischen Dimension, für das unendliche Pulsen der Zeit, weshalb die antiken Völker sie auch als „Königin der Sterne" oder „Sternenlicht" bezeichneten. In ihrem „Sternenmantel", so die heidnische Lehre weiter, berge Astarte alle Seelen, sowohl die verstorbenen als auch die lebenden und künftigen. Daher öffne sich dem Menschen, der sich in ihren Geist versenke, eine Pforte weit über sein eigenes Leben hinaus: Erwählte der Großen Göttin könnten tief in Vergangenheit und Zukunft blicken.

Milkom, im Orient auch als Kemosch oder Schamasch bezeichnet, ist der Sonnengott; ursprünglich aber die Sonnengöttin. Sie wiederum wird in der ältesten indoeuropäischen Mythologie „Mutter der zwölf Tierkreiszeichen" oder auch „Gewand der Großen Göttin" genannt. Neuerlich handelt es sich damit unter anderem um eine Gottheit der Zeit, die mit Astarte korrespondiert, und wieder suchten die Eingeweihten in der Erkenntnis von Milkom prophetisches Wissen.

Exakt darum aber ging es nun offenbar auch im Fall des Johannes von Jerusalem. Während seine Gefährten im Geklüft unter dem zerstörten salomonischen Tempel hochqualifizierte Informationen architektonischer und geographischer Art fanden, wurde der ehemalige Abt von Vézelay – nachdem er einen anderen Teil der unter der Aqsa-Moschee verborgenen Botschaft des großen biblischen Königs entschlüsselt und verinnerlicht hatte – zum Meister der Präko-

Israel. Negev Wüste bei Andat.

gnition. Jetzt traf in vollem Umfang auf ihn zu, was das Manuskript aus dem 14. Jahrhundert berichtet: „Der dort weilte, wo All und Erde sich berühren. Welcher die Körper des Menschen, der Erde und des Himmels erkannte. Der den Pfaden zu folgen vermochte, die in diesen Sphären zu den Rätseln leiten."

Wohl aufgrund intensiver Studien bereits vorher hatte Johannes von Jerusalem seinen hohen Einweihungsgrad außerordentlich rasch erreicht. Denn noch im gleichen Jahr 1117, da die neun Ritter im Tempelberg zumindest erstmals fündig geworden sein müssen, begann er mit der Niederschrift seiner Prophezeiungen für das dritte Jahrtausend. Einige Hinweise deuten darauf hin, daß er sich zu diesem Zweck wiederum oft in die Wüste zurückzog, wo er – dank der Erkenntnismethoden, die sein Anteil am Schatz des Königs Salomo ihm gewiesen hatte – seine Visionen erlebte. Drei Jahre blieben Johannes von Jerusalem noch, um „Die Schrift der Weissagungen" zu vollenden, ehe er 1120 starb.

Sein Grab ist längst verschollen; niemand weiß, wo seine sterblichen Überreste ruhen. Doch unmittelbar vor seinem Tod sorgte er dafür, daß die Visionen, die den Beginn und das Ende des dritten Jahrtausends entschlüsseln, auf einen Weg gebracht wurden, der sie das gesamte zweite Jahrtausend hindurch im verborgenen überdauern ließ.

DER WEG DURCH NEUN JAHRHUNDERTE

Nur sehr wenige mittelalterliche Handschriften haben sich bis in unsere Zeit hinein erhalten; zahllose Manuskripte sind verschollen oder wurden zerstört. Um so erstaunlicher ist die Tatsache, daß die Prophezeiungen des Johannes von Jerusalem überdauert haben – und dies, obwohl sie jahrhundertelang als unauffindbar galten. Zum Ende des zweiten Jahrtausends jedoch, unmittelbar bevor die Epoche einsetzt, auf die sich die ersten Visionen beziehen, tauchten sie plötzlich auf rätselhafte Weise wieder auf. Fast scheint es, als sei ihre Entdeckung genau zu diesem Zeitpunkt abschließender Teil eines großen Geheimplanes gewesen, mit dessen Ausführung kurz nach dem Ende des Ersten Kreuzzuges begonnen wurde. Im zweiten Teil dieses Kapitels werden wir uns näher mit diesem Mysterium beschäftigen; zuvor jedoch soll den verschlungenen Wegen der Schrift des Johannes von Jerusalem durch beinahe neun Jahrhunderte nachgeforscht werden.

Nachdem der Hellseher sein Werk vollendet hatte, kopierte er das Manuskript sechsmal, so daß also nun insgesamt sieben handschriftliche Exemplare existierten. Drei davon übergab Johannes von Jerusalem Hugues de Payens, dem Großmeister des Templerordens; die anderen vier verteilte er kurz vor seinem Tod offenbar an Personen, die ihm ebenfalls nahestanden. Jedes dieser sieben Manuskripte trat danach eine wahre Odyssee durch die Welt des Mittelalters und der folgenden Jahrhunderte an, und die Spurensuche nach diesen

Handschriften stellte für die Historiker, allen voran der französische Professor Galvieski, dessen Erkenntnissen wir hier erneut folgen wollen, ein erregendes Abenteuer dar.

Wenden wir uns zunächst den drei Exemplaren zu, die Hugues de Payens erhielt. Dieser erste Großmeister des Templerordens verstarb 1136 und hatte damit noch 16 Jahre Zeit, die Prophezeiungen an Personen weiterzugeben, die ihm dafür geeignet erschienen. Einer dieser Männer, die Hugues ins Vertrauen zog, war Bernhard von Clairvaux, welcher die Schrift – sicher nach eingehenden Studien – in jenem Kloster niederlegte, wo Johannes von Jerusalem einst Abt gewesen war: in Vézelay. Dort wurde der Foliant knapp hundert Jahre gehütet, ehe es 1314 zur Verbrennung des letzten Großmeisters des Templerordens in Paris und zur Zerschlagung der Organisation kam. Im Zuge der Verfolgungen konfiszierte die französische Krone alle erreichbaren Dokumente der Templer und vernichtete sie größtenteils. Davon war auch das in Vézelay aufbewahrte Buch betroffen, so daß die Spuren dieses Exemplars sich damit im Dunkel der Geschichte verlieren.

Das zweite Exemplar aus dem Besitz Hugues gelangte offenbar nach Rom, wo über die Jahrhunderte hinweg zahllose brisante Schriften in den päpstlichen Geheimarchiven verschwanden. Auch die Prophezeiungen des Johannes von Jerusalem scheinen dieses Schicksal geteilt zu haben. Es kann daher nicht ausgeschlossen werden, daß ein Exemplar bis heute im Vatikan unter Verschluß gehalten wird.

Das letzte der Bücher, die Johannes von Jerusalem seinem Großmeister überließ, lag möglicherweise zunächst in einer Klosterbibliothek im französischen Cîteaux. Später soll es am Pariser Königshof aufgetaucht und dort bis in die erste Hälfte des 16. Jahrhunderts geblieben sein. Zu dieser Zeit saß Katharina von Medici auf dem französischen Thron – und diese Frau stand wiederum in engem Kontakt mit Michel de Notredame, der zeitweise als Leibarzt des Kronprinzen fungierte. Alles deutet darauf hin, daß die Königin das dritte Exemplar der Prophezeiungen dem Seher von Salon schenkte, denn Nostradamus macht im Vorwort seiner 1555 erstmals erschienenen „Centurien"[2] eine Anspielung darauf. Nach dem Tod des weltberühmten Visionärs im Jahr 1566 verschwand auch das in seinem Besitz befindliche Exemplar spurlos.

Von den vier anderen Kopien, die Johannes von Jerusalem direkt an Unbekannte weitergegeben hatte, kam eines zunächst nach Konstantinopel, wo es etwa bis zur Mitte des 12. Jahrhunderts in der kaiserlichen Bibliothek archiviert wurde. Danach soll es in die Obhut eines griechisch-orthodoxen Mönches übergegangen und von diesem auf den Berg Athos gebracht worden sein. Es ist durchaus möglich, daß es sich noch immer irgendwo in der rätselhaften „Mönchsrepublik" befindet, doch ebenso wie in den Geheimarchiven des Vatikans konnten dort bisher keine wissenschaftlichen Nachforschungen durchgeführt werden.

Ähnlich schwierig würden sich Recherchen in Tibet gestalten, wohin vermutlich das fünfte Exemplar verbracht wurde. Besitzer dieses Buches war gewissen Überlieferungen nach zunächst ein von Buddha erleuchteter Weiser, der sich in jener Zeit, da der Kreuzritter seine Visionen hatte, zu Studienzwecken in Jerusalem aufhielt. Später, als der asiatische Gelehrte zurück in seine Heimat wanderte, nahm er das Manuskript mit, so daß es allem Anschein nach in einem der vielen tibetanischen Bergklöster landete, zu denen bis ins frühe 20. Jahrhundert kein Europäer Zutritt hatte und die in vielen Fällen auch heute noch verbotenes Terrain sind.

Besser ist die Quellenlage, was den sechsten Folianten angeht. Auch dieses Exemplar wurde zunächst in Konstantinopel aufbewahrt und ruhte dort wohl in einem orthodoxen Kloster. Als die Stadt am 29. Mai 1453 von den Osmanen erobert wurde, kam es zu einem Massenexodus der Christen. Eine Gruppe von Flüchtlingen, wahrscheinlich Mönche, nahm die Prophezeiungen des Johannes von Jerusalem mit und brachte sie nach Rußland; genauer gesagt: ins Kloster Sagorsk bei Moskau. Eine aus dem 16. Jahrhundert stammende Chronik der Abtei berichtet folgendermaßen darüber: „In das Reich, wo der Glaube gehütet wird, auf die Insel von Sagorsk, retteten sich die Brüder mit ihren unersetzlichen Schriften. So gelangte auch die geheime Schrift der Weissagungen nach Sagorsk, in welcher erzählt wird, wie der Menschheit Schicksal sich gestalten soll, nachdem das Millennium, das nach unserem Millennium sein wird, seinen Anfang genommen hat." Gesichert ist, daß die Prophezeiungen bis 1918 in dem russischen Kloster aufbewahrt wurden, seit diesem Zeitpunkt aber sind sie verschollen. Am wahrscheinlichsten ist die Vermutung, die Bolschewiki, welche Sagorsk in jenem Jahr plünderten, hätten das Buch entweder geraubt oder vernichtet.

Das siebte und letzte Exemplar schließlich, das sich offenbar vom frühen 12. bis in die Mitte des 20. Jahrhunderts in jüdischen Händen befand, ist unzerstört zu uns gekommen – wenn auch auf ausgesprochen dramatische Weise.

Kurz vor seinem Tod gab Johannes von Jerusalem dieses Manuskript wohl einem Freund mosaischen Glaubens: am ehesten einem schreib- und lesekundigen Rabbi oder Kohen[3]. Irgendwann gingen Nachfahren des ersten Besitzers in die Diaspora, und das Buch wanderte in den vielen folgenden Generationen mit ihnen über Spanien, Frankreich und Deutschland nach Polen. Wiederum für sehr lange Zeit wurde es zuletzt in Warschau verwahrt – bis 1941 die Schergen der SS das dortige Ghetto stürmten und die Bewohner zu Tausenden massakrierten und zu Zehntausenden verschleppten. SS-„Wissenschaftler" waren es auch, die in einer der zur Plünderung freigegebenen jüdischen Bibliotheken das Manuskript des Johannes von Jerusalem entdeckten.

Sie sandten es Heinrich Himmler, der bekanntermaßen ein Faible für die Kreuzritter hatte, und dieser gab es, nachdem er es selbst aufmerksam studiert hatte, an Hitler weiter. In dessen Berliner Führerbunker blieb die Handschrift bis zum Frühjahr 1945, als das „Dritte Reich" zusammenbrach. Nach dem Selbstmord Hitlers drangen russische Soldaten in dessen Hauptquartier ein, und bei dieser Gelegenheit fiel ihnen auch das Manuskript aus dem 12. Jahrhundert in die Hände. Wenig später nahm der sowjetische Geheimdienst KGB es in Verwahrung und brachte es nach Moskau, wo es bis zum Zusammenbruch der UdSSR in den Archiven des KGB in der berüchtigten Lubjanka lagerte.

Zu Beginn der 90er Jahre – praktisch zeitgleich mit der spektakulären archäologischen Ausgrabung der Israelis am Jerusalemer Tempelberg – schloß sich dann auf ganz erstaunliche Weise ein Kreis. Der französische Historiker Galvieski, der die Spuren der sieben verschollenen Bücher schon jahrelang verfolgt hatte, stöberte im nun zugänglichen KGB-Archiv in der Lubjanka, weil er dort Materialien über das Kloster Sagorsk vermutete, wo sich einst ebenfalls eine Kopie der Prophezeiungen des Tempelritters befunden hatte. Und bei dieser Gelegenheit stieß er völlig unerwartet auf das Exemplar aus dem Warschauer Ghetto, das Johannes von Jerusalem beinahe neunhundert Jahre zuvor einem jüdischen Freund übergeben hatte.

Galvieski wertete seinen Fund gründlich aus; 1994 publizierte er die Ergebnisse seiner Forschungen sowie die vierzig Einzelprophezeiungen unter dem Titel „Le livre des propheties" in Frankreich. Dank der Arbeit Galvieskis wurde das einzigartige Vermächtnis des Kreuzritters aus dem 12. Jahrhundert der Menschheit wieder zugänglich – und, wir haben es eingangs dieses Kapitels bereits erwähnt, es geschah direkt vor der Wende zum dritten Jahrtausend, auf dessen Beginn sich die ersten dreißig Visionen des einstigen Abtes von Vézelay beziehen.

Läßt man sich aber nun diesen durch die reine Ratio kaum zu erklärenden Umstand durch den Kopf gehen, dann stellt sich fast zwangsläufig die Frage, ob die Wiederentdeckung der Prophezeiungen exakt zum „richtigen Zeitpunkt" möglicherweise von allem Anfang an vorbereitet gewesen war? Wie sich zeigen wird, läßt sich das absolut nicht ausschließen; vielmehr scheint es tatsächlich so, als hätte Johannes von Jerusalem einen „großen Plan" verfolgt, dessen Sinn erst nach beinahe neunhundert Jahren völlig deutlich werden sollte.

* * * * *

Zweifellos wäre ein solcher „Coup auf prophetischer Ebene" einem Mitglied des innersten Kreises der Templer würdig gewesen. Denn zahlreiche Autoren, die sich intensiv mit der Geschichte dieses rätselhaften Ordens auseinandergesetzt haben, vermuten, dessen führende Köpfe hätten sehr viel weitergehende Ziele verfolgt, als lediglich eine Elitetruppe der Kreuzzugszeit zu stellen. Vielmehr zeigt die Geschichte, daß bereits die ersten neun „Ritter vom Tempel Salomos" eher „esoterisch" ausgerichtet waren und das Wohl der Menschheit im Auge hatten, statt sich bloß als Krieger profilieren zu wollen. Und auch später waren die Templer immer wieder zu völlig atypischen Taten fähig; so etwa 1187 in der berühmten Schlacht bei den „Hörnern von Hattin", wo sie trotz ihres einzigartigen militärischen Könnens scheinbar dermaßen falsch taktierten, daß das Kreuzheer eine fürchterliche Niederlage erlitt – wodurch letztlich der Untergang der Kreuzfahrerstaaten und damit die Befreiung Palästinas von der christlichen Aggression eingeleitet wurde.

Wenn das aber das Ziel des damaligen Großmeisters gewesen wäre, dann wäre dieses Verhalten ein schwerwiegendes Indiz für die wahren Absichten der Templer. Sie hätten in diesem Fall das Unrecht der Kreuzzüge ganz bewußt so rasch wie möglich beenden wollen, weil es eine positive historische Entwicklung behinderte. Und wenn wir, von dieser Prämisse ausgehend, jetzt wieder die Handlungsweise des Johannes von Jerusalem betrachten, dann wird klar, daß seine Zielsetzung sehr wohl mit jener eben genannten identisch gewesen sein könnte.

Auch er hatte ganz ohne Zweifel das Wohl der Menschheit im Auge und gab deswegen seine Prophezeiungen als Warnung vor noch weit in der Zukunft liegenden Fehlentwicklungen ab. Damit die Visionen aber wirksam werden konnten, durfte er sie nicht in seiner eigenen Epoche publik machen, weil sie damals noch gar nicht verstanden worden wären. Sie durften vielmehr erst dann in die Welt gelangen, wenn die Zeit gekommen war: am Ende des zweiten Jahrtausends. Genau zu diesem Zweck ließ der Ritter sie zunächst auf „verborgenen Pfaden" verschwinden; er konnte dies riskieren, weil er dank seiner Sehergabe zu erkennen vermochte, daß zumindest eine der sieben Handschriften den langen Weg durch sein eigenes Millennium überstehen und nach fast neunhundert Jahren wieder auftauchen würde.

Verschiedene Überlieferungen der Katharer[4] (mit denen die Templer intensive Kontakte pflegten) sowie der Rosenkreuzer und später der Freimaurer (die immer wieder als Nachfolger des Ordens gesehen wurden) deuten auf eine Beteiligung dieser ebenfalls idealistisch ausgerichteten Organisationen an einem solchen Geheimplan hin. In einem Text der Katharer beispielsweise heißt es, ein großer geistiger Schatz sei nach dem Fall des Montségur in Sicherheit gebracht und verborgen worden. Die Erde werde ihn erst dann wieder freigeben, wenn die Zeit gekommen sei, in der die Menschen seine Bedeutung erkennen könnten.

Möglicherweise ist das ein Hinweis auf die verschollenen Prophezeiungen des Johannes von Jerusalem, und vielleicht hatten wiederum Rosenkreuzer des 16. Jahrhunderts ihre Hände im Spiel, als eines der sieben Exemplare über den französischen Königshof an Nostradamus gelangte, damit der Seher von Salon aus den Offenbarungen des Kreuzritters schöpfen und damit seine eigene Aufgabe erfüllen konnte. Wenn es so war, dann hätten zahlreiche Eingeweihte mit dem Ziel zusammengewirkt, das Erbe des Johannes von Jerusalem nicht untergehen zu lassen, und es kann, so gesehen, nicht ausgeschlossen werden, daß auch die Wiederauffindung des in Warschau gehüteten Folianten kein bloßer Zufall gewesen ist.

Vielmehr wären dann in Polen, in Berlin und zuletzt in Moskau ebenfalls „verborgene Kräfte" am Werk gewesen, die noch in der unmittelbaren Gegenwart im Sinne des Propheten aus dem 12. Jahrhundert handelten. Tatsache ist auf jeden Fall, daß die große Zukunftsschau des Kreuzritters in unserer Zeit, für die sie bestimmt ist, wieder greifbar wurde – und die Menschheit durch sie vor drohenden Fehlentwicklungen und Katastrophen gewarnt werden kann.

DIE SCHRIFT DER WEISSAGUNGEN

Die Schrift der Weissagungen

Die in Moskau aufgefundenen Prophezeiungen des Johannes von Jerusalem umfassen vierzig einzelne Schauungen.

Dreißig davon beziehen sich auf den Beginn des dritten Jahrtausends, und der Visionär macht dies jeweils durch den folgenden vorangestellten Satz klar: „Wenn das Millennium einsetzt, das auf das Millennium folgt:" Er drückt dadurch aus, daß die Prophezeiung herausragende Ereignisse oder Verhältnisse am Anfang des dritten Jahrtausends beschreibt, welches nach seinem eigenen, dem zweiten, kommen wird.

Die restlichen zehn Schauungen stehen für besondere Geschehnisse im Ausklang des dritten Jahrtausends. Diese abschließenden Visionen kennzeichnet der Seher durch die Präambel: „Wenn das Millennium verklingt, das dem Millennium folgt:" Sie beziehen sich also auf eine Zukunft, die erst neun oder zehn Jahrhunderte nach unserer Gegenwart Realität werden wird.

Auf den folgenden Seiten werden zunächst die dreißig „nahen" und sodann die zehn „fernen" Prophezeiungen vorgestellt. Sie wurden vom Autor auf der Basis der von Professor Galvieski publizierten französischen Vorlage ins Deutsche übertragen, wobei zugunsten eines möglichst klaren Sinngehalts auf eine streng wörtliche Übersetzung verzichtet wurde. Zudem unternimmt der Autor den Versuch, die einzelnen Texte so gut wie möglich zu interpretieren.

1. TEIL

DIE VISIONEN DES JOHANNES VON JERUSALEM ZUM BEGINN DES NEUEN JAHRTAUSENDS

Wenn das Millennium einsetzt,
das auf das Millennium folgt:
Wird der Mensch goldenes Fieber im Blut haben.
Bei der Betrachtung des Sternenhimmels
wird er gleißende Stücke Mammon zählen.
Wenn er den Tempel betritt,
wird Krämergeschrei sein.
Aus den Getreuen werden
Hurenböcke des Geldes und Wucherer
geworden sein.
Mit dem Schwert wird die Tücke der Schlange
verteidigt werden.
Dann jedoch wird Flammenglut aufbrüllen.
Die Pein Sodoms und Gomorrhas in jeglicher Stadt.
Kinder, die zu brennenden Feuerzungen werden:
gleich dem uralten vorangetragenen Banner.

Johannes von Jerusalem legt mit dieser ersten Vision die Basis für seine prophetische Warnung.

Profitsucht und brutaler Kapitalismus regieren die Welt. Die wahren Ideale (die am Sternenhimmel sichtbar werden) gelten nichts mehr; auch dort sucht man – ebenso wie in den „Tempeln" – nur noch materiellen Gewinn. Es werden Kriege um der wirtschaftlichen Macht willen geführt werden.

Irgendwann jedoch bricht das menschenfeindliche System in einer furchtbaren Katastrophe zusammen. Selbst die Kinder werden dann nicht verschont; ihre verbrannten Körper in der grellen Glut erinnern den Kreuzritter an den Baucéant, das schwarzweiße Banner der Templer.

Johannes von Jerusalem

> *Wenn das Millennium einsetzt,*
> *das auf das Millennium folgt:*
> *Kann niemand mehr die Zahl der Menschen zählen.*
> *Einem Ameisenhügel ist die Menschheit gleich,*
> *in den ein Stock gestoßen wird.*
> *Und sie wimmeln kopflos in alle Richtungen,*
> *ehe der Tod sie mit seinem Stiefel zertritt.*
> *Gleich kopflosen und verwirrten Ameisen sind sie.*
> *Sie rasen von einer Stadt zur anderen*
> *in großen Strömungen und Horden.*
> *Dunkle Haut vermählt sich mit heller.*
> *Christlicher Glaube mischt sich mit unchristlichem.*
> *Frieden und Eintracht wird so mancher lehren,*
> *aber überall auf Erden*
> *liegen feindliche Völker im Krieg.*

Der Planet leidet unter einer Übervölkerung, die noch bedeutend schlimmer als die heutige ist. Offenbar sind alle Versuche zur Geburtenkontrolle gescheitert – vielleicht, weil sie, zumindest in der „Dritten Welt", von den großen Weltreligionen erfolgreich hintertrieben wurden.

Jetzt kommt es zu immensen Migrationsbewegungen, wobei die Völker sich körperlich und geistig wie nie zuvor vermischen. Human denkende Führer versuchen, die daraus resultierenden vielfältigen Probleme zu meistern, indem sie multikulturelle Lösungsmodelle anbieten.

Doch in der Realität brechen zahlreiche Konflikte aus, wobei es wohl um Lebensraum und knapp gewordene Ressourcen geht.

Wenn das Millennium einsetzt,
das auf das Millennium folgt:
Werden Augen und Ohren des Menschen
bis zu den Enden des Erdkreises reichen.
Aber er wird Greuel sehen und hören:
Säuglinge, denen das Gebein durchs Fleisch spießt.
Kinder, in deren Augen Schmeißfliegen nisten,
und andere, die gehetzt werden gleich Rattenbrut.
Abwenden wird der Mensch sein Antlitz
von den Greueln.
Und er wird ohne Mitleid sein.
Eine Faustvoll Korn wirft er den Darbenden hin,
er selbst schöpft aus vollen Scheunen.
Was er mit der Linken wegwirft,
rafft er mit der Rechten vielfach wieder an sich.

Wir erkennen das bereits jetzt existierende Informationszeitalter. Auch die verhungernden oder seuchenkranken Kinder der „Dritten Welt" sind uns nicht unbekannt. Daß diese Ärmsten der Armen zumindest in Einzelfällen, etwa in südamerikanischen Städten, bereits von Killerkommandos gejagt wurden, wissen wir ebenfalls.

Doch laut Johannes von Jerusalem werden diese Zustände in Zukunft noch viel schlimmer. Und der Seher nennt abschließend auch die Gründe für solche Herzlosigkeit: den zynischen und nur am eigenen Profit orientierten Umgang der reichen Industriestaaten, allen voran die USA, mit den sogenannten Entwicklungsländern.

Wenn das Millennium einsetzt,
das auf das Millennium folgt:
Wird der Mensch alle Fesseln sprengen wollen.
Der gute Pfad der Natur wird verleugnet werden.
Frauen werden grauhaarig sein und doch gebären.
Die Sippen werden wie Spreu sein,
die in den Wind geworfen wurde
und deren Spelzen zügellos im Wind taumeln.
Diese andere Erde
wird nicht mehr die alte Erde sein.
Gleich einem wildgewordenen Roß
wird der Mensch einherrasen ohne Ziel.
Hierhin und dorthin, reiterlos getrieben vom Wind.
Im Sattel sitzt hinter dem Reiter das Unheil.
Der Reiter verliert die Steigbügel und stürzt.

Noch einmal spricht der Seher das Problem der Übervölkerung des Planeten an. Er wirft der Menschheit vor, sich darin gegen die Natur selbst zu stellen, was sehr griffig im Bild der gebärenden grauhaarigen Frau ausgedrückt wird.

Die Bevölkerungsexplosion fordert jedoch ihren Tribut. Die Abermilliarden, die sich auf Erden drängen, werden orientierungslos und treiben einer Katastrophe entgegen.

Wenn das Millennium einsetzt,
das auf das Millennium folgt:
Verleugnet der Mensch das göttliche Gesetz.
Er wird sein Dasein gleich einem Maultier
peitschen und lenken wollen.
Im Bauch des Weibes
wird er das Geschlecht des Säuglings bestimmen.
Wird zugleich das nicht gewollte Kind töten.
An die Stelle Gottes
versucht der Mensch zu treten.
Die Reichen rauben das fruchtbare Land
und nehmen sich die schönsten Frauen zur Lust.
Doch die Niedrigen und Hilflosen
werden in Pferchen gehalten wie das Vieh.
Wie in Zwingtürmen leben sie in ihren armen Hütten.
Ihre Seelen sind vom Gift der Furcht gepeinigt.

In dieser Prophezeiung wird klar, daß die Menschheit zu Beginn des dritten Jahrtausends in zwei Gruppen gespalten ist, die sich sozial gravierend unterscheiden. Eine herrschende Schicht hat sich über die anderen aufgeworfen und bestimmt die Geschicke des Planeten.

Diese Reichen (die tonangebende Klasse der Industrienationen) leben im Luxus, manipulieren das Geschlecht ihrer Kinder und führen Abtreibungen durch. Die Armen (der „Dritten Welt") sind noch chancenloser als heute, stellen lediglich ein verachtetes „Sklavenpotential" dar und wissen angesichts der Bevölkerungsexplosion in ihren Slums vor Angst nicht mehr aus noch ein.

Johannes von Jerusalem

> *Wenn das Millennium einsetzt,*
> *das auf das Millennium folgt:*
> *Betritt der Mensch ein finsteres Labyrinth,*
> *in dem er sich rettungslos verirrt.*
> *Voll Furcht schlägt er die Hand vor die Augen,*
> *sein Blick durchdringt die Dunkelheit nicht mehr.*
> *Vom Zweifel gewarnt, schreckt er zurück,*
> *jeder Schritt jagt ihm Angst ein.*
> *Aber er wird vorwärts gepeitscht,*
> *die Dunkelheit gönnt ihm keine Besinnung.*
> *Der Mensch vernimmt nicht Kassandras Stimme,*
> *so laut und eindringlich sie auch ruft.*
> *Denn Gier treibt ihn,*
> *und seinen Blick umgaukeln Trugbilder.*
> *Finstere Herrscher, die sich zu seinen Meistern aufwerfen wollen, täuschen und verlocken den Menschen.*
> *Einzig noch schlechten Hirten ist er ausgeliefert.*

In dieser Vision bezeichnet Johannes von Jerusalem allgemein den Irrweg, den die Menschheit zu Beginn des dritten Jahrtausends einschlägt.

Die moderne Zivilisation wird mit ihren Möglichkeiten und Herausforderungen nicht mehr fertig. Falsche Werte wie hemmungsloses Wirtschaftswachstum oder der Wahn, wonach alles machbar sei, peitschen die Völker auf einem verderblichen Weg vorwärts. Die Zögernden oder diejenigen, welche auf die Warnungen vor einer furchtbaren Fehlentwicklung hören wollen, werden überrannt.

Im Hintergrund agiert eine Organisation, die um ihres eigenen Vorteils und ihrer Machtgier willen keine Skrupel hat, die Individuen zu manipulieren und sie immer tiefer ins Verhängnis zu treiben.

Wenn das Millennium einsetzt,
das auf das Millennium folgt:
Wird der Mensch,
erdgeboren, aber von maßlosem Wahn besessen,
sich für gottgleich erachten.
Getrieben von Haß, Neid und Gier,
wird der Mensch wie irrsinnig um sich schlagen.
Die Macht, die er raubte, verleiht ihm Stärke dazu.
Dennoch ist er nichts als ein dumpfer Prometheus,
dessen einzige Kunst Zerstörung ist.
Die Macht des Giganten besitzt der,
dessen Seele zwergengleich ist.
Mit den Schritten eines Riesen schreitet er voran,
kennt aber den Pfad der wahren Erkenntnis nicht.
Nicht erfüllt, sondern dumpf vom falschen Wissen
ist sein Kopf.
Nichts begreift er vom Gesetz
des Lebens und Sterbens.
Wie ein tobender Wahnsinniger ist der Mensch,
einem wild plärrenden Säugling gleich.

Die Menschen der Zukunft (oder besser diejenigen, die in jener Zeit die Menschheit steuern) werden als „Zauberlehrlinge" charakterisiert, die von Machtgier und Maßlosigkeit geleitet werden, aber in Wahrheit nicht wissen, was sie tun.

Die Vision korrespondiert mit einer Aussage Einsteins im 20. Jahrhundert, wonach der moderne Mensch, technisch gesehen, die Kräfte eines Riesen besitze, geistig aber ein unzurechnungsfähiges Kind geblieben sei.

Johannes von Jerusalem

Wenn das Millennium einsetzt,
das auf das Millennium folgt:
Entsteht eine finstere, heimliche Ordnung.
Neid wird ihr Schlachtruf sein und Gift ihr Schwert.
Sie wird schrankenlos Gold raffen
und den Erdkreis unter ihre Peitsche zwingen.
Durch einen Blutkuß
schmiedet die Ordnung den finsteren Pakt.
Sie zwingt ihr heimliches Gesetz
den Menschen ohne Macht
und den Menschen guten Herzens auf.
Aus der Finsternis heraus
befiehlt die Ordnung ihr einziges Gesetz.
In die Gotteshäuser hinein
verspritzt sie ihr schwarzes Gift.
Mit dem Giftstachel des Skorpions
unter ihren Schuhen
schreitet die Erde in ihr Verderben.

Eine Weltherrschaft des schrankenlosen Kapitalismus (Goldgier) wird aufgerichtet. Diejenigen, welche die Ordnung der sozialen Marktwirtschaft stürzen, handeln zunächst immer noch hinter den Kulissen. Dort verschwören sich die Magnaten des Großkapitals; der „Blutkuß" könnte in der Sprache des Kreuzritters bedeuten, daß Verräter der Umsturzpläne mit dem Tod bestraft werden.

Breite Bevölkerungsschichten, Idealisten und Priester gehen den Verbrechern, die nach außen hin womöglich hochangesehene Positionen bekleiden, auf den Leim. Um so leichter kann sich der „Skorpion" darauf vorbereiten, der noch ahnungslosen Menschheit endgültig den „Giftstachel" ins Fleisch zu jagen.

Wenn das Millennium einsetzt,
das auf das Millennium folgt:
Werden Zwingherren ohne Glauben regieren.
Tyrannen werden sie sein
über hilflose und ahnungslose Menschenströme.
Die Gesichter der Bösartigen werden verhüllt sein
und die Namen der bösartigen Herrscher geheim.
Tief in unzugänglichen Forsten
verbergen sich ihre uneinnehmbaren Zwingburgen.
Das Schicksal aller Menschen halten sie in ihren eisernen Fäusten. Kein Unberufener findet Zugang
zu den Festungen ihrer heimlichen Ordnung.
Die Menschen glauben,
frei und von ritterlichem Reichtum zu sein.
Aber in Wahrheit sind sie Leibeigene und Sklaven.
Nur die aus den Behausungen in der Wildnis,
diejenigen, die als Ketzer verflucht werden,
sind imstande, den Aufstand zu wagen.
Aber sie werden geschlagen
und bei lebendigem Leibe verbrannt werden.

Erneut warnt Johannes von Jerusalem vor jener skrupellosen Organisation, welche die entmündigten Menschen zu Beginn des dritten Jahrtausends steuert. Es handelt sich um außerordentlich gefährliche, global agierende „Herrscher", die um so unangreifbarer sind, weil sie strikt anonym bleiben.

Widerstand kommt augenscheinlich nur noch aus einigen wenigen, „rückständigen" Regionen des Planeten, wo kleine Gruppen Moral sowie körperliche und geistige Freiheit bewahrt haben. Diese Menschen aber werden (durch eine Medienkampagne der Herrschenden?) in Mißkredit gebracht und dann ausgerottet.

Wenn das Millennium einsetzt,
das auf das Millennium folgt:
Wird der Mensch mit blinden Augen
und leeren Händen
ziellos über die Erde streifen.
Kaum einer wird noch ein Schmiedefeuer schüren
und kaum einer ein Feld bestellen.
Der Mensch schafft sich kein Werkzeug mehr
und erntet nicht länger die Frucht auf dem Feld.
Gleich dem Samenkorn wird er sein,
das im Gestein Wurzeln zu schlagen versucht.
Nackt, erniedrigt und ohne Hoffnung
streift er ziellos über die Erde.
Vergeblich suchen Kinder und Greise ein Herdfeuer.
Viele suchen Rettung in den Kriegen.
Dort schlachten sie ihr eigenes Fleisch
und brüllen den Haß auf ihr Dasein heraus.

Zahllosen Individuen ist es verwehrt, ein sinnvolles und erfülltes Leben zu führen, weil ein großer Teil der Menschheit entwurzelt ist und keine Heimat mehr finden kann.

Die einst starken „sozialen Netze", die bereits am Ende des 20. Jahrhunderts vielfach demontiert wurden, brechen völlig zusammen. Am schlimmsten trifft es die Schwächsten der Gesellschaft.

Verzweifelte junge Männer werden offenbar zu Söldnern oder schließen sich radikalen Gruppierungen an – und begreifen nicht, daß ihre Gewaltbereitschaft zuallererst sie selbst trifft.

Die Visionen des Johannes von Jerusalem zum Beginn des neuen Jahrtausends

Wenn das Millennium einsetzt,
das auf das Millennium folgt:
Werden an tausend Orten der Erde
babylonische Türme den Himmel spießen.
Die Verheerung
wird ein einziges Rom und Byzanz sein.
Öde und verwaist
sind die einst fruchttragenden Felder.
Jeder schreit sein eigenes Gesetz heraus,
so daß es keinerlei Gesetz mehr geben wird.
Innerhalb der Stadtmauern wird Barbarei hausen.
Hungersnöte werden ausbrechen.
Die verfluchten Belustigungen
werden keinen mehr sättigen können.
Aus Furcht vor dem nächsten Morgen
wird der Mensch die Scheiterhaufen entfachen.

Johannes von Jerusalem sieht die widernatürlichen Wolkenkratzer der modernen Welt, die sich offenbar noch viel weiter als heute über den Planeten ausbreiten. Die Zustände erinnern ihn an das Rom und Byzanz seiner Zeit, wo die Bewohner ebenfalls so dicht zusammengedrängt und unter solch menschenunwürdigen Bedingungen hausten, daß Frust, Drogensucht und Kriminalität vorprogrammiert waren.

Dagegen sind zu Beginn des nächsten Jahrtausends die Agrarflächen verödet und (vermutlich aufgrund der jetzt weit fortgeschrittenen Umweltzerstörung) unfruchtbar geworden. Abermillionen tanzen in den Städten einen Totentanz; die Medien gaukeln ihnen dabei zynisch noch immer eine heile Welt vor. Aber am Ende steht auch in dieser Vision der Zusammenbruch; die Menschen zerstören das, was sie selbst zerstört.

Johannes von Jerusalem

> *Wenn das Millennium einsetzt,*
> *das auf das Millennium folgt:*
> *Wird der Mensch hemmungslos*
> *seinen tierischen Trieb befriedigen.*
> *Männer werden ihre Frauen verstoßen,*
> *wieder und wieder,*
> *und sich nach ihren Gelüsten neue nehmen.*
> *Frauen werden durch finstere Gassen laufen*
> *und sich Männer für ihre Lust greifen.*
> *Sie werden vaterlose Kinder zur Welt bringen.*
> *Kein Lehrer jedoch wird solch ein Kind leiten.*
> *Es wird verstoßen und verlassen sein.*
> *Die alten Lehren werden verachtet,*
> *die alten Gesetze für nichtig erklärt.*
> *Zum wilden Tier wird der Mensch.*
> *Haust fern aller alten Weisheit.*

Eine derartige Entwicklung droht, wenn erotische Befreiung mit sexueller Zügellosigkeit verwechselt wird. Partner sind dann beliebig austauschbar, echte menschliche Beziehungen unmöglich geworden. Die Folge ist eine hemmungslose Promiskuität.

Werden zufällig Kinder gezeugt, sind die Eltern nicht mehr fähig, sich ihrer wirklich anzunehmen. Diese Kinder haben dann niemanden mehr, der sie durchs Leben führt; sie vertieren in einer Gesellschaft, in der nur noch das primitive Lustprinzip gilt.

Die Visionen des Johannes von Jerusalem zum Beginn des neuen Jahrtausends

*Wenn das Millennium einsetzt,
das auf das Millennium folgt:
Wird die Tochter dem eigenen Vater
zur Befriedigung dienen.
Ebenso treiben es Männer mit Männern,
Weiber mit Weibern
und selbst der Greis mit dem blühenden Kind.
Und sie werden es nicht im verborgenen,
sondern schamlos unter fremden Blicken treiben.
Daraus aber wird vergiftetes Blut entstehen.
Von Hurenlager zu Hurenlager fließt das Gift.
In den Leibern wird der Gestank des Pfuhls sein.
Ihr Antlitz wird knochig, ihre Gliedmaßen fiebern.
Die Lust vergiftet die Schamlosen,
die sich am verbotenen Fleisch berauschten.*

Eindringlich warnt Johannes von Jerusalem vor einer Promiskuität, die bis hin zur Perversion reicht, und spricht vor allem die Kinderschändung an, welche bereits heute in der sogenannten postmodernen Gesellschaft erschreckend oft zu beobachten ist.

Aufgrund dieser sexuellen Verantwortungslosigkeit (zum Beispiel auch durch menschenverachtenden Sextourismus nach Asien oder in die ehemaligen Ostblockländer) wird sich Aids offenbar weiter ausbreiten.

Möglicherweise sieht der Prophet aber noch andere Seuchen auf die Menschheit zukommen, wenn sie nicht wieder lernt, Erotik mit echter Zuneigung und Achtung vor einem adäquaten Partner zu verbinden.

Johannes von Jerusalem

Wenn das Millennium einsetzt,
das auf das Millennium folgt:
Werden sie auch Wucher mit den Kindern treiben.
Manch Bösartiger wird umgehen mit dem Kind
wie ein Armbrustschütze mit der Strohscheibe.
Lust suchen solche an unschuldiger Haut.
Andere quälen das Kind
ähnlich wie verängstigte Tiere gequält werden.
Sie werden vergessen haben,
daß Schwäche und Geheimnis des Kindes
etwas von Gott Geheiligtes sind.
Das Kind wird jetzt gleich einem Füllen sein,
das mit Sporn und Peitsche gebrochen wird.
Und gleich einem Zicklein,
das geschächtet wird und weißblutet.
Der Mensch wird furchtbare Greuel treiben.

Diese beklemmende Prophezeiung schildert eine Gesellschaft, in der Pädophilie gang und gäbe geworden ist. Kein Gesetz scheint mehr zu verhindern, daß Kinder von Perversen massenhaft als Sexualobjekte mißbraucht werden.

Zwar ist eine derartige Entwicklung heute kaum glaubhaft, aber einige Anzeichen deuten trotzdem darauf hin: Kinderpornos, die im einschlägigen Versandhandel oder im Internet angeboten werden; Knabenschändungen durch Priester vor allem der katholischen Kirche, die gerade während der vergangenen Jahre reihenweise aufgedeckt wurden; dazu Sexualmorde an Kindern, die gehäuft Schlagzeilen machen.

*Wenn das Millennium einsetzt,
das auf das Millennium folgt:
Wird grimmiger Hunger
in den Eingeweiden der Menschen wühlen.
Ihre Körper werden starr sein vor Frost.
In ihrer Not heulen die Menschen nach einer besseren Erde.
So werden die Gaukler der Bilder erscheinen
und den Menschen ihr böses Gift aufschwatzen.
Das Gift aber vernichtet die Leiber
und zerfrißt die Herzen und Seelen.
Gleich einem Raubtier in der Falle wird der sein,
in dessen Inneres das Gift der Bilder eindringt.
So werden sie rauben und schänden,
Böses erzwingen und morden.
Gleich den Greueln des Jüngsten Tages
wird ihr Dasein Tag für Tag seine Fratze zeigen.*

Offenbar haben Umweltzerstörung und unverantwortliche Eingriffe in das biologische Gleichgewicht (Gentechnik) für eklatanten Nahrungsmangel gesorgt. Ebenso fehlt es an Energie; wohl aufgrund einer hemmungslosen Ausbeutung der Natur sind die Ressourcen erschöpft. Die Menschheit friert, hungert – und flüchtet in gefährliche Traumwelten.

Schon heute zeichnen sich die üblen Auswirkungen einer nur noch am Profit orientierten Medienindustrie ab, die ihre Milliardengeschäfte mit brutalen TV-Serien, vor allem aus den USA, Revolverjournalismus oder billigster Schundliteratur macht. Setzt diese Entwicklung sich fort, werden die Menschen schon bald unter schwersten seelischen Störungen leiden und jede Moral verlieren, so daß die zusammenbrechende Zivilisation ein grauenhaftes Antlitz bekommt.

*Wenn das Millennium einsetzt,
das auf das Millennium folgt:
Macht sich der frevelnde Mensch daran,
das Antlitz der Erde zu zerstören.
Als einen Beherrscher und Zwingherrn
der Forste und Weiden wird er sich sehen.
Bald dann hat er Erde und Firmament durchpflügt,
hat seinen Pflug durch Ströme und Ozeane gezerrt.
Aber das Land wird geschändet sein
und wird keine Früchte mehr tragen.
Wie etwas Brennendes wird die Luft sein,
wie Pesthauch werden die Gewässer stinken.
Alles Leben beginnt zu verdorren,
denn der Mensch hat die Fülle der Erde zerstört.
Er wird in seiner bösen Verachtung der Erde
einsam irren gleich einem ausgestoßenen Wolf.*

Noch deutlicher spricht Johannes von Jerusalem hier den verantwortungslosen Umgang mit der Natur an, wodurch die Menschheit letztlich ihre eigene Lebensgrundlage verliert.

Die Erde ist steril und unfruchtbar geworden, große Teile der Süßwasservorräte sind vergiftet. Ungehindert dringt die gefährliche UV-Strahlung durch die Atmosphäre, so daß die „Luft" brennt und Krebsgeschwüre die Folge sind.

Wenn das Millennium einsetzt,
das auf das Millennium folgt:
Wird die Seuche der Ozeane, des Firmaments
und des festen Landes
den Menschen bedrohen und ihn vergiften.
Was er vernichtet hat,
wird der Mensch wieder aufrichten wollen.
Was noch sein Leben fristet,
wird er verzweifelt zu retten versuchen.
Er wird es aus Furcht tun vor dem Kommenden.
Aber was er retten möchte, ist nicht mehr zu retten.
Aus sattem Erdreich wird tote Wüste.
Tief in den Gewässern öffnen sich Abgründe,
die dann, wenn die Zeit kommt, aufbrechen werden
und alles Leben verschlingen, gleich der Sintflut.
So wird der letzte Tag des Erdkreises anbrechen,
und der giftige Hauch wird zuerst
die Leiber der Kinder und Greise verzehren.

Auch in dieser Vision geißelt der Prophet die Umweltzerstörung. Zumindest ein Teil der Menschheit scheint das drohende Verhängnis begriffen zu haben. Beherzte Staaten oder auch nur Gruppen machen einen Versuch, den bereits weit fortgeschrittenen biologischen Zusammenbruch aufzuhalten, weil sie das schreckliche Ende dieser Entwicklung erkennen.

Doch sie haben keine Chance mehr. Rasend schnell breiten sich nun die Wüsten aus. Geologische Kataklysmen (vielleicht ausgelöst durch unterirdische Nukleartests) ziehen verheerende Seebeben und Flutkatastrophen nach sich; zudem scheinen Giftwolken chemischer oder gar atomarer Art über den Globus zu treiben.

> *Wenn das Millennium einsetzt,*
> *das auf das Millennium folgt:*
> *Wird das menschliche Leben*
> *nicht länger menschliches Leben sein.*
> *Viele werden kein Gesetz, keine Hütte und kein Brot*
> *mehr besitzen.*
> *Viele werden nackt sein.*
> *Sie werden nichts haben als ihren nackten Leib,*
> *den sie verkaufen können.*
> *In die Fremde werden diese gejagt:*
> *weg von den babylonischen Türmen,*
> *wo geraubter Überfluß herrscht.*
> *Aber sie knurren ihre Drohungen*
> *und nennen die Schuldigen beim Namen.*
> *Sie setzen sich auf totem Land fest*
> *und zeugen dort Kinder.*
> *Ihre Propheten sprechen von der Zeit der Rache.*
> *So werden sie schließlich*
> *die babylonischen Türme berennen und stürmen.*
> *Dies ist die Zeit, da die Angriffe der Barbaren beginnen.*

Unwillkürlich assoziiert man hier die zynischen Begriffe der „Zweidrittelgesellschaft" oder auch der „Dritten Welt". Die Armen werden an den Rand gedrängt; diejenigen, die in den „babylonischen Türmen", den Metropolen, sitzen, wollen nichts mit ihnen zu tun haben.

Doch die Unterprivilegierten, die in den Augen der Herrschenden nichts als Barbaren sind, werden sich des Unrechts, das ihnen angetan wurde, bewußt. Sie erstarken trotz aller Schwierigkeiten und treten schließlich zum Gegenangriff auf eine herzlose „Zivilisation" an.

Die Visionen des Johannes von Jerusalem zum Beginn des neuen Jahrtausends

Wenn das Millennium einsetzt,
das auf das Millennium folgt:
Wird das Festland vielfach erschüttert
und werden große Städte mit Mauern und Türmen verschlungen werden.
Verschlungen und vernichtet wird alles,
was gegen den Ratschlag der Wissenden
errichtet wurde.
Unter dem Morast vergehen die Dörfer,
unter den Fundamenten der stolzen Paläste
tut sich die Erde auf.
So möchte die Erde den Menschen warnen.
Aber der Mensch ist blind und taub vor Stolz
und vernimmt die Warnung nicht.
So werden Feuerstürme all die Städte treffen,
die wie ein neues Rom sind.
Die Legionen können den Reichtum nicht retten,
Barbaren und Besitzlose plündern den Reichtum.

Johannes von Jerusalem beschreibt die Folgen der schon zuvor erwähnten Naturkatastrophe und spielt auf die Warnungen an, die einsichtige Menschen in der Vergangenheit an die Maßlosen richteten. In den Städten, die „wie ein neues Rom sind", erkennt man unschwer die aus allen Nähten platzenden und so sehr von sich eingenommenen Metropolen der modernen Welt.

Wenn der Visionär von „Legionen" spricht, so verwendet er einen Begriff aus der römischen Antike, der auch im Mittelalter noch Bedeutung hatte. Legionäre wären demnach reguläre Truppen. Was unter „Barbaren" zu verstehen ist, wurde bereits in der vorhergehenden Vision klar.

Johannes von Jerusalem

Wenn das Millennium einsetzt,
das auf das Millennium folgt:
Wird Sol den Leib Terras verzehren.
Nicht länger wird die Luft vor der Glut bewahren.
Wird nur noch ein durchlöcherter Schleier sein,
und tödliche Glut wird Haut und Augen verätzen.
Gleich einem brodelnden Kessel
schäumt der Ozean gen Himmel.
Das Meer verschlingt Städte und Ströme
und überflutet riesige Teile der Erde.
Diejenigen, die sich auf die Berge gerettet haben,
bemühen sich, das Zerstörte neu zu errichten.
Sie wissen nicht mehr, was sich ereignet hat.

Wenn die Sonne den „Leib Terras", also die Oberfläche unseres Planeten, „verzehren" kann, dann muß die Zerstörung der Ozonschicht ungeahnte Ausmaße angenommen haben. Der Seher drückt dies durch die Metapher vom „durchlöcherten Schleier" aus und nennt anschließend die Folgen der aggressiven UV-Strahlung für den Menschen.

Angesprochen wird hier zudem, daß der Temperaturanstieg auf dem Planeten auch Auslöser für Seebeben und Naturkatastrophen ist; vielleicht weil die Polkappen abschmelzen.

Hochinteressant sind die letzten drei Zeilen. Warum vergessen die Überlebenden, welches Verhängnis über sie hereingebrochen ist? Johannes von Jerusalem gibt die Antwort in seiner nächsten Vision ...

Wenn das Millennium einsetzt,
das auf das Millennium folgt:
Wird der Mensch sich Trugbilder schaffen.
Körperlose Wesen werden entstehen,
welche Augen, Ohren, Nase und Hände täuschen.
Der Mensch wird berühren,
was in Wahrheit niemand berühren kann.
Er wird über Pfade wandeln,
die sich allein in seinen Augen schlängeln.
Trügerische Träume wird der Mensch für Wahrheit halten.
In trügerischen Labyrinthen
wird sich der Mensch verirren.
In Irrgärten, wo das lebt, was nicht lebt.
Und die bösartigen Gaukler,
welche die Trugbilder erschaffen,
werden ihr Gaukelspiel und ihren Betrug
mit dem irregeleiteten Menschen treiben.
Zu speichelleckenden Kötern
werden so die Menschen in großer Zahl.

Die heimlichen Beherrscher der Erde sind offenbar fähig, die Menschheit mit Hilfe einer neuen Medientechnik bis hin zur Bewußtseinsveränderung zu manipulieren. Vielleicht handelt es sich um eine Art dreidimensionales „Fernsehen", dessen „Bilder" auch gerochen und berührt werden können, und es werden zusätzlich Drogen eingesetzt. Ziel dieser Vorgehensweise ist es offenbar, die Individuen über ihre reale Situation im unklaren zu halten, um sie auch weiterhin mißbrauchen zu können. Die ersten Schritte sind bereits unternommen worden, wenn man an die virtuellen Cyberspacewesen denkt, die schon jetzt Tausende von Computerfreaks in Atem halten.

Wenn das Millennium einsetzt,
das auf das Millennium folgt:
Werden Augen und Seele des Menschen versklavt sein.
Der Mensch wird sein gleich einem Trunkenen,
der hilflos durch die Gassen taumelt.
Trügerische Spiegelungen
wird er mit der Wahrheit verwechseln.
Andere werden das mit ihm tun,
was mit Schafen getan wird,
die der Metzger zur Schlachtbank treibt.
Schon bald werden diese menschlichen Raubtiere
aus den Wäldern brechen
und werden über die Erblindeten herfallen.
Wie Raubvögel werden sie sein,
welche die hilflosen Rudel jagen
und sie wie im Spiel in die Schluchten treiben.
Einen Hilflosen hetzen sie gegen den anderen.
Dann häuten sie die wehrlosen Schafe,
um ihr Fell und ihr Fleisch zu rauben.
Der Mensch, der dennoch überlebt,
wird keine Seele mehr besitzen.

Mit Hilfe ausgesprochen anschaulicher mittelalterlicher Bilder schildert der Prophet hier eine Zukunftswelt, in der die Menschen total manipuliert und ausgebeutet werden. Die Mittel, welche die Drahtzieher zur „Entseelung" benutzen, wurden in der vorangegangenen Vision genannt.

Ziel der perfekt durchgeführten Verdummung der Menschenmassen ist deren hemmungslose Ausbeutung, wobei Widerstand auch dadurch unmöglich gemacht wird, daß die Opfer gezielt gegeneinander aufgebracht werden.

Wenn das Millennium einsetzt,
das auf das Millennium folgt:
Gerät der Sproß des Menschen in Gefahr.
Das Kind wird bedroht vom Gift
und wird belauert von finsterer Zukunft.
Für den Eigennutz der Eltern atmet es,
nicht um seines eigenen Lebens willen.
Zur Jagdbeute wird das Kind,
oft wird sein Leib zur Ware abscheulicher Krämer.
Selbst diejenigen, die man nicht jagt,
weil sie im Schutz der Familien leben,
werden gefährdet sein.
Tote Seelen hausen in den Kindern.
Von Gaukelspiel und Trugbildern sind sie besessen.
Kein Meister leitet das Kind mehr.
Ohne Geisteskraft und Zukunft
ist der Sproß des Menschen gleich totem Lehm.

Sogar vor der Unschuld der Kinder, die nur noch eine Art „Wegwerfspielzeug" oder „Kapitalanlage" für die Erwachsenen sind, schrecken die Verbrecher, welche die Welt der Zukunft steuern, nicht zurück. Es sieht so aus, als würden schutzlose Minderjährige zum Opfer von Organhändlern werden.

Allgemein scheint die Psyche der Kinder dermaßen manipuliert zu werden, daß sie sich geistig und seelisch nicht mehr entwickeln können.

Johannes von Jerusalem

Wenn das Millennium einsetzt,
das auf das Millennium folgt:
Wird der Mensch mit jeglichem Leben wuchern.
Jegliches Leben wird vom Wucherpreis geschändet:
Tier, Pflanze, selbst Wasser und Luft.
Kein Leben wird länger Gabe Gottes sein,
jegliches Leben wird dem Wucher unterworfen.
Sogar der Wert des Menschen selbst
wird dann einzig an seinem Fleisch gemessen.
Verhökert wird sein Leib
gleich einem Fetzen Wildfleisch.
Des Menschen Ohr und Herz werden sie rauben.
Leben und Seele, die heilig waren,
werden als etwas Unheiliges betrachtet werden.
Sie gieren nach des Menschen Leib und Blut,
als würden sie Aasfleisch zerreißen.

Die totale Vermarktung der Natur beginnt und macht auch vor dem Menschen selbst nicht mehr Halt.

Die kriminellen Herren der Welt wuchern offenbar sogar mit Trinkwasser und Atemluft. Das menschliche Individuum dient in einem Ausmaß, wie wir uns das heute höchstens in Horrorvisionen vorstellen können, als Organbank.

Die Menschenrechte scheinen, um des hemmungslosen Profits willen, völlig außer Kraft gesetzt worden zu sein.

*Wenn das Millennium einsetzt,
das auf das Millennium folgt:
Übersät der Mensch
Erdkreis, Firmament und Ozeane
mit seinen Kreaturen.
Er brüllt seine Befehle,
sucht geifernd göttliche Herrschermacht
und ist maßlos in seinem Wahn.
Aber das Schicksalsrad stürzt.
Der Wahnsinnige taumelt
gleich einem besoffenen Monarchen,
hetzt kopflos dahin gleich einem geblendeten Roß.
Mit wildem Sporenhieb
treibt er das Roß in den weglosen Forst.
Stürzt zuletzt in die abgrundtiefe Schlucht.*

Der Seher spielt hier möglicherweise auf Roboter oder vielleicht sogar geklonte Menschen an, die überall auf Erden, aber auch im Weltall und in den Tiefen der Meere Sklavenarbeit verrichten. Wissenschaftler, die im Dienst der Herrschenden stehen und deren Profitgier dienen, kennen keinerlei Moral mehr und wollen in ihrer Maßlosigkeit gottgleich sein.

Doch diese Hemmungslosigkeit, für die scheinbar alles machbar ist, wird zu einem furchtbaren Absturz der Menschheit führen. Es ergeht ihr wie den Figuren auf dem mittelalterlichen Schicksalsrad, die eben noch als Könige oben saßen und dann plötzlich als Bettler unten landen. Das Verhängnis saugt die Größenwahnsinnigen ein, sie können ihre eigenen Schöpfungen nicht mehr beherrschen, und am Ende steht der völlige Zusammenbruch der vorgeblich „schönen neuen Welt".

Johannes von Jerusalem

> *Wenn das Millennium einsetzt,*
> *das auf das Millennium folgt:*
> *Werden die Lebewesen,*
> *die Noah einst in seiner Arche vor der Flut rettete,*
> *die behütende Hand des Menschen*
> *nicht mehr kennen.*
> *Denn der Wahnwitzige hat die Lebewesen*
> *umgestaltet nach seinem bösen Gelüst.*
> *Ihre Pein schreit zum Himmel,*
> *doch die bösen Schöpfer verlachen ihr Leid.*
> *Der Mensch wandelt die Lebewesen um*
> *nach seinem bösen Gelüst.*
> *Zahllose Geschöpfe tötet er,*
> *ehe er aus dem atmenden Lebewesen*
> *einen atmenden Lehmklumpen schafft.*
> *Der Mensch tritt die göttliche Ordnung mit Füßen.*
> *Er, der Abbild Gottes und Abschaum des Teufels ist.*

Eindeutig geht es hier um Genmanipulationen, die von einer zutiefst pervertierten Wissenschaft massenhaft an Tieren vorgenommen werden. Vermutlich liegen die Beweggründe einmal mehr in der hemmungslosen Profitsucht der Herrschenden.

Die Tiere müssen die Experimente mit unsäglichen Qualen bezahlen und sterben während der Versuchsphase zu Millionen. Später existieren neue, nie gesehene Geschöpfe, die jedoch offenbar etwas „Zombieartiges" an sich haben. Die bedauernswerten Kreaturen sind Zerrbilder der Natur.

Wenn das Millennium einsetzt,
das auf das Millennium folgt:
Wird der Mensch urteilen nach Blut und Religion
und wird die Ohren vor dem Leid
in den Herzen der Kinder verschließen.
Gleich Vögeln, die noch nicht flügge sind,
werden die Schwachen aus den Nestern gestoßen.
Keiner behütet sie
vor der Faust im eisernen Handschuh.
Haß überschwemmt die Erde,
deren Bewohner auf den Frieden hofften.
Keinem wird Barmherzigkeit,
nicht Greisen noch Verwundeten.
Geschleift und beraubt werden die Häuser.
Unter den Dächern der Ermordeten
werden die Sieger wohnen.
Und alle verbergen ihr Antlitz,
damit sie die geschändeten Frauen nicht erblicken.

Rassistische und religiöse Ideologien – mit deren Hilfe die Massen schon immer perfekt gesteuert werden konnten – sorgen für den Ausbruch von (noch begrenzten) Kriegen. Das jeweilige Morden beginnt scheinbar überraschend, ist aber in Wahrheit von den Herrschenden angezettelt worden, weil diese dadurch zusätzlichen Profit machen wollen.

Humanitäre Werte spielen keinerlei Rolle, so daß Kinder, Alte, Kranke und vergewaltigte Frauen völlig recht- und schutzlos sind. Vermutlich sind es neuerlich die von den Wirtschaftstyrannen gesteuerten Medien, welche die Massen dazu bringen, die Augen vor dem Unrecht zu verschließen.

> *Wenn das Millennium einsetzt,*
> *das auf das Millennium folgt:*
> *Werden diejenigen, die den Schwur auf das Gesetz*
> *einfordern, verhöhnt werden.*
> *Solche, die fälschlich im Namen des Messias reden,*
> *werden Blinde um sich scharen.*
> *In der Wüste wird sich*
> *der Schatten der letzten Christen verlieren.*
> *Über die Erde hin*
> *werden sich mit der Macht des Meeres*
> *die Fluten der abtrünnigen Religion ergießen.*
> *Die Ungläubigen werden schwer gerüstet sein*
> *wie nie in den alten Tagen.*
> *Sie werden nach Gerechtigkeit rufen.*
> *Ihr Glaube wird brennend und schneidend sein,*
> *so werden sie sich rächen für den Kreuzzug.*

Die Vision bezieht sich zunächst auf das Judentum, das sich durch den Schwur auf das mosaische Gesetz definiert und in Bedrängnis gerät. Furchtbar trifft es das Christentum, das zwar scheinbar im Namen Jesu gesprochen, aber seine Anhänger gegenüber dem drohenden Unheil blind gemacht hat. Die Kirchen, die stets mit den Herrschenden paktiert haben, gehen unter.

Mit der „abtrünnigen Religion" ist der Islam gemeint. Er wird einen gewaltigen Aufschwung erleben und in seinen Ländern mit Hilfe der Technologie des dritten Jahrtausends aufrüsten. Der nachfolgende Angriff wird von einer scharfen Ideologie getragen und richtet sich gegen Europa, von wo die Kreuzzüge ausgingen – wobei darunter auch moderne Aggressionen um des wirtschaftlichen Profits willen (Erdöl) verstanden werden könnten.

Wenn das Millennium einsetzt,
das auf das Millennium folgt:
Werden viele Länder der Kriegslust zum Opfer fallen:
nicht nur auf dem alten Boden des Reiches,
sondern auch jenseits des römischen Limes.
In zahlreichen Städten werden die Bewohner
sich gegenseitig abschlachten.
Gemetzel wird sein
zwischen den Völkern hier und den Gläubigen dort.
Die Völker Allahs und die Anhänger des Moses
streiten ingrimmig gegeneinander.
Ihr Schlachtfeld wird das Land des Christus sein.
Dort verbeißen sich die Lehren beider Religionen.
Von außen schlagen ihnen entgegen
Ablehnung und große Macht.
Und auf dem Banner der kommenden Zeit
ist tödlicher Untergang geschrieben.

Es scheint, als gehe vom Nahen Osten ein Dritter Weltkrieg aus. Mit dem „alten Boden des Reiches" (definiert durch die Erwähnung des römischen Limes) ist offenbar Italien, aber auch Spanien, Frankreich, Palästina, Kleinasien und Nordafrika gemeint. Jenseits des einstigen Limes liegt Mitteleuropa. Am Anfang des Debakels steht ein schwerer Konflikt zwischen Arabern und Israel. Wie es aussieht, wird der Westen schnell in den Krieg hineingezogen, und daraus entwickelt sich die globale Katastrophe.

Wenn das Millennium einsetzt,
das auf das Millennium folgt:
Wird der Tod
wie wütender Donner über die Welt kommen.
Die Barbaren werden zusammenprallen
mit den Resten der Legionen.
In den Ruinen der heiligen Städte
werden Heiden lagern.
Barbarei, Treulosigkeit und wilde Wut
treten die Herrschaft an.
Chaos beherrscht die Erde.
Haß rast wie Feuer durch einen dürren Forst.
Barbaren und Legionäre schlachten einander.
Heiden erdrosseln Christen.
Grausame Wut glüht in den Herzen aller.
Vernichtet werden die Städte der Erde.

Hier schildert der Prophet die ganzen Schrecken eines Dritten Weltkrieges, der offenbar am Ende einer langen, ebenfalls schon von kriegerischen Konflikten gekennzeichneten Fehlentwicklung steht. Das Grauen breitet sich wie ein Feuersturm aus und entzieht sich jeder Kontrolle.

Wie jedoch die zehn abschließenden Prophezeiungen des Johannes von Jerusalem aufzeigen, liegt – falls die Menschheit nicht schon zu Beginn des Millenniums aufschreckt und die warnenden Visionen durch eine Umkehr gegenstandslos macht – gerade im Zusammenbruch auch eine große Chance für den weiteren Verlauf des dritten Jahrtausends.

2.TEIL

DIE VISIONEN DES JOHANNES VON JERUSALEM ZUM ENDE DES NEUEN JAHRTAUSENDS

Johannes von Jerusalem

> *Wenn das Millennium verklingt,*
> *das dem Millennium folgt:*
> *Werden die Menschen das Schenken und Teilen*
> *erlernt haben.*
> *Die dunkle Zeit des Verlassenseins*
> *wird nur noch in der Erinnerung leben.*
> *Heimgekehrt ist der Mensch*
> *in die Geborgenheit des Geistes.*
> *Die einst Barbaren genannt wurden,*
> *werden von allen geachtet sein.*
> *Aber erst nach den Kriegen und Feuerstürmen*
> *wird dies so sein und wird erwachsen*
> *aus den rußgeschwärzten Ruinen*
> *der babylonischen Türme.*
> *Und es wird eine gepanzerte Faust brauchen,*
> *ehe das Chaos sich ordnet*
> *und die Menschen zurückfinden auf den guten Pfad.*

Irgendwann im weiteren Verlauf des dritten Jahrtausends schafft die überlebende Menschheit einen Neuanfang. Treibende Kraft dabei sind offenbar die „Barbaren", die einst verzweifelt und scheinbar ohne Aussicht auf Erfolg gegen den Wahnsinn rebellierten.

Nach einer Übergangsphase, in der wohl zunächst der Anarchie gegengesteuert werden muß, bildet sich eine Gesellschaft heraus, die mit der alten nichts mehr gemein hat. Sie lebt vom Miteinander der Menschen und befindet sich im Einklang mit dem „Geist", also zum Beispiel den Gesetzen der Natur.

Wenn das Millennium verklingt,
das dem Millennium folgt:
Wird der alte Mensch wiedergeboren werden.
Der so lange verratene Geist
wird von der Menschheit wiedergefunden werden.
Aus der Quelle des Miteinander wird er fließen.
Auf diese Weise enden die finsteren Zeiten.
Eine neue Zeit bricht an:
Zeit des wiedergefundenen alten Glaubens.
Nach den finsteren Tagen
zu Beginn des Millenniums,
das dem Millennium folgt,
kommen die lichten Tage.
Der Mensch wird den alten Weg
des Menschseins wiederfinden.
Wiedergefunden hat das Leben auf Erden
seinen Einklang.

Johannes von Jerusalem vertieft die Aussage seiner ersten Prophezeiung.

Der Geist, der die Menschheit nun wieder leitet, wird definiert: Es ist das alte heidnische Bewußtsein, welches das ganze „Fische-Zeitalter", also das erste und zweite Jahrtausend, hindurch unterdrückt wurde – der Geist des „Goldenen Zeitalters", von dem sowohl die antike griechische Philosophie als auch die germanische Edda, die slawischen Überlieferungen und die keltischen Erinnerungen sprechen.

Aus diesem harmonischen Bewußtsein heraus, das die Menschheit wieder in Einklang mit der Natur bringt, erfolgt der grandiose Aufschwung nach der Katastrophe.

Johannes von Jerusalem

Wenn das Millennium verklingt,
das dem Millennium folgt:
Wird der Mann nicht länger als einziger Herr
die Geschicke des Erdkreises bestimmen.
Vielmehr wird die Frau nach dem Zepter greifen.
Die Frau wird die wahre Herrin
der kommenden Zeiten sein.
Sie wird die Männer ihr Denken lehren.
Sie wird die Große Mutter sein
des Millenniums, das dem Millennium folgt.
Nach den finsteren Zeiten des Bösen
wird sie die süße Wärme der Mutter schenken.
Ihre Schönheit wird neu erkannt werden
nach den häßlichen Jahrtausenden der Barbarei.
Das Millennium, das dem Millennium folgt,
wird sich dank der Großen Mutter
zu einer wunderbaren Zeit auswachsen:
einer Zeit von Liebe, Miteinander und Traum.
Es werden die Träume greifbar gemacht werden.

Etwas Großartiges, woran man heute erst zaghaft wieder zu denken wagt, wird wahr. Die mehrtausendjährige Herrschaft des Patriarchats, das so viel Unheil über die Menschheit gebracht hat, wird beendet. Die Heimkehr ins Matriarchat bedeutet jedoch nicht Herrschaft der Frauen und nunmehr Unterdrückung der Männer. Vielmehr lernen die Männer, ohne sich dadurch selbst aufzugeben, von den Frauen weibliches, also friedfertiges und konstruktives Denken und Handeln.

Die neue gesellschaftliche Ordnung setzt sich auch im metaphysischen Bereich um. Johannes von Jerusalem spricht von der Großen Mutter – oder der Großen Göttin, zu der einst auch der weise König Salomo zurückfand.

*Wenn das Millennium verklingt,
das dem Millennium folgt:
Verbinden sehr viele Pfade
die äußersten Orte der Erde und des Himmels.
Gleich wärmenden Pelzen
werden die Wälder wieder sein.
Reine Gewässer werden die Wüsten durchströmen.
Einem paradiesischen Garten
wird der Erdkreis gleichen.
Behüten wird der Mensch alles Leben.
Heilen wird der Mensch, was er vergiftete.
So wird der ganze Erdkreis
ihm von neuem zur Heimat werden.
Jeglichen Tag wird der Mensch weise
an den kommenden Tag denken.*

Dank ihres neuen Bewußtseins versöhnt sich die Menschheit mit der Natur. Die Umweltzerstörungen des späten zweiten und frühen dritten Jahrtausends werden beseitigt. Zudem werden neue Lebensräume erschlossen, etwa durch die Bewässerung von Wüsten.

Das Grundprinzip beim Umgang mit der Natur lautet jetzt, daß bei jedem Eingriff in das natürliche Gleichgewicht auch an die Folgen gedacht werden muß.

Johannes von Jerusalem

> *Wenn das Millennium verklingt,*
> *das dem Millennium folgt:*
> *Werden die Geheimnisse der Erde*
> *und des menschlichen Körpers enträtselt sein.*
> *Im gleichen Schrittmaß wie das Leben*
> *wird der Mensch über den Erdkreis wandern.*
> *Der Mensch wird Krankheiten erkennen,*
> *noch ehe sie sichtbar werden,*
> *und wird sie heilen, noch ehe sie ihn quälen.*
> *Jeder Mensch wird Arzt für sich selbst*
> *und Arzt aller anderen sein.*
> *Der Mensch hat begriffen:*
> *Hilfsbereitschaft gegenüber allem Leben*
> *bringt den Geist des Lebens herrlich zum Blühen.*
> *Nach den finsteren Zeiten der Raffsucht und des*
> *Eigennutzes wird der Mensch allen Bedürftigen*
> *sein Herz und seinen Beutel öffnen.*
> *So wird er die neue Ordnung auf gute Weise hüten,*
> *und die Frucht solcher Saat ist die neue Zeit.*

Da die Menschheit sich nun im Einklang mit der Natur befindet, kann das Ideal des Heilens verwirklicht werden: Störungen der körperlichen oder auch geistigen Harmonie werden bereits bemerkt, ehe die Symptome sich zeigen. Vorbeugende Maßnahmen verhindern den tatsächlichen Ausbruch der Krankheit – wobei die effektivste Vorsorge die ist, von vornherein richtig zu leben.

Wie es scheint, ist dieses Wissen Allgemeingut geworden – und sicherlich erwächst es auch aus dem liebevollen Umgang der Menschen miteinander und ihrer großen Achtung vor der Natur, die dafür auf ihre Weise dankt.

*Wenn das Millennium verklingt,
das dem Millennium folgt:
Wird der Mensch nicht länger blind sein.
Er wird nicht länger
in seinen Städten gefangen sein
und ebensowenig im kranken Denken.
Vom einen Ende des Erdkreises zum anderen
wird ein Mensch den anderen sehen
und verstehen können.
Und jeder Mensch wird wissen:
Wer einem anderen Schaden tut,
der schädigt sich selbst.
Gleich einem einzigen unteilbaren Körper
werden Menschen und Völker sein.
Jeder Mensch ein Glied und gemeinsam das Herz.
Es wird gesprochen werden eine einzige Sprache.
Auf diese Weise wird nach schrecklichen Wehen
das große Menschliche geboren.*

Nachdem die Menschheit die einzig richtige Einstellung zum Leben wiedergefunden und ihre Lehre daraus gezogen hat, kommt es auch nicht mehr zu gefährlichen Spannungen und kriegerischen Konflikten wie in früheren Zeiten.

Ehrlicher Dialog, Friedenswille, Humanität und das Bewußtsein, wonach jedes Individuum wertvoller und gleichwertiger Teil des Ganzen ist, schaffen dauerhaften Frieden und bilden das tragfähige Fundament der neuen Gesellschaft.

*Wenn das Millennium verklingt,
das dem Millennium folgt:
Wird der Mensch die Sterne des Himmels berühren.
Er wird sich Inseln erbauen
im unendlichen dunkelblauen Himmelsmeer.
Auf einer strahlenden Barke
wird er in die Unendlichkeit reisen.
Wird neuer Odysseus und Freund der Sonne sein
auf dieser himmlischen Odyssee.
Wird aber auch Freund der Ozeane sein
und tief in den Fluten Städte errichten.
Auf dem Grund des Meeres wird er sich
von den Früchten des Meeres ernähren.
Überall an seinen Orten im großen Reich der Sonne
wird der Mensch leben,
und er wird keine verbotenen Orte mehr kennen.*

Weil die Menschheit gelernt hat, ihre Fähigkeiten sinnvoll und in Harmonie mit den Naturgesetzen zu nutzen, setzt ein atemberaubender technischer Fortschritt ein. Als „Freund der Sonne", also wohl mit Hilfe natürlicher Energiequellen, erschließt sich die Erdbevölkerung den Weltraum.

Aber auch auf dem blauen Planeten selbst schreitet die Entwicklung rasch voran. Unterseeische Siedlungen und die Nutzung des immensen Nahrungspotentials der Weltmeere sind Beispiele dafür.

Die Visionen des Johannes von Jerusalem zum Ende des neuen Jahrtausends

Wenn das Millennium verklingt,
das dem Millennium folgt:
Wird der Mensch einen erneuerten Leib besitzen.
Er wird sich in den Tiefen der Meere tummeln
und gleich einem Fisch sein.
Er wird höher fliegen als ein Vogel,
gleich einem Stein ohne Gewicht.
Auch wird der Mensch die Gedanken
seines Mitmenschen erkennen.
Sein Geist wird bereit sein für die Stimme
des verwandten Geistes.
So werden die Menschen ihre Träume teilen.
Auch werden sie ebenso lange leben
wie einst der Älteste unter den Menschen.
Wie der, dessen Namen das uralte Buch
des jüdischen Volkes nennt.

Körper und Psyche der Menschen sind am Ende des dritten Jahrtausends zu Leistungen fähig, wie sie heute nur von Science-Fiction-Autoren beschrieben – oder, zumindest teilweise, einzig von Yogis beherrscht werden. Vielleicht werden diese künftigen Fähigkeiten erreicht, weil eine mental anders orientierte Menschheit Körper und Geist ganzheitlich begreift und nutzt.

Damit könnte dann auch die erstaunliche Langlebigkeit zusammenhängen, die Johannes von Jerusalem in Anspielung auf Methusalem anspricht.

Unwillkürlich stellt sich bei dieser Überlegung die Frage, ob die Menschheit am Ende des dritten Jahrtausends etwas wiederfindet, was vor Urzeiten – in der Epoche des prähistorischen Matriarchats – schon einmal existierte?

Wenn das Millennium verklingt,
das dem Millennium folgt:
Wird der Mensch den Geist aller Wesen erkennen:
Stein, Erde, Wind und Quelle, Pflanze und Tier
und dazu den Geist von Schwester und Bruder.
All diese Geheimnisse,
die von den alten Göttern gehütet wurden,
wird auch der Mensch erneut verstehen lernen.
Eine Pforte um die andere wird er öffnen
und so das Labyrinth seines neuen Lebens betreten.
Gleich einer kraftvoll sprudelnden Quelle
wird der Mensch Schöpfer sein.
Das Wissen, das er gewinnt,
wird er seinen Mitmenschen mitteilen.
Seinen Kindern
werden Erdkreis und Himmel kein Rätsel mehr sein.
Stärker und gewandter denn je
wird der Leib des Menschen sein.
Der Geist des Menschen wird alle Wesen durchweben
und sie auf diese Weise erkennen.

Die letzten Europäer, die solches Wissen besaßen, waren die keltischen Druiden. In ihrer Kosmologie stellten alle Erscheinungsformen des Lebens – vom Mineral bis zum Menschen, egal ob auf Erden oder im All – verschiedene Aspekte eines einzigen großen „Organismus" dar. Durch diese Körper wanderte nach druidischer Lehre der Geist, und wer dies verinnerlichte, konnte die ganze Fülle des kosmischen Bewußtseins nutzen.

Die Angehörigen der Zivilisation am Ende des dritten Jahrtausends haben diese Weisheit offensichtlich wiedergefunden.

Wenn das Millennium verklingt,
das dem Millennium folgt:
Wird der Mensch die größte Erkenntnis gewinnen.
Jegliches Lebewesen wird er erkennen
als Träger des ewigen, unendlichen Lichts.
Wann immer er nun auf Erden,
in den Ozeanen oder im Himmel, neue Siedlungen errichtet,
wird er um den Wert allen Lebens wissen.
Er wird die Erinnerung zurückgewinnen
an die Welten, die vor Urzeiten waren,
ebenso wird er die Welten der Zukunft
erschauen können.
Seinen Tod wird der Mensch nicht mehr fürchten,
denn er wird wissen:
Viele Leben sind geknotet zum großen Leben.
Ebenso wird er wissen:
Niemals erlischt das ewige, unendliche Licht.

Diese abschließende Prophezeiung des Johannes von Jerusalem enthält das Wissen eines absolut Eingeweihten und vertieft die Aussagen der vorletzten Vision.

Die verschiedenen Ebenen der Zeit sind denen zugänglich, die ins kosmische Bewußtsein von der engen Verflechtung alles Existierenden eintauchen.

Und die „Tode" sind nichts anderes als Bindeglieder innerhalb der „Kette" einer ewigen Existenz, wo das unzerstörbare Leben sich wieder und wieder in eine neue Erscheinungsform umwandelt.

Noch einmal finden wir hier uralte druidische Weisheit – und gleichzeitig ist diese Erkenntnis mit Sicherheit auch die Summe des geistigen Schatzes, den der Kreuzritter tief unter den Fundamenten des einst von Salomo erbauten jüdischen Tempels fand.

DAS GEHEIMNIS DER JAHRTAUSENDMITTE

Die Prophezeiungen des Kreuzritters lassen an Deutlichkeit nichts zu wünschen übrig. Obwohl sie vor beinahe neunhundert Jahren abgegeben wurden, kommentieren und erhellen sie auf ganz frappierende Weise die Übergangszeit vom zweiten zum dritten Jahrtausend sowie die sich anschließende Epoche und geben sodann einen faszinierenden Ausblick auf das Ende des kommenden Millenniums. Auch wenn viele der Schauungen Entwicklungen beschreiben, die heute scheinbar unvorstellbar sind, tragen sie alle einen schlüssigen und letztlich nachvollziehbaren Charakter.

Nur ein großes und dem ersten Anschein nach unlösbares Rätsel taucht auf: Warum konzentrierte sich der Seher auf den Anfang und das Ende des dritten Jahrtausends, nicht aber auf dessen gesamten Verlauf? Welches Geheimnis verbirgt sich somit in der Mitte des Millenniums? Wie sich zeigen wird, kann aber auch diese Frage bei einigem Nachdenken beantwortet werden. Zuvor jedoch, um die Basis für die entsprechenden Überlegungen zu finden, eine kurze Zusammenfassung der künftigen Entwicklung, wie der Visionär sie erblickte.

Johannes von Jerusalem macht gleich mit seiner ersten Prophezeiung deutlich, daß sich die Menschheit an der Schwelle des 21. Jahrhunderts in sehr großer Gefahr befindet. Konkret ausgedrückt, stellt sich die Situation heute folgendermaßen dar: Der von so vielen ersehnte Zusammenbruch des kommunistischen Machtblocks zu Beginn der 90er Jahre brachte leider keineswegs eine Entspannung der globalen Situation und damit eine „bessere Welt" mit sich. Vielmehr, darin sind sich zahllose Betroffene in Ost und West, aber auch in der südlichen Hemisphäre einig, fiel mit dem Untergang der UdSSR quasi ein „Kontrollinstrument" weg, das die Industriestaaten bis dahin gezwungen hatte, menschliche, sprich soziale Marktwirtschaft zu fördern, um dadurch den Vorteil ihres eigenen Systems gegenüber dem kommunistischen zu beweisen. Dies aber war – zumindest in den Augen des weltweit agierenden Großkapitals und der von ihm stark beeinflußten Regierungen, vor allem in den USA – nach dem Ende des Ostblocks nicht länger nötig.

Die Folge ist derzeit das Streben der internationalen Konzerne nach sogenannter Globalisierung, was nichts anderes bedeutet, als daß der gesamte Planet knallharten und zunehmend wieder erzkapitalistischen Gesetzen unterworfen werden soll. Falls nun diese inhumane Entwicklung nicht gestoppt werden kann, werden rücksichtsloseste Ausbeutung der natürlichen Ressourcen, noch schrecklichere Umweltzerstörungen als bisher und eine immer schlimmer werdende Verelendung der wirtschaftlich uninteressanten „Drittländer" das Ergebnis sein. In den Industriestaaten, die zu zynisch so bezeichneten Zweidrittelgesellschaften verkommen, werden ein weitestgehender Abbau des sozialen Netzes und eine Verarmung der untersten Schicht zu beklagen sein – und damit hätten wir insgesamt genau jene fatale Situation, vor der Johannes von Jerusalem in seinen Visionen, die sich auf den Beginn des dritten Jahrtausends beziehen, warnt.

Hemmungslose Profitsucht der anonym unter dem Deckmantel zerstörter Demokratien herrschenden Konzernherren, Hungerepidemien in der „dritten Welt", Umweltkatastrophen unvorstellbaren Ausmaßes, skrupellos angewandte Gentechnik, der Verfall jeglicher Moral und perfekt durchgeführte Volksverdummung durch neue Medien, die wie Drogen auf die Menschen wirken – all dies zusammen könnte schon in Bälde zu Zuständen führen, wie sie der britische Schriftsteller Aldous Huxley in seinem 1931 erschienenen Roman „Schöne Neue Welt" als Schreckbild malte.

Konflikte mit solchen Völkern, die sich der furchtbaren Entwicklung ganz oder teilweise noch zu entziehen versuchten, wären ebenfalls vorprogrammiert. Ganz richtig nennt der Kreuzritter hier den Islam, der „dank" seines in verschiedenen seiner Länder verbreiteten Fundamentalismus immerhin noch zum Widerstand fähig wäre. Zudem würde es früher oder später wohl zu verzweifelten Aufständen der Unterdrückten und Hoffnungslosen gegen das brutalkapitalistische Regime kommen – und dies wäre die Ursache für die an verschiedenen Stellen des Planeten aufflackernden Kriege, von denen der Prophet spricht. Zuletzt, Johannes von Jerusalem malt das Szenario sehr drastisch aus, käme es auf dem gesamten Globus zum Zusammenbruch jeglicher Zivilisation. Ein Dritter Weltkrieg und eine mit dem militärischen Wahnsinn einhergehende Umweltkatastrophe würden einen großen Teil der Menschheit vernichten.

Dies also ist die Entwicklung, die sich bereits in der Gegenwart abzeichnet und die von Jahrzehnt zu Jahrzehnt rascher zu „Harmageddon" führen wird, wenn es nicht sofort gelingt, das Ruder energisch herumzureißen. Andererseits aber sagt der Visionär, daß selbst nach einer solchen Menschheitskatastrophe nicht alle Hoffnung verloren sei, weil sie trotz ihres unvorstellbaren Grauens auch wie ein reinigender Kataklysmus wirken könne. Die Überlebenden würden aus dem Debakel lernen und einen ausgesprochen positiven Neuanfang machen. Die Wiederentdeckung der seit Jahrtausenden unterdrückten heidnischen Metaphysik und der darauf aufbauenden Gesellschaftsform sei die Basis dafür.

Im Prinzip gibt Johannes von Jerusalem auf diese Weise

noch mehr als eine reine Prophezeiung ab. Über die eigentliche Vision hinaus umreißt er nämlich zwei (mögliche) „Eckpunkte" der künftigen Menschheitsentwicklung – und drückt damit nichts anderes aus, als daß die Bevölkerung des Planeten Erde quasi zwischen beiden Entwicklungslinien wählen könne und müsse. Genau an diesem Punkt unserer Überlegungen aber sind wir erneut bei der Frage, die wir uns eingangs stellten: Warum konzentrierte sich der Seher auf den Anfang und das Ende des kommenden Millenniums, nicht aber auf dessen gesamten Verlauf?

Die Antwort lautet: Weil zwischen Beginn und Ausklang des dritten Jahrtausends (noch) alles offen ist und die Menschheit selbst entscheiden muß, wie diese Jahrhunderte aussehen werden. Um jedoch die Leser seiner Prophezeiungen auf den richtigen Weg zu bringen, zeigte der Visionär sowohl Finsternis als auch Licht auf. Der Kreuzritter, der vor beinahe neunhundert Jahren dafür sorgte, daß sein „Buch der Weissagungen" exakt zum entscheidenden Zeitpunkt wieder auftauchen würde, wollte den Menschen des ausgehenden 20. und anbrechenden 21. Jahrhunderts damit eine Hilfestellung geben. Anders ausgedrückt: Johannes von Jerusalem markierte die „Eckpunkte", um die Alternativen klarzustellen.

Wenn die zur Jahrtausendwende existierenden Gesellschaften seine Warnungen zurückweisen, dann wird der in den Visionen so schrecklich geschilderte „Anfang" des Millenniums sehr weit in das dritte Jahrtausend hineinreichen. Verändert die Menschheit die gefährliche Linie der gegenwärtigen Entwicklung jedoch noch rechtzeitig, dann wird das „Ende" des Millenniums andererseits sehr weit gegen den „Anfang" hin vorrücken. Im Idealfall, falls eine sofortige Umkehr erfolgt, was den Industriestaaten bei derzeit noch weitgehend funktionsfähigen Demokratien ja durchaus möglich wäre, entwickelt sich der „Beginn" des Jahrtausends sogleich zu seinem „Ende" hin – und es kommt dann überhaupt nicht zur Katastrophe, auch wenn in der gegenwärtigen Situation bereits viel dafür spricht.

Dies ist das „Geheimnis der Jahrtausendmitte", das quasi eine zusätzliche Dimension im Kanon der Prophezeiungen des Johannes von Jerusalem darstellt. Es bedeutet nichts anderes, als daß der Visionär auf die Einsicht der Menschheit im Übergang vom zweiten zum dritten Millennium setzt – weil er letztlich kein unausweichliches Menetekel an die Wand malen, sondern eine positive Perspektive aufzeigen will. Trotz der entsetzlichen Bilder, die zu zeichnen er sich gezwungen sah, lautet damit seine wichtigste und zutiefst humane Botschaft: Gebt die Hoffnung nicht auf, sondern kämpft für das Leben in seiner ganzen unendlichen Schönheit!

ANMERKUNGEN

[1] Der alte Name für Konstantinopel, der im Mittelalter gelegentlich noch verwendet wurde.

[2] Das Hauptwerk des Michel de Notredame, das seine Prophezeiungen – aufgeteilt in Kapitel zu je hundert Versen, daher der Name Centurien – enthält.

[3] Ein Kohen hütete die Schriften seiner Gemeinde.

[4] Die Katharer oder Albigenser lebten vom 11. bis zum 13. Jahrhundert vor allem in Südfrankreich. Ihr Glaube verband orientalische, jüdische und urchristliche Elemente, weshalb sie vom Katholizismus als „Ketzer" verfolgt und militärisch bekämpft wurden. Der Fall ihrer Festung Montségur Mitte des 13. Jahrhunderts steht für ihren endgültigen Untergang.

Malachias

Die Katakomben in Rom, Kupferstich aus dem 19. Jahrhundert

VOM UNTERGANG DER PAPSTKIRCHE

Rom in der ersten Hälfte des 21. Jahrhunderts: Das Pontifikat von Johannes Paul II. ist Geschichte. Die sterblichen Überreste Karol Wojtylas ruhen längst in einer vatikanischen Krypta. Auch der Nachfolger des polnischen Papstes ist nicht mehr am Leben. An der Spitze der katholischen Kirche, die zu dieser Zeit in schwerste Bedrängnis geraten ist, steht nun ein Italiener. Und dieser letzte Papst führt die Kirche in ihre finale Katastrophe. Zusammen mit der Siebenhügelstadt geht der römische Katholizismus zu Beginn des dritten Jahrtausends unter.

So besagt es die berühmte Papstweissagung des irischen Bischofs Malachias (1094-1148), deren Wahrheitsgehalt sich anderweitig bereits vielfach bestätigte. In insgesamt 112 Orakelsprüchen, von denen der erste sich auf die Wahl Cölestins II. im Jahr 1143 bezieht, gab der Prophet einen Abriß über die Geschichte der Päpste vom Hochmittelalter bis zum ersten Jahrhundert des neuen Millenniums. Malachias ging dabei nach der Methode vor, jedes der künftigen Pontifikate mit einem kurzen, treffsicheren Motto zu versehen.

Cölestin II. zum Beispiel charakterisierte er einige Jahre vor dessen Krönung folgendermaßen: *Ex castro Tiberis (Aus der Burg am Tiber)*. Als der neue Pontifex sodann den „Stuhl Petri" bestieg, wurde klar, was der irische Visionär gemeint hatte. Der eigentliche Name dieses Papstes lautete nämlich Guido de Castello, und dieses Adelsgeschlecht saß in der Citta de Castello, einer Stadtfestung innerhalb der Mauern Roms am Tiber.

Nicht weniger zutreffend kennzeichnete Malachias den nächsten Papst Lucius II. (1144-1145). Ihm ordnete er das Motto *Inimicus Expulsus (Vertriebener Feind)* zu. In der Tat entstammte dieser Pontifex der Sippe der Caccianemici, in welchem Namen die beiden italienischen Worte cacciare (vertreiben) und nemici (Feinde) enthalten sind. Frappierend ist ferner der Umstand, daß unter Lucius II. der Streit zwischen dem später ausgesprochen papstfeindlich agierenden deutschen Kaisergeschlecht der Staufer und den mit der Kirche verbündeten Welfen ausbrach, wobei Anhänger der Staufer im Lauf des genannten Pontifikats aus Rom vertrieben wurden.

Der nächste Papst Eugen III. (1145-1153) wiederum wurde von dem irischen Visionär mit dem Beinamen *Ex magnitudine montis (Von der Größe des Berges)* belegt – und seine Wiege stand in dem Ort Montemagno (Großer Berg) bei Pisa. Anastasius IV. (1153 – 1154) schließlich trägt in der Malachiasweissagung die Bezeichnung *Abbas Suburranus (Abt der Suburra)*. Sein

Familienname war nicht nur Konrad Suburri, sondern er stammte auch aus dem römischen Viertel Suburra (der Vorstadt der antiken Metropole) und war außerdem vor seiner Wahl Abt (Abbas) des Klosters St. Rufus dort gewesen.

In den Kapiteln, in denen die Papstweissagungen einzeln aufgeführt und interpretiert werden, finden sich zahlreiche weitere Beweise für die erstaunliche Hellsehergabe des irischen Bischofs; zusammenfassend soll jetzt schon gesagt werden: Sämtliche 110 Visionen des Malachias, die sich auf die Zeit von Cölestin II. bis zu Johannes Paul II. *(De labore solis – Von der Sonnenfinsternis, also der Verfinsterung der Religion)* beziehen, trafen ein. Deshalb kann als sehr sicher angenommen werden, daß auch seine beiden letzten Orakelsprüche schon in naher Zukunft Realität werden und die römisch-katholische Kirche (oder zumindest das Papsttum, das dann in seiner absolutistischen Form exakt ein Millennium bestanden hätte) tatsächlich im frühen dritten Jahrtausend untergeht.

Eine derartige Entwicklung zeichnet sich bereits jetzt deutlich ab. Der Katholizismus befindet sich in der schwersten Krise seiner Geschichte. Päpstliche Autokratie und römischer Machtanspruch sind in einen fundamentalen Konflikt mit den modernen demokratischen Gesellschaften geraten. Immer weniger Christen in Europa und den USA sind bereit, sich dem Diktat und Dogma einer geistig nach wie vor im Mittelalter verwurzelten Kirche zu unterwerfen und dafür Menschenrechte, Gedankenfreiheit und praktisch gelebte Humanität hintanzustellen.

Hinzu kommt das eklatante Scheitern der Politik des „Heiligen Stuhles" in der „dritten Welt", vor allem auf dem südamerikanischen Kontinent. Jahrhundertelang paktierte die Kirchenführung dort mit den Kolonialherren und später den Diktatoren. Wo sie in Europa die Waffen faschistischer

Regime segnete, verdammt sie andererseits die sogenannte Befreiungstheologie und fällt damit den brutal ausgebeuteten Campesinos und Indios Lateinamerikas in den Rücken. Zunehmend verlieren daher auch diese Menschen jede Hoffnung, die Papstkirche könnte ihr bedauernswertes Los zum Besseren wenden, und orientieren sich weltanschaulich neu.

Schließlich versagt das Papsttum völlig im Bereich der Geburtenregelung, wodurch allein einer verheerenden Entwicklung auf unserem Planeten entgegengesteuert werden könnte. Die äußerst fragwürdige „Moral" weltfremder Zölibatäre torpediert auf Weltbevölkerungskonferenzen und anderswo die verzweifelten Anstrengungen der Einsichtigen, die das Problem in den Griff zu bekommen versuchen. Scheinheilig werden von den Theologen Prinzipien vertreten, die keineswegs lebensbejahend und menschenfreundlich sind, sondern Hunger und Elend nur noch vergrößern. Dasselbe gilt in der Frage der Abtreibung, deren Rate gerade in katholisch dominierten Ländern wie Irland oder Polen am höchsten überhaupt ist, weil die betroffenen Frauen dort weder Beratung noch Hilfe bekommen und genau deswegen sehr oft keinen anderen Ausweg als den illegalen Abortus sehen.

Aus den genannten und zahlreichen weiteren Gründen (jüngstes Beispiel ist die im März 1998 veröffentlichte Erklärung des Vatikans zur Mitschuld des Katholizismus am Holocaust, in welchem Dokument Rom die historische Wahrheit unverfroren zu seinen Gunsten kaschiert) wird mittlerweile weltweit die Frage gestellt, wozu eine solche Kirche überhaupt noch gut sein soll. Und selbst diejenigen unter den „Laien", die trotz allem über Jahrzehnte hinweg Reformen „von unten" versucht haben, resignieren zunehmend, nachdem Kirchenvolksbegehren und andere konstruktive Aktionen von römischer Kurie und Bischöfen traditionell abgeschmettert werden. Die Kluft zwischen Theologen und

Vom Untergang der Papstkirche

Gläubigen wäre nur dann zu überwinden, wenn das Papsttum zu einer totalen Neuorientierung fähig wäre, was aber in der Praxis wegen des Unfehlbarkeitsdogmas ausgeschlossen ist. Nichts, was in der Vergangenheit „ex cathedra" verkündet wurde, kann aufgrund dieser „Lehre" revidiert werden, so daß sich die römisch-katholische Kirche dadurch letztlich selbst in eine ausweglose Lage manövriert hat, die früher oder später mit ihrem Zusammenbruch enden muß.

Dies ist die Situation an der Wende vom zweiten zum dritten Jahrtausend. Die Kirchengeschichte hat eine Entwicklung genommen, wie sie im Mittelalter schlicht undenkbar gewesen wäre. Damals schien der Glaube für alle Ewigkeit eingewurzelt zu sein. Felsenfest war die Christenheit davon überzeugt, daß das Papsttum bis zum Ende der Zeiten bestehen würde; jeder einfache Gläubige und selbstverständlich auch jeder Priester dachte so. Desto verblüffender ist freilich die Tatsache, daß ausgerechnet ein hochgestellter Kleriker wie Malachias in seiner abschließenden Weissagung den Untergang der römischen Kirche ansprach. Mehr noch: Wo er die 110 Päpste bis herauf zu Johannes Paul II. und auch den nächsten nur mit kurzen Orakelsprüchen charakterisierte, beschrieb er in seiner finalen Prophezeiung sogar die näheren Umstände, unter denen der letzte katholische Pontifex zu Tode kommen und seine Kirche zusammenbrechen wird.

Das aber konnte er, gerade als Bischof, nur verantworten, wenn er unerschütterlich vom Eintreffen seiner Vision überzeugt war. Nur dann konnte er sich verpflichtet fühlen, das für seine Epoche Unerhörte niederzuschreiben. Allerdings tat er es, vermutlich zu seinem eigenen Schutz, zunächst nur im verborgenen und publizierte seine Prophezeiungen nicht. Lediglich in verkürzten Fassungen oder unter der Hand wurden sie nach seinem Tod von Eingeweihten weitergegeben, bis es schließlich im Jahr 1595 unter abenteuerlichen Umständen

(Näheres im Kapitel „Arnold von Wion und Malachias") zu einer ersten Veröffentlichung in Buchform kam. Von da an sorgten die Papstweissagungen des irischen Bischofs für permanente Unruhe vor allem in der römischen Kurie.

Immer wieder wurden Anstrengungen unternommen, die Texte zu unterdrücken oder sie als Fälschung abzuqualifizieren, was auf Dauer freilich nicht gelang. Die Visionen des Malachias überdauerten und wurden, weil sie eine nach der anderen eintrafen, von Jahrhundert zu Jahrhundert brisanter. Die Kirchengeschichte selbst hat den irischen Bischof mittlerweile schlagend bestätigt – einen Menschen, der nicht nur einen Kanon mit Prophezeiungen von immenser Bedeutung hinterließ, sondern auch ein sehr ungewöhnliches Leben führte.

MÖNCH, BISCHOF UND HEILIGER AUF DER GRÜNEN INSEL

Es war das Jahr, in dem der schottische König Malcolm sich der normannischen[1] Lehenshoheit beugte und damit der Unabhängigkeit des uralten keltischen Landes im Norden Britanniens ein Ende setzte. Irland hingegen stöhnte Anno 1094 noch nicht unter der Herrschaft der neuen Herren Westeuropas, welche erst zwei Generationen später auf die Insel übersetzen und sie okkupieren sollten. Noch herrschten in Erin die regionalen Fürsten und rivalisierten um die Würde des Ard-Ri, des Hochkönigs. In Dublin, Cashel, Tuam und Armagh saßen die vier Erzbischöfe Irlands – und in der letztgenannten Stadt im Nordwesten Erins, dem heutigen Ulster, wurde in diesem Jahr 1094 der Familie O'Morgair ein Sohn geboren, der Maelmhaedhoc genannt wurde und dem es bestimmt war, später unter dem Namen Malachias so große Berühmtheit zu erlangen.

In der Vita des irischen Klerikers, die 1595 von dem Benediktiner Arnold von Wion verfaßt wurde, heißt es, seine Eltern seien sehr fromm gewesen und hätten seine Erziehung deshalb schon früh einem „heiligmäßigen" Einsiedler anvertraut. Dieser Eremit, der Imarus gerufen wurde, habe den Halbwüchsigen in den christlichen Tugenden unterwiesen und ihn damit auf die Priesterweihe vorbereitet. Wann der Zögling des Einsiedlers konsekriert wurde, ist nicht bekannt; man kann jedoch annehmen, daß es, dem Brauch der Zeit folgend, ungefähr im Alter von zwanzig Jahren geschah. Gesichert ist, daß Erzbischof Celsus von Armagh die Weihen spendete. Anschließend verließ der junge Priester seine Heimatstadt und trat in das Benediktinerkloster Bangor (östlich von Belfast) ein.

Wahrscheinlich nahm er nun auch seinen mönchischen Namen Malachias an – und sorgte ansonsten in seiner neuen Umgebung rasch für Aufsehen. Arnold von Wion schreibt, er habe in Bangor nicht nur den Lebenswandel eines Heiligen geführt, sondern sei auch fähig gewesen, „Wunder" zu wirken. Vielleicht ist dies ein Hinweis auf seine Hellsehergabe, die sich bereits damals zeigte.

Innerhalb kurzer Zeit stieg Malachias zum Abt des Klosters Bangor auf, aber damit war seine Karriere noch lange nicht beendet. Wiederum aufgrund seiner Frömmigkeit und seiner „Wundergabe", wie es erneut bei Arnold von Wion heißt, wurde er zum Bischof der Stadt Connerth erwählt. Wenige Jahre später freilich brachen einmal mehr Machtkämpfe zwischen den regionalen Fürstendynastien aus, und König MacLochlainn von Ulster eroberte Connerth, das sich in den Händen eines rivalisierenden Clans befunden hatte. Die Stadt wurde niedergebrannt; mit knapper Not konnte Malachias zusammen mit 120 Mönchen fliehen.

Die Kleriker zogen sich in die Einsamkeit zurück und gründeten eine mittlerweile wieder untergegangene klösterliche Ansiedlung, der sie den Namen Ibragh gaben. Der vertriebene Bischof und seine Gefährten führten dort ein kontemplatives Leben, bis der greise Erzbischof Celsus von Armagh den jetzt etwa 35jährigen Malachias zu seinem Nachfolger berief. Arnold von Wion berichtet, daß der Klostergründer sich lange gegen die Bürde des neuen Amtes gesträubt und es zuletzt nur schweren Herzens auf sich genommen habe.

Möglicherweise hatte der neue Erzbischof von Armagh aufgrund seiner hellseherischen Fähigkeiten gewußt, was ihn erwarten würde. Historisch gesichert sind die fortdauernden Machtkämpfe der verfeindeten Adelshäuser von Ulster und dazu die schweren religiösen Unruhen, die Malachias bald zwischen alle Fronten geraten ließen. Vor allem unter dem Konflikt zwischen den Anhängern der alten keltischen Kirche, die tolerant war, und den Vertretern des Papsttums, das im Irland der damaligen Zeit seinen römisch-katholischen Alleinvertretungsanspruch immer aggressiver durchzusetzen versuchte, scheint er gelitten zu haben. Im Kapitel „Symbiose der Saints und Druiden" (S. 23-30) soll darauf näher eingegangen werden; vorerst nur soviel: Malachias bemühte sich bis ungefähr 1137 um einen friedlichen Ausgleich der gegensätzlichen Glaubensströmungen; im genannten Jahr dann setzte er ein Zeichen, das den Vorkämpfern der Papstkirche sehr sauer aufgestoßen sein muß.

Der Erzbischof von Armagh, der aus einem ärmlichen Kloster in der Wildnis gekommen war, trat von seinem Amt zurück. Seine „Demut" hätte ihn zu diesem Schritt bewogen, sagt dazu Arnold von Wion. Präziser könnte man formulieren, daß Malachias, dem von da an allmählich der Ruf eines Heiligen nachhing, den Anhängern des römischen Katholizismus ein Vorbild in keltisch-christlicher Bescheidenheit geben wollte. Mehr noch: Um einer Usurpation des freigewordenen Sitzes durch einen päpstlich orientierten Kleriker vorzubeugen, teilte er das Erzbistum unmittelbar vor seiner Demission in zwei Teile, schuf so einfache Diözesen und leitete als Bischof der Ulsterprovinz Down die eine selbst, während er die andere an einen Mitbruder abgab.

Sehr deutlich hatte Malachias auf diese Weise eine Lanze für die keltische Kirche gebrochen, und dies war mit Sicherheit der Grund, warum der bescheidene Bischof von Down im Jahr 1139 vom nach wie vor überwiegend traditionell denkenden Klerus Irlands als Delegierter nach Rom gesandt wurde, um dort mit Papst Innozenz II. die Situation in Erin zu diskutieren. Nach der Ankunft des Bischofs am Tiber geschah erneut etwas Erstaunliches. Obwohl Malachias sich dem römischen Machtanspruch so entschlossen entgegengestellt hatte, empfing das Oberhaupt der katholischen Kirche ihn mit offenen Armen und stattete ihn wenig später mit dem Titel eines päpstlichen Legaten für Irland aus.

Der Grund für dieses Verhalten mag darin gelegen haben, daß Innozenz II. nicht nur mit seinem Gegenpapst Viktor IV. zu kämpfen hatte, sondern außerdem Krieg gegen den normannischen König Roger II. von Sizilien führte. Er benötigte also dringend Verbündete und hofierte – die päpstlichen Großmachtbestrebungen in Erin, das ebenfalls von den Normannen bedroht war, für den Moment hintanstellend – wahrscheinlich deswegen den in Irland hochangesehenen Malachias. Arnold von Wion drückt das folgendermaßen aus: Der Papst habe beim „heiligmäßigen" Bischof Trost und Stütze in harter Bedrängnis gefunden.

Malachias' Mission zugunsten der keltischen Kirche war damit nicht erfolglos geblieben; seine künftigen Bemühungen in Erin waren nun zusätzlich durch den Legatenrang gedeckt, den Innozenz II. ihm – wenn vermutlich auch notgedrungen – verliehen hatte. Welche Absichten wiederum der Bischof von Down für die Zukunft verfolgte, wird klar, wenn man sich die Bedeutung des nächsten Ziels auf seiner Reise von 1139 vor Augen führt. Im Anschluß an seinen Aufenthalt in Rom suchte Malachias nämlich die Zisterzienserabtei von Clairvaux im Nordosten Frankreichs auf, wo Bernhard von Clairvaux (1091-1153) lebte.

Dieser nach seinem Tod heiliggesprochene Mönch, der aus burgundischem Adel stammte, war einer der zwiespältigsten Menschen seiner Zeit. Einerseits ging er als führender Kreuzzugsprediger und damit als gewissenloser Kriegshetzer in die

Geschichte ein, andererseits bemühte er sich ernsthaft um eine Erneuerung des christlichen Glaubens und versuchte seine Anhänger – ganz wie Malachias auch – zu einem kontemplativen Leben in klösterlicher Abgeschiedenheit zu bewegen. Ohne Zweifel waren es diese geistlichen Bestrebungen, die den irischen Bischof dazu bewogen, nun einige Monate in Clairvaux zu verbringen. Es heißt, die beiden Klostergründer hätten sich angefreundet – und Bernhard, der spätestens im Jahr 1136 in den Besitz der ebenfalls bis ins dritte Jahrtausend reichenden Prophezeiungen eines anderen großen mittelalterlichen Visionärs, des Kreuzritters Johannes von Jerusalem[2], gelangt war, muß bei dieser Gelegenheit auch die hellseherischen Fähigkeiten des Iren erkannt haben und von ihnen fasziniert gewesen sein.

In einer Schrift über das Leben des Malachias, die er nach dessen Tod verfaßte, würdigte Bernhard von Clairvaux nämlich die Sehergabe des Bischofs von Down und zitierte sogar einige der Papstprophezeiungen – freilich nur solche, die sich auf das 12. Jahrhundert beziehen und nicht jene, in denen es um den Untergang der Papstkirche geht. Ebenso erwähnte Bernhard eine Reihe von „Wundern", die Malachias in der Abtei von Clairvaux gewirkt haben soll. Wie wir später noch sehen werden, kann nicht ausgeschlossen werden, daß diese „Mirakel" in Zusammenhang mit der visionären Kraft des Iren standen; möglicherweise verfügte Malachias über ein ganzes Bündel paranormaler Fähigkeiten und gab dem Zisterzienser auch davon einige Kostproben, ehe er in seine Heimat zurückkehrte.

In den Jahren von 1140 bis 1148 wirkte der Bischof von Down wieder in Irland, wo er weiterhin sehr entschlossen für die Eigenständigkeit der keltischen Kirche mit ihrer starken mönchischen Ausrichtung eintrat. 1148 schließlich, Malachias stand jetzt in seinem 56. Lebensjahr, unternahm er noch einmal eine Reise nach Frankreich. Die Annalen seines Bistums berichten, daß er ein Treffen mit dem gerade dort weilenden neuen Papst Eugen III. plante. Es kann vermutet werden, daß es bei einer Begegnung der beiden Männer zu Auseinandersetzungen wegen des Kreuzzuges gekommen wäre, zu dem Ludwig VII. von Frankreich mit dem Segen des Papstes im Jahr zuvor aufgebrochen war.

Doch Malachias, der vielleicht vorausgesehen hatte, daß das christliche Heer schon wenig später ein Debakel erleben und kaum ein Bekreuzter zurückkehren würde, erreichte den Aufenthaltsort Eugens III. nicht mehr. Er erkrankte unterwegs und gelangte mit letzter Kraft noch nach Clairvaux, wo er am 2. November 1148 verschied.

Bernhard von Clairvaux spendete ihm die Sterbesakramente und sorgte dafür, daß der irische Bischof eine würdige Grabstätte auf dem Areal der Abtei erhielt. Später, so vermeldet eine zeitgenössische Quelle, soll Bernhard seinem Gott überschwenglich dafür gedankt haben, „daß sein Kloster die hohe Ehre habe, den Leichnam des heiligen Wundertäters und Propheten zu hüten".

Die Abtei von Clairvaux bewahrte aber offenbar nicht nur das Andenken an Malachias, sondern auch verschiedene seiner Schriften, die er nach damaligem Brauch in seinem Reisegepäck mit ins nordöstliche Frankreich gebracht hatte. Leider jedoch hat keines dieser Werke die folgenden Jahrhunderte überdauert – abgesehen von den Papstweissagungen. Sie blieben erhalten, wurden freilich mit Ausnahme der wenigen Visionen, die Bernhard in einem seiner eigenen Bücher veröffentlichte, streng unter Verschluß gehalten.

Erst zur Zeit der Renaissance gelangten sie dank Arnold von Wion an die Öffentlichkeit, wobei die Begleitumstände nicht abenteuerlicher hätten sein können.

ARNOLD VON WION UND MALACHIAS

Mehr als vierhundert Jahre nach dem Tod des irischen Bischofs in Clairvaux marodierten katholische Truppen unweit jener nordostfranzösischen Provinz, wo Malachias seine letzte Ruhestätte gefunden hatte. Die „Heilige Liga", vom habsburgischen König Philipp II. gegründet und finanziert, setzte alles daran, den Protestantismus in den Spanischen Niederlanden auszurotten. Mit Feuer und Schwert wurde die Gegenreformation auf dem Gebiet der heutigen Benelux-Staaten vorangetrieben; im Namen des Papstes wurden unsägliche Grausamkeiten begangen. Verzweifelt setzten die Geusen, die reformierten Freiheitskämpfer Flanderns und Brabants, sich zur Wehr, und im Jahr 1578 stürmten sie das flämische Benediktinerkloster Oudenburg, hinter dessen Mauern kurz zuvor noch eine spanische Einheit im Quartier gelegen hatte.

Die Oudenburger Mönche wurden vertrieben; unter ihnen befand sich auch jener Kleriker, von dem bereits mehrmals die Rede war: Arnold von Wion. Der Schock, den ihm der Angriff der Geusen versetzt hatte, muß sehr groß gewesen sein, denn im Gegensatz zu seinen Konfratres, die sich zumeist in französische oder deutsche Abteien gleich jenseits der Grenze flüchteten, kam Arnold erst in Norditalien wieder zur Ruhe. Das Kloster San Benedetto in der Nähe von Mantua gewährte ihm ein Refugium, und dort begann der Kleriker mit der Niederschrift eines Werkes, das ihn im

Bereich der Prophezeiungsliteratur unsterblich machen sollte.

Ob er sein Buch mit dem Titel „Lignum Vitae" („Holz des Lebens") auch in San Benedetto vollendete oder es erst später in Venedig abschloß, wo es 1595 von einem gewissen Georg Angeleri gedruckt wurde, läßt sich nicht mehr genau eruieren. Tatsache ist jedoch, daß er in diesem Werk, das die Geschichte der Bischöfe des Benediktinerordens darstellt, erstmals die Papstweissagungen des Malachias publizierte, wodurch diese spektakulären Prophezeiungen mehr als vierhundert Jahre nach dem Tod des irischen Visionärs Allgemeingut wurden.

Ehe er die 112 Orakelsprüche des Bischofs von Down vorstellt, schreibt Arnold von Wion einleitend: „Es sind uns drei Briefe erhalten, die der hl. Bernhard von Clairvaux an Malachias gerichtet hat. Dieser selbst, so wird berichtet, habe ebenfalls mehrere kleine Werke verfaßt. Ich habe jedoch keines davon gesehen, ausgenommen eine gewisse Weissagung über die Päpste. Jene, weil sie kurz und nach meiner Kenntnis noch niemals zuvor veröffentlicht worden ist, was aber von vielen begehrt wird, soll hier von uns beigefügt werden."

Leider gibt der Autor nicht an, auf welche Weise er in den Besitz der Prophezeiungen gelangte. Da wir jedoch wissen, daß sich das Originalmanuskript des Malachias ab dem Jahr 1148 im Besitz der Abtei von Clairvaux befand, läßt sich der weitere Weg entweder dieser Urschrift oder – was wahrscheinlicher ist – einer Kopie davon einigermaßen nachvollziehen. Irgendwann zwischen dem 12. und dem 16. Jahrhundert muß der Text aus dem Nordosten Frankreichs nach Flandern gebracht worden sein, wo er im Benediktinerkloster von Oudenburg aufbewahrt wurde. Als die Geusen die Abtei stürmten und die Mönche vertrieben, gelang es Arnold von Wion offenbar, das wertvolle Manuskript zu retten und es nach Italien zu bringen, wo er sich dann zur Veröffentlichung in der liberalen Republik Venedig entschloß.

Die Gründe, die ihn dazu bewogen, sollen am Ende des nächsten Kapitels genauer untersucht werden; hier zunächst noch ein kurzer Abriß über das weitere Schicksal und die Auswirkungen der Papstweissagungen. Nachdem die erste Auflage des „Lignum Vitae" die venezianische Buchdruckerwerkstatt verlassen hatte, fand sie reißenden Absatz. Sehr schnell folgten Nachauflagen, auch außerhalb Italiens, und die Prophezeiungen wurden dadurch in ganz Europa populär. Vor allem in den reformierten Ländern, wo man der römischen Kirche feindlich gegenüberstand, waren die Visionen des Malachias – nun häufig aus dem Kontext des Gesamtwerkes herausgelöst und kommentiert – in aller Munde.

Das war kein Wunder, denn schließlich konnten die Weissagungen jetzt bereits über mehrere Jahrhunderte hinweg auf ihren Wahrheitsgehalt überprüft werden. Da die Orakelsprüche des Malachias aber für jedes einzelne Pontifikat seit Cölestin II. zutreffend waren, durfte als sicher angenommen werden, daß sie auch hinsichtlich der Zukunft des Papsttums bis hin zu dessen letztem Vertreter Realität werden würden. Genau diese abschließende Aussage jedoch, wonach der „Stuhl Petri" bereits in absehbarer Zeit stürzen sollte, stellte die Sensation dar. Denn diese Prophezeiung verkündete etwas ganz anderes als die Evangelien, wo es bei Matthäus 16,18 bekanntlich heißt: „Du bist Petrus, und auf diesen Felsen werde ich meine Kirche bauen, und die Mächte der Unterwelt werden sie nicht überwältigen."

Dank der Arbeit kritischer moderner Theologen wissen wir heute, daß dieser Satz, den das Papsttum traditionell zu seiner eigenen Legitimation ins Feld führt, keine authentische Äußerung Jesu sein kann. Die Evangelienstelle transportiert nämlich Metaphern und Gedankengut der griechischen Spätantike (wie etwa Unterwelt/Hades oder Kirche/Kerkyra) und steht damit völlig außerhalb der jüdischen Gedankenwelt, in der Jesus lebte und sprach. Die Passage wurde also mit Sicherheit in den ursprünglichen Kontext des Matthäusevangeliums hineingefälscht, um auf diese Weise einen absoluten Herrschaftsanspruch der Amtskirche und später der Päpste zu suggerieren.

So gesehen, hebt sich der scheinbare Widerspruch zwischen christlicher Lehre (die, wie eben dargelegt, vom Papsttum im Verbund mit einer hierarchisch aufgebauten Kirche ursprünglich gar nichts wußte) und den Weissagungen des irischen Bischofs wieder auf – so daß die Malachiasvisionen letztlich sogar etwas aussagen, das auf eine Wiederherstellung der vom Urchristentum praktizierten Religion hindeutet: Gemeinde aller Gläubigen statt Amtskirche. In diese Richtung aber dachten – teils schon damals theologisch richtig argumentierend, teils intuitiv – auch zahlreiche reformierte Christen der Renaissance und später des Barock. Die Papstweissagungen des irischen Bischofs bestätigten nun wiederum diese Auffassung; sie stellten klar, daß die römischen Potentaten nicht ewig regieren würden, und deswegen fanden sie in protestantischen Kreisen so großen Widerhall.

Aus durchaus verständlichen Gründen versuchte hingegen die katholische Kirche während der folgenden Jahrhunderte immer wieder, die Malachiasprophezeiungen zu unterdrücken. Zeitweise war ihren Gläubigen der Besitz von Büchern verboten, welche die Orakelsprüche enthielten, und mehr als einmal beschäftigte sich auch die Inquisition mit den Texten. Dutzende von papsttreuen Theologen traten darüber hinaus mit dem Ziel an, die Weissagungen als bösartige Fälschung zu entlarven, und es entstand eine umfangreiche Sekundärliteratur in dieser Richtung.

Kein einziger Autor vermochte jedoch wirklich einen

Beweis dafür zu erbringen, daß es sich bei dem visionären Werk um eine Falsifikation handelt, denn die eingetroffenen Prophezeiungen sprechen unwiderlegbar für sich. Außerdem stammen sie ausgerechnet von einem hohen Würdenträger der römischen Kirche, der nach seinem Tod sogar als Heiliger verehrt wurde. Und zu allem Überfluß war das „Lignum Vitae" schließlich durch Arnold von Wion in Umlauf gebracht worden, der als Angehöriger des Benediktinerordens ebenfalls kaum ein Interesse daran gehabt haben konnte, dem Papsttum durch eine Fälschung zu schaden, sondern schlicht das in Druck gegeben hatte, was über die Zisterzienserabtei von Clairvaux auf ihn gekommen war.

Heute, im Übergang vom zweiten zum dritten Jahrtausend, wird die Authentizität der Malachiasweissagung nicht mehr ernsthaft in Frage gestellt. Vielmehr scheint mittlerweile sogar im Vatikan die Befürchtung laut zu werden, daß es nur noch wenige Jahrzehnte dauern könnte, bis das Papsttum aus der Geschichte verschwindet. Zumindest Paul VI., der von 1963 bis 1978 auf dem „Stuhl Petri" saß, tat kurz vor seinem Tod eine Äußerung, die aufhorchen läßt.

Im vertrauten Kreis sagte er, es könne sehr wohl so sein, daß auch einer Religion nur eine gewisse Lebensspanne zugemessen sei und sie dann „sterben" müsse. Und da der Papst, ebenso wie zahlreiche seiner Vorgänger, die Prophezeiungen des irischen Bischofs aus dem 12. Jahrhundert mit Sicherheit kannte, ist eine gedankliche Verbindung zwischen seiner eigenen „Vision" und der Großen Weissagung des Malachias nicht auszuschließen ...

SYMBIOSE DER SAINTS UND DRUIDEN

Unbestritten war Malachias ein herausragender Vertreter der christlichen Religion – trotzdem setzte er seine Papstweissagungen, die den Trägern der Tiara nach menschlichem Ermessen immensen Schaden zufügen mußten, in die Welt. Im einleitenden Kapitel wurde bereits einer der Gründe genannt, warum er so handelte: Der Bischof aus Erin war unerschütterlich vom Eintreffen seiner Vision überzeugt und fühlte sich von daher auch verpflichtet, das Unerhörte niederzuschreiben, um es für die nachkommenden Generationen zu bewahren. Deshalb weihte Malachias später auch Bernhard von Clairvaux ein und brachte das Manuskript mit den Prophezeiungen 1148 in dessen berühmte nordostfranzösische Abtei, wo es zunächst vor unbefugtem Zugriff sicher war und die folgenden Jahrhunderte – bis zu seiner Verbreitung in Buchform – überdauern konnte.

Der Ire aus Ulster genügte jedoch nicht unbedingt nur einer reinen „Informationspflicht", wenn er so zielbewußt dafür Sorge trug, daß seine Schauungen der Menschheit erhalten blieben. Vielmehr stand noch ein zweites, gravierenderes Motiv hinter seinem Verhalten, und dieser Beweggrund wird klar, wenn wir uns noch einmal kurz an die wichtigsten Stationen seines Lebens erinnern.

Da ist zunächst seine Erziehung durch einen jener „heiligmäßigen" Eremiten der Grünen Insel; sodann sein langjähriger Aufenthalt im weltabgelegenen Kloster Bangor, wo er selbst den Lebenswandel eines „Heiligen" führte und auch zum „Wundertäter" geworden sein soll. Es folgt sein Aufstieg zum Bischof von Connerth, wobei er nicht von der Kirchenführung berufen, sondern „erwählt" wurde, wie es in den Annalen heißt. Anschließend die Episode der Klostergründung von Ibragh, wo Malachias und seine Gefährten wiederum in tiefer Einsamkeit ein kontemplatives Leben führten. Weiter sein Widerstand gegen die Einsetzung zum Erzbischof von Armagh: in ein Kirchenamt, das es nur in der römisch-katholischen Hierarchie gab, während die ursprüngliche keltische Glaubensgemeinschaft es nicht gekannt hatte. Wenige Jahre später sein Rücktritt und gleichzeitig die Teilung des Erzbistums in zwei einfache Diözesen, was unmöglich im Sinn des Lateran[3] gewesen sein kann, von Malachias jedoch durchgesetzt wurde. Schließlich seine Reise zu Innozenz II. nach Rom, wo es ihm gelang, das Plazet des in Bedrängnis geratenen Papstes für seine eigenwillige Kirchenpolitik in Irland zu erlangen. Und zuletzt seine Kontaktaufnahme mit Bernhard von Clairvaux, der wie kein anderer auf dem Kontinent für ein Wiedererstarken des Mönchtums innerhalb der Christenheit kämpfte.

Zusammengenommen ergeben diese Eckdaten in der Vita des Malachias eine Linie, wie sie – eine gewisse Kenntnis der religiösen Situation Erins im 12. Jahrhundert vorausgesetzt – klarer gar nicht sein könnte. Eindeutig nämlich weist alles im Leben des Visionärs darauf hin, daß er in letzter Konsequenz kein Anhänger des römischen Katholizismus und damit des päpstlichen Alleinvertretungsanspruches war, sondern wieder und wieder für den Erhalt der alten keltischen Kirche eintrat, die ihn schon in seiner Jugend zutiefst geprägt hatte und deren Existenz er für sein Heimatland retten wollte. Warum das aber seine Absicht war, wird nachvollziehbar, wenn wir das römische und das zur Zeit des Malachias längst an den Rand gedrängte keltische Christentum miteinander vergleichen.

Im Jahr 1059 hatte eine Kirchenversammlung von 113 italienischen, burgundischen und französischen Bischöfen unter dem massiven Druck von Papst Nikolaus II. und seines Archidiakons Hildebrand (die Historiker sprechen von Erpressung, Bestechung und sogar Giftmorden an widerstrebenden Klerikern) eine für die künftige Geschichte äußerst folgenschwere Entscheidung gefällt. Danach sollte das Oberhaupt der katholischen Kirche künftig nur noch von den Kardinälen gewählt werden; jeder andere Einfluß war damit für alle Zukunft ausgeschlossen. 1061 wurde erstmals die Probe aufs Exempel gemacht; gegen den starken Widerstand des nicht mehr wahlberechtigten römischen Volkes und des niedrigen Klerus wurde Alexander II. zum Papst bestimmt. Wieder war Hildebrand dabei die treibende Kraft gewesen, und im Jahr 1073 bestieg er unter dem Namen Gregor VII. selbst den „Stuhl Petri". Mit ihm aber trat die römische Kirche in jene Epoche ein, da sie mit allen Mitteln um die absolute weltliche Macht kämpfte und sich damit völlig von der jesuanischen Lehre verabschiedete.

Die Päpste ab Gregor VII., die nun zu weitestgehend unkontrollierbaren autokratischen Herrschern geworden waren, brachen innerhalb der nächsten Jahrzehnte unter anderem den Investiturstreit[4] vom Zaun, setzten den Zölibat durch, verursachten das bis heute andauernde Schisma mit der orthodoxen Kirche und hetzten den europäischen Adel zu Kreuzzügen auf. Gleichzeitig strukturierten sie die Kirche, teils unter brutaler Gewaltanwendung, zu einer straff durchorganisierten feudalen Hierarchie um, in der kein Platz für abweichende Strömungen oder regionale Ausformungen des Christentums mehr sein sollte.

Als Folge dieser intoleranten Politik des Papsttums sahen

sich zahllose Menschen plötzlich als „Ketzer" verteufelt; anderswo wieder gerieten uralte religiöse Strukturen, die viele Jahrhunderte überdauert hatten, in Bedrängnis. Letzteres galt auch für die keltischen Glaubensgemeinschaften Westeuropas und hier vor allem Irlands, wo das Christentum seit seiner Frühzeit die vielleicht eigenständigste und interessanteste Entwicklung des europäischen Kontinents überhaupt genommen hatte.

Wie Ausgrabungen von keltischen Fürstensitzen in Erin beweisen, standen deren Bewohner bereits in vorchristlicher Zeit in regem Kontakt mit den östlichen Mittelmeerländern. Schiffe aus Griechenland und Kleinasien brachten Wein, Schmuck und Keramik nach Irland; im Gegenzug lieferten die dortigen Kaufherren unter anderem Zinn, das auf den britischen Inseln reichlich vorkommt und leicht abgebaut werden kann. Auch in jenem Jahrhundert, da Jesus in Jerusalem gekreuzigt wurde, waren diese Handelswege wie eh und je frequentiert, und die Religionsgeschichtler nehmen an, daß auf diese Weise bereits damals urchristliches Gedankengut nach Erin gelangte.

Die jesuanische Lehre existierte während der folgenden Generationen unangefochten neben der viel älteren druidischen Philosophie, was durch die absolute Toleranz dieser pantheistischen keltischen Weltanschauung ermöglicht wurde. Hinzu kam, daß sowohl den Druiden als auch den Urchristen eines gemeinsam war: Sie suchten Frieden und Erkenntnis in der Einsamkeit der Natur, lebten also häufig als Einsiedler oder in kleinen kontemplativen Gemeinden. Wo Druidenhaine und frühchristliche Eremitenhütten benachbart lagen, erfolgte im Lauf der Zeit ein metaphysischer Austausch, und daraus wieder entstand an zahlreichen Orten allmählich eine Symbiose zwischen Heidentum und jesuanischem Glauben. Anderswo gab es natürlich nach wie vor Iren, die es vorzogen, weiterhin allein die alten keltischen Götter zu verehren.

Bis in die Mitte des 5. Jahrhundert bewährte sich dieses undogmatische Miteinander von Ceridwen, Lug, Rhiannon[5] und Christus; allerdings hatte die neue Religion jetzt bereits ein gewisses Übergewicht erlangt und sich damit zur ersten keltischen Kirche ausgeformt. Mittlerweile waren größere Mönchsgemeinschaften entstanden; gleichzeitig war das keltische Christentum durch Strömungen beeinflußt worden, die vom Kontinent oder dem römisch besetzten Britannien gekommen waren. Damit aber war der Boden für eine zweite christliche „Missionierung" der Insel nunmehr durch die römisch-katholische Kirche bereitet.

Von der Mitte des 5. Jahrhunderts an entsandten die Päpste eine ganze Reihe „linientreuer Glaubensboten" nach Erin; der bekannteste unter ihnen war ein Priester namens Patricius, der als irischer Nationalheiliger Patrick in die Geschichte einging. Gemeinsam war allen diesen dogmatisch agierenden Theologen eines: Sie wollten die alte keltische Kirche unter den Einfluß des Papsttums bringen, was ihnen in der Folge weitgehend gelang. Auch in Irland wurden jetzt Diözesen und Erzbistümer gegründet und eine hierarchisch durchorganisierte Verwaltung etabliert. Von Rom gesteuerte irische Kirchenfürsten betrieben während der folgenden Jahrhunderte rigorose Machtpolitik; sie trieben das Heidentum in den Untergrund und versuchten das alte keltische Christentum an den Rand zu drängen.

Weil jedoch große Teile der irischen Bevölkerung nicht von dieser traditionellen Form des Glaubens lassen wollten, vermochte sich die keltische Kirche, vor allem in abgelegeneren Gegenden, noch sehr lange zu behaupten. Noch immer lebten in ihren Einsiedeleien jene kontemplativen Denker, Heiler und Lehrer, die im Sprachgebrauch der einfachen

Menschen ehrfurchtsvoll als „Saints" bezeichnet wurden. Nach wie vor standen diese Eremiten und Mönche in einer gewissen druidischen Tradition und bewahrten, zumindest teilweise, heidnische Weisheit.

Die Substanz der frühchristlichen keltischen Metaphysik, die eine Symbiose zwischen Druidentum und Jesuanismus gewesen war, blieb damit trotz der Anstrengungen Roms bis an die Schwelle des zweiten Jahrtausend erhalten und geriet erst dann in Gefahr, endgültig ausgerottet zu werden, als das Papsttum unter Gregor VII. seine absolute Machtpolitik zu betreiben begann und sie im 12. Jahrhundert noch forcierte. Damit aber befinden wir uns nun wieder in der Zeit des irischen Priesters und Hellsehers Malachias – und jetzt können wir auch begreifen, warum der Bischof von Down so zielbewußt dafür sorgte, daß seine brisanten Papstprophezeiungen der Menschheit erhalten blieben.

Malachias, der ja selbst Schüler eines „Saint" gewesen war und später ganz im Sinn der ursprünglichen keltischen Kirche als Mönch und Klostergründer gewirkt hatte, sah sich hautnah mit der für ihn und seinesgleichen fatalen Politik des römischen Katholizismus konfrontiert und wollte sehr bewußt gegensteuern. Einerseits versuchte er das durch sein Vorgehen als „erwählter", also noch von einer Kirchengemeinde in keltischer Tradition frei gewählter Bischof und anschließend durch die Auflösung des (von Patricius gegründeten) Erzbistums von Armagh sowie durch sein diplomatisches Taktieren gegenüber dem damals in Bedrängnis geratenen Papst Lucius. Andererseits schrieb er seine Weissagungen nieder und sorgte dafür, daß sie nicht in Vergessenheit gerieten, damit sie späteren Generationen Mut im Kampf gegen den römischen Alleinvertretungsanspruch geben konnten.

Wie wir zudem wissen, gelangten seine Visionen irgendwann zwischen 1148 und 1578 vom französischen Kloster (!) Clairvaux ins flandrische Kloster (!) Oudenburg. Damit kann eine heimliche Verbreitung der Texte bereits vor ihrer Drucklegung in Venedig als sicher angenommen werden. Offenbar kursierten Abschriften der Papstprophezeiungen über mehrere Jahrhunderte hinweg vor allem in Abteien der Zisterzienser und Benediktiner; exakt bei jenen Mönchsorden, die der machtpolitisch orientierten Papstkirche mehr als einmal Widerstand entgegenzusetzen versuchten.

Malachias hatte also durch sein Handeln im Sinn des alten keltischen Christentums und dessen „Saints" bis weit in die Zukunft hinein geplant – bis in jene Epoche, da die Grundfesten der Papstkirche durch die Reformation schwer erschüttert wurden und der Mönch Arnold von Wion die Zeit gekommen sah, die Orakelsprüche des irischen Bischofs breiten Bevölkerungsschichten und damit auch den Protestanten zugänglich zu machen.

Der flämische Benediktiner war nämlich ebenfalls alles andere als ein kritikloser Untertan der römisch-katholischen Kirche, der er (zuletzt vielleicht nur noch nach außen hin) angehörte. Denn wenn er „linientreu" gewesen wäre, dann hätte er mit Sicherheit alles darangesetzt, die Malachiasprophezeiungen, die ja den Untergang der Papstkirche vorhersagen, zu unterdrücken, nachdem er – auf welche Weise auch immer – in ihren Besitz gelangt war.

Wenn wir uns nun aber noch einmal die Lebensgeschichte Arnolds vor Augen führen, dann wird auch nachvollziehbar, warum er so handelte. Er hatte schließlich in den Spanischen Niederlanden miterlebt, mit welch barbarischen Methoden die Protestanten von dem erzkatholischen Philipp II. und von Rom unterdrückt und ausgerottet worden waren. Deswegen dachte er wohl zuletzt ebenso wie Malachias und leistete mit der Publikation von dessen visionärem Werk seinen Beitrag dazu, den Gegnern des Papsttums Hoffnung zu geben.

DAS URALTE VISIONÄRE WISSEN DES MALACHIAS

Um das Jahr 1130 gründete der vertriebene Bischof von Connerth zusammen mit seinen Gefährten das Kloster Ibragh, doch wir dürfen uns darunter keineswegs eine jener prachtvoll ausgestatteten Abteien vorstellen, wie sie im Hochmittelalter auf dem europäischen Kontinent errichtet wurden. Vielmehr müssen wir uns die Anlage in etwa so ausmalen wie die von Glendalough südlich von Dublin, die im Gegensatz zu Ibragh bis heute weitgehend im Originalzustand erhalten ist und noch immer Zeugnis vom Leben der keltischen Mönche um die Zeit der ersten Jahrtausendwende gibt.

Glendalough, das „Tal der zwei Seen", liegt abgeschieden in den Wicklowbergen; vor wenigen Jahrzehnten noch führte lediglich ein schmales Sträßchen in die Einsamkeit der verlassenen Klostersiedlung, die aus einer kleinen Keimzelle des frühen 7. Jahrhunderts entstand. Dieser Urbau von Glendalough ist unter dem Namen „Kevins Cell" bekannt; es handelt sich um eine nur hüttengroße, aus flachen Steinen aufgeschichtete „Bienenkorbzelle", die den Eindruck äußerster Bescheidenheit erweckt. In ihr meditierte und betete der Einsiedler Kevin, der den Platz als erster besiedelte und einer jener hochgeachteten „Saints" der alten keltischen Kirche war. Seine geistige Ausstrahlung war dermaßen stark, daß sich anderswo im „Tal der zwei Seen" bald weitere Mönche ansiedelten, deren Nachfolger im Lauf der nächsten Jahrhunderte außer ihren nach wie vor einzeln stehenden Zellen auch mehrere kleine Kirchen und einen „Round Tower" erbauten sowie einen Friedhof einrichteten.

Der Rundturm, der Friedhof und die verschiedenen kleinen Steinkirchen, die man vielleicht besser als Kapellen bezeichnen sollte, bildeten gewisse Zentren auf dem mehrere Quadratkilometer großen Areal der Klosteranlage, doch wirklich bestimmend blieb die gesamte Geschichte Glendaloughs hindurch die umgebende Natur. Schon Kevin hatte seinen ersten Unterschlupf auf einem nur sehr schwer zugänglichen Felsen über einem der Seen errichtet, und er hatte diesen Ort mit Sicherheit sehr bewußt gewählt. Bei diesem Platz nämlich handelt es sich um eine Lokation, an der bis heute Wünschelruten ausschlagen; also sehr starke „Erdstrahlen" (präziser gesagt: natürliche elektromagnetische Kräfte) wirken. Ähnliches gilt für die Standorte der übrigen Mönchszellen und auch der Kapellen – und damit wird der tiefste Beweggrund für die Gründung Glendaloughs genau hier klar: Kevin und seine Nachfolger hatten einen Ort gesucht und gefunden, der sie in die Lage versetzte, an druidische Traditionen anzuknüpfen.

Auch die „Dru Wid", die „Großen Wissenden" des heidnischen Keltentums, hatten ihre „Haine" ja nicht willkürlich ausgewählt, sondern sie sehr gezielt dort angelegt, wo bestimmte Naturphänomene sich positiv auf jene paranormalen Fähigkeiten auswirkten, die sie anstrebten. Ähnlich wie später die „Saints" der irischen Kirche pflegten sie an solchen Plätzen zu meditieren und vermochten dadurch einen höheren als den gewöhnlichen Bewußtseinszustand zu erreichen. In dem Moment, da ihnen das gelang, „betraten" sie die sogenannte Anderswelt: eine Art „vierter Dimension", die nach druidischer Lehre mit dem diesseitigen Kontinuum eng verflochten ist und in der die gewöhnlichen Naturgesetze aufgehoben sind – unter anderem die des chronologischen Zeitablaufes. Damit aber waren die Druiden imstande, in die Zukunft zu blicken, und diejenigen unter ihnen, die es darin zur Meisterschaft gebracht hatten, standen als „Vates" in außerordentlich hohem Ansehen.

Später, als aus den heidnischen „Dru Wid" christliche „Saints" geworden waren, hatte sich diese Tradition zumindest unter Eingeweihten weitervererbt und lebte nunmehr in Klosteranlagen wie Glendalough – oder eben auch Ibragh, der Gründung des Malachias, fort. Wenn wir nun aber nach dem eben Gesagten Eins und Eins zusammenzählen, dann haben wir damit eine erste Antwort auf die Frage gefunden, die uns in diesem Kapitel interessiert: Auf welchen Wegen erlangte der spätere Bischof seine erstaunliche visionäre Gabe?

Es kann eigentlich nur so gewesen sein, daß jener „heiligmäßige" Einsiedler oder eben „Saint" Imarus, der den Halbwüchsigen erzog, über uralte druidische Kenntnisse verfügte und sie an seinen Schützling weitergab, nachdem er dessen wohl angeborenes sensitives Talent erkannt hatte. Im Zusammenhang damit könnte die Überlieferung stehen, wonach Malachias bereits im Kloster Bangor in den Ruf eines „Wundertäters" geriet; konkreter ausgedrückt: Er gab den anderen Mönchen dort Kostproben seines paranormalen Könnens. Ibragh schließlich war vermutlich der Platz, wo der nunmehrige Mittdreißiger seine Gabe zur Meisterschaft brachte. Es darf mit Sicherheit angenommen werden, daß Malachias diesen Ort für seine Klostergründung sehr bewußt und nach jenen Kriterien ausgewählt hatte, wie sie auch auf Glendalough zutreffen: Ibragh war ganz bestimmt eine Lokation, wo starke „Erdstrahlen" auf die menschliche Psyche einwirkten und die prophetische Gabe des Abtes somit zusätzlich förderten.

Aufgrund der bis heute in den keltischen Ländern Westeuropas lebendigen Überlieferung wissen wir einiges über die Charakteristik derartiger Plätze. In den allermeisten Fällen waren sie, wie auch „Kevins Klippe" in Glendalough, bereits in heidnischer Zeit genutzt worden und wurden später vom keltischen Christentum übernommen. Häufig waren an solchen heiligen Orten eine oder mehrere Quellen, beziehungsweise auffällige Fels- oder Landschaftsformationen zu finden, wobei besonders die Borne in vorchristlicher Zeit zumeist von wahrsagenden Druidinnen gehütet wurden. Steinsetzungen konnten die dort vorhandenen unterirdischen „Kraftknoten" zusätzlich markieren; oft sind solche Menhire in der Nähe oder sogar im Inneren sehr alter irischer Kirchen erhalten geblieben.

Es kann gar keinen Zweifel geben, daß auch die Mönchszelle des Malachias

in Ibragh unweit eines solchen Platzes gestanden hat und der „Saint" des 12. Jahrhunderts sich dort genau in der gleichen Art wie einst die keltischen „Vates" in Trance versetzte. Auch er fand mit Hilfe bestimmter Naturkräfte, welche auf die menschliche Psyche einwirken, und ebenso dank der uralten „sensitiven Techniken", die ihn der Einsiedler Imarus gelehrt hatte, den Weg über die „Pons Perilis", die „gefährliche" oder „nebelverhangene Brücke", welcher in die Anderswelt führt. Aufgrund einer Initiationsmethode, die seit Jahrtausenden im Keltentum bekannt war, vermochte Malachias die „Schleier der Zeit" zu durchdringen und einen Blick über beinahe ein weiteres Millennium hinweg in die Zukunft zu tun.

Die lange Reihe der 112 Päpste, die vom 12. bis zum 21. Jahrhundert auf dem „Stuhl Petri" sitzen sollten, zog irgendwann an seinem inneren Auge vorüber; gleichzeitig „hörte" er jene Orakelsprüche, welche jedes einzelne Pontifikat so treffend kennzeichnen. Beinahe ein volles Jahrtausend, an dessen Ende das Schicksal der katholischen Kirche sich erfüllt haben würde, blitzte schlaglichtartig in seiner Schauung auf. Und in seiner letzten und deutlichsten Vision sah Malachias den „Zorn Gottes" über Rom hereinbrechen und das Papsttum samt der Stadt, in der es so lange geherrscht hatte, untergehen.

Betrachtet man die Zahl der Prophezeiungen und den Zeitraum, den sie umgreifen, dann wird zusätzlich deutlich, aus welchem metaphysischen Nährboden sie erwuchsen. Denn die Orakelsprüche kennzeichnen nicht nur eine simple historische Abfolge, sondern vielmehr eine abgeschlossene geschichtliche Epoche, und dies wiederum wird denen, die um die tiefere Bedeutung bestimmter Zahlen im keltischen Denken wissen, gleich von Anfang an deutlich gemacht. Genau 111 Päpste (plus einen letzten, der allerdings so auffällig von diesem Kanon abgesetzt ist, daß er unbedingt gesondert gesehen werden muß) listete der irische Priester nämlich auf – und die Quersumme der einzelnen Ziffern ergibt die Drei. Diese Zahl jedoch steht in der druidischen „Kabbalistik" immer für einen großen Zyklus – in unserem Fall für eine „Kurve" des Aufsteigens, Vergehens und Absterbens – und ist damit exakt der Botschaft zugeordnet, um die es Malachias in letzter Konsequenz ging.

Der Prophet wurde – sicher nicht zufällig – in ein Jahrhundert hineingeboren, in dem sich das Papsttum in eine totale Autokratie umwandelte, und aus verständlichen Gründen setzen seine Zukunftsvisionen hier auch ein. Sie markieren damit freilich nicht irgendeinen Zeitpunkt, sondern eben präzise den Beginn einer sehr bedeutenden historischen Epoche. Vom 12. Säkulum an veränderte die römische Kirche sich grundlegend; sie betrieb jetzt skrupellose Machtpolitik, wurde im Verlauf der folgenden Jahrhunderte zur wahren Beherrscherin Europas, erlebte aber gleichzeitig im Inneren einen moralischen Rückschlag sondergleichen. Genau deswegen kam es schließlich zur Reformation und damit zu einem zweiten Schisma der Christenheit; mit Wiclif, Calvin, Zwingli und Luther begann letztlich bereits die Niedergangsphase des Katholizismus.

Renaissance- und Barockzeitalter mit ihren verheerenden Glaubenskriegen und den damit verbundenen unbeschreiblichen Greueln verstrichen. Die geschockte Elite Europas und bald auch Nordamerikas suchte den rettenden Ausweg außerhalb des Christentums; es kam zur Aufklärung, zur Deklaration der Menschenrechte und zur Französischen Revolution. In deren Gefolge wurde der päpstliche Kirchenstaat zerschlagen und der religiöse Einfluß auf die Politik immer stärker zurückgedrängt. Als Reaktion darauf erließ Pius IX. (1846-1878) sein berühmtes Dogma von der päpstlichen Primatialgewalt und Unfehlbarkeit, wodurch der Zentralismus innerhalb des Katholizismus zu dessen eigenem Schaden zementiert wurde. Die Demokratisierung der modernen Gesellschaften tat ein übriges, so daß die geistig nach wie vor im Mittelalter verharrende römische Kirche im Übergang vom zweiten zum dritten Jahrtausend vor dem Abgrund steht – wodurch eine historische Epoche, die im 12. Jahrhundert einsetzte, tatsächlich (fast) abgeschlossen ist.

Aufgrund dieses kurzen Abrisses wird deutlich, welcher große geschichtliche Zyklus durch die Malachiasweissagungen kennzeichnet wird. Die Prophezeiungen, die vom 12. bis zum 21. Jahrhundert reichen, markieren mit ihrem einführenden und letzten Orakelspruch exakt zwei historisch überaus relevante Eckpunkte am Anfang und am Ende einer tausendjährigen Zeitspanne. Zu Beginn dieser langen Entwicklung wurde vom ersten autokratischen Papst Gregor VII. und seinen unmittelbaren Nachfolgern quasi der verderbliche Samen ausgesät, der mit Einsetzen des dritten Millenniums zum Auftreten des letzten Papstes und dadurch zum Untergang des „Stuhles Petri" führen muß – und damit hat der irische Bischof Malachias genau die Epoche von der „Geburt" bis zum „Tod" der absolutistisch definierten Papstkirche umrissen.

Mehr noch: Der in uralter keltischer Tradition stehende Seher aus Ulster stellt sich damit möglicherweise sogar an die Seite des frühchristlichen Propheten Johannes von Patmos, der schon kurz nach der Kreuzigung Jesu in seiner „Geheimen Offenbarung" von der tausendjährigen Herrschaft des „Antichrist" sprach und sie als schreckliche Bedrängnis für das wahre Christentum kennzeichnete. Martin Luther wiederum interpretierte diese Vision dahingehend, daß damit nur die Tyrannei der römischen Päpste gemeint sein könne.

Wenn deren Zeit aber nun im 21. Jahrhundert tatsächlich

abgelaufen sein sollte, so wie Malachias und andere bedeutende Zukunftsseher (mehr darüber im Kapitel „Die Papstweissagungen über die letzten Pontifikate", S. 77-80) es vorhersagten, dann würde der „Stuhl Petri" zudem auch noch in den ersten Dekaden eines neuen, astronomisch-astrologisch definierten Zyklus – nämlich dem des „Wassermannes" – stürzen, der zu Beginn des dritten Jahrtausends auf das „Fische"-Zeitalter folgt. Im europäischen Heidentum, also auch bei den Kelten, waren diese „Tierkreiszeichen" als „Götterjahre" bekannt, und die Sterndeuter, Philosophen und „Vates" der vorchristlichen Gesellschaften lehrten, daß es in den Übergangszeiten zwischen solch großen, etwa zweitausendjährigen Zyklen zu gewaltigen Umbrüchen sowohl in der Natur als auch in der Menschheitsgeschichte komme.

Die Malachiasweissagungen fügen sich zusätzlich haargenau in dieses Muster ein, was ihre Glaubwürdigkeit weiter erhöht. In den folgenden Kapiteln sollen sie nun in ihrer Gesamtheit vorgestellt und – bis herauf zur Gegenwart – anhand nachprüfbarer Fakten interpretiert werden.

DIE PAPSTWEISSAGUNGEN

DIE HUNDERT PAPSTWEIS-SAGUNGEN VON CÖLESTIN II. BIS GREGOR XVI. (1143-1846)

In diesem Kapitel werden zunächst die Pontifikate vom Hochmittelalter bis zur Zeit unmittelbar vor dem Zusammenbruch des Kirchenstaates im 19. Jahrhundert vorgestellt. Wegen der Fülle des Materials geschieht dies in möglichst knapper Form. In den beiden nächsten Kapiteln – hier werden die Weissagungen und die ihnen zugeordneten Pontifikate ausführlicher kommentiert – wird die Reihe dann bis zum gegenwärtigen Papst und schließlich bis zum letzten „Nachfolger Petri" fortgeführt.

Während der Jahrhunderte, die der nun folgende Prophezeiungskanon umfaßt, war die Kirche zeitweise gespalten, so daß auch etliche Gegenpäpste auftraten und damit mehr als hundert Personen den Titel des römischen Pontifex Maximus beanspruchten. Ein Teil dieser Gegenpäpste war freilich geschichtlich so unwichtig, daß Malachias sie in seinen Visionen nicht berücksichtigte. Dies schmälert den Wert seiner Weissagungen jedoch keineswegs. Ganz im Gegenteil wird durch die einhundert Orakelsprüche, die er für die Epoche zwischen Cölestin II. und Gregor XVI. abgab, die klare historische Linie wiederhergestellt, weil im Zweifelsfall die Frage, welcher Papst oder Gegenpapst zur betreffenden Zeit wirklich relevant war, durch das Vorgehen des Malachias eindeutig entschieden wird. Er ordnete dann nur dem bedeutenden Kirchenoberhaupt einen Orakelspruch zu und klopfte damit auch die chronologische Reihenfolge seiner Papstlinie immer wieder fest, so daß sie ohne Schwierigkeiten bis in die Gegenwart hinein verfolgt werden kann.

Hier nun die ersten hundert Papstweissagungen des irischen Bischofs, wobei der Vollständigkeit halber auch jene vier enthalten sind, die bereits im einführenden Kapitel dieses Buches vorgestellt wurden.

Ex castro Tiberis (Aus der Burg am Tiber)
Cölestin II. (1143 bis 1144) – Sein Geburtsname lautete Guido de Castello. Dieses Adelsgeschlecht saß in der Citta de Castello, einer Stadtfestung innerhalb der Mauern Roms am Tiber.

Inimicus expulsus (Vertriebener Feind)
Lucius II. (1144 bis 1145) – Dieser Papst entstammte der Sippe der Caccianemici, in welchem Namen die Worte cacciare (vertreiben) und nemici (Feinde) enthalten sind. Unter Lucius II. brach der Streit zwischen dem papstfeindlichen Kaisergeschlecht der Staufer und den mit der Kirche verbündeten Welfen aus, wobei Anhänger der Staufer im Lauf des Pontifikats aus Rom vertrieben wurden.

Ex magnitudine montis (Von der Größe des Berges)
Eugen III. (1145 bis 1153) – Seine Wiege stand im Ort Montemagno (Großer Berg) bei Pisa.

Abbas Suburranus (Abt der Suburra)
Anastasius IV. (1153 bis 1154) – Sein Name lautete

Konrad Suburri. Außerdem stammte er aus dem römischen Viertel Suburra (der Vorstadt der antiken Metropole) und war darüber hinaus vor seiner Wahl Abt (Abbas) des Klosters St. Rufus gewesen.

De rure albo (Vom weißen Feld)
Hadrian IV. (1154 bis 1159) – Dieser einzige aus England stammende Papst war auf einem Adelsgut („Feld") nahe bei St. Alban zur Welt gekommen. Später wurde er Mönch bei den Augustinerchorherren, die eine weiße (alba) Tunika trugen. Ehe er den Papstthron bestieg, war er schließlich auch noch Bischof und Kardinal der Stadt Alba in Spanien.

Ex tetro carcere (Vom gräßlichen Kerker)
Viktor IV. (1159 bis 1164) – Er war Kardinaldiakon der römischen Basilika St. Nikolaus in Carcere, ehe er als Gegenpapst zu Alexander III. regierte. Im Lauf der Auseinandersetzung zwischen den beiden Päpsten mußte Alexander sich zeitweise in der „Engelsburg", also quasi in einem Kerker, der seine Freiheit behinderte, verschanzen.

Via Transtiberina (Der Weg jenseits des Tiber)
Paschalis III. (1164 bis 1168) – Er war unter seinem Geburtsnamen Guido von Crema Kardinal von Santa Maria trans Tiberim, bevor er als Gegenpapst zu Alexander III. den „Stuhl Petri" bestieg.

De Pannonia Tusciae (Von Ungarn und Tuscien)
Kallixtus III. (1168 bis 1178) – Dieser Gegenpapst war ursprünglich Abt von Struma in Ungarn gewesen und mußte sich nach seiner Abdankung Alexander

III. unterwerfen, welcher aus Siena in der Toscana (Tuscien) stammte.

Ex ansere custode (Von der Gans als Wächterin)
Alexander III. (1159 bis 1181) – Bei ihm ist die Zuordnung des Orakelspruches nicht ganz einfach. Verschiedene Interpreten weisen jedoch darauf hin, daß dieser Papst immer wieder sehr lautstark für die Interessen der Kirche eintrat, was soweit ging, daß er noch als Kardinal auf dem Reichstag von Besancon Kaiser Friedrich Barbarossa anschrie: „Von wem hat der Kaiser die Würde, wenn nicht vom Papst?" – was ihn um ein Haar das Leben gekostet hätte. Man könnte also sagen, Alexander III. habe über den Machtanspruch des Papsttums ähnlich spektakulär gewacht wie die Gänse des antiken römischen Kapitols einst über Rom.

Lux in ostio (Licht im Tor)
Lucius III. (1181 bis 1185) – Ubaldo Allucingoli wurde in Luca (antike Bezeichnung Luxa) geboren und war vor seiner Papstwahl Bischof von Ostia.

Sus in cribro (Das Schwein im Sieb)
Urban III. (1185 bis 1187) – Er entstammte der Mailänder Adelsfamilie der Crivelli (das lateinische crivello bedeutet Sieb), deren Wappentier ein Eber war.

Ensis Laurentii (Schwert des Laurentius)
Gregor VIII. (1187) – er war vordem Kardinal von St. Laurentius in Lucina. Zudem zeigte sein Wappen zwei Schwerter; außerdem war sein Pontifikat ganz auf die Vorbereitung eines Kreuzzuges ausgerichtet.

De schola exiet (Aus der Schule wird er kommen)
Klemens III. (1187 bis 1191) – Der Taufname dieses Papstes lautete Paolo, und er stammte aus dem Geschlecht der Scolari, in welchem Wort das lateinische schola (Schule) steckt.

De rure bovensi (Vom Land der Ochsen)
Cölestin III. (1191 bis 1198) – Der Orakelspruch löst sich auch in seinem Fall durch den Namen seiner Familie, die über bedeutenden Landbesitz verfügte und Bobo hieß, was vulgärlateinisch Ochse bedeutet.

Comes signatus (Ausgezeichneter Graf)
Innozenz III. (1198 bis 1216) – Bereits im Alter von 37 Jahren wurde dieser lombardische Graf Lothar von Segni mit der Papstwürde ausgezeichnet.

Canonicus de latere (Kanonikus aus den Vertrauten)
Honorius III. (1216 bis 1227) – Zunächst war dieser Papst Kanonikus der Basilika des Lateran gewesen, worauf das Orakel sicher anspielt. Außerdem bedeutet der lateinische Ausdruck „de latere" aber auch „aus der Schar der Vertrauten". Was Malachias damit sagen wollte, wird klar, wenn man die Vorgeschichte dieses Kirchenoberhauptes kennt. Cencio Savelli gehörte als Kardinalkämmerer und Erzieher des jungen Staufers Friedrich II. dessen engstem Hofstaat an, war also ein besonderer Vertrauter des späteren Stauferkaisers, ehe er den Lateranpalast bezog.

Avis Ostiensis (Der Vogel von Ostia)
Gregor IX. (1227 bis 1241) – Wie Innozenz III. stammte auch dieser ehemalige Kardinal Ugolino aus

dem Grafengeschlecht der Segni, dessen Wappentier ein Adler war. Außerdem war Gregor IX. zunächst Kardinalbischof von Ostia gewesen.

Leo Sabinus (Der Sabinische Löwe)
Cölestin IV. (1241) – Dieser Papst, der nur 17 Tage regierte, hatte ursprünglich das Amt des Kardinalbischofs von Sabina besetzt. Sein Familienname lautete Castiglioni, was einen kastrierten Löwen bezeichnet.

Comes Laurentius (Graf Laurentius)
Innozenz IV. (1243 bis 1254) – Er war ein gebürtiger Graf (Comes) von Lavagna und hatte vor seiner Papstwahl auf der Pfründe von St. Laurentius in Lucina gesessen.

Signum Ostiense (Das Zeichen von Ostia)
Alexander IV. (1254 bis 1261) – Wie mehrere andere Päpste war auch er zunächst Kardinalbischof von Ostia gewesen, so daß diese Stadt mit ihm quasi ein weiteres Zeichen für ihre Bedeutung setzte.
Jerusalem Campaniae (Jerusalem der Champagne)

Urban IV. (1261 bis 1264) – Er stammte aus der Stadt Troyes in der Champagne und war vor seiner Wahl Patriarch von Jerusalem gewesen.

Draco depressus (Der niedergeworfene Drache)
Klemens IV. (1265 bis 1268) – In der alten keltischen Bildersprache steht der Drache u. a. für die Herrscherkraft, in der katholischen Symbolik für den Teufel. Während des Pontifikats von Klemens IV. ging das kaiserliche Geschlecht der Staufer unter, mit dem das

Papsttum über Generationen hinweg schwere Auseinandersetzungen geführt hatte.

Anguinus vir (Der Schlangenmann)
Gregor X. (1271 bis 1276) – Er war ein Sproß des Hauses der Visconti, auf dessen Wappenschild sich eine Schlange ringelte.

Concionator Gallus (Der gallische Prediger)
Innozenz V. (1276) – Sein Name lautete eigentlich Peter von Tarentaise; er war Franzose (Gallier) und hatte sich als bedeutender Prediger des Dominikanerordens einen Namen gemacht, ehe er zum Papst gewählt wurde.

Bonus comes (Guter Graf)
Hadrian V. (1276) – Ebenso wie Innozenz V. regierte er nur sehr kurze Zeit und fiel vermutlich einem Giftmordanschlag zum Opfer, weil er die Kirche im Sinn der Evangelien zu reformieren versuchte. Sein Taufname lautete Ottobono (guter Otto) Fieschi, und er stammte aus gräflichem Haus. Malachias' Orakelspruch bezieht sich also sowohl auf Herkunft und Vornamen als auch auf seinen Versuch, innerhalb der Kirche etwas zu verändern.

Piscator Tuscus (Fischer aus Tuszien)
Johannes XXI. (1276 bis 1277) – Dieser ehemalige Kardinalbischof von Tusculum wurde in der Stadt Viterbo in der Region Tuszien zum Papst gewählt. Die Bezeichnung Fischer steht nach kirchlichem Sprachgebrauch für das Papstamt selbst.

Rosa composita (Die wohlgeordnete Rose)
Nikolaus III. (1277 bis 1280) – Giovanni Gaetani stammte aus dem Adelsgeschlecht der Orsini, in dessen Wappenfeld unter anderem eine Rose hineinkomponiert war. Das lateinische Verb componere bedeutet, Dinge in Einklang zu bringen oder auch Gebäude zu errichten, und Nikolaus III. war nicht nur ein geschickter Diplomat, sondern entfaltete auch eine rege Bautätigkeit.

Ex teloneo liliacei Martini (Von der Wechselstube Martins mit den Lilien)
Martin IV. (1281 bis 1285) – Der eigentliche Name dieses aus Frankreich kommenden Papstes lautete Simon de Brie. Ehe er gewählt wurde, war er sowohl Kanonikus und Schatzmeister der Kathedrale St. Martin in Tours als auch Kanzler Ludwigs IX. von Frankreich gewesen, dessen Königswappen die Lilien zeigte.

Ex rosa leonina (Von der Rose mit den Löwen)
Honorius IV. (1285 bis 1287) – Dieser Italiener gehörte der Adelssippe der Savelli an. Auf deren Familienwappen sind zwei Löwen zu sehen, die eine Rose in den Krallen halten.

Picus inter escas (Der Specht zwischen den Speisen)
Nikolaus IV. (1288 bis 1292) – Dieser Papst stammte aus Ascoli in Picenum. In den Namen von Stadt und Landschaft sind die Wortwurzeln der Hauptbegriffe des Orakelspruches enthalten. Das Motto wurde aber auch noch zusätzlich interpretiert: Dieser Papst hatte nämlich vor seiner Wahl zwei andere hohe Würden inne; er war Ordensgeneral der Franziskaner und

Bischof von Palästina. Aufgrund dieser Ämter weigerte er sich zweimal, die Tiara zu akzeptieren, womit er quasi wie ein Specht handelte, der zwischen zwei Futterbrocken sitzt und sich nicht entscheiden kann.

Ex eremo celsus (Erhöht aus der Einsiedelei)
Cölestin V. (1294) – Nach zweijährigem Interregnum wurde der im Ruf eines Heiligen stehende Eremit Peter Murrone zum Papst gewählt. Er regierte fünf Monate in einer Mönchszelle, die er sich im Lateranpalast eingerichtet hatte, und versuchte die Kirche wieder auf eine bescheidene Basis zu stellen, was ihm aber nicht gelang. Denn Mitglieder der Kurie raunten ihm durch einen Mauerspalt seiner Zelle allnächtlich zu, daß Christus seine Rückkehr in die Einsiedelei wünsche. Cölestin V. nahm diesen Betrug für göttliche Offenbarung und demissionierte.

Ex undarum benedictione (Aus dem Segen der Wogen)
Bonifaz VIII. (1294 bis 1303) – Benedetto Gaetani kam aus einem Adelsgeschlecht, das durch Seehandel reich geworden war und daher im Wappen blaue Wogen im goldenen Feld führte.

Concionator Patareus (Der patarische Prediger)
Benedikt XI. (1303 bis 1304) – Der ehemalige Dominikanergeneral Nikolaus Boccasine galt als herausragender Prediger. Die Beifügung Patareus spielt auf seinen Vornamen an, denn St. Nikolaus stammte aus der Stadt Patara in Lycien.

De fessis Aquitanicis (Von den Aquitanischen Bändern)
Klemens V. (1305 bis 1314) – Dieser Amtsinhaber

Bertrand de Got war gebürtiger Aquitanier. Sein Familienwappen zeigte drei horizontal angeordnete Bänder.

De sutore Osseo (Vom Schuhmacher aus Ossa)
Johannes XXII. (1316 bis 1334) – Der weltliche Name dieses Mannes lautete Jakob de Oza (Ossa), und er war der Sohn eines Schuhmachers aus Cahors in Frankreich. Als einer der Avignonpäpste wirkte er zudem, bildlich gesprochen, als sutor, welches Wort auch die Bedeutung Näher hat. Er fügte nämlich einen „Riß" in der Kirche wieder zusammen, der durch die Wahl des Gegenpapstes Nikolaus V. entstanden war.

Corvus schismaticus (Der schismatische Rabe)
Nikolaus V. (1328 bis 1330) – Er war als Petrus Rainalucci in Corvaro (Rabenort) in den Abruzzen geboren worden. Nachdem Kaiser Ludwig der Bayer ihn auf den Thron gesetzt hatte, regierte er als römischer Gegenpapst zu Johannes XXII., bis er 1330 zur Abdankung gezwungen wurde.

Frigidus Abbas (Der kalte Abt)
Benedikt XII. (1334 bis 1342) – Ehe er den „Stuhl Petri" besetzte, war dieser Kleriker Abt des Zisterzienserklosters „Fons Frigidus" (Kalte Quelle) in der Diözese Narbonne gewesen.

De rosa Atrebatensi (Von der Rose von Arras)
Klemens VI. (1342 bis 1352) – Bis zu seiner Papstwahl hatte dieser Adlige dem Bistum von Arras (dem römischen Atrebatae) vorgestanden. Sein Wappenbild zeigte sechs Rosen.

De montibus Panmachii (Aus den Bergen des Panmachius)
Innozenz VI. (1352 bis 1362) – Auch dieser Papst war Franzose und in der Ortschaft Mont bei Beyssac (nahe Limoges) zur Welt gekommen. Später stand er im Rang eines Bischofs von Clermont und Kardinals der Kirche von St. Johannes und Paulus auf dem Berge Coelius, welche Pfründe auch die Bezeichnung St. Panmachii trug. Der Avignon-Papst führte zudem sechs Silberberge im Wappen.

Gallus Vicecomes (Vizegraf aus Gallien)
Urban V. (1362 bis 1370) – Wiederum haben wir hier einen französischen, also „gallischen" Papst. Zwar hatte er selbst niemals den Titel eines Vizegrafen

Der päpstliche Palast in Avignon

getragen, war jedoch zunächst Nuntius in Mailand bei der Familie Visconti (Visconte gleich Vizegraf) gewesen.

Novus de virgine forti (Neuer von der starken Jungfrau)
Gregor XI. (1370 bis 1378) – Er kam aus dem Grafengeschlecht der Beaufort, in welchem Namen die lateinische Wurzel fortus (stark) steckt. Schon mit 18 Jahren wurde er zum Kardinal einer Titularkirche mit dem Namen St. Mariae Novae bestimmt, womit auch der Bezug zur Jungfrau hergestellt wäre. Es gibt jedoch noch eine weitergehende Deutung, die mit Caterina von Siena zusammenhängt, einer Nonne, die zu jener Zeit im Ruf einer großen Glaubenskämpferin stand. Diese „starke Jungfrau" bewog Gregor XI., den Papstsitz – allerdings nur vorübergehend – von Avignon zurück nach Rom zu verlegen, weswegen er in der Literatur auch als derjenige interpretiert wird, der dank dieser starken Jungfrau zu einem Erneuerer des römischen Papsttums wurde.

De cruce apostolica (Vom apostolischen Kreuz)
Klemens VII. (1378 bis 1394) – Dieser Kirchenfürst mußte mit dem Gegenpapst Urban VI. kämpfen und herrschte deshalb wieder von Avignon aus. Der auf ihn bezogene Orakelspruch läßt sich durch die Schwierigkeiten (eben das apostolische „Kreuz") erklären, die er durchzustehen hatte.

Luna cosmedina (Kosmedischer Mond)
Benedikt XIII. (1394 bis 1417) – Mit den Stimmen der französischen Kardinäle wurde dieser Spanier

namens Pedro de Luna, der einen silbernen Halbmond im Wappenschild trug, zum Avignon-Papst gewählt. Zuvor war er Kardinaldiakon von St. Maria in Cosmedina gewesen.

Schisma Barchinonicum (Schisma von Barcelona)
Klemens VIII. (1424 bis 1429) – Er war ehedem Kanonikus von Barcelona gewesen und wurde von einer Kardinalsminderheit zum Gegenpapst ausgerufen.

De inferno praegnanti (Von der schwangeren Hölle)
Urban VI. (1378 bis 1389) – Dieser bereits weiter oben erwähnte Gegenpapst kam aus einem Ort namens Inferno bei Neapel, also ganz in der Nähe des „höllischen", feuerschwangeren Vesuv. Da Urban VI. aber auch jener Kirchenfürst war, der sich gegen Klemens VII. stellte, löste er ein Schisma aus und wird daher von manchen Autoren als einer angesehen, mit dem die Hölle „schwanger gegangen war".

Cubus de mixtione (Würfel aus der Mischung)
Bonifaz IX. (1389 bis 1404) – Das Familienwappen der Adelssippe, der Bonifaz entstammte, zeigte einen Würfel. Da auch er einer der schismatischen Päpste war, regierte er zudem in einer Zeit der Vermischung verschiedener Machtansprüche.

De meliore sidere (Vom besseren Gestirn)
Innozenz VII. (1404 bis 1406) – Das Geschlecht der Migliorati (der Besseren), aus dem er kam, führte einen Kometen im Schild. Dieser Papst regierte ferner in Rom statt in Avignon, wo zur gleichen Zeit Pedro

de Luna (mit dem Mond im Wappen) auf dem Thron saß. Innozenz hatte im Vergleich damit das höhere oder „bessere" Gestirn in seinem Emblem.

Nauta de ponte nigro (Der Seemann von der Schwarzen Brücke)

Gregor XII. (1406 bis 1417) – Dieser Kleriker mit Namen Angelo Corrario war gebürtiger Venezianer, kam also aus einer Stadt, die von der Seefahrt lebte. Dort hatte er der Kirche von Negroponte (schwarze Brücke) vorgestanden. Da er auf dem Höhepunkt des Schismas zwischen Avignon und Rom einer von drei Päpsten war, die um die Herrschaft stritten, kann sein Beiname auch so interpretiert werden, daß es für ihn nur eine „schwarze Brücke" in die Zukunft gab; in der Tat dankte er ab und starb unbeachtet.

Flagellum solis (Geißel der Sonne)
Alexander V. (1409 bis 1419) – Sein Wappenbild zeigte eine Sonne, und als einer der drei Schismapäpste des frühen 15. Jahrhunderts wurde er als „Geißel der Kirche" angesehen. Darüber hinaus brach während seiner Regierungszeit eine verheerende Pestepidemie aus, worin man damals eine „Geißel Gottes" sah.

Cervus sirenae (Hirsch der Sirene)
Johannes XXIII. (1410 bis 1415) – Ein weiterer Gegenpapst, der zuvor Seeräuber gewesen war. Geboren war er in Neapel, wo man in der Antike vor allen anderen Göttern die Sirene Parthenope verehrt hatte. Er war ferner Kardinal an einer Kirche des hl. Eustachius gewesen, dessen Sinnbild ein Hirsch ist.

– Im 20. Jahrhundert wurde dieser Papst aus dem offiziellen Kanon der Kirche gestrichen, weswegen sein Name dann noch einmal vergeben wurde.

Corona veli aurei (Krone des Goldsegels)
Martin V. (1417 bis 1431) – Er war zunächst Kardinal einer Titularkirche St. Georgii ad aureum (Heiliger Georg beim Golde) gewesen. Außerdem war in seinem Wappen eine gekrönte Säule abgebildet. Durch seine Wahl wurde das Schisma des frühen 15. Jahrhunderts beendet. Das „Schiff der Kirche" war damit wieder segelfähig.

Lupa coelestina (Himmlische Wölfin)
Eugen IV. (1431 bis 1447) – Dieser Papst hatte als Bischof von Siena eine Wölfin im Wappen geführt, die quasi zu einem himmlischen Tier wurde, als man ihn zum „Stellvertreter Gottes auf Erden" wählte.

Amator crucis (Liebhaber des Kreuzes)
Felix V. (1439 bis 1448) – Mit ihm, dem ehemaligen Herzog von Savoyen, kam ein Hochadliger auf den Papstthron. Das Wappen des Amadeus von Savoyen zeigte ein Kreuz.

De modicitate lunae (Von der Bescheidenheit des Mondes)
Nikolaus V. (1447 bis 1455) – Dieser Sohn eines Arztes aus Sarzana in der Diözese Luna wurde als Gegenpapst zu Felix V. gewählt. Als solcher lebte er ungewöhnlich bescheiden. – Sein Beiname kann aber auch so übersetzt werden: „Von der Mittelmäßigkeit des Mondes" (Halbmond), was im Zusammenhang mit der Eroberung Konstantinopels durch die Türken

während seines Pontifikats (29. Mai 1453) Bedeutung gewinnt.

Bos pascens (Der weidende Ochse)
Kalixt III. (1455 bis 1458) – Er war der erste Vertreter der berüchtigten spanischen Adelssippe Borja oder Borgia auf dem „Stuhl Petri". Ein Stier kennzeichnet das Familienwappen dessen, der seine „Herde" nun in Rom „weidete". Es wird dem Renaissancepapst Kalixt III. jedoch auch vorgeworfen, er habe die Stadt zum Weideplatz für seine zahlreiche, ebenfalls das Stierwappen tragende Verwandtschaft gemacht, weil er wie kaum ein „Stellvertreter Christi" vor ihm Vetternwirtschaft betrieb.

De capra et albergo (Von der Ziege und der Herberge)
Pius II. (1458 bis 1464) – Enea Silvio Piccolomini errang die Papstwürde durch die Protektion zweier einflußreicher Gönner. Der eine war Kardinal Capranica, dessen Kardinalbischof Piccolomini gewesen war; der andere Kardinal Niccolo d'Albergati. Das Motto versteckt sich also in deren Familiennamen.

De cervo et leone (Vom Hirsch und vom Löwen)
Paul II. (1464 bis 1471) – Kardinal Pietro Barbo hatte, um auf den Thron zu gelangen, nur einen einzigen Wahlgang nötig. So etwas war noch nie zuvor in der Kirchengeschichte geschehen, so daß man sagen könnte, er habe die Hürde zum Papsttum schnell wie ein Hirsch genommen. In seinem Familienwappen findet sich das zweite Tier des Orakelspruches, der Löwe.

Piscator minorita (Kleinerer Fischer)
Sixtus IV. (1471 bis 1484) – Vor seinem Aufstieg zum Papst war Francesco della Rovere, als Sohn eines Fischers geboren, Franziskanergeneral gewesen. Die Mitglieder dieses Ordens wurden auch als Minoriten (mindere oder kleinere Brüder) bezeichnet.

Praecursor Siciliae (Vorläufer von Sizilien)
Innozenz VIII. (1484 bis 1492) – Sein eigentlicher Name lautete Giovanni (Johannes) Battista Cibo, und er war Kardinal von St. Cecilia sowie Justitiar am Hofe des Königs von Sizilien gewesen. Der „Vorläufer" steckt in seinem Rufnamen Johannes, denn Johannes der Täufer aus den Evangelien wird auch als Vorläufer Jesu bezeichnet.

Bos albanus in portu (Der albanische Ochse im Hafen)
Alexander VI. (1492 bis 1503) – Dieser Borgiapapst (mit dem Ochsen im Familienwappen) war ein Neffe von Kalixt III., welcher ihm zunächst das Bistum Albano zugeschanzt hatte. Später hatte Rodrigo Borgia auch die Diözese Porto inne, so daß ein „Albaner" also in einen Hafen (Porto) gelangte, wobei man zusätzlich sagen könnte, er habe auf dem Höhepunkt seiner Karriere den päpstlichen Hafen erreicht.

Alexander VI.

De parvo homine (Vom armen Menschen)
Pius III. (1503) – Schon bei seiner Wahl war die-

ser Papst gesundheitlich so „arm dran", daß er die Krönung nur sitzend ertrug. 26 Tage später verstarb er.

Fructus Jovis juvabit (Die Frucht Jupiters wird helfen)
Julius II. (1503 bis 1513) – Um diesen Orakelspruch zu verstehen, muß man auf die griechische Mythologie zurückgreifen. Damals wurde die Göttin Pallas Athene als „Frucht des Jupiter" bezeichnet, weil sie seinem Samen entsprossen war. Pallas Athene war die Hüterin der Künste, der Wissenschaften und der Kriegskunst. Dies korrespondiert genau mit den Eigenschaften, die Julius II. an den Tag legte. Er förderte unter anderem Michelangelo und Raffael, gab der Architektur (Bau des Petersdomes) neue Impulse und war außerdem als Kriegsherr, der an der Spitze seiner Truppen selbst ins Feld zog, gefürchtet. Durch die „Eigenschaften der Pallas Athene" stärkte er also die Machtposition der Kirche.

De craticula Politiana (Vom Politianischen Rost)
Leo X. (1513 bis 1521) – Der spätere Papst aus dem Hause Medici war ein Schüler des Humanisten Angelo Poliziano gewesen. Sein Vater war Lorenzo Medici, und das Sinnbild des hl. Laurentius (Lorenzo) ist der Rost, auf dem man ihn angeblich marterte.

Leo Florentius (Der Löwe Florentius)
Hadrian VI. (1522 bis 1523) – Der Niederländer hatte an der Universität von Löwen studiert und war der Sohn eines Handwerkers namens Florens Boeyens in Utrecht. Später wurde er Generalinquisitor der spanischen Königreiche von Kastilien und Leon, womit die

Die hundert Papstweissagungen von Cölestin II. bis Gregor XVI. (1143-1846)

Holzschnitt von Albrecht Dürer (1471-1528)

Anspielung des Malachias auf den Löwen ebenfalls erklärt wäre.

Flos pilei aegri (Blume des kranken Hutes)
Klemens VII. (1523 bis 1534) – Vor seiner Papstwahl war dieser Angehörige des Hauses Medici Kardinal in Florenz (der Blühenden) gewesen. Unter seinem Pontifikat löste sich dann etwa ein Drittel der europäischen Bevölkerung von der römischen Kirche. Aufgrund der Reformation war das Papsttum als „Hut" oder Haupt des Katholizismus infolgedessen tatsächlich „krank" geworden.

Hyacinthus medicorum (Die Hyazinthe der Ärzte)
Paul III. (1534 bis 1549) – Die Familie dieses Farnesepapstes führte sechs Hyazinthen im Wappen. Ehe Paul III. den „Stuhl Petri" bestieg, war er Kardinaldiakon der Kirche von St. Cosma und Damiano gewesen, und diese beiden Heiligen (besser bekannt als Cosmas und Damian) sollen ursprünglich als Ärzte gewirkt haben.

De corona montana (Von der Krone des Berges)
Julius III. (1550 bis 1555) – Er entstammte der Adelssippe der Ciocchi del Monte, die in ihrem Wappen drei Berge führte, die von einem Lorbeerkranz bekrönt wurden.

Frumentum flaccidum (Verwelktes Getreide)
Marcellus II. (1555) – Das Familienwappen dieses Papstes aus dem Hause Cervini zeigte Kornähren. Sie „blühten" aber in seinem Fall nicht lange, denn Marcellus, der von sehr schwacher Gesundheit war, starb schon 22 Tage nach seiner Wahl.

De fide Petri (Vom Glauben des Petrus)
Paul IV. (1555 bis 1559) – In die Zeit seines Pontifikats fällt die Einführung der römischen Inquisition und des römischen Index, durch welchen den Gläubigen die Lektüre gewisser Bücher verboten wurde. Sein Familienname lautete Pietro (Petrus) Carafa, und

Papstkarikaturen, Einblattdruck um 1545

wenn man den oft engstirnigen biblischen Petrus als Fundament(alisten) des Papsttums interpretiert, dann wäre die von Malachias gebrauchte Metapher damit erklärt.

Esculapii pharmacum (Das Heilmittel des Aesculap)
Pius IV. (1559 bis 1565) – Bei den alten Griechen war Aesculap das Urbild des Arztes (Medikus). Gian Angelo de Medici kam aus einer Mailänder Sippe, in welcher der Arztberuf Tradition war. Auch er selbst hatte zunächst Medizin studiert, ehe er sich der Theologie zuwandte. Als Papst trieb er das Trienter Konzil entschieden voran, das sich mit einer Kirchenreform beschäftigte, und darin sehen manche Interpreten der Malachiasweissagung den zweiten Teil der Prophezeiung erfüllt: Der Medicipapst verordnete der Kirche ein Heilmittel.

Angelus nemorosus (Der Engel aus dem Wald)
Pius V. (1566 bis 1572) – Er wurde im savoyischen Bosco geboren. Bosco bedeutet auf italienisch Wald, das lateinische Adäquat ist nemus. Mit 14 Jahren wurde er Mönch und bekam den Klosternamen Michele – nach dem Erzengel Michael. Obwohl er vor seinem Pontifikat Großinquisitor war, ging er als „engelhafter Papst" in die Kirchenannalen ein.

Medium corpus pilarum (Halber Leib der Pfeiler)
Gregor XIII. (1572 bis 1585) – Zum einen führte die Familie dieses Papstes einen halben Drachenleib im Wappen, zum anderen hinterließ

Gregor XIII. in Rom eine ganze Reihe von Pfeilern oder Säulen, weil er zahlreiche Kirchenbauten begann, viele davon aber nicht vollendete.

Axis in medietate signi (Die Achse in der Mitte des Zeichens)
Sixtus V. (1585 bis 1590) – Das Adelswappen des Felix Peretti zeigte in der Mitte einen Schrägbalken, der über einem Löwen lag. Außerdem ließ Sixtus V. im Zentrum des Petersplatzes den bekannten Obelisken aufstellen; er errichtete also inmitten der Vatikanstadt quasi ebenfalls eine Achse.

De rore coeli (Vom Tau des Himmels)
Urban II. (1590) – Giambattista Castagna regierte nur 13 Tage, nachdem er direkt nach seiner Wahl schwer erkrankt oder vergiftet worden war. Wegen seiner Mildtätigkeit gegenüber den Armen blieb er trotzdem in der Erinnerung der römischen Bevölkerung lebendig, und ein Sprichwort lautete, er sei so schnell wie der Tau des Himmels wieder vergangen.

Ex antiquitate urbis (Aus dem Altertum der Stadt)
Gregor XIV. (1590 bis 1591) – Dieser Papst entstammte einer sehr alten Mailänder Adelsfamilie. Er und sein Vater hatten in dieser Stadt den Rang von Senatoren (Ältesten) innegehabt – hatten also so etwas wie das Altertum oder die Antike repräsentiert.

Pia civitas in bello (Die fromme Stadt im Krieg)
Innozenz IX. (1591) – Während seines Pontifikats

belagerten die protestantischen Hugenotten, um sich für das Massaker an ihren Glaubensbrüdern während der „Bartholomäusnacht" (23. 8. 1572) zu rächen, die „fromme" (traditionell katholische) Stadt Paris.

Crux Romulea (Römisches Kreuz)
Klemens VIII. (1592 bis 1605) – Das florentinische Geschlecht der Aldobrandini, aus dem Klemens VIII. kam, führte einen goldenen Balken mit drei Querstreben in der Art eines römischen oder päpstlichen Kreuzes im Wappen.

Undosus vir (Wellenreicher Mann)
Leo XI. (1605) – Er wurde nach turbulenten Machtkämpfen innerhalb der Kurie am 1. April gewählt und am 17. dieses Monats inthronisiert. Während der Zeremonie begann er plötzlich so stark zu schwitzen, daß ihm der Schweiß „in Wellen" über das Gesicht lief, wie Augenzeugen berichten. Am 27. April verstarb er.

Gens perversa (Verkehrtes Geschlecht)
Paul V. (1605 bis 1621) – Gens bedeutet Adelsgeschlecht oder auch Adel allgemein. Um diesen Orakelspruch zu verstehen, muß man sich die Geschichte des Dreißigjährigen Krieges vergegenwärtigen. 1618 brach er in Prag aus; der protestantische (für Rom „verkehrte" oder „perverse") Adel Böhmens und Deutschlands stand damit gegen die Kirche auf.

In tribulatione pacis (In der Drangsal des Friedens)
Gregor XV. (1621 bis 1623) – In der Tat herrschte während seines Pontifikats schwere kriegerische

Drangsal, die den Frieden Europas zu einer Illusion machte. Der Dreißigjährige Krieg erreichte damals seinen ersten Höhepunkt.

Lilium et rosa (Lilie und Rose)
Urban VIII. (1623 bis 1644) – Die Lilie steht hier für das französische Königswappen, die Rose (in Erinnerung an die Häuser Lancaster und York, die beide eine solche Blume im Wappen führten) für England, wo damals Charles I. auf dem Thron saß. Er heiratete 1625 die französische Prinzessin Henriette-Marie, wodurch Lilie und Rose sich vermählten.

Jucunditas crucis (Die Herrlichkeit des Kreuzes)
Innozenz X. (1644 bis 1655) – Dieser Papst wurde an einem 14. September gewählt: dem katholischen Fest der (triumphalen) Kreuzerhöhung. Zur Erinnerung an die Krönung Innozenz' X. wurden später Medaillen geprägt, welche die Verherrlichung des Kreuzes darstellten.

Montium custos (Wächter der Berge)
Alexander VII. (1655 bis 1667) – Das Wappen seiner in Siena ansässigen Sippe zeigte sechs Hügel, über denen wie Wächter ein Stern und eine Eiche standen. Zudem galt Alexander als „Wächter" über das Wohl der Siebenhügelstadt Rom, weil er während einer Hungersnot Getreide hatte heranführen lassen.

Sidus olorum (Stern der Schwäne)
Klemens IX. (1667 bis 1669) – Dieser Papst wurde in Pistoia am Flüßchen Stella (Stern) geboren. Während des Konklaves vor seiner Wahl residierte er im soge-

nannten Schwanenzimmer des Vatikans, dessen Deckengemälde eine Reihe der Großvögel zeigte.

De flumine magno (Vom großen Fluß)
Klemens X. (1670 bis 1676) – Als Emilio Altieri 1590 in Rom geboren wurde, kam es zu einer verheerenden Tiberüberschwemmung. Der große Fluß riß den Säugling in der Wiege mit sich; nur mit größter Mühe konnte Emilio Altieri von seiner Amme gerettet werden.

Bellua insatiabilis (Unersättliche Kriegsbestie)
Innozenz XI. (1676 bis 1689) – Das Wappen des vormaligen Kardinals Benedetto Odescalchi zeigte mit einem Adler und einem Löwen zwei kriegerische Tiere. Das Orakel des Malachias weist zudem auf eine andere „Kriegsbestie" hin, nämlich auf den türkischen Großwesir Kara Mustafa, der während des Pontifikats von Innozenz XI. halb Europa überrannte und Wien belagerte, ehe  schließlich seiner „Unersättlichkeit" durch das Eingreifen deutscher und polnischer Truppen ein Ende bereitet wurde.

Poenitentia gloriosa (Die glorreiche Buße)
Alexander VIII. (1689 bis 1691) – Pietro Ottobonis „glorreiche" Wahl erfolgte an einem 6. Oktober: dem Fest des hl. Bruno, der den strengsten katholischen Bußorden, den der Karthäuser, gegründet hatte.

Rastrum in porta (Die Hacke im Tor)
Innozenz XII. (1691 bis 1700) – Er hieß eigentlich Antonio Pignatelli del Rastello, und man vermutet, daß das lateinische Wort rastrum auf seinen Familiennamen anspielt. Was das Tor angeht, so ist die Deutung leichter: Unter Innozenz XII. erreichte die Kirche das Jahr 1700, das „Tor" zum 18. Jahrhundert.

Flores circumdati (Blumen sind umwunden)
Klemens XI. (1700 bis 1702) – Dieser Papst wurde in der Stadt Urbino geboren, deren Wappen einen Blumenkranz zeigt.

De bona religione (Von der guten Religion)
Innozenz XIII. (1721 bis 1724) – Während seines Pontifikats kam es zum Reformationsversuch des Jansenismus (Lehre von allumfassender göttlicher Gnade) innerhalb der katholischen Kirche. Innozenz übergab die Schriften der Anhänger dieser „guten Religion" jedoch der Inquisition und exkommunizierte die Janseniten.

Miles in bello (Krieger im Kampf)
Benedikt XIII. (1724 bis 1730) – Er war ursprünglich Mönch gewesen, und in die Kirchengeschichte ist er als rigoroser Asket unter den Päpsten eingegangen. Als „Kämpfer für seinen Glauben" kasteite er sich häufig bis zum Exzeß. Er führte damit quasi einen Krieg gegen den Prunk des Vatikans, den er zu einer Art Kloster zu machen versuchte.

Columna excelsa (Die hohe Säule)
Klemens XII. (1730 bis 1740) – Er verzierte die Fassade der Lateranbasilika mit einer Reihe von Pilastern. Die Interpretation mancher Fundamentalisten, wonach er auch eine „Säule des Katholizismus" gewesen sei, trifft insofern zu, als er rigoros gegen das Freimaurertum vorging und im Kirchenstaat die Mitgliedschaft in einer Loge bei Androhung der Todesstrafe und Konfiskation des Vermögens verbot.

Animal rurale (Das Tier vom Lande)
Benedikt XIV. (1740 bis 1758) – Unter dem Familiennamen Lambertini wurde er in der römischen Via delle Campane (Straße zum Bauernland) geboren. Er war der erste Papst, der regelmäßig nach Castel Gandolfo aufs Land zog. Sehr „ländlich" blieben seine Sitten auch auf dem „Stuhl Petri", wo er sich oft einer ordinären Ausdrucksweise befleißigte, die von vielen als „viehisch" empfunden wurde.

Rosa Umbriae (Die Rose vom Umbrien)
Klemens XIII. (1758 bis 1769) – Carl Rezzonico war zunächst päpstlicher Gouverneur der Städte Rieta und Fano gewesen, die beide im antiken Umbrien liegen. Diese Region wird auch Rosenland genannt.

Ursus velox (Schneller Bär)
Klemens XIV. (1769 bis 1775) – Er galt als Zauderer, doch einmal schlug er „schnell wie ein Bär" zu – als er nämlich 1773 aus heiterem Himmel den Jesuitenorden auflöste.

Peregrinus Apostolicus (Apostolischer Wanderer)
Pius VI. (1775 bis 1799) – Während vor ihm kaum ein Papst den Kirchenstaat verlassen hatte, unternahm dieser Pontifex zwei ausgedehnte Reisen. Die erste führte ihn für vier Monate nach Wien, wo er gegenüber dem Kaiser die Macht der Kirche zu stärken versuchte, aber scheiterte. 1798 erlebte er ein Debakel, das zu seiner letzten Reise führte. Napoleonische Truppen rückten in Rom ein und erklärten Pius VI. für abgesetzt. Der „Stellvertreter Christi" wurde über Siena, Parma und Turin nach Frankreich gebracht; dort starb er am 29. August 1799.

Aquila rapax (Beuteschlagender Adler)
Pius VII. (1800 bis 1823) – Hier spielt Malachias mit Sicherheit auf Napoleon an, der in der Tat wie ein „siegreicher Adler" über das Papsttum kam, den Kirchenstaat der französischen Krone unterstellte und Pius VII. wie seinen Vorgänger inhaftierte.

Canis et coluber (Hund und Natter)
Leo XII. (1823 bis 1829) – Unter seinem Pontifikat wurden in Italien die revolutionären „Carbonari" („Köhler") sehr aktiv, die für Menschenrechte und Demokratie eintraten. Der Papst rief wörtlich zum Ausrottungskrieg gegen sie auf, konnte sich aber damit nicht durchsetzen; vielmehr waren es die „Carbonari", die wenig später den Kirchenstaat endgültig zerschlugen. Die Prophezeiung kann deshalb so gedeutet werden, daß der „Hund" (die Revolutionäre) bereits jetzt die „Natter" (das Papsttum) würgte.

Vir religiosus (Frommer Mann)
Pius VIII. (1829 bis 1830) – Der irische Seher charakterisierte sein nur zwanzig Monate währendes Pontifikat treffend, denn dieser Papst flüchtete sich ins Gebet und wurde politisch nicht aktiv.

De balneis Etruriae (Von den Bädern Etruriens)
Gregor XVI. (1831 bis 1846) – Er war mit 18 Jahren in den Orden der Kamaldulenser eingetreten, der im Jahr 1009 vom hl. Romuald gegründet worden war. Das erste Kloster stand an einem Bach, also Badeplatz, in Etrurien. Außerdem ließ Gregor XVI. in der genannten Region Ausgrabungen durchführen, wobei auch mehrere etruskische Quellfassungen oder Bäder freigelegt wurden.

DIE ZEHN PAPSTWEISSAGUNGEN VON PIUS IX. BIS JOHANNES PAUL II.

Diese Pontifikate, die vom endgültigen Zusammenbruch des Kirchenstaates bis herauf in die unmittelbare Gegenwart reichen, umreißen die Niedergangsphase der römischen Kirche bis zur Situation am Ende des zweiten Jahrtausends, wo der völlige Untergang des Papsttums bereits nahe bevorsteht.

Crux de cruce (Kreuz vom Kreuze)
Pius IX. (1846 bis 1878) – Dieser Papst tat alles, um die Weltöffentlichkeit gegen sich aufzubringen – und letztlich wurde daher das Kreuz, für das er stand, von einem gleichartigen Symbol gestürzt.

1854 verkündete er das Dogma „Von der Unbefleckten Empfängnis Marias", woran selbst im finstersten Mittelalter kein Christ zu glauben gezwungen war. Er löste damit bei den aufgeklärten Menschen seiner Zeit einen Sturm der Entrüstung aus, worauf er 1864 unter anderem mit einer Verdammung des Rationalismus und des Liberalismus (demokratisches Bewußtsein) reagierte. Alldem setzte er 1870 die Krone auf, indem er nun auch noch die päpstliche Unfehlbarkeit proklamierte.

Im gleichen Jahr freilich stürmten Truppen des sardinisch-piemontesischen Königs Emanuel II. im Verein mit den „Carbonari" Rom und erklärten Pius IX.

zum Gefangenen im Vatikan. Der Kirchenstaat wurde aufgelöst und sein Territorium dem neugeschaffenen Königreich Italien zugeschlagen.

Emanuel II. aber trug in seinem uralten Wappen jenes Kreuz, das dem Papstkruzifix „zum Kreuz" geworden war, wie Malachias vorhergesagt hatte.

Lumen in coelo (Licht am Himmel)
Leo XIII. (1878 bis 1903) – In der Tat erschien dem Papsttum mit Vincenzo Gioacchino Pecci, dessen Adelswappen einen Kometen zeigte, noch einmal ein „Silberstreif am Horizont". Mit Hilfe konservativer  und reaktionärer Kräfte, die jetzt in Europa wieder an Einfluß gewannen, vermochte er sich gesellschaftliches Gehör zu verschaffen. In einer Reihe von Enzykliken griff er unter anderem Sozialdemokraten und Freimaurer an; ebenso erwarb er sich einen gewissen „staatstragenden" Ruf dadurch, daß er Teile des Kleinbürgertums durch den Aufbau katholischer „Sozialvereine" von der Arbeiterbewegung abspaltete.

Ignis ardens (Brennendes Feuer)
Pius X. (1903 bis 1914) – Man könnte auch sagen, er war ein glühender Fanatiker, was sich etwa in seinem Kampf gegen den „Modernismus" (katholische Reformbewegung, die einen Ausgleich zwischen Dogma und wissenschaftlichem Denken anstrebte) als „Sammelbecken aller Häresien" äußerte. Als er 1910 den Antimodernisteneid einführte, der jeden Kleriker zwang, dem „Modernismus" abzuschwören, rief er ähnlich wie Pius IX. weltweite Empörung hervor.

Hochinteressant im Zusammenhang damit ist das Familienwappen des Papstes. Es zeigt oben einen Löwen, der die Pranke auf ein offenes Buch (die Bibel?) stützt. Darunter ist ein gekappter Anker auf dem Meeresgrund zu sehen, und im Wasser versinkt ein Stern, der sich mit dem (noch) „brennenden Feuer" der Weissagung gleichsetzen läßt.

Religio depopulata (Die entvölkerte Religion)
Benedikt XV. (1914 bis 1922) – Gleich zu Beginn seines Pontifikats brach der Erste Weltkrieg unter ausschließlich christlichen Völkern aus. Abermillionen Gläubige – Katholiken, Orthodoxe und Protestanten – kamen elend auf den Schlachtfeldern um. Das Völkermorden selbst demonstrierte wie nie zuvor das eklatante Versagen der christlichen Religionen. Benedikt XV. selbst hatte den österreichischen Kaiser Franz Josef 1914 zur Kriegserklärung gegen Serbien gedrängt; ab diesem Zeitpunkt segneten Priester verschiedenster Couleur an allen Fronten die Waffen der Kämpfenden.

Am Ende des Weltkrieges kam es zur russischen Revolution, was eine weitere „Entvölkerung des Glaubens an Christus" nach sich zog, denn für den Rest des Jahrhunderts sollte ein großer Teil Europas atheistisch regiert werden.

Fides intrepida (Der unerschütterliche Glaube)
Pius XI. (1929 bis 1939) – Wie schon einige Male zuvor scheint auch in diesem Orakelspruch des Malachias eine gewisse Ironie mitzuschwingen. Denn die „Unerschütterlichkeit" im Glauben des Achille Ratti lenkte die katholische Kirche erneut in sehr gefähr-

liche Bahnen und trieb sie dadurch weiter ihrem Untergang entgegen.

Pius XI. bekämpfte nicht nur demokratische Bestrebungen in Mittel- und Südamerika und forcierte mit der Mission in Afrika noch einmal den Kolonialismus, sondern paktierte auch mit den „erzkatholischen" spanischen sowie den italienischen und deutschen Faschisten – bis am Ende seines Pontifikats der Ausbruch des Zweiten Weltkrieges stand.

Pastor angelicus
(Hirte wie der Engel)
Pius XII. (1939 bis 1958) – Dieses Motto wird gerne mit „engelgleicher Hirte" übersetzt, läßt aber auch die hier vorgeschlagene Auslegung zu. Ihr Vorteil ist, daß sie dem Pontifikat des Pacellipapstes viel eher gerecht wird, denn es gibt in der biblischen Mythologie auch den Begriff des Todesengels.

Papst Pius XII.

Warum diese düstere Interpretation zutreffend ist, wird klar, wenn man die Handlungsweise Pius XII. während des Zweiten Weltkrieges betrachtet. Wie der kritische Kirchenhistoriker Karl Heinz Deschner nachweist, brachte dieser Papst Hitler dazu, den Rußlandkrieg nach der verheerenden Niederlage von Stalingrad fortzusetzen, obwohl der deutsche Generalstab gegenüber dem Diktator für einen Waffenstillstand plädierte.

Außerdem betrieb das katholische kroatische Ustascha-Regime von 1941 bis 1943 mit Wissen und Billigung des Vatikans eine Ausrottungspolitik gegenüber den orthodoxen Serben, Zigeunern und Juden auf dem Balkan. Etwa 800.000 Menschen wurden in den KZs der Ustascha bestialisch ermordet, und in vielen – dokumentierten – Fällen waren katholische Priester eigenhändig daran beteiligt. Der Staatschef dieser klerikalfaschistischen Diktatur namens Ante Pavelic wurde 1943 von Pius XII. im Vatikan empfangen, als „praktizierender Katholik" gewürdigt und mit den besten Wünschen für die „weitere Arbeit" wieder verabschiedet.

Schließlich machte dieser Papst keinerlei Anstalten, den Holocaust der Nationalsozialisten anzuprangern, obwohl er die deutschen Gläubigen zum Widerstand hätte aufrufen können, so daß er auch von daher eher ein „Todesengel" als ein „engelgleicher Hirte" war.

Pastor et nauta (Hirte und Schiffer)
Johannes XXIII. (1958 bis 1963) – Angelo Guiseppe Roncalli war vor seiner Papstwahl Patriarch von Venedig, der alten Seefahrerstadt; deswegen die Bezeichnung „Schiffer". Gleichzeitig versuchte er aber das „Kirchenschiff" durch das Zweite Vatikanische Konzil auch zu neuen Ufern zu steuern, so daß der Orakelspruch des Malachias hier eine doppelte Bedeutung bekommt. Schließlich wurde Papst Johannes XXIII. selbst außerhalb seiner Kirche als wahrer „Hirte" anerkannt, der dem Katholizismus rettende Impulse zu geben versuchte. Tatsache ist allerdings auch, daß diese Absicht bereits zu seinen Lebzeiten unterlaufen und nach seinem Tod nicht weitergeführt wurde.

Flos florum (Blume der Blumen)
Paul VI. (1963 bis 1978) – Giovanni Battista Montini wurde am 21. Juni zum Papst gewählt, dem Gedenktag des hl. Aloysius von Gonzaga, der stets mit einer Lilie, der „Blume der Blumen" dargestellt wird. Auch im 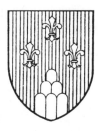 Wappen des Montinipapstes selbst (siehe oben) finden sich drei Lilien.

Diese Pflanzen stehen in ihrer speziellen katholischen Symbolsprache ebenso wie Aloysius von Gonzaga für absolute Keuschheit, womit das Pontifikat Pauls VI. sehr augenfällig charakterisiert wird. Bekanntlich verbot er die Pille und ging allgemein als extrem lustfeindlicher Papst in die Geschichte ein.

Weiter ist die Lilie ein häufiges Attribut der Madonna, die von Paul VI. – der ein neues „Marianisches Zeitalter" einzuläuten versuchte – außerordentlich verehrt wurde.

De medietate lunae (Von der Hälfte des Mondes)
Johannes Paul I. (1978) – Albino Luciani ging als der lächelnde Papst, der nur 33 Tage regierte, in die Geschichte ein. Geboren wurde er in Forno die Canale im Bistum Belluno; die zweite Hälfte dieses Wortes bezeichnet den Mond, der zudem vorne „halb" in seinem Familiennamen Luciani steckt.

In der Nacht vom 25. auf den 26. August, in der die Kardinäle zum Konklave zogen, stand ein abnehmender Halbmond über Rom; am nächsten Tag wurde der ehemalige Patriarch von Venedig zum Papst gewählt. Im keltischen Denken des Malachias ist speziell diese „Hälfte des Mondes" Symbol für das schnelle „Absterben" des Pontifikats von Johannes Paul I., dessen jäher Tod nach Meinung verschiedener Autoren nicht auf natürliche Weise erfolgte.

De labore solis (Von der Sonnenfinsternis) Johannes Paul II. (gewählt 1978) – Dieser Orakelspruch von Malachias hat zunächst einen ganz konkreten Hintergrund: Der Pole Karol Wojtyla wurde am 18. Mai 1920 geboren, und an diesem Tag ereignete sich eine totale Sonnenfinsternis.

Bedrohliche symbolische Bedeutung gewinnt das Motto, wenn man sich das Pontifikat dieses Papstes vor Augen führt. Johannes Paul II. handelte sich den Ruf eines unbelehrbaren Fundamentalisten ein, der den zumindest partiellen Aufbruch des Zweiten Vatikanischen Konzils wieder zunichte machte und dadurch viele Millionen Katholiken zum Kirchenaustritt trieb.

Ebenso blockiert er in vielfacher Weise ökumenische Bestrebungen, verhindert die Aufhebung des Zölibats und die Einführung des Frauenpriestertums, obwohl solche Reformen nicht im Widerspruch zu den Evangelien stünden. Eine menschenfreundliche Theologie, wie etwa Ranke-Heinemann, Küng oder Drewermann sie vertreten, wird von Karol Wojtyla durch Predigt- und Lehrverbote bekämpft.

In der „Dritten Welt" segnete dieser Papst protzige Kathedralenneubauten, während dort gleichzeitig die Menschen verhungern. Seine realitätsferne Einstellung zur Geburtenkontrolle schließlich sorgt indirekt für Hunger und Leid in den Entwicklungsländern, so daß Johannes Paul II. in der Tat für eine extreme „Verfinsterung" der jesuanischen Botschaft (der „Sonne") steht.

DIE PAPSTWEISSAGUNGEN ÜBER DIE LETZTEN PONTIFIKATE

Die katholische Kirche ist unter Johannes Paul II. in eine dermaßen ausweglose Situation geraten, daß ihr nahe bevorstehender Untergang tatsächlich von vielen Menschen erwartet wird.

In einem Brief an den Autor vom 20. Juli 1993 schrieb Eugen Drewermann:

> *„Ich glaube mit Ihnen, daß diese Kirche heute schon das Opfer ihrer 'Erfolge' in der Vergangenheit geworden ist. Aber wir werden vermutlich noch erleben, wie zäh dieses System gegen seinen Untergang ankämpfen wird."*

Der bekannte Paderborner Theologe, Publizist und Arzt sieht also für das frühe 21. Jahrhundert (*„... wir werden vermutlich noch erleben ..."*) die gleiche Entwicklung voraus, wie Malachias sie prophezeite. Mehr noch: Drewermann spricht Kämpfe und Turbulenzen im Zusammenhang mit dem Ende des Papsttums an, und auch darin geht er konform mit den Schauungen des irischen Bischofs (und denjenigen anderer berühmter Visionäre), welche die Geschichte der katholischen Kirche mit einem Desaster enden sahen.

Zwei weitere Päpste werden bis dahin noch auf dem „Stuhl Petri" sitzen. Das Pontifikat nach Johannes

Paul II. charakterisierte Malachias dabei wie alle vorangegangenen auch mit einem kurzen Orakelspruch. Die Prophezeiung über den 112. Papst, der ganz am Ende der langen Reihe steht, fällt dagegen als einzige aus diesem Rahmen heraus. Ihm und dem Schicksal Roms widmete der Bischof aus Ulster mehrere Sätze, die an Deutlichkeit nichts zu wünschen übrig lassen.

Hier nun die beiden letzten Weissagungen, deren Eintreffen derzeit noch aussteht, an deren Wahrheitsgehalt jedoch kaum gezweifelt werden kann, nachdem Malachias auch die 110 vorangegangenen Pontifikate so zutreffend kennzeichnete.

Gloria olivae (Der Ruhm des Ölbaumes)
In der heidnischen Antike war der Ölbaum das Symbol der Göttin Pallas Athene (siehe auch den Orakelspruch *„Fructus Jovis juvabit"*). Sie hütete Künste und Wissenschaften, konnte aber ebenso als Kriegerin auftreten.

Die Prophezeiung des Malachias, wonach der „Ölbaum" nun (wieder) Ruhm erlangen werde, könnte eine Anspielung auf das Wiedererstarken „weiblichen" Denkens und Handelns zu Beginn des dritten Jahrtausends sein. Eine solche Entwicklung aber wäre für die traditionell rein patriarchalisch ausgerichtete katholische Kirche sehr prekär.

Eine zusätzliche Deutungsmöglichkeit ergibt sich, wenn man die politische Situation Italiens am Ende des zweiten Jahrtausends analysiert. Nachdem die „Demokrazia Christiana" dort über Jahrzehnte hinweg Mißwirtschaft getrieben und dabei teilweise sogar mit der Mafia paktiert hatte, wurde sie in den 90er Jahren weitgehend entmachtet und mußte dem sogenannten „Ölbaumbündnis" Platz machen, das sozial-liberal orientiert ist und endlich wieder für stabile Verhältnisse sorgte. Falls das „Ölbaumbündnis" in Italien an der Macht bleiben oder seinen politischen Einfluß sogar noch ausbauen würde, ergäbe sich ebenfalls eine Situation, die nicht erfreulich für den Vatikanstaat wäre und zum Beispiel zur Kündigung der einst mit Mussolini geschlossenen Konkordate führen könnte.

In beiden Fällen deutet die Prophezeiung vom Ölbaum somit eine Tendenz an, die auf einen Sturz des Papsttums hinweist, so wie Malachias ihn in seiner letzten Weissagung beschreibt.

Petrus Romanus (Petrus der Römer)
  In persecutione extrema S. R. Ecclesiae sedebit Petrus Romanus, qui pascet oves in multis tribulationibus, quibus transactis civitas septicollis diruetur et iudex tremendus iudicabit populum suum. Finis.
  (Während der äußersten Verfolgung der Hl. Römischen Kirche wird Petrus der Römer auf dem Stuhl sitzen. Unter vielen Bedrängnissen wird er die Schafe weiden. An deren Ende wird die Siebenhügelstadt zerstört werden, und ein furchtbarer Richter wird das Kirchenvolk richten. Ende.)

Mit dem übernächsten Papst nach Johannes Paul II. ist die katholische Kirche – zumindest in ihrer jetzigen Form – also am Endpunkt ihrer langen „Reise durch die Zeit" angelangt. Wenn man als ihren Begründer nicht Jesus, sondern Paulus von Tarsos ansieht, was religionsgeschichtlich nachweisbar ist, hätte sie in der

Mitte des 21. Jahrhunderts zweitausend Jahre existiert[6]. Ihr Zusammenbruch fiele dann mit dem Ende des „Fische"-Zeitalters zusammen, und sie müßte im neuen „Götterjahr" einer anderen geistigen Ausrichtung Platz machen.

In der abschließenden Malachiasweissagung heißt es zunächst, daß die römische Kirche zu diesem Zeitpunkt „der äußersten Verfolgung" ausgesetzt sei. Bei der Interpretation des Orakelspruches „Gloria olivae" wurde bereits angedeutet, was das real bedeuten könnte: Nach einem gravierenden politischen Umschwung in Italien wäre es möglich, daß die Konkordate mit dem Vatikan gekündigt würden. Der Kirchenstaat würde damit schlagartig jene Privilegien verlieren, die sein Überleben derzeit noch sichern. Das Papsttum besäße unter anderem keinen völkerrechtlichen Status in der Welt mehr, wodurch vermutlich auch Staatsverträge mit anderen Ländern schlagartig ungültig würden und infolgedessen auch die Einnahmequellen der katholischen Kirche dort versiegen müßten.

Zudem könnte eine politische Entmachtung des Vatikans eine emotionale Lawine nicht nur bei der italienischen Bevölkerung auslösen. Lange zurückgestaute Enttäuschung und Wut, selbst katholischer „Laien", würde sich dann womöglich gegen den römischen Klerus und dessen Oberhaupt entladen. Malachias hat nicht näher ausgeführt, wie eine solche Rebellion aussehen könnte, doch andere Propheten, wie Nostradamus oder Alois Irlmaier[7] haben dies sehr wohl getan und die folgenden entsetzlichen Szenen geschildert.

KIRCHE OHNE PAPST – EIN AUSWEG?

„Hüte dich, römischer Pontifex, dich der Stadt zu nähern, die von zwei Flüssen umspült wird!"

So schrieb Michel de Notredame und bezeichnete damit Rom, das vom Tiber und dem kleineren Aniene durchflossen wird und wohin der letzte Papst wohl nach einer Reise zurückkehren wird. Dann fährt der Seher von Salon fort:

„In ihrer Nähe wirst du dein Blut speien. Du und deine Anhänger, zur Zeit, wenn die Rose blühen wird. Die große Stadt der Volsker[8] wird verwüstet werden. Ihre Tempel wird man plündern und säkularisieren. Die beiden Flüsse werden sich rot einfärben durch all das Blut. Die Herrschaft der Kirche wird durch einen Angriff von jenseits des Meeres gebrochen werden. Der Aventin wird brennen in der Nacht. Es wird weder Mönche noch Priester, noch Novizen mehr geben. Das Oberhaupt wird in die Jauche geworfen werden. Burg und Palast werden aufflammen."[9]

Und der bayerische Hellseher Alois Irlmaier um 1950 zum selben Thema:

„Im Stiefelland bricht eine Revolution aus. Ich glaube, es ist ein Religionskrieg, weil sie alle Geistlichen umbringen. Viele Kir-

chen stürzen ein. Ich sehe Priester mit weißen Haaren, die tot am Boden liegen. Hinter dem Papst ist ein blutiges Messer und tote Priester mit weißen Haaren."

Die beiden hier zitierten Visionäre beschreiben Details, die eigentlich keines Kommentars mehr bedürfen. Nur soviel noch: Wenn Irlmaier von einer Revolution in Italien spricht und Nostradamus von einem Angriff auf Rom von jenseits des Meeres warnt, dann ergibt sich daraus eine interessante Spekulation. Es sieht nämlich so aus, als würde der Untergang der Papstkirche in einer Zeit erfolgen, da zusätzlich zu inneren Unruhen in Italien auch noch ein Krieg ausbricht – und wenn die Aggressoren auf dem Seeweg kommen, dann kann damit eigentlich nur die Adria gemeint sein.

Jenseits dieser Meerenge aber liegt der Balkan, wo der Vatikan während des Zweiten Weltkrieges an grauenhaften Verbrechen gegenüber den Orthodoxen mitschuldig wurde – und dieser Umstand wiederum macht die Prophezeiung des Michel de Notredame auf beklemmende Weise nachvollziehbar. Wenn man aber so interpretiert, dann wird auch deutlich, warum nicht nur das Areal des Kirchenstaates, sondern auch die Siebenhügelstadt selbst zerstört wird: In jenem Krieg, der mit dem Untergang des „Stuhles Petri" Hand in Hand geht, machen die Soldaten eben keine Unterschiede mehr.

Der Papst, der „die Schafe" in derartigen Fährnissen „weiden" wird, heißt laut Malachias Petrus Romanus. Dieser Name ist ausgesprochen ungewöhnlich, denn in zweitausend Jahren wagte es kein römischer Pontifex, sich nach Simon Petrus zu benennen. Wenn der letzte, offenbar italienische Herrscher des Vatikan es trotzdem tun wird, muß das einen ganz bestimmten Grund haben – und bei genauer Betrachtung der Kirchengeschichte ist er auch zu erklären. Simon

Petrus nämlich war Jude und verleugnete seine Herkunft niemals. Die römische Kirche dagegen stand durch eigene Schuld fortwährend in einem schweren Konflikt mit dem Judentum und verfolgte die Menschen mosaischen Glaubens unbarmherzig. Ein Papst nun, der sogar den Beinamen des jüdischen Simon vereinnahmen und sich frevlerisch Petrus Romanus nennen würde, hätte auf diese Weise die völlige Abtrennung des Katholizismus vom Judentum – und damit auch von Jesus dokumentiert.

Ein solcher Schritt aber könnte – sowohl im menschlichen Empfinden als auch in den Augen eines „göttlichen Richters" – das Faß endgültig zum Überlaufen bringen. Malachias meinte vielleicht genau das, als er abschließend prophezeite: *„Ein furchtbarer Richter wird das Kirchenvolk richten. Ende."*

Der Vatikan zerstört, die hohen Kleriker der Kurie ermordet, der „Stuhl Petri" mit dem Tod des letzten Papstes auf immer gestürzt – für viele katholische Christen ist das sicherlich eine Horrorvision. Dennoch malte Malachias kein hoffnungsloses Szenario; vielmehr könnte das Eintreffen seiner letzten Schauung Abermillionen Katholiken, die sich nach einer Erneuerung ihrer Religion sehnen, sogar einen positiven Weg in die folgenden Jahrhunderte des dritten Jahrtausends eröffnen.

Denn wahres Christentum, das sich an der Botschaft Jesu orientierte, hing niemals an der Papstkirche; es wurde, ganz im Gegenteil, wieder und wieder von Rom bekämpft und unterdrückt. Vom Papsttum ging die Zerschlagung der toleranten keltischen Kirche aus, für die der irische Bischof Malachias eintrat; Rom war es, das die Kreuzzüge vom Zaun brach, den Judenhaß in die Welt setzte und die Schuld an Hexen- und Ketzerverfolgungen trug. Noch am Ende des zweiten Jahrtausends paktierte der Vatikan mit dem Faschismus und verschloß die Augen vor dem Holocaust. Hemmungslose

Kirche ohne Papst – ein Ausweg?

Machtgier der Päpste sorgte für die Kirchenspaltungen im 11. und 16. Jahrhundert; päpstlicher Dogmatismus verhindert bis heute eine echte Ökumene. Nach wie vor werden katholische Kleriker zum Zölibat gezwungen; diskriminiert man Frauen, indem man ihnen den Zugang zum Priesteramt verweigert; versucht man Gläubige zur Einhaltung naturwidriger sexueller Verhaltensweisen zu zwingen. Barmherzigkeit und Nächstenliebe hingegen, welche die unabdingbare Basis der jesuanischen Lehre darstellen, spielten in der Papstkirche niemals eine Rolle.

Was also wäre in Wahrheit verloren, wenn eine autokratische Kirchenführung, die geistig im finstersten Mittelalter wurzelt, beseitigt würde? Eine Autokratie, die sich – was vielen Gläubigen nicht bewußt ist – erst ein volles Jahrtausend nach der Kreuzigung Jesu etablierte und eine ältere, menschenfreundlichere Form des Christentums zunächst an den Rand drängte und dann vernichtete. Die friedliche keltische Kirche Irlands wurde Opfer dieses römischen Machthungers, und bis heute schießen deswegen auf der Grünen Insel Protestanten und Katholiken aufeinander. Gäbe es das Papsttum (und dazu gewisse protestantische Fundamentalisten) nicht länger, würden die irischen Christen sich ohne Zweifel sehr schnell aussöhnen – und auch in vielen anderen Ländern unseres Planeten könnten mit dem Verschwinden der römischen Autokratie Konflikte rasch bereinigt werden.

In Deutschland etwa käme dann mit Sicherheit das zum Tragen, was sich 90 Prozent der Christen quer durch die Konfessionen wünschen: eine undogmatische Ökumene. In einer von der Papstherrschaft befreiten katholischen Kirche könnten Priester heiraten und Frauen am Altar stehen. Und in solchen Gemeinden, die vom Gewissen der „Laien" geprägt wären, würde die Lehre des jüdischen Menschheitslehrers Jesus nach einem Jahrtausend der Dunkelheit wieder

eine echte Chance bekommen, sich im täglichen Leben zu bewähren.

So gesehen, vermittelt die Malachiasweissagung vom Ende des Papsttums sogar sehr viel Hoffnung. Die Vision, die der irische Bischof hatte, stellt letztlich nichts anderes als einen humanen Ausweg aus der derzeitigen schlimmen Krise des Christentums in Aussicht.

ANMERKUNGEN

1. Unter Führung Wilhelms des Eroberers hatten die Normannen im Jahr 1066 von der Normandie aus England überrannt und errichteten in der Folge ein mächtiges Reich, das die britischen Inseln und dazu große Teile des heutigen Frankreich umfaßte.
2. Siehe dazu den Band über Johannes von Jerusalem in dieser Buchreihe.
3. Der Lateranpalast in Rom war bis zum Jahr 1308 päpstliche Residenz.
4. Die Päpste wollten den Kaisern und Königen keine Mitsprache bei der Einsetzung von Bischöfen und Äbten mehr zugestehen, obwohl die weltlichen Herrscher deren Pfründen finanzierten.
5. Ceridwen und Rhiannon sind weibliche keltische Gottheiten, die vor allem für den ewigen Kreislauf allen Lebens und die unerschöpfliche Kraft der Natur stehen; Lug ist ihre männliche Ergänzung.
6. Paulus (ca. 10 bis ca. 64) war der erste Apostel, der Jesus schriftlich als Chrestos (griech.: Gesalbter/Halbgott) bezeichnete, ihn dadurch vergöttlichte und somit das Christentum begründete. Dies geschah in den Jahren zwischen 40 und 50, so daß das Christentum zwischen 2040 und 2050 seit zwei Millennien bestanden hätte.
7. Siehe dazu den Band über Alois Irlmaier in dieser Buchreihe.
8. Die Volsker waren einer der Stämme, aus denen das römische Volk entstand; es ist hier also Rom gemeint.
9. Diese Prophezeiungen sind folgenden Centurien des Nostradamus entnommen: II, 97; VI, 98; V, 25; III, 17; I, 44; I, 69; II, 93.

Merlin

EINE VISION AUS DEM 5. JAHRHUNDERT:
Genmanipulierte oder plutoniumverseuchte Körper verändern ihre Molekularstruktur

In jenen Tagen werden auf den Waldlichtungen die Eichen aufflammen, und die Eicheln werden auf den Lindenästen sprießen.
Die Severn-See wird aus sieben Mündungen hervorbrechen; der Fluß Usk wird sieben Monate lang kochen. Die Fische in ihm werden in der Hitze und an den Schlangen, die der Strom ausgebiert, sterben.
Die Quellen von Bath werden erkalten, und ihr heilkräftiges Wasser wird den Tod ausbrüten.
London wird den Tod von zwanzigtausend Menschen beklagen, und das Wasser der Themse wird sich in Blut verwandeln. Ein Blutregen wird fallen, und eine schreckliche Hungersnot wird die Menschheit heimsuchen.
Drei Quellen werden in der Stadt Winchester aus der Erde brechen, und die Ströme, die sich aus ihnen ergießen, werden die Insel in drei Teile zerschneiden. Wer aus dem ersten Fluß trinkt, wird sich eines langen Lebens erfreuen und wird niemals vom Ausbruch einer Krankheit heimgesucht werden. Wer aus dem zweiten trinkt, wird an unstillbarem Hunger zugrunde gehen: Blässe und Angst werden sich auf seinem Antlitz malen. Wer aus dem dritten Fluß trinkt, wird eines plötzlichen Todes sterben, und es wird unmöglich sein, seinen Körper zu beerdigen. In ihren Bemühungen, das unersättliche Umsichgreifen solcher Todesfälle zu vermeiden, werden die Menschen alles versuchen, die Kadaver mit Schichten aus verschiedenem

Material zu bedecken. Aber welche Materie auch immer obenauf gepackt wird, sie verändert sich sofort zu einer anderen Substanz. Sobald sie dort hingebracht wird, wird Erde sich zu Stein umbilden, Steine werden sich verflüssigen, Holz wird zu Asche werden und Asche wird sich in Wasser verwandeln.

Diese Weissagung wurde vor eineinhalb Jahrtausenden abgegeben; in der vorgeblich abgrundtief dunklen Zeit zwischen dem Untergang des Römischen Reiches und dem Heraufdämmern des Mittelalters. In jener Epoche der europäischen Geschichte, die für die Historiker bis heute kaum greifbar ist, lebte in Britannien ein Druide, der unter dem Namen Merlin unsterblich wurde. Dieser keltische Visionär prophezeite nicht nur Ereignisse, die Jahrhunderte nach seinem Tod eintrafen und seither in den Annalen nachzulesen sind, sondern er erschaute auch zutiefst erschütternde Geschehnisse aus dem dritten Millennium – und die eingangs zitierte Weissagung ist ein schlagender Beweis dafür.

Merlin spricht die bereits jetzt zu beklagende gravierende Umweltzerstörung an und sagt – wohl als Folge davon – Mutationen bei Pflanzen und Tieren, geologische Kataklysmen und andere Naturkatastrophen voraus. Dann gipfelt seine Vision in der Schilderung eines grauenerregenden Szenarios, das aus einem Horror- oder Science-Fiction-Roman der Moderne stammen könnte. Menschen, die offenbar einer derzeit noch unbekannten Seuche zum Opfer fallen, können trotz aller Mühe nicht beigesetzt werden. Wenn Erde, Steine, Asche oder Holz mit den Leichen in Berührung kommen, verändert sich durch den Kontakt schlagartig ihre Molekularstruktur: Holz verbrennt, Erde versteinert, Steine und Asche verflüssigen sich.

Niemand vermag sich so etwas heute konkret vorzustellen; einzig in den Labors der Atomphysiker oder Gentechniker könnten unter Umständen geheime Experimente in dieser Richtung angestellt werden. Unwillkürlich freilich assoziiert man bei der Lektüre der Merlin-Prophezeiung gewisse fatale Entwicklungen, vor denen Umweltschützer und verantwortungsbewußte Wissenschaftler seit Jahrzehnten warnen.

Man denkt instinktiv an die Atomare Wiederaufbereitungsanlage Sellafield in Nordwestengland, die immer wieder für negative Schlagzeilen sorgte und in deren Nähe sich bereits Mutationen ereignet haben sollen. Schon Mitte der 70er Jahre sah der Autor an Bord eines walisischen Kutters in der Irischen See, wohin die nuklear verseuchten Abwässer von Sellafield geleitet werden, entsetzlich verunstaltete Makrelen und Hundshaie, die wie Monster wirkten, und die Küstenfischer schworen, daran sei die „Atomfabrik" schuld.

Ähnliches wird aus der Region von Tschernobyl in der ehemaligen UdSSR berichtet, wo sich am 26. April 1986 ein GAU ereignete. DPA verbreitete am 25. Mai 1993 eine Meldung, in der es unter anderem hieß: „Eine russische Wissenschaftlerin hat ein Jahr nach der Reaktorkatastrophe von Tschernobyl in der Nähe der Unglücksstätte eine veränderte Tier- und Pflanzenwelt entdeckt. Die Chemikerin Svetlana Revina berichtete (...) von 'schrecklichen Pflanzen, die ich vorher nie gesehen hatte und nie mehr sehen möchte'. Eichenblätter seien großen Pfannkuchen gleich gewesen, Fichten hätten keine Nadeln, dafür aber 'dichte Blätter' getragen. Die promovierte Chemikerin sagte, (...) sie habe zwei Kilometer vom Unglücksreaktor entfernt Kastanienblätter gesehen, die wie ein 'Rechteck aussahen, ohne die typischen Fingerblätter' sowie Blätter von Kletten, 'die so groß waren, daß ich mir daraus ein Kleid hätte machen können'. (...) Auch in der Tierwelt habe die Radioaktivität befremdliche Veränderungen hervorgerufen. So habe sie Amseln gesehen, deren normalerweise schwarzes Federkleid sich milchkaffeefarben verfärbte. Unzählige Igel, die eigentlich Nachttiere seien, seien nach der Katastrophe aber tagsüber wie wahnsinnig herumgelaufen..."

Auf beklemmende Weise korrespondieren diese Sätze mit dem, was der britannische Druide fünfzehnhundert Jahre vor Tschernobyl gleich im ersten Satz seiner oben zitierten Prophezeiung vorhersagte: „Die Eicheln werden auf den Lindenästen sprießen". Aus der Chronologie der folgenden visionären Bilder läßt sich zudem schließen, daß derart blasphemische Veränderungen in der Natur nur der Auftakt zu jenem Desaster sein werden, das Merlin anschließend beschreibt. Er verwendet dabei eine Sprache, die sich nicht weniger präzise als die eines modernen Naturwissenschaftlers anhört. Sachlich reiht er eine Fülle von Informationen aneinander; er macht genaue geographische, medizinische und sogar chemische Angaben. Fast gewinnt man daraus den Eindruck, als würde hier ein nüchterner, analytisch geschulter Beobachter des 20. Jahrhunderts sprechen.

Dies paßt nun freilich überhaupt nicht zu dem „Ruf", in dem Merlin gewöhnlich steht. In der einschlägigen Literatur taucht er zumeist als „Zauberer", „Magier", zwielichtiger „Sohn des Teufels" und dergleichen auf. Ganz gezielt nämlich wurde seine wahre Identität schon seit dem christlich dominierten Mittelalter verschleiert. Das hängt vor allem damit zusammen, daß der berühmte britannische Druide natürlich auch ein herausragender Vertreter des europäischen Heidentums war, den es deshalb kirchlicherseits nach Kräften zu verteufeln galt, wenn es schon nicht möglich war, die Erinnerung an ihn auszulöschen. Diese Verdunkelung seiner wahren Existenz und seines tatsächlichen geistigen Hintergrundes wirkt bis herauf in unsere Zeit nach, etwa in gewissen Hollywoodfilmen, die sich in ihrer trivialen Aussage noch immer an den mittelalterlichen Lügengeschichten orientieren.

Eine Vision aus dem 5. Jahrhundert

In Wahrheit hingegen haben wir es bei Merlin – oder Myrddin, wie sein eigentlicher Name lautete – mit einem der begnadetsten Genies des Abendlandes zu tun. Exakt aus diesem Grund war er engster (und gleichrangiger) Berater des letzten großen keltischen Königs Arthur; ihm, dem legendären und zugleich historischen Fürsten von Camelot, stand er als Metaphysiker, Philosoph, Arzt, Astronom – und eben Prophet – zur Seite. Er bekleidete damit das Amt des obersten Druiden Britanniens; er war das Haupt der „Großen Wissenden", wie die Übersetzung des keltischen Begriffs „Dru Wid" lautet. Und auf der Basis dieser außerordentlich hohen Initiation, die ihre Wurzeln sowohl im naturwissenschaftlichen als auch im spirituellen Bereich hatte, war Merlin fähig, über Jahrtausende hinweg in die Zukunft zu blicken.

MYRDDIN, SOHN DES MORVRYN
Auf den Spuren seiner geschichtlichen Existenz

„Seitdem ich Wein trank aus weißem Glas / mit unerschrockenen Anführern des Krieges / ist Myrddin mein Name, der Sohn des Morvryn."

So lautet die zweite Strophe eines Gedichts, das mit großer Sicherheit von Merlin stammt und sich im geheimnisvollen „Black Book of Caermarthen" findet. Der Druide, Barde und Prophet nennt hier seinen ursprünglichen kimmrischen Namen, aus dem in späteren Jahrhunderten durch Lautverschiebung die heute gängige Form wurde – und zugleich gibt er mehrere wichtige Hinweise auf seine Herkunft.

Was er nämlich schildert, ist nichts anderes als seine Mannbarkeitsfeier, also die Zeremonie, durch die ein junger Mann in den Kreis keltischer Krieger aufgenommen wurde und dabei auch seinen endgültigen Namen erhielt. Im Fall Myrddins freilich handelt es sich ganz offensichtlich nicht um eine gewöhnliche Initiation, sondern um die eines Adligen, denn er teilt den rituellen Trank mit „Anführern des Krieges", und im gläsernen Pokal, wie es sie nur an Fürstenhöfen gab, befindet sich nach Britannien importierter Wein, der zu jener Zeit gewiß nicht das Getränk des einfachen Volkes war. Schließlich gibt Myrddin neben seinem eigenen Namen den seines Vaters an; auch dies ist typisch für keltische Adelshäuser, wo großer Wert auf Genealogie gelegt wurde.

Insgesamt bestätigt Myrddin hier auf poetische Weise, was auch die Volksüberlieferung Britanniens besagt: Daß er von hoher Geburt war und am Hof eines Rhi, eines keltischen

Regionalkönigs, aufwuchs. In der Erinnerung vor allem des walisischen Volkes hat sich zudem das Wissen um seinen Geburtsort erhalten. Übereinstimmend wird die uralte Stadt Caer Merddyn im Südwesten von Wales genannt, heute als Caermarthen bekannt. Dort lebten im fünften Jahrhundert die keltischen Stämme der Demetier, denen zweifellos auch Merlin angehörte.

Eine Prinzessin dieses Volkes brachte ihn in den Jahren zwischen 450 und 500 in der damaligen Ringwallanlage von Caer Merddyn zur Welt, wie wiederum Myrddins mittelalterlicher Biograph Geoffrey of Monmouth, der im 12. Jahrhundert auch den größten Teil der bis dahin mündlich tradierten Prophezeiungen Merlins niederschrieb, in seinem Werk „Vita Merlini" berichtet. Von seinem Vater soll der berühmteste Visionär Britanniens die Fähigkeit geerbt haben, zukünftige Dinge zu erschauen, aus welcher Mitteilung Geoffreys sich dann wohl die Legende entwickelte, Myrddin sei ein Schwarzmagier und Teufelssproß gewesen. In Wahrheit weist die entsprechende Textstelle in der „Vita Merlini" einmal mehr auf die Tatsache hin, daß Myrddins Vater von hohem Adel war. Es muß sich um einen Fürsten gehandelt haben, der – wie in der keltischen Gesellschaft durchaus nicht ungewöhnlich – zugleich den druidischen Rang eines Vates oder Sehers bekleidete, denn nur ein solcher Eingeweihter war imstande, entsprechendes Wissen und wahrscheinlich auch präkognitive Techniken an seinen Sohn weiterzugeben.

Der einschlägige Ruf des jungen Mannes verbreitete sich offenbar schon bald über den Südwesten von Cymru hinaus, wie aus der historisch durchaus fundierten Legende von der Entstehung seiner großen „Drachenprophezeiung" deutlich wird. Wir werden im folgenden Kapitel ausführlich auf diesen wohl bekanntesten Part seiner Visionen eingehen; hier nur soviel: Vielleicht noch als Halbwüchsiger wurde Merlin an den Hof des Königs Vortigern im Nordwesten von Cymru gerufen, und dort kam es dann zu der spektakulären Weissagung über das Schicksal des Keltentums bis ins damals noch eineinhalb Jahrtausende entfernte dritte Millennium, für das Myrddin die Wiedergeburt des keltischen Geistes erschaute.

Bis hierher ist der Lebensweg Merlins recht gut zu rekonstruieren; nach dem Auftritt in der Hügelfestung des Vortigern jedoch scheint sich die Fährte des jungen Propheten für geraume Zeit im Dunkel des ausgehenden fünften Jahrhunderts zu verlieren. Immerhin ist eines sicher: Daß Myrddin nicht nur ein herausragender Seher, sondern später auch der oberste Druide Britanniens war – und als „Großer Wissender" hatte er eine sehr intensive Ausbildung zu absolvieren, die unter Umständen zwanzig Jahre in Anspruch nehmen konnte. Der Fürstensohn aus Caer Merddyn besuchte infolgedessen zweifelsohne eine Druidenschule, die wahrscheinlich im heutigen Nordengland oder in Schottland lag.

Dies läßt sich gewissen lokalen Überlieferungen dieser Regionen entnehmen, und die Hinweise klingen logisch, denn vor allem in den Gebieten nördlich des Hadrianswalles, also der einstigen römischen Militärgrenze, waren die keltischen Traditionen damals noch ungebrochen. Genau hier hatten die britannischen Druiden nach der Eroberung des Landes durch die Römer und der damit verbundenen christlichen Missionierung sichere Refugien finden können; hier waren neue Studienzentren entstanden und an die Stelle der im Süden Britanniens teilweise zerstörten Druidenschulen getreten.

Da aber nach dem Abzug der Legionen zu Beginn des fünften Jahrhunderts vor allem in Wales eine allmähliche Renaissance der alten Ausbildungsstätten erfolgte, könnte Myrddin den Worten seiner Lehrer zumindest zeitweise auch in einem der dortigen Drunemetons, wie die Druidenhaine in keltischer Sprache hießen, gelauscht haben. Infrage käme hier in erster Linie die Insel Mona (Anglesey) vor der Nordwestküste Cymrus, wo bis zum Jahr 60 n. d. Z. die bedeutendste druidische Studienstätte der keltischen Welt bestanden hatte, ehe die Römer dort landeten und die „Großen Wissenden" zu Hunderten niedermetzelten. Für Mona würde zudem die Tatsache sprechen, daß die Erinnerungen an Merlin dort bis heute ganz besonders stark sind; auf Schritt und Tritt stößt man hier auf Mythen und Legenden, die sich mit dem Propheten beschäftigen.

Ähnlich ist es in Cornwall, wo die Fährte des nunmehr zum Mann herangereiften Myrddin auch wieder historisch greifbar wird. In Tintagel, einem archäologisch nachgewiesenen keltischen Fürstensitz des fünften Jahrhunderts, war Merlin – jetzt ganz gewiß schon in seiner Eigenschaft als besonders befähigter junger Druide – maßgeblich an einem Ritual beteiligt, das die Geschichte Britanniens grundlegend verändern sollte. In der mittelalterlichen Artusdichtung, welche die wahren Ereignisse oft bis fast zur Unkenntlichkeit verfälscht, heißt es dazu, der „Zauberer" Merlin sei König Uther Pendragon behilflich gewesen, die Gestalt des kornischen Herzogs Gorlois anzunehmen, damit jener Gorlois' Gattin Ygerna schwängern und Arthur zeugen konnte.

In Wahrheit fand in der Ringwallanlage von Tintagel eine „Heilige Hochzeit" nach uraltem heidnischen Ritus statt, in deren Verlauf die selbständig regierende und wahrscheinlich nur „zur linken Hand" mit Gorlois verheiratete kornische Fürstin Ygerna zusätzlich rituell mit dem walisischen Herrscher Uther Pendragon vermählt wurde – wodurch auch die jeweiligen britannischen Landesteile politisch und ideell verschmolzen wurden. Aus dieser Verbindung entsproß – sozusagen als Unterpfand für den Bund zwischen den beiden

Völkern – Arthur, und mit der Macht sowohl Cornwalls als auch Cymrus hinter sich vermochte er später den Freiheitskampf der britannischen Kelten anzuführen.

Myrddin, der das Ritual von Tintagel wohl vor allem auf der spirituellen Ebene leitete, griff damit nichtsdestoweniger auch in die Politik ein – und er erfüllte so die klassische Aufgabe eines führenden Druiden: eine wichtige gesellschaftliche Entwicklungslinie festzulegen, die dann von einem Rhi in die

Arthur und Merlin

Praxis umgesetzt wurde. Im konkreten Fall der „Heiligen Hochzeit" von Tintagel verknüpfte Merlin sein eigenes Geschick mit dem Arthurs; bis dieser herangewachsen war, zog sich Myrddin freilich abermals in die Abgeschiedenheit eines Drunemeton zurück und bemühte sich dort vermutlich um einen noch höheren Grad der druidischen Initiation.

Erst als Arthur das waffenfähige Alter erreicht hatte, beendete Merlin sein kontemplatives Dasein und stellte sich an die Seite des jungen Fürsten, der nun rasch zum Rhiotam (Heerkönig) des keltisch gebliebenen Britannien aufstieg. Myrddin war dabei quasi die treibende geistige und ideelle Kraft, die hinter ihm stand. Noch vor dem jungen König hatte ganz gewiß der Druide die Vision von der Wiedergeburt eines keltischen Britannien gehabt; durch die Vereinigung von Cymru und Cornwall in Tintagel hatte er längst die Weichen gestellt. Jetzt, als Arthur reif für den Freiheitskampf war, stattete Merlin ihn mit dem legendären Schwert Excalibur aus: einem Symbol des unter der römischen Herrschaft untergegangenen Hochkönigtums, das Arthur von neuem aufrichten sollte.

Der *Rhiotam* nahm damit eine Aufgabe in Angriff, die beinahe über Menschenmaß hinausging. Denn der keltische Geist Britanniens war im ausgehenden fünften Jahrhundert von einer ganzen Reihe innerer und äußerer Feinde bedroht. Nach der Besetzung des Landes durch die Römer zu Beginn des ersten Jahrtausends hatte sich allmählich das Christentum etabliert und war im vierten Jahrhundert Staatsreligion geworden, was für die britannischen Heiden Zwangsmissionierung und damit eine zumindest teilweise Zerstörung ihrer keltischen Identität bedeutet hatte. Auch nach dem Abzug der Legionen etwa zwei Generationen vor Arthurs Geburt hatten sich auf der Insel große romanisierte Landesteile erhalten: die Städte im Südosten Britanniens, dazu ausgedehnte Latifundien überall im Land, auf denen die christlichen Nachfahren römischer Militärs saßen, Adelsprivilegien beanspruchten und die einheimischen Hintersassen unterdrückten.

Zu diesen inneren Feinden des Keltentums kam eine brandgefährliche Bedrohung von außen, nämlich die Kriegshaufen der Sachsen, Angeln und Jüten, die ungefähr im Jahr 450 begonnen hatten, nach Britannien überzusetzen, und die zur Zeit Myrddins und Arthurs bereits eigene kleine Königreiche im Osten und Süden der Insel errichtet hatten. Sowohl diese Germanen als auch die romanisierten Bevölkerungsteile standen aber nun für eine Weltanschauung, die der keltischen zutiefst widersprach; sie vertraten das primitive „Recht" des Stärkeren und damit das Prinzip skrupelloser Machtausübung. In der keltischen Welt hingegen hatten, vor allem dank der Druiden, humanere Richtlinien auf sehr wohl schon demokratischer Basis gegolten, wie sich am Beispiel der „Großen Versammlungen" nachweisen läßt, wo die Stämme unter Leitung ihrer frei gewählten Fürsten regelmäßig zu parlamentarischen Versammlungen zusammengetreten waren.

Exakt um die Wiederherstellung dieser menschenfreundlichen Gesellschaft ging es beim Freiheitskampf Arthurs, und wie niemand sonst war es Merlin, der den Anstoß dazu gab. Als engster Berater des jungen Fürsten begleitete er diesen nach seiner Wahl zum Rhiotam auf seinem weiteren Lebensweg; er verband die tiefe Sehnsucht der keltisch gebliebenen Völker Britanniens mit dem Willen Arthurs. Er gab dem bewaffneten Aufstand des Rhiotam, der letztlich, trotz aller notwendigen Härte, humanen Zielen diente, geistig-moralische Kraft – und er tat dies nicht zuletzt als Vates oder Seher, wie seine folgende Prophezeiung beweist:

„Der Eber von Cornwall wird die Befreiung von diesen Eroberern bringen, denn er wird ihre Nacken unter seinen Füßen

zerstampfen. Die Inseln des Ozeans werden in die Obhut des Ebers gegeben werden, und er wird sie regieren bis hinüber zu den Wäldern Galliens."

Geoffrey of Monmouth berichtet, daß Myrddin diese Weissagung bereits im Zusammenhang mit seiner „Drachenprophezeiung" machte, also noch vor Arthurs Geburt. In der Zeit, als der „Eber von Cornwall" (wie Merlin seinen Schützling Arthur wegen dessen ungebärdiger Kampfkraft und seiner Abstammung von Ygerna, der mutterrechtlich herrschenden Fürstin dieses Landes, bezeichnete) seine legendären berittenen Krieger um sich scharte und sie gegen die Unterdrücker zu führen begann, waren sie längst in aller Munde. Sie beflügelten die „Ritter" in ihrem Freiheitskampf, und später, nachdem der *Rhiotam* in einer ganzen Reihe von Schlachten gesiegt und das freie Keltentum tatsächlich bis hinüber in die Bretagne restituiert hatte, wurde klar, daß die Schauungen sich in vollem Umfang bewahrheitet hatten.

Wie wir im folgenden Kapitel sehen werden, sagte Myrddin sehr zutreffend auch Arthurs Ende und das weitere Schicksal der keltischen Völker bis hinein ins dritte Millennium voraus; vorerst, im ausgehenden fünften Jahrhundert, zählte jedoch zunächst das Wiedererstarken der heidnisch-keltischen Stämme Britanniens. Und Merlin nutzte die Siege des *Rhiotam*, indem er nämlich nunmehr die „Tafelrunde" von Camelot einrichtete. Dies war vielleicht seine größte Tat, denn die grandiose Idee des „Runden Tisches" sollte weiterwirken bis in die fernsten Zeiten, und deshalb konnte auch der Geist des Keltentums über Jahrtausende hinübergerettet werden.

Der britannische Druide und Visionär wußte um die Tragik Arthurs: Der Rhiotam würde zwar von Sieg zu Sieg eilen, nach ihm freilich würde sein Reich schon bald wieder zerschlagen werden. Zumindest äußerlich würde die keltische Welt untergehen – in den Mythen und Träumen der Menschen jedoch vermochte sie, eben weil Arthur den letzten Freiheitskampf seiner Völker so heroisch angeführt hatte, weiterzubestehen. Dies allerdings nur dann, wenn die Erinnerung an sie tief ins Herz Europas eingepflanzt werden konnte – und genau das tat Merlin mit der Idee der „Tafelrunde".

Sie versinnbildlicht nämlich in ihrer außerordentlich griffigen Metaphorik nichts anderes als das keltische Ideal der abendländischen Föderation: eines friedlichen Bundes aller europäischen Völker, die gleichberechtigt – also ohne irgendeine Führungsnation an der Spitze – ihren Platz am „Runden Tisch" einnehmen sollten. Im letzten vorchristlichen Halbjahrtausend, der La-Tène-Epoche, war diese „Föderation des Miteinander" dank der Druiden bereits verwirklicht worden; der keltische Zivilisationsgürtel hatte sich damals von Irland bis Kleinasien ausgebreitet, ehe diese Hochkultur, die gewaltsame Eroberung und Unterdrückung verabscheute, von den römischen Legionen, die für Autokratie und brutale Machtpolitik standen, vernichtet worden war. In Camelot nun konnte der Geist des La-Tène noch einmal aufleben; an der von Myrddin begründeten „Tafelrunde" saßen abermals Vertreter sämtlicher freiheitswilliger britannischer Stämme – und ihr Ideal blieb, auch wenn der reale „Runde Tisch" nach Arthurs Tod zerbrach, durch eine lange Reihe dunkler Jahrhunderte bis in die ferne Zukunft erhalten.

Camelot, wo Merlin den Grundstein für eine umfassende Wiedergeburt des Keltentums im dritten Jahrtausend legte, konnte in den 60er Jahren des 20. Jahrhunderts auf einem Hügel über dem Dorf South Cadbury in Somerset archäologisch nachgewiesen werden. Es liegt etwa zwanzig Kilometer südlich von Glastonbury, dem einstigen Heiligtum von Avalon, und hier, in dieser fast bukolischen Landschaft mit ihren kleinen Flußläufen, von uralten Bäumen überwachsenen

Hohlwegen, Weideflächen und weichen Bergketten, hat man manchmal den Eindruck, Myrddin beinahe Auge in Auge gegenübertreten zu können.

Mit Sicherheit hielt er sich sehr häufig innerhalb der immer noch mächtigen Ringwälle von Camelot auf; in der Großen Halle, welche die Wissenschaftler im oberen Drittel der leicht ansteigenden Hügelkuppe lokalisierten, saß er oft neben Arthur. Direkt auf der Kuppe des Berges befand sich der umfriedete Bezirk, der als „Tafelrunde" in die Geschichte einging: in Wahrheit wohl ein Hain, der auf typisch keltische Weise von kreisförmig stehenden Eichen gebildet wurde. Ebenso stieg Merlin zweifellos viele Male durch die schmale Klamm hinunter ins Tal von Cadbury, um sich zur Insel von Avalon zu begeben, wo die Priesterinnen der Großen Göttin ihren heiligen Apfelgarten hegten.

Die höchste Erhebung dieses heute verlandeten Eilandes trägt bis in unsere Tage den keltischen Namen „Avalon Twr", und dieser außerordentlich eindrucksvolle Bergkegel mit dem la-tène-zeitlichen Prozessionspfad, der sich wie eine Schlange emporwindet, ist nach wie vor ein Ort der Initiation. Ganz bestimmt nutzte ihn auch Myrddin; dies um so mehr, als sich im Inneren des felsigen Twr ein unterirdischer See befindet. Eine solch natürliche Kombination von Stein und Wasser aber ist besonders gut dazu geeignet, präkognitive Fähigkeiten zu unterstützen, wie paranormale „Techniken" von Hellsehern aus neuerer Zeit beweisen.[1] Deshalb ist anzunehmen, daß gerade hier auch der große Druide einen Teil seiner Schauun-

---

[1] Siehe dazu vor allem die Bände „Alois Irlmaier" und „Blinder Hirte und Bauer aus dem Waldviertel" im Rahmen dieser Buchreihe. Ebenso hat sich der Autor in seinem Werk „Der Mühlhiasl. Seine Prophezeiungen. Sein Wissen um Erdstrahlen, Kraftplätze und Heilige Orte. Sein verborgenes Leben" mit dem genannten Phänomen beschäftigt. Nähere Angaben zu diesen Büchern finden sich im Literaturverzeichnis.

gen erlebte; vielleicht an der Stelle, wo zu seiner Zeit noch ein Menhir aufragte und heute ein spätgotischer Turm steht.

Merlin verbrachte einen beträchtlichen Teil seines Lebens an den beschriebenen Orten; im frühen 6. Jahrhundert jedoch brach mit dem Tod Arthurs das letzte große keltische Königreich zusammen. Merlin scheint sich unmittelbar nach der Katastrophe nach Wales zurückgezogen zu haben: nach Caer Merddyn, in die Hauptstadt der Stämme der Demetier, wo einst seine Eltern regiert hatten.

Jetzt, in den unruhigen Zeiten nach Arthurs Tod, bestieg Myrddin offenbar selbst den Thron, wie die örtliche Überlieferung besagt. In Caermarthen haben sich zwei „Legenden" erhalten, die an sein Wirken als Druide und *Rhi* in Personalunion erinnern – und beide haben mit Prophezeiungen zu tun.

Die eine davon ist mit dem Bryn Myrddin (Merlins Hügel) verknüpft, der etwas außerhalb der heutigen modernen Stadt liegt. Auf der zungenförmigen Bergkuppe lag die Königsburg der Demetier und damit der Thronsitz Myrddins: eine Ringwallanlage, von der sich beträchtliche Reste erhalten haben. Am Fuß der Festung ragt der Menhir Carreg Fyrddin (Merlins Stein) empor, und Myrddin weissagte, daß dereinst ein Rabe Menschenblut von ihm trinken werde. Über viele Generationen hinweg wurden seine Worte von der Bevölkerung Caermarthens bewahrt – bis sich in der Neuzeit ein Schatzsucher dazu verstieg, unter dem Carreg Fyrddin nach Gold zu graben. Der Menhir stürzte um und zerquetschte den Mann; ehe der Leichnam gefunden wurde und geborgen werden konnte, hatten sich tatsächlich bereits Raben auf ihn gestürzt.

Die zweite Prophezeiung betrifft eine uralte Eiche, von der dendrochronologisch nachgewiesen werden konnte, daß sie vor eineinhalbtausend Jahren, also exakt zur Zeit Arthurs, gepflanzt wurde. Merlin sagte voraus: „Wenn Myrddins Eiche nicht mehr steht, die Stadt Caermarthen untergeht." Bis ins 19. Jahrhundert überlebte der gigantische Baum am östlichen Stadtrand; zu den Jahreskreisfesten versammelten sich die Bürger Caermarthens bei ihm und pflegten damit noch immer die überkommenen keltischen Bräuche. Dann aber vergiftete ein Puritaner die Eiche, so daß sie in den folgenden Jahrzehnten langsam abstarb. Bis 1978 konnte Myrddin's Oak mit Hilfe von Eisenbändern und eines Betonsockels vor dem Zusammenkrachen bewahrt werden. Im genannten Jahr dann entfernte man den Baum, weil man ihn plötzlich als Verkehrshindernis ansah, brachte seine Relikte aber in die St. Peter's Civic Hall, beziehungsweise ins Museum des nahen Ortes Abergwili. Das alte Caermarthen wiederum ging in der Tat zu genau der gleichen Zeit unter, denn eine umfassende „Stadtsanierung", die ab 1978 durchgeführt wurde, vernichtete das bis dahin mittelalterliche Zentrum völlig.

So mancher Bürger Caermarthens befürchtet zudem, daß damit auch eine große Menschheitskatastrophe sehr nahe bevorsteht, so wie nicht nur Merlin, sondern auch andere Visionäre[2] wie Johannes von Jerusalem, die Sibylle von Prag, der Eismeerfischer Johansson, Alois Irlmaier, der Mönch von Wismar oder der Bauer aus dem Waldviertel sie für den Beginn des neuen Millenniums prophezeiten. Merlin selbst schilderte diese globalen Kataklysmen in seiner erschütternden Weltuntergangsschauung, die er vermutlich in der letzten Phase seines Lebens abgab und die im Kapitel „Wenn die Sterne taumeln und die neue Sintflut tobt: Die Apokalypse Merlins für das dritte Jahrtausend" vorgestellt wird. Diese schrecklichen Gesichte durchlitt der keltische Prophet

---

[2] Siehe zu diesen und weiteren im Buch erwähnten Propheten die entsprechenden Werke des Autors, die im Literaturverzeichnis aufgeführt sind.

jedoch nicht mehr in seiner südwalisischen Geburtsheimat, sondern im Norden Britanniens – und es geschah vermutlich als Folge eines Debakels, das dem von Camelot an Tragik kaum nachstand.

Alte britannische Überlieferungen berichten von einem schweren Konflikt, der zwischen dem nordwalisischen Rhi Gwenddolau, der über die Stämme der dortigen Venedotier regierte, und einem anderen, im heutigen Lake District herrschenden König namens Rhydderch Hael ausbrach. In einer seiner Prophezeiungen, die im „Black Book of Caermarthen" niedergelegt ist, nennt Merlin selbst indirekt den Grund für diesen Streit, indem er Rhydderch Hael nämlich als „Christenfürst" bezeichnet, vor dem man auf der Hut sein müsse. In seiner Eigenschaft als Rhi von Caer Merddyn eilte Myrddin nun offenbar dem bedrohten Gwenddolau zu Hilfe und nahm damit noch einmal den offenen Kampf zur Verteidigung der heidnischen Weltanschauung auf.

Bei Arfderryd in der Nähe von Carlisle kam es zu einer

Der legendäre Wald von Broséliawnd, in dem Merlin
gefangengehalten wurde.

grauenhaften Schlacht, in der sowohl Gwenddolau als auch dessen Sohn fielen. Merlin selbst entkam, vermochte jedoch den Tod seiner Verbündeten nicht zu überwinden und zog sich als Einsiedler in die tiefen kaledonischen, also wohl südschottischen Wälder zurück. Dort wurde er dann, wie wiederum Geoffrey of Monmouth in seiner „Vita Merlini" berichtet, zu Myrddin Wyllt, dem Wilden Merlin. Der Legende nach soll er unter einem magischen Apfelbaum (real wahrscheinlich in einem Apfelhain) gehaust haben und als einzigen Gefährten einen kleinen Eber – nach keltischer Weltanschauung ein heiliges, der Göttin Ceridwen verbundenes Tier – in seiner Nähe geduldet haben.

Hier, in der Abgeschiedenheit der Natur, entstanden sicherlich seine beiden Prophezeiungszyklen „Die Apfelbäume" und „Grüße", die im „Black Book of Caermarthen" erhalten blieben; ebenso hatte er in Kaledonien vermutlich seine apokalyptischen Schauungen. Wie es heißt, soll er als Myrddin Wyllt viele Jahre in der Einsamkeit des Nordens zugebracht haben und dabei ein ungewöhnlich hohes Alter erreicht haben. Sein Grab indessen fand er nicht im südlichen Schottland, sondern in der Nähe der Hügelfestung des Vortigern, wo er einst seine erste Vision erlebt hatte.

Die Ringwallanlage des Königs Vortigern liegt im heutigen Snowdonia-Nationalpark in Nordwales; südwestlich davon reckt sich die Lleyn-Halbinsel in die Irische See hinaus. Ein Stück jenseits ihres äußerstes Kaps erhebt sich eine geheimnisvolle Insel, deren Gestalt einem Walbuckel ähnelt, aus dem Wasser: Bardsey Island. Ihr älterer, keltischer Name lautet Ynys Enlli, das Gläserne Eiland, und es geht von ihr die Sage, daß sie zu gewissen Zeiten durchsichtig werde und sich dann auf ihr ein Pfad in die Anderswelt öffne. Dort – an einem Ort also, der von ähnlich starker heidnischer Spiritualität gesättigt ist wie Avalon im Süden – soll sich, umgeben von den Begräbnisplätzen weiterer zwanzigtausend Barden und Druiden, auch die letzte Ruhestätte Myrddins befinden.

Die christlich geprägten Legenden des Mittelalters, die Merlins wahre, pagane Biographie gezielt verfälschten, behaupten, der „Große Wissende" sei von der tückischen Fee Niniane in einer Höhle inmitten eines Weißdorngestrüpps festgebannt worden. In Wahrheit wurde Myrddin nach druidischem Brauch beigesetzt; keltische Priesterinnen, von denen eine Niniane geheißen haben kann, gaben seine sterblichen Überreste dem Erdmutterschoß (der Höhle) zurück, anschließend pflanzten sie über seinem Grab den Weißdorn, der nach keltischem Glauben die Eigenschaft besitzt, guten Geistern Heimat zu geben. Dies bedeutet nichts anderes, als daß der vom Körper befreite Geist Merlins mit der lebendigen Pflanze verbunden wurde – und sich im Lauf der Zeit mit dem Samen des Weißdorns über das Land hin ausbreitete: bis hinüber in die tiefen Forste an den Hängen der Snowdonia-Berge, womit letztlich dort der Wald von Broséliâwnd zu suchen wäre.

Damit schließt sich ein Kreis, denn genau hier wurde der junge Myrddin zum Visionär – und Ruinenreste von Vortigerns Festung, wo Merlin, vielleicht schon als Halbwüchsiger, seine „Drachenprophezeiung" abgab, stehen noch immer ...

DER KAMPF DES ROTEN GEGEN DEN WEISSEN DRACHEN:
Myrddins Prophezeiung über Leid und Wiedergeburt des Keltentums

Das nordwalisische Hafenstädtchen Porthmadog liegt am Rand der südlichen Ausläufer des Snowdonia-Gebirges; genau dort, wo die Lleyn-Halbinsel auf das Festland von Gwynedd stößt. Von Porthmadog aus führt eine schmale Straße hinauf in die Berge nach Beddgelert; biegt man direkt nach der alten Steinbrücke im historischen Kern dieses Dorfes rechts in Richtung Capel Curig ab, so erreicht man nach wenigen Meilen den kleinen Llyn Dinas, den See der Festung. Direkt gegenüber des bescheidenen Parkplatzes am Ufer schlängelt sich ein Feldweg einige hundert Meter zum Weiler Hafody-porth. Bei den Bauernhäusern am Fuß des dahinter liegenden dicht bewaldeten Hügelrückens zweigt dann nach links der Pfad ab, der den Besucher nach etwa fünfzehnminütiger Wanderung zur sagenumwobenen Bergkuppe von Dinas Emrys hinaufführt.

Emrys war der wahre, kimmrische Name jenes keltischen Rhi, der das Fürstentum Gwynedd unmittelbar vor dem Auftreten Arthurs regierte und unter der romanisierten Bezeichnung Ambrosius in die Geschichtsbücher eingegangen ist. Aber nicht er ist der Erbauer von Dinas Emrys; vielmehr legte sein Vorgänger Vortigern die etwa 150 mal 90 Meter große Hügelfestung mit dem steinernen Wohnturm im Zentrum an. Und exakt mit diesem „Donjon" aus der zweiten Hälfte des fünften Jahrhunderts, dessen Fundamente sich bis heute erhalten haben, ist Myrddins berühmte „Drachenprophezeiung" untrennbar verknüpft.

Vortigern, ein romanisierter Fürst aus dem östlichen Britannien, der vom Ungeist der absoluten Machtausübung befallen war, hatte um das Jahr 450 den Thron des britannischen Hochkönigs gewaltsam usurpiert und sich zu diesem Zweck mit den kurz zuvor auf der Insel gelandeten Sachsen um das Häuptlingspaar Hengist und Horsa[3] verbündet. Die föderal denkenden keltischen Fürsten Britanniens, die als Ard Rhi einzig einen frei gewählten Repräsentanten akzeptieren wollten, vereinigten sich und traten zum Kampf gegen Vortigern an. Da er aufgrund seiner politischen Ränke schließlich auch die Germanen gegen sich aufbrachte, wurde er in mehreren Schlachten geschlagen und flüchtete zuletzt in das nur schwer zugängliche Gebirgsmassiv von Snowdonia.

Auf dem steilen Hügel über dem heutigen Weiler Hafodyporth nahm er den Bau der bewußten Festung in Angriff, doch trotz größer Mühe konnten seine Gefolgsleute den Turm im Zentrum nicht vollenden. Nachdem das Fundament ausgeschachtet worden war, stürzten die tagsüber errichteten Mauern nachts regelmäßig wieder ein. Niemand wußte Rat – bis man Vortigern auf den jungen Merlin aufmerksam machte. Der Usurpator sandte Boten nach Caermarthen, und tatsächlich kam der Sohn des dortigen Fürstenpaares in den Norden. Nachdem er die Baustelle lange betrachtet hatte, erklärte Myrddin, daß sich unter der Erde ein verborgener Teich befinde, den man trockenlegen müsse. Auf dem Grund dieses Teiches werde man dann zwei Höhlen entdecken und in diesen Kavernen zwei Drachen. Weil aber diese

---

[3] Diese germanischen Namen bedeuten „Hengst" und „Stute". Erst im Zuge einer christlichen Übertünchung der Geschichtsschreibung wurde die Anführerin Horsa zu einem männlichen Häuptling gemacht.

Tiere zuzeiten in der Tiefe miteinander zu kämpfen pflegten, könne der Bau des Turmes nicht vollendet werden.

Was weiter geschah, berichtet einmal mehr Geoffrey of Monmouth in seinem Werk „Die Geschichte der Könige Britanniens", in dem er Myrddin ein eigenes Kapitel widmet:

„Während Vortigern, König der Briten, noch am Rand des Teiches saß, aus dem man das Wasser abgelassen hatte, erschienen die beiden Drachen, der eine weiß, der andere rot. Sobald sie nahe genug beieinander waren, kämpften sie grimmig, wobei sie keuchend Feuer aus ihren Nüstern stießen. Der Weiße Drache begann die Oberhand zu erringen und den Roten Drachen zurück in die Ecke des Teiches zu treiben. Der Rote Drache beklagte seine Schwäche – und dann gewann er die Oberhand über den Weißen Drachen und zwang ihn zurück auf seine Seite. Während sie auf diese Weise weiterkämpften, befahl der König Merlin, zu erklären, was dieser Kampf zwischen den Drachen bedeute. Sofort fiel Merlin in (...) eine prophetische Trance ..."

Die nun folgende „Drachenprophezeiung" Myrddins wurde vom Autor aus dem Englischen übertragen und aus dem kompletten Weissagungskanon, den Geoffrey of Monmouth an dieser Stelle seines Werkes bringt (und auf den wir später noch ausführlich eingehen werden), herausgelöst. Dies ist legal und dient der besseren Verständlichkeit, denn Geoffrey selbst erklärt in seiner „Vita Merlini", er habe in der „Geschichte der Könige Britanniens" die eigentliche „Drachenprophezeiung" von Dinas Emrys mit anderen Visionen Merlins, die dieser in Wahrheit erst später hatte, verknüpft. Hier die Schauungen, die das Schicksal des Keltentums vom fünften Jahrhundert bis hinein ins dritte Jahrtausend betreffen:

Merlin

Achte auf den Roten Drachen, denn sein Ende ist nahe. Seine Höhle wird vom Weißen Drachen okkupiert werden, welcher für die Sachsen steht, die du ermuntert hast, nach Britannien zu kommen. Der Rote Drache steht für die Menschen Britanniens, die vom Weißen Drachen überrannt werden: für die Berge und Täler, die eingeebnet, und die Flüsse in seinen Tälern, die sich rot vom Blut färben werden.

***

Der Eber von Cornwall wird die Befreiung von diesen Eroberern bringen, denn er wird ihre Nacken unter seinen Füßen zerstampfen.

***

Die Inseln des Ozeans werden in die Obhut des Ebers gegeben werden, und er wird sie regieren bis hinüber zu den Wäldern Galliens.

***

Das Haus des Romulus wird sich fürchten vor der Wildheit des Ebers, und das Ende des Ebers wird in ein Mysterium gehüllt sein.

***

Der Eber wird gefeiert werden im Mund seiner Völker, und seine Taten werden wie Fleisch und Getränk für die Barden sein.

***

Wieder wird der Weiße Drache sich erheben und wird eine Tochter Germaniens ins Land holen. Unsere kleinen Gärten werden wieder mit fremdem Samen besät, und der Rote Drache wird sich hinwegsehnen nach dem entferntesten Ende des Teiches.

Der Kampf des Roten gegen den Weißen Drachen

Der Rote Drache wird trauern wegen des Geschehenen, aber nach einer ungeheuren Anstrengung wird er seine Kraft wiedergewinnen.

***

Danach wird das Unglück den Weißen Drachen verfolgen, und die Bauwerke in seinem kleinen Garten werden niedergerissen werden.

***

Die Saat des Weißen Drachen wird ausgerissen werden aus unseren kleinen Gärten, und was dann noch zurückbleibt von seiner Nachkommenschaft, wird ausgetilgt werden. Sie werden das Joch immerwährender Sklaverei ertragen und werden ihre eigene Mutter mit ihren Spaten und Pflugscharen verwunden.

***

Dann wird der Rote Drache zurückkehren zu seiner wahren Gestalt und wird kämpfen, um sich selbst in Stücke zu reißen.

***

Zwei weitere Drachen werden folgen, einer von ihnen wird getötet werden vom Stachel der Gier, aber der zweite wird zurückkehren unter den Mantel der Herrschergewalt.

***

Die unterdrückte Rasse wird zuletzt die Oberhand gewinnen, weil sie der Grausamkeit der Eroberer widerstehen wird.

Immer wieder wurde über die Weissagungen Merlins gesagt, sie seien dunkel und nur schwer verständlich; im Fall seiner „Drachenprophezeiung" trifft dies indessen nicht zu. Sie ist – zumindest im nachhinein – vielmehr sehr leicht zu interpretieren, und Myrddin selbst gibt uns in seinen einleitenden Sätzen den Schlüssel in die Hand.

Zunächst nämlich definiert er die symbolische Bedeutung der beiden Drachen: Der Rote steht einerseits für die Britannier, also die keltische Bevölkerung der britischen Inseln; andererseits versinnbildlicht er aber auch die Natur allgemein in Gestalt ihrer Berge, Täler und Flüsse. Myrddin spricht damit die zutiefst im druidischen Geist verankerte Verbindung zwischen Natur und Mensch an; in letzter Konsequenz wird der Rote Drache auf diese Weise zum „Wappentier" all jener, die um diese innige und überlebensnotwendige Symbiose wissen: der Kelten nicht nur auf den westeuropäischen Inseln, sondern auch überall sonst in Europa. Der Weiße Drache wiederum verkörpert das Prinzip, das sich dem Keltentum feindlich zeigt: den Drang nach gewaltsamer Eroberung und Unterdrückung sowie die naturwidrige Bösartigkeit, die Berge und Täler zerstört und die Flüsse mit Blut besudelt.

In seiner nächsten Schauung kündigt Merlin nun das Auftreten des „Ebers von Cornwall" an: des Rhiotam Arthur. Er stellt sich den Aggressoren entgegen und besiegt sie, wobei er seinen Einfluß bis in die Bretagne hinüber ausdehnt – und so einmal mehr den europäischen Anspruch des Keltentums klarmacht. Anschließend wendet sich der Seher dem „Haus des Romulus" zu, worunter nichts anderes als der römische Imperialismus zu verstehen ist, der dem föderalistischen druidischen Geist entgegensteht. Interessant an dieser Prophezeiung ist die Tatsache, daß Rom seine Legionen zur fraglichen Zeit längst aus Britannien abgezogen hatte; Myrddin kann infolgedessen keine direkte militärische Auseinandersetzung des „Ebers" mit dem spätrömischen Kaiserreich meinen, sondern drückt etwas Grundsätzliches aus: Das römische Prinzip der Unterdrückung wird sich stets vor dem ungleich humaneren keltischen Weg des Miteinander fürchten müssen.

Quasi im selben Atemzug erklärt Merlin sodann, warum das auch in ferner Zukunft (wenn an die Stelle des historischen römischen Imperiums längst andere menschenverachtende Systeme getreten sind) so sein wird: Weil der Tod Arthurs in ein Mysterium gehüllt sein wird – und daraus der Traum von seiner Wiederkunft geboren werden kann. Kein Volk und kein Mensch, in denen druidische Weisheit fortlebt, werden den *Rhiotam* je vergessen; dies aber verdankt die künftige Menschheit den Barden, den keltisch inspirierten Dichtern, welche in der Tat bis heute den positiven Mythos um Arthur aus sehr guten Gründen am Leben erhalten haben.

Dennoch, so Myrddin weiter, wird der Weiße Drache für sehr lange Zeit nicht endgültig besiegt werden können; vielmehr wird er sich eine „Tochter Germaniens ins Land holen". Hier liest sich die Vision etwas dunkel, kann aber, wenn man die britische Geschichte ab dem frühen Mittelalter betrachtet, so interpretiert werden: Zunächst erholten sich die Sachsen, Angeln und Jüten von ihrer Niederlage gegen Arthur, weil aus ihren germanischen Stammländern alsbald weitere Heere nach England einfielen. Germanischer Abstammung waren aber auch die Normannen, die das Land 1066 brutal unter ihre Knute zwangen und aus diesem Grund erneut für den Imperialismus des Weißen Drachen standen. Im Pakt mit den Erben des „Romulus", nämlich der römisch-katholischen Kirche, begründeten sie den Feudalismus in Britannien; die Dynastien nach ihnen hielten diese brutale Herrschaftsform das ganze Mittelalter und, nur etwas abgeschwächt, auch die frühe Neuzeit hindurch aufrecht. Anno 1714 schließlich ging die englische Krone an die Kurfürsten von Hannover – abermals ein „germanisches" Adelshaus – über. Und noch im 18. Jahrhundert begannen die Hannoverkönige mit dem Aufbau des Britischen Empire, das in der Folge eine ähnliche Rolle wie einst das Römische Imperium spielte, ehe es im Ersten Weltkrieg zerbrach.

Angesichts dieser langen Fehlentwicklung ist es kein Wunder, wenn sich der Rote Drache hinwegsehnt „nach dem entferntesten Ende seines Teiches" und dort trauert. Konkret betrachtet, zog sich das britannische Keltentum in jenen Epochen in die abgelegenen Gebiete von Cornwall, Schottland und Wales zurück und versuchte dort mühsam genug, seine geistigen Wurzeln am Leben zu erhalten. In unseren Tagen jedoch – und wahrlich nach „ungeheurer Anstrengung", mit welchen Worten der Seher die verzweifelten Versuche der genannten Völker, ihre Freiheit zu verteidigen, kennzeichnet – beginnt es seine Kraft wiederzugewinnen.

Damit ist nun der Punkt im Rahmen des Kanons der „Drachenprophezeiung" erreicht, wo Merlin seinen Blick auf das ausgehende zweite und dann das dritte Jahrtausend richtet. Jetzt wird „Unglück den Weißen Drachen verfolgen", und seine „Bauwerke (...) werden niedergerissen werden". Die Anhänger des Molochs werden „das Joch immerwährender Sklaverei ertragen und werden ihre eigene Mutter mit ihren Spaten und Pflugscharen verwunden". Diese Vision erinnert auf frappierende Weise an die Worte indianischer Seher, die ebenfalls von der Selbstversklavung der westlichen Konsumgesellschaften sprechen und der modernen Zivilisation vorwerfen, ihre „Mutter Erde" unablässig zu schänden. Gerade deswegen aber wird, wieder nach Aussage Myrddins, die „Nachkommenschaft" des Weißen Drachen ausgetilgt werden; es wird geschehen, weil die brutalkapitalistischen Staaten der Postmoderne ihre eigenen Lebensgrundlagen zerstören.

Zur selben Zeit jedoch „wird der Rote Drache zurückkehren zu seiner wahren Gestalt". Das bedeutet, daß die keltischen Völker Europas ihre Identität wiederfinden, so wie es gegenwärtig konkret geschieht: 1997 kam es in Schottland und Wales zu europaweit beachteten Volksabstimmungen, bei denen beide Nationen sich für ihre Autonomie entschieden, und ab der Jahrtausendwende soll der Wille dieser Völker realpolitisch umgesetzt werden. Dies aber heißt, daß in jenen Ländern sehr bewußt wieder keltisch definierte Staaten entstehen werden – mit allen positiven gesellschaftlichen Konsequenzen. Weiter sagt Myrddin, diese Rückkehr zur „wahren Gestalt" werde gleichzeitig bedeuten, daß der Rote Drache sich selbst in Stücke reiße, um zu sich selbst zurückzufinden – und auch das trifft zu, denn der Weg zur Unabhängigkeit von Wales und Schottland ist derzeit nur getrennt, also „in Stücken" möglich; eine pankeltische Bewegung, die etwa auch Irland, die Bretagne sowie andere europäische Regionen umfassen würde, ist – im Augenblick – noch nicht durchzusetzen.

Der Anfang allerdings ist mit dem Beginn des dritten Millenniums dank des „alten" Roten Drachen gemacht, und aus dieser Situation heraus kulminiert nun der Kampf, der fünfzehn Jahrhunderte zuvor begann. Auch der „alte" Weiße Drache wird sich offenbar noch einmal regenerieren; zwischen diesen beiden „weiteren Drachen" kommt es jetzt, im dritten Jahrtausend, zur finalen Entscheidungsschlacht, die mit dem endgültigen Untergang des Weißen Drachen endet. Denn nur er kann aufgrund seines negativen Charakters vom „Stachel der Gier" getötet werden; Merlin deutete es mit seinem Hinweis auf die geschändete „Mutter" bereits an. Der Rote Drache hingegen wird unter den „Mantel der Herrschergewalt" zurückkehren; ihm und damit dem keltischen Prinzip wird die Zukunft Britanniens und ebenso des Abendlandes gehören. Dies aber wird geschehen, weil sich die „unterdrückte Rasse" letztlich niemals der „Grausamkeit der Eroberer" beugte; weil der Geist des Miteinander und des Lebens am Ende stets über den Ungeist der Menschenverachtung und der herzlosen Machtausübung siegen muß.

Mit seiner „Drachenprophezeiung" schenkte Merlin Europa eine faszinierende Zukunftsperspektive; gleichzeitig wies er sich durch sie als herausragender Seher aus. Und dies gilt ebenso für seine übrigen, wenn teilweise auch sehr viel dunkleren Visionen, denen wir uns nun in den folgenden Kapiteln zuwenden wollen.

VON DEN PRINZEN LLYWELYN UND OWAIN GLYNDWR:
Merlins Orakel aus dem „Black book of Cearmarthen"

Das „Schwarze Buch von Caermarthen" ist Teil eines größeren Werkes: der „Four Ancient Books of Wales", die zwischen 1200 und 1400 von Mönchen kompiliert wurden. Das „Black Book" stellt den ältesten Teil dieses Zyklus dar; die Literaturwissenschaft setzt seine Entstehung um das Jahr 1200 oder nur wenig später an. Die Texte selbst stammen jedoch aus dem frühesten Mittelalter und wurden zunächst über viele Jahrhunderte in Form von Bardengesängen mündlich weitergegeben.

Als die Kleriker sie zu den genannten Sammlungen zusammenstellten, kam es teilweise zu Übertünchungen oder gar Verfälschungen der ursprünglich heidnischen Texte. Andererseits sorgten aber sogenannte *Culdees*, als Mönche getarnte Druiden, wie es sie gerade in den Skriptorien der hochmittelalterlichen Klöster in Britannien und Irland noch häufig gab, dafür, daß zumindest die Kernaussagen der uralten Überlieferungen unzerstört erhalten blieben. Wenn sich nämlich solche *Culdees* bei der Wiedergabe der Originale zu christlich gefärbten Hinzufügungen gezwungen sahen, führten sie diese gezielt auf sehr plumpe Weise aus; die Einschübe sind daher bis heute zweifelsfrei kenntlich.

Dies trifft auch auf die Prophezeiungszyklen Merlins zu, die im „Black Book of Caermarthen" enthalten sind. Hier und da sind Anrufungen an Jesus oder dergleichen eingefügt, wie sie dem historischen, rein heidnisch denkenden Myrddin nie über die Lippen gekommen wären. Derartige Passagen wurden vom Autor bei der Übertragung der Orakelsprüche ins Deutsche weggelassen – ohnehin handelt es sich nur um einige wenige Zeilen, weil die hochmittelalterlichen Skribenten ganz offensichtlich gerade im Fall dieser Texte um größtmögliche Authentizität bemüht waren.

Die beiden in diesem Kapitel zitierten visionären Dichtungen tragen die Titel „Grüße" und „Die Apfelbäume". Merlin verfaßte sie, wie aus dem Kontext ersichtlich wird, nach der Schlacht von Arfderryd, nachdem er sich als Einsiedler in die Wälder, beziehungsweise einen Apfelhain zurückgezogen hatte. In dem Zyklus „Die Apfelbäume" wendet er sich mit seinen Prophezeiungen an einen derartigen, im Keltentum heiligen Baum. Sein „Ansprechpartner" im Zyklus „Grüße" ist ein kleines Schwein, ein Eber: nach druidischer Metaphorik ein Symbol für keltische Lebenskraft und – da das Schwein jung ist – Hoffnung auf ein neues Aufblühen des „Celtic Spirit".

Da nicht alle Strophen der beiden Dichtungen Weissagungen enthalten, sondern Myrddin auch Aussagen über die politische Situation seiner Zeit macht, die mit dem Thema dieses Buches nichts zu tun haben, wurden die auf den folgenden Seiten vorgestellten Passagen vom Autor entsprechend ausgewählt. Sie sind zunächst wegen der darin enthaltenen Prophezeiungen über das Hoch- und Spätmittelalter interessant; Merlin weist sich durch sie als echter Visionär aus, was besonders hinsichtlich der Erwähnung der walisischen Prinzen Llywelyn und Owain Glyndwr lange vor ihrem geschichtlichen Auftreten deutlich wird.

Außerdem finden sich in den Texten aber auch ganz eindeutig Vorhersagungen für das dritte Jahrtausend, in denen es um eine Globalkatastrophe und anschließend um die Wiederkunft Arthurs in neuer Gestalt sowie eine großartige Restitution des Keltentums wohl schon im 21. Jahrhundert geht.

Hier nun die Orakelsprüche, die jeweils mit kurzen Interpretationen versehen wurden.

Grüße

Höre, kleines Schwein,
du glückliches kleines Schwein!
Wühle nicht arglos auf den Gipfeln der Berge,
wühle heimlich im Dunkel der Wälder.
Damit dich nicht Rhydderch Hael, der Christenfürst,
ausspähen möge.
Und ich will prophezeien, und es wird eintreffen:
Ein tapferer Fürst wird Britannien beherrschen
bis zum Abertaradr,
und die Menschen von Cymru werden glücklich sein.
Sein Name wird lauten Llywelyn
vom Stamme von Gwynedd.
Ein Mann ist er, den keiner übertreffen wird.

Llywelyn ap Iorwerth – Llywelyn der Große – war Nachfahr der nordwalisischen Könige von Gwynedd aus der keltischen Zeit. 1218 befreite er große Teile Cymrus von der englischen Herrschaft und regierte sie bis 1240 als souveräner Prinz von Wales. Sein Enkel Llywelyn ap Gruffydd, auf den sich die Prophezeiung wohl ebenfalls bezieht, erweiterte das freie Territorium und beherrschte fast ganz Cymru, bis er 1282 in der Schlacht von Cilmeri gegen Edward I. fiel und Wales wieder unter englische Oberhoheit kam.

Merlin

Höre, kleines Schwein!
Es wird nötig werden,
vor den Anhängern des Meergottes zu fliehen,
damit wir nicht gejagt und aufgestört werden,
wenn man uns auf die Spur kommt.
Und so uns die Flucht gelingt,
will ich nicht über meine Erschöpfung klagen.
Und ich werde prophezeien
in Gegenwart der neunten Welle
und angesichts des letzten Graubarts
des ausgeschundenen Landes Dyvedd:
Dort wird eine Wohnstätte errichtet werden,
jedoch nicht in einem Gebäude des Glaubens,
sondern in einer Umwallung fern in den Hochlanden
und inmitten ungezähmter Tiere.
Aber bis Kynan dorthin wandert, um es zu erblicken,
soll der Pflug nicht gehen
über die Fluren des Hochlandes.

Hier sagt Merlin den Rückzug des freien Keltentums in die abgelegenen, nicht christianisierten Landschaften von Wales und ins schottische Hochland voraus, wo sich die unabhängigen Clans nach der Niederlage Gruffydds in der Tat behaupteten. Erst in ferner Zukunft, wenn Kynan – ein sagenhafter kimmrischer König, der hier für die Wiedergeburt des Keltentums steht – zurückkehren wird, werden die genannten Gegenden wieder aufblühen.

***

Von den Prinzen Llywelyn und Owain Glyndwr

Höre, kleines Schwein!
Es wird nötig werden, zu den Göttern zu flehen.
Denn furchtbar werden sein
fünf Häuptlinge der Normandie.
Während das fünfte Haupt das Meer überquert,
um Erin mit seinen prachtvollen Wohnstätten
zu stürmen,
um Krieg und Aufruhr zu entfachen
und den Sohn gegen den Vater zu hetzen,
werden sie – die Erde weiß um das Geheimnis –
gleichfalls anrennen
gegen die stürzenden Wohnstätten der Briten
und werden niemals zurückkehren in die Normandie.

Deutlich ist William der Eroberer zu erkennen, der von einer normannischen Herzogsdynastie – fünf Häuptern – abstammte. Nachdem die Normannen sich bereits in Irland festgesetzt hatten, eroberte William Anno 1066 England und begründete dort die Jahrhunderte währende Normannenherrschaft.

***

Höre, kleines Schwein, schlummere nicht zu lange!
Denn es wird uns erreichen eine traurige Nachricht:
Kunde über kleine Häuptlinge,
die im Herzen Verrat tragen,
und über kleinherzige Bauern,
die mit kleiner Münze geizen.
Schwerbewaffnete Männer
werden über die salzige See kommen.
Sie reiten auf Rossen, die doppelte Flanken haben,
und tragen an ihren Speeren doppelte Spitzen,

die gnadenlosem Gemetzel dienen.
Dann werden die Äcker brachliegen
im Land des Krieges,
und ein Grab wird freundlicher sein
als das Leben der Wehklagenden.
Wenn dann die Hornrufe ertönen werden,
welche die Krieger zur Schlacht rufen,
und die Söhne Eidogs übers Meer wandern werden,
dann wird in Caer Sallawe
anbrechen ein friedlicher Morgen.

Auch diese Orakelsprüche beziehen sich auf die Normannen. Ihre Streitrösser werden sehr zutreffend beschrieben: Sie hatten „doppelte Flanken", weil sie Schabracken in den Wappenfarben ihrer Herren trugen, und die Speere der Reiter besaßen tatsächlich „doppelte Spitzen", nämlich scharfe für den Krieg und stumpfe für die zu jener Zeit üblichen Turniere. Mit den „Söhnen Eidogs" sind vermutlich jene Waliser gemeint, die vor dem Ansturm der Normannen in die noch freien, westlichen Regionen Irlands flohen, wodurch die Kämpfe in Caer Sallawe – und anderen kimmrischen Städten – ein Ende fanden.

***

Höre, kleines Schwein, aufmerksames Schwein!
Eine Elfe hat mir von Dingen berichtet,
die alles andere als schön sind.
So werde ich prophezeien einen argen Sommer:
In Gwynedd wird herrschen
Verrat zwischen Brüdern.
Wenn das Volk von Gwynedd über Jahre hinweg

den Tribut verweigert haben wird,
wird der Nordwind siebenhundert Schiffe senden.
Die werden sich versammeln in Milford Haven.

Milford Haven liegt in Pembrokeshire im Südwesten von Wales und war im Jahr 1407 Schauplatz eines Invasionsversuches durch französische Marineverbände. Die Besatzungen der Schiffe sollten Owain Glyndwr unterstützen, der Anno 1400 zum Prinzen von Cymru ausgerufen worden war und dem Land noch einmal die Unabhängigkeit zurückgegeben hatte, so daß die Waliser zu jener Zeit auch keine Steuern mehr an die englische Krone zu bezahlen hatten, bis Owain 1414 die Waffen strecken mußte.

***

Höre, kleines Schwein, jetzt am hellen Tag,
den Gesang der Vögel!
Sie künden, daß über viele Jahre hinweg
die Früchte vernichtet werden durch weißen Frost.
In ihren Kirchen werden die Bischöfe
feige Diebe ermutigen,
und Mönche werden Ablaß gewähren
für die Last der Sünden.

Diese Strophe der Weissagung könnte beinahe von Martin Luther stammen. Merlin geißelt den Ablaßhandel der katholischen Kirche, der um das Jahr 1500 auch im englischen Königreich zu ausgesprochen blasphemischen Auswüchsen führte.

***

> *Höre, kleines Schwein, lauf schnell nach Gwynedd!*
> *Suche dir einen Gefährten,*
> *wenn du dich zur Ruhe legst.*
> *Es bedeutet nicht viel, daß Rhydderch Hael,*
> *jetzt, bei seinem nächtlichen Gelage,*
> *weiß, daß ich vergangene Nacht ohne Schlag lag.*
> *Unterm Distelstrauch und knietief im Schnee,*
> *mit tropfenden Eiszapfen an meinem Umhang.*
> *Beklagenswert ist mein Schicksal!*
> *Schon bald wird kommen der Tag harten Streits*
> *zwischen den Herren von Powys und Gwynedd.*
> *Nach einer langen Zeit der Ruhe*
> *wird der Schweifstern aufsteigen*
> *und wird die Grenzen des Landes Gwynedd*
> *gegen seine Feinde verteidigen.*

Abermals wird die Zeit des Prinzen Owain Glyndwr greifbar. Bei seiner Geburt um 1345 zeigte sich am Himmel ein Komet; Shakespeare drückte das in seinem Drama „Henry IV." so aus: „Als ich zur Welt kam, war des Himmels Stirn voll feuriger Gestalten." Vom nordwalisischen Gwynedd aus begann Owain den Kampf gegen die Engländer und focht zunächst gegen die königlichen Barone im kimmrischen Landesteil Powys, der direkt an Gwynedd angrenzt.

***

> *Höre, kleines Schwein, lausche mir jetzt gut!*
> *Wenn die Männer von Gwynedd*
> *sich von ihrem Tagewerk abwenden werden,*
> *dann wird ein harter Kampf losbrechen:*
> *Hornstöße werden erschallen,*

Panzer durchschlagen von harten Geschossen.
Wenn die Normannen die breite See überqueren,
werden die Heere aufeinanderprallen.
Britannien wird von hochsinnigen Reitern
unter ihr Gesetz gebracht werden,
dann werden die Frevel von London gesühnt.
Ich prophezeie die Wiederkehr
zweier rechtmäßiger Prinzen,
die der Erde aus der Anderswelt heraus
Ruhe schenken werden:
Kynan und der einzigartige Cadwallader von Cymru.
Ihr weiser Rat
wird von vielen Stämmen befolgt werden.
Sie werden das Land erneuern,
die Ströme des Blutes hemmen
und die plündernden Heere abschaffen.
Diese Zeit wird Erlösung bringen
von allen Heimsuchungen.
Weil edler Geist regiert,
wird niemand mehr Mangel leiden müssen.

Hier faßt Myrddin wohl die Epochen der Llywelyns und des Owain Glyndwr zusammen, die Cymru im Gegensatz zu den Engländern nicht als brutale Feudalherren regierten. Unter den „Normannen" sind die von den Nachfahren Williams des Eroberers dominierten Engländer zu verstehen, die Wales wiederholt von der südlichen oder westlichen Seeseite her angriffen. Kynan und Cadwallader sind sagenhafte kimmrische Könige, die nach den Worten des Propheten in den genannten historischen Prinzen von Wales wiedergeboren wurden. Als „Britannien" schließlich bezeichnet Merlin das nach wie vor von den keltischen Britanniern – den „hochsinnigen Reitern" – bewohnte Land, also Cymru.

***

Höre, kleines Schwein!
Sind nicht die Dornbuschknospen schon sehr grün
und die Berge ausnehmend klar?
So will ich schauen die Schlacht vom Llywain-Wald.
Blaßrot werden die Bahren leuchten
nach dem Sturmangriff von Owain.
Nach kurzem Wortwechsel unter den Dienern,
Verrat und Meineid unter den Kindern des Landes
und nach der Ankunft Cadwalladers,
welcher Mona unterwerfen wird,
werden die Sachsen untergehen
im edlen Britannien.

Dies klingt nach dem Sturmangriff Owain Glyndwrs auf die englische Stadt Ruthin in Nordwales, durch den der Prinz Anno 1400 den Aufstand auslöste. Zuvor wurde Owain nach nur kurzer Beratung seiner späteren „Diener", des Adels von Gwynedd, zum Regenten gewählt; ein Teil der Edelleute beendete dadurch seinen „Verrat und Meineid" an Cymru: die Vasallentreue gegenüber dem englischen König. – Nach dem Sieg von Ruthin besetzte Owain sofort die Insel Mona (Anglesey) und die angrenzenden Landesteile; er hatte damit den entscheidenden Vorteil gegenüber den „Sachsen"(Engländern) gewonnen.

***

Von den Prinzen Llywelyn und Owain Glyndwr

Höre, kleines Schwein!
In Britannien werden sich große Wunder ereignen,
und ich werde frei von Sorgen sein.
Wenn die Bewohner des Landes um Mona kommen,
um die Britannier zu befragen,
dann werden unruhige Zeiten anbrechen.
Ein strahlender Drache
wird erscheinen und Glück verheißen.

Die Region um Anglesey war das Kerngebiet des von Owain Glyndwrs befreiten Wales. Von der dort stehenden Burg Harlech aus berief Owain 1404 das Parlament von Machynlleth ein: „befragte" also trotz der „unruhigen Zeiten" die Waliser – „Drei gewählte Vertreter aus jeder Gemeinde des Landes", wie es in seinem Erlaß heißt – nach ihrem politischen Willen. – Das Glück, das der „strahlende Drache" des 15. Jahrhunderts freilich erst verheißen kann, scheint sich am Ende des zweiten Jahrtausends zu erfüllen, nachdem Wales 1997 das Recht auf seine eigene Nationalversammlung friedlich durchgesetzt hat.

***

Höre, kleines Schwein!
Wie wunderbar ist es doch,
daß die Zeit niemals lange so bleibt, wie sie ist!
Anders als die Sachsen es weithin verkünden;
sie, die Verursacher des Zwiespalts
mit den hochsinnigen Britanniern;
sie, die Söhne des Unfriedens!
Und vor meinem Ende will ich prophezeien:
Daß die Britannier die Sachsen überwinden werden!

*Und daß wir dann vernehmen werden
den Schall des Freudenrufes,
der für so lange Zeit unterdrückt worden war!*

Diese Vision korrespondiert mit dem Ende der „Drachenprophezeiung". Sie besagt einmal mehr, daß das Keltentum seine Wiedergeburt erfahren wird. Die politischen Entwicklungen im Britannien unserer Tage sprechen durchaus dafür; ebenso wäre mit einer europäischen Föderation der Grundstein für ein Wiedererwachen des „Celtic Spirit" gelegt.

***

*Höre, kleines Schwein!
Vernimmst du den Gesang,
den die gefiederten Völker anstimmen
bei Caer Rheon?
Eine erkenne ich, die ich erheben möchte
auf den Hügel des Volkes,
damit sie von dort schaut
die fröhlichen Gestalten der Liebenden.
Prophezeien will ich eine Seeschlacht,
die Schlacht von Machadwy
und eine Schlacht auf einem Fluß.
Die Schlacht von Cors-Bochno
und eine Schlacht auf Mona.
Eine Schlacht hin und her wogenden Angriffs
und die Schlacht von Caerleon.
Die Schlacht von Abergwaith
und die Schlacht von Jaethon.
Dann, wenn am Lands End
kein Rehbock mehr zu finden sein wird,*

*wird ein liebreizendes Kind
hoch erhöht werden unter den Britanniern.*

Eine Frau, die „auf den Hügel des Volkes" erhoben wird, wäre eine nach keltischem Ritus gewählte Königin oder sonstige weibliche Führungspersönlichkeit der Zukunft, die offenbar wieder „matriarchaler" geprägt sein wird. Diese junge Frau, die einem „liebreizenden Kind" gleicht, wird – nach jahrhundertelangen Kämpfen – dann erscheinen, wenn es auf der Halbinsel von Lands End in Cornwall kein freilaufendes Wild mehr gibt. Das spricht wiederum dafür, daß die Zeit jetzt schon sehr nahe sein könnte, denn die moderne Zivilisation hat die Rehböcke in dieser Gegend bereits ausgerottet.

***

*Höre, kleines Schwein!
Es wird kommen eine Zeit,
wehe, daß sie kommen muß,
dennoch wird sie kommen!
Ehefrauen werden sich in Huren verwandeln
und schöne Mädchen werden unverheiratet bleiben.
Verwandte werden ihre Verwandtschaft hassen,
Stadtbürger herzlos sein gegeneinander.
Und Bischöfe werden würdelos, glaubenslos
und von unterschiedlicher Sprache sein.*

Es sieht ganz so aus, als würde der Visionär hier die Gegenwart im Übergang vom zweiten zum dritten Millennium schildern; eine Zeit, die er einleitend als notwendig (für eine Umkehr?) bezeichnet.

***

Höre, kleines Schwein, kleines gesprenkeltes!
Lausche den Stimmen der Vögel,
die große Einsicht besitzen.
Die Barden werden zurückgesetzt werden,
und sie werden keine Ermutigung mehr bekommen.
Obwohl sie in der Tür stehen,
wird man ihnen keine Belohnung zukommen lassen.

Auch diese Weissagung, in der es um die „Barden", also um Dichtung und Literatur geht, scheint förmlich auf das ausgehende 20. Jahrhundert zugeschnitten zu sein. Denn der moderne „Literaturbetrieb", der immer mehr amerikanisiert wird und sich nur noch am Kommerz orientiert, hebt zunehmend die Scharlatane aufs Podium, während die ernsthaften Schriftsteller, die ein Anliegen vertreten, zynisch an den Rand gedrängt werden.

***

Höre, kleines Schwein!
Ich werde nicht traurig sein,
weil ich die Stimme der Vögel vernehme,
die so frei von Angst ist.
Dir gehört das Haar auf meinem Haupt,
meine Decke ist nicht warm.
Meiner Scheune im Tal mangelt es
am Überfluß des Korns.
Meine Ernte ist nicht reich ausgefallen,
bevor ich mich, von grenzenloser Erkenntnis erfüllt,
von Gott trennte.
Und ich will prophezeien

für die Zeit vor dem Ende dieser Welt:
Frauen ohne Scham und Männer ohne Kraft.

Überträgt Merlin hier das traurige Schicksal des walisischen Volkes auf seine Person? Meint er, Cymru müsse sich vom christlichen, mit den Machtmenschen verbündeten Gott trennen, damit es seine materielle und geistige Armut überwinden und die „grenzenlose Erkenntnis" des Druidentums zurückgewinnen könne? – Die letzten drei Zeilen der Vision sind frappierend klar: Ehe die Postmoderne in einer Katastrophe zusammenbricht, kommt es zum Höhepunkt der „sexuellen Revolution", durch die der weibliche Körper von einer Männergesellschaft hemmungslos vermarktet wird; gleichzeitig aber die Männer „ohne Kraft" sind, so daß eine pervertierte Sexindustrie Milliardengeschäfte mit „Viagra" machen kann.

***

Höre, kleines Schwein, zitterndes kleines Schwein!
Meine Decke ist dein,
und für mich gibt es keine Rast.
Ich werde mich nicht grämen
wegen der Schlacht von Arfderydd.
Noch werde ich mich grämen,
wenn das Gewölbe des Himmels einstürzt
und die Gewässer der Erde über die Ufer treten.
Und ich will prophezeien,
daß nach einem König namens Henry
ein Hochkönig herrschen wird
in stürmischen Zeiten.

*Wenn eine Brücke erbaut werden wird über den Taff
und eine andere über den Towy,
dann werden alle Kämpfe ein Ende nehmen.*

Details der hier vorhergesagten Globalkatastrophe schildert Myrddin in seinem großen, von Geoffrey of Monmouth niedergeschriebenen Prophezeiungskanon (Siehe das Kapitel: „Wenn die Sterne taumeln und die neue Sintflut tobt: Die Apokalypse Merlins für das dritte Jahrtausend"); es soll deshalb an dieser Stelle nicht näher darauf eingegangen werden. Ohnehin konzentriert sich Myrddin hier mehr auf die gesellschaftlichen Konstellationen dieser Zeit, in der aus einem „Harmageddon" ein Neuanfang erwächst. Er nennt den Namen des letzten britischen Königs und sagt sodann die Restitution eines *Ard Rhi*, eines keltischen Hochkönigs, voraus. Und diese Wiedergeburt des Keltentums wird sich ereignen, nachdem große Brücken die südwalisischen Flüsse Taff (Tawe bei Swansea) und Towy (Tywi bei Caermarthen) überspannen, was durch den Autobahnbau im ausgehenden 20. Jahrhunderts Realität wurde.

Merlin

Von den Prinzen Llywelyn und Owain Glyndwr

Die Apfelbäume

Praktisch nahtlos schließt sich der visionäre Zyklus „Die Apfelbäume" in seiner Aussage an die letzte Strophe der „Grüße" an:

Süßer Apfelbaum,
der du bildest eine stattliche Schattenhalle!
An deinem Wurzelwerk
suchen die wilden Hunde des Waldes Schutz.
Mein prophetisches Lied aber soll verkünden:
Die Wiederkehr von Medrawd
und Arthur, dem Führer der Heere.
Abermals reiten sie zur Schlacht von Camlan,
und nur sieben Männer werden entrinnen
aus dem zweitägigen Kampf.
Laßt Gwenhwyvar sich ihrer Taten erinnern,
wenn Cadwallader wiederum Besitz nimmt
von seinem Thron
und der den Göttern vertraute Held
anführt seine Heere.

Was zahllose Legenden Britanniens verkünden und ersehnen, wird wahr: Der Geist Arthurs wird nach der schrecklichen Globalkatastrophe in einem neuen Körper wiedergeboren, und der *Rhiotam* des dritten Jahrtausends führt die Kelten in zunächst offenbar dramatischen Zeiten an. Nach harten Kämpfen wird „Gwenhwyvar sich ihrer Taten erinnern"; Guinevere, die für den sehr starken weiblichen Einfluß auf die traditionelle keltische Gesellschaft steht, wird zu neuer Bedeutung gelangen – und zusammen mit ihr die

Frauen allgemein. So kann die große Zeit des europäischen Keltentums wiederauferstehen – und es wird sich um eine Heimkehr ins Heidentum mit seinen alten und zugleich ewigen Göttern handeln.

***

Süßer Apfelbaum,
überreich mit Früchten behangen,
der du im einsamen Wald von Celyddon wächst:
Alle sehnen sich nach dir,
deiner herrlichen Früchte wegen.
Doch es wird vergebliche Suche sein,
bis Cadwallader wiederkehrt
zur Unterhandlung von Rhyd Rheon
und abermals Kynan vorrückt,
um den Sachsen Widerstand zu leisten.
Dann werden die Britannier wiederum siegreich sein,
angeführt von ihrem schönen, majestätischen Haupt.
Jeder wird dann sein Eigentum zurückerhalten,
und der Gesang der Hörner wird künden
vom Frieden und von Tagen des Glücks.

Hier geht es ebenfalls um die Restitution des zukunftsweisenden Keltentums nach letzten Kämpfen gegen diejenigen, welche den Planeten in den Abgrund rissen.

***

Köstlicher Apfelbaum mit schimmernden Blüten,
der auf seiner Scholle wächst inmitten des Gartens!
Die Elfe prophezeit,

und ihre Worte werden große Bedeutung haben:
Seelenebenen werden schweben
über der grünen Zusammenkunft
zu Beginn der sturmdurchtosten Stunde vor den Fürsten.
Der unheilige Mann wird überwunden werden
vom Schützen,
der Sonnenstrahlen von seinem Bogen schnellt.
Das Sonnenkind, kühn in seinem Lauf,
wird voranstürmen, wenn die Sachsen ausgerottet werden.
Und die Barden werden von neuem blühen.

Die „Seelenebenen" sind die andersweltlichen Dimensionen, die in der keltischen Metaphysik eine herausragende Rolle spielen; sie führen letztlich zu einer innigen Verbindung des Menschen mit dem Göttlichen. – Die „grüne Zusammenkunft" könnte durchaus eine Anspielung auf die im Prinzip keltischen Ökobewegungen sein, die sich im ausgehenden 20. Jahrhundert gebildet haben und nach der Katastrophe im neuen Jahrtausend mehr als heute in ihrer überlebensnotwendigen Bedeutung erkannt werden. – Unter dem „unheiligen Mann" ist wahrscheinlich der Papst als Repräsentant des Christentums zu verstehen; auch andere Seher wie Nostradamus, Malachias und Alois Irlmaier, um nur einige zu nennen, haben den Untergang des Papsttums zu Beginn des neuen Millenniums prophezeit. Der Gott, der das Christentum überwinden wird, ist der keltische Sonnengott Lug, der im ewigen Kreislauf als „Sonnenkind" geboren wird, in seiner vollen Kraft die „Strahlen von seinem Bogen schnellt", im Herbst altert und zur Wintersonnenwende von der Großen Göttin oder Großen Mutter wiedergeboren wird.

ADLER, LÖWE, STIER, EBER UND LINDWURM:
Der präapokalyptische Kanon von Myrddins Weissagungen bis zur Gegenwart

Die Prophezeiungen, die in diesem Kapitel zitiert und – so weit möglich und sinnvoll – interpretiert werden, sind dem Werk „Geschichte der Könige Britanniens" von Geoffrey of Monmouth aus dem 12. Jahrhundert entnommen; sie wurden vom Autor übersetzt und dabei in modernes Deutsch übertragen. Gelegentlich – weil Geoffrey selbst zugibt, die Texte einzeln gesammelt und nach eigenem Ermessen zusammengestellt zu haben – wurde die Reihenfolge der Schauungen in der hier vorliegenden Version nach logischen Gesichtspunkten verändert.

Grundsätzlich muß einleitend ein Fakt klargestellt werden: Die Weissagungen sind nur dann richtig zu verstehen, wenn man sich immer wieder klarmacht, daß sie von einem Druiden stammen – einem jener „Großen Wissenden", deren Eigenart es war, in einer von ungewöhnlichen Metaphern förmlich strotzenden Sprache zu sprechen. Dies gab den keltischen *Vates* die Möglichkeit, sich jenseits einer nur „eindimensionalen" Erkenntnisebene um so vielschichtiger auszudrücken.

So ist zum Beispiel ein Löwe, der von einem Esel gesäugt wurde, nicht bloß ein königliches, starkes und zuzeiten gefährliches Tier, beziehungsweise ein Herrscher mit derartigen Eigenschaften, sondern kann auch – je nachdem – einen geduldigen oder unberechenbaren und störrischen Charakter besitzen. Hinzu kommt unter Umständen ein heraldischer Sinngehalt solcher Bezeichnungen, wodurch wieder die Geschichte ganzer Adelsdynastien und ihrer wechselseitigen Machtkämpfe eventuell über Jahrhunderte hinweg mit einfließt.

All dies wirkt natürlich zumindest auf den ersten Blick verwirrend; dennoch sind diese Prophezeiungen Merlins nicht schwerer verständlich als etwa die „Geheime Offenbarung" des Johannes von Patmos oder die „Centurien" des Michel de Notredame. Erleichtert wird der Zugang, wenn man weiß, womit Myrddin sich konkret beschäftigt: zumeist beinhalten die Schauungen Ereignisse aus der walisischen, schottischen, englischen und teils auch europäischen Geschichte vom frühen Mittelalter bis zur Gegenwart. Unter anderem werden die Könige Alfred der Große und Edward der Bekenner, Oliver Cromwell sowie Napoleon kenntlich; ebenso spricht Merlin aber auch die Verbrechen Hitlers und den Tunnelbau unter dem Ärmelkanal an.

Insgesamt gesehen, wird bei der Lektüre der Weissagungen eine große und oft genug von schrecklichen Kriegen und anderen Greueltaten gekennzeichnete historische und gleichermaßen präapokalyptische Entwicklung deutlich, die beinahe zwangsläufig in einer fürchterlichen Menschheitskatastrophe münden muß, so wie Myrddin sie in seinen Visionen für das dritte Jahrtausend vorhersagte. Dies ist im Prinzip die Essenz dessen, was der Seher für die eineinhalb Millennien nach seinem Tod erschaute, und die Texte geben ihren tieferen Sinn am intensivsten dann preis, wenn man sie nicht nur vom Verstand her aufnimmt (und dabei vielleicht auch ein Geschichtsbuch zu Rate zieht), sondern sie durch wiederholte Lektüre außerdem intuitiv auf sich wirken läßt.

Sechs Abkömmlinge des Ebers werden nach ihm das Zepter in Händen halten, und daraufhin wird sich der germanische Lindwurm erheben. Der Seewolf wird diesen Lindwurm erhöhen, und die Wälder Afrikas werden seiner Fürsorge anvertraut werden.

Unter „Seewolf" sind die „Meerdrachen" der Wikinger zu verstehen; sie stießen in den Jahrhunderten nach Arthur bis Sizilien und Nordafrika vor.

***

Derjenige, der dies zustande bringt, wird erscheinen als der Mann von Bronze, und lange Jahre wird er die Tore von London auf einem ungebärdigen Roß bewachen.

Dabei kann es sich nur um König Alfred den Großen (871 – 899) handeln, der England mit äußerster Anstrengung gegen dänische Invasionen verteidigte.

***

Danach wird die Rache des Donnerers kommen, und jedes einzelne Feld des Bauern wird eine Enttäuschung für ihn sein.

Der germanische Gott Thor

Der „Donnerer" ist hier der germanische Gott Thor. In seinem Namen errangen die Dänen nach dem Tod Alfreds zahlreiche Siege; gleichzeitig litten sie, ebenso wie die Bewohner Britanniens, unter Hungersnöten.

***

Sodann wird der germanische Lindwurm gekrönt werden, und man wird den Prinzen von Bronze beerdigen. Eine Grenze wurde ihm gesetzt, die er nicht zu überschreiten vermochte. Für 150 Jahre wird er in Schmerz und Unterwerfung verharren, dann wird er für weitere 300 Jahre wieder auf dem Thron sitzen. Der Nordwind wird sich gegen ihn erheben und die Blumen mit sich reißen, die der Westwind zum Blühen brachte. In den Kirchen werden Vergoldungen angebracht, aber die Schwertschneide wird nicht aufhören, ihre Arbeit zu tun.

1066, rund eineinhalb Jahrhunderte nach Alfreds Tod, gelangte der mit ihm blutsverwandte William der Eroberer auf den Thron und begründete die normannische Dynastie.

***

In jener Zeit werden die Steine sprechen.

Wir befinden uns nun in der Epoche des Kathedralenbaus mit seinen vielfältigen „sprechenden" Steinplastiken.

***

Die Religion wird ein zweites Mal zerstört werden, und die Bischofssitze werden an andere Orte verlegt. Londons hohe Würde wird Canterbury schmücken, und der siebte Hirte von York wird in der Bretagne besucht werden. Menevia wird in das Pallium der Stadt der Legionen (Kaerusk am Usk) gekleidet werden, und ein Prediger aus Irland wird in Sprachlosigkeit gestoßen werden durch ein Kind, das noch im Mutterleib heranwächst.

Gemeint sind religiöse Turbulenzen um die erste Jahrtausendwende, als das Papsttum seine Autokratie begründete.

***

Ein begnadeter König wird eine Flotte ausrüsten und als der Zwölfte am Hof unter die Heiligen gerechnet werden.

Edward der Bekenner; er regierte von 1042 bis 1066.

***

Sieben, die das Zepter in Händen halten, werden untergehen; einer von ihnen wird heiliggesprochen.

Im Todesjahr des heiligen Edward erfolgte die Normanneninvasion; das Ende der sächsischen Dynastie war gekommen.

***

Das Königreich wird auf äußerst erbärmliche Weise entvölkert werden, und die Dreschböden in den Scheunen werden abermals überwuchert werden von fruchtstrotzenden Wäldern.

***

Ein Bauer aus Alba (Schottland – Anm. d. Autors) *wird ihren Platz einnehmen, und von seinem Rücken wird eine Schlange hängen. Er wird seine Zeit damit zubringen, die Erde zu pflügen, damit die Ernten seines Landes weiß aufwachsen können. Aber die Schlange wird sich damit beschäftigen, ihr Gift zu verspritzen, um auf diese Weise die grüne Saat daran zu hindern, je zur Reife zu kommen.*

In diesem „Bauern" wird William Wallace greifbar, die legendäre Galionsfigur des großen schottischen Aufstandes am Ende des 13. Jahrhunderts. In Gestalt eines rivalisierenden Clanmannes hing ihm jedoch wahrhaftig eine Schlange „von seinem Rücken", denn dieser Neider verriet Wallace zuletzt an die Engländer, die ihn vierteilten. Wallace konnte die „grüne Saat" der schottischen Unabhängigkeit, die im Jahr 1314 durch den Sieg von Bannockburn unter Führung des späteren Königs Robert the Bruce errungen wurde, also nicht mehr aufgehen sehen.

***

Der Germanische Lindwurm wird es schwer haben, in seine Höhle zu entkommen, denn die Rache für seinen Verrat wird ihn einholen. Am Ende wird er, wenn auch nur für kurze Zeit, von neuem erstarken, aber die Entvölkerung der Normandie wird ihn schwer treffen.

Dies betrifft – ebenso wie die vierzehn folgenden Prophezeiungen – wohl spätmittelalterliche Machtkämpfe zwischen den Häusern Lancaster und York, wodurch die von William begründete Dynastie unterging und England seine französischen Besitzungen verlor.

***

Der Streitwagenfahrer von York wird das Volk beschwichtigen. Er wird seinen Herrn herauswerfen und wird selbst in den Streitwagen klettern und ihn fahren. Er wird sein Schwert ziehen und den Osten bedrohen; mit Blut wird er die Spur seiner Wagenräder füllen. Danach wird er sich in einen Meeresfisch verwandeln und sich mit einer Schlange paaren, die ihn durch ihr Zischen gelockt hat.

***

Aus dieser Verbindung werden drei Stiere entsprießen, welche gleich einem Blitz glänzen werden. Sie werden ihr Weideland verzehren und danach in Bäume verwandelt werden. Der erste Stier wird eine Peitsche tragen, die aus Nattern gemacht ist, und er wird dem Zweitgeborenen seinen Rücken zuwenden. Der zweite Stier wird kämpfen, um die Peitsche des ersten an sich zu reißen, aber die Peitsche wird ergriffen werden vom dritten. Sie werden ihren Blick voneinander abwenden, bis sie den Giftbecher fortgeschleudert haben.

***

Zwei Männer werden das Zepter in der Hand halten, einer nach dem anderen, und ein Gehörnter Drache wird beiden dienen. Der erste Mann wird kommen, in Eisen gekleidet und auf einer fliegenden Schlange reitend. Er

*wird rittlings auf ihrem Rücken sitzen, sein Körper wird
nackt sein, und er wird ihren Schwanz mit seiner rechten
Hand packen. Mit seinem Schrei wird er die Meere auf-
wühlen und wird dem zweiten Mann tödlichen Schrecken
einjagen. Daraufhin wird der zweite Mann sich mit
einem Löwen verbünden, aber ein Streit wird folgen, und
sie werden kämpfen. Jeder der beiden wird schwer unter
den Schlägen des anderen leiden, doch die Wildheit des
Tieres wird es ihm ermöglichen, zu siegen.*

***

*Die Quelle des Flusses Annwg wird sich blutrot färben;
zwei Könige werden an der Furt des Stabes um einer
Löwin willen gegeneinander kämpfen.*

***

*Gwynedd wird rot sein vom Blut der Mütter, und das
Haus des Corineus wird sechs Brüder schlachten.*

***

*Der Wald von Dean in Gloucestershire wird aus seinem
Schlaf erweckt werden und wird, in menschliche Sprache
ausbrechend, rufen: Cymru, komm her! Bringe Cornwall
an deine Seite! Sage zu Winchester: Die Erde wird dich
verschlingen. Verlagere den erzbischöflichen Stuhl deines
Hirten dorthin, wo die Schiffe in den Hafen einlaufen.
Dann stelle sicher, daß die verbleibenden Glieder dem
Haupt folgen! Der Tag, an dem deine Bürger wegen ihrer
Verbrechen des Meineids zugrunde gehen werden, kommt
näher. Die Weiße deiner Wolle hat dir Leid zugefügt*

und ebenso hat dies auch die Vielfalt ihrer Farbe getan. Wehe den meineidigen Leuten, denn ihretwegen wird ihre berühmte Stadt stürzen!

***

Ein Igel, beladen mit Äpfeln, wird die Stadt von neuem erbauen. Angelockt durch den Geruch dieser Äpfel, werden die Vögel aus vielen verschiedenen Wäldern zusammenströmen. Der Igel wird die Stadt um einen großen Palast bereichern und wird sie sodann mit einer Ringmauer mit sechshundert Verschanzungen umgeben.

***

London wird dies mit Neid sehen und wird seine eigenen Befestigungen dreifach verstärken. Der Themsefluß wird London auf allen Seiten umströmen, und die Nachricht von dieser Tat der Baumeister wird die Alpen überqueren.

***

Der Igel wird seine Äpfel innerhalb von Winchester verstecken und wird verborgene Gänge unter der Erde erbauen.

***

Ein Bergrind wird sich einen Wolfsschädel aufsetzen und wird seine Zähne weiß schleifen in der Werkstatt am Severn. Das Rind wird die Herden aus Schottland und Wales um sich versammeln, und diese Gemeinschaft wird die Themse durch ihren Durst austrocknen.

Das Ergebnis wird sein, daß sich eine Anzahl von Aufständen ereignen wird, und diese werden die Nordwaliser ermutigen, in den Krieg zu ziehen. Die Eichen des Waldes werden sich zusammentun und werden mit den Felsen von Gwent in Streit geraten.

***

Ein Rabe wird mit den Milanen herniederstreichen und wird die Körper der Toten fressen.

***

Dann wird in der Tat ein ausgesprochener Riese der Bosheit erscheinen, der jedermann durch das stechende Blitzen seiner Augen terrorisieren wird. Gegen ihn wird sich der Drache von Worcester erheben, der sein Bestes geben wird, um ihn zu vernichten. Aber während sie miteinander ringen, wird der Drache besiegt und überwunden durch die Bosheit des Angreifers. Der Riese wird den Drachen besteigen, alle seine Kleider abwerfen und nackt auf ihm reiten. Der Drache wird sich aufbäumen, den Riesen in die Luft schleudern und dessen nackten Körper mit seinem aufgerichteten Schweif peitschen. Der Riese aber wird seine Kraft wiedererlangen und die Kehle des Drachen mit seinem Schwert aufschlitzen. Zuletzt wird der Drache sich in seinen eigenen Schweif verwickeln und an Gift sterben.

***

Der Eber von Totnes (Hafenstadt in Südengland) wird dem Riesen nachfolgen und die Menschen durch seine schlimme Tyrannei unterdrücken. Gloucester wird einen Löwen aussenden, der den rasenden Eber in einer Reihe von Kämpfen bedrängen wird. Dieser Löwe wird den Eber unter seine Pranken zerren und ihn mit seinem aufgerissenen Rachen erschrecken. Zuletzt wird der Löwe mit allen anderen im Königreich im Streit liegen und wird den Edelleuten im Nacken sitzen. Ein Stier wird sich in die Auseinandersetzung einmischen und den Löwen mit seinem rechten Huf stoßen. Der Bulle wird den Löwen über all die engen Pfade des Königreiches jagen, aber am Ende wird er sich seine Hörner an den Mauern von Oxford zerbrechen. Der Fuchs von Caerdubalum wird am Löwen Rache nehmen und ihn mit seinen Zähnen zerreißen. Dann wird die Natter von Lincoln sich um den Fuchs schlingen und den versammelten Drachen ihre Anwesenheit durch ein furchteinflößendes Zischen ankündigen. Die Drachen werden übereinander herfallen und sich gegenseitig in Stücke reißen. Ein geflügelter Drache wird einen Drachen ohne Schwingen überwinden, wobei er seine giftigen Klauen ins Maul des anderen schlägt. Zwei weitere Drachen werden sich der Schlacht anschließen, und einer wird den anderen töten. Ein fünfter Drache wird an die Stelle der beiden getöteten treten und wird die beiden, die noch am Leben sind, durch verschiedene Kriegslisten unterwerfen. Ein Schwert in den Klauen, wird er auf den Rücken des einen steigen und ihm den Kopf abhacken. Dann wird er seine Haut abwerfen, auf den zweiten toten Drachen klettern und den Schweif seines Gegners mit seinen rechten und linken Klauen packen. Nackt wird er den anderen überwinden, der sich geschlagen geben muß, sobald er völlig umschlungen ist. Der siegreiche Drache wird andere Drachen peinigen, indem er ihnen auf den Rücken klettert, und er wird sie rund um das Königreich jagen.

***

Dann wird der brüllende Löwe eingreifen, und er wird schrecklich sein in seiner gräßlichen Grausamkeit. Dieser Löwe wird fünfzehn Teile zu einer einzigen Wesenheit machen und für sich allein wird er die Menschen in seiner Gewalt halten.

1461 beendete Edward IV. aus dem Haus York den langen Bürgerkrieg und einte das bis dahin zerrissene England wieder.

***

Die Jungen des Löwen verwandeln sich in Meeresfische, und der Adler von Snowdonia wird auf dem Gipfel nisten.

1485 kam das Haus Tudor auf den Thron. Die Tudors stammten aus Gwynedd, wo Snowdonia liegt; jetzt „nisteten" sie auf dem Gipfel der Macht. Ein Teil des rivalisierenden Adels von York floh über das Meer nach Frankreich.

***

Mönche in ihren Kutten werden zur Eheschließung gezwungen, und ihre Klagen werden bis zu den Berggipfeln der Alpen gehört werden.

Heinrich VIII. (1491 – 1547) löste die katholischen Klöster in England auf, wobei Mönche teilweise auch zur Heirat gezwungen wurden.

***

Es wird ein Volk auftauchen, das in Holz und eiserne Brustpanzer gekleidet ist, und es wird wegen seiner Bosheit Rache an ihm nehmen. Dieses Volk wird den früheren Bewohnern seine Unterkünfte zurückgeben, und die Vernichtung der Fremden wird von allen klar zu sehen sein.

***

Alba wird zornig sein: ihre nahen Nachbarn zu sich rufend, wird sie sich selbst völlig aufgeben bis zum Blutvergießen. In ihrem Rachen wird man einen Bissen finden, der in der Bucht von Armorica (Bretagne) geschmiedet wurde. Der Adler der Gebrochenen Übereinkunft wird ihn mit Gold bemalen und wird sich freuen in ihrem dritten Horst.

Königin Elisabeth I.

Alba ist sowohl Schottland als auch Maria Stuart. Die Königin paktierte heimlich mit Frankreich, um ihren Thron zurückzugewinnen, doch Elisabeth I. deckte das Komplott auf, brach die mittelalterliche Übereinkunft, wonach Könige sich nicht gegenseitig töten sollten, ließ Maria 1587 köpfen – und freute sich über ihren „dritten Horst": über Schottland, das sie nun neben England und Irland regierte.

Adler, Löwe, Stier, Eber und Lindwurm

***

Diejenigen, die ihr Haar gewellt haben, werden sich in vielfarbige wollene Stoffe kleiden, und das äußerliche Gewand wird ein deutliches Anzeichen der Gedanken im Inneren sein.

Unschwer sind in dieser Passage protzige barocke Edelleute zu erkennen.

***

Die Füße derjenigen, welche bellen, werden abgeschnitten werden.

Absolutistische Adlige ließen die Hunde der Bauern verstümmeln, damit sie nicht zur verbotenen Jagd gebraucht werden konnten.

***

Der Sechste wird die Wälle von Erin niederwerfen und Irlands Wälder in eine flache Ebene verwandeln. Dieser Sechste wird die verschiedenen Teile zu einem Ganzen vereinigen und er wird gekrönt werden mit dem Haupt eines Löwen. Sein Anfang wird die Ursache seiner schwankenden Veranlagung sein, aber sein Ende wird sich aufschwingen bis zu den Hochstehenden. Überall in den Ländern wird er die Wohnungen der Heiligen wiederherstellen und wird die Hirten an Plätzen ansiedeln, die ihnen gemäß sind. Zwei Städte wird er mit Leichentüchern bedecken, und den Jungfrauen wird er jungfräuliche Gaben darbieten. Durch diese Taten wird er sich die Gunst des Donnerers erwerben und seinen

Platz zwischen den Gepriesenen finden. Aus ihm wird hervorgehen ein Luchsweibchen, dieses wird seinen Weg in alle Dinge erschnüffeln und wird den Untergang seiner eigenen Rasse erstreben. Wegen des Luchsweibchens wird die Normandie ihre beiden Inseln verlieren, und ihre frühere Würde wird ihr entzogen werden.

Der Lordprotektor Oliver Cromwell (1599 – 1658) ließ große Teile des gegen seine Herrschaft rebellierenden Irland abholzen, errichtete die religiöse Diktatur des Puritanismus und brachte 1649 König Charles I. aufs Schafott. Nach Oliver Cromwells Tod regierte kurz sein Sohn Richard, ein Intrigant und Weichling, so daß letztlich das Königtum, wenn auch geschwächt, restituiert wurde.

Oliver Cromwell

***

Danach wird der Löwe der Gerechtigkeit erscheinen; angesichts seines Brüllens werden Galliens Türme erschüttert werden und die Drachen der Insel erzittern. In den Tagen dieses Löwen wird Gold gepreßt aus der Lilie und der Nessel, und Silber wird fließen von den Hufen der muhenden Rinder.

Eindeutig bezieht sich diese Prophezeiung auf die Französische Revolution.

***

Von Conan wird ein wilder Eber abstammen, der die Schärfe seiner Hauer in den Wäldern Galliens erproben wird; er wird nämlich abhauen all die größeren Eichen, wird jedoch darauf achten, die kleineren zu schützen.

Möglicherweise ist unter dem „Eber" Robespierre zu verstehen, dessen Name auf eine ursprünglich britische Abstammung hindeuten könnte. Er ließ die Adligen guillotinieren, verschonte aber das einfache Volk.

***

Die Araber werden diesen Eber fürchten und ebenso die Afrikaner, denn der Schwung seines Angriffs wird ihn bis zu den entferntesten Teilen Spaniens tragen.

Aus dem „Eber" Robespierre entsteht der „Eber" Napoleon, der Krieg in Ägypten und Spanien führte.

***

Wilde Tiere werden sich des Friedens erfreuen, aber die Menschheit wird die Art und Weise beklagen, auf die sie bestraft werden wird.

***

Die Milane werden ihren mörderischen Hunger verlieren, und die Zähne der Wölfe werden sich abstumpfen.

***

Das ausgewogene Handwerk wird halb niedergerissen werden, und die Hälfte, die bleibt, wird abgerundet.

Nach der Französischen Revolution verschwand das Zunftwesen und begann das Sterben der Handwerksberufe.

***

Die ganze Erde wird über die Notdurft der Menschen hinaus fruchtbar sein, und ohne miteinander verheiratet zu sein, werden die Menschen sich unaufhörlich begatten.

Landreformen zugunsten der Bauern und ebenso eine gelockerte Sexualmoral waren Ergebnisse der Französischen Revolution.

***

Dann werden die Bewohner der Inseln dorthin zurückkehren, denn große Uneinigkeit wird unter den Fremden entstehen.

Viele französische Adlige waren vor der Revolution nach England geflohen; später setzte eine Rückwanderung ein, wobei ein Teil des Adels sich nun zu den republikanischen Idealen bekannte, während andere sie bekämpften.

***

Danach – vom Ersten zum Vierten, vom Vierten zum Dritten, vom Dritten zum Zweiten – wird der Daumen in Öl gewälzt werden.

Hier haben wir es unter Umständen mit einer „kabbalistischen Laune" Myrddins zu tun. Die Quersumme der in dem Orakelspruch genannten Zahlen ergibt die Siebzehn, und Ludwig XVIII. von Frankreich, der dort 1814 die Monarchie wiederherstellte, war eigentlich Ludwig XVII., denn derjenige, der unter dieser Zählung in den Geschichtsbüchern auftaucht, starb bereits im Alter von zehn Jahren und saß deshalb nie auf dem Thron. – Die „Daumen, die in Öl gewälzt werden", bedeuten wahrscheinlich, daß man sich nun wieder überschwenglich zum „Gesalbten", also zum neuen König, bekannte.

***

Hungersnot und Tod werden zurückkehren, und die Bürger der Städte werden um ihr Gemeinwesen trauern.

In dieser und der folgenden Weissagung geißelt Merlin vielleicht die für das Kleinbürgertum destruktiven brutalkapitalistischen Auswüchse der Industriellen Revolution.

***

Die Insel wird von den Tränen der Dunkelheit durchweicht sein, und jedermann wird zur Hemmungslosigkeit ermuntert werden. Diejenigen welche später geboren werden, werden darum ringen, sich sogar über die höchsten Dinge aufzuwerfen, aber die Begünstigungen, die den Neuankömmlingen zufallen, werden noch maßloser sein als selbst das.

***

Der Eber des Handels wird erscheinen und wird die verstreuten Herden zu den Weidegründen zurückrufen, die sie verlassen haben. Seine Brust wird wie Nahrung für die Hungrigen sein, und seine Zunge wird die Notdurft jener löschen, die am Verdursten sind. Aus seinem Mund werden Ströme fließen, welche die ausgedörrten Kehlen der Menschen laben.

Das enorm reiche Britische Empire und seine Handelskompanien milderten die Not wieder.

***

Die Schiffe werden sich freuen über solch eine gewaltige Vergrößerung und jedes von ihnen wird aus dem Material erbaut werden, das man gewöhnlich für zwei benutzt.

***

Der Esel der Bosheit wird anschließend erscheinen, flink gegen die Goldschmiede, aber träge gegen den raubgierigen Hunger der Wölfe.

Dies ist abermals der Kapitalismus des 19. Jahrhunderts. Er wendet sich gegen die „Goldschmiede", das solide und ehrliche Handwerk, unternimmt aber nichts gegen die Raffgier der „Wölfe", denn er ist selbst die bösartigste Kreatur unter ihnen.

***

Angenehmes Leben wird die Führer nachlässig werden lassen; diejenigen, die unter ihrer Herrschaft stehen, werden sich in Bestien verwandeln. Unter ihnen wird sich ein Löwe erheben, fett von menschlichem Blut. Ein Mann mit einer Sichel wird sich als der Erntehelfer des Löwen betätigen, aber wenn sich der Geist des Mannes verwirrt, wird der Löwe ihn vernichten.

Die „Führer" sind hier zunächst die Staatsoberhäupter des frühen 20. Jahrhunderts. In ihrer Nachlässigkeit duldeten sie den Aufstieg eines anderen, aus der Hefe des Volkes kommenden „Führers": Hitlers, der sich zum blutbeschmierten Diktator machte. Der „Mann mit der Sichel" ist Röhm, der Befehlshaber der SA, der mit seiner Mörderorganisation Hitler zur Macht verhalf; wenig später jedoch wurde die SA liquidiert.

***

Die Bäuche der Mütter werden aufgeschnitten werden, und die Säuglinge werden vorzeitig geboren werden. Die Menschen werden sehr schlimm leiden, damit diejenigen, die im Land geboren wurden, die Macht wiedergewinnen können.

Bei denen, die „im Land geboren wurden", handelt es sich um die deutschen Nationalisten; die Naziverbrecher schlitzten in Osteuropa in der Tat die Leiber schwangerer jüdischer Frauen auf.

***

Das Meer, über das die Männer nach Gallien segeln, wird zu einem engen Kanal schrumpfen. Ein Mann, der an einem der beiden Ufer steht, wird von einem Mann am anderen Ufer gehört werden können, und die Landmasse der Insel wird größer aufwachsen.

Im letzten Jahrzehnt des 20. Jahrhunderts wurde der Kanaltunnel erbaut. Merlin sah dies ebenso voraus wie den lebhaften Telefonverkehr von Küste zu Küste – und wenn er davon spricht, daß die Landmasse der Insel „größer aufwachsen" werde, dann gewinnt man beinahe den Eindruck, als hätte er sich eineinhalbtausend Jahre zuvor geistig in den Tunnel versetzt, von welchem unter dem Meeresboden liegenden Standpunkt aus England tatsächlich höher als vorher aus dem Meer zu ragen scheint.

WENN DIE STERNE TAUMELN UND DIE NEUE SINTFLUT TOBT:
Die Apokalypse Merlins für das dritte Jahrtausend

Die folgenden Prophezeiungen Myrddins wurden ebenfalls von Geoffrey of Monmouth überliefert und vom Autor in modernes Deutsch übertragen. Sie sind Bestandteil des großen Kanons, den der mittelalterliche Kleriker in seinem Werk „Geschichte der Könige Britanniens" sammelte. Im Gegensatz zu den Schauungen des vorangegangenen Kapitels können diese Texte jedoch nicht historisch zugeordnet werden, so daß sie sich logischerweise auf das neue Jahrtausend beziehen müssen.

In den Visionen werden erschreckende zukünftige Ereignisse geschildert, wie sie in der Vergangenheit unausdenkbar gewesen wären. Heute freilich wirkt zumindest ein Teil der Schauungen – offenbar jene, die schon in den nächsten Jahrzehnten Realität werden könnten – beklemmend aktuell. Wie in der Einleitung zu diesem Buch bereits angesprochen, geht es unter anderem um grauenhafte Mutationen bei Pflanzen, Tieren und Menschen. Außerdem werden ungeheure geologische Kataklysmen geschildert, die zu einem globalen „Harmageddon" führen. Dann freilich gelingt den Überlebenden – mühsam genug – ein Neuanfang, und am Ende erfolgt aus der „Apokalypse" heraus die erlösende Wiedergeburt des Keltentums, wie Merlin sie auch in seiner „Drachenprophezeiung" und im „Black Book of Caermarthen" vorhersagte.

Dann wird auf der Spitze des Tower von London ein Baum emporsprießen. Er wird sich mit nur drei Ästen zufriedengeben, dennoch wird er die ganze Länge und Breite der Insel mit seinem Laubdach überschatten. Der Nordwind wird als Feind des Baumes kommen und wird den dritten Ast mit seinem verderblichen Atem hinwegreißen. Die beiden verbleibenden Äste werden den Platz des abgerissenen einnehmen; so wird es sein, bis einer von ihnen den anderen durch die Fülle seines Laubes erwürgt. Dieser letzte Ast wird den Platz der beiden anderen einnehmen, und er wird einen Rastplatz für Vögel bieten, die aus fremden Gegenden kommen. Den Vögeln aus dem Land selbst wird dies schädlich erscheinen, denn durch ihre Furcht vor seinem Schatten werden sie die Kraft zum freien Flug verlieren.

Ein Baum, der auf einem herausragenden Gebäude wächst, kündigt auch bei anderen Propheten (z. B. Mühlhiasl und dessen Weissagung von den drei Weltkriegen) eine Menschheitskatastrophe an. In der Vision Merlins wird dies dadurch deutlich, daß der Schatten des Baumes auf dem Tower ganz Britannien bedeckt. Seine drei Äste verweisen ebenfalls auf drei globale Debakel, wobei die heute noch ausstehende dritte Katastrophe die zweite „erwürgt", also noch schlimmer sein wird. Ehe es soweit ist, werden fremde „Vögel" in England nisten; wir erkennen die multikulturelle Gesellschaft. Außerdem scheint die Furcht vor dem sich ankündigenden Debakel die Menschen Britanniens bereits eine Weile vorher zu lähmen, so daß sie nichts mehr gegen das kommende „Harmageddon" unternehmen können.

***

Eine Eule wird auf den Mauern von Gloucester nisten, und in ihrem Nest wird ein Esel ausschlüpfen. Die Schlange von Malvern wird diesen Esel aufziehen und ihn viele betrügerische Kunststücke lehren. Der Esel wird sich eine Krone aufsetzen und sich dann über das Erhabenste aufwerfen. Durch sein scheußliches Geschrei wird er den Menschen Angst und Schrecken einjagen. In den Tagen des Esels werden die Berge von Pacaia erzittern, und das Land wird seiner Wälder entkleidet werden. Denn dort wird ein feuerspeiender Lindwurm erscheinen, und dieses Ungeheuer wird die Bäume durch den Stoß seines Atems auflodern lassen. Sieben Löwen, die durch Ziegenschädel verunstaltet sind, werden aus dem Leib des Lindwurms kriechen. Mit dem stinkenden Atem aus ihren Nüstern werden die Löwen die verheirateten Frauen verderben und die Weiber, die bis dahin einem Gatten treu waren, dazu bringen, minderwertige Huren zu werden. Der Vater wird seinen eigenen Sohn nicht mehr kennen, denn die Menschen werden hemmungslos wie Rinder kopulieren.

Eingangs schildert Myrddin die Zustände zur Jahrtausendwende: Betrüger und Blender haben die politische Macht ergriffen. Sie zerstören unter anderem die Umwelt, worauf die Natur zunächst in einer bestimmten Region Britanniens zurückschlägt. Es kommt zu verheerenden Waldbränden; gleichzeitig zieht die Bedrohung noch ärgere gesellschaftliche Fehlentwicklungen als bisher nach sich. Wie es aussieht, stecken zahllose Menschen trotz der Warnung durch die Natur den Kopf in den Sand und flüchten sich in hemmungslose Promiskuität.

***

Wurzeln und Äste werden ihre Plätze tauschen, und die Seltsamkeit dieses Geschehens wird als ein Wunder gelten.

Die Ordnung der Natur ist völlig durcheinandergeraten. Aber statt zu begreifen, staunen die Menschen lediglich über solche – vermutlich durch Gentechnik verursachte – „Wunder".

***

In jenen Tagen werden auf den Waldlichtungen die Eichen aufflammen, und die Eicheln werden auf den Lindenästen sprießen.

Mutationen, so wie sie schon nach der Reaktorkatastrophe von Tschernobyl beobachtet wurden, zeigen sich jetzt auch in Britannien. Wahrscheinlich sind – neben der Gentechnik – radioaktive Emissionen aus den Kernkraftanlagen daran schuld.

***

Die Severn-See wird aus sieben Mündungen hervorbrechen; der Fluß Usk wird sieben Monate lang kochen. Die Fische in ihm werden in der Hitze und an den Schlangen, die der Strom ausgebiert, sterben.

Myrddin beschreibt geologische Turbulenzen und weitere schreckliche Veränderungen in der Fauna.

***

Die Quellen von Bath werden erkalten, und ihr heilkräftiges Wasser wird den Tod ausbrüten.

Die Heilquellen von Bath werden seit Jahrtausenden genutzt. Wenn sie nun todbringend wirken, werden offenbar radioaktive oder andere Giftstoffe aus dem Erdinneren hochgeschwemmt.

***

London wird den Tod von zwanzigtausend Menschen beklagen, und das Wasser der Themse wird sich in Blut verwandeln.

Ist das durch die Umweltzerstörung vergiftete Grundwasser blutrot? Gehen gerade in den Großstädten die Menschen massenhaft daran zugrunde?

***

Ein Blutregen wird fallen, und eine schreckliche Hungersnot wird die Menschheit heimsuchen.

Jetzt sind die Giftstoffe überall im Wasserkreislauf des Planeten, also auch im Regen, vorhanden. Deshalb kommt es zu Mißernten.

***

Drei Quellen werden in der Stadt Winchester aus der Erde brechen, und die Ströme, die sich aus ihnen ergießen, werden die Insel in drei Teile zerschneiden. Wer aus dem ersten Fluß trinkt, wird sich eines langen Lebens erfreuen und wird niemals vom Ausbruch einer Krankheit heimgesucht werden. Wer aus dem zweiten trinkt, wird an unstillbarem Hunger zugrunde gehen: Blässe und Angst werden sich auf seinem Antlitz malen. Wer aus dem dritten Fluß trinkt, wird eines plötzlichen Todes sterben, und es wird unmöglich sein, seinen Körper zu beerdigen. In ihren Bemühungen, das unersättliche Umsichgreifen solcher Todesfälle zu vermeiden, werden die Menschen alles versuchen, die Kadaver mit Schichten aus verschiedenem Material zu bedecken. Aber welche Materie auch immer obenauf gepackt wird, sie verändert sich sofort zu einer anderen Substanz. Sobald sie dort hingebracht wird, wird Erde sich zu Stein umbilden, Steine werden sich verflüssigen, Holz wird zu Asche werden und Asche wird sich in Wasser verwandeln.

Winchester liegt im Schnittpunkt dreier großer Fjorde, die tief in die südenglische Landmasse einschneiden: des Severn, der Bucht von Southampton und der Themsemündung. Brächen die Fluten – zum Beispiel wegen des Ansteigens des Meeresspiegels aufgrund einer Klimaveränderung – ins Landesinnere durch, so würden – von Winchester aus gesehen – wohl tatsächlich drei „Inseln" im Westen, Osten und Norden entstehen. Laut Merlin sind die „Ströme" dazwischen verseucht; vermutlich durch riesige Mengen von Umweltgiften auch genmanipulierter Art, die imstande sind, sich selbst zu reproduzieren. Unter solchen Umständen könnte durchaus wahr werden, wovor der Seher warnt: Obwohl ein Teil des Giftes auch Resistenz gegenüber Krankheiten erzeugt, wirken sich andere biochemische Verbindungen katastrophal aus, so daß der menschliche Körper trotz „Freßsucht" keine Nahrung mehr verwerten kann und es zu Materieumwandlungen bei der Berührung natürlicher Stoffe mit verwesenden Leichen kommt.

***

Ein Mann wird mit einem betrunkenen Löwen ringen, und der Schimmer von Gold wird die Augen der Zuschauer blenden. Weiß wird Silber im offenen Raum ringsum glänzen und wird einer Anzahl von Weinpressen Schwierigkeiten bereiten. Männer werden betrunken vom Wein, der ihnen angeboten wird; sie werden ihre Kehrseiten himmelwärts drehen und ihre Augen auf die Erde heften. Die Sterne werden ihren Blick abwenden von jenen Männern und werden ihren gewohnten Lauf ändern. Die Ernten werden wegen des Zorns der Sterne verdorren, und alle Feuchtigkeit des Himmels wird austrocknen.

Erneut wird hier zunächst der „betrunkene" Taumel der Menschheit und ihre materielle Raffgier, die trotz der Heimsuchungen noch immer anhalten, deutlich. Und in dieser wahnwitzigen Situation ereignet sich jetzt zusätzlich ein geophysikalischer Kataklysmus mit weiteren verheerenden Folgen für die Erde.

***

Vor der bernsteinfarbenen Glut Merkurs wird das helle Licht der Sonne sich verdunkeln, und dies wird denen, die zu Zeugen werden, Entsetzen einjagen. Der Planet Merkur, geboren in Arkadien, wird seinen Schild verändern, und der Helm des Mars wird die Aufmerksamkeit auf Venus lenken. Der Helm des Mars wird einen Schatten werfen, und in seinem Toben wird Merkur seine Umlaufbahn überrennen. Der Eiserne Orion wird sein Schwert entblößen. Die wäßrige Sonne wird die Wolken peinigen. Jupiter wird seine vorbestimmten Pfade verlassen, und Venus wird aus ihren festgesetzten Kreisläufen fliehen. Der Groll des Planeten Saturn wird gleich Regen herniederströmen und sterbliche Menschen wie mit einer geschwungenen Sichel töten. Die zwölf Häuser der Sterne werden weinen, wenn sie ihre Bewohner dermaßen außer Rand und Band geraten sehen. Die Zwillinge werden ihre gewohnten Umarmungen beenden und werden den Wassermann zu den Quellen senden. Die Schalen der Waage werden schief hängen, bis der Widder sie mit seinen gewundenen Hörnern stützt. Der Schwanz des Skorpions wird einen Blitz erzeugen, und der Krebs wird mit der Sonne kämpfen. Die Jungfrau wird auf den Rücken des Schützen klettern und wird von dort ihre mädchenhaften Blüten herabhängen lassen. Der Streitwagen des Mondes wird durch den Tierkreis Amok laufen, und die Plejaden werden in Tränen ausbrechen. Keiner von ihnen wird zu der Pflicht zurückkehren, die von ihnen erwartet wird. Ariadne wird ihre Tür schließen und in den sie umgebenden Wolkenbänken verborgen sein.

Die Planeten des Sonnensystems und eine Reihe von Sternen ändern – scheinbar – ihre Bahnen und geraten in grauenhafte Turbulenzen. In Wirklichkeit taumelt die Erdachse und erfolgt ein Polsprung. – Eine solche astronomische Katastrophe wurde für das dritte Jahrtausend auch von anderen Propheten angekündigt, etwa durch Hildegard von Bingen, Alois Irlmaier, die Sibylle von Prag oder den Bauern aus dem Waldviertel. – Wie kompetent wiederum Myrddin in astrophysikalischen Angelegenheiten ist, beweist er durch seine Formulierung von der „wäßrigen Sonne" – er kennt eindeutig den Wasserstoffcharakter des irdischen Zentralgestirns und dokumentiert dadurch das überragende Wissen der vor Jahrtausenden lebenden keltischen Druiden.

***

Innerhalb eines Augenblicks werden die Meere sich erheben, und die Arena der Winde wird abermals geöffnet werden. Die Winde werden gegeneinander kämpfen mit einem Getöse von böser Vorbedeutung, und ihr Toben wird widerhallen von einem Sternzeichen zum anderen.

Infolge des Kippens der Erdachse kommt es zu unvorstellbar heftigen Orkanen.

***

Der Tod wird seine Hand auf die Menschen legen und all die Völker vernichten. Diejenigen, die am Leben geblieben sind, werden den Ort ihrer Geburt verlassen und werden ihre Saat in die Felder anderer Menschen säen.

Andere Visionäre nannten die Zahl der Toten, welche diese Globalkatastrophe fordern wird: ein Viertel bis ein Drittel der Menschheit. Die Überlebenden versuchen einen dürftigen Neuanfang in Gebieten, wo die Erde noch fruchtbar ist.

***

Jedoch wird von einer Stadt im Carnuten-Wald ein Mädchen gesandt werden, um dem Übel durch seine Heilkunst abzuhelfen. Nachdem sie all die Orakel befragt hat, wird sie die schädlichen Quellen allein durch den Hauch ihres Atems versiegen lassen. Danach, wenn sie ihre eigene Kraft durch einen stärkenden Trank wiederhergestellt hat, wird sie den Wald von Schottland in ihrer Rechten tragen und in ihrer Linken die durch Strebepfeiler verstärkten Befestigungen der Umwallung von London. Wo immer sie vorbeikommt, wird sie schweflige Fußspuren hinterlassen, die aus einer doppelten Flamme üblen Geruch verbreiten. Der Rauch, der von ihnen aufsteigt, wird die Gallier aufstören und den Lebewesen, die unter dem Meeresspiegel leben, Nahrung verschaffen. Tränen des Mitleids werden aus ihren Augen fließen; ihr furchtbares Schreien wird die Insel erfüllen. Derjenige, welcher sie töten wird, wird ein zehnendiger Hirsch sein; vier der Geweihsprossen werden goldene Adelskronen tragen, aber die sechs anderen werden in Ochsenhörner verwandelt werden, und diese Hörner werden die drei Inseln von Britannien mit ihrem widerwärtigen Untergrund in Aufruhr bringen.

Der Carnuten-Wald liegt in Frankreich; zu keltischer Zeit befand sich dort der zentrale Druidenhain Galliens. Das „Mädchen", das von dort kommt, ist also vielleicht eine neokeltische Eingeweihte, die über uraltes Wissen verfügt. Sie (die möglicherweise für eine Organisation von Neo-Druiden steht) ist imstande, die Folgen der Umweltkatastrophe zu bekämpfen, so daß sie die Wälder von Schottland und Reste des urbanen Lebens in Südengland retten kann. Sie scheint dazu chemische Mittel einzusetzen; die Auswirkungen sind bis nach Frankreich bemerkbar. Die Kadaver von mutierten Menschen und Tieren werden offenbar ins Meer geschwemmt, wenn sie den dortigen Lebewesen zur Nahrung dienen. Zuletzt wird das „Mädchen" von „Kronen" und „Ochsenhörnern" angegriffen und getötet; es könnte sein, daß Merlin mit dieser Metapher Kämpfe zwischen Monarchisten und Demokraten in Britannien beschreibt, die in einen Bürgerkrieg geraten, wodurch die druidische Rettungsaktion unterbrochen wird. Dies geschieht, obwohl im Untergrund der Insel noch immer die biochemische Bedrohung lauert.

***

Als nächstes wird aus dem Wald von Galtres in Yorkshire ein Reiher auftauchen und wird die Insel volle zwei Jahre umfliegen. Durch seinen Schrei in der Nacht wird er alle geflügelten Lebewesen zusammenrufen und in seinem Gefolge jegliche Vogelart versammeln. Sie werden auf die Felder herabstoßen, die von den Menschen angelegt wurden, und werden jegliche Ernte verschlingen. Eine Hungersnot wird die Menschen heimsuchen, und nach der Hungersnot wird eine entsetzliche Anzahl von Toten zu beklagen sein.

Noch einmal schlägt die mißhandelte Natur zu. Für zwei Jahre gewinnen riesige (mutierte?) Vogelschwärme die Herrschaft über die Insel.

***

Sobald diese schreckliche Heimsuchung ihr Ende gefunden hat, wird dieser unsägliche Vogel seine Aufmerksamkeit auf das Tal von Galabes richten; er wird es hochheben und hinein in einen stolzen Berg versetzen. Auf dessen höchster Spitze wird der Reiher eine Eiche pflanzen, und auf den Ästen der Eiche wird er sein Nest bauen. Drei Eier werden in dieses Nest gelegt, und aus ihnen werden ein Fuchs, ein Wolf und ein Bär schlüpfen. Der Fuchs wird seine Mutter verschlingen und sich dann das Haupt eines Esels überstülpen. Kaum hat er diese gräßliche Gestalt angenommen, wird er seine Brüder mit Schrecken erfüllen und sie in die Normandie verjagen. In jenem Land werden sie auf ihrem Weg den hauerbewehrten Eber aufstören. Zurück werden sie in einem Boot kommen, und auf diese Weise werden sie abermals auf den Fuchs stoßen. Kaum beginnt er den Streit, wird der Fuchs sich totstellen und wird so das Mitleid des Ebers erwecken. Bald wird der Eber hinaufsteigen zur Leiche des Fuchses und wird ihm, über ihm stehend, seinen Atem in die Augen und das Gesicht blasen. Der Fuchs, eingedenk seiner uralten Schlauheit, wird sich in den linken Huf des Ebers verbeißen und es völlig vom Körper des Ebers abtrennen. Dann wird der Fuchs sich auf den Eber stürzen und ihm das rechte Ohr und den Schwanz abreißen und sich davonschleichen, um sich in den Berghöhlen zu verstecken. Der getäuschte Eber wird dann den Wolf und den Bären bitten, ihm die verlorenen Körperteile wieder anzufügen. Nachdem sie zugestimmt haben, dem Eber zu helfen, werden sie ihm zwei Füße, zwei Ohren und einen Schwanz versprechen; daraus wollen sie Glieder herstellen, die wahrhaft einem Wildschwein gemäß sind. Der Eber wird zustimmen und wird dastehen, um auf

*die versprochene Rückgabe seiner Körperteile zu warten.
Zwischenzeitlich wird der Fuchs von den Bergen herunterkommen und wird sich in einen Wolf verwandeln.
Unter dem Vorwand, er wolle mit dem Eber eine Unterredung führen, wird er sich diesem Tier gerissen nähern und es auffressen. Dann wird der Fuchs sich selbst in einen Eber verwandeln und dastehen, um auf seine Brüder zu warten, wobei er vortäuscht, daß er ebenfalls einige seiner Gliedmaßen verloren hat. Sobald sie erscheinen, wird er sie mit seinem Hauer töten, ohne auch nur einen Augenblick zu zögern; danach wird er sich selbst mit dem Haupt eines Löwen gekrönt haben.*

Ein Tal verschwindet in einem Berg – das heißt in Merlins bildhafter Sprache: Die Natur steht einmal mehr kopf. In Europa sind Tiermutationen gräßlichster Art und in schneller Generationenfolge zu beobachten. Die Monster bekämpfen sich; fast scheint es, als versuche das Widernatürliche auf seine Weise, die Gesetze der natürliche Auslese zu befolgen.

***

In den Tagen des Fuchses wird eine Schlange geboren werden und diese wird den Tod zu den Menschen tragen. Sie wird London mit ihrem langen Schwanz umfassen und wird alle Vorüberkommenden verschlingen.

Eine Spezies dieser blasphemischen Lebewesen setzt sich in der Gegend von London fest und sorgt dort abermals für ein Massensterben.

***

Ein Esel wird eine langbärtige Ziege zu sich rufen und wird dann die Gestalt mit ihr tauschen. Das Ergebnis ist, daß das Bergrind in Wut gerät: es wird den Wolf zu sich rufen und sodann den Esel und die Ziege mit seinem Horn durchbohren. Nachdem es seiner grausamen Raserei gegen sie nachgegeben hat, wird es ihr Fleisch und ihre Knochen fressen, aber das Rind selbst wird verbrannt werden auf dem Gipfel des Urianus. Die Asche, die nach seiner Verbrennung auf dem Scheiterhaufen zurückbleibt, wird sich in Schwäne umwandeln, und diese werden über trockenes Land davonschwimmen, als ob es Wasser wäre. Diese Schwäne werden den Fisch im Inneren des Fisches auffressen und werden den Mann im Inneren des Mannes verschlucken. In ihrem Alter werden sie die Gestalt von Seewölfen annehmen und werden ihr trügerisches Spiel unter dem Meeresspiegel fortsetzen. Sie werden Schiffe zum Sinken bringen und auf diese Weise ein ganzes Schatzhaus mit Silber zusammenbringen.

Wieder geht es um mutierte Tiere. Es sieht aus, als würde die Natur sich in einem schrecklichen Prozeß selbst reinigen. Stärkere Arten („Rind") fressen schwächere („Esel" und „Ziege"); anschließend wird das „Rind" samt seinen deformierten Genen von den Menschen verbrannt. Doch selbst die Asche ist noch gefährlich, so daß weitere Mißgeburten – „Schwäne" – aus ihr entstehen. Sie verändern wiederum den „Mann im Inneren des Mannes", also seinen biologischen Bauplan, ehe sie sich ins Meer zurückziehen und dort als Ungeheuer ihr Unwesen treiben.

***

Die Geheimnisse der Lebewesen, die unter dem Meeresspiegel leben, werden enthüllt, und Gallien wird zittern vor Furcht.

Offenbar treten die überlebenden Menschen zum wissenschaftlichen Großangriff gegen die Monster im Meer an, die nun vor allem Frankreich bedrohen.

***

Dann wird die Themse von neuem zu fließen beginnen. Sie wird ihre Nebenflüsse zusammenziehen und ihre Ufer überfluten. Sie wird die Städte in der Nähe überschwemmen und die Berge wegreißen, die ihr im Weg stehen. Sie wird die Quellen von Gwent mit sich vereinigen; jene, die bis zum äußersten Rand mit Bosheit und Betrug gefüllt sind.

In dieser Phase der „Apokalypse" erschaut Myrddin eine verheerende Flutkatastrophe, die aber vielleicht auch zur Reinigung des Landes beiträgt.

***

Die Jungen werden brüllen, während sie Wache halten; sie werden die Walddickichte verlassen und werden kommen, um innerhalb der Mauern der Städte zu jagen. Sie werden große Blutbäder unter all denen verursachen, die sich ihnen entgegenstellen, und sie werden die Zungen von Bullen abschneiden. Die Nacken der Brüllenden werden sie mit Ketten beladen und werden abermals die Tage ihrer Vorfahren leben.

Anarchie bricht aus. Es gilt, ähnlich wie im finsteren Mittelalter, wieder das Recht des Stärkeren.

***

Die Bevölkerungszahl wird durch ein tödliches Unglück abnehmen, und die Mauern der Städte werden einstürzen. Die Stadt Porchester wird als Quelle der Heilung vorgeschlagen werden, und diese Stadt wird die Pflegetochter des Peitschers aussenden. Sie wird kommen und eine Arzneischale tragen, und im Handumdrehen wird die Insel geheilt werden.

Nach einem weiteren Nachbeben der Globalkatastrophe sind die letzten Reste der alten urbanen Zivilisation zerstört. Genau das ist aber auch der Punkt, wo der Umschwung einsetzt. Erneut kommt die „Heilung" von einer Frau, die in ihrer Art an jene andere aus dem Carnuten-Wald erinnert.

***

Ein Mann mit einer Trommel und einer Laute wird kommen und die Wildheit des Löwen beschwichtigen. Die verschiedenartigen Völker des Königreiches werden dadurch befriedet werden, und sie werden den Löwen ermutigen, die Arzneischale zu nehmen. Während er in dem Bau sitzt, der ihm zugewiesen wurde, wird er das Maß prüfen, aber er wird seine Hände nach Schottland ausstrecken. Die Landesteile des Nordens werden deswegen Trauer empfinden, und sie werden die Tore ihrer Tempel aufstoßen.

In Britannien wird wieder eine staatliche Ordnung aufgebaut. Doch dann begeht England seinen alten Fehler und versucht, Schottland unter seine Oberhoheit zu bringen. Die keltischen Schotten freilich stoßen die „Tore ihrer Tempel" auf – das bedeutet: Sie besinnen sich auf ihre ursprünglich heidnische Identität und grenzen sich dadurch von England ab.

***

Die Frömmigkeit wird den Mann mißbilligen, der das Gute von den Gottlosen geerbt hat: das ist so, bis er sich wieder in der Art seines eigenen Vaters kleidet. Geschmückt mit eines wilden Ebers Zähnen, wird er über die Berggipfel hinaus klimmen und höher steigen als der Schatten des Behelmten Mannes.

Die „Frömmigkeit" ist wohl das Christentum; es greift jene an, die in der guten Tradition des nach christlichem Glauben „gottlosen" Heidentums stehen. Sobald die Heiden sich jedoch wieder konsequent zur Metaphysik ihrer (keltischen) Vorfahren bekennen, werden sie einen unaufhaltsamen Aufstieg erleben.

***

Der religiöse Kult wird völlig vernichtet werden, und alle werden Zeugen des Unterganges der Kirchen werden.

Das gewaltsame Ende der christlichen Kirchen wurde im Zusammenhang mit der Globalkatastrophe zu Beginn des dritten Jahrtausends vielfach prophezeit.

Merlin

Im Fall Britanniens nimmt dieser Prozeß vermutlich in Schottland seinen Anfang.

***

Cadwallader wird Kynan zu sich laden und wird ein Bündnis mit Alba schließen. Dann werden die Fremden geschlachtet, und die Flüsse werden sich rot färben vom Blut.

Die Nachfahren der sagenhaften kimmrischen Könige Cadwallader und Kynan verständigen sich und vereinigen die walisischen Landesteile mit Schottland. Es entsteht also ein starkes keltisches Kampfbündnis. – Unter den „Fremden" sind hier wohl erneut diejenigen zu verstehen, denen der Geist des Keltentums fremd ist: vor allem die Anhänger des Christentums, die trotz der verheerenden Umweltkatastrophe noch immer der verderblichen Lehre „Macht euch die Erde untertan!" anhängen.

***

Ein Wolf wird als Fahnenträger auftreten und die Heerhaufen anführen, und er wird seinen Schweif um Cornwall winden. Ein Krieger in einem Streitwagen wird dem Wolf widerstehen und die Menschen von Cornwall in einen Eber verwandeln. Das Ergebnis wird sein, daß der Eber die Landesteile verwüsten wird; er wird jedoch sein Haupt in den Tiefen des Severn verbergen.

Es gibt Widerstand gegen die Heimkehr ins Heidentum; die Gegner, der „Wolf", setzen sich in Cornwall fest. Aber das Keltentum, das wie im La-Tène vom Streitwagen aus kämpft, behauptet sich auch hier. Aus dem heidnischen Geist der kornischen Menschen wird der „Eber von Cornwall", Arthur, wiedergeboren. Abermals führt er seine Krieger in einer harten Auseinandersetzung als *Rhiotam* an, ehe er – ähnlich wie im frühen sechsten Jahrhundert sein Schwert Excalibur – auf geheimnisvolle Weise in einem Gewässer verschwindet.

***

Die Berge der Bretagne werden ausbrechen, und die Bretagne wird mit dem Diadem des Brutus gekrönt werden. Westengland wird von Freude erfüllt sein, und die Eichen von Cornwall werden erblühen. Die Insel wird nach dem Namen des Brutus benannt werden, und die Bezeichnung, welche die Fremden ihr gaben, wird damit von ihr genommen werden.

Auch die Bretagne wird – wohl nach einem Aufstand aus den Bergen heraus – wieder keltisch. Die diesseits und jenseits des Ärmelkanals liegenden Länder des Brutus, des ersten mythischen Königs der Britannier, sind wieder vereint. Der Name England (Land der Angeln), der oft für ganz Britannien gebraucht wird, verschwindet.

***

Ein grauhaariger alter Mann auf schneeweißem Roß wird den Fluß Periron in Cymru umleiten, und über dem Strom wird er mit seinem weißen Stab den Grund für eine Mühle ausmessen.

Dies ist ein Druide, der ein noch immer ungebärdiges Gewässer zähmt und das Volk mit Augenmaß und Verstand zu einer friedlichen Lebensweise im Einklang mit der Natur zurückführt.

***

Als nächster nach dem Eber wird der Widder aus der Venusburg kommen; er trägt goldene Hörner und einen silbernen Bart. Er wird einen derartigen Nebel aus seinen Nüstern hervorstoßen, daß die gesamte Oberfläche der Insel davon überschattet wird. In den Tagen des Widders wird Frieden herrschen, und die Ernten werden wegen des Reichtums der Erde im Übermaß ausfallen. Die Frauen werden sich gleich Schlangen fortbewegen, und jeder Schritt, den sie tun, wird von hoher Anmut sein. Die Venusburg wird wiederhergestellt, und die Pfeile des Cupidus werden fortwährend ins Fleisch fahren.

Der Widder mit den goldenen Hörnern und dem silbernen Bart steht für drei keltische Götter: den gehörnten Cernunnos, der die irdische Lebenskraft symbolisiert, dazu die Sonnen- und Mondgottheiten, welche das Leben auf der Erde befruchten und lenken. Diese Trias erscheint aus der „Venusburg", wird also vom liebevollen weiblichen Prinzip geboren. Der Nebel ist der „Nebel von Avalon", der die Pforten zur Anderswelt öffnet. – Die keltische Welt ist damit zurückgekehrt, und die Folgen sind Friede und Wohlfahrt der Menschen in einer Gesellschaft, wo die sich als „Schlangen" (in keltischer Metaphorik: Druidinnen) bewegenden Frauen, die vom Christentum so sehr unterdrückt wurden, endlich wieder den ihnen gemäßen hohen Rang einnehmen.

***

Drei Generationen werden alles bezeugen, was ich vorhersagte; dann werden die Könige, die in London beigesetzt sind, aus ihren Gräbern geholt werden.

Von der Globalkatastrophe bis zur endgültigen Wiedergeburt des Keltentums werden drei Generationen leben und sterben. – Einer der Herrscher, die in London begraben sind, ist der kimmrische Gottkönig Bran, welcher der Sage nach dort ruht, wo später der Tower errichtet wurde. Diese „Urväter" und „Urmütter" des heidnischen La-Tène leben jetzt wieder im Bewußtsein der Menschen.

***

Ein Riese, von schneeweißer Farbe und glanzvoll schimmernd, wird einen leuchtenden Menschen zeugen.

Am Ende von Merlins Weissagungen steht eine wunderbare Verheißung für den weiteren Verlauf des dritten Jahrtausends: Weil sie die Schönheit des Heidentums neu für sich entdeckt hat, wird die Menschheit ein „leuchtendes" Bewußtsein entwickeln – und ihre Lehrer auf diesem Weg werden (geistige) Riesen, also Druiden wie Myrddin sein.

Mönch von Wismar/
Eismeerfischer Johansson

DAS VOLK DES SIEBENGESTIRNS UND DER UNTERGANG DER VEREINIGTEN STAATEN

„*Es wird ein großes Ringen stattfinden von Ost und West, und es wird viele Menschen vernichten. Feurige Drachen werden durch die Lüfte fliegen und Feuer und Schwefel speien und Städte und Dörfer vernichten. Zwei Jahre und fünf Monate wird der Aufruhr dauern. Das Volk des Siebengestirns wird in das Ringen eingreifen. Das Land im Westen wird ein Land der Zerstörung sein.*"

„*Neue Waffen, wie kein Mensch sie je gesehen hat, richten in den USA fürchterliche Verheerungen an. Zudem kommt es dort zu entsetzlichen Orkanen und Brandkatastrophen. Die größten Städte des Landes gehen unter. Danach wüten die Menschenmassen der Vereinigten Staaten in zwei Bürgerkriegen gegeneinander. Die USA zerfallen in vier oder fünf einander feindlich gesonnene Territorien.*"

*****

Der erste Teil dieser furchteinflößenden Schauung stammt aus dem Jahr 1709 und geht auf einen geheimnisvollen Kleriker zurück, welcher unter der Bezeichnung Mönch von Wismar Eingang in die Prophezeiungsliteratur gefunden hat. Der zweite Teil ist der Großen Vision des legendären Eismeerfischers Anton Johansson entnommen; der Skandinavier erlebte sie am 14. November 1907. Obwohl Johansson seine Schauung beinahe 200 Jahre nach dem Wismarer Mönch hatte, lassen sich die zitierten Prophezeiungen über das Bindeglied „Das Land im Westen" im Wismarer Text auf frappierende Weise verknüpfen.

Fast scheint es so, als hätte der Eismeerfischer die Vision des Klerikers fortgeschrieben – und dies gilt nicht nur für die Kombination der beiden hier aufgeführten speziellen Prophezeiungen. Auch andere Passagen dieser Schauungen des frühen 18. und einsetzenden 20. Jahrhunderts ergänzen sich gegenseitig. Ihre Symbiose ermöglicht damit einen Ausblick, der um so tiefer in das heute noch „verschleierte" dritte Jahrtausend reicht und die eher „nüchtern" formulierten Zukunftsbilder des Eismeerfischers durch gewisse „phantastische" Visionen des Mönches (ein Volk, das von den Sternen kommt und in einen Dritten Weltkrieg eingreift) zusätzlich überhöht.

Das ist jedoch nicht der einzige Grund, warum in diesem Buch die Prophezeiungen zweier Seher gemeinsam vorgestellt werden. Auch ihr Blickwinkel auf den Planeten und dessen künftige Entwicklung ist mehr oder weniger identisch. Sowohl der Mönch von Wismar als auch der in Schweden geborene Eismeerfischer „betrachteten" das künftige Geschehen von nordeuropäischer Warte aus, wodurch sich natürlich im Rahmen ihrer Schauungen bestimmte geographische Schwerpunkte ergaben. Die Visionen beziehen sich in erster Linie auf jenen Raum, der heute Kerngebiet der NATO ist, also den hochindustrialisierten Teil Europas sowie die USA.

Quasi wie zwei Landvermesser, die denselben Bezugspunkt von zwei etwas versetzten Basisorten aus anpeilen, richteten der Mönch von Wismar und Anton Johansson ihren Blick auf ein gemeinsames Ziel und grenzten das dazwischenliegende „Areal" dadurch desto schärfer ein. Beide besaßen das „Dritte Auge"; in der Kombination der etwas unterschiedlichen Blickwinkel gewinnt das, was jeder für sich erkannte, sozusagen zusätzliche „optische Tiefe". Aus der Symbiose ihrer Prophezeiungen entsteht so ein sehr umfassendes Szenario hochdramatischer Ereignisse, die sich jenseits der Schwelle der Jahrtausendwende abspielen werden oder zumindest Wahrheit werden könnten.

Wie andere herausragende Visionäre auch sprechen die beiden Nordeuropäer dabei ein globales „Harmageddon" an, das Folge eines Dritten Weltkrieges in Verbindung mit einer planetaren Umweltkatastrophe ist. Der Krieg wird mit Waffen von unvorstellbarer Zerstörungskraft zu Land, in der Luft und selbst auf dem Meeresboden geführt. Nach dem Fiasko hat die Erde ihr Antlitz verändert. Teile des europäischen und amerikanischen Kontinents sind im Ozean versunken; die Supermacht USA existiert nicht mehr. Aber auch in geistiger Hinsicht gibt es fundamentale Umwälzungen: Die katholische Kirche oder sogar das Christentum insgesamt sind nur noch Religionsgeschichte.

Dies und eine große Zahl weiterer künftiger Geschehnisse – jedoch auch eine Fülle bereits eingetroffener Weissagungen – sind in den Prophezeiungen des Mönchs von Wismar und des Eismeerfischers Anton Johansson enthalten. Eine komplette Zusammenfassung ihrer Schauungen, die das kommende Millennium betreffen, findet sich im letzten Kapitel dieses Buches. Zunächst aber, ehe ein solch „apokalyptisches Fazit" gezogen wird, sollen die beiden Visionäre mit ihren jeweiligen Biographien und Prophezeiungen unabhängig voneinander vorgestellt werden.

ERSTER TEIL

DER MÖNCH VON WISMAR

DAS RÄTSEL UM DEN MÖNCH VON WISMAR UND DIE HERKUNFT SEINER PROPHEZEIUNGEN

Seit beinahe dreihundert Jahren ist die Existenz der Wismarer Prophezeiung durch eine ganze Reihe von schriftlichen Zeugnissen dokumentiert. Es gibt Quellen direkt aus der ehemaligen Hansestadt an der Ostsee, doch auch im Bayerischen- und Böhmerwald läßt sich der visionäre Text – allerdings erst seit der zweiten Hälfte des 18. Jahrhunderts – nachweisen. Offenbar brachten Glasfuhrleute aus dieser mitteleuropäischen Region, die regelmäßige Handelsfahrten nach Norden unternahmen, Abschriften der Prophezeiung in den Süden, wo sie dann bis in die Gegenwart in zahlreichen Häusern aufbewahrt wurden. Ebenso sind Textfassungen bekannt, die seit langer Zeit in Südwestdeutschland oder Hessen gehütet werden, so daß das hohe Alter der Weissagung zweifelsfrei feststeht.

Im dunkeln liegen hingegen die genaue Herkunft der Prophezeiung sowie das Leben des Mannes, von dem sie stammt: jenes geheimnisvollen Mönchs von Wismar. Häufig ist allerdings den verschiedenen handschriftlichen Kopien des visionären Textes aus dem Jahr 1709 eine Volksüberlieferung beigefügt, in der folgendes mitgeteilt wird: Als man kurz nach 1750 im Kloster zum Heiligen Geist zu Wismar eine baufällige Mauer niedergelegt habe, sei in einem Hohlraum ein Pergament zum Vorschein gekommen. Dieses habe den eigentlichen Prophezeiungstext und dazu eine Anmerkung des Verfassers enthalten. Der Visionär habe sich darin als Mönch zu erkennen gegeben und außerdem dargelegt, daß die Weissagung Anno 1709 von ihm selbst niedergeschrieben und anschließend in dem Mauerloch versteckt worden sei.

Leider ist dieses Pergament jedoch spurlos verschollen, und es gibt keinerlei Hinweise auf sein weiteres Schicksal. Möglicherweise wurde es irgendwann im Verlauf des späteren 18. Jahrhunderts von der Obrigkeit oder auch der Kirche eingezogen und vernichtet; vielleicht auch ist es in irgendeinem Archiv verschwunden – oder aber es befindet sich in Privatbesitz, und die derzeitigen Eigentümer haben kein Interesse daran, es der Öffentlichkeit wieder zugänglich zu machen. Als

Das heutige Wismar

sicher kann jedoch gelten: Das Dokument muß unmittelbar nach seiner Auffindung für eine gewisse Zeit Allgemeingut gewesen sein, denn nur so konnten die zahlreichen Abschriften entstehen, die während der folgenden Generationen bis Süddeutschland verbreitet wurden.

In der Volksüberlieferung heißt es dazu, das Original der Prophezeiungen sei im Wismarer Rathaus lange „unter Glas und Rahmen" aufbewahrt gewesen. Davon jedoch wußte man dort bereits 1917 nichts mehr, wie der Ratsarchivar Dr. Friedrich Techen in der „Wismarer Zeitung" vom 30. September des genannten Jahres feststellte. Er tat das, weil während des Ersten Weltkrieges zahlreiche Anfragen nach dem Exponat an den Magistrat der ehemaligen Hansestadt gerichtet wurden; schroff erklärte Dr. Techen damals: „Selbstverständlich hat es das Schriftstück weder [...] in Wismar [noch] sonstwo je gegeben. In Wismar besteht bekanntlich auch kein Kloster, sondern nur ein Hospital zum Heil. Geiste. Eine Mauer ist dort nicht niedergelegt worden."

Weiter äußerte der Ratsarchivar die Meinung, daß überhaupt nie eine Wismarer Prophezeiung existiert habe und die Gerüchte darüber lediglich aufgrund der durch den Krieg verursachten Hysterie und Zukunftsangst aufgekommen seien. Darin freilich irrte Dr. Techen, denn sowohl in der Bevölkerung Wismars als auch anderswo in Deutschland lebte bereits seit Jahrhunderten das Wissen um das Vermächtnis des rätselhaften Mönchs fort, und genau deswegen waren 1917 auch die zahlreichen Briefe in der Stadt an der Ostsee eingetroffen. Ähnlich oberflächlich urteilte der Ratsarchivar über den Schauplatz der Auffindung des Pergaments, wenn er die vielfältige Überlieferung nur deswegen ins Reich der Phantasie verwies, weil in ihr die Rede von einem „Kloster zum Heiligen Geist" ist, während es 1917 nur ein Hospital mit diesem Namen gab.

Sehr wohl nämlich könnte dieses Siechenhaus um das Jahr 1700 von Mönchen geführt und damit gleichzeitig als Kloster genutzt worden sein, womit die Angabe in der Volkstradition wieder richtig wäre. Und in diesem Fall wäre auch der Rest der Überlieferung stimmig, wonach einer dieser Klosterbrüder vom Heiligen Geist das bewußte Dokument Anno 1709 in einem Mauerhohlraum versteckt habe. Schließlich stellte Dr. Techen seine Behauptung, daß dort keine Mauer niedergelegt worden sei, ausgesprochen leichtfertig auf, denn selbst der fähigste Archivar oder Historiker aus der Zeit des Ersten Weltkrieges hätte außerordentliche Schwierigkeiten gehabt, eine so unbedeutende und rund eineinhalb Jahrhunderte zurückliegende Baumaßnahme wissenschaftlich nachweisen, beziehungsweise ausschließen zu können.

Insgesamt gesehen, erweckt der Zeitungsartikel des Ratsarchivars den Eindruck, als sei es Dr. Techen ganz einfach darum gegangen, die Wismarer Prophezeiung in Bausch und Bogen als Unsinn abzutun. Über die Beweggründe kann lediglich spekuliert werden, doch eine Vermutung ist naheliegend. Da die Weissagung des Mönchs die Folgen des Ersten Weltkriegs mit sehr drastischen Worten ausmalt, könnte sie einem kaisertreuen Beamten der fraglichen Zeit allein schon aus diesem Grund dermaßen staatsgefährdend erschienen sein, daß er alles daransetzte, um sie durch Ableugnen ihrer Authentizität gegenstandslos zu machen.

In der Realität wird es sich mit dem Pergament, auf dem der Mönch von Wismar seine Prophezeiung aufzeichnete, wohl folgendermaßen verhalten haben: Nachdem es kurz nach 1750 entdeckt wurde, stellte man es einige Jahre oder auch Jahrzehnte im Rathaus der Stadt aus. Zahlreiche Bürger, aber auch Besucher Wismars lasen dort den Text, schrieben ihn ab oder gaben ihn mündlich weiter. Irgendwann – vielleicht im Zuge der Aufklärung, als man vielerorts nichts mehr mit „obskurantistischen" Dingen zu tun haben wollte – verschwand das Dokument und ist seitdem verschollen. Sein Inhalt indessen wurde in mehreren Regionen Deutschlands, die wirtschaftliche oder sonstige Verbindungen mit der Stadt an der Ostsee unterhielten, bewahrt – und dies geschah bereits lange vor dem tatsächlichen Eintreffen eines Teils der Visionen, die sich unter anderem auch auf den Ersten Weltkrieg beziehen. Denn die erhaltenen handschriftlichen Kopien, zum Beispiel aus dem Bayerischen Wald, datieren nicht erst aus dem frühen 20., sondern schon aus der zweiten Hälfte des 18. Jahrhunderts.

Die Wismarer Prophezeiung muß infolgedessen aus jener Epoche stammen, die in der Volksüberlieferung genannt wird, und ebensowenig gibt es Anlaß, an jener anderen Tradition zu zweifeln, die sich auf den Verfasser der geheimnisvollen Schrift bezieht. Auch der rätselhafte Mönch von Wismar ist ganz gewiß eine historische Person gewesen; um ihn selbst freilich ranken sich noch mehr Rätsel als um sein präkognitives Vermächtnis. Weder hat sich sein Name erhalten noch gibt es irgendeinen Hinweis darauf, warum er das Pergament in dem Mauerloch verbarg. Spekulationen immerhin sind auch hier möglich, und das Dunkel, das den Kleriker umgibt, lichtet sich zumindest ein wenig, wenn man die Zeit, in der er lebte, näher unter die Lupe nimmt.

Der Mönch von Wismar gab selbst an, daß er seine Visionen im Jahr 1709 niederschrieb und versteckte; demnach wurde er wohl um die Mitte des 17. Jahrhunderts geboren und lebte wahrscheinlich noch eine gewisse Zeit im frühen 18. Jahrhundert. Als er ein Kind war, könnte der Dreißigjährige Krieg in seiner Endphase gewütet haben; vielleicht hörte er als Halbwüchsiger vom Friedensschluß in Westfalen Anno 1648. Zar Peter der Große von Rußland muß sein Zeitgenosse gewesen sein; falls er bereits als jüngerer Mönch an

Der Mönch von Wismar

Zar Peter I.

der Ostsee rekatholisierte, hätte er dies unter der Ägide von Papst Alexander VIII. getan. Später, als in Rom Innozenz XII. auf dem „Stuhl Petri" saß, wird der norddeutsche Kleriker vermutlich vom russisch-türkischen Krieg und den Auseinandersetzungen Habsburgs mit den Osmanen gehört haben. Auch die militärisch glanzvolle und damit brutale Ära des schwedischen Königs Karls XII. erlebte der Wismarer Mönch sicher noch mit, ebenso zumindest einen großen Teil des Spanischen Erbfolgekriegs, der von 1701 bis 1714 dauerte. Insgesamt läßt sich sagen, daß der Prophet nicht gerade in eine friedliche Zeit hineingeboren war; zeitlebens sah er sich mit einer Welt konfrontiert, in der ein militärischer Konflikt nach dem anderen tobte.

Hinzu kam die religiöse Situation seiner Epoche. Haßerfüllt bekämpften sich Protestanten und Katholiken; unterschwellig hielten diese Auseinandersetzungen noch lange nach dem Westfälischen Frieden von 1648 an. Als Katholik im überwiegend protestantischen Norddeutschland könnte der Mönch von Wismar deshalb Anfeindungen wegen seiner besonderen „mystischen" Gabe ausgesetzt gewesen sein; ebenso aber lief ein Mensch mit dem Zweiten Gesicht stets auch Gefahr, von der päpstlichen Inquisition als Hexer oder Ketzer verfolgt zu werden. Hierin vor allem mag der Grund gelegen haben, warum der außergewöhnliche Kleriker mit seinen Schauungen nicht einfach an die Öffentlichkeit trat, sondern sie zwar niederschrieb, das Pergament dann aber zunächst einmal an einem sicheren Ort verbarg.

Einige Jahrzehnte nach seinem Tod schließlich kamen die Prophezeiungen anläßlich der Niederlegung der bewußten

Mauer im Spital oder Klosterspital zum Heiligen Geist wieder ans Tageslicht. Dies muß nicht unbedingt reiner Zufall gewesen sein; möglicherweise hatte der Visionär, der das Gebäude mit Sicherheit gut kannte, gewußt, daß irgendwann entsprechende Maurerarbeiten nötig werden würden, was dann logischerweise zur Entdeckung der Aufzeichnungen führen mußte.

Falls der Mönch von Wismar so plante, hätte er sozusagen zwei Fliegen mit einer Klappe geschlagen: Zunächst hätte er sich selbst vor den Nachstellungen religiöser Fanatiker geschützt, zweitens war durch das geheimnisvolle Wiederauftauchen der Prophezeiungen entsprechende Aufmerksamkeit garantiert, so daß die Weissagungen auch die Resonanz hervorrufen würden, die ihnen gebührte.

Wie die weitere Entwicklung beweist, war genau dies der Fall. Die Schauungen, die auf so spektakuläre Weise in dem uralten Gebäude entdeckt wurden, fanden schnell überregionale Verbreitung und konnten deshalb weit in die Zukunft – für die sie schließlich auch gedacht waren – wirken. Gerade heute, im Übergang vom zweiten zum dritten Jahrtausend, sind sie aktueller denn je, wie das folgende Kapitel, in dem sie vorgestellt werden, zeigt.

DIE PROPHEZEIUNGEN DES MÖNCHS VON WISMAR

Die im Jahr 1709 abgegebene Weissagung bezieht sich zunächst deutlich auf das 20. Jahrhundert mit Schwerpunkt auf dem Ersten Weltkrieg. Anschließend schildert der Visionär Ereignisse, die offenbar im dritten Jahrtausend stattfinden werden. Hier zunächst jene Aussagen der Prophezeiung, die bereits eingetroffen sind und den Mönch von Wismar damit als echten Präkognitiven legitimieren:

Bosheit, Haß, Niedertracht und Verleumdung
werden ein kleines Häuflein aufreizen,
und durch Fürstenmord wird der Brand entfacht.

***

Sieben Reiche werden sich erheben
gegen den Vogel mit zwei Köpfen
und den Vogel mit einem Kopf.

***

*Diese Vögel werden ihr Nest beschützen
mit ihren Fittichen,
mit ihren Krallen werden sie es verteidigen.*

***

*Ein Fürst von der Mitte,
welcher das Pferd verkehrt besteigt,
wird von einem Wall von Feinden umgeben sein.
Ein Volk wird gegen das andere kämpfen,
ein Königreich gegen das andere sein.*

***

*Der Krieg beginnt, wenn die Ähren sich neigen.
Er erreicht seinen Höhepunkt,
wenn die Kirschen zum fünften Mal blühen.
Den Frieden schließt der Fürst
zur Zeit der Christmette.*

*****

Die Interpretation dieser fünf Weissagungen ist aus heutiger Perspektive leicht. Ganz ohne Zweifel sah der Mönch von Wismar etwa zweihundert Jahre vor den wirklichen Geschehnissen Ausbruch, Verlauf und Ende des Ersten Weltkrieges voraus.

In der ersten Sentenz wird das Attentat von Sarajewo angesprochen. Es wurde 1914 von einer

Das Attentat von Sarajewo nach einer zeitgenössischen Darstellung

kleinen Gruppe serbischer Nationalisten durchgeführt, die den österreichischen Thronfolger erschossen, worauf Kaiser Franz Josef – vom Papst aufgestachelt – gegen das der orthodoxen Kirche anhängende Serbien mobil machte und dadurch den Weltkrieg auslöste.

In der zweiten Sentenz charakterisiert der Visionär die im Krieg verbündeten Mächte Österreich und Deutschland anhand ihrer Wappentiere. Die Habsburger Monarchie trug bekanntlich den Doppeladler (den Vogel mit zwei Köpfen) im Banner; für das Deutsche Reich stand der einköpfige Reichsadler. Mit den sieben Reichen, die sich gegen diese „Mittelmächte" erheben würden, meinte der Prophet die „Entente" des Ersten Weltkriegs: Serbien, Rußland, Italien, Frankreich, England, Japan und schließlich die USA.

In der dritten Sentenz wird der verzweifelte Kampf der Donaumonarchie und Deutschlands gegen die Übermacht geschildert. Schon bald – nachdem die Armeen im Stellungskrieg ausgeblutet waren – ging es für die „Mittelmächte" tatsächlich darum, unbedingt ihr eigenes Territorium mit „Zähnen und Krallen" zu verteidigen.

In der vierten Sentenz gibt der Seher von Wismar einen ganz erstaunlich deutlichen Hinweis auf Wilhelm II., den deutschen Kaiser. Dieser „Fürst von der Mitte" (oder eben der „Mittelmächte") litt unter einer Verkrüppelung des linken Armes und konnte deshalb ein Pferd nicht von der „richtigen", also der linken,

Kaiser Wilhelm II.

Seite her besteigen, weil er mit der kranken Hand die Zügel nicht festzuhalten vermochte. Aus diesem Grund saß Wilhelm II. stets an der „verkehrten", der rechten, Seite auf. Ansonsten wird in dieser Prophezeiung noch einmal sehr deutlich gesagt, in welch verheerende Turbulenzen Europa und seine Monarchien durch den Weltkrieg geraten würden.

In der fünften Sentenz endlich macht der Prophet sehr präzise Angaben über den zeitlichen Verlauf des Ersten Weltkriegs. Das Völkermorden brach im August 1914 aus, als das Korn reif war und die schweren Ähren sich neigten. Der Höhepunkt des Grauens war erreicht, nachdem die Kirschbäume seit 1914 fünfmal geblüht hatten: im Frühjahr 1918, als es an den zusammenbrechenden Fronten zu bestialischen Szenen kam. Als Zeitpunkt für den Friedensschluß nennt der Mönch von Wismar nicht ganz zutreffend den Dezember (die Christmette). In Wirklichkeit wurde der Waffenstillstand zwischen Deutschland und den Mächten der „Entente" allerdings am 11. November 1918 unterzeichnet; immerhin lag dieser Tag schon ziemlich nahe an Weihnachten.

*****

Insgesamt gesehen, sind diese Prophezeiungen des norddeutschen Klerikers erstaunlich zutreffend – dennoch geben sie ein Rätsel auf: Warum wird in den Weissagungen des Mönchs von Wismar für den gesamten Zeitraum zwischen ihrer Niederschrift Anno 1709 und der Gegenwart einzig der Erste Weltkrieg erwähnt? „Sah" der Visionär keine weiteren Ereignisse wie etwa die Französische Revolution, den

Zweiten Weltkrieg, die erste Mondlandung oder dergleichen voraus – oder war er vielleicht gar nicht daran interessiert, zusätzliche Enthüllungen über die drei Jahrhunderte bis zur Jahrtausendwende zu machen? Fast scheint es so! Beinahe möchte man meinen, der Hellseher habe sich, indem er sich mit Hilfe der Schauungen über den Ersten Weltkrieg gegenüber den Menschen des 20. Jahrhunderts als echter Präkognitiver auswies, lediglich als ernstzunehmender Prophet für das dritte Jahrtausend legitimieren wollen. Und wenn wir nun den bedeutend größeren Teil seiner Visionen betrachten, die sich ganz offensichtlich auf das neue Millennium beziehen, dann erkennen wir, daß die wahre Brisanz der Wismarer Prophezeiungen in der Tat hier liegt.

Die Prophezeiungen des Mönchs von Wismar für das neue Jahrtausend

Europa wird zu einer Zeit,
wo der päpstliche Stuhl leer ist in Rom,
von fürchterlichen Züchtigungen
heimgesucht werden.

***

Es zerstört die Klöster
und vernichtet die heiligen Orden.

***

*Es eignet sich göttliche Kraft an
und macht sie sich für seine Zwecke dienstbar.*

***

*Es wird ein großes Ringen stattfinden
von Ost und West,
und es wird viele Menschen vernichten.*

***

*Die Wagen werden ohne Rosse dahinsausen.
Feurige Drachen werden durch die Lüfte fliegen
und Feuer und Schwefel speien
und Städte und Dörfer vernichten.*

***

*Machtlos werden die Menschen all dem zusehen.
Das Volk wird die Warnung Gottes hören,
und Gott wird sein Antlitz abwenden.*

***

*Zwei Jahre und fünf Monate wird der
Aufruhr dauern.*

***

*Hungersnot, Seuche und Pest
werden mehr Opfer fordern als der Krieg.*

***

*Die Zeit wird kommen,
wo du weder kaufen noch verkaufen kannst.
Dein Brot wird gezeichnet und zugeteilt.*

***

*Die Meere werden sich rot von Blut färben,
und die Menschen werden auf dem Grunde des
Meeres wohnen und auf ihre Beute lauern.*

***

*Das Volk des Siebengestirns
wird in das Ringen eingreifen
und dem bärtigen Volk in den Rücken fallen
und sich von der Mitte abwenden.*

***

*Der ganze Niederrhein wird erzittern und erbeben,
aber nicht untergehen,
sondern bestehen bis an das Ende der Zeit.*

***

*Das Land im Westen
wird ein Land der Zerstörung sein.*

***

*Das Land im Meer
wird mit seinem König geschlagen
und auf die tiefste Stufe des Elends kommen.*

***

*Das bärtige Volk wird lange
auf seinem Stande stehenbleiben.*

***

*Alle Völker der Erde
werden in Mitleidenschaft gezogen,
und es findet ein Ringen und Wogen
gegen alle Völker statt.*

***

*Der Sieger wird einen Kranz tragen,
und zwischen vier gleichen Städten
mit vier gleichen Türmen
findet die Entscheidung statt.*

***

*Gott wird sprechen zu einem Manne:
Sage dem Manne mit dem weißen Kleide
und dem schwarzen Gesicht:
Erhebe dich von deinen Banden und sei frei
von dem Joche der Ungläubigen.*

*****

Ohne Zweifel schildert der Mönch von Wismar in diesen Prophezeiungen für das dritte Jahrtausend einen Dritten Weltkrieg, eine globale Naturkatastrophe und eine fundamentale soziale Umwälzung, die offenbar nach der Menschheitskatastrophe stattfindet. Außerdem sieht es so aus, als würden Außerirdische eine gravierende Rolle im Verlauf dieser Entwicklung spielen – und im folgenden Kapitel soll nun versucht werden, die Weissagung des Propheten für das neue Millennium genauer zu interpretieren.

DIE WEISSAGUNG VON WISMAR FÜR DAS NEUE JAHRTAUSEND – EINE INTERPRETATION

„Europa wird zu einer Zeit, wo der päpstliche Stuhl leer ist in Rom, von fürchterlichen Züchtigungen heimgesucht werden."

So lautet der Satz, mit dem der Mönch von Wismar jene Visionen im Kontext seiner Prophezeiungen einleitet, die sich auf das dritte Jahrtausend beziehen. Er klopft damit den Zeitpunkt fest, zu dem die katastrophale Entwicklung einsetzen wird – und es ist sehr wahrscheinlich, daß dies noch in der ersten Hälfte des 21. Jahrhunderts passiert.

Den Untergang des Papsttums haben nämlich auch andere Seher wie der irische Bischof Malachias, der bayerische Sensitive Alois Irlmaier oder der Bayerwaldprophet Mühlhiasl[1] nur zu deutlich angesprochen; ebenso gibt es in dieser Richtung eine Reihe erhellender Äußerungen des großen französischen Propheten Michel de Notredame oder Nostradamus. Sie alle stimmten darin überein, daß die Tage der Papstkirche kurz nach der Jahrtausendwende gezählt sind. Am präzise-

---

[1] Siehe zu diesen und weiteren im Buch erwähnten Hellsehern die entsprechenden Werke des Autors, die im Literaturverzeichnis aufgeführt sind.

sten kommt dies in den berühmten Papstprophezeiungen des Malachias zum Ausdruck, der im 12. Jahrhundert jedes einzelne Kirchenoberhaupt, das vom Hochmittelalter bis zum Beginn des dritten Millenniums noch regieren würde, durch außerordentlich zutreffende Orakelsprüche charakterisierte. Der drittletzte Papst ist danach Johannes Paul II., so daß nur noch seines und ein weiteres Pontifikat – also wenige Jahrzehnte – verstreichen werden, bis zuletzt ein Pontifex Maximus mit dem Namen Petrus Romanus auftritt, unter dessen Herrschaft der vollständige Zusammenbruch der römisch-katholischen Kirche erfolgen wird.

Dies ist nun laut der Prophezeiung des Mönchs von Wismar gleichzeitig der Moment, zu dem die Menschheit in die schlimmste Katastrophe ihrer Geschichte taumelt, und wenn der norddeutsche Visionär schreibt, daß zu Beginn des Fiaskos Klöster zerstört und Mönchsorden vernichtet würden, dann stimmt er auch darin wieder mit den oben erwähnten Hellsehern überein. Denn Nostradamus sprach davon, daß die Priester „ihr Blut speien" würden; Alois Irlmaier sah zahllose Kleriker „in ihrem Blut liegen", und der bereits erwähnte Bayerwaldprophet Mühlhiasl äußerte, der christliche Glaube werde so klein werden, daß man ihn mit einem Peitschenknall vertreiben könne.

Nach den Worten des Wismarer Mönchs wird die Menschheit sich im 21. Jahrhundert jedoch nicht nur von der christlichen Religion lossagen, sondern sich selbst „göttliche Kraft" aneignen. Dieser Hinweis auf die vermeintlich gefahrlose Nutzung der Kernenergie, aber auch der Laser- und, im biologischen Bereich, der Gentechnik, die in Zukunft wohl immer hemmungsloser angewandt werden, ist unmißverständlich – und es kann als sicher angenommen werden, daß dies auch und vielleicht sogar vorrangig im Militärwesen gelten wird. Es werden also vermutlich im ABC-Bereich noch gefährlichere Massenvernichtungswaffen als derzeit entwickelt werden; ebenso ist schon jetzt keineswegs mehr auszuschließen, daß skrupellose Politiker und ihnen dienstbare Wissenschaftler für militärische Zwecke eine Art von „Rambos" klonen und auf diese Weise ganze Divisionen „idealer", sprich: völlig gewissenloser Soldaten, züchten könnten.

Die Folge derartiger Verantwortungslosigkeit ist nun der Ausbruch des „großen Ringens" zwischen „Ost und West". Diese geographische Metapher hat im 21. Jahrhundert sicher eine etwas andere Bedeutung als in der Zeit des Kalten Krieges; wahrscheinlich sind unter dem „Westen" die neokapitalistischen Industrienationen, allen voran die USA, zu verstehen, während der „Osten" die ärmeren Länder der Erde symbolisiert. Betrachtet man die derzeitige Politik der Vereinigten Staaten von Amerika, die unter dem Deckmantel der sogenannten Globalisierung ganz offensichtlich die wirtschaftliche Weltherrschaft anstreben, dann wird die Linie, die zu einem Dritten Weltkrieg führen könnte, deutlich. Bereits jetzt fürchten viele kleinere Völker mit Recht um ihre Unabhängigkeit und dazu ihre kulturelle Identität, und wenn die US-Hegemonie über den Planeten noch stärker werden sollte, könnte es sehr wohl zu einem Aufstand asiatischer, afrikanischer und südamerikanischer „Drittländer" (und möglicherweise auch europäischer Völker, die nicht länger bloße „Vasallen" der USA sein wollen) dagegen kommen.

Auf welche Weise ein solcher künftiger Globalkonflikt ausgetragen werden würde, beschreibt der Mönch von Wismar in seiner nächsten Vision. Es werden „dahinsausende" Panzerverbände kenntlich, die augenscheinlich imstande sind, sehr schnelle taktische Operationen durchzuführen; vor allem aber wird der Krieg in der Luft ausgetragen. Die „feurigen Drachen", die „Feuer und Schwefel speien", sprechen für sich: Kampfflugzeuge, welche nicht nur mit Bordkanonen und Bomben armiert sind, sondern zusätzlich übelriechende chemische Waffen einsetzen.

Zu allem Überfluß scheinen die Armeen bald auch noch außer Kontrolle zu geraten, wenn die Menschen selbst der Zerstörung „machtlos zusehen" müssen. Obwohl sie eine „Warnung Gottes" vernehmen und das Ruder vielleicht noch herumreißen wollen, sind sie dazu nicht mehr imstande; sogar „Gott" wird vielmehr angesichts des Grauens „sein Antlitz abwenden" müssen. Konkret gesagt: Mehr noch als im Zweiten wären in einem Dritten Weltkrieg vor allem Zivilisten die Opfer – möglicherweise auch deswegen, weil eine computergesteuerte Militärtechnik im Verbund mit den weiter oben erwähnten geklonten menschlichen Mordmaschinen sich völlig selbständig machen könnte.

Dieses Inferno wird nach den Worten des Propheten beinahe zweieinhalb Jahre anhalten, und da die Zivilisation zusammenbricht, kommt es auch dort, wo gerade keine Schlachten toben, zu entsetzlichen Hunger- und Krankheitsepidemien. Die letzten Lebensmittel werden rationiert, die Weltwirtschaft liegt völlig darnieder.

In einer weiteren Phase des Wahnsinns weitet der Krieg sich sogar auf die Ozeane aus. Unter Umständen sind zu Beginn des 21. Jahrhunderts noch unterseeische menschliche Ansiedlungen entstanden (Pläne dazu gibt es heute bereits in Japan), und auch deren Bewohner werden nun in den Strudel der Vernichtung gerissen. Aus diesen Städten auf dem Meeresgrund brechen U-Boot-Piraten hervor und richten fürchterliche Gemetzel – vielleicht im Kampf gegen Flottenverbände auf der Wasseroberfläche – an. Ebenso ist es aber denkbar, daß die unterseeischen Siedlungen selbst zerstört werden und deshalb die Ozeane sich „rot von Blut färben".

Jetzt freilich geschieht etwas Unerhörtes. Ein „Volk des Siebengestirns" greift in den Dritten Weltkrieg ein. Diese

Prophezeiung klingt zunächst extrem unwahrscheinlich – aber bereits seit der Mitte des 20. Jahrhunderts gibt es Vermutungen, wonach unser Planet von Extraterrestrischen observiert werde. Durchaus ernstzunehmende Zeugen wie Flugkapitäne, Flugüberwacher und Astronauten berichteten vielhundertfach von UFO-Sichtungen, die sie in der Atmosphäre oder dem erdnahen Weltraum gemacht hätten.

Außerdem existieren uralte Menschheitsüberlieferungen, welche besagen, daß bereits in früheren Jahrtausenden außerirdische Besucher auf dem Planeten Erde „gelandet" seien. Bei zahlreichen nordamerikanischen Indianervölkern, wie zum Beispiel den Hopi, gibt es eine Legende, wonach die Urahnen dieses Indianerstammes vom Siebengestirn im Sternbild des Stiers – besser bekannt unter der Bezeichnung „Plejaden" – abstammen würden und von dort auf unseren Blauen Planeten gekommen seien.

Es kann also nicht völlig ausgeschlossen werden, daß Außerirdische, die sich möglicherweise schon sehr lange in unserem Sonnensystem aufhalten, nun tatsächlich intervenieren, um den Dritten Weltkrieg nicht noch verheerender ausufern zu lassen. Mehr noch: Sie ergreifen eindeutig Partei, denn der Mönch von Wismar prophezeit, sie würden sich „von der Mitte abwenden" und dem „bärtigen Volk in den Rücken fallen".

Die „Mitte" könnte in diesem Fall eine Metapher für Neutralität sein. Bislang mischten die Extraterrestrischen sich nicht in die politischen oder auch militärischen Geschehnisse auf der Erde ein, sondern beobachteten lediglich. Jetzt jedoch, weil die Menschheit sich anschickt, ihren eigenen Holocaust zu betreiben, geben die Außerirdischen ihre mehr oder weniger indifferente Haltung auf und attackieren das „bärtige Volk". Mit diesem Teil der Erdbevölkerung aber kann nur die weiße Rasse gemeint sein, deren männliche

Angehörige im Gegensatz zu Asiaten, Afrikanern oder auch Indianern über einen starken Bartwuchs verfügen, sehr häufig Bärte tragen und von anderen Völkern traditionell auch so dargestellt werden. Die Europäer und vermutlich mehr noch die Nordamerikaner sind also diejenigen, denen der Angriff der Extraterrestrischen gilt – weil nämlich das „Volk des Siebengestirns" sie, beziehungsweise die westlichen Industrienationen, für das Desaster auf dem Blauen Planeten verantwortlich macht.

Die Außerirdischen stellen sich damit auf die Seite der „Drittländer" und verbünden sich vielleicht auch mit jenen europäischen Völkern, die das Joch des Brutalkapitalismus mit seinen menschenverachtenden und umweltzerstörerischen Folgen abzuschütteln und sich von der US-Hegemonie zu befreien versuchen. Die Niederlande beispielsweise könnten einer jener westlichen Staaten sein, die sich bemühen, das Ruder noch rechtzeitig herumzureißen. Denn für den „Niederrhein" sagt der Mönch von Wismar zwar ein „Erzittern" und „Erbeben" vorher, was auf eine wahrscheinlich durch den Krieg ausgelöste Naturkatastrophe (womöglich mit Deichbrüchen und apokalyptischen Sturmfluten) hindeutet, beteuert jedoch gleichzeitig, daß das einst dem Meer abgerungene Marschland dort nicht untergehen werde.

Ganz anders freilich sieht es nach der von den Extraterrestrischen erzwungenen Wende des Dritten Weltkrieges jenseits des Atlantiks aus. Die Vereinigten Staaten von Amerika, die der Visionär als das „Land im Westen" bezeichnet, werden „ein Land der Zerstörung sein". Was das präzise bedeutet, hat der Eismeerfischer Anton Johansson in seiner Großen Vision vom 14. November 1907, die im einleitenden Kapitel auszugsweise zitiert wurde, näher erläutert; wir werden im zweiten Teil dieses Buches noch umfassend darauf zu sprechen kommen. Hier nur soviel: Im Verlauf der globalen

Auseinandersetzung erleben die USA eine Katastrophe von kaum vorstellbaren Ausmaßen. Die Kataklysmen werden nicht allein von Nuklear- und anderen, heute noch unbekannten, Waffen ausgelöst, sondern zusätzlich bäumt sich die zutiefst geschundene Natur auf: die „vergewaltigte Mutter", wie es dazu in einschlägigen indianischen Weissagungen heißt. Vor allem scheinen gigantische Wirbelstürme das Territorium unter dem Sternenbanner zu verwüsten; Orkane, die wiederum Feuerstürme in den bereits jetzt durch weitgehende Umweltzerstörung ausgetrockneten Waldgebieten der USA verursachen.

Aber auch europäische Staaten erleiden fürchterliche Heimsuchungen, so das „Land im Meer", unter dem wohl Britannien zu verstehen ist, das „mit seinem König geschlagen" wird. Auch dazu finden sich weitere Details in der Prophezeiung des Eismeerfischers, welche erhellen, warum der Kleriker aus Wismar davon spricht, daß Britannien (das unter der Regierung Thatcher als erster westeuropäischer Staat den fatalen Weg in die sogenannte Zweidrittelgesellschaft einschlug) „auf die tiefste Stufe des Elends" kommt.

Weiter heißt es in der Wismarer Weissagung, das „bärtige Volk" werde „lange auf seinem Stande stehenbleiben". Die westlichen Industriestaaten, welche auf der Schwelle vom zweiten zum dritten Jahrtausend noch in dem Wahn befangen waren, den Rest der Welt dominieren zu können, haben nunmehr ihren Einfluß verloren. Ihre Scheinzivilisation, in der die früheren demokratischen und humanen Werte längst mit Füßen getreten wurden, ist zutiefst abgestürzt. Die betreffenden Länder, allen voran abermals die USA, sind sowohl politisch als auch wirtschaftlich bedeutungslos geworden – und dies wird nun im weiteren Verlauf des kommenden Millenniums sehr lange so bleiben.

Die militärische Potenz der Vereinigten Staaten scheint

jedoch selbst nach der Katastrophe auf dem nordamerikanischen Kontinent noch nicht völlig gebrochen zu sein, wie die beiden vorletzten Schauungen des Mönchs von Wismar verdeutlichen. Immer noch dauert das „Ringen und Wogen gegen alle Völker" an. Möglicherweise haben sich mittlerweile computergesteuerte Waffensysteme selbständig gemacht, oder aber die Militärs der einstigen „Supermacht" laufen Amok; vielleicht geschieht auch beides. Auf jeden Fall muß letzten Endes eine Entscheidung „zwischen vier gleichen Städten mit vier gleichen Türmen" stattfinden.

Diese identischen Städte und „Türme" deuten einmal mehr auf die USA hin; nur dort sind die Metropolen mit ihren gesichtslosen Wolkenkratzern längst austauschbar oder eben „gleich" geworden. Im Osten der Vereinigten Staaten liegen nun vier solcher Megastädte fast auf einer Linie: Chicago, Detroit, Pittsburgh und Baltimore. Dort konzentriert sich zudem die Militärindustrie der USA – und deshalb sieht es ganz so aus, als würden die Außerirdischen aus diesem Grund genau hier den finalen und entscheidenden Schlag führen, um den Dritten Weltkrieg zu beenden. Und die Metapher vom Sieger mit dem „Kranz" könnte bedeuten, daß kranz- oder ringförmige Gebilde – nämlich UFOs – den Ausschlag gaben und den Frieden wiederherstellten.

In seiner letzten Prophezeiung schließlich gebraucht der Mönch von Wismar Sätze von zeitloser Schönheit und Größe: „Gott wird sprechen zu einem Manne: Sage dem Manne mit dem weißen Kleide und dem schwarzen Gesicht: Erhebe dich von deinen Banden und sei frei von dem Joche der Ungläubigen."

Im Einklang mit dem göttlichen Willen, welcher Machtdenken, Unterdrückung Schwächerer und rücksichtslosen Umgang mit der Natur auf Dauer nicht duldet, wird dem derzeit noch geknechteten Teil der Menschheit seine Befreiung verkündet. Das „schwarze Gesicht" deutet ganz klar auf die Völker der dritten Welt hin; das „weiße Kleid" hingegen gibt global all jenen Hoffnung, die sich trotz der historischen Fehlentwicklung, die zur Katastrophe führte, ihre Unschuld – also die Fähigkeit zu humanem Empfinden und Handeln im Einklang mit den Geboten der Natur – bewahrt haben. Sie haben die Herrschaft der „Ungläubigen" abgeschüttelt: jener Despoten eines völlig außer Rand und Band geratenen Kapitalismus, die in Verkennung des ewigen und unverbrüchlichen Gesetzes, an das diese nicht mehr glaubten, den Planeten an den Rand des Untergangs brachten.

*****

Dies ist in letzter Konsequenz die Botschaft des Sehers von Wismar, der über mehr als dreihundert Jahre hinweg in das anbrechende dritte Millennium blickte. Sehr viel näher am neuen Jahrtausend lebte Anton Johansson – und vieles von dem, was der norddeutsche Kleriker nur in groben Umrissen sah, gewinnt in der Großen Vision des Eismeerfischers, mit der wir uns nun im zweiten Teil dieses Buches beschäftigen wollen, deutlichere Konturen.

ZWEITER TEIL

DER EISMEERFISCHER ANTON JOHANSSON

DAS UNGEWÖHNLICHE LEBEN DES EISMEERFISCHERS ANTON JOHANSSON

Am 24. Mai 1858 wurde der schwedischen Kleinbauernfamilie Johansson der ersehnte Stammhalter geboren. Der evangelische Pastor der zuständigen Pfarrei Tärna taufte den Jungen auf den Namen Anton; als Geburtsort trug er das Dorf Mosjöen in der Norrländischen Provinz Västerbotten ins Kirchenbuch ein. Zunächst, während im Lauf der folgenden Jahre unter dem ärmlichen Dach des beinahe schon am Polarkreis liegenden Bauernhauses sechs weitere Geschwister zur Welt kamen, wuchs der Bub heran wie jeder andere auch. Doch dann, als die Pubertät einsetzte, veränderte sich das Leben des halbwüchsigen Anton Johansson schlagartig.

Quasi über Nacht entwickelte der Junge präkognitive Fähigkeiten, die sich freilich anfangs auf eher unspektakuläre Weise äußerten. Zum Beispiel, wenn Anton mit seinem Vater, der neben seiner kleinen Landwirtschaft auch die Küstenfischerei betrieb, aufs Meer hinausfuhr. Immer wieder machte der Halbwüchsige, sobald das Boot den Hafen verlassen hatte, spontane Angaben darüber, wie der Fang an diesem Tag ausfallen würde – und stets behielt er recht, denn ganz wie er gesagt hatte, blieben die Netze leer oder wurden voll. Ähnlich verhielt es sich, wenn er nach den Aussichten für die kommende Ernte befragt wurde. Auch in solchen Fällen vermochte Anton gute oder schlechte Erträge vorherzusehen; ebenso warnte er seine Eltern und die Nachbarn hellsichtig vor drohenden Wettereinbrüchen.

Darüber hinaus zeigte sich bei dem heranwachsenden Johansson eine weitere verblüffende Gabe. Sie betraf Personen, die Anton nie zuvor gesehen hatte, die er aber trotzdem mit ihrem genauen Namen benannte und haargenau beschrieb. Zudem beharrte er felsenfest darauf, daß diese Leute nach Monaten oder gar Jahren in Mosjöen, beziehungsweise Tärna, eintreffen würden – und auch darin täuschte er sich nie. Tauchten diese Menschen – Lehrer, Beamte oder auch Geistliche – nach der angegebenen Zeit tatsächlich auf, begrüßte der Halbwüchsige sie wie alte Bekannte, was bei den Betroffenen verständlicherweise einige Verwirrung und manchmal sogar schroffe Reaktionen gegenüber dem Jungen hervorrief.

Diejenigen indessen, die Anton Johansson schon von Kindheit an kannten, nahmen seine ungewöhnliche Gabe hin; ohnehin hatten die Kleinbauern in der kargen Provinz Västerbotten in jenen frühen siebziger Jahren des 19. Jahrhunderts andere Sorgen. Das Land litt damals nämlich unter einer Reihe schwerer Mißernten, wodurch viele Bauernfamilien verarmten und ihre Höfe aufgeben mußten. 1874 traf dieses Schicksal auch die Johanssons, worauf sie sich zur Auswanderung nach Norwegen entschlossen.

Nach einigen Umwegen ließ sich die Familie – Anton zählte jetzt knapp sechzehn Jahre – in Lebesby in der Provinz Finnmarken nieder. Der Ort liegt nahe des Nordkaps an der Küste; etwa 600 Kilometer nördlich von Mosjöen. Das Klima ist dort noch rauher als in Västerbotten, auch die Böden sind unergiebiger, doch die Johanssons hatten nach dem wirtschaftlichen Zusammenbruch in Norrland wohl keine andere Wahl gehabt. Mühsam und oft am Rand des Existenzminimums dahinvegetierend, versuchten Anton und seine Angehörigen sich eine neue Lebensgrundlage als Ackerbauern und Fischer zu schaffen. Wenn sie auf ihren kärglichen Feldern arbeiteten, sahen sie in der Ferne manchmal Rentierherden vorbeiziehen, da in der dünnbesiedelten Provinz Finnmarken neben der seßhaften Bevölkerung auch Nomaden leben: die geheimnisvollen Lappen, die bis heute ungefähr ein Drittel der dortigen Population ausmachen.

Anton Johansson kam bestimmt irgendwann in näheren Kontakt mit diesen Samen, wie sie sich in ihrer eigenen Sprache nennen; wir werden im nächsten Kapitel untersuchen, auf welche Weise sich das auf die weitere Entwicklung seiner Sehergabe ausgewirkt haben könnte. Vorerst jedoch mußten die Johanssons noch härter als in Schweden um ihr Überleben kämpfen. Bald stellte sich heraus, daß der kleine Bauernhof und der oft unergiebige Fischfang nicht alle Familienmitglieder zu ernähren vermochten. Deshalb schaute der nunmehr erwachsene älteste Sohn – der nun gelegentlich kurz in Trance fiel und dabei Unglücksfälle in der näheren Umgebung von Lebesby vorhersah – sich nach einem Zusatzverdienst um.

Der Gemeinderat von Lebesby stellte ihn schließlich als Hilfspolizisten an; zeitweise bekleidete Anton Johansson auch andere untergeordnete und deshalb schlecht bezahlte öffentliche Ämter. Etwas leichter wurde es für ihn, als es ihm später gelang, als Assistent in die norwegische Landvermessungskommission berufen zu werden. Jetzt führte er die Meßtrupps, die aus der Großstadt nach Finnmarken kamen, durch die einsame und unwegsame Landschaft und verdiente damit sowie durch seine vielfältigen übrigen Tätigkeiten im Lauf der Jahre immerhin so viel, daß er ein kleines Anwesen am Laxefjord erwerben konnte.

Obwohl er jetzt eine eigene Familie hätte gründen können,

blieb Johansson unverheiratet und kinderlos. Zurückgezogen lebte er noch einige Jahrzehnte als Bauer und Küstenfischer; nebenher erfüllte er nach wie vor seine öffentlichen Funktionen. Während dieser Zeit entwickelte er zusätzlich zu seiner präkognitiven weitere paranormale Fähigkeiten: so die eines Geistheilers. Er „besprach" Kranke und soll damit ganz erstaunliche Erfolge erzielt haben; auch darüber mehr im nächsten Kapitel.

Ebenso ist überliefert, daß er an Menschen, die sich einer tödlichen Bluttat schuldig gemacht hatten, das „Kainsmal" zu erkennen vermochte: einen nur für ihn sichtbaren breiten schwarzen Streifen im Gesicht eines Mörders. Entweder sah er dieses Zeichen auf entsprechenden Zeitungsfotos, die man ihm vorlegte, oder aber er erkannte es an Personen, denen er in seiner Eigenschaft als Hilfspolizist persönlich gegenübertrat – und Anton Johansson konnte auf diese Weise zur Aufklärung etlicher Kapitalverbrechen beitragen.

Nachdem er in einer Novembernacht des Jahres 1907 seine Große Vision erlebt hatte, versuchte der Eismeerfischer mehrmals, verschiedene europäische Staatsoberhäupter vor einer drohenden Menschheitskatastrophe zu warnen. Zunächst schickte er schriftliche Botschaften an die norwegischen und schwedischen Königshäuser in Oslo und Stockholm; als er keine Beachtung fand, reiste er persönlich in die skandinavischen Hauptstädte, erlangte jedoch keinen Zugang zu den Palästen. Man hielt ihn dort offenbar schlicht für einen Spinner, und nicht weniger falsch schätzte man ihn in Deutschland ein, wo der Hofstaat Kaiser Wilhelms II. Anno 1913 – also nur ein Jahr vor Ausbruch des Ersten Weltkrieges – Johanssons Brandbriefe, in denen er das unmittelbar bevorstehende Völkermorden eindringlich ansprach, ebenfalls ignorierte.

Als Anton Johansson kurz nach dem Krieg nach Ber-

Das ungewöhnliche Leben des Eismeerfischers Anton Johansson

Der Postdamer Platz in Berlin 1924

lin fuhr, um die nunmehr demokratische Regierung der Weimarer Republik über die drohende Katastrophe eines Zweiten Weltkrieges in Kenntnis zu setzen, schenkte man ihm abermals kein Gehör. Es muß außerordentlich bitter für ihn gewesen sein, als seine Warnungen wiederum in den Wind geschlagen wurden, obwohl sich die Wahrheit seiner Prophezeiungen hinsichtlich des Ersten Weltkrieges mittlerweile vollauf bestätigt hatte. Verbittert kehrte der nach außen hin so unscheinbare Mann in seine skandinavische Heimat zurück, bemühte sich aber weiterhin brieflich, die sogenannten Großen der Welt zur Einsicht zu bringen.

Die Politiker indessen blieben verstockt; bei der Bevölkerung Norwegens und Schwedens hingegen erreichte der Eismeerfischer ab 1919 durchaus eine gewisse Resonanz. In diesem Jahr nämlich erschien seine Große Vision erstmals in Buchform. Herausgeber war ein Stockholmer Vermessungsingenieur namens Gustafsson, der schon lange mit Johansson in Kontakt war und dessen Weissagungen niedergeschrieben hatte.

Während der zehn Jahre, die Anton Johansson noch lebte, erreichte das Buch mehrere Auflagen. Der Visionär selbst jedoch zog sich immer mehr zurück und verstarb am 10. Januar 1929 beinahe unbeachtet im Alter von siebzig Jahren in seinem ärmlichen Holzhaus am Laxefjord. Sein Ruf als Prophet freilich hatte sich längst über Norwegen und Schweden hin ausgebreitet; dies auch, weil Johansson immer wieder Aufsehen durch speziellere, nicht in seinem schriftlichen Nachlaß enthaltene Präkognitionen erregt hatte, die teilweise noch zu seinen Lebzeiten eingetroffen waren.

Darüber mehr im Kapitel „Die Warnung des Eismeerfischers vor dem Untergang der Titanic und andere spektakuläre Schauungen"; hier zunächst der Versuch einer Chronologie seiner parapsychologischen Entwicklung, die zumindest an einigen „Eckpunkten" festgemacht werden kann.

*****

Wie bereits erwähnt, zeigte sich die Gabe des Eismeerfischers Anton Johansson bereits in seiner Jugend, als er Vorhersagen über Fischzüge oder Ernteerträge machte, die sich anschließend als zutreffend bestätigten. Außerdem sah er, lange bevor sie tatsächlich dort eintrafen, bestimmte Menschen nach Mosjöen oder Tärna kommen. Die schwarzen Balken über den Gesichtern von Gewaltkriminellen hingegen erblickte er in seinen frühen Jahren noch nicht; diese Fähigkeit prägte sich erst bei ihm aus, nachdem er längst erwachsen war. Daraus und aufgrund einer Reihe weiterer Indizien läßt sich schließen, daß das paranormale Talent, welches Anton Johansson bestimmt schon angeboren war, sich im Lauf der folgenden Jahrzehnte immer stärker ausformte – und dieser Prozeß scheint in Schüben vonstatten gegangen zu sein.

Ein erster Durchbruch seiner sensitiven Fähigkeit erfolgte zu einem Zeitpunkt, der – parapsychologisch betrachtet – typischer nicht hätte sein können: in der Pubertät. Wie die PSI-Forschung nachgewiesen hat, treten in dieser Phase der menschlichen Entwicklung manchmal extreme „seelische Spannungen" auf, die bei entsprechend veranlagten Jugendlichen ganz erstaunliche paranormale Effekte auslösen können. Diese Halbwüchsigen sind dann beispielsweise imstande, sogenannte Poltergeist-Phänomene hervorzurufen, also Gegenstände in rüttelnde Bewegungen zu versetzen, ohne sie physisch zu berühren. Andere entwickeln präkognitive Fertigkeiten, so wie es auch bei dem jungen Anton Johansson der Fall war. Gewöhnlich allerdings verlieren sich diese Fähigkeiten mit dem Ende der Pubertät wieder; bei dem Sensitiven aus Mosjöen hingegen waren die Schauungen, die er im Alter von vierzehn oder fünfzehn Jahren hatte, quasi nur der erste Schub, der die volle Entfaltung seiner Persönlichkeit auf parapsychologischer Ebene einleitete.

Bald nach der Pubertät nämlich, in der seine Visionen sich auf die alltäglichen Bereiche der Landwirtschaft, des Fischfangs, des Wetters und gewisser Veränderungen im Dorfleben beschränkt hatten, begann Anton zusätzlich außergewöhnliche künftige Ereignisse vorherzusagen. Es handelte sich zumeist um Unglücksfälle in der näheren Umgebung seines nunmehr norwegischen Heimatortes, die er Wochen oder gar Monate zuvor in beklemmenden Gesichten erblickte. Da ihm dies einige Jahre früher noch nicht möglich gewesen war, muß bei dem jungen Mann, kaum daß er ins Erwachsenenalter getreten war, ein weiterer paranormaler Entwicklungsschritt erfolgt sein. Offenbar hatte seine einschlägige Sensibilität sich aus irgendeinem Grund gesteigert, weshalb er nun sozusagen auf zukünftige gravierende „Erschütterungen" reagierte, die den normalen Ablauf des dörflichen Lebens störten.

Genau hier scheint etwas einzusetzen, das letztlich zu den global bedeutenden Visionen führte, die er Jahrzehnte später durchlitt. Denn er sah Menschen leiden und gelegentlich auch schon sterben – und exakt das sollte ja das große „Thema" seiner späteren Prophezeiungen werden, in denen er vor einer Menschheitskatastrophe warnte. Wie es aussieht, näherte er sich diesem umfassenden Grauen sozusagen Schritt für Schritt an; seine Fähigkeit, Mörder an ihrem „Kainsmal" zu erkennen, die sich entwickelte, nachdem er zum reifen Mann geworden war, kennzeichnet ohne Zweifel einen weiteren Meilenstein auf diesem Weg. Und dann, kurz nach der Jahrhundertwende, als Anton Johansson in seinem fünften Lebensjahrzehnt stand, kam es zu einem Dreiklang ausgesprochen aufsehenerregender Präkognitionen.

Jeweils wenige Wochen ehe die Tragödien tatsächlich passierten, sagte der Eismeerfischer den verheerenden Vulkanausbruch von St. Pierre (1902) sowie die schrecklichen Erdbeben von San Francisco (1906) und Messina (1908) voraus. Auch darüber Ausführlicheres im Kapitel „Die Warnung des Eismeerfischers vor dem Untergang der Titanic und andere spektakuläre Schauungen". Hier soll lediglich festgehalten werden, daß Anton Johansson damit seinen letzten „Entwicklungsschub" durchlaufen und parallel dazu die höchste Potenz seiner hellseherischen Kraft entfaltet hatte.

Denn ebenfalls in der ersten Dekade des 20. Jahrhunderts, am 14. November 1907, erlebte er seine Große Vision (mehr über die näheren Umstände im folgenden Kapitel), in deren Verlauf er mental bis ins dritte Jahrtausend blickte und die in der Zukunft drohenden Kataklysmen wie einen Film vor seinem inneren Auge ablaufen sah. Eine Fülle entsetzlicher

Bilder, von denen er später nur einen Teil verbal wiederzugeben vermochte, stürmte auf den Eismeerfischer ein. Diese umfassende Schauung stellte Anton Johansson mit einem Schlag auf dieselbe herausragende präkognitive Stufe wie andere weltberühmte Hellseher, so zum Beispiel den süddeutschen Brunnenbauer Alois Irlmaier (1894 – 1959), der auf dem Gipfelpunkt seines außergewöhnlichen Könnens praktisch ein identisches „andersweltliches" Erlebnis gehabt hatte.

Wenn wir uns den „verborgenen" Lebensweg des außergewöhnlichen Bauern und Fischers jetzt noch einmal in seiner Gesamtheit vor Augen führen, dann wird klar, daß Johansson einen ähnlichen Werdegang durchlief wie etwa ein Künstler, der ebenfalls an seinem naturgegebenen Talent arbeitet und es im Lauf der Jahrzehnte – oft unter immensen Schwierigkeiten – zur Meisterschaft bringt. Und ähnlich einem Dichter, Bildhauer oder Komponisten bewegte sich der Eismeerfischer dabei auf einer geistigen Ebene, die für die meisten Menschen lebenslang Terra Inkognita bleibt. Auf welche Weise Anton Johansson in diese normalerweise verschleierten Regionen des „Übernatürlichen" vordrang, soll nun auf den nächsten Seiten untersucht werden.

AUS WELCHEN QUELLEN DES PARANORMALEN SCHÖPFTE DER PROPHET JOHANSSON?

Sobald man sich diese Frage stellt, springt ein Fakt aus der Biographie des Eismeerfischers sofort ins Auge: Anton Johansson verbrachte praktisch sein ganzes Leben – die Reisen nach Oslo, Stockholm und Berlin ausgenommen – in der Einsamkeit des Hohen Nordens. Sowohl in Mosjöen als auch in Lebesby und vor allem am Laxefjord war ihm die Natur außerordentlich nahe; es waren unzerstörte, von der menschlichen Zivilisation so gut wie gar nicht beeinträchtigte Landschaften, in denen er sich bewegte. Selbst heute noch, obwohl der Tourismus mit seinen oft negativen Auswirkungen mittlerweile auch dorthin vorgedrungen ist, wirken Teile dieser nordskandinavischen Regionen unberührt und manchmal wie verzaubert; besonders Finnmarken mit seinen nebelverhangenen Bergzügen, schweigenden Tundren und tief eingeschnittenen Meeresbuchten ist verwunschenes, schier „andersweltliches" Land.

Gerade in derartigen Gegenden aber kommen die Fähigkeiten sensitiv veranlagter Menschen besonders gut zum Tragen. Denken wir nur an die Lüneburger Heide, wo über viele Jahrhunderte hinweg immer wieder die berühmten Spökenkieker auftraten, oder auch den Bayerischen- und Böhmerwald, in deren tiefen Forsten Hellseher wie die Sibylle von Prag, der Mühlhiasl und der Blinde Hirte wirkten. Der große mittelalterliche Prophet Johannes von Jerusalem wiederum erlebte seine Schauungen in der Wüste Palästinas, und der legendäre keltische Visionär Myrddin, besser bekannt als Merlin, meditierte in der Abgeschiedenheit der walisischen Snowdonia-Berge, ehe er seine erschütternden und weit ins dritte Jahrtausend hineinreichenden Weissagungen abgab. Sie alle nutzten ganz bestimmte Kräfte, die nur in besonderen, mental „anregenden" Landschaften wirksam werden, und nicht anders war es bei Anton Johansson, der sein parapsychologisch stimulierendes Umfeld zunächst in Västerbotten und dann vor allem unter dem Firmament der Finnmark fand.

Dort suchte er Weideplätze für seine Schafherde oder ging hinter dem Pflug her, um dem kargen Boden die nächste magere Ernte abzuringen; hier steuerte er sein Fischerboot über die Gewässer des Laxefjords und legte die Netze aus – alles Tätigkeiten, die innigen Einklang mit dem Rhythmus der Natur voraussetzen und den, der sie ausübt, zur inneren Ruhe und Kontemplation führen. Aber nicht allein die Großartigkeit und Unberührtheit dieser Region am äußersten Rand Nordeuropas förderte wohl die angeborene Sehergabe des Eismeerfischers; hinzu kam mit Sicherheit auch ein geophysikalisches Phänomen, das speziell dort auftritt, wo Land und Wasser sich verstärkt gegenseitig durchdringen – wie zum Beispiel an der Küste von Finnmarken, wo Anton Johansson den größten Teil seines Lebens verbrachte. Die Rede ist von den sogenannten „Wasseradern" oder „Erdstrahlen", welche im Gehirn eines Sensitiven paranormale Aktivitäten auslösen können – im Fall Johanssons also die Fähigkeit der Präkognition unterstützten.

Das menschliche Bewußtsein „funktioniert" – auch in seinen „verborgenen" Bereichen – in gewisser Weise auf der Basis elektromagnetischer Strahlung, die der Körper eines jeden lebenden Individuums selbst erzeugt. Elektromagnetische Wellen entstehen nun aber auch dort, wo sich in der Natur Erde oder Gestein einerseits und Wasserströme andererseits aneinander „reiben". Wenn die Psyche eines Mediums jetzt mit diesen „Erdstrahlen" oder „Wasseradern" kommuniziert, dann wird das Bewußtsein quasi zusätzlich stimuliert und vermag jene geistige Ebene zu erreichen, auf der sich extrasensorische Wahrnehmung oder eben Präkognition abspielt.

Hätte sich Anton Johansson in seinen frühen Jahren entschlossen, in eine Großstadt zu ziehen und dort einem bürgerlichen Beruf nachzugehen, so hätte er vielleicht nie jene Entwicklung genommen, die ihn zu seiner Großen Vision befähigte. Möglicherweise wäre sein angeborenes PSI-Talent verkümmert, und es wäre bei den noch nicht sonderlich spektakulären Schauungen seiner Pubertät geblieben, als er den ersten paranormalen Schub erfuhr. So aber, weil der Bauernsohn aus Mosjöen mit seiner Familie zum Nordkap auswanderte und damit in eine Umgebung kam, die ideal für die weitere Ausbildung seiner Gabe war, wurde er zum herausragenden Hellseher. Die einsame und grandiose Landschaft jenseits des Polarkreises sensibilisierte seine Psyche noch mehr als das flache und zudem etwas dichter besiedelte Küstenland von Västerbotten; die geophysikalischen Besonderheiten der Region Finnmarken bewirkten dann im Lauf der Jahrzehnte eine zusätzliche Stimulation seiner PSI-Fähigkeiten – und unter Umständen nutzte der Eismeerfischer das natürliche Phänomen der „Wasseradern" oder „Erdstrahlen" sogar sehr bewußt.

Ähnlich wie der süddeutsche Hellseher Mühlhiasl, der über

Jahrzehnte hinweg immer wieder auf einem ganz besonderen Berg meditierte, in dessen Innerem sich inmitten eines natürlichen Quarzvorkommens ein unterirdischer See befindet, könnte auch Anton Johansson eine oder mehrere spezielle Lokationen gefunden haben, mit deren gebündelter elektromagnetischer Strahlung sein Geist besonders gut korrespondierte. Es kann noch nicht einmal ausgeschlossen werden, daß der Eismeerfischer selbst sein bescheidenes Wohnhaus am Laxefjord über einem derartigen „Kraftplatz" errichtete; die Tatsache, daß er gerade dort seine Große Vision empfing, würde dafür sprechen. Auf jeden Fall aber muß ein dermaßen naturverbundener Mensch wie Anton Johansson ein untrügliches Gespür für „Erdstrahlen" und „Wasseradern" gehabt haben. Wie andere Sensitive auch wird er sich schon instinktiv von solchen Plätzen angezogen gefühlt haben, um dann ihre Kraft auf sich einwirken zu lassen – und möglicherweise standen ihm dabei sogar Menschen eines Volkes zur Seite, das derartige Orte aus spirituellen Gründen bereits seit Jahrtausenden aufsuchte.

*****

Wie bereits im vorangegangenen Kapitel erwähnt, ist die Region Finnmarken bis heute zu einem Drittel von Lappen besiedelt; zu Lebzeiten des Eismeerfischers lag ihr Bevölkerungsanteil noch bedeutend höher. Dieses geheimnisvolle Volk bewohnte bis ins 16. Jahrhundert ganz Finnland sowie die skandinavischen Gebirgsregionen und benutzte eine mittlerweile ausgestorbene Sprache, die sich von allen anderen europäischen Idiomen unterschied. Die Ethnologen können nicht definitiv sagen, woher die Samen, so ihr eigentlicher Name, ursprünglich kamen; ebensowenig lassen sie sich rassisch einordnen. Einigermaßen sicher ist nur, daß diese

Der Eismeerfischer Anton Johansson

Rentierherde in Lappland

braunhäutigen, dunkelhaarigen und relativ kleingewachsenen Nomaden oder Halbnomaden irgendwann in grauer Vorzeit aus Osteuropa einwanderten, wobei sie wahrscheinlich den wilden Rentierherden folgten, die sie später domestizierten. Noch in unseren Tagen ziehen die Lappen mit diesen sanftäugigen Renhirschen über die nordeuropäischen Tundren, und dort, wo sie von den oft negativen Einflüssen der modernen Zivilisation verschont blieben, haben sich auch ihre traditionellen heidnischen Wertvorstellungen bis heute erhalten.

Träger der samischen Naturreligion sind die Schamanen: medial veranlagte Frauen und Männer, die neben ihrer priesterlichen Tätigkeit auch die Aufgaben von Heilern, Psychologen, Lehrern – und Hellsehern wahrnehmen. Wenn diese Sensitiven einen Blick in die Zukunft tun wollen, versetzen sie sich entweder durch besondere Tänze in Trance, wobei auch pflanzliche Drogen eine Rolle spielen können; oder aber sie suchen bestimmte Heilige Plätze auf, lassen deren

Ausstrahlung auf sich einwirken und meditieren in diesen Kraftfeldern so lange, bis sich eine Vision einstellt.

Anton Johansson, der jahrzehntelang in Finnmarken lebte und mit Sicherheit nicht nur flüchtige Kontakte zu den Lappen pflegte, könnte nun vom einen oder anderen Schamanen sehr wohl als spirituell ebenbürtiger Mensch erkannt worden sein. In diesem Fall wäre höchstwahrscheinlich Wissen um paranormale Praktiken ausgetauscht worden, und ein Indiz dafür ist die Tatsache, daß der Eismeerfischer, nachdem er sich am Laxefjord niedergelassen hatte, als Geistheiler tätig wurde. Johansson, der die entsprechende Gabe zuvor offenbar noch nicht besessen hatte, nahm sich seiner kranken Mitmenschen damit auf genau dieselbe Weise an, wie sie sehr erfolgreich auch von den samischen Inspirierten praktiziert wurde, und das kann eigentlich nur bedeuten, daß er von Schamanen angelernt worden war.

Offenbar brachten sie ihm bei, wie er seine latent schon immer vorhandenen psychischen Fähigkeiten auch im „medizinischen" Bereich anwenden konnte. Im Prinzip wurde er dazu ausgebildet, seine überragende geistige Energie in kranke Körper (und ebenso Seelen) einströmen zu lassen, wodurch seine Patienten neue Lebenskraft im wahrsten Sinne des Wortes erhielten. Wie die Überlieferung besagt, erzielte der Eismeerfischer mit dieser Methode abseits der Schulmedizin ganz erstaunliche Heilerfolge, was letztlich wieder für seine schamanischen Lehrer spricht, die offenbar alles andere als Scharlatane waren. Wenn sich dies aber so verhielt, dann wäre es eigentlich nur logisch, daß Anton Johansson die Hilfe dieser Menschen auch in Anspruch nahm, um sich als Seher weiterzuentwickeln – denn auf dieser Ebene des Paranormalen verfügten die weisen Frauen und Männer der Lappenstämme ebenfalls über jahrtausendelange Erfahrung.

Uraltes Wissen eines geheimnisvollen Naturvolkes, dessen initiierte geistige Führer noch aus der ganzen Fülle des anderswo längst ausgerotteten Heidentums zu schöpfen vermochten, hätte sich dann mit der starken, aber noch nicht in letzter Konsequenz zielgerichteten seherischen Potenz eines christlich erzogenen weißen Europäers verbunden. Die samischen Schamanen hätten in diesem Fall die bis dahin eher „wild wuchernde" Gabe ihres Schützlings veredelt und sie erst so zu ihrer vollen Blüte gebracht – und genau das könnte der letzte und entscheidende Erkenntnisschub im Leben des Eismeerfischers gewesen sein, der ihn schließlich zu seiner Großen Vision befähigte.

Für diese Annahme spricht zusätzlich das Verhalten Johanssons gegenüber verschiedenen Staatsoberhäuptern und auch der deutschen Regierung der Weimarer Republik. Wieder und wieder – weil er eine Berufung zu erfüllen habe, wie er selbst sagte – bemühte sich der Eismeerfischer, den Monarchen und Staatsmännern seiner Zeit die Folgen einer verfehlten, weil stets nur machtorientierten und damit den natürlichen Gesetzen des Lebens zuwiderlaufenden Politik klarzumachen. Er handelte darin nicht anders als der 1992 verstorbene indianische Visionär Sun Bear, der bei seinem Volk der Chippewa die Funktion eines „Medizinmannes", also Schamanen, erfüllte und ebenfalls eine Reihe beschwörender Appelle zur Umkehr an die Mächtigen dieser Erde richtete.

Es scheint von daher tatsächlich so, als wären sowohl der indianische Prophet als auch Anton Johansson „Sprachrohre" eines anderen, höher entwickelten Bewußtseins gewesen, das sich durch sie vernehmbar machen wollte, um die moderne Welt vor einer entsetzlichen Katastrophe zu bewahren. Ein derartiges Bewußtsein aber konnte Johansson unmöglich aufgrund seiner rudimentären Erziehung in einer schwedischen Dorfschule mit obrigkeitshörigen protestantischen Lehrern entwickelt haben, sondern nur im Kontakt mit Menschen von ungleich wertvollerer geistiger Substanz – eben den Schamanen, deren Blick weit über den Tag hinausreichte, die deshalb eine große und gefährliche Entwicklungslinie der Menschheit zu erkennen vermochten und dieses fatale Wissen mit dem Eismeerfischer teilten.

Wenn wir nun die genaueren Umstände von Anton Johanssons Großer Vision, mit der er seine volle prophetische Kraft erreichte, näher unter die Lupe nehmen, so wird einmal mehr deutlich, daß sich hier etwas abspielte, was wiederum starke schamanistische Züge trägt.

*****

Der Eismeerfischer erlebte seine erschütternde Schauung, die bis ins dritte Jahrtausend reichte, am 14. November 1907. Zu dieser Jahreszeit, kurz vor der Wintersonnenwende, herrscht nördlich des Polarkreises vierundzwanzig Stunden täglich Dunkelheit. Die Stimmung ist über Wochen und Monate hinweg so unwirklich wie auf einem anderen Planeten; die Abläufe des menschlichen Metabolismus verlangsamen sich, auch alles andere Leben scheint wie gelähmt zu sein. Gleichzeitig fördern aber gerade solch äußere Umstände die Fähigkeit von Sensitiven, in Trance zu fallen – und so geschah es an jenem 14. November auch Anton Johansson.

Wir müssen uns den damals 49jährigen unverheirateten Mann vorstellen, wie er einsam in seinem kleinen Holzhaus am Laxefjord saß. Er fand in dieser Nacht, die kein Ende nehmen wollte, keinen Schlaf; draußen, über der menschenleeren Landschaft, lastete absolute Stille; selbst der Wind war schon lange erstorben. Das einzige Geräusch, das sich vernehmen ließ, war das Knistern der Kohlen im Kanonenofen; ein wenig zusätzliche Wärme spendete die Petroleumlampe auf dem Tisch. Reglos kauerte der Eismeerfischer auf der

Bank, starrte in die züngelnde Flamme, Stunde um Stunde nun schon. An ein Lagerfeuer der Samen, weit draußen in der Tundra, erinnerte sie ihn ...

Dann, ganz unvermittelt, widerfuhr ihm das, was später von anderen als „Christuserscheinung" bezeichnet wurde. Anton Johansson selbst hingegen schilderte das Phänomen so: Er habe eine strahlende, überirdische Gestalt erblickt und sei von ihr emporgetragen worden, so daß er den Planeten Erde wie aus gewaltiger Höhe zu überblicken vermochte. Von dieser entrückten Warte aus habe er – einsetzend mit dem Ersten Weltkrieg – das künftige Geschehen seines eigenen, des 20. Jahrhunderts, erschaut und dann noch eine große Zahl weiterer dramatischer Ereignisse gesehen, die bis ins dritte Jahrtausend reichen.

Mit dieser Großen Vision des Eismeerfischers werden wir uns später noch sehr ausführlich beschäftigen; an dieser Stelle muß zunächst die Frage gestellt werden, was sich in der Psyche Anton Johanssons abspielte, als er seine umfassende Präkognition erlebte.

Es sind die beiden einführenden Elemente seiner Schilderung, die den Schlüssel zum Verständnis beinhalten. Zum einen sprach Anton Johansson von einer „strahlenden, überirdischen Gestalt", die ihn während seiner Trance emporgetragen habe; zum anderen erwähnte er, er habe, während die Vision auf ihn einstürmte, eine Position hoch über dem Blauen Planeten eingenommen.

Das Frappierende an diesen Aussagen ist die Tatsache, daß sie sich mit einschlägigen Berichten anderer herausragender Propheten decken. Alois Irlmaier etwa hatte im Jahr 1928 in einer Bauernstube des österreichischen Salzkammergutes seine berühmte „Madonnenerscheinung" – in Wahrheit sein entscheidendes Initiationserlebnis, in dessen Verlauf eine hell strahlende Muttergottesfigur im Kreis von zwölf „Heiligen" aus einem Gemälde herauszutreten schien. Die dreizehn Gestalten tanzten auf seltsame Weise, ehe sie wieder zu unbeweglichen Figuren wurden. Und seit jener Stunde gab es dem bayerischen Hellseher immer wieder einen „Riß", wie er selbst es ausdrückte. Etwas Undefinierbares packte ihn; er fiel in eine Art Trance und „sah" im nächsten Moment einen Wirbel zukünftiger Ereignisse, die sich ebenfalls auf das dritte Jahrtausend bezogen.

Im Prinzip auf die gleiche Art erfolgte die endgültige Erweckung der mittelalterlichen Visionärin und Mystikerin Hildegard von Bingen. Sie beschrieb den entrückten Zustand, in dem ihr Drittes Auge sich öffnete, mit folgenden Worten: „Das Licht, das ich schaue, ist nicht an den Raum gebunden. Es ist viel lichter als eine Wolke, welche die Sonne in sich trägt. (...) Es wird mir als der Schatten des lebendigen Lichts bezeichnet. Und wie Sonne, Mond und Sterne im Wasser sich spiegeln, so leuchten mir Schriften, Reden, Kräfte und gewisse Werke des Menschen in ihm auf."

Auch verschiedene indianische Seher berichteten von solch überirdischen Lichterscheinungen, aus deren kaum erträglichem Leuchten ihnen präkognitive Kraft zuwuchs. Ähnliches gilt für die Propheten Henoch, Elija und Ezechiel der jüdischen Bibel, und nicht anders als die nordamerikanischen Schamanen sprachen sie außerdem davon, daß sie während ihrer großen Schauungen in „die Himmel entführt" oder „auf feurigen Wagen unendlich hoch über die Wolken getragen" wurden, bis – wie es bei Elija heißt – „das Meer einem Backtrog glich".

Exakt dasselbe sagte aber nun Anton Johansson; auch er sah sich mit jener „„magischen" Lichtgestalt konfrontiert und schien in extremer Höhe über dem Planeten Erde zu schweben, und von dieser entrückten, „andersweltlichen" Warte aus sah er sodann die wichtigsten Ereignisse der kommenden

Jahrhunderte ähnlich wie in einem Zeitrafferfilm vor sich abrollen.

In der Psyche des Eismeerfischers spielte sich also etwas ab, was in der Prophezeiungsliteratur Europas und anderer Kontinente seit Jahrtausenden dokumentiert ist und dabei im Prinzip stets identische Muster zeigt. Auf die gleiche Weise wie die biblischen Propheten, die schamanische Techniken nach hebräisch-heidnischer Tradition nutzten, und nicht anders als die indianischen „Medizinmänner", deren Können ebenfalls auf diesen uralten Praktiken beruhte, erreichte Anton Johansson einen extrem sensibilisierten Bewußtseinszustand, der ihm seine umfassende Vision ermöglichte.

Im wahrsten Sinn des Wortes erschien ihm der „Große Geist", wie die Ureinwohner Amerikas dieses durchaus metaphysische Phänomen bezeichnen würden, hob ihn zu sich empor und öffnete ihm das Dritte Auge weit wie nie. Die Fähigkeit, sich der Kraft des „andersweltlichen" Lichtes hinzugeben und sich von ihr tragen zu lassen, hatte der Eismeerfischer durch seine bereits jahrzehntelange Erfahrung als Medium und seinen innigen Einklang mit der Natur erlangt. Zusätzlich hatte er aber ganz ohne Zweifel Hilfe von den Schamanen Nordeuropas bekommen: den weisen Männern oder Frauen der Lappen, welche das Leuchten tiefster Erkenntnis, das vom Antlitz des Göttlichen abstrahlt, schon seit Urzeiten kennen und ihrem Schützling den Pfad zur Fülle des Lichts gewiesen hatten.

Am 14. November 1907, in jener unwirklichen und totenstillen Polarnacht, erklomm Anton Johansson den Kulminationspunkt des steilen und beschwerlichen Weges, auf dem er nun schon so lange gewandert war. Er durchlitt seine Große Vision und wurde sich gleichzeitig der Aufgabe bewußt, die er gegenüber der Menschheit zu erfüllen hatte. Er, der einfache Kleinbauer und Fischer, sollte zur warnenden Stimme vor einem drohenden „Harmageddon" werden.

Wie wir nun anschließend sehen werden, kündigte sich das Verhängnis bereits vor Ausbruch des Ersten Weltkriegs, welcher die einleitende der drei entsetzlichen, von Anton Johansson vorhergesagten Menschheitskatastrophen darstellte, mit sehr deutlichen Menetekeln an – und auch diese Vorzeichen hatte der Eismeerfischer erschaut, ehe sie schreckliche Realität wurden.

DIE WARNUNG DES EISMEERFISCHERS VOR DEM UNTERGANG DER TITANIC UND ANDERE SPEKTAKULÄRE SCHAUUNGEN

Ehe wir uns Anton Johanssons Großer Vision zuwenden, sollen in diesem Kapitel einige spektakuläre Schauungen vorgestellt werden, die entweder schon vor dem 14. November 1907 erfolgten und sich später bewahrheiteten oder Ereignisse betrafen, die noch vor Ausbruch des Ersten Weltkrieges eintraten. Der Eismeerfischer wies sich aufgrund dieser Prophezeiungen, die unmittelbar nach der Jahrhundertwende erfolgten, als herausragender Präkognitiver aus.

Jede der nun folgenden Katastrophenwarnungen ist für die Zeit vor dem Eintreffen des jeweiligen Ereignisses einwandfrei bezeugt.

Der Vulkanausbruch von St. Pierre

Die Insel Martinique gehört zur Gruppe der Kleinen Antillen in der Karibik und wurde 1502 von Kolumbus entdeckt. Exakt vierhundert Jahre lang lebten ihre Bewohner – von

Übergriffen zunächst der spanischen und später französischen Kolonialherren abgesehen – friedlich. Sie ernteten Bananen und Zuckerrohr und brannten Rum für den Export – doch dann passierte in den heißesten Tagen des Sommers 1902 urplötzlich die schreckliche Katastrophe.

Der Vulkan Mont Pelé, an dessen Fuß die Inselhauptstadt Saint-Pierre mit ihren damals rund dreitausend Einwohnern lag, brach unvermittelt aus und überschüttete die Ansiedlung samt ihrem Umland mit einem Hagel glühender Steine, den sogenannten Lapilli. Wenig später strömte eine Lavaflut aus dem Schlot des feuerspeienden Berges und begrub Saint-Pierre sowie große Teile der Insel unter sich. Da die Menschen kaum eine Möglichkeit zur Flucht von Martinique hatten, waren zuletzt etwa 40.000 Todesopfer zu beklagen. Selbst viele von denen, die sich mit kleinen Booten aufs Meer hinaus zu retten versucht hatte, starben, weil die Lapilli und dazu der hohe Seegang ihre Nußschalen sinken ließen. Die Haie vor den Küsten feierten wahre Freßorgien, und als die Nachricht von der Katastrophe in Europa anlangte, sorgte das Massensterben in der Karibik für einen ungläubigen Schock.

Einer freilich hatte bereits Wochen vorher vor dem Vulkanausbruch am anderen Ende der Welt gewarnt. Der Eismeerfischer Anton Johansson hatte das schreckliche Unglück in einer Wahrschau vorhergesehen und mit verschiedenen Leuten im kleinen Hafen am Laxefjord darüber gesprochen. Und später, als Zeitungen mit entsprechenden Berichten auch nach Finnmarken gelangten, erinnerten sich die Fischer und Bauern am Nordkap wieder an Johanssons Worte ...

Das Erdbeben von San Fancisco 1906

Das Erdbeben von San Francisco

Auch diese Katastrophe erblickte der Eismeerfischer bereits einige Zeit zuvor. Unvermittelt fiel er im Jahr 1906 in Trance, nannte den Namen der kalifornischen Stadt und sprach davon, daß die Erde sich öffnen würde, um Menschen und Gebäude zu verschlingen.

In der Tat kam es nur wenige Wochen später zu der verheerenden Erdbebenkatastrophe von San Francisco. Es hatte eine Intensität von 8,2 Punkten auf der Richterskala, forderte mehrere tausend Tote und Verletzte und richtete außerdem gewaltigen Sachschaden an. Entlang der Bruchzone, von der die seismischen Erschütterungen ausgegangen waren, kam es zu kilometerlangen Verwerfungen. In der Erde rissen Abgründe auf; ganze Straßenzüge und Baumreihen verschwanden in der Tiefe oder wurden zusammen mit Zäunen und Gebüschstreifen meterweit versetzt. Eine Woche danach, als San Francisco von einem Nachbeben heimgesucht wurde, kam es zu einer Reihe schwerer Erdrutsche, und wieder waren immense Zerstörungen und Menschenleben zu beklagen.

Der Erdbeben von Messina

Eine weitere Naturkatastrophe dieser Art ereignete sich 1908 in der Gegend der italienischen Provinzhauptstadt Messina auf Sizilien, und auch diesmal hatte Anton Johansson wenige Tage zuvor eine entsprechende Vision gehabt.

Als der von der Sonne ausgeglühte Boden der Insel zu schwanken begann, Klüfte aufbrachen und ganze Felslawinen von den Bergflanken herabstürzten, gerieten Hundert-

Die Erdbebenkatastrophe in Messina 1908

tausende in Panik. Verzweifelt versuchten sie zu fliehen, trotzdem wurden vor allem die Straßenschluchten Messinas und die zusammenkrachenden Gebäude der umliegenden Ortschaften für 84.000 Menschen zur tödlichen Falle. In der Provinzhauptstadt selbst zerstörte das verheerende Erdbeben zudem 91 Prozent aller Häuser. Es dauerte Monate, bis die letzten Leichen geborgen waren, und ebensolange kämpften die Ärzte gegen die Seuchen, die noch zahlreiche weitere Opfer forderten.

Der Balkankrieg von 1912 bis 1913

Diese militärische Auseinandersetzung, die Anton Johansson bereits in seiner Großen Vision angekündigt hatte, hielt Europa von Oktober 1912 bis August 1913 in Atem. Serbien, Montenegro, Bulgarien und Griechenland hatten sich verbündet, um den türkischen Einfluß auf dem Balkan zurückzudrängen. Im Mai 1913 waren die schlecht ausgerüsteten moslemischen Armeen geschlagen, doch nun begannen die christlichen Sieger, jetzt teils im Bündnis mit den Osmanen, um die Beute zu kämpfen, was zu noch schrecklicherem Blutvergießen als in der ersten Phase des Krieges führte. Als es schließlich zum Friedensschluß von Bukarest kam, war Bulgarien völlig zerschlagen, die Türkei hatte ihre Grenzen wieder nach Westen vorgeschoben, und der neue islamische Staat Albanien entstand.

Der Eismeerfischer hatte in Briefen an verschiedene beteiligte Regierungen vor der Sinnlosigkeit der militärischen Auseinandersetzung gewarnt, doch niemand hatte ihm Gehör geschenkt.

Die Warnung vor dem Untergang der Titanic

Der Untergang der Titanic am 15. April 1912.
Anhand von Augenzeugenberichten hatte der berühmte deutsche Marinemaler Stöwer den Untergang des legendären Schiffes gemalt.

Der Untergang der Titanic

Anfang April 1912 schreckte Anton Johansson aus einem beklemmenden Traum auf. Er hatte ein außergewöhnlich großes Passagierschiff erblickt, das in den eisigen Fluten des Nordatlantik havariert war. Tausende von Menschen befanden sich in Lebensgefahr, schreiend drängten sie zu den Rettungsbooten. Dann hob sich das Heck des Dampfers steil nach oben, und das gewaltige Schiff, das den Namen Titanic trug, trat seine letzte Reise auf den Meeresgrund an ...

Mitte April erreichte die Nachricht vom Untergang der Titanic Lebesby und wenig später den Laxefjord, und einmal mehr bestätigte sich damit eine Schauung des Eismeerfischers.

Der Luxusliner, der als unsinkbar galt und das größte jemals gebaute Passagierschiff war, hatte am 10. April 1912 seine Jungfernfahrt von Southampton nach New York angetreten. In der Nacht vom 14. auf den 15. April – die Titanic befand sich mittlerweile südlich der Großen Neufundlandbank im Nordatlantik – kollidierte das mehrere hundert Meter lange Schiff mit einem Eisberg, so daß sein Rumpf aufgerissen wurde. Obwohl die Titanic über eine ganze Reihe von Sicherheitsschotts verfügte, die das Schiff angeblich selbst nach einer extremen Havarie noch schwimmfähig erhalten sollten, konnte die Mannschaft den Wassereinbruch nicht mehr stoppen. Nach wenigen Stunden begann der Luxusliner zu sinken – und nun wirkte sich ein weiteres Versagen der Konstrukteure verheerend aus.

Das Schiff, auf dessen drei Passagierdecks mehrere tausend Menschen gereist waren, verfügte lediglich über sechzehn Rettungs- und vier Faltboote. Nur etwa die Hälfte der Menschen an Bord fand darin Platz und vermochte sich im Verlauf der entsetzlichen Nacht in Sicherheit zu bringen; mehrere in der Nähe befindliche Dampfer nahmen die Schiffbrüchigen auf. Diejenigen, die zurückblieben, wurden gegen 2.20 Uhr von der sinkenden Titanic in die Tiefe gerissen; später gab die Reederei die Zahl der Opfer mit 1513 an.

*****

Der Untergang des Luxusliners stellt bis heute die schlimmste Schiffskatastrophe der Menschheitsgeschichte in Friedenszeiten dar. Gleichzeitig wurde die Titanic aber auch zum Symbol für jenen fatalen menschlichen Größenwahn, der sich einbildet, über die Natur triumphieren zu können. Ein einziger und noch nicht einmal sehr großer Eisberg genügte, um solche Vermessenheit in die Schranken zu weisen – und ganz in diesem Sinn äußerte sich auch Anton Johansson, als seine Schauung sich bestätigte.

Auch er war der Meinung, daß weder die Natur noch das Göttliche – die in letzter Konsequenz ohnehin eins sind – ungestraft herausgefordert werden dürften. Dies aber ist letztlich auch die Essenz seiner Großen Vision, die nun im folgenden Kapitel vorgestellt werden soll.

DIE GROSSE VISION DES EISMEERFISCHERS ANTON JOHANSSON

„Merkwürdige Gesichte! Die Zukunft der Völker, gesehen vom Eismeerfischer Anton Johansson aus Lebesby. Aufgezeichnet zur Erweckung und Errettung der Menschheit." So lautet der Titel des Buches, das der schwedische Ingenieur Gustafsson 1919 in Stockholm veröffentlichte. Es erlebte mehrere Auflagen in Skandinavien und erschien 1953 auch in deutscher Übersetzung. Derzeit ist das Werk sowohl hierzulande als auch in Schweden vergriffen; der Stockholmer Sverigefondens Förlag, der die verschiedenen Ausgaben bis 1953 publizierte, existiert nach den Recherchen des Autors nicht mehr.

Die vorliegende Zusammenstellung der Prophezeiungen des Eismeerfischers erfolgte auf der Basis der deutschsprachigen Buchausgabe von 1953 sowie verschiedener Sammelwerke (Backmund, Bekh und Schaller; Näheres siehe Literaturverzeichnis), in denen die Visionen während der vergangenen Jahrzehnte mehr oder weniger vollständig präsentiert wurden. Da die verschiedenen deutschen Übersetzungen sich sprachlich unterscheiden, wurde vom Autor eine neue, der modernen Diktion angepaßte Version erarbeitet, die sich selbstverständlich streng an die inhaltlichen Aussagen des zugrundeliegenden Originals hält. Durch die Methode, alle verfügbaren Quellen heranzuziehen, ergab sich ferner die Möglichkeit, den Kanon der Weissagungen Anton Johanssons gegenüber diversen und teilweise verkürzten deutschen Varianten in Anthologien wieder zu komplettieren.

Da Gustafsson den Eismeerfischer in seinem Werk selten zitierte und statt dessen die Schauungen Johanssons mit seinen eigenen Worten wiedergab, mußte diese Technik auch in der hier angebotenen Fassung der Prophezeiungen beibehalten werden. Die eigentliche Große Vision wurde dabei konsequent aus dem Kontext von Gustafssons Buch herausgelöst; Kommentare und vor allem Interpretationen des Herausgebers wurden in keinem Fall berücksichtigt. Denn diese Textpassagen, die vor allem in der deutschsprachigen Buchausgabe von 1953 enthalten sind, gefallen sich über weite Strecken darin, sektiererisches religiöses Gedankengut oder eine suspekte Weltanschauung zu verbreiten, wobei Gustafsson selbst vor judenhasserischen Tiraden nicht zurückschreckte.

Im Sinne des Eismeerfischers, der bereits im Januar 1929 verstarb, war das gewiß nicht. Wie alle großen Propheten wollte Anton Johansson vor Fehlentwicklungen warnen und wäre deshalb nie nationalistische oder rassistische Irrwege gegangen. Vielmehr schilderte er die Geschehnisse vom Ersten Weltkrieg bis weit in das dritte Jahrtausend hinein von einer objektiven Warte aus: ausgesprochen sachlich und oft mit beinahe nüchternen Worten.

Wie in der Einleitung zu diesem Buch bereits ausgeführt, haben die Schauungen schwerpunktmäßig mit jenem geographischen Raum zu tun, der heute Kerngebiet der NATO ist, also dem hochindustrialisierten Teil Europas und den USA. Aus verständlichen Gründen blieben dem Eismeerfischer in erster Linie diese Teile seiner Großen Vision vom 14. November 1907 im Gedächtnis haften. Geschehnisse in anderen Erdteilen, die er nach eigenen Angaben damals ebenfalls erblickte, verschwanden hingegen sehr schnell wieder aus seiner Erinnerung, so daß sie auch nicht aufgezeichnet werden konnten. Was jedoch schriftlich festgehalten wurde, reicht aus, um Anton Johansson als einen herausragenden Propheten der Neuzeit zu qualifizieren.

Zahlreiche Aussagen des Eismeerfischers, die 1907 gemacht wurden, sich auf das 20. Jahrhundert bezogen und mittlerweile eingetroffen sind, beweisen seine außergewöhnliche hellseherische Kraft. Sie werden im ersten Teil des nun folgenden Kanons aufgeführt; wo nötig, sind kurze Erklärungen des Autors in Klammern beigefügt. Im zweiten Teil folgen, hier vollständig mit Erläuterungsversuchen versehen, Johanssons Weissagungen für das 21. Jahrhundert, die sich am „Eckpfeiler" eines Dritten Weltkrieges und der damit verbundenen Kataklysmen festmachen lassen.

Die Prophezeiungen des Eismeerfischers für das 20. Jahrhundert

Anfang Juli oder im August 1914 bricht ein weltweiter Krieg aus.

***

Die russischen Armeen fallen nach Ostpreußen ein und richten schwere Verheerungen an.

***

Während des Ersten Weltkrieges kämpfen englische Soldaten in Irland.

(1916 wurde der Osteraufstand von Dublin durch britische Truppen blutig niedergeschlagen.)

***

Zur Zeit, da in Europa die Materialschlachten toben, wird auch Jerusalem militärisch erobert.

(Jerusalem wurde 1917 von den Briten besetzt; ab 1922 war die Stadt Sitz der britischen Mandatsregierung für Palästina.)

***

In Rußland kommt es 1917 zu einer großen Revolution. Das Zarenhaus wird gestürzt. Finnland gewinnt im selben Jahr seine Unabhängigkeit.

(Die Aussagen über die russische Oktoberrevolution sind eindeutig. Was Finnland angeht, so hatte es von 1809 bis 1917 zum Zarenreich gehört; am 6. Dezember 1917 erhielt das Land dank der Revolution seine Eigenständigkeit zurück.)

***

Auf dem Höhepunkt des Weltkrieges greifen die Vereinigten Staaten von Amerika ein.

***

Im Jahr 1918 erfolgt der Friedensschluß.

***

1918 erhebt sich das Volk gegen die Herrscherhäuser in Österreich und Deutschland und stürzt sie.

***

In der Zeit nach dem Ersten Weltkrieg sind in den USA schwere Rassenunruhen und andere Konflikte zu beklagen.

(Hier sprach Johansson offenbar die 20er Jahre an. Zu jener Zeit machte sich in den USA ein schrankenloser Wirtschaftsliberalismus – wie auch gegenwärtig wieder – breit. Folgen dieses hemmungslosen Kapitalismus waren schlimme soziale Zusammenbrüche, wie etwa der Landwirtschaft in Oklahoma, eine daraus resultierende innenpolitische Radikalisierung und – seitens der Wohlhabenden – die Unterdrückung der Unterprivilegierten, vor allem der Schwarzen.)

Die große Vision des Eismeerfischers Anton Johansson

***

Während der dreißiger Jahre leidet Spanien furchtbar unter einem Bürgerkrieg.

***

1939 eröffnet Deutschland einen Korridor durch Westpreußen. Dies löst den Zweiten Weltkrieg aus.

(Unmittelbar vor Ausbruch des Krieges marschierte die deutsche Wehrmacht ins Memelgebiet ein. Hitler verlangte von Polen den Anschluß Danzigs an das Reich und die Öffnung eines Korridors, der die Stadt mit dem weiter westlich liegenden deutschen Territorium verbinden sollte. Daraufhin führte die polnische Armee eine Teilmobilmachung durch, die dem Naziregime einen der Anlässe zur Kriegserklärung gegen Polen gab.)

***

Norwegen wird 1940 von deutschen Truppen besetzt, die dadurch England in Schach halten wollen.

***

Rußland wird zu einem großen Teil von den deutschen Armeen erobert.

***

Während des Zweiten Weltkrieges macht sich Kroatien fürchterlicher Greueltaten schuldig. Besonders Serben und Rumänen leiden unmenschlich.

(In Kroatien hatte sich zur fraglichen Zeit das katholische klerikal-faschistische Ustascharegime etabliert, das von 1941 bis 1943 mit Billigung Hitlers und des Papstes eine Ausrottungspolitik gegenüber zumeist serbischen Orthodoxen, Juden und vor allem rumänischen Zigeunern betrieb. In den Konzentrationslagern der Ustascha fanden etwa 800.000 Menschen den Tod. – Siehe dazu auch den Band „Malachias" dieser Buchreihe und die darin enthaltenen Ausführungen über den Papst Pius XII.)

***

Am Ende des Krieges wird Deutschland gekreuzigt werden.

(Diese Metapher Johanssons ist besonders frappierend. Denn nach dem Waffenstillstand 1945 wurde Deutschland in vier Besatzungszonen aufgeteilt, deren Demarkationslinien in der Tat wie ein Kreuz über dem Land lagen.)

***

Nach dem Zweiten Weltkrieg wird Deutschland jahrzehntelang in zwei Teile zersplittert sein.

***

Großbritannien und Holland kämpfen in Asien und verlieren ihre indischen Kolonien.

(1947, nachdem Gandhi zum gewaltlosen Widerstand aufgerufen hatte, erhielt Indien – nach schweren militärischen Übergriffen der Europäer – seine Unabhängigkeit.)

***

Im Jahr 1948 kehrt das jüdische Volk nach Jerusalem heim.

(In jenem Jahr erfolgte die Gründung des Staates Israel.)

***

Ab 1953 herrscht der Kommunismus in vielen Ländern der Erde.

(Der Warschauer Pakt wurde zwar erst 1955 geschlossen, doch das entsprechende Staatenbündnis existierte bereits zu der von Johansson angegebenen Zeit. Zudem hatten sich kommunistische Regime in vielen Staaten der dritten Welt etabliert.)

***

Es kommt zu schweren Grubenunglücken und Überschwemmungen in Deutschland.

(Man assoziiert sofort das Bergwerksunglück von Lengede und die Hamburger Hochwasserkatastrophe, welche die junge Bundesrepublik in Atem hielten.)

***

In Skandinavien werden sozialistische Regierungen an die Macht gelangen.

(Vor allem Schweden spielte bei der Durchsetzung der Sozialdemokratie in Europa eine Vorreiterrolle.)

***

Rußland täuscht die Welt, indem es in der zweiten Hälfte des Jahrhunderts für den Frieden spricht, aber selbst mit allen Kräften aufrüstet.

***

Eine irische Organisation hält in der zweiten Hälfte des Jahrhunderts England durch blutige Anschläge in Atem.

(Diese Aussage bezieht sich eindeutig auf die katholische IRA und ihre Attentate bis zur unmittelbaren Gegenwart.)

***

In Spanien kämpft das Volk der Basken für seine Unabhängigkeit.

***

Jugoslawien und Italien leiden schwer unter großen Erdbebenkatastrophen.

Das Erdbeben in Umbrien am 26. September 1997. Ein Mann vor seinem völlig zerstörten Haus.

(Gemeint sind offenbar die Erdbeben von Skopje im Jahr 1963 und in den italienischen Provinzen Umbrien und Marken 1997.)

***

Nach dem ersten Krieg auf dem Balkan in den Jahren 1912 und 1913 kommt es dort kurz vor dem Ende des Jahrhunderts noch einmal zu schrecklichen Greueltaten.

(Ein sehr deutlicher Hinweis auf den Bosnienkrieg und die fatale Entwicklung im Kosovo.)

***

Ehe das Jahrhundert endet, treten in Europa und den Vereinigten Staaten bei Mensch und Tier bisher nie gekannte Krankheiten auf.

(Ohne Zweifel sind damit AIDS und die Rinderpest gemeint.)

Die Prophezeiungen des Eismeerfischers für das neue Jahrtausend

Zwischen Frankreich und Spanien bricht vor dem Dritten Weltkrieg ein bewaffneter Konflikt aus.

(Dies klingt derzeit sehr unwahrscheinlich, doch auch in Jugoslawien hielt man den Frieden noch vor wenigen Jahren für absolut sicher.)

***

Es kommt zu Bürgerkriegen in Schweden, Frankreich und Rußland.

(Eine solche Entwicklung zeichnet sich zur Jahrtausendwende tatsächlich schon ab: Schweden leidet unter einer ausgesprochen gefährlichen Bandenkriminalität, gegen die der Staat zunehmend machtlos ist. In Frankreich gibt es schwere Differenzen zwischen der eingesessenen Bevölkerung und zugewanderten Moslems. Durch den Zerfall der UdSSR in Dutzende rivalisierender Länder ist ein außerordentlich gefährliches Konfliktpotential entstanden.)

***

Auch in Wales sind bürgerkriegsähnliche Unruhen zu beklagen.

(Cymru im Westen Britanniens befindet sich nach dem Referendum von 1997, ebenso wie Schottland, auf dem Weg zu einer keltisch definierten Autonomie. Im Südosten des Landes, wo der englische Bevölkerungsanteil sehr hoch ist, könnte es daher zu Spannungen kommen.)

***

Rußland wird einen Teil seines Territoriums an China verlieren.

(Beide Staaten kämpften 1947 bereits um die Innere Mongolei; der Konflikt könnte nun, da die ehemalige

UdSSR nicht mehr kommunistisch ist, um so schärfer ausbrechen.)

***

China führt auch gegen Indien Krieg und wird zuletzt weite Landstriche des Subkontinents kontrollieren. Vor allem die Region um Delhi leidet furchtbar; etwa 25 Millionen Menschen werden dort durch biologische Waffen getötet werden. Der Bakterienkrieg löst außerdem entsetzliche, bislang nicht bekannte Seuchen anderswo aus.

(Hier drängt sich unwillkürlich der Gedanke auf, daß Indien und Pakistan, welche die Welt erst kürzlich durch Atombombenversuche schockierten, sich gegenseitig destabilisieren könnten, was für China möglicherweise die entscheidende Herausforderung zur Aggression wäre.)

***

Rußland unternimmt einen Angriff auf Skandinavien. Er erfolgt von Archangelsk aus über das Nordkap.

(Damit wäre der Zeitpunkt erreicht, an dem man vom Dritten Weltkrieg sprechen müßte, denn die bislang noch auf Asien beschränkten Kampfhandlungen würden sich nun auch auf Europa ausweiten, und damit wäre die NATO herausgefordert.)

***

Einige Monate vor dem russischen Überfall auf Skandinavien verwüstet ein entsetzlicher Orkan große Teile Nordeuropas. Der Angriff selbst erfolgt im Sommer; zu einer Jahreszeit, da in den Gebirgen Norwegens noch kein Schnee gefallen ist. In Schweden ist in diesem Jahr eine sozialistische Regierung an der Macht.

(Zwar gibt Anton Johansson keine Jahreszahl für den faktischen Ausbruch des Dritten Weltkrieges an, ansonsten sind seine Aussagen aber sehr präzise und – was den Zeitpunkt für den Angriff angeht – auch nachvollziehbar, denn nur während der Sommermonate wäre ein militärischer Vorstoß von Archangelsk aus über das Nordkap möglich.)

***

Dänemark bleibt von der Aggression gegen Skandinavien verschont.

(Möglicherweise deshalb, weil dieses kleine Land in einem globalen Krieg strategisch zu unbedeutend ist.)

***

Persien und die Türkei werden von den Russen erobert; es geht bei diesem Krieg vor allem um die Ölvorkommen im Mittleren Osten.

(Es wäre logisch, wenn Rußland und weitere Länder der ehemaligen UdSSR sich aus militärischen Gründen die dortigen Erdölressourcen zu sichern versuchten.)

***

Russische Armeen stoßen auf den Balkan vor, und die Länder dort werden verheerend geschlagen.

(Dieser Schritt erfolgt vielleicht, weil die Europäische Gemeinschaft es auch zu Beginn des dritten Jahrtausends nicht schaffte, auf dem Balkan für Frieden zu sorgen.)

***

Auch in Italien bricht nun ein Krieg aus. Gleichzeitig kommt es dort zu schweren Naturkatastrophen, so daß Abermillionen Menschen obdachlos werden.

(In der Tat könnte ein Konflikt auf dem Balkan blitzschnell auf die italienische Halbinsel überschwappen, und die Kriegshandlungen könnten noch schlimmere Erdbeben als 1997 auslösen.)

***

Ein Angriff aus Osten, wobei die Armeen zunächst Ungarn, Österreich, Norditalien und die Schweiz überrennen, richtet sich „mit der Gewalt einer Sturmflut" gegen Frankreich. Ein weiterer militärischer Vorstoß der Östlichen zielt auf Spanien.

(Geschähe dies tatsächlich, so ginge die Absicht der Aggressoren, die ja auch über Skandinavien vordringen würden, eindeutig dahin, mit einem Zangenangriff ganz Europa in ihre Gewalt zu bekommen.)

***

> *Frankreich wird „von innen und außen" erobert. Die Massenvernichtungswaffen, die in den Bunkern des Landes gelagert sind, fallen in die Hände der Aggressoren, die in Frankreich für einige Zeit eine Militärregierung installieren.*

(Die wörtliche Formulierung Johanssons, wonach die Eroberung „von innen und außen" erfolge, könnte darauf hindeuten, daß an der Aggression aus Osten starke islamische Verbände beteiligt sind, die Unterstützung durch Moslems in Frankreich bekommen.)

***

> *Von französischem Boden aus führen die Eroberer Krieg gegen England, Spanien und Skandinavien.*

(Zu diesem Zweck könnten die in Frankreich eroberten Raketen der NATO eingesetzt werden.)

***

> *Unter dem Druck der Angreifer aus Osten attackiert Frankreich den europäischen Norden. Schweden und Norwegen werden überrannt. Französische Truppen erobern Göteborg. Die genannten skandinavischen Länder werden gezwungen, große Territorien im Norden an Rußland abzutreten.*

(Damit so etwas möglich wäre, müßte in Frankreich ein totaler politischer Umschwung erfolgt sein. Aber vielleicht meint der Eismeerfischer genau das, wenn er vom „Druck der Angreifer" spricht.)

***

Ein militärischer Überfall auf Finnland führt zur Auflösung dieses Staates.

(Rußland verleibt sich Finnland, das es 1917 verlor, erneut ein.)

***

Zur selben Zeit erfolgt von Osten her ein Angriff auf Deutschland. In einem Bürgerkrieg kämpfen Deutsche gegen Deutsche.

(Schon kurz nach der deutschen Wiedervereinigung machte die anfängliche Euphorie vor allem im Osten einer immer stärkeren Enttäuschung Platz. Statt „blühender Landschaften" entstanden in den neuen Bundesländern neokapitalistische „Wüsten". Wenn diese Entwicklung sich fortsetzt, könnte es in der Tat zu einer inneren Loslösung der Ostdeutschen von der Bundesrepublik kommen, womit dann auch der von Johansson beschriebene Gewaltausbruch möglich wäre.)

***

Ähnlich wie Polen und andere ehemals kommunistische Länder Osteuropas kann aber auch Deutschland sich wieder von der Herrschaft der Aggressoren befreien.

(Das bedeutet, daß Deutschland zunächst einmal völlig in die Gewalt der Angreifer gerät; später kommt es wohl zu einem zentraleuropäischen Befreiungskampf.)

In Großbritannien bricht eine Revolution aus, die sehr blutig verläuft und bedeutend mehr Opfer fordert als der etwa zur gleichen Zeit in Deutschland stattfindende Bürgerkrieg.

(Bereits Ende des 20. Jahrhunderts sorgte die Regierung Thatcher für eine soziale Zersplitterung des Landes; es wurde eine sogenannte Zweidrittelgesellschaft etabliert. Besonders der Norden Englands mit seinen nicht länger benötigten Industrien verarmte, und die daraus resultierenden und bis heute anhaltenden Spannungen könnten zum Aufstand der Benachteiligten gegen die Privilegierten führen.)

***

Der Volksaufstand, der auf der britischen Insel begann, weitet sich schnell nach Irland aus.

(Angesichts der gegenwärtigen Situation müßte damit vor allem Nordirland gemeint sein. Unter Umständen könnte das gesamte irische Volk aber auch gegen seine ideologischen religiösen Führer und deren Organisationen auf die Barrikaden gehen, die Gräben zwischen der Republik Eire und Nordirland aufrissen.)

***

Auch im Süden von Wales, wo es bereits vor dem Dritten Weltkrieg zu Unruhen kam, herrscht jetzt Bürgerkrieg, der zahlreiche Tote kostet.

(Wie bereits weiter oben erwähnt, prallen im Südosten von Cymru walisische und englische Interessen aufeinander.)

***

Jenseits des Atlantiks kommt es zwischen den USA und Kanada zu einem militärischen Konflikt. Auslöser ist ein russischer Angriff auf Alaska und Kanada über die Beringstraße. Dadurch werden die Vereinigten Staaten daran gehindert, auf dem europäischen Kriegsschauplatz einzugreifen.

(Das denkbar Schlimmste passiert. Die Supermacht USA und Rußland, das nach wie vor über die Massenvernichtungswaffen der ehemaligen UdSSR verfügt, prallen direkt zusammen.)

***

Neue Waffen, wie kein Mensch sie je gesehen hat, richten in den USA fürchterliche Verheerungen an.

(Vermutlich werden auf dem nordamerikanischen Subkontinent atomare, biologische und chemische Waffen eingesetzt.)

***

Zudem kommt es dort zu entsetzlichen Orkanen und Brandkatastrophen. Die größten Städte des Landes gehen unter.

(Nuklearexplosionen wären imstande, die Natur dermaßen in Mitleidenschaft zu ziehen, daß sie sich nun ihrerseits gegen den menschlichen Wahnsinn aufbäumt. Die großen amerikanischen Städte müßten nicht unbedingt alle durch Atomexplosionen untergehen. San Francisco und Los Angeles, die ohnehin in stark erdbebengefährdeten Gebieten liegen, könnten allerdings auch Gefahr laufen, in einem seismischen Inferno vernichtet zu werden.)

***

Einer dieser um den halben Globus rasenden Orkane tobt zweimal – zuerst in nördlicher, dann in nordöstlicher Richtung – über die USA und erreicht anschließend Europa. Im Mittelmeerraum richtet er immense Verwüstungen an, ehe er sich in den Weiten Osteuropas verliert.

(Als Ergebnis der globalen Umweltzerstörung sind schon jetzt immer verheerendere Orkane zu beobachten. Wenn durch Atomexplosionen verursachte atmosphärische Turbulenzen hinzukämen, wäre die von Johansson geschilderte Naturkatastrophe, die den halben Erdball in Mitleidenschaft zieht, denkbar.)

***

Danach wüten die Menschenmassen der Vereinigten Staaten in zwei Bürgerkriegen gegeneinander.

(Wie es aussieht, mündet der Dritte Weltkrieg in eine allgemeine Anarchie ein. Wenn einem ersten Bürgerkrieg in den USA noch ein zweiter folgt, dauert dieser Zustand womöglich jahrelang an.)

***

Die USA zerfallen in vier oder fünf einander feindlich gesonnene Territorien.

(Nach Beendigung der Bürgerkriege existieren die Vereinigten Staaten von Amerika nicht mehr. Die Menschen, die auf dem Gebiet der ehemaligen USA mehrere kleinere Staaten gegründet haben, hassen einander. Im heutigen „Bible Belt" wäre eine Diktatur religiöser Fanatiker denkbar, die Südstaaten haben sich womöglich abermals sezessioniert; vielleicht auch haben Schwarze und Menschen lateinamerikanischer Abkunft sich ebenfalls abgegrenzt. Überlebende indianische Völker schließlich haben unter Umständen ihre frühere nomadische Existenz wiederaufgenommen. Letzteres stünde im Einklang mit indianischen Prophezeiungen, in denen die Rede von einer Rückkehr zur früheren Lebensweise nach einer schrecklichen Katastrophe ist.)

***

Während des Dritten Weltkrieges und auch später noch leiden Abermillionen Menschen unter bis dahin völlig unbekannten Krankheiten. Die Seuchen rufen unter anderem schreckliche Atemnot, Erblindung, Geisteskrankheiten und einen langsamen Zerfall des Körpers hervor.

(Sehr deutlich beschreibt der Eismeerfischer hier die furchtbaren Auswirkungen chemischer und biologischer Waffen auf Menschen, die nicht sofort getötet werden.)

***

Jeder vierte Mensch auf dem Planeten hat nach dem Dritten Weltkrieg sein Leben verloren.

(Andere Hellseher, deren Visionen von einer derartigen Globalkatastrophe sich auf Europa oder auch „nur" einzelne Länder des Kontinents beschränkten, sprachen davon, daß jeder Dritte sterben werde. Da Johansson die Katastrophe über einen sehr großen geographischen Raum hinweg erblickt, liegt seine Angabe niedriger; er berücksichtigt offenbar auch solche Regionen, die nicht unmittelbar betroffen sind.)

EIN SZENARIO DER APOKALYPSE: DIE KOMBINIERTEN PROPHEZEIUNGEN VON MÖNCH UND FISCHER

Der Mensch eignet sich „göttliche Kraft" an und macht sie sich für seine Zwecke dienstbar. Daraufhin wird „Gott sein Antlitz abwenden". Es findet ein „Ringen und Wogen statt", das alle Völker der Erde in eine entsetzliche Katastrophe stürzt.

Mit diesen Metaphern spricht der Mönch von Wismar die tiefste Ursache für den von ihm und dem Eismeerfischer Anton Johansson vorhergesagten Dritten Weltkrieg im neuen Jahrtausend an. Auslöser für „Harmageddon" ist die Vermessenheit, mit welcher die Menschheit, beziehungsweise die Mächtigen in Politik und Wirtschaft sich zu absoluten Herren über den Planeten aufzuwerfen versuchen. Sie nehmen dabei weder Rücksicht auf die Natur noch auf die für den Bestand jeglicher Zivilisation unabdingbaren Gesetze der Humanität – und genau das führt letztlich den totalen Zusammenbruch der Welt, so wie wir sie heute (noch) kennen, herbei.

In der Kombination der Visionen von Mönch und Fischer kann die große Linie dieser verheerenden Fehlentwicklung noch deutlicher als bei der getrennten Analyse der jeweiligen Weissagungen herausgearbeitet werden. Wo Anton Johansson eher sachlich „berichtet", verwendet der Kleriker um der spirituellen Substanz seiner Aussagen willen teils auch Bilder mit beinahe poetischer Ausdruckskraft und vertieft damit so manche Schauung des Eismeerfischers; beides zusammen wirkt sowohl auf der informativen als auch der intuitiven Ebene, so daß quasi eine ganzheitliche Erkenntnis möglich wird. Auf dieser Basis soll nun abschließend versucht werden, die für das kommende Millennium prophezeite „Apokalypse" aus der Perspektive beider Zukunftsseher gleichermaßen zu schildern.

*****

Bereits heute wird zunehmend klarer, daß die Industrienationen die Kräfte, die sie entfesselten, nicht mehr beherrschen können; daß sie sozusagen zu gefährlichen „Zauberlehrlingen" geworden sind. Dies gilt für die Zerstörung der Umwelt ebenso wie für das westliche Wirtschaftssystem, das sich mehr und mehr verselbständigt, für seine weitere Existenz immer stärkeres Wachstum benötigt und damit immer noch schlimmere Schäden in der Natur anrichtet. Beschädigt wird durch eine aggressiv vorangetriebene „Globalisierung" aber auch die natürlich gewachsene Identität der Völker dieses Planeten; ganz besonders in der dritten Welt, die zu einem hilflosen Opfer dieser Entwicklung geworden ist.

Durch die Schuld der Industrienationen und ihrer oberflächlichen Unersättlichkeit ist die Menschheit schon jetzt in eine arme und eine reiche Hälfte gespalten: die Östlichen und die Westlichen, wie der Mönch von Wismar es ausdrückt. Da nach dem Zusammenbruch der UdSSR in den USA und Europa zudem eine fatale Renaissance des hemmungslosen Kapitalismus erfolgte, der sich vermutlich nun immer ungenierter betätigen wird, zeichnet sich eine Linie ab, die haargenau zu der Katastrophe führen muß, wie die beiden Propheten sie beschreiben.

Nachdem es in einer Reihe von westlichen Ländern zu sozialen Unruhen und bürgerkriegsähnlichen Zuständen gekommen ist, weil durch neokapitalistische Profitgier – bis herab zur mittelständischen Ebene – der gesellschaftliche Konsens zerstört wurde, versucht China, das sich neben den USA als einzige intakte Großmacht der Erde erhalten hat, machtpolitisch mit den Vereinigten Staaten gleichzuziehen. Dazu sind Territorialgewinne nötig: Die Armeen des Milliardenvolkes, bei deren Kerntruppen es sich möglicherweise um geklonte „Rambos" handelt, fallen über Indien her und legen sich gleichzeitig mit Rußland, beziehungsweise den GUS-Staaten, an.

Diese Länder, die sich selbst in einem desolaten Zustand befinden, können China keinen ausreichenden Widerstand entgegensetzen, greifen aber jetzt in ihrer eigenen Bedrängnis die ihrerseits von inneren Turbulenzen geschüttelten NATO-Staaten Europas an. Dies geschieht nach einer Naturkatastrophe, durch die vor allem Skandinavien ohnehin schon schwer angeschlagen ist, so daß es sich als erstes Kriegsziel auf europäischem Boden anbietet. Weitere Regionen, wie Persien und der Balkan, werden zwangsläufig ins Chaos gerissen, und was sich in dieser frühen Phase des Dritten Weltkrieges abspielt, beschreibt der Mönch von Wismar in einem eindringlichen Bild von fast biblischer Ausdruckskraft so: „Feurige Drachen werden durch die Lüfte fliegen und Feuer und Schwefel speien und Städte und Dörfer vernichten." Und dann fährt er fort: „Dein Brot wird gezeichnet und zugeteilt."

Dieser letzte Satz bedeutet nichts anderes, als daß in den europäischen Industriestaaten, wo vorerst noch keine Luftangriffe erfolgen und Raketen mit ABC-Sprengköpfen einschlagen, die Nahrungsmittelversorgung, die schon lange auf tönernen Füßen stand, zusammenbricht. Dies passiert vermutlich deswegen, weil bereits während der letzten Jahrzehnte des 20. Jahrhunderts eine Politik betrieben wurde, welche die Leistungsfähigkeit der Landwirtschaft zerstörte; Bauern konnten häufig nur dann überleben, wenn sie ihre Felder nicht mehr bewirtschafteten und ihre Tiere abschlachten ließen. Da man in Europa zudem dem Beispiel der USA folgte und ab dem Ende des Jahrtausends die Agrarindustrie handstreichartig und oft ohne Wissen der Bevölkerung auf den Anbau genmanipulierter Pflanzen umstellte, könnte die vergewaltigte Natur sich im neuen Millennium mit Mutationen rächen: mit Getreide, das für den Verzehr nicht mehr geeignet ist – außerdem wäre es möglich, daß etwas Ähnliches im Bereich der Tierzucht geschieht, wo die Gentechniker sich ebenfalls zu vermeintlichen „Herren des Lebens" aufspielten, ohne die Folgen zu bedenken.

Jetzt, nach Ausbruch des Dritten Weltkrieges, bezahlen Abermillionen Hungernde für diese von gewissenlosen „Forschern" und Politikern verursachte Fehlentwicklung, und wahrscheinlich löst genau das die Revolutionen und Bürgerkriege aus, die nun – zusätzlich zu den militärischen Kampfhandlungen anderswo – in Deutschland, Frankreich, England und Italien für Blutvergießen sorgen.

Am schlimmsten trifft es Italien, wo es jetzt neben den erwähnten Heimsuchungen auch noch zu einer verheerenden Naturkatastrophe kommt. Millionen Menschen werden (durch schreckliche Erdbeben, wie schon im späten 20. Jahrhundert?) obdachlos, und das ist wohl der letzte Auslöser für ein Losbrechen der Volkswut gegen die Staatsführung und vor allem den Vatikan. Der letzte Papst wird zusammen mit vielen anderen Angehörigen der römischen Kurie gelyncht, wie Nostradamus, Alois Irlmaier und der Mühlhiasl vorhersagten. Womöglich geschieht es deswegen, weil man dem

„Stellvertreter Gottes" und seiner Kirche ein skrupelloses Paktieren mit den politischen Drahtziehern um des eigenen Machterhaltes willen und von daher eine Mitschuld an der Katastrophe vorwirft; vielleicht erfolgt die gewaltsame Loslösung vom Christentum aber auch deshalb, weil man den zerstörerischen Wahnsinn des über zwei Jahrtausende hinweg gepredigten Bibelwortes „Macht euch die Erde untertan!" erkannt hat.

Während der „Stuhl Petri" stürzt, führen die über den Balkan gegen Süd- und Mitteleuropa vorbrechenden Aggressoren ihren Angriff auf Ungarn, Österreich, Norditalien und die Schweiz durch, um von dieser Basis aus Frankreich zu erobern. Es scheint, als würden die „Östlichen" sich mit den Moslems in Paris und anderswo verbünden, so daß in Frankreich ein fundamentaler politischer Umsturz erfolgt und das Land zu einem Vorposten des Islam auf westeuropäischem Boden wird. Von dort aus weitet sich der Krieg wie ein Feuersturm nach Spanien, England und Skandinavien aus; eine weitere Front bildet sich mitten in Deutschland, dessen Ellenbogengesellschaft es nicht schaffte, die kurz vor der Jahrtausendwende erreichte politische Wiedervereinigung anschließend auch menschlich zu vollziehen.

Schlachten toben zudem auf den Meeren von Nordafrika bis zum Nordkap und unter Umständen jetzt auch schon vor den amerikanischen Atlantikküsten. Torpedos zerstören unterseeische Städte, und im Verlauf solcher Gemetzel werden Teile des Ozeans sich buchstäblich „rot von Blut färben", wie der Mönch von Wismar es in einer seiner beklemmendsten Schauungen sah.

Andere Visionäre, etwa Irlmaier oder die Sibylle von Prag, prophezeiten, daß in dieser Phase des Dritten Weltkrieges große Teile Britanniens in den Fluten versinken würden. Der indianische Seher Sun Bear wiederum sagte, die keltischen Landesteile Nordwales und Schottland würden am wenigstens zu leiden haben, weil sich die Menschen dort den Einklang mit der Natur mehr als andere Europäer bewahrt hätten. Laut den Weissagungen des Druiden Merlin aus dem fünften Jahrhundert soll nach dem endgültigen „Sieg des Roten über den Weißen Drachen" (des keltisch-heidnischen Geistes über den zerstörerischen christlichen) von diesen Ländern sogar die positive Erneuerung Europas ausgehen.

Um die Rettung der Biosphäre des Planeten geht es nun offenbar auf dem Höhepunkt des Krieges, wenn das „Volk des Siebengestirns" in das „Ringen zwischen Ost und West" eingreift. Dies geschieht im gleichen Moment, da der Dritte Weltkrieg – jetzt eventuell mehr denn je auch mit geklonten „Zombies" geführt – zur direkten Konfrontation zwischen Russen und Amerikanern in Alaska und Kanada eskaliert. Die Außerirdischen stellen sich gegen das „bärtige Volk", also gegen die weiße Rasse, beziehungsweise deren Führungsmacht USA, die in letzter Konsequenz die Hauptschuld für das Desaster auf dem Blauen Planeten tragen. Sie und ihre Vasallen haben in ihrer hemmungslosen neokapitalistischen Profitgier zahlreiche andere Völker und dazu die Natur an den Rand des Abgrunds getrieben; nun sehen die aus den Tiefen des Sonnensystems aufgetauchten UFO-Besatzungen keine andere Möglichkeit mehr, als das „Land im Westen" zu einem „Land der Zerstörung" zu machen.

Die Kämpfer von den Plejaden setzen zu diesem Zweck Waffen ein, „wie kein Mensch sie je gesehen hat"; darüber hinaus entsteht in der Zusammenschau der Prophezeiungen von Mönch und Fischer der Eindruck, als würden sie sich mit entfesselten Naturkräften verbünden: vor allem den Orkanen, die über den halben Globus rasen. Ihren letzten und entscheidenden Schlag führen die Außerirdischen gegen die nordamerikanischen Industriezentren, über denen zu diesem

Zeitpunkt wie ein Fanal der „Kranz" der UFOs steht. Danach findet der Dritte Weltkrieg mit dem Zerfall der Vereinigten Staaten sein Ende. Noch geraume Zeit leidet der überlebende Teil der Menschheit unter den Folgen der Kataklysmen; es ist jedoch anzunehmen, daß das „Volk des Siebengestirns" humanitäre Hilfe gewährt.

Denn trotz des Kampfes, den sie gegen die „Bärtigen" führten, hassen die Außerirdischen die Bewohner der Erde nicht. Vielmehr sind ihre Absichten in letzter Konsequenz menschenfreundlich, wie ihre Botschaft, die der Mönch von Wismar ans Ende seiner Vision stellte, beweist: „Gott wird sprechen zu einem Manne: Sage dem Manne mit dem weißen Kleide und dem schwarzen Gesicht: Erhebe dich von deinen Banden und sei frei vom Joche der Ungläubigen."

*****

Die Völker des Blauen Planeten bekommen also die Chance zu einem Neuanfang, und dies vermittelt Hoffnung – trotz der zutiefst erschreckenden Aussagen in den Prophezeiungen von Mönch und Fischer. Mehr noch: Sofern die Menschheit im Übergang vom zweiten zum dritten Jahrtausend fähig ist, das Ruder herumzureißen, so daß die in den Weissagungen angesprochenen Fehlentwicklungen noch rechtzeitig korrigiert werden können, muß es gar nicht zu dem geschilderten „Harmageddon" kommen. Dann nämlich hätten Anton Johansson und der Mönch von Wismar das erreicht, was sie im tiefsten wollten: Die Weltbevölkerung eindringlich zu warnen und damit den Ausbruch der Katastrophe zu verhindern.

Sibylle von Prag

DAS WELTUNTERGANGSORAKEL IN DER ANTONIKAPELLE BEI LONNERSTADT

Die eindringlichen Warnungen von „Bund Naturschutz" oder „Greenpeace" im späten 20. und frühen 21. Jahrhundert konnten, weil diese Organisationen zu wenig Gehör fanden, das Ruder nicht mehr herumreißen. Schreckliche Umweltzerstörungen haben im ersten Drittel des neuen Jahrtausends Abermillionen Hektar einst fruchtbaren Ackerlandes in Europa und auf anderen Kontinenten versteppen lassen. Nicht weniger schlimm haben sich die Genmanipulationen ausgewirkt, welche zuerst an Pflanzen, dann an Tieren und schließlich auch am Menschen durchgeführt wurden.

Zahllose junge Frauen sind steril geworden und sehnen sich vergeblich nach einem Baby. Andere werden von skrupellosen Machthabern dazu mißbraucht, Monster gebären zu müssen: halbmenschliche Wesen, die zwar körperlich extrem widerstandsfähig, aber arm an Verstand sind. Als Arbeitssklaven werden sie auf den vor Hitze glühenden und nach Chemikalien stinkenden Agrarplantagen eingesetzt, auf denen zumindest noch verseuchte Nahrung erzeugt werden kann.

Zuletzt kommt es zum Untergang dieser pervertierten Welt. Die Erdachse kippt, ein „Glutjahr" wird von einem „Flutjahr" abgelöst. Große Teile Englands versinken im Atlantik, dann erfolgt die finale Katastrophe. Ein „süßer und warmer Hauch" legt sich drückend über die Straßenschluchten der Städte und löst ein Massensterben aus. Gleichzeitig fallen, vermutlich als Folge eines Dritten Weltkrieges, Atombomben. Die Wucht der Explosionen ist dermaßen verheerend, daß die Erdkruste birst und Metropolen wie Prag spurlos in „unergründlich schwarze Tiefe" versinken.

Die Prophetin, die all dies vorhersagte, gab sogar den präzisen Zeitpunkt an, zu dem ihre letzten schaurigen Visionen Wahrheit werden sollen. Und selbst der „wandernde Grabhügel" der Hellseherin weist auf das Näherrücken der Katastrophe hin, wie die folgende „Sage" weiß:

Bei Lonnerstadt in Oberfranken (...) zwischen Siebenmorgen und Thonbrücke liegt der Wolfsgraben, ein etwa fünfzig Fuß tiefes, enges Tal. Im Wolfsgraben, da wo das Spital zu Höchstadt von alters her den Waldanteil (...) in Besitz hat, stand nach allgemeiner Sage das Schloß der Sibylla Weiß. (...) Die war eine berühmte Wahrsagerin, sie prophezeite Krieg, Viehseuche und den großen Staat der Mannsbilder und Weibsbilder. Die Weibsbilder, sagte sie, werden Mannskleider und die Mannsbilder Stöckelschuh tragen, und alles hat zugetroffen. (...)

Als ihr Ende nahte, ordnete sie an:

„Meine Leiche legt auf meinen Esel. Laßt ihn gehen, wohin er will; er wird mich zur Antonikapelle tragen. Begrabt mich so nahe wie möglich an der Antonikapelle. Wenn aber einst mein Grab von der Mauer weichen wird, so daß ein Reiter herumreiten kann, dann naht der Jüngste Tag." (...)

Die Männer öffneten nun ein Grab hart an der Kirchhofmauer, senkten den Sarg hinab und machten den Hügel. Ihr Kinder wißt, daß im Frühjahr, wenn es taut, der Sand von den Gräbern rollt und daß sie immer kleiner werden. Auch vom Grab der

Sibylle Weiß rollt der Sand, aber ihr Hügel wird nie kleiner. Als einst der Hügel von der Mauer so weit gewichen war, daß ein Mann beinahe herumreiten konnte, bangte es den Leuten vor dem Jüngsten Tag. Um ihn abzuwenden, bauten sie die Kirchhofmauer über die Mitte des Hügels. Hat aber nichts geholfen, denn er ist jetzt schon wieder so weit von der Mauer gewichen, daß ein Reiter herumreiten kann. Ich fürchte, der Jüngste Tag bricht bald an!

Längst ist das Schloß der Sibylla Weiß, das einst im Wolfsgraben südwestlich von Höchstadt an der Aisch stand, abgegangen. Nur der eine oder andere überwucherte Schutthügel zeugt in dem verwunschenen Talgrund noch von dem Adelssitz, der vor ungefähr vierhundert Jahren hier existierte. Die Erinnerung an die Prophetin selbst jedoch hat sich nicht nur in der hier auszugsweise zitierten „Sage" lebendig erhalten. Auch in anderen Überlieferungen Bayerns und Böhmens blieb die geheimnisvolle Frau mit der visionären Gabe bis heute präsent. Entweder taucht sie unter dem Namen Sibylla oder Sibylle Weiß (auch Weis) auf, oder sie wird als Sibylle von Prag – wo sie ebenfalls einen Wohnsitz besaß – bezeichnet. Auch als Seherin, „Zauberin" oder gar „Hexe" Michalda lebt sie im Gedächtnis der Menschen fort.

Ihre Prophezeiungen, die etwa zur Zeit des Dreißigjährigen Krieges einsetzten, kursierten seit dem Jahr 1616, als sie erstmals gedruckt erschienen, in ganz Mitteleuropa und überdauerten auf diese Weise Jahrhunderte. Während der Okkupation der Tschechoslowakei durch die Nationalsozialisten waren sie in aller Munde, denn die Sibylle von Prag hatte den Einfall der deutschen Wehrmacht und weitere historische Ereignisse jener Zeit nicht nur vorhergesagt, sondern sogar außerordentlich verblüffende Details genannt. Erst nach dem Zweiten Weltkrieg, als der „Eiserne Vorhang" die uralten Verbindungswege und damit auch den Dialog zwischen Deutschland und der tschechischen Heimat der Visionärin abschnitt, gerieten die uralten Aufzeichnungen weitgehend in Vergessenheit.

Heute, im Übergang vom zweiten zum dritten Jahrtausend, gewinnen die Schauungen neue Bedeutung. Sie reichen schließlich noch weit in das kommende Millennium hinein und warnen – wie bereits im einleitenden Szenario geschildert – vor entsetzlichen Fehlentwicklungen der Menschheit und einer dadurch ausgelösten grauenhaften Katastrophe, die offenbar den gesamten Planeten heimsuchen wird. Dennoch enden die Visionen der Seherin Michalda nicht in der Hoffnungslosigkeit, denn für die Epoche nach dem „Jüngsten Tag" sagt die Sibylle einen neuen geistigen und zivilisatorischen Aufbruch der Menschheit voraus. Ähnlich wie der irische Bischof Malachias, der den Untergang der Papstkirche für das 21. Jahrhundert prophezeite, sieht auch Michalda das Aufkommen einer ganz anderen Religion oder Philosophie; mit Alois Irlmaier oder Johannes von Jerusalem[1] stimmt sie darin überein, daß auf die große Katastrophe ein sehr glückliches Zeitalter folgen werde.

Die Vorhersagen, welche die Visionärin vor rund vierhundert Jahren für die zweite Hälfte des nun ausklingenden Millenniums abgab, sind beweisbar eingetroffen. Deswegen ist es sehr wahrscheinlich, daß auch jene Schauungen, die sich auf das dritte Jahrtausend beziehen, eines Tages Realität werden.

Einen recht deutlichen Hinweis auf das Datum gab die sensitive Frau unter anderem in ihrer Weissagung vom Untergang des „Nebellandes" (Näheres im Kapitel „Prophezeiungen der Sibylle Michalda für das dritte Jahrtausend") sowie durch den beklemmenden Ausspruch kurz vor ihrem Tod: Wenn der Abstand zwischen ihrem Grabhügel und der Kirchhofmauer der Antonikapelle bei Lonnerstadt so weit geworden sei, daß ein Reiter in diesem Zwischenraum Platz finde, dann sei der „Jüngste Tag" nicht mehr fern.

Schon seit geraumer Zeit befürchten die Menschen, die in der Nähe dieser Orakelstätte leben, daß die bewußte Kluft bereits groß genug sei – und sich damit auch die schrecklichsten Visionen der Sibylle von Prag erfüllen werden. Jener zutiefst rätselhaften Prophetin, die in ihrer eigenen Epoche wahrlich alle Höhen und Tiefen des Daseins erlebte, ehe sie sich auf ihr Schloß im Wolfsgraben zurückzog und dort ihre letzten Jahre verbrachte.

KOMTESS, ZIGEUNERIN UND PROPHETIN
DAS ABENTEUERLICHE
LEBEN DER SIBYLLE VON PRAG

Um 1570 wurde die Seherin geboren; zu einer Zeit, die an Dramatik nichts zu wünschen übrig ließ. In Frankreich erkämpften sich damals die reformierten Hugenotten unter Führung des Prinzen Condé und des Admirals Coligny die Freiheit ihrer Religionsausübung und verteidigten sie bis 1572 – dem Jahr, in welchem 15.000 Protestanten von den Katholiken ermordet wurden: in der sogenannten Bartholomäusnacht oder Bluthochzeit von Paris. Gleichzeitig führte Papst Gregor XIII. den nach ihm benannten neuen Kalender ein, und Don Juan d'Austria, der Bastard des spanischen Königs und deutschen Kaisers Karl V., besiegte in der legendären Seeschlacht von Lepanto die Türken, wodurch die christliche Vorherrschaft im Mittelmeer wiederhergestellt wurde. Auf dem südamerikanischen Subkontinent schließlich schritt der spanische Vizekönig Fernando de Toledo zur endgültigen Vernichtung des Inkareiches, das zuvor von Pizarro bereits schwer angeschlagen worden war.

In den habsburgischen Erblanden, zu denen seit kurzem auch Böhmen zählte, hatte Kaiser Maximilian II. den Protestanten Anno 1564 Religionsfreiheit gewährt, jedoch schwelte auch hier der mit der Reformation ausgebrochene Konflikt zwischen Katholiken und evangelischen Christen weiter. Immer wieder kam es in Prag und anderen Städten zu heftigen Auseinandersetzungen, und aufgrund der jetzt verstärkt einsetzenden Gegenreformation sollte der Religionsstreit schon bald blutig kulminieren. Aber noch konnte die protestantische Familie, der die spätere Seherin Michalda entstammte, ihren Glauben einigermaßen frei leben. Sie tat es sowohl in ihrem hauptstädtischen Palais als auch auf ihren ländlichen Latifundien, denn die Fama, die freilich den Namen des Geschlechts nicht bewahrt hat, besagt, daß die Eltern Michaldas von hohem Adel waren und auf einer Grafschaft gesessen haben sollen.

Die Heranwachsende durfte demnach den Titel einer Komteß führen; sie scheint ferner ihre Jugend und ihre ersten Jahre als junge Frau relativ unbeschwert verbracht zu haben, wie eine weitere Überlieferung vermuten läßt. Es heißt nämlich von ihr, sie sei unsterblich in einen ebenfalls adligen Offizier verliebt gewesen und habe sich mit ihm verlobt. Das Glück, das sich die Komteß erträumte, zerbrach jedoch schon bald auf brutale Weise. Ihr Bräutigam, so die tradierte Geschichte weiter, sei auf einem Schlachtfeld gefallen. Michalda habe diesen Schock nie überwunden und sei aus diesem Grund zeitlebens unverheiratet geblieben.

Nachdem die Komteß um 1570 geboren wurde, ist die Wahrscheinlichkeit groß, daß sich die Tragödie in der letzten Dekade des 16. Jahrhunderts ereignete. Der Bräutigam Michaldas könnte dann entweder 1596 in der Schlacht gegen die Türken bei der nordungarischen Stadt Erlau umgekommen sein – oder aber er wurde zum Opfer der bürgerkriegsartigen Unruhen in Österreich und Böhmen selbst, wo zu jener Zeit unter Kaiser Rudolf II. die Religionsfreiheit wieder beschnitten und die Gegenreformation zunehmend mit militärischen Mitteln durchgesetzt wurde.

Diese Intoleranz des Katholizismus traf nun offenbar um das Jahr 1600 auch die Familie Michaldas. Wie viele andere böhmische Adelsgeschlechter, die vom evangelischen Glauben nicht lassen wollten, wurde die Sippe verfolgt und verlor den größten Teil ihrer Besitzungen. Die Eltern der Komteß scheinen früh verstorben zu sein, denn die Überlieferung berichtet, nach deren Tod habe die immer noch junge Frau unvermittelt ihre Heimat verlassen und sei viele Jahre mit einer Zigeunergruppe durch die Welt gezogen.

Michalda, deren Vater mit Sicherheit auch Grundherr im nördlichen Böhmerwald, im Fichtelgebirge und im heutigen Oberfranken gewesen war, hatte den Kontakt zu diesen Roma wohl in den dortigen abgelegenen Mittelgebirgslandschaften gefunden, die den Zigeunern traditionell als Refugien dienten. Nachdem die Komteß außerdem von den Fahrenden akzeptiert wurde, sieht es ferner so aus, als hätte es gewisse Gemeinsamkeiten zwischen der Adligen und den Verachteten gegeben. Angesichts der paranormalen Fähigkeiten Michaldas, die sich naturgemäß schon früh gezeigt haben müssen, ist anzunehmen, daß sie von anderen Sensitiven unter den Heimatlosen „erkannt" wurde; wahrscheinlich bildete sie mit deren Hilfe ihre Gabe dann weiter aus. Prägend für ihre hellseherische Kraft waren aber auf jeden Fall auch die nun folgenden Jahre, in denen die mehr oder weniger rechtlos gewordene böhmische Gräfin mit den Zigeunern wanderte.

Entlang der Donau, was wiederum für einen Ausgangspunkt in der Region des Böhmerwaldes spricht, zogen die Planwagen zunächst nach Ungarn und von dort aus weiter auf den Balkan, der sich zu jener Zeit zum großen Teil in osmanischer Hand befand. Irgendwann erreichte der Treck Kleinasien und damit Palästina, wo Michalda die heiligen Stätten des Judentums, des Islam und des Christentums sah. Aber auch in den angrenzenden arabischen Ländern soll sie zusammen mit den Zigeunern lange verweilt haben; ebenso in Ägypten mit seinen jahrtausendealten Zeugnissen der ältesten Kultur des Mittelmeerraumes.

Der nordafrikanischen Küste folgend, gelangten die Fahrenden vermutlich bis Tanger und setzten von dort aus nach Gibraltar über. Durch das erzkatholische Spanien, welches sich kurz zuvor das ehedem unabhängige Königreich Portugal einverleibt hatte und dessen Inquisitoren zu jener Zeit auf unbeschreiblich grausame Weise in den ebenfalls okkupierten Niederlanden wüteten, führte die Reise sodann in Richtung der Pyrenäen und über dieses Gebirge nach Frankreich. Es ist nicht auszuschließen, daß Michalda und ihre Begleiter sich dort für eine Weile im Umkreis des Hofes von Heinrich IV. aufhielten, jenem ehemaligen Protestanten, der 1593 mit den Worten „Paris ist eine Messe wert!" zum Katholizismus konvertiert war.

Da dieser Monarch weitgehend liberal dachte, könnte die verarmte, aber offenbar faszinierende böhmische Gräfin Kontakt zu ihm gefunden haben. Die freilich spärlichen Quellen deuten es zumindest an, wenn sie berichten, Michalda habe nach ihrer Rückkehr auf europäischen Boden Auftritte als Hellseherin vor mehreren gekrönten Häuptern und anderen einflußreichen Persönlichkeiten gehabt. Vieles spricht dafür, daß Paris die Residenz war, wo sie erstmals öffentlich auf diese Weise agierte; allerdings ist nicht überliefert, was sie dort prophezeite. Das gleiche gilt für Rom und Venedig; auch in diesen Städten weilte die Visionärin anschließend für längere Zeit. Doch es existieren leider auch diesbezüglich keine Aufzeichnungen, in denen festgehalten ist, was sie dem römischen Adel oder den venezianischen Kaufherren vorhersagte.

Gesichert ist hingegen, daß Michalda bei ihrer Rückkehr nach Böhmen über ein beträchtliches Vermögen verfügte, das sie wohl teils durch ihre Wahrsagekunst, teils vielleicht schon vorher im Orient durch gewisse Transaktionen mit Hilfe der in Arabien oder Ägypten keineswegs verachteten Zigeuner erworben hatte. Aber nicht nur deswegen war ihre jahrelange strapaziöse Reise ein Erfolg gewesen. Die ungewöhnliche Gräfin, welche Kostproben ihres paranormalen Könnens an verschiedenen europäischen Residenzen gegeben hatte, wurde jetzt auch in ihrer Heimat kräftig hofiert und hätte von daher ganz bestimmt Karriere im Umkreis des Hradschin machen können.

Die Seherin ließ sich jedoch nicht in Prag nieder, sondern zog sich auf jene kleinen Latifundien zurück, die nach dem Sturz ihrer Familie hatten gerettet werden können. Diese Besitztümer lagen, wie bereits erwähnt, im nördlichen Böhmerwald, im Fichtelgebirge und im heutigen Oberfranken. Eine Überlieferung aus Eger berichtet, daß sie in dieser Stadt ein Haus besessen habe und dort später als „Hexe" angeklagt worden sei, worauf wir im Kapitel „Die magischen Fähigkeiten der Sibylle von Prag" noch ausführlich zu sprechen kommen werden.

Ebenso hielt sie sich zeitweise in einem Anwesen im oberpfälzischen Heidlitz bei Bischofsgrün auf und bewohnte außerdem immer wieder das Schloß im Wolfsgraben in der Nähe von Lonnerstadt. Sie suchte also ganz augenscheinlich die Nähe zur Natur, reiste aber gelegentlich auch nach Prag und erwarb dort gegen Ende ihres Lebens ein Haus „an der Stadtmauer", wie es in einem alten Text heißt. Und in der Moldaustadt selbst lebt bis heute die Erinnerung fort, wonach das Anwesen am Goldmachergäßchen gestanden habe.

In Prag wurden auch die Schauungen niedergeschrieben, die sie während ihres langen Lebens hatte. Ein in der Nachbarschaft ihres Besitztums lebender Gärtner soll der Chronist gewesen sein. Gesichert ist wiederum, daß ihre Visionen schon 1616 – kurz vor Ausbruch des Dreißigjährigen Krieges, dessen Schrecken sie bereits Jahre zuvor geschildert hatte – erstmals im Druck erschienen. Das Buch trug den

Titel „Die Prophezeiung der Sibylle Michalda", erlebte in den folgenden Jahrhunderten zahlreiche Neuauflagen und wurde auf diese Weise in ganz Mitteleuropa verbreitet.

Die Bezeichnung für die Seherin selbst veränderte sich im Laufe der Zeit. Schon 1616 war ihrem Taufnamen Michalda der Beiname einer Sibylle in Anspielung auf die antiken römischen Prophetinnen hinzugefügt worden; später und vor allem in Nordbayern nannte man sie Sibylle oder Sibylla Weis, beziehungsweise Weiß (worin sich, teils verballhornt, die Worte Weisheit oder Wissen verbergen). Als Sibylle von Prag wiederum ging Michalda schließlich in die neuere Prophezeiungsliteratur ein; vermutlich deswegen, weil ihre bedrohlichsten und am weitesten in die Zukunft des dritten Jahrtausends hineinreichenden Visionen sich zwar nicht ausschließlich, aber mit einem gewissen Schwerpunkt auf die „Goldene Stadt" an der Moldau beziehen.

Anno 1658 verstarb die große Seherin, und es ist bei der Faszination, die sie auf ihre Zeitgenossen sowie die Nachwelt ausübte, nicht ungewöhnlich, daß die Fama verschiedene Orte nennt, wo sie beigesetzt worden sein soll. Ihre verschollene Gruft, so eine dieser Überlieferungen, liege in Prag; gleichermaßen beanspruchen aber auch die Bewohner von Bischofsgrün im Fichtelgebirge und die Menschen Lonnerstadts im Oberfränkischen die Ehre, ihre letzte Ruhestätte zu hüten. In der Nähe von Bischofsgrün, so heißt es, solle die Prophetin mitten auf einem Kreuzweg unter einem Steinblock liegen; ebenso ist der „wandernde" Grabhügel bei Lonnerstadt über die Jahrhunderte hinweg in Erinnerung geblieben.

Da es in Prag freilich keinen konkreten Ort gibt, mit dem die dortige Überlieferung verknüpft wäre, und der Kreuzweg im Fichtelgebirge nicht als realer, sondern symbolischer Begräbnisplatz und zudem als „Kraftort" der Seherin Bedeutung hat, wie im Kapitel „Die magischen Fähigkeiten der

Sibylle von Prag" aufgezeigt wird, bleibt als wahres Grab nur der geheimnisvolle Hügel bei der Antonikapelle zu Lonnerstadt übrig. Hier, wo sie nachweislich auch eine ihrer letzten großen Visionen vom Anbrechen des „Jüngsten Tages" hatte und den fraglichen Zeitpunkt zumindest grob definierte, fand die faszinierende Frau, die etwa neunzig Jahre alt wurde, ihren Frieden und wurden ihre sterblichen Überreste wieder eins mit der Erde.

AUS WELCHEN PROPHETISCHEN TRADITIONEN SCHÖPFTE DIE SIBYLLE MICHALDA?

Als unbekannte, verarmte Gräfin verließ Michalda ihre Heimat – als von gekrönten Häuptern hofierte und reiche Wahrsagerin kehrte sie zurück und erwarb sich aufgrund ihrer Sehergabe von da an noch mehr Ruhm. Angesichts dieser Umstände ist klar, daß sie ihre wohl latent schon früher vorhandenen sensitiven Fähigkeiten während ihrer jahrelangen Wanderung durch Europa, Kleinasien, Arabien und Nordafrika zur Vollendung gebracht haben muß. Auf welche Weise dies geschah, soll nun auf den folgenden Seiten näher untersucht werden.

Ganz ohne Zweifel waren die wichtigsten Lehrer der späteren Sibylle von Prag jene Zigeuner, zu denen sie schon in ihren frühen Jahren irgendwo in Böhmen oder Nordbayern Kontakt gefunden hatte und mit denen zusammen sie sodann in die Fremde aufbrach. Welcher Glücksfall die Freundschaft dieser Roma für sie war und wie positiv sich das enge Zusammenleben mit ihnen auf ihre angeborene Gabe ausgewirkt haben muß, wird deutlich, wenn man sich näher mit der Geschichte und den speziellen Eigenarten der Zigeuner beschäftigt.

In einer sehr alten Legende der Roma, welcher die moderne Wissenschaft weitgehende historische Authentizität zubilligt, wird erzählt, woher die Zigeuner ursprünglich kamen und was sie dazu trieb, ihre Heimat zu verlassen:

Wir lebten am Ganges. Unser Anführer war ein mächtiger Häuptling, ein Mann, dessen Stimme im ganzen Land gehört wurde und dessen Entscheidungen endgültig waren. Dieser Häuptling hatte nur einen einzigen Sohn mit Namen Tchen. Im Lande der Hindu regierte damals ein mächtiger König, dessen Lieblingsfrau ihm ein Kind geboren hatte, eine Tochter, die er Gan nannte.

Nach dem Tod unseres Führers beschloß sein Sohn Tchen, Gan zu heiraten – die als seine Schwester galt, obwohl sie es nicht war. Das Volk spaltete sich in zwei Parteien. Ein Zauberer sagte eine Invasion und schlechte Zeiten voraus. Einer von Skinders[2] Generälen kam wie ein Wirbelsturm, tötete den König von Hind und verwüstete und zerstörte alles, wie es der Zauberer vorhergesagt hatte. Einer aus unserem Volk ging zu dem siegreichen General und bat um sein Urteil im Fall, daß ein Bruder eine Schwester heiraten wolle. Der General schlug dem Mann aufs Haupt. Im selben Moment zersprangen der General und sein Pferd in tausend Stücke gleich einem irdenen Gefäß, das man auf einen Felsen schmettert. Der Wind blies die Überreste dessen, der einmal ein großer Krieger gewesen war, in die Wüste.

Unser Volk spaltete sich in zwei Parteien. Jene, die gegen Tchen opponierten, jagten ihn aus dem Land. Ein großer Zauberer bedachte ihn mit einem Fluch: „Du sollst auf ewig über das Antlitz der Erde wandern, niemals zweimal am selben Ort schlafen, niemals zweimal aus derselben Quelle trinken."

Die Geschichte der Roma setzt damit im vierten vorchristlichen Jahrhundert ein; es werden innenpolitische Differenzen zwischen verschiedenen Kasten im Indien jener Zeit beschrieben, die sich parallel zur Invasion Alexanders des Großen ereigneten. Tchen und Gan galten rechtlich als Geschwister, waren aber nicht wirklich blutsverwandt, was eigentlich nur bedeuten kann, daß ihre jeweiligen Häuptlings- oder Königssippen im politischen Sinn als „verschwistert" (oder gleichrangig) angesehen wurden. Offenbar versuchte nun Tchen, durch die angestrebte Heirat mit Gan aus seiner Kaste auszubrechen, was wiederum das Volk spaltete und einen Propheten auf den Plan rief, der großes Unheil vorhersagte.

Dieser war alles andere als ein Scharlatan, wie das Eintreffen der Vision zeigt. Ein makedonisches Heer eroberte das Land am Ganges, und jetzt legte jener nicht näher bezeichnete Mann, der aber wohl Tchen selbst war, dem siegreichen General die Frage zur Entscheidung vor, ob die Heirat zwischen ihm und Gan rechtmäßig sei. Der Heerführer indessen, der vermutlich aus Unkenntnis Blutschande witterte, demütigte Tchen – worauf nun etwas ganz Erstaunliches geschah. Der Geschlagene nämlich rächte sich durch den Einsatz einer „magischen" Waffe und bereitete dem General damit einen seltsamen, widernatürlichen Tod. Diese Tat wiederum führte zuletzt zur Verfluchung und Vertreibung Tchens und seines Stammes aus Indien, womit das ruhelos wandernde Volk der Roma geboren war.

Soweit die Interpretation der Legende, die zwei spezielle Elemente enthält, die im Zusammenhang mit der Sibylle von Prag besonders interessant sind. Zum einen tritt zweimal ein „Zauberer" auf, bei dem es sich in Wahrheit um einen Propheten handelt. Zum anderen führt Tchen die Auseinandersetzung mit dem makedonischen Heerführer ganz offensichtlich auf einer paranormalen Ebene. Unwillkürlich denkt man bei dem Bild des „zerspringenden" Generals an telekinetische Phänomene – wie etwa das Zerschmettern von Glühbirnen oder anderen Gegenständen durch bloße „Willenskraft" – so wie sie in unserem Jahrhundert wissenschaftlich dokumentiert wurden. Die Legende stellt also klar, daß die späteren Zigeuner bereits zum Zeitpunkt ihrer Vertreibung aus Indien über präkognitive und andere paranormale Fähigkeiten verfügten, und wenn wir nun den modernen Romaexperten Dr. Raijko Djuric zu Wort kommen lassen, der sich wie kaum ein anderer mit der Geschichte des geheimnisvollen Wandervolkes beschäftigt hat, dann wird auch deutlich, warum sich das so verhielt.

„Die Roma waren (...) Handwerker (hauptsächlich Schmiede) oder Straßenkünstler – Musikanten, Sänger, Tänzer, Dompteure und Akrobaten", schreibt Dr. Djuric. „Und sie befaßten sich mit Zauberei und Wahrsagerei. Nach dem Gesetz Manus gehörten sie einer bestimmten Kaste an, und selbst nachdem sie Indien verlassen hatten, blieben sie ihren traditionellen – kastenbedingten – Berufen und Handwerken treu. Sogar heute noch üben viele ihre alten Tätigkeiten und Handwerke aus. Kurzum, die meisten von ihnen haben ihren traditionellen Lebensstil, ihre Gebräuche, ihre Kultur (...) auch außerhalb ihres Ursprungslandes beibehalten."

Das aber heißt, daß die Zigeuner ihre paranormalen Kenntnisse und die damit verbundenen Fähigkeiten keineswegs verloren, nachdem sie das Gangestal verlassen hatten. Vielmehr brachten sie ihr einschlägiges Wissen im Verlauf der nun folgenden jahrhundertelangen Wanderung über Kabulistan und den Iran zunächst nach Armenien und von dort aus über Byzanz, beziehungsweise Palästina, Ägypten und Nordafrika schließlich nach Europa, wo sie während der Epoche der Kreuzzüge anlangten. Und ungefähr zur Zeit Michaldas notierte der deutsche Humanist Sebastian Münster in seiner „Cosmographia Universalis", daß er im Jahr 1544 eine Gruppe Roma besucht habe und dabei Zeuge geworden sei, wie die älteren Frauen dieser Sippe Wahrschau betrieben und die Zukunft vorausgesagt hätten.

Aus alldem ergibt sich, daß die Zigeuner, mit denen die Komteß Michalda sich wohl auf einer der abgelegenen gräflichen Latifundien im Böhmerwald oder in Nordbayern anfreundete, wie niemand sonst prädestiniert waren, sie in die „Schule der Präkognition" zu nehmen. Die weisen Frauen der Roma, von denen Münster spricht, teilten der jungen Adligen ihr geheimes Wissen mit und führten sie mit Sicherheit auch in die ganz konkreten „Techniken" des Hellsehens (darüber mehr im Kapitel „Von Kraftplätzen und Steinsetzungen im mitteleuropäischen Waldgebirge") ein. Anschließend, als die angehende Seherin ihre „Elevenzeit" hinter sich gebracht hatte, boten sie Michalda an, sie auf einer langen Wanderung zu begleiten. In den nahöstlichen und nordafrikanischen Ländern, wo sensitive Menschen freier als im christlichen, vom Hexenwahn befallenen Europa agieren konnten, sollte sie ihre Fähigkeiten vervollkommnen und vermutlich noch tiefere Grade der Einweihung erfahren.

Besonders interessant in diesem Zusammenhang sind Palästina, der arabische Orient und Ägypten. Im „Heiligen Land" etwa waren unter der Herrschaft der Osmanen viele der zuvor von den Kreuzfahrern unterdrückten jüdischen Gemeinden erneut aufgeblüht. So mancher geistig freie Rabbi beschäftigte sich gerade seit dem 16. Jahrhundert wieder mit der lange vergessenen Kabbalistik: der Kunst der Prophetie mit Hilfe der in gewissen uralten Schriften verborgenen Zahlen. Die unter dem Deckmantel des Islam auftretenden „mönchischen" Sufis wiederum besannen sich auf die heidnischen Göttinnen des Orients, die lange vor Mohammed existiert hatten, und suchten im Begreifen des weiblichen kosmischen Prinzips Erkenntnis auch präkognitiver Art. Ihre „Klöster" waren damit gleichzeitig Schulen, in denen paranormale Praktiken auf mystischer Basis erprobt wurden, und europäische Reisende der Renaissance und des Barock berichteten von unerklärlichen Phänomenen, die sie bei Begegnungen mit diesen legendären Sufis, aber auch mit Kabbalisten beobachtet hatten.

Michalda indessen und die Roma, unter deren Schutz sie stand, fanden in Palästina und Arabien ganz bestimmt inneren Zugang zu den Geheimnissen der dortigen „Magier", nachdem diese ja im Verlauf ihrer eigenen historischen Entwicklung unbedingt auch von den Zigeunern mit ihren paranormalen Kenntnissen beeinflußt worden waren. Ähnliches galt im Hinblick auf die Kopten Ägyptens, welche in ihren abgelegenen Dörfern und Einsiedeleien jenes gnostische Wissen bewahrt hatten, das älter war als das Frühchristentum und mindestens bis in die Zeit der Essener, die im letzten vorchristlichen Jahrhundert unter anderem im legendären Qumran am Toten Meer gelebt hatten, zurückreichte.

Diese Gnostiker bildeten so etwas wie einen weitverzweigten Geheimbund innerhalb des orientalischen Christentums und besaßen Schriften, die von der römischen Kirche längst unterdrückt worden waren. Zu ihnen gehörten die erst 1945 nahe des ägyptischen Dorfes Nag Hammadi wiederentdeckten Evangelien der Maria von Magdala und des Thomas – aber auch die Apokalypsen des Jakobus sowie des Petrus. Außerdem setzten die Kopten sich traditionell intensiv mit dem rätselhaften und ebenfalls gnostisch inspirierten Johannesevangelium und der Apokalypse des Johannes von Patmos auseinander, und es heißt, sie hätten von daher Kenntnisse über die „Technik" der Prophetie gewonnen.

Darüber hinaus ist es möglich, daß Michalda dank der Roma sogar in Kontakt mit geistigen Nachfahren der pharaonischen Priesterschaft kam, die das spirituelle Erbe der uralten heidnischen Welt hüteten. Noch immer lebte ja in Ägypten die Erinnerung etwa an den legendären Tempel von Sais fort, wo einst ehrwürdigstes Menschheitswissen gepflegt worden war – Wissen noch aus dem untergegangenen Atlantis, wie der griechische Philosoph Plato in seinem berühmten Timaios-Dialog darlegte. Und in diesen Überlieferungen ist wie-

Sphinx-Allee zu ägyptischen Tempelruinen.

derum die Rede von gewissen kosmischen „Umwälzungen", welche sich in regelmäßigen Abständen (vermutlich im Übergang von einem „Tierkreiszeichen" zum nächsten) auf den Planeten Erde und seine Bewohner auswirken würden. Die Eingeweihten aber, so Plato weiter, könnten aufgrund der Kenntnis dieser ewigen Gesetzmäßigkeiten das künftige Schicksal der Menschheit enträtseln.

Kabbalisten, Sufis, Gnostiker und überlebende Adepten des ägyptischen Heidentums – sie alle könnten Lehrmeister der späteren Sibylle von Prag gewesen sein und die bereits von den Zigeunern geförderten prophetischen Fähigkeiten Michaldas zur Vollendung gebracht haben. Auf jeden Fall war sie, als sie zuletzt nach Europa zurückkehrte, selbst zu einer hochgradig inspirierten Seherin geworden und damit imstande, über viele Jahrhunderte hinweg in die Zukunft zu blicken: bis weit hinein ins dritte Jahrtausend, dessen Beginn zu ihrer Zeit noch fast ein halbes Millennium entfernt war.

Ehe sie dies jedoch tat, scheint sie im Abendland noch zusätzliches visionäres Wissen gesammelt zu haben. Sie hielt sich nämlich unter anderem auch in Italien und Rom auf, und es ist sehr wahrscheinlich, daß sie dort – vielleicht erneut durch die Hilfe der Zigeuner – mit jenen antiken Texten in Berührung kam, die als die Sibyllinischen Bücher bezeichnet werden.

DIE SEHERIN VON PRAG UND DIE SIBYLLINISCHEN BÜCHER

„Die Sibylle spricht mit rasendem Mund, ohne Lachen, ohne Schminke und ohne Myrrhen und dringt vermöge göttlicher Hilfe mit ihrer Stimme durch Jahrtausende."

So beschrieb der griechische Philosoph Heraklit von Ephesus um das Jahr 500 v. d. Z. jene geheimnisvolle Prophetin, die den späteren römischen Sibyllen – und damit letztlich auch der böhmischen Seherin Michalda – ihren Namen gab. Freilich bezieht sich der bedrohlich wirkende Satz Heraklits nicht auf eine europäische Visionärin, sondern auf die erste Hellseherin, die unter der rätselhaften Bezeichnung in Kleinasien auftrat.

Das griechisch-lateinische Wort Sibylle steht für eine „Grottenbewohnerin", was in der Antike ein Synonym für die Große Göttermutter Kybele des südwestasiatischen Kulturkreises war. Bei den Griechen wurde sie in enger Verbindung mit der

Hekate

Kybele

Dreifachen Göttin Hekate gesehen, welche in ihren verschiedenen Erscheinungsformen Jugend, Reife und Alter symbolisiert, den Tod in die Wiedergeburt umformt und damit alles Leben in eine größere Dimension einbindet. Weil sie damit über die Grenzen jener „kurzen" Zeitspanne „hinausgreift", die dem Menschen während eines einzigen irdischen Daseins zugemessen ist, galt sie in der Antike auch als die Göttin der Wahrsagekunst. Kybele wiederum wurde als diejenige erkannt, die Hekate aus der Fülle der Erde und des Kosmos heraus die dazu nötige Kraft schenkt.

Die erste kleinasiatische Sibylle, die sich in eine Grotte zurückgezogen hatte und dort prophezeite, tat dies also im Bewußtsein, von diesen beiden, innig miteinander korrespondierenden Göttinnen geleitet zu werden – und die „Erdmutterhöhle", in der zudem ein zum Himmel weisender Menhir stand, symbolisierte diese Verbindung von irdischer und zugleich kosmisch ausgerichteter Macht.

Die Seherin von Prag und die sibyllinischen Bücher

Nachfolgerinnen dieser ursprünglichen Sibylle siedelten sich später in der Nähe des Averner Sees in Italien an. Die dortige heilige Grotte von Cumae, in der sich ebenfalls eine archaische Stele befand, wurde während der folgenden Generationen zu einem Wallfahrtsort des heidnischen Rom. Die hier tätigen Prophetinnen standen in dem Ruf, daß sie von ihrer Höhle aus mit den Toten in Verbindung treten könnten und von diesen Informationen über die Zukunft erhielten.

Wenn man sich eine andere heidnische Weltanschauung – die der Kelten – vor Augen führt, dann wird klar, wie dieser „Dialog" mit den Verstorbenen „funktioniert" haben könnte. Die keltischen Druiden lehrten nämlich, daß der Geist nach seiner Loslösung vom Körper in die sogenannte Anderswelt eintrete, wo er sich auf seine materielle Wiedergeburt vorbereite. Den Lebenden wiederum sei es unter bestimmten Umständen möglich, diese „vierte Dimension" kurzfristig ebenfalls zu „betreten", so daß sie mit dem höheren Bewußtsein der „Toten" dort kommunizieren könnten. Auf diese

Stadtbild von Rom

Weise aber könne ein Mensch, der noch in der Diesseitswelt verwurzelt sei, die Grenzen von Zeit und Raum durchdringen und infolgedessen in die Zukunft blicken.

Genau mit dieser metaphysischen Methode scheinen auch die Sibyllen von Cumae gearbeitet zu haben, und sie erwarben sich aufgrund ihrer Schauungen einen derartigen Ruf, daß der heilige Stein der Kybele im zweiten vorchristlichen Jahrhundert in eine Höhle auf dem Areal der Stadt Rom gebracht wurde und die weisen Frauen zusammen mit ihm übersiedelten. Von da an holte der Senat sich vor seinen politischen Entscheidungen Rat bei den Sibyllen; gleichzeitig wirkten die Visionärinnen aber auch über das aktuelle Tagesgeschehen hinaus, indem sie allgemein gültige Prophezeiungen abgaben, die Jahrhunderte und Jahrtausende überbrückten. Diese Schauungen wurden in den berühmten Sibyllinischen Büchern zusammengefaßt, die freilich später teilweise verlorengingen, teils auch von jüdischen und christlichen „Bearbeitern" ideologisch verfälscht wurden.

Es ist jedoch möglich, daß die echten Sibyllinischen Bücher um das Jahr 1600 noch immer irgendwo in Rom existierten und die Zigeuner, mit denen Michalda dorthin kam, ihr den Weg zu dem Versteck, beziehungsweise zu seinen Hütern wiesen. Die böhmische Gräfin hätte so Einblick in die uralten Texte zu nehmen vermocht; hätte ihre eigenen Visionen mit den Prophezeiungen der antiken Sibyllen vergleichen und ihre persönlichen Schauungen vielleicht auch ergänzen können. Mehr noch: Unter Umständen traf Michalda sogar auf geistige Nachfahren der vorchristlichen Seherinnen, was angesichts gewisser volkstümlicher Überlieferungen noch der frühen Neuzeit durchaus nicht ausgeschlossen werden kann.

In diesen Legenden heißt es, die Sibyllen hätten sich nach dem Sieg des Christentums in versteckte Berghöhlen geflüchtet, die seit Urzeiten der Großen Göttermutter zugeeignet gewesen seien, und hätten dort weiterhin ihrer Herrin gedient. Nachdem sich nun aber die römisch-katholische Religion erst um das Jahr 1000 so weit durchgesetzt hatte, daß die Priester andere Weltanschauungen wirksam zu unterdrücken vermochten, wird der Rückzug der Kybele- und Hekate-Anhängerinnen wohl ebenfalls erst zu diesem Zeitpunkt erfolgt sein. Damit wiederum könnte es um das Jahr 1600, als Michalda in Italien weilte, sehr gut noch bewohnte Sibyllen-Grotten in unzugänglichen Gebirgsgegenden gegeben haben – Orakelhöhlen, die manchen heimlich heidnisch gebliebenen Landbewohnern oder auch den Roma bekannt waren.

Dies ist um so wahrscheinlicher, als derartige Grotten, die stets mit geheimnisvollen Magierinnen in Verbindung gebracht werden, häufig in der Literatur des hohen und späten Mittelalters, aber auch noch der Renaissance auftauchen; zumeist werden solche Lokationen als „Venusberge" bezeichnet. Dort leben entweder die einsame „Feenjungfrau" Sibyllia, oder aber die drei „Feenschwestern" Milia, Achillia und Sibyllia, in denen unschwer die antiken Prophetinnen und ebenso die Erscheinungsformen der Dreifachen Göttin zu erkennen sind. Auch vom „Paradies der Königin Sibylle" ist manchmal die Rede, und stets erscheinen die wundersamen Damen in weißen Gewändern, so wie sie auch die historischen Sibyllinischen Priesterinnen trugen.

Wenn jemand ins Innere eines solchen Berges gelangt, widerfahren ihm nicht nur höchst erstaunliche, vom Verstand her unerklärliche Dinge, sondern er muß, sobald er wieder im Freien steht, auch feststellen, daß die Gesetze der Zeit in der Höhle aufgehoben waren. Während er scheinbar nur einen einzigen Tag im „Venusberg" verbrachte, ist draußen zum Beispiel ein volles Jahr vergangen – womit in diesen vielleicht nur vordergründig phantastischen Geschichten eigentlich sehr deutlich gesagt wird, daß die Bewohnerinnen der Grotte die Zeit nach ihrem Belieben manipulieren konnten – oder eben als Hellseherinnen die Zukunft blitzschnell sehr nahe „heranzuholen" vermochten.

Es wäre ein krönender Abschluß ihrer langen Wanderung gewesen, wenn die Sensitive aus Böhmen tatsächlich Kontakt zu einer dieser „überlebenden" südeuropäischen Seherinnen mit ihrem jahrtausendealten präkognitiven Wissen gefunden hätte. Einzelne Passagen im Kanon ihrer Schauungen, die sprachlich an die Sibyllinischen Weissagungen erinnern, scheinen dafür zu sprechen. Nachdenklich stimmt in diesem Zusammenhang aber auch die Tatsache, daß die böhmische Gräfin sich selbst als Sibylle bezeichnete; nämlich spätestens seit dem Jahr 1616, als die Erstausgabe ihres Buches mit dem Titel „Die Prophezeiung der Sibylle Michalda" erschien. Möglicherweise war dies eine sehr bewußte Reminiszenz an ihre großen europäischen Vorgängerinnen, die das Bewußtsein um die Anderswelt gehütet und die Schleier zwischen Vergangenheit, Gegenwart und Zukunft von Jahrhundert zu Jahrhundert immer wieder von neuem durchdrungen hatten.

Auf jeden Fall trug die außergewöhnliche Adlige, die nach ihrer abenteuerlichen Reise mit den Zigeunern jetzt selbst zur Meisterin der Wahrschau geworden war, ihr geheimnisvolles Wissen heim nach Mitteleuropa. Dort zog sie sich, ähnlich wie die antiken Seherpriesterinnen, die ihre Kraft aus der Natur geschöpft hatten, immer wieder in die Einsamkeit der böhmischen und nordbayerischen Wälder zurück und erlebte dort vermutlich ihre großen, umfassenden Visionen. Zwei Jahre vor Ausbruch des Dreißigjährigen Krieges, auf den ihre erste Schauung sich bezieht, sorgte sie dafür, daß ihre Prophezeiungen in schriftlicher Form unter die Menschen kamen. Auch dies entspricht wiederum dem überlieferten Vorgehen der römischen Sibyllen, die ihre Orakelsprüche ebenfalls sammelten, aufzeichneten und sie auf diese Weise weitergaben.

Die Sibylle von Prag hat also mit den römischen Seherinnen nicht nur den Beinamen gemeinsam, sondern stand durchaus auch anderweitig in deren Tradition, so daß der Kanon ihrer bis ins dritte Jahrtausend reichenden Visionen sehr wohl als Fortschreibung der antiken Sibyllinischen Bücher angesehen werden darf. Wie wir im nächsten Kapitel sehen werden, teilte Michalda außerdem das heidnische Erbe mit ihren südeuropäischen Vorgängerinnen, denn wie diese weisen Frauen nutzte sie uralte vorchristliche Kultstätten und Kraftplätze, um dort den für sie so hilfreichen Kontakt mit der großen Göttin herzustellen.

VON KRAFTPLÄTZEN UND STEINSETZUNGEN IM MITTELEUROPÄISCHEN WALDGEBIRGE

Über Paris, Rom, Venedig und Prag führte der Weg Michaldas zurück in die böhmischen Wälder, die sich vor dem Dreißigjährigen Krieg noch fast unangetastet zwischen dem großen Donaustrom im Süden sowie den Flüssen Eger und Moldau im Norden und Osten erstreckten. Hier hatte die entrechtete Familie der Komteß einst Zuflucht gefunden, von hier aus war die spätere Sibylle zu ihrer jahrelangen Wanderung mit den Zigeunern aufgebrochen; dorthin kehrte sie nun heim, um abseits der „Großen Welt" als Prophetin, aber auch als „Zauberin" und „Wundertäterin", wie es in einer der Überlieferungen über sie heißt, zu wirken. Und mit Sicherheit hatte Michalda die Gegend, in der sie nun wieder lebte, sehr bewußt ausgewählt – denn wie keine Region Zentraleuropas sonst war das böhmisch-bayerische Waldgebirge dazu geeignet, ihre paranormalen Kräfte zu fördern.

Wie die international bekannte Vorgeschichts- und Matriarchatsforscherin Heide Göttner-Abendroth in der zweiten Hälfte unseres Jahrhunderts nachwies, war diese sanfte und manchmal fast bukolisch wirkende Mittelgebirgslandschaft bereits während der Jungsteinzeit (ca. 4000-2000 v. d. Z.) das große Kultzentrum der Menschen, die damals in den angrenzenden Flußtälern siedelten. In regelmäßigen Abständen pilgerten die Ackerbauern und Jäger zu den sakralen Stätten, die sich an abgelegenen Orten tief in den Wäldern verbargen, um dort die besondere Nähe zu ihren Göttern zu suchen und zu finden. Bei diesen heiligen Plätzen konnte es sich entweder um natürliche Felsformationen, Quellen oder Grotten handeln, ebenso aber versammelte man sich in künstlich errichteten Steinkreisen oder bei eigens aufgestellten Menhiren. Oft markierten solche Lokationen Knotenpunkte von „Wasseradern" oder „Erdstrahlen", und diese elektromagnetischen Energiefelder wirkten sich nicht nur positiv auf das spirituelle Empfinden der Besucher aus – sondern unterstützten vor allem die sensitiven Fähigkeiten der Hüter jener Heiligtümer.

Diese Frauen und Männer, die sich in innigem Einklang mit der Natur befanden und deswegen deren verborgene Gesetze bis hinein in die Bereiche des Paranormalen zu erkennen und zu nutzen vermochten, besaßen damit unter anderem die Gabe der Präkognition. Mit Hilfe ihrer hellseherischen Fähigkeiten konnten sie die Geschicke der ihnen anvertrauten Stammesgesellschaften in einem guten Sinn lenken. Sie gaben praktische Ratschläge, was etwa Jagd und Ackerbau in naher Zukunft anging; darüber hinaus warnten sie aber auch vor Fehlentwicklungen, die sich womöglich über Generationen hinweg ausgewirkt hätten. Den Beweis für das Funktionieren dieser Art von geistiger Führung erbrachten die Archäologen des 20. Jahrhunderts. Immer wieder stellten sie bei Grabungen in der genannten Region fest, daß es während der Jungsteinzeit praktisch nie zu kriegerischen Auseinandersetzungen oder sonstigen Katastrophen gekommen war; die Menschen dieser Epoche waren vielmehr imstande gewesen, über Jahrtausende hinweg friedlich zusammenzuleben.

Auch während der Bronze- und der sich anschließenden Eisenzeit blieben die Kultstätten auf den Gipfeln oder in den Tälern des großen mitteleuropäischen Waldgebirges bestehen; ungefähr ab dem achten vorchristlichen Jahrhundert erreichte das Wissen und Können der Eingeweihten dort seinen Höhepunkt. In jener Epoche nämlich wurde im Böhmischen Kessel und in den angrenzenden Regionen die hochstehende keltische Zivilisation geboren. Deren Druiden (wiederum Frauen und Männer gleichermaßen) brachten alle in den Jahrtausenden zuvor erworbenen und erprobten metaphysischen und paranormalen Kenntnisse in eine umfassende, sowohl rational als auch intuitiv definierte Kosmologie ein, und auf dieser genialen Basis konnten auch die uralten Sakralorte intensiv wie nie genutzt werden – im Hinblick auf die Präkognition nun von darauf spezialisierten Druiden, welche die Bezeichnung „Vates" trugen.

Sehr wohl als Ergebnis dieses geistigen Aufschwungs breitete sich das Keltentum bis etwa zum Jahr 500 v. d. Z. über ganz Europa bis hin nach Irland und Kleinasien aus. In den letzten vorchristlichen Jahrhunderten jedoch kollidierte diese faszinierende Kultur, die auf friedliches Miteinander statt auf das „Recht" des Stärkeren setzte, mit dem römischen Imperium, welches aggressive Machtpolitik betrieb, ein Volk nach dem anderen unterwarf und selbst vor Genoziden nicht zurückschreckte. Brutal wurden die keltischen Gesellschaften zerschlagen; nur Reste überlebten in Randgebieten des Römischen Reiches. Und bei einer dieser Regionen handelte es sich um das große mitteleuropäische Waldgebirge mit seiner jahrtausendealten spirituellen Tradition.

Hier, im Schutz der endlosen Forste und unwegsamen Berge, konnte druidisches Wissen bewahrt werden und in der Folge auch die Christianisierung mit ihrer sehr oft intoleranten Tendenz zumindest punktuell überstehen. Das ganze Mittelalter hindurch wurden die teilweise seit der Jungsteinzeit bestehenden Sakralorte insgeheim weiter genutzt. Die Bewohner der kleinen Rodungsdörfer oder Einödhöfe hielten am Althergebrachten fest und schützten die Nachfahren der Druiden, die jetzt freilich nicht mehr so bezeichnet wurden. Man nannte sie nun zumeist Hagazussa (wörtlich: Zaunreiter), was ausdrücken sollte, daß sich diese Menschen auf der Grenze zwischen Diesseits- und Anderswelt bewegten. Viele dieser Sensitiven, hauptsächlich Frauen, fielen trotz des hohen Ansehens, das sie bei der Bevölkerung unter anderem auch wegen ihrer heilkundlichen Fähigkeiten genossen, den Hexenverfolgungen der katholischen Kirche zum Opfer. Aber gerade in den böhmischen Wäldern vermochten genügend Eingeweihte zu überleben, so daß das alte heidnische Wissen nicht völlig in Vergessenheit geriet und da und dort noch immer zum Segen der Bevölkerung angewendet werden konnte.

Aus dieser uralten Tradition durfte nun auch Michalda schöpfen – und zwar offenbar gleich mehrfach. Zunächst war sie wohl bereits in jungen Jahren von den Zigeunern „initiiert" worden, deren eigene paranormale Fähigkeiten eng mit der heidnischen Weisheit Europas korrespondierten. Mit Sicherheit kannten die Roma deswegen die geheimnisvollen Kultorte des Waldgebirges und standen bestimmt auch in Kontakt mit den Hagazussa, die sich dort wahrscheinlich zu besonderen Zeiten wie etwa der Sommer- oder Wintersonnenwende mit ihnen trafen, um die alten Riten zu praktizieren. Auch die Komteß wird an solch geheimen Treffen teilgenommen haben und lernte damit schon früh die „übernatürliche" Kraft jener Plätze kennen, an denen die Rituale stattfanden.

Nachdem sie später von ihrer langen Reise heimgekehrt war und sich gewiß nicht ohne gravierenden Grund in den Böhmerwald zurückgezogen hatte, bekamen dessen Quellen, Grotten, Steinkreise und Menhire noch größere Bedeutung für sie, denn nun – da sie quasi selbst zur Hagazussa geworden war, die den Zenit ihres Könnens erreicht hatte

– vermochte sie die ganze Fülle der Möglichkeiten zu nutzen, welche die Kultplätze ihr boten. Wie wir im folgenden Kapitel sehen werden, lassen sich einige dieser Orte anhand der Volksüberlieferung sogar noch lokalisieren. Zuvor jedoch einige Überlegungen zur „Funktionsweise" solcher Stätten, auf deren Bedeutung man immer wieder stößt, wenn man sich mit dem Auftreten von Hellsehern – nicht nur der Sibylle von Prag – in der Böhmerwaldregion und den angrenzenden Gebieten beschäftigt.

Die Annahme, es handle sich bei diesen Plätzen um Orte, an denen rein „magische" Phänomene auftreten, wäre falsch. Wie weiter oben bereits aufgeführt, sind an solch uralten Kultstätten vielmehr bestimmte physikalische Besonderheiten – nämlich unter anderem starke elektromagnetische Energiefelder – zu beobachten, welche unter gewissen Umständen Reaktionen in der Psyche sensitiver Menschen hervorrufen können. Es handelt sich damit also um eine Wechselwirkung zwischen ganz real existierenden „Erdkräften" und dem Geist der Visionäre; letztlich haben wir damit eine Verbindung von Naturwissenschaft und Spiritualität, die man auch als ganzheitlichen Weg auf dem Gebiet der Präkognition bezeichnen könnte.

Um das Grundlegende dieser Erkenntnismethode zu verstehen, wollen wir uns einmal mehr dem Keltentum zuwenden. Aus einer tiefen kosmischen Einsicht heraus trennten dessen Druiden niemals zwischen einzelnen Erscheinungsformen des allumfassenden Lebens, sondern hatten alles Sein – sowohl im materiellen als auch immateriellen Bereich und ebenso auf den Ebenen von Gegenwart, Vergangenheit und Zukunft – als eng miteinander verflochten erkannt. Verinnerlicht man dies, dann wird klarer, wie der Kontakt der Seherin Michalda mit dem, was die Menhire oder Steinkreise ihrer Heimat markierten, funktionierte.

Ihr Bewußtsein, stimuliert durch die elektromagnetische Strahlung von Wasser, Stein und Erde, verschmolz sozusagen mit dem höheren „Wissen" des großen „Organismus Terra", wodurch die Grenzen von Zeit und Raum gesprengt wurden, so daß die Prophetin in der Lage war, künftige Ereignisse zu erschauen.

Dazu ein konkretes Beispiel aus dem Leben eines anderen Visionärs des Bayerischen- und Böhmerwaldes: des legendären Mühlhiasl[3], der von 1753 bis 1809 lebte. Dieser Wanderarbeiter, Köhler und Hirte suchte auffallend oft einen bestimmten Berg namens Hennenkobel oder Rabenstein in der Nähe von Zwiesel (Niederbayern) auf, um zwischen den Steintürmen auf dem Gipfel dieser sagenumwobenen Erhebung zu meditieren. Genau hier hatte er seine großen Schauungen, so daß er nicht nur den präzisen Zeitpunkt des Ausbruchs der beiden Weltkriege vorherzusagen vermochte, sondern auch von einem dritten „Weltabräumen" sprechen konnte, das sich im dritten Jahrtausend ereignen soll. Die Kraft aber, die den Seher vom Rabenstein zu diesen spektakulären Prophezeiungen befähigte, schöpfte dieser Mann aus dem Inneren des genannten Berges, der eine ganz besondere geologische Struktur besitzt.

Das Granitgestein des Hennenkobel ist – und darin liegt das Geheimnis – weit überdurchschnittlich quarzhaltig; außerdem befindet sich in einer Kaverne ein unterirdischer See. Damit ist aber auch die elektromagnetische Strahlung, die sich aus den Spannungsfeldern zwischen den Kristallen und dem Wasser ergibt, außerordentlich stark; zudem werden die Kräfte dieser überdimensionalen „Wasserader" durch den Quarz polarisiert. Für den Mühlhiasl und seine Gabe bedeutete das, daß deswegen auch die geophysikalischen Auswirkungen auf seine Psyche extrem intensiv waren – und dies war genau der Grund, warum er speziell diesen Berg, der vor ihm schon über Jahrtausende hinweg anderen medial veranlagten Menschen bekannt war, immer wieder erstieg.

Ähnliche Plätze im nördlichen Teil des Böhmerwaldes sowie in seinen nordwestlichen Ausläufern kannte, wie bereits ausgeführt, ganz bestimmt auch die Sibylle von Prag, und sie nutzte deren physikalische Besonderheiten auf haargenau die gleiche Weise wie der Mühlhiasl. Mit Sicherheit fand sie im Lauf der Jahre auch jene Stätten heraus, die ihrer Psyche besonders gut entsprachen; auf die sie also im parapsychologischen Bereich intensiver als auf andere reagierte. Speziell dort versank sie sodann in Trance und erwartete ihre Gesichte; die ehrwürdigen Kultstätten der abgeschiedenen Region, in der sie den größten Teil ihres Lebens verbrachte, standen damit in einem ursächlichen Zusammenhang mit ihrer enormen prophetischen Leistung.

Letztlich setzte Michalda mit ihrem Rückzug ins mitteleuropäische Waldgebirge die jahrtausendealte Tradition der Hagazussa und Druiden fort. Daß dies nicht immer ungefährlich für sie war, soll im folgenden Kapitel aufgezeigt werden. Es geht darin nämlich nicht nur um einige spezielle Kraftplätze Michaldas, sondern auch um einen Hexenprozeß, der wegen ihrer erstaunlichen Fähigkeiten gegen sie angestrengt wurde.

DIE MAGISCHEN FÄHIGKEITEN DER SIBYLLE VON PRAG

Die Stadt Eger, am nordöstlichen Rand des Böhmerwaldes gelegen, war im 12. Jahrhundert Kaiserpfalz und entwickelte sich im Lauf des späteren Mittelalters zu einer bedeutenden Handelsmetropole. Hier besaß die Prophetin Michalda eines der gotischen Häuser, die sich teilweise noch heute um den alten Marktplatz gruppieren. Unter dem Dach dieses Anwesens soll sie sich auch als „Hexe" betätigt haben und daraufhin zum Scheiterhaufen verurteilt worden sein, wie verschiedene alte Quellen, aus denen der folgende Text zusammengefügt wurde, berichten:

Vor vielen, vielen Jahren lebte in Eger eine geheimnisvolle Frau, eine Seherin namens Sibylla Weiß, hocherfahren in Zauberei und Wundertaten. Sie bewohnte ganz allein ein Haus ihrer Eltern, welches nach ihrem Tod an einen gewissen Tröger überging.
Wieder einmal bereitete sie dort ein Wundermittel zu; plötzlich aber schlug das Feuer zum Schlot hinaus, und mehrere Nachbarhäuser brannten ab.
Der Rat der Stadt verbannte sie aus Eger und verurteilte sie zum Tod durch das Feuer. Unter großem Menschenzulauf führten Stadtknechte die Frau aus dem Weichbilde der Stadt gegen Tirschnitz bei Franzensbad zu, wo sie den Scheiterhaufen besteigen sollte.
Auf der weiten Wiese bei Tirschnitz hielt zuletzt die Menge.

Sibylle von Prag

Der Stadtplatz von Eger, wo Michalda ein Haus bewohnte und wegen eines darin durchgeführten Experiments als Hexe angeklagt wurde.

Die Sibylle trat zu einem vor dem schändlichen Holzstoß liegenden Felsbrocken hin und setzte ihren Fuß darauf. Als sie den Fuß zurückzog, blieb der Abdruck im Stein sichtbar. Während die erschrockene Menge starrte, pflanzte Sibylle Weiß ihren Stab in den Boden. Und siehe da: Im Nu trieb er Knospen, Zweige und Äste, und eine große Weide stand da.

Dann blickte die Zauberin zum Himmel. Sofort erhob sich ein Unwetter, der Donner krachte, und ein Blitzstrahl traf den Weidenbaum. „Das Bild eurer Stadt!" rief die Sibylle den Umstehenden zu. „Heute stark, morgen zerschmettert!" Daraufhin deutete die weise Frau zu den Döllitzer Höhen: „Wenn dort die Sträucher verschwunden sind, wenn die Menschen statt Leinen und Wolle nur noch Seide tragen, wenn ihre Herzen voll Stolz und Hoffart sind, dann wird eure Stadt dahin sein! Ehe mein Fuß im Stein wird vergehen, wird die Egerer Stadt nicht mehr stehen! Erdbeben, Feuer, Kriege werden eure Stadt vernichten, so daß man kaum noch den Ort wird nennen können!"

Mit diesen Worten eilte Sibylla Weiß in das Gestrüpp und verschwand, ohne daß jemand sie aufzuhalten vermochte.

Nicht nur wegen der Prophezeiung, die sich offenbar auf das dritte Jahrtausend bezieht, ist diese Volksüberlieferung hochinteressant. Denn bei sorgfältiger Interpretation sagt der Text unter anderem auch viel über die „magischen" Fähigkeiten der Seherin Michalda aus.

In „Zauberei" und „Wundertaten" sei sie erfahren gewesen, heißt es über sie; in ihrem Haus in Eger habe sie ein „Wundermittel" über dem offenen Feuer zubereitet. Dies klingt nach Alchimie; ganz so, als sei in der uralten böhmischen Stadt eine Adeptin der geheimnisvollen „ägyptischen Kunst" am Werk gewesen, die sich bemühte, den „Stein der Weisen" zu finden, mit dessen Hilfe angeblich Gold hergestellt und

Sibylle von Prag

Eine Alchimistenklause im späten 16. Jahrhundert in Böhmen. Stich nach einem Gemälde von Václav Brozík (1851-1901).

das Leben verlängert werden konnte. Da nun aber ganz bestimmt nicht anzunehmen ist, daß die weise Frau allzusehr am Materiellen interessiert war oder gar der Natur ins Handwerk zu pfuschen versuchte, greift diese romantische Assoziation nicht. Vielmehr wird Michalda, wobei sie durchaus ihr wohl in Ägypten erworbenes Wissen um die verborgenen Kräfte der „al chemi" (der „erdigen Materie") genutzt haben kann, ernsthafte chemische Arbeit verrichtet haben.

Wenn von einem „Wundermittel" die Rede ist, dann kann das im Sprachgebrauch des einfachen Volkes jener Zeit eigentlich nur bedeuten, daß die Sibylle von Prag eine wirksame Arznei herstellte, die dann „wunderbarerweise" tatsächlich zu heilen vermochte – im Gegensatz zu den

Pülverchen der barocken Quacksalber, die unter großem Brimborium ausschließlich an die Wohlhabenden verabreicht wurden und zumeist keinerlei medizinischen Effekt besaßen. Michalda wäre demnach zusätzlich eine heilkundige Frau gewesen, was wiederum der Tradition der Hagazussa entsprochen hätte, aus der sie kam. Denn auch diese Menschen waren sehr oft nicht nur Sensitive, sondern auch Ärztinnen und Ärzte gewesen, welche die Kranken, die zu ihnen in die Wälder kamen, mit Hilfe natürlich gewonnener Medikamente behandelten.

Sibylla Weiß scheint darin noch einen Schritt weitergegangen zu sein; möglicherweise verband sie einheimisches Heilwissen mit orientalischem und zusätzlich mit dem der Zigeuner. Damit hätte sie sich freilich sehr leicht den Neid des einen oder anderen „orthodoxen" Medikus in Eger zuziehen können. Falls aber die Interessen von Quacksalbern und ernsthaften, aber nicht approbierten Therapeuten kollidierten, dann zogen die wahren Heilkundigen in der Regel den kürzeren – zumal wenn es sich um Frauen handelte. Sie konnten dann sehr schnell als „Hexen" verleumdet und angeklagt werden, und eben dies wird wohl auch im Fall Michaldas passiert sein.

Der von ihr verursachte Brand war unter Umständen nur noch der letzte Auslöser, damit man sie vor das Tribunal zerren konnte, das sie als „Teufelsbuhlin" verurteilte. Wie damals üblich, sollte die Verbrennung der „Hexe" an einem besonderen Ort stattfinden. Es handelte sich dabei stets um einen weiträumigen Hinrichtungsplatz, zu dem die vielen tausend Schaulustigen leicht aus allen Himmelsrichtungen anreisen konnten, denn die Autodafés waren gleichzeitig barbarische Massenveranstaltungen, die insgeheim auch dazu dienen sollten, den Menschen der niedrigen Stände Furcht vor der kirchlichen und staatlichen Obrigkeit einzujagen.

Deswegen wurde Sibylla Weiß auf jene „weite" Wiese bei Tirschnitz geführt; dort allerdings machte sie den Inquisitoren einen Strich durch die Rechnung. Und was nunmehr geschah, besitzt tatsächlich „magischen" oder „übernatürlichen" Charakter, denn Michalda scheint sich mit paranormalen Mitteln gegen ihre Feinde und den Henker gewehrt zu haben. Sie setzte den Fuß auf einen „Felsbrocken", und als sie das Bein wieder zurückzog, blieb der Abdruck im Stein sichtbar.

Sofort stellt sich natürlich die Frage, ob es sich bei diesem Felsen, der sich direkt neben dem Scheiterhaufen befand, etwa um eine sehr alte Steinsetzung handelte, die eine Besonderheit dieses Platzes markierte. Ausgeschlossen ist das keineswegs, denn die traditionellen Hinrichtungsstätten gingen sehr häufig auf heidnische Thing- oder Gerichtsorte zurück, die nicht selten durch Menhire gekennzeichnet waren. Auch dort waren unter Umständen Verbrecher vom Leben zum Tod gebracht worden, und deshalb wurden solche Lokationen später vielfach zu reinen Henkersplätzen.

Falls nun aber auf der Heide von Tirschnitz ein derartiger Kultstein überdauert hatte, so war das für Sibylla Weiß ein sicherer Hinweis darauf, daß sich an der Stelle, wo sie verbrannt werden sollte, ein Knotenpunkt jener elektromagnetischen Erdkräfte befand, die sie anderswo bereits oft genutzt hatte, um ihre paranormalen Fähigkeiten zum Durchbruch zu bringen. Da ferner weder ihre Henker noch die übrigen Umstehenden die speziellen Eigenschaften dieses Platzes kannten, hinderte niemand sie daran, an die Steinsetzung heranzutreten und die elektromagnetische Strahlung in sich einströmen zu lassen. Und mit deren Hilfe wiederum war sie jetzt imstande, telekinetisch auf den Felsen einzuwirken. Dank ihrer besonderen inneren Kräfte veränderte sie die Molekularstruktur auf der Oberfläche des Steins und erzeugte dadurch den „Fußabdruck", dessen plötzliches Erscheinen die Augenzeugen dermaßen verblüffte, daß dieses „Wunder" sich später in einer Sage niederschlug.

Diese Interpretation der Geschichte mag sich zunächst ähnlich unglaubhaft anhören wie jene weiter vorne in diesem Buch aufgestellte These, wonach auch Tchen, der Stammvater der Zigeuner, seinen Feind, den makedonischen General, mit Hilfe eines paranormalen Energieausbruchs habe „zerspringen" lassen. Doch es ist mittlerweile wissenschaftlich erwiesen, daß sensitive Menschen zu derartigen Leistungen fähig sind; die parapsychologische Forschung des 20. Jahrhunderts hat unumstößliche Beweise dafür erbracht.

So erregte etwa in den 60er Jahren die Russin Nina Kulagina weltweites Aufsehen, weil sie allein durch ihre „Gedankenkraft" relativ schwere Gegenstände bewegen oder zum Schweben bringen konnte. Ähnliches gilt für den Amerikaner Ted Serios, der Bilder auf unbelichteten Filmen in einer Polaroidkamera erscheinen ließ, indem er den Fotoapparat lediglich scharf ins Auge faßte. In beiden Fällen war also Materie mit Hilfe paranormaler Techniken beeinflußt oder verändert worden – und wenn dies der Russin und dem Amerikaner möglich war, dann kann sehr wohl auch die Sibylle von Prag ähnliche Fähigkeiten besessen und genutzt haben.

Michalda veränderte aber nicht nur die Molekularstruktur des Felsens neben dem Scheiterhaufen, sondern gab unmittelbar darauf weitere Proben ihrer telekinetischen Kraft. Denn während die erschrockene Menge noch starrte, pflanzte die Sibylle ihren Stab in die Erde und ließ das scheinbar tote Holz Knospen, Zweige und Äste austreiben, bis eine große Weide emporgewachsen war. Neuerlich scheint die außergewöhnliche Frau hier also Einfluß auf die Materie genommen zu haben – und unmittelbar darauf folgte eine energetische Entladung, so daß Donner krachte und ein Blitzstrahl den Baum traf. Vielleicht heißt das nichts anderes, als daß das elektromagnetische Energiefeld um die Steinsetzung, das Michalda „beschworen" hatte, sich nun mit einem ohnehin sich aufbauenden Gewitter verband und es auf diese Weise zu der beschriebenen Reaktion zwischen Himmel und Erde kam.

Damit aber noch immer nicht genug, denn jetzt schlug die sensitive Ausrichtung der Sibylle plötzlich um, und die immense Anspannung, unter der sie gestanden haben muß, äußerte sich in einem Ausbruch ihrer hellseherischen Potenz. Vor ihrem inneren Auge zerbarsten die Grenzen von Zeit und Raum; mental „übersprang" sie Jahrhunderte und schrie ihre Prophezeiung vom Untergang der Stadt Eger förmlich heraus: „Erdbeben, Feuer, Kriege werden eure Stadt vernichten, so daß man kaum noch den Ort wird nennen können!" Und dann, weil der Bann, den sie über die tausendköpfige Menge geworfen hatte, deren Entschlußkraft lähmte, verschwand sie im Gestrüpp, ohne daß jemand sie aufzuhalten vermochte.

Dieser letzte Umstand erinnert wiederum frappierend an gewisse Überlieferungen, die sich auf die keltischen Druiden beziehen. Griechische und römische Autoren behaupteten nämlich, diese „Großen Wissenden" hätten ihre Feinde allein mit der Macht ihrer verbalen Beschwörungen besiegen können, so daß sie wie zu Stein erstarrt gewesen seien. Nichts anderes tat im Grunde die Seherin Michalda, als sie ihre prophetischen Worte rief und anschließend unangefochten das Weite suchte. Es sieht also einmal mehr so aus, als hätte sie die uralten druidischen „Techniken" gekannt und genutzt – und auf eine solch geistige Verbindung zu jenen rätselhaften Metaphysikern der Kelten weist auch eine weitere Sage hin, in der es um einen angeblichen Begräbnisort der Sibylle von Prag geht:

Bevor sie starb, verordnete sie, daß man ihre Leiche auf einen Wagen lege, den Kühe zögen, ohne einen Führer, wohin sie wollten. Wo die Fuhre stehen bliebe, solle man sie begraben. Man tat so; die Kühe hielten in der Nähe von Bischofsgrün mitten auf einem Kreuzweg in der Hohen Heide. Dort begrub man die geheimnisvolle, unheimliche Frau.
Auf ihr Grab stellte man einen Steinblock und pflanzte eine Föhre.

Nachdem der wahre Beisetzungsort der Sibylle von Prag bei Lonnerstadt in Oberfranken liegt, wo ihr Grabhügel nahe der Friedhofsmauer der Antonikapelle über Jahrhunderte hinweg besucht und seine „Wanderung" beobachtet wurde, muß es mit der „letzten Ruhestätte" bei Bischofsgrün (wie bereits im Kapitel über das Leben der Visionärin angedeutet) eine andere Bewandtnis haben. Und wenn wir nun auch diese Legende auf ihren eigentlichen Kern hin abklopfen, dann wird schnell deutlich, daß hier in Wahrheit mehrere Hinweise auf eine geistige Verbindung Michaldas zu heidnischen Traditionen gegeben werden.

Da ist zunächst das Fuhrwerk, das von Kühen gezogen wird, obwohl beim Leichenbegängnis einer wohlhabenden und noch dazu adligen Frau des 17. Jahrhunderts doch eigentlich ein repräsentatives Pferdegespann üblich gewesen wäre. Die Rinder allerdings wären durchaus standesgemäß für ein keltogermanisches Ritual gewesen, denn bei jenen Völkern hatten diese Tiere sakrale Bedeutung. Sie stellten die mythologische Verbindung zum Stiergott Taranis oder auch zu Odin her, denen wiederum prophetische Fähigkeiten zugeschrieben wurden. Allein daraus wird bereits ersichtlich, daß es in der oben zitierten Sage gar nicht wirklich um ein Begräbnis geht, sondern hier verschiedene Elemente vermischt werden: solche aus der Geschichte von der Beisetzung bei Lonnerstadt und viel ältere heidnische, die jedoch im Zusammenhang mit der Seherin Michalda eine neue Bedeutung gewonnen hatten.

Die Visionärin fährt demnach hier auf einem Wagen, der von den ihrer Gabe zugeordneten Rindern gezogen wird, und diese ebenfalls „eingeweihten" Tiere bringen das Gefährt nun zu einem Kreuzweg. Auch dieser Umstand ist verblüffend, wenn man weiß, daß gerade solch uralte Wegkreuzungen fast unweigerlich auch am Kreuzungspunkt von unterirdischen „Wasseradern", sprich Energieströmen, lagen, weil die Urpfade in ganz Europa aus Gründen des optimalen Vorwärtskommens stets den Talrändern von Bach- oder Flußläufen folgten. Wo sich aber zwei solcher Wege kreuzten, bündelten sich auch die verborgenen elektromagnetischen Linien – und deswegen sind solche Kreuzwege von alters her als besondere und oft unheimliche Orte bekannt.

Michalda begibt sich also in der Legende zu einem Ort in der Einsamkeit der „Hohen Heide", der exakt ihren speziellen paranormalen Fähigkeiten entspricht, und dort wird sie nun angeblich begraben. Dies freilich geschieht auf eine Art, wie sie im Zeitalter der Gegenreformation und im erzkatholischen Fichtelgebirge real niemals möglich gewesen wäre. Denn das Ritual, das im letzten Satz der Volksüberlieferung geschildert wird, ist alles andere als christlich; es handelt sich vielmehr ganz eindeutig wiederum um einen keltischen Brauch.

Zunächst wird keineswegs das übliche Kreuz auf dem „Grab" plaziert, sondern man stellt einen Steinblock dorthin, in dem unschwer ein Menhir zu erkennen ist. Außerdem pflanzt man neben diese heidnische Steinsetzung eine Föhre – und damit wird der Sinn der Zeremonie, die hier durchgeführt wurde, sonnenklar. In keltischer Zeit nämlich wurde unmittelbar nach einer Beisetzung sehr oft ebenfalls ein junger Baum in den Grabhügel eingewurzelt, damit der Leib des Verstorbenen sich in die aufwachsende Pflanze umwandeln sollte. Mit dieser Methode sollte dem Geist des Toten praktische Hilfestellung bei der von den Druiden gelehrten Seelenwanderung geleistet werden, und genau diese Bedeutung hatte nun offenbar auch der Ritus, welcher von der Volkssage in Verbindung mit Sibylla Weiß gebracht wird.

Irgendwann nach dem Tod Michaldas und ihrem Begräbnis bei Lonnerstadt wurde auf der Heide in der Nähe von Bischofsgrün offenbar ein weiteres Totenritual durchgeführt. Später dann vermischten sich in der Erinnerung der Menschen die dortigen Geschehnisse mit jenen anderen, die sich bei der weit entfernten Antonikapelle zugetragen hatten. Aber die Tatsache bleibt, daß die Sibylle von Prag symbolisch noch einmal auf heidnische Art unter die Erde gebracht wurde, und wenn wir uns jetzt wieder ihre Lebensgeschichte ins Gedächtnis rufen, dann wird nachvollziehbar, warum dies geschah und wer diejenigen waren, die ihrer Seele diesen von den christlichen Priestern verbotenen Dienst erwiesen.

Michalda war schließlich selbst praktizierende Anhängerin der alten, heidnischen Weisheit; in der vorchristlichen Naturphilosophie, Metaphysik und Lebensweise hatte sie das Wissen gefunden, das sie zu ihren außerordentlichen prophetischen Leistungen befähigte. Ihre Lehrer darin waren die ebenfalls heidnischen Roma sowie die Hagazussa gewesen; jene geistigen Nachfahren der keltischen Druiden, die sich nach dem Sieg der katholischen Kirche in die tiefen Wälder zurückgezogen hatten. Und diese engen Vertrauten der Sibylle wollten es, sicherlich im Einvernehmen mit ihr, nicht dulden, daß sie lediglich nach christlichem Ritus bei Lonnerstadt beerdigt werden sollte. Deshalb führten sie in der Abgeschiedenheit der „Hohen Heide" – wo die Visionärin vermutlich öfter die geophysikalischen Kräfte des Kreuzweges genutzt hatte – jenes zweite „magische" Begräbnisritual durch, das dem jetzt in der Anderswelt weilenden Geist Michaldas ungleich mehr entsprach.

Wenn wir uns nun abschließend noch einmal der Volksüberlieferung vom Wohnsitz der Hellseherin bei Lonnerstadt zuwenden, finden wir dort einen zusätzlichen Hinweis auf die Richtigkeit des eben Gesagten. In jener Legende, die im ersten Kapitel dieses Buches nur auszugsweise zitiert wurde, gibt es nämlich ebenfalls eine Passage, die förmlich nach einer „keltischen" Interpretation ruft:

Im Wolfsgraben (...) stand nach allgemeiner Sage das Schloß der Sibylla Weiß. Man zeigt noch den Schloßplatz, die Brückenstelle und den Brunnen, eine Quelle besten Wassers.

Genau dieser Brunnen, der eigentlich gar keiner ist, sondern in der Hinzufügung extra als Quelle mit besonders gutem Wasser gekennzeichnet wird, läßt aufhorchen. Unwillkürlich assoziiert man einen ganz besonderen Born, nämlich eine heilige Quelle. Und in der Tat suchen die Menschen der Gegend, wobei sie der Gewohnheit zahlloser Generationen folgen, den Born bis heute auf, weil seinem Wasser heilkräftige Wirkung zugeschrieben wird. In heidnischen Zeiten aber wurden solche Quellen von weisen Frauen gehütet, und in dieser Tradition stand offenbar noch im 17. Jahrhundert die Sibylle Michalda, wenn sie sich auf ihrem Besitz bei Lonnerstadt aufhielt.

Gleich den Druidinnen der vorchristlichen Epoche umsorgte auch sie den heiligen Born im Wolfsgraben und zog selbst ihren „magischen" Nutzen im Hinblick auf ihre paranormalen Fähigkeiten daraus, so daß sie auch in diesem Fall wieder ganz als eine in die uralten keltischen Mysterien eingeweihte Frau tätig war.

RÜCKERINNERUNG UND ZUKUNFTSSCHAU ALS GANZHEITLICHER WEG DER ERKENNTNIS

Ähnlich zeitlos wie das Fließen einer Quelle, die von jeher Wasser spendet und ebenso in kommenden Jahrhunderten noch sprudeln wird, äußerten sich quasi auch die seherischen Fähigkeiten der Sibylle von Prag. Es heißt von ihr, daß sie sowohl Vergangenes als auch Zukünftiges erschauen konnte – daß sie also neben ihrer präkognitiven Gabe auch diejenige der Rückerinnerung über den „kurzen" Abschnitt ihres eigenen Lebens hinaus besaß. Da dieses Phänomen sehr selten ist, denn die meisten Propheten erkennen „lediglich" die Zukunft, sollen in diesem Kapitel einige Überlegungen dazu angestellt werden.

Rückerinnerung bedeutet konkret, daß ein sensitiver Mensch sehr spezielle Geschehnisse aus Epochen wahrnimmt, die zu seinen Lebzeiten längst historisch geworden sind. Er sieht Individuen agieren und hört sie reden, die Jahrhunderte oder gar Jahrtausende vor seiner Zeit und zudem oft noch in anderen Ländern oder Erdteilen lebten. Als Reaktion darauf kann es passieren, daß das Medium plötzlich sogar eine längst untergegangene Sprache beherrscht und sich in ihr mit seinen „jenseitigen" Gesprächspartnern austauscht.

So soll etwa die berühmte Therese von Konnersreuth in der nördlichen Oberpfalz, die zudem stigmatisiert war, im 20. Jahrhundert Ereignisse aus der Zeit Jesu erschaut und während ihrer Visionen im aramäischen Dialekt des Rabbi Jeschu gesprochen haben.

Aber auch von dem amerikanischen Hellseher Edgar Cayce (gestorben 1945) sind derartige, nur sehr schwer zu erklärende Bewußtseinsveränderungen bekannt. Wenn dieser „schlafende Prophet" in Trance Kontakt mit vergangenen Kulturen gefunden hatte, verwendete er nachweislich eine ganze Reihe toter Sprachen, obwohl er keinerlei entsprechende Vorbildung besaß.

Auf welche Weise sich diese Gabe im Fall der Sibylle Michalda ausprägte, ist leider nicht dokumentiert. Es gibt jedoch in den verstreuten Volksüberlieferungen den einen oder anderen Hinweis darauf, daß ihre Rückerinnerungen dann einsetzten, wenn sie in Berührung mit uralten Kultstätten kam. So hat sich beispielsweise eine Sage erhalten, deren Kernaussage mit einer solchen in die graue Vorzeit weisenden Vision zu tun haben könnte:

Im Hackelberg im Steinwald, gen Weißenstein, geht ein Tor hinein. Da sieht man den König Salomo, angetan mit einem großen Mantel und mit langem Barte, an einem großen Tisch auf großem Sessel sitzen. Die Sibylla Weiß hört von seinem Hiersein und besucht ihn ...

Der genannte Berg liegt in Nordbayern; in den Höhlen, die sich in seinem Inneren verbergen, fanden wohl bereits in der Jungsteinzeit sakrale Rituale statt. Später könnten sich dort Druiden und Hagazussa aufgehalten haben, so daß der Ort „magisch aufgeladen" war. Und genau dort soll nun Michalda mit dem großen jüdischen König Salomo in Verbindung getreten sein – was konkret bedeuten könnte, daß sie eine der Grotten des Hackelbergs quasi als Tor für eine mentale Zeitreise nutzte. Natürlich (be)suchte sie den Herrscher nicht in Mitteleuropa, wo er sich nie aufgehalten hatte, sondern „drang" vom Steinwald aus in seine orientalische Welt des 10. vorchristlichen Jahrhunderts „ein". Die Höhle, deren eigene Geschichte allerdings bis zur Epoche Salomos zurückreichte, bildete dabei vermutlich so etwas wie eine zwischen Diesseits- und Anderswelt aufgespannte Brücke für sie.

Was genau sich in den verborgenen Regionen von Michaldas Psyche abspielte, wenn sie derartige Wanderungen durch Zeit und Raum unternahm, läßt sich selbstverständlich kaum definieren. Aber zumindest theoretisch kann man sich dem Verständnis solch paranormaler Prozesse ein wenig annähern, wenn man sich erneut mit der Lehre von der keltischen Anderswelt und zudem der Seelenwanderung beschäftigt.

Die „vierte Dimension" innerhalb der druidischen Kosmologie ist, wie bereits an anderer Stelle dieses Buches ausgeführt, eng mit den drei gewöhnlichen Wahrnehmungsebenen verflochten. Gleichzeitig ist die Anderswelt das „Reservoir", in dem die Seelen Verstorbener sich neu orientieren, ehe sie sich für eine weitere körperliche Existenz im ewigen Kreislauf des Lebens entscheiden. Da sich nun manche Geistwesen schon nach kurzer Zeit reinkarnieren, andere hingegen, zumindest nach irdischen Maßstäben, sehr lange in der parallelen Dimension verharren, könnte ein Lebender, der die Anderswelt „betritt", speziell mit diesen letztgenannten Seelen Kontakt aufnehmen und quasi mit ihren Augen in jene fernen Zeiten und Länder blicken, in denen sie lebten. Ebenso könnte er sich kurzfristig bestimmte Eigenarten dieser „Toten", wie etwa ihre Sprache, aneignen.

Dies könnte einer der Wege gewesen sein, den die Sibylle von Prag beschritt, um König Salomo zu „besuchen". Ebenso aber ist es möglich, daß sie sich an gewisse Stationen ihrer eigenen Seelenwanderung erinnerte: an andere Leben weit vor ihrer Existenz als Tochter eines verarmten böhmischen Grafen. Vielleicht hatte sie ja während ihrer jahrelangen Reise mit den Zigeunern in Palästina, Ägypten oder anderswo an ganz bestimmten Plätzen, wo sie „früher" schon einmal gewesen war, sogenannte Déjà-vu-Erlebnisse gehabt. Ein solch blitzartiges Wiedererkennen von Steinsetzungen, Höhlen, Landschaften oder Bauwerken, die in einer lange zurückliegenden Existenz für jemanden Bedeutung hatten, kann dann – besonders bei Sensitiven – durchaus Rückerinnerungen auch auf breiterer Basis auslösen, und auch dies wäre eine Erklärung für Michaldas besondere Fähigkeit, tief in die Vergangenheit zu blicken.

Hinzu kam im Fall dieser ganz ohne Zweifel hochgebildeten Frau ein bedeutendes historisches Wissen, das außerdem nicht in den Fesseln der offiziellen, christlich dominierten Geschichtsschreibung ihrer Zeit gefangen war. Wiederum dank ihrer intensiven Kontakte mit den Roma, aber auch den Hagazussa, die aufgrund ihrer jahrtausendealten Traditionen imstande waren, den „Weltenlauf" von höherer und objektiverer Warte aus zu betrachten, erkannte mit Sicherheit auch die Sibylle von Prag die großen historischen Linien der Menschheitsgeschichte von jenen Epochen an, da sich die ersten Zivilisationen herausgebildet hatten. Weil Michalda aber nun zusätzlich über das Wahrnehmungsvermögen einer Sensitiven verfügte, war sie in der Tat imstande, sowohl Vergangenes als auch Zukünftiges sehen zu können, wie es in der Überlieferung heißt.

Paranormales Ausbrechen aus der eigenen Zeit und dazu der ebenfalls hochqualifizierte Einsatz ihrer Verstandeskräfte – das waren wohl die beiden, sich gegenseitig ergänzenden Voraussetzungen, die es der Seherin Michalda ermöglichten, ihre Prophezeiungen abzugeben. Die Sibylle von Prag „arbeitete" also sozusagen mit einer ganzheitlichen, nach verschiedenen „Zeitrichtungen" hin sowohl intuitiven als auch rationalen Methode der Wahrschau. Diese Art der Präkognition war außerordentlich effektiv, wie die beiden nun folgenden Kapitel beweisen, in denen die im Jahr 1616 erstmals publizierten Visionen vorgestellt werden – jene Weissagungen, deren Wahrheitsgehalt die Menschen bis heute verblüfft und die noch weit in das dritte Jahrtausend hineinreichen.

PROPHEZEIUNGEN DER SIBYLLE MICHALDA VOM 17. JAHRHUNDERT BIS ZUR GEGENWART

Die ersten Visionen der böhmischen Seherin beziehen sich auf die Zeit unmittelbar nach der Erstveröffentlichung ihres Buches „Die Prophezeiung der Sibylle Michalda", das zwei Jahre vor Ausbruch des Dreißigjährigen Krieges gedruckt wurde. Dieser Erscheinungstermin ist ein zusätzlicher unumstößlicher Beweis dafür, daß es sich bei der Sibylle von Prag keineswegs um eine Frau handelte, die Scharlatanerie betrieb. Denn kaum war ihr Werk in Umlauf gekommen, bewahrheiteten sich bereits die einleitenden Schauungen.

Aber auch zahlreiche spätere Ereignisse von europäischer oder weltweiter Bedeutung wurden in dem genannten Buch lange vor ihrem Eintreffen vorhergesagt, so unter anderem die Französische Revolution, das Viktorianische Zeitalter in England oder das Auftreten Hitlers und seiner gefürchteten Panzertruppen im Zweiten Weltkrieg. Zumeist sind diese Prophezeiungen in einer sehr klaren Sprache formuliert und beinhalten Ortsnamen oder andere präzise Informationen, so daß sie sehr gut eingeordnet und teilweise im Detail interpretiert werden können.

Diese Kommentare des Autors sind den Visionen der Sibylle Michalda jeweils direkt beigefügt, damit sie von Fall zu Fall mit den Weissagungen verglichen werden können. Die Prophezeiungen selbst wurden vom Autor auf der Basis verschiedener Übersetzungen aus dem Tschechischen sowie alter deutscher Fassungen in die moderne Sprache übertragen, aber dadurch inhaltlich nicht verändert.

> *Schön bist du, Prag, in deinem Gewand von purer Sonne! Aber zum Fest des Heiligen Geistes wirst du dein Antlitz verhüllen!*
> *Einen halben Mondlauf lang wirst du von Tod und Verderben beherrscht. Neunzehn Tage und Nächte brüllen die Kanonen, die auf den Hügeln vor der Moldaustadt stehen. Blutrot strahlt das Feuer deines Leibes am Firmament wider. Die Burg sehe ich brennen. Neustadt und Kleinseite sind zerstört. Troja und Podbaba sind dem Erdboden gleichgemacht.*
> *Aber noch hat sich dein Schicksal nicht erfüllt. Am zwanzigsten Tag wirst du wieder frei und herrlich sein, und ausgelassen werden die Menschen durch deine Gassen eilen.*

In dieser Vision werden zwei Schlachten geschildert, die im 17. und 18. Jahrhundert um Prag geschlagen wurden. Zunächst sah die Sibylle den ersten Höhepunkt des Dreißigjährigen Krieges vorher: die „Schlacht am Weißen Berg" (1620). Im Frühling dieses Jahres (um Pfingsten, dem Fest des „Heiligen Geistes") wurde das habsburgisch-wittelsbachische Bündnis gegen Friedrich von der Pfalz, den protestantischen König Böhmens, geschmiedet. Ende Oktober griffen die Katholiken an, besetzten die Höhen rund um Prag und stürmten die Stadt nach einer großen

Greueltaten der kaiserlichen Truppen an protestantischen Böhmen nach der Schlacht am Weißen Berg. Nach einem Gemälde von Karel Svoboda (19. Jahrhundert).

Bataille am Weißen Berg. Bis Mitte November blieb Prag unter Kriegsrecht, dann kapitulierte das protestantische Böhmen, und das Leben in Prag normalisierte sich wieder.

Ebenso – quasi auf einer „zweiten Ebene" – bezieht sich die Vision auf das Jahr 1757, als Friedrich der Große während des „Siebenjährigen Krieges" zur Pfingstzeit nach Böhmen einfiel und Prag wochenlang beschießen ließ, ehe er wieder abzog.

***

Wieder erholt sich die Menschheit. Gesetz und Recht kommen wieder zu Ansehen. Der Geist einer neuen Zeit beginnt in den Gehirnen der Menschen zu wabern. Diesmal kämpfen jedoch Abertausende um ihr wahres Recht.

Ein Sturm braust durch die Länder. Ketten und Fesseln fallen.

Nach dem „Siebenjährigen Krieg" stieg die Bevölkerungszahl Böhmens erstaunlich stark an; 1773 zählte man rund 3,6 Millionen, 1785 bereits etwa 4,2 Millionen. Mit Kaiser Joseph II. saß zudem ein aufgeklärter Monarch auf dem Thron, der ein offenes Ohr für die Rechte des einfachen Volkes besaß. Joseph II. versuchte die Leibeigenschaft zu mildern, stieß dabei jedoch auf den Widerstand des Adels. Ab 1775 kam es deshalb zu einer Reihe von Bauernaufständen im Habsburgerreich. Diese Rebellion bewirkte, daß der Kaiser sich letztlich gegen die Grundherren durchzusetzen vermochte – und mit der Aufhebung der Leibeigenschaft im November 1781 in der Tat die „Ketten und Fesseln" der Bauern fielen.

***

In anderen Ländern aber, wo Leichtsinn und Bösartigkeit hausen, wo Prunk und Luxus neben der Armut wohnen, werden geile Weiber bei den Thronen raufen und sich gegenseitig mit giftigen Zungen bedrohen. Sie werden Meisterinnen darin sein, auf Kosten des Volkes zu leben und zu prassen. Die höchsten Würdenträger werden sie sich untertan machen, und um ihre Macht zu festigen, werden sie über Leichen gehen.

Unschwer sind in dieser Prophezeiung die Verhältnisse in jenen europäischen Ländern – vor allem Frankreich – zu erkennen, wo der Absolutismus herrschte und ein dünkelhafter Adel das Volk bis zum Weißbluten ausbeutete. Typisch für diese Gewaltherrschaft in seiner letzten Phase war zudem das Mätressenunwesen, auf das Michalda mit sehr deutlichen Worten eingeht und es entlarvt.

Sofort denkt man hier zum Beispiel an die pikanterweise von den Jesuiten gesteuerte Marquise de Pompadour oder die Gräfin Dubarry, die als Mätressen Ludwigs XV. von Frankreich mehr Macht besaßen als der König selbst und maßgeblich dazu beitrugen, den Staat zu ruinieren. Wenn es darum ging, Nebenbuhlerinnen auszuschalten oder sich durch Intrigen politische Vorteile zu verschaffen, scheuten diese hochadligen Huren selbst vor Giftmorden nicht zurück, und auch das hat die Sibylle von Prag in dieser Vision sehr deutlich erkannt.

***

Aber das Volk wird aufstehen und das Joch abwerfen. Ich höre die Menge johlen und schreien. Durch die Gassen wird das Blut in Strömen fließen. Haß und Habgier herrschen. Die Königsgewalt wird in die Gosse geworfen. Schädel mit grausig verzerrten Gesichtern rollen durch den Sand. Die verkommenen Menschen werden vom Blut aufgepeitscht. Ihre Seelen sind von Finsternis besessen. Der Zorn hält furchtbares Gericht.

Kein Zweifel, hier geht es um die Französische Revolution. In einer ausgesprochen präzisen Schauung erblickte Michalda den Ausbruch des Volksaufstandes in Paris, der zum Sturm auf die Bastille führte. Anschließend dann die Hinrichtung Ludwigs XVI. auf der Guillotine und die darauf folgende

Schreckensherrschaft Robespierres, während dessen Diktatur die Köpfe massenhaft rollten und die aufgepeitschte Menge in Erinnerung an die Verbrechen der Monarchie dazu Beifall schrie.

***

Die Menschheit will nicht mehr arbeiten, will jedoch mehr essen. Kinder verraten die Eltern, der Geselle den Meister. Güte und Barmherzigkeit, Liebe und Freundschaft sind selten geworden. Die christlichen Sitten gehen unter.

Nach dem Höhepunkt der Französischen Revolution erlebte das Land eine Phase des Glücksrittertums, der Orientierungslosigkeit und Ellenbogenmentalität, in der für Humanität wenig Platz war. Christliche Traditionen wurden in der Tat abgeschafft, denn nun wurde etwa die Vernunft als Göttin verehrt und vorübergehend auch eine neue Zeitrechnung eingeführt, die vom Sturm auf die Bastille an datierte.

***

Als ob er aus der Erde quellen würde, steht ein kleiner Mann auf. Er verspricht dem Volk eine frohe und glückliche Zukunft. Die Menschheit vernimmt seinen Ruf und folgt ihm begeistert.

Napoleon I. war bekanntlich klein von Gestalt und machte als zunächst völlig unbedeutender Artillerieoffizier blitzschnell Karriere, bis er 1799 Erster Konsul der Französischen Republik und 1804 Kaiser wurde.

Sein Erfolg beruhte zum großen Teil darauf, daß er die Menschen durch seine zündenden Reden mitzureißen vermochte.

***

Er bringt aber nicht den Frieden, sondern neuerlich verdunkeln finstere Wolken das Antlitz der Erde. Zahllos ist die Schar der Söldner[4], welche die Länder durcheilen. Sie säen Tod und Verderben. Der kleine Mann will Herrscher über die ganze Welt sein. Geheiligtes ist ihm unheilig, und selbst der Vater der Kirche muß sein Knie vor ihm beugen.

Die Napoleonischen Kriege, in deren Verlauf der Korse gegen die alten Herrscherhäuser fast ganz Europas kämpfte, werden angesprochen. Zudem erblickte die Sibylle von Prag hier die spektakuläre Kaiserkrönung Napoleons. Nachdem dieser nämlich das Papsttum weitgehend entmachtet hatte, zwang er Pius VII. dazu, nach Paris zu kommen. Dort aber ließ er sich nicht, wie es traditionell üblich gewesen wäre, vom Papst krönen, sondern nahm ihm das Diadem aus der Hand und setzte es sich aus eigener Machtvollkommenheit auf.

***

Immer weiter schreitet die Habgier voran. Gekämpft wird in der Hitze des brennenden Sandes und in der Hölle des starren Eises. Jämmerliche Gestalten wanken durch die Provinzen des Bärenlandes und suchen in ihrer Vernichtung die Heimat.

In dieser Vision werden der Ägyptenfeldzug Napoleons und dessen militärisches Debakel im kalten, bärenreichen Rußland angesprochen, wo die „Große Armee" 1812 das von der Bevölkerung verlassene und in Brand gesteckte Moskau erreichte und 1813 völlig aufgerieben wurde.

***

Der Verstand der Menschen wird scharf werden, und endlich wird ihr Geist auch dem Frieden dienen. Sie erschaffen große Kessel, welche sie mit Wasser und Feuer füllen. Diese werden sodann auf Räder oder in Schiffe gestellt. Zu Lande und im Wasser werden sie sich damit fortbewegen. Weder Muskelkraft noch Windkraft wird länger nötig sein.

Die Erfindung der Dampfmaschine war eine der großen technischen Revolutionen des 19. Jahrhunderts, und auch das sah Michalda voraus.

***

Gleich dem Blitz werden sie von Land zu Land eilen. Ein einziger dampfender Kessel, der die Menschen sogar durch die Erde führt, wird hundert Postkutschen ziehen.

Ein Eisenbahnnetz ist entstanden, und die Ingenieure haben mit Tunnelbauten begonnen.

***

Die Menschen sind freilich nicht glücklicher oder besser geworden. Viele Menschen hungern. Neuerlich wird der Bruder zum Feind des Bruders. Wieder fließt Blut in den Gassen. Sie lärmen und kämpfen um ein Stück Brot. Fremdes Eigentum wird geplündert. Den Hausrat werfen sie auf die Straßen, damit sie dahinter ihren Leib schützen können.

Offenbar erschaute die Sibylle von Prag hier zunächst die sozialen Unruhen, die in Europa als Folge der Industriellen Revolution ausbrachen. Die Weber des Erzgebirges, aber auch andere Bevölkerungsgruppen kämpften damals tatsächlich um ihr nacktes Überleben.

Im zweiten Teil dieser Prophezeiung werden die Barrikadenkämpfe deutlich, die sich um das Jahr 1848 unter anderem im Großherzogtum Baden sowie in Wien, Berlin, München und vor allem in Paris abspielten. Frühe demokratische Organisationen versuchten auf diese Weise die Menschenrechte gegen die in der Zeit nach Napoleon wieder rigide herrschenden Königshäuser durchzusetzen.

***

Aus der Mitte des Volkes werden Helden aufstehen. Sie bemühen sich, den Brüdern die Augen zu öffnen. Doch falsche Freundschaft und Verrat werden sie dem grausamen Feind ausliefern. Während das einfache Volk hungert und leidet, werden die Reichen prassen und tanzen.

Noch einmal geht es hier um die Situation während der Revolution von 1848. In Deutschland brach sie unter anderem deswegen zusammen, weil die demokratischen Freiheitskämpfer von bürgerlichen Organisationen, die ihnen zunächst scheinbar Unterstützung gewährt hatten, verraten wurden. Die demokratische Elite, wie etwa die Professoren, Soldaten und Studenten des Badischen Aufstandes, wurden dem Militär ausgeliefert und vielfach exekutiert. Dieser Sieg der Reaktion wurde anschließend ausgelassen an den Fürstenhöfen gefeiert.

***

Im Nebelland wird ein jungfräuliches Mädchen Königin. Sie wird ihrem Land Reichtum und Größe schenken. Lange werden die Segnungen ihrer Hand erhalten bleiben. Aber die folgenden Geschlechter werden sich ihrer als unwert erweisen.

Königin Viktoria von England wurde 1819 geboren und gelangte bereits 1837, gerade achtzehnjährig, auf den Thron. Sie regierte bis 1901, also 64 Jahre lang, was in der Geschichte fast einmalig ist. Nach ihr ist das „Viktorianische Zeitalter" benannt, in dem Großbritannien einen außerordentlichen Aufschwung erlebte. Doch schon kurz nach ihrem Tod brach der Erste Weltkrieg aus, der den historischen Niedergang des Landes einläutete – und diese Katastrophe ereignete sich auch deswegen, weil die Politiker nach Viktoria eine allzu starke Vormachtstellung des Britischen Empire in Europa anstrebten.

***

Wunder über Wunder werden sich ereignen, denn die Menschen werden rastlos in ihrem Nachdenken sein. Künstliche Flüsse werden die Länder der Erde durchziehen. Ihr Zweck ist es, der Zeit die Zeit abzujagen.

Michalda sah hier die „wunderbaren" technischen Leistungen voraus, mit deren Hilfe es in der Ära der Königin Viktoria möglich wurde, den Suez- und Panamakanal, aber auch andere künstliche Wasserstraßen zu erbauen. Dadurch konnten die Handelswege verkürzt und um des wirtschaftlichen Profits willen Zeit gewonnen werden.

***

Von Mund zu Mund laufen Wörter auf dünnen Drähten, die über allen Ländern ausgespannt sind. Wenn du mit deinem Freund sprichst, blickst du ihm nicht länger ins Antlitz. Die Lüge wird zum Herrscher der Erde.

Hier schildert die Sibylle von Prag mit den Begriffen ihrer Zeit die Erfindung des Telefons und prangert gleichzeitig gewisse negative Auswirkungen dieser Apparate an. Der Gesprächspartner kann sehr leicht getäuscht werden, weil man nicht länger Auge in Auge miteinander redet.

***

Auf den Straßen werden Wagen fahren, die nicht von Pferden gezogen werden, sondern getrieben sind von einem seltsamen Wasser. Diese Gebilde sind aber ebenso schnell wie die Rösser. Zuerst werden diese Wagen Angst und Schrecken unter den Menschen hervorrufen, dann aber werden sie gute Dienste leisten.

Die Erfindung des Automobils, das zunächst von vielen für Teufelswerk gehalten wurde.

***

Eine kleine Kiste mit runden Knöpfen wird der Menschheit Lust und Freude bis in die kleinste Kammer tragen. Musik entquillt dem sonderbaren Ding und frohes Lachen. Die Menschen werden seinen guten und bösen Worten lauschen.

Das Radio ist erfunden. Und Michalda warnt bereits vor dem Bösen, das aus ihm „quellen" kann: der Volksverhetzung, wie sie später erstmals während der Nazidiktatur praktiziert wurde.

***

Sie werden Häuser errichten, die höher sind als die Türme des Hradschin. Dem Göttlichen wollen sie nahe sein und entfernen sich dennoch immer weiter von ihm.

Hier werden die Wolkenkratzer beschrieben, die in einer Zeit zum Himmel wachsen, da die Menschheit

mehr und mehr den Kontakt zur göttlichen Natur
– oder eben der Großen Göttin – verliert.

***

Versuchsapparat Röntgens (1895)

Ein großer Arzt wird geboren werden und den Menschen sehr viel Gutes tun. Er wird eine Vorrichtung ersinnen, deren Auge durch den menschlichen Körper blickt und die Krankheiten im Keim erstickt.

Ohne Zweifel bezieht sich diese Wahrschau auf Wilhelm Conrad Röntgen, der von 1845 bis 1923 lebte und die nach ihm benannten Strahlen entdeckte.

***

Silberne Vögel werden durch die Luft fliegen. Aber nicht der göttliche Geist hat sie zu Freude und Nutzen erschaffen, sondern der Geist der Menschheit, so daß neue Pein entstehen wird.

Auch der bayerische Hellseher Mühlhiasl bezeichnete die Flugzeuge als „silberne Vögel". Und ebenso wie er sah auch Michalda ihren Einsatz im Krieg vorher.

***

Zwischen den großen Ländern entsteht ein neuer Krieg, und Prag liegt in der Mitte. Söldner[4] kommen über den Ozean. Stürme brechen aus allen Himmelsrichtungen los. Die Menschen werden gleich Fischen unter dem Meer schwimmen. Aber aller menschliche Geist ist nutzlos, denn die Stunde kommt, wo die Menschen die Stunde ihrer Geburt verfluchen.

Hier ist eindeutig der Erste Weltkrieg gemeint. 1914 fielen die Großmächte übereinander her. Prag lag – nicht nur geographisch – tatsächlich „in der Mitte". Denn Böhmen gehörte eigentlich keiner der beiden kriegführenden Parteien oder beiden an, weil der deutsche Teil der Bevölkerung mit Österreich sympathisierte, der slawische aber mit Rußland.

Die „Stürme" könnten für die rasche Ausweitung des Krieges in alle vier Himmelsrichtungen stehen. Weiter erkannte die Sibylle die Unterseeboote, die im Ersten Weltkrieg erstmals eingesetzt wurden. Die Menschen, welche die Stunde ihrer Geburt verfluchten, waren ganz ohne Zweifel jene bedauerns-

1. Weltkrieg/Ostfront 1915 Abwehr der Russen in Ostpreußen: Feuerstellung bei Darkehmen. (18.1.1915)

werten Soldaten, die während der Materialschlachten die Hölle erlebten.

***

Kaiser und Könige verlieren ihr Ansehen, trotzdem bleiben die Menschen Sklaven.

Am Ende des Ersten Weltkrieges waren die Monarchien von Rußland, Österreich und Deutschland gestürzt. Aber die ehemaligen Untertanen hatte ihre Freiheit noch nicht gewonnen, denn sehr schnell kamen neue verbrecherische Ideologien wie der Nationalsozialismus und der Stalinismus an die Macht.

***

Die Moldauwellen ziehen dahin. Die Goldene Stadt wird Sinnbild und Mittelpunkt eines freien Landes. Große Länder zerfallen, kleine gehen unter – doch Prag mit seinen hundert Türmen bleibt als Zeichen der überwundenen Zeit.

Diese Vision konzentriert sich vor allem auf die Heimat Michaldas und beschreibt deren Schicksal im frühen 20. Jahrhundert. Ungebrochen steht die Moldaustadt mit ihren zahlreichen historischen Baudenkmälern da, und Böhmen hat – mit der Ersten Tschechischen Republik – seine Freiheit gewonnen. Die Großmächte Deutschland und Österreich hingegen haben Territorien verloren; das Saarland etwa „ging unter", weil es Frankreich einverleibt wurde, die Donaumonarchie war völlig zerschlagen worden.

Prophezeiungen vom 17. Jahrhundert bis zur Gegenwart

Ausschnitt aus der Pragansicht Wenzel Hollars (1607-1677). Auch er mußte nach der Schlacht am Weißen Berg seine böhmische Heimat verlassen, gelangte aber als Kupferstecher in der Fremde zu großem Ruhm.

***

Ruhelos eilt die Zeit dahin. Der Streit um die Macht durchschauert die Menschheit und sät mit blutigen Händen Mord aus. Glanz und Reichtum wohnen neben Armut und Not. Vieles wird versprochen, doch die Menschheit ist müde.

Die Epoche zwischen den beiden Weltkriegen. Damals bekämpften sich die faschistischen und kommunistischen Ideologien bis aufs Messer, und es kam immer wieder zu politischen Morden.

Sprichwörtlich war der Reichtum der Schieber und Schwarzhändler, während die erschöpfte und der Demagogie ausgesetzte Bevölkerung unter Arbeitslosigkeit und Inflation litt.

Sibylle von Prag

Im Nachbarland spricht ein Mann, der im Wappen ein seltsames Kreuz trägt. Er verspricht seinem Volk Macht und Ruhm. Das Volk jubelt ihm zu. Alle wollen den Kampf, um einen großen Sieg feiern zu können. Dieser Mann will die Welt beherrschen. Er verbündet sich mit dem Beilträger aus der Ewigen Stadt, der ihm jedoch kein Glück bringen wird.

Treffen zwischen Hitler und Mussolini.

Das Nachbarland Böhmens ist Deutschland, und das seltsame Kreuz im Wappen dessen, der die Welt beherrschen möchte, ist das Hakenkreuz Hitlers. Michalda sah in dieser ganz erstaunlichen Vision auch die Reaktion des größten Teils des deutschen Volkes auf die Hetzreden des Diktators voraus: blinde Massenhysterie und Machthunger.

Nicht weniger deutlich als Adolf Hitler ist der italienische „Duce" Mussolini charakterisiert. Das Zeichen dieses Faschistenführers war das Beil, das alte römische „fascio", das die Liktoren, die „Polizeibüttel" des antiken Imperiums, in ihren Rutenbündeln versteckt trugen.

Daß Hitler und Mussolini ein Bündnis zwischen Berlin und Rom schufen, ist bekannt – und Glück brachte dieser verbrecherische Pakt den beiden von ihnen verführten Völkern wahrlich nicht.

***

In eisernen Häusern, die auf Kufen und Ketten laufen und die Tod und Verderben ausspeien, kommen seine Söldner auch nach Prag.

Auch diese Schauung ist frappierend präzise. Mit den Begriffen des 17. Jahrhunderts beschrieb die Seherin Hitlers gefürchtete Panzertruppen, die 1939 in Prag einmarschierten.

***

Das Volk der Moldaustadt sinnt mit haßerfülltem Herzen auf Rache. Aber der Kreuzträger fühlt sich in Sicherheit und blickt vom Hradschin stolz über die herrliche Stadt. Noch freilich besitzt er zu wenig Macht, deshalb zieht er weiter in die Welt. Er gibt den Befehl, und seine Söldner marschieren tausend Meilen nach Nord, Süd, Ost und West. Auch sie werden unter der schwarzen Sonne verschmachten und in der Schneewüste des Bärenlandes erfrieren.

Der Haß der Tschechen auf die braunen Aggressoren äußerte sich unter anderem im Attentat auf den Reichsprotektor von Böhmen und Mähren, Heydrich, 1942 in Prag, das als grausame Vergeltung die Vernichtung des Ortes Lidice mit einer Massenerschießung der dortigen Bevölkerung nach sich zog.

Nach der Okkupation der Tschechoslowakei, die den Auftakt des Zweiten Weltkrieges darstellte, zeigte sich Hitler triumphierend auf dem Hradschin. Wenig später fielen die deutschen Truppen über halb Europa und Nordafrika her, wo die Soldaten dann millionenfach starben. Besonders schreckliche Debakel erlebten sie dabei in der Sahara und in Rußland.

***

Kein Ende will dieser Krieg nehmen. Fürchterlich ist die Zeit. In Strömen regnen Pech und Schwefel vom Firmament. Aber trotzdem lebt die Welt weiter, und die Menschen ersinnen neue Greueltaten und Grausamkeiten.
Große Städte sehe ich in Rauch und Flammen aufgehen. Nichts als Schutt und Asche bleibt von ihnen übrig. Die Menschheit haust unter der Erde und erduldet alle Qualen der Hölle.
Aber jener Kreuzträger findet ein seltsames Ende. Nach tausend Jahren noch werden sie seinen Leichnam suchen.

Dies ist der von Goebbels beschworene „totale Krieg", in dem die Reihenabwürfe der Bomben auf die deutschen Städte erfolgten und die Bewohner in den Luftschutzkellern vor Furcht fast wahnsinnig wurden.

Außerordentlich treffsicher ist die Vorhersage, die Michalda über Hitlers Ende machte. Bis heute ist seine 1945 angeblich in Berlin verbrannte Leiche trotz intensiver Nachforschungen verschollen.

***

Von den erstarrten Körpern der Leichen werden die Kleider gerissen. Die Lebenden bedecken damit die eigene Blöße. Hunger, Kälte, Wind und Regen peinigen die Menschen; viele von ihnen verlieren den Verstand.

Offenbar erblickte die Prophetin hier Szenen vom Ende des Zweiten Weltkrieges in Deutschland und anderswo, als versprengte Soldaten und Zivilbevölkerung nicht einmal mehr das Nötigste zum Leben besaßen und die Menschen in unbeschreiblicher Verzweiflung vegetierten.

***

Nach neuen Dingen der göttlichen Allmacht wird die Menschheit suchen. Und sie werden ein kostbares Metall finden. Es ist glänzend wie Silber, jedoch viel kostbarer und seltener als Gold.

Mit dieser Vision erkannte die Sibylle von Prag die Atomtechnologie. Bei dem Metall handelt es sich um Uran, das silberweiß glänzt.

***

Vermessen ist die Menschheit! Sie wollen das Göttliche in den Schatten stellen. Mit grausamen Herzen säen sie einen Pilz. Seinen Samen werfen sie vom Himmel auf die Erde. Riesig wird die Furcht, sie reicht bis zu den Wolken. Der Pilz überschattet weithin das Land. Giftig ist der Pilz, und Abertausende sterben einen qualvollen Tod.

Mit diesen Worten hat die Seherin Michalda im frühen 17. Jahrhundert sehr treffend eine Nuklearexplosion geschildert. Eindeutig bezieht sich die Vorhersage auf die Atombombenabwürfe von Hiroshima und Nagasaki, durch welche die USA Japan zur Kapitu-

Sibylle von Prag

Atombombenexplosion

lation zwangen und den Zweiten Weltkrieg beendeten.

***

Große Not wird danach über die Menschheit kommen. Die göttlichen Gebote werden nicht länger beachtet. Gräber werden geschändet und Kirchen verbrannt. Hunger geißelt die Menschen. Haß, Neid und Mißgunst beherrschen die Welt.

Eine Vision, die sich offenbar auf Osteuropa nach dem Zweiten Weltkrieg bezieht. Unter der stalinistischen Diktatur litten dort Millionen Menschen; die Wirtschaft brach beinahe völlig zusammen.

In den Staaten des Warschauer Paktes waren außerdem die Religionen geächtet. Zahlreiche Kirchen wurden säkularisiert; besonders in Böhmen wurden zudem viele alte Adelsgräber zerstört.

***

Dunkelheit ist in die Herzen eingezogen. Die Menschen benehmen sich so seltsam. Alle empfinden Haß. Jeder weiß um das Unheil, das die Menschheit und die Erde bedroht. Keiner will an die göttliche Allmacht glauben.

Hier wird die Zeit des „Kalten Krieges" und die Furcht breitester Bevölkerungsschichten in Ost und West vor einer Nuklearkatastrophe angesprochen. Ebenso erkannte die Sibylle von Prag den Niedergang der etablierten Religionen und eine Hinwendung sehr vieler Menschen zum Atheismus oder Agnostizismus, welche Entwicklung in der zweiten Hälfte des 20. Jahrhunderts einsetzte.

***

Sie bauen einen Turm aus Stahl und Wasser und wollen damit das Weltall erobern. Aber die Menschen werden diese Vermessenheit schwer zu büßen haben.

Die Raketenstarts der USA und der UdSSR. Gerade in letztgenanntem Staat bezahlten die Bürger in der Tat bitter für das technologische Wettrennen um die Vorherrschaft im Weltraum, weil die bereits angeschlagene Wirtschaft diese zusätzliche Anstrengung nicht mehr verkraften konnte. Ebenso könnten in der Zukunft Satellitenteile zurück auf unseren Planeten stürzen und die Erde nuklear verseuchen.

Unter dem Meer wühlen die Menschen gleich Würmern.

Ein Hinweis auf den Tunnelbau unter dem Ärmelkanal, aber auch die Erdölbohrungen in den Ozeanen im ausgehenden 20. Jahrhundert.

***

Seltsame Zeiten kommen, und seltsame Menschen bevölkern die Welt. Niemand ist wahrhaft glücklich. Die Natur wird geschändet, und der menschliche Geist fühlt sich über das Weltall erhaben.

In dieser letzten Prophezeiung, die noch der Gegenwart zugeordnet werden kann, spricht die Sibylle Michalda die Ruhelosigkeit und Unzufriedenheit an, welche gerade die Bürger der Industrienationen im Übergang vom zweiten zum dritten Jahrtausend befallen hat.

Außerdem warnt die Seherin vor der immer weiter sich ausbreitenden Umweltzerstörung, die ganz ohne Zweifel Folge des ebenfalls von ihr gegeißelten Größen- und Machbarkeitswahns der modernen Menschheit ist.

SIBYLLES PROPHEZEIUNGEN FÜR DAS DRITTE JAHRTAUSEND: WELTUNTERGANG AM 19. 2. 2155?

Die folgenden Schauungen der böhmischen Visionärin, die sich auf die Zukunft der Menschheit ab dem 21. Jahrhundert beziehen, wurden vom Autor wiederum in modernes Deutsch übertragen und mit Kommentaren versehen.

Einen Sonderfall stellt dabei die Vorhersage über den Untergang des „Nebellandes" dar. Da diese Prophezeiung sich sowohl auf das bereits vergangene „Viktorianische Zeitalter" als auch auf eine schreckliche künftige Katastrophe bezieht, wurde sie im vorangegangenen Kapitel nicht komplett zitiert. In diesem Kapitel wird sie deswegen noch einmal vollständig wiedergegeben.

Die Gesamtheit der Schauungen ergibt ein bedrohliches Szenario und deutet auf gewaltige kriegerische Kataklysmen und gesellschaftliche Umwälzungen hin, die sich im dritten Jahrtausend abspielen werden. Außerdem wird von der Seherin eine fürchterliche Naturkatastrophe angesprochen, die vermutlich die Folge eines schrankenlosen technischen Machbarkeitswahns und dazu eines Dritten Weltkrieges ist.

Dennoch prophezeite die Sibylle Michalda keine völlig hoffnungslose Entwicklung. Vielmehr soll nach ihren Worten den schrecklichen Zeiten, die sie indirekt

Der „Kalte Baum" nahe der heutigen Burgruine Leuchtenberg in der Oberpfalz. Diesen Baum hatte Sibylle gepflanzt und über ihn geweissagt: „Wenn einer seiner Äste stark genug sein wird, um einen gepanzerten Reiter zu tragen, dann werden riesige Heersäulen aus Ost und West hier zusammentreffen. Eine furchtbare Schlacht wird stattfinden (...) Doch später wird ein Hirte heranziehen und in dem Baum Wohnung nehmen; seine Nachkommen werden das öde Land bevölkern."

für das 22. Jahrhundert ankündigte, eine lange friedliche Epoche folgen. Offenbar haben die Völker der Erde dann aus den Fehlern der Vergangenheit gelernt und sich geistig-moralisch völlig neu orientiert.

*****

Über die Erde rollt eine Kugel, die vom Wasser angetrieben wird. Sie könnte Segen bringen, doch in Wahrheit bringt sie nur Not.

Nutzt die Menschheit im dritten Jahrtausend die Energie des Wasserstoffes? Und hat diese scheinbar umweltfreundliche Technologie Folgen, die wir uns heute noch nicht ausmalen können?

***

Im Nebelland wird ein jungfräuliches Mädchen Königin. Sie wird ihrem Land Reichtum und Größe schenken. Lange werden die Segnungen ihrer Hand erhalten bleiben. Aber die folgenden Geschlechter werden sich ihrer als unwert erweisen. Ehe sich das dritte Jahrhundert nach ihrem Tod vollendet, wird das Land des Nebels im Meer versinken.

Königin Viktoria verstarb 1901, also unmittelbar zu Beginn des 20. Jahrhunderts, das deshalb sicherlich als erstes Säkulum nach ihrem Tod gezählt werden muß. Das dritte Jahrhundert nach ihrem Tod wäre dann das 22., so daß Britannien nach dieser Prophezeiung zwischen 2101 und 2200 untergehen würde. Möglicherweise gab die Sibylle von Prag dadurch den entscheidenden Hinweis auf den Zeitpunkt der globalen Katastrophe, die sie am Ende ihrer großen Vision schildert.

***

Ein kleines Land wird groß. Dann wieder wird ein Mensch geboren, der groß ist in der Macht des Weltalls. Abermillionen werden ihm ihre Hände entgegenstrecken, er aber wird stark genug sein, die Not zu besiegen. Jedoch auch ihm wird eine finstere Macht ein Ende setzen. Eine Scheibe aus schwerem Metall wird den Wurm zerdrücken.

Eine sehr dunkle Prophezeiung. Vielleicht meinte Michalda mit dem kleinen „Land" Europa, das nach seiner derzeit anstehenden Vereinigung größere Bedeutung als bisher gewinnen und – zum Beispiel in der Raumfahrt – nicht länger im Schatten der USA stehen wird. Der Mensch mit der „Macht des Weltalls" könnte dann eine Führungspersönlichkeit sein, die Europa dank ihres „kosmischen Bewußtseins" moralisch und wissenschaftlich voranbringt. Doch dieses neue Europa und sein „Herrscher" haben Feinde, gegen die sie sich letztlich nicht behaupten können. Der „Wurm" – oder eben „Wurmfortsatz" Europa – des großen eurasischen Kontinents wird „zerdrückt", wobei die „Scheibe aus schwerem Metall" die entscheidende „Waffe" ist: möglicherweise Raumschiffe, durch die ein größeres Staatengebilde einen unaufholbaren technischen Vorsprung erringt.

***

Noch einmal besinnt sich die Menschheit. Einen verzweifelten Kampf kämpft sie, doch es heiligt der Zweck das Mittel der Ungerechtigkeit. Dennoch, wenn auch spät, gelangen sie zur Einsicht.

Auch hier ist die Interpretation schwierig. Es könnte sein, daß die Gefahren einer künftigen Fehlentwicklung von breiten Bevölkerungsschichten erkannt werden. Die „Ungerechtigkeit" jedoch, worunter vielleicht das sich gegenwärtig bereits abzeichnende Wiedererstarken eines menschen- und naturverachtenden Kapitalismus (Globalisierung) zu verstehen ist, kämpft um ihrer zynischen Ziele willen mit allen Mitteln. Letztlich allerdings scheinen sich Menschlichkeit und Vernunft wieder durchzusetzen.

***

In den Händen werden sie Stäbe halten, die Nutzen und Freude bringen können. In ihrer Verwandlung aber speien diese Stäbe auch Tod und Verderben.

Bei den „Stäben" könnte es sich um neuartige Energieträger – Laser? – handeln, die von Fall zu Fall als Werkzeug oder Spielzeug, aber auch als Waffe eingesetzt werden.

***

Kugeln werden sie formen und sie gegen den Hunger schlucken. Sie werden trotzdem nicht satt, denn die Ausstrahlung der Kugeln macht ihre Körper noch hungriger.

Könnte es sein, daß die Menschheit nun darauf verfällt, mit Drogen versetzte Nahrungsmittel zu sich zu nehmen, die dann süchtig machen?

***

Den Schoß der Erde wird die Menschheit mit Hilfe einer in vielen Farben schillernden Kiste öffnen. Doch die Ernte wird Gift und Feuer sein. Sehr schwer wird es ihnen fallen, den Schoß der Erde wieder zu schließen.

Eine Technologie, welche womöglich die Lichtkraft nutzt und deshalb in allen Farben des Spektrums leuchtet, dient dazu, Tiefbohrungen durchzuführen. Doch das leichtfertige Vordringen ins Erdinnere scheint Vulkanausbrüche nach sich zu ziehen, und nur unter großen Schwierigkeiten können die Eruptionen wieder gestoppt werden.

***

Glühende Luft werden sie sich nutzbar machen für ihre Zwecke. Im Norden wird das Eis zerfließen, und neues Land wird fruchtbar sein.

Michalda erblickte die Anwendung von Wärmetechnik in sehr großem Umfang. Die Menschheit ist imstande, die nördliche Polkappe abzuschmelzen, wodurch dort neue Agrarflächen – vielleicht unter gigantischen Treibhäusern – gewonnen werden.

***

Ich sehe Menschen, die ein kleines kantiges Ding in ihren Händen halten. Es gibt ihnen Auskunft über alles, was sie zu wissen begehren.

Tragbare Computer werden jetzt überall im Alltag genutzt.

***

Aus einem kleinen Kasten entspringt eine weiße Ebene. Darauf erkennt man Mensch und Tier, Berg und Tal. Liebliche Musik begleitet die Erscheinungen, und die Menschen erfreuen sich aus ganzem Herzen daran.

Könnte es sich hier um dreidimensionales Fernsehen handeln, so wie es auch Johannes von Jerusalem im 12. Jahrhundert in seinen Visionen vorhersah?

***

Sehr seltsame und überraschende Dinge werden sie ersinnen, um den Menschen zu helfen. Auf den Straßen werden Wagen dahinrasen, die schneller als alle anderen Gefährte sind, obwohl sie keine Räder besitzen.

Hier geht es nicht mehr um gewöhnliche Autos, sondern um Fahrzeuge, die sich scheinbar schwerelos entlang von Magnetbahnen fortbewegen.

***

Aus Glas und Erde werden sie Gewänder weben. Ein ganzes Leben lang werden diese Kleider neu bleiben.

Die Kunstfasertechnik scheint gewaltige Fortschritte gemacht zu haben.

***

Zum Tag werden sie die Nacht machen. Verschlungene Röhren aus Glas spenden taghelles Licht. Doch all die Freude nutzt den Menschen nicht.

Simple Neonleuchten sind hier ganz gewiß nicht gemeint. Eher ist es so, daß die Nacht nun flächendeckend auch im Freien verdrängt wird, um auf diese Weise zum Beispiel die landwirtschaftlichen Erträge zu steigern. Doch die Sibylle von Prag spricht im Zusammenhang damit eine Warnung aus: Die eingebildete Macht über die Naturgesetze stellt keinen Fortschritt für die Menschheit dar.

***

Die Menschen werden unzufrieden bleiben. Nachdem sie die Erde erobert haben, werden sie nach den Sternen greifen wollen.

Die Raumfahrt wird nun wohl auf breiter Basis forciert.

***

Freveln werden sie wider das Göttliche. Denn sogar den Menschen wird der Mensch künstlich erschaffen. Diese künstlichen Menschen sind jedoch arm an Geist. Denn sie haben nur wenig Hirn, sind freilich stark und wider-

standsfähig. Auf diese Weise wird eine neue Zeit der Sklaverei kommen.

Auch hier findet sich wieder eine Parallele zu Johannes von Jerusalem, der für das dritte Jahrtausend ebenfalls geklonte Lebewesen mit gezielt manipulierten Genen erschaute. Vielleicht benutzt ein jetzt wieder zur Macht gekommener Brutalkapitalismus diese menschlichen „Zombies" nicht nur auf der Erde, sondern auch auf dem Mond oder anderen Planeten.

***

Gewalt wird der Erde angetan. Es werden heiße Jahre einfallen. Der Erdboden wird dürr und unfruchtbar werden, deswegen wird eine furchtbare Teuerung über alle Länder der Erde kommen. Und so, wie die Erde keine Frucht mehr gibt, wird auch der menschliche Mutterschoß unfruchtbar werden.

Jetzt schlägt die vielfach vergewaltigte Natur zurück, und die Folgen sind – bis hin zur Sterilität der Menschen selbst – verheerend.

***

Erneut werden Tränen aus den Augen der Menschen fließen und sich zu einem reißenden Strom vereinen. Vom Firmament wird die göttliche Stimme ertönen. Zitternd wird die Menschheit ihr Knie beugen.

Hier benutzt Michalda auch religiöse Metaphern, um auszudrücken, daß die Menschheit durch ihre eigene

Schuld zu Boden geschmettert wird, obwohl die zivilisatorische Fehlentwicklung im letzten Moment noch von vielen bereut wurde.

***

Vor dem Ende der Zeiten wird die Sonne im Westen aufgehen, am letzten Tag aber wird sie ganz schwarz sein. Verschwunden ist der Mond bereits am Tag zuvor.

Der Sonnenaufgang im Westen und das „Verschwinden" des Mondes können eigentlich nur auf ein Kippen der Erdachse hinweisen. Derartige Polsprünge sind in der Geschichte unseres Planeten nachweislich bereits mehrmals passiert. Nach gewissen Theorien besteht diese Gefahr besonders dann, wenn die jeweils über ungefähr zwei Millennien hinweg langsam um ihre eigene Achse „torkelnde" Erde den Endpunkt einer solchen „Schwingung" erreicht hat: also in jenen Jahrhunderten, da ein neues Sternbild am Himmel erscheint. Genau dies ist im Übergang vom zweiten zum dritten Jahrtausend mit Beginn des Wassermannzeitalters der Fall. Wie es aussieht, kommt es unmittelbar vor Eintreten der Katastrophe auch noch zu einer sehr langen Sonnenfinsternis.

***

Darauf tritt eine große Schwüle ein, und die Erde wird zum glühenden Brand werden.

Weil die Erdachse sich verschoben hat und damit der Äquator offenbar weit in Richtung Mitteleuropa gewandert ist, herrschen hier plötzlich tropische Verhältnisse.

In jener Zeit, da der Weltuntergang naht, wird der letzte römische Papst so heißen wie der erste. Rom geht unter. Ehe dies aber geschieht, ist die Schar der Katholiken so klein geworden, daß sie im Schatten eines Birnbaumes Platz hat.

Die im 12. Jahrhundert abgegebene Papstweissagung des irischen Bischofs Malachias bestätigt, was Michalda hier vorhersagt. In seinen Orakelsprüchen bezeichnet Malachias den letzten Papst, der bereits der übernächste nach Johannes Paul XXIII. sein wird, als Petrus Romanus.

Daß der römisch-katholische Glaube vor dem „Weltabräumen" mit einem „Peitschenknall vertrieben werden" könne, prophezeite auch der bayerische Hellseher Mühlhiasl. Den Untergang Roms und des Vatikans erschauten zudem unter anderem Nostradamus und Alois Irlmaier; beide sprechen von einer blutigen Revolution, welche dem Papsttum ein Ende macht.

Objektiv betrachtet, deutet sich der Untergang des Katholizismus aufgrund des autokratischen Verhaltens der römischen Kurie und vieler Bischöfe bereits jetzt an.

***

Es geht voran ein Glutjahr, danach kommt ein Flutjahr, und dann kommt das Blutjahr.

Was die Seherin mit dem Glutjahr meinte, wissen wir bereits. Im Anschluß daran kommt es zu großen Überschwemmungen, und wiederum im Jahr darauf bricht die Katastrophe los.

***

In einem Jahr, in welchem zwei Fünfen der Neunzehn gegenüberstehen, naht das Ende Prags.

Hier gibt die Sibylle einen Hinweis auf das Datum des „Weltunterganges".

***

Im Februar wird die Menschheit einen Schrei der Angst und des Schauerns ausstoßen.

Michalda präzisiert den fraglichen Zeitpunkt. Zusammen mit der Prophezeiung über den Untergang Englands – im 22. Jahrhundert – und der vorangegangenen Vision kann das Datum nun genau eruiert werden: Es müßte sich demnach höchstwahrscheinlich um den **19. Februar 2155** handeln!

***

Noch dauert deine Herrschaft, mein geliebtes Prag. Aber auch dir schlägt einst die letzte Stunde. Aus Osten wird ein Drache kommen, der furchtbar anzusehen ist. Aus seinen neunmal neunundneunzig Augen werden tödliche Blitze sprühen. Seinem weit aufgerissenen Maul entströmt giftiger Atem.

Diese Prophezeiung erinnert an eine ähnliche des Mühlhiasl:
Dann wird der Teufel ohne Füße und Kopf über das Waldgebirge reiten. Er wird alle Farben haben und sein wie Glas.

Der aus dem Osten kommende Drache oder Teufel kann zwei verschiedene Bedeutungen haben. Zum einen könnten riesige angreifende Flugzeug- oder Raketengeschwader gemeint sein, zum anderen aber auch eine vielleicht radioaktiv verseuchte Giftgaswolke als Folge eines GAU in einem Kernkraftwerk oder einer Atomaren Wiederaufbereitungsanlage, die – gar nicht unbedingt aus Rußland kommend – um den gesamten Globus treibt. Unter Umständen könnte auch beides eintreten: Auf unserem Planeten kommt es während eines Dritten Weltkrieges zusätzlich zu verheerenden Reaktorunfällen.

***

Prag, mein liebes Prag! Du wirst ein selten grausames Ende finden. Ein Hauch durcheilt deine Gassen, süß und warm. Erstaunt werden die Menschen ihn fühlen. Mit grausig verzerrten Gesichtern legen sich Abertausende zur Ruhe und frösteln trotz der Wärme.

Ein Szenario wie aus einem Horrorfilm. Der süße, warme Lufthauch hat etwas Obszönes an sich. Tödliches Gift – welcher Herkunft auch immer – tut seine Wirkung.

***

Es geht dem Ende zu. Zehn dumpfe Schläge der letzten Kirche dröhnen durch die Luft. Langsam und trübe wälzen sich die Fluten der Moldau dahin. Ein furchtbarer Sturmwind braust über die Stadt und das Land. Gelbgraue Staubwolken und schwere, giftige Schwaden rauben Mensch und Tier den Atem.

Diese beklemmende Schilderung – ist es zehn Uhr morgens oder zehn Uhr nachts? – erinnert eher an eine Nuklearexplosion und den radioaktiven Sturm, den sie entfesselt und der über dem bereits anderweitig verseuchten Land wütet.

***

Vom Vysehrad her kommt ein ungeheurer Feuerball. Felsen fliegen durch die Luft, und über allem lodert das Feuermeer. Alles, was Menschenfleiß geschaffen hat, liegt in Schutt und Asche.

Der Vysehrad ist neben dem Hradschin die zweite berühmte Prager Burganlage. Es sieht so aus, als würde dort ein Geschoß mit ungeheurer Vernichtungskraft einschlagen.

***

Der Hradschin steht in Flammen. In der Stadt bersten die Mauern, überall wütet Feuer. Die Erde wird erschüttert und gepackt vom dumpfen Beben. Tiefe Klüfte öffnen sich, sie verschlingen Totes und Lebendiges. Wie von Geisterhänden durchwühlt, öffnen sich die Gräber, und die

Skelette grinsen ein grausames Lachen. Alles versinkt in unergründlich schwarzer Tiefe.

Ein vermutlich durch eine nukleare Explosion ausgelöstes Erdbeben, wie es sich in Mitteleuropa noch nie zuvor ereignete, läßt die „Goldene Stadt" an der Moldau völlig untergehen.

***

Man hört nur mehr das Brausen des Sturmes. Das Leben ist erloschen. Ich sehe nur Trümmer und Leichen. Langsam verziehen sich die Wolken. Nur dort, wo einmal der stolze Dom stand, sehe ich einen blutroten Feuerball.

Noch immer wütet der nukleare Sturm und vertreibt die Staubschleier der Explosionen.

***

Es ist vorbei! Prag, dein Schicksal hat sich erfüllt! Wo sind deine Häuser, stolze Stadt? Weshalb bespülen trübe Fluten die Gestade der öden Heide?

Nach dem schrecklichen Frevel an der Erde und der Menschheit scheint es zu großen Überschwemmungen des verwüsteten Landes zu kommen.

***

Grausiges Gewürm läßt Leib und Geist erschauern. Unkraut und Sumpf, voll von giftigem Odem, beherr-

*schen das Land. Ist das die Ernte der menschlichen
Saat?*

Haben die von Mensch und Natur entfesselten verheerenden Kräfte nunmehr auch noch Mutationen bei überlebenden Kriechtieren hervorgerufen?

***

Dann fährt ein Fuhrmann an einem Mauerrest der Stadt Eger vorüber. Er schlägt mit der Peitsche darauf und sagt: „Hier hat die Egerstadt gestanden und steht nimmermehr!" Doch dann wird die untergegangene Tillenstadt in ihrem früheren Glanz wieder aus dem Bergesdunkel emportauchen. Die Egerstadt aber wird eine Viehweide bleiben.

Den Untergang der Stadt Eger prophezeite die Sibylle Michalda auch im Zusammenhang mit der Hexenverfolgung, deren Opfer sie dort wurde; hier wird diese Schauung also noch einmal bestätigt.

Die „Tillenstadt" soll laut einer Sage einst im Tillenberg in der nördlichen Oberpfalz, nahe Neualbenreuth, „versunken" sein. Konkret existierte hier eine prähistorische Hügelfestung – die nach der Menschheitskatastrophe offenbar wieder besiedelt wird. Dies könnte deswegen geschehen, weil der uralte heidnische Platz, wie stets bei solchen Lokationen, im Bereich positiver „Erdstrahlen" liegt. Er ist daher für einen hoffnungsvollen Neuanfang, wie er in dieser Vision sehr deutlich zum Ausdruck kommt, besonders gut geeignet.

***

Nachher werden neue Religionen ersonnen. Die Geister der alten Welt kommen wieder zu Ehren. Dort, wo heute die Statue des heiligen Wenzel steht, wird ein hoher Turm einen neuen Tempel krönen. Prächtig wird dieser Tempel sein, aus Gold und Silber erbaut.

Nach der Globalkatastrophe kehren die Überlebenden heim ins Heidentum, so daß also der Geist des vorchristlichen Europa erneut zu Ehren kommt. Dies drückt sich mit der Errichtung eines Tempels in Prag aus, der „aus Gold und Silber erbaut" ist, wobei das Gold nach heidnischer Metaphorik die lebensspendende – weibliche – Sonne und das Silber den sie umkreisenden – männlichen – Mond symbolisiert. Auch hier wider deckt sich Michaldas Weissagung mit den Schauungen des Johannes von Jerusalem, der von einer Rückkehr der Großen Mutter oder der Großen Göttin sprach, welche die Menschen in einem „matriarchalen" Zeitalter wieder mit der Natur versöhnen wird.

***

Die Menschheit wird froher sein und freier, sie wird aber auch um vieles bescheidener sein. Jetzt werden die Schafe lernen, ihren Geist zu gebrauchen. Sie werden Lüge und Dogma verdammen.

Das Streben nach materiellen Werten steht jetzt nicht mehr im Vordergrund. Mehr Lebenslust und geistige Freiheit sind das positive Ergebnis. Die „Schafe" sind im Kontext des zweiten Teils der Prophezeiung wohl eine Anspielung auf die untergegangene christliche Ära.

***

Die Arbeit ihres Geistes wird an die Stelle der Fron ihrer Hände treten. Die Felder werden ein Mehrfaches von dem tragen, was heute als großer Segen gilt. In vier Stunden wird die Menschheit ihr Tagwerk vollbringen.

Weil der menschliche Geist nun wieder mit den ewigen Gesetzen der Natur harmoniert, zeigt sich die Erde ihren Bewohnern gegenüber freundlich.

***

Zum blauen Firmament steigt im Osten ein stolzer Adler. Im Wind wiegen sich goldene Felder. Glückliche Menschen bewohnen die Häuser. Den weiten Raum erfüllt frohes Kinderlachen.

Ein Bild wunderbaren Friedens. Auch der Osten, aus welcher Himmelsrichtung das Verhängnis über Prag hereinbrach, ist nun wieder „geheilt".

***

Ein Mensch durcheilt die Lüfte. Er wird wie von Engelsflügeln gehalten. Mit beiden Händen spendet er den Ländern, die er überfliegt, seinen Segen.

Überlieferungen aus den keltischen Ländern Westeuropas berichten davon, daß manche Druiden aufgrund ihrer geistigen Kraft zu fliegen vermochten. Befindet sich die „neue Menschheit" in einem derartigen Einklang mit dem Kosmos, daß sie nun sogar die Levitation beherrscht?

DIE AKTUELLE BOTSCHAFT IN DER WEISSAGUNG DER SIBYLLE VON PRAG

Die Prophezeiungen der Seherin Michalda umfassen einen Zeitraum von wenigstens tausend Jahren, sofern man das Eintreffen ihrer „Weltuntergangsvision" auf das 22. Jahrhundert datiert und dann noch einige Jahrhunderte für den nachfolgenden neuen Aufstieg der Menschheit rechnet. Im „chronologischen Zentrum" dieses Millenniums steht der Übergang vom zweiten zum dritten Jahrtausend, also die Gegenwart, in welcher die von der Sibylle erschaute künftige Entwicklung zumindest in Teilen bereits deutlich spürbar wird. Gerade heute ist es daher nötiger denn je, sich die Frage zu stellen, wovor die Prophetin vor allem warnte – worin also der aktuelle Kern ihrer Weissagung und damit ihre moralische Botschaft für unsere Zeit liegt?

Angesichts der deutlichen Sprache und der griffigen Bilder, die Michalda verwendete, ist die Antwort nicht schwer zu finden. Im Prinzip malte sie eine Entwicklungslinie aus, die sich – mit einem gewissen Auf und Ab – sehr konsequent von einem „kleineren" zum „finalen" Harmageddon zieht. Die Visionen setzen mit dem Dreißigjährigen Krieg ein, als religiöse Intoleranz zu millionenfachem Sterben und zur Verwüstung halb Europas führte, geißeln die schrecklichen Irrwege des 19. und vor allem des 20. Jahrhunderts, sprechen die inhumane Profitgier eines neuen Kapitalismus an und enden mit der Schilderung eines Dritten Weltkrieges, verbunden mit einer Naturkatastrophe, wodurch die Menschheit beinahe völlig ausgerottet wird. Als Kontrast dazu kommen ganz am Ende der Weissagung jene Schauungen, in denen eine positive Alternative aufgezeigt wird.

Genau hier aber liegt die tiefste Aussage der Sibylle von Prag, die es zu beherzigen und zu verinnerlichen gilt. Die Rettung nämlich erfolgt durch eine Rückkehr der Menschheit zu einer Lebensform, die sich im Einklang mit der Natur befindet, und durch eine Heimkehr in die alte, heidnische Metaphysik. Dieses veränderte Bewußtsein schließt wiederum Intoleranz, Inhumanität und Umweltzerstörung aus, so daß jene neue Zivilisation in Frieden und auf Dauer bestehen kann.

Diese Botschaft der Sibylle von Prag gilt jedoch nicht nur für die Jahrhunderte nach der globalen Katastrophe, in denen den Überlebenden ein Neuanfang gelingt, sondern vielleicht mehr noch für die Gegenwart. Denn wenn die Menschheit sich bereits im Übergang vom zweiten zum dritten Jahrtausend auf die genannten Werte besinnen würde, dann könnte ein Harmageddon im 22. Jahrhundert vermutlich vermieden werden.

Da Prophezeiungen stets auch Warnungen vor drohenden Fehlentwicklungen sind, müssen sie nicht unabdingbar eintreffen, sofern sie ihren Zweck noch rechtzeitig erfüllen. Wer dies heute begreift, ist damit wahrlich zur Schülerin oder zum Schüler der weisen Frau und Visionärin Michalda geworden und kann sich im eigenen „kleinen" Leben durchaus mit Aussicht auf Erfolg gegen die von ihr vorhergesagte, aber nicht unabwendbare Katastrophe stemmen.

ANMERKUNGEN

[1] Siehe zu diesen Propheten die entsprechenden Bände der vorliegenden Buchreihe.

[2] Gemeint ist Alexander der Große (356 – 323 v. d. Z.)

[3] Siehe dazu auch die Werke des Autors „Der Mühlhiasl – Sein Wissen um Erdstrahlen, Kraftplätze und Heilige Orte" (Sachbuch) und „Mühlhiasl – Der Seher vom Rabenstein" (Roman).

[4] Mit der Bezeichnung „Söldner" waren im damaligen Sprachgebrauch Soldaten gemeint.

WEITERFÜHRENDE LITERATUR

Adlmaier, Conrad: Blick in die Zukunft. Die Gesichte des Mühlhiasl und die Voraussagungen des Alois Irlmaier von Freilassing. Verlag Adlmaier, Traunstein, 1950/1956 (vergriffen).

Backmund, Norbert: Hellseher schauen in die Zukunft. Morsak Verlag, Grafenau, 1991.

Beckett, James Camlin: Geschichte Irlands. Kröner Verlag, Stuttgart, 1977.

Bekh, Wolfgang Johannes: Alois Irlmaier. Ludwig Verlag, München, 1995.

Bekh, Wolfgang Johannes: Am Vorabend der Finsternis. Ludwig Verlag, München, 1993.

Bekh, Wolfgang Johannes: Bayerische Hellseher (Bayerische Hellseher/Das dritte Weltgeschehen). Droemersche Verlagsanstalt Th. Knaur Nachf., München 1985.

Bender, Hans: Unser sechster Sinn. Rowohlt Verlag, Reinbek, 1972.

Berendt, H. C.: Telepathie und Hellsehen. Herder Verlag, Freiburg, 1983.

Böck, Emmi: Sagen aus der Oberpfalz. Pustet Verlag, Regensburg, 1986.

Böckl, Manfred: Der blinde Hirte von Prag. SüdOst Verlag, Waldkirchen, 1992.

Böckl, Manfred: Der Mühlhiasl. Seine Prophezeiungen. Sein Wissen um Erdstrahlen, Kraftplätze und Heilige Orte. Buch & Kunstverlag, Amberg 1998.

Böckl, Manfred: Mühlhiasl – Der Seher vom Rabenstein. SüdOst Verlag, Waldkirchen 1991 und Aufbau Verlag, Berlin 1997.

Böckl, Manfred: Propheten, Seher und Auguren. Goldmann Verlag, München, 1998.

Böckl, Manfred: Prophezeiungen für das neue Jahrtausend: Alois Irlmaier. SüdOst Verlag, Waldkirchen 1998.

Böckl, Manfred: Prophezeiungen für das neue Jahrtausend: Hildegard von Bingen. SüdOst Verlag, Waldkirchen 1999.

Böckl, Manfred: Prophezeiungen für das neue Jahrtausend: Johannes von Jerusalem. SüdOst Verlag, Waldkirchen 1998.

Böckl, Manfred: Prophezeiungen für das neue Jahrtausend: Malachias. SüdOst Verlag, Waldkirchen 1998.

Böckl, Manfred: Prophezeiungen für das neue Jahrtausend: Merlin, SüdOst Verlag. Waldkirchen 1999.

Böckl, Manfred: Prophezeiungen für das neue Jahrtausend: Mönch von Wismar und Eismeerfischer Johansson.

Böckl, Manfred: Prophezeiungen für das neue Jahrtausend: Sibylle von Prag. SüdOst Verlag, Waldkirchen 1998.

Borst, Arno: Die Katharer. Herder Verlag, Freiburg, 1991.

Chaman Lal: Gypsies – Forgotten Children of India. Ministry of Information of the Government of India, Neu Delhi, 1976.

Demurger, Alain: Die Templer. C. H. Beck Verlag, München, 1991.

Deschner, Karl Heinz: Abermals krähte der Hahn. Econ Verlag, Düsseldorf.

Deschner, Karl Heinz: Das Kreuz mit der Kirche. Econ Verlag, Düsseldorf, 1973.

Deschner, Karl Heinz: Der gefälschte Glaube. Heyne Verlag, München, 1991.

Deschner, Karl Heinz: Opus Diaboli. Rowohlt Verlag, Reinbek, 1987.

Deutsche Presse Agentur: Wissenschaftlerin sah in Tschernobyl „schreckliche Pflanzen". DPA 049 Wissenschaft vom 25. 5. 1993.

Erbstein, Max: Der blinde Jüngling. Eine böhmische Weissagung aus dem 14. Jahrhundert im Spiegel geschichtlicher Ereignisse. Aufstieg Verlag, München 1950.

Ernst, Robert: Die Papstweissagung des hl. Bischofs Malachias. Turm Verlag, Bietigheim, 1988.

Fähnrich, Harald: (Hg.): Sagen und Legenden im Landkreis Tirschenreuth. Missionsbuchhandlung St. Peter, Tirschenreuth, 1980.

Four Ancient Books of Wales (darin enthalten: The Black Book of Caermarthen). Ohne Verlagsangabe, London 1898.

Friedl, Paul: Prophezeiungen aus dem bayerisch-böhmischen Raum. Rosenheimer Verlagshaus, Rosenheim, 1974 (vergriffen).

Galvieski, N. N.: Le livre des propheties. Editions Jean-Claude Lattès, Paris, 1994.

Geoffrey of Monmouth: The History of the Kings of Britain. Penguin Books, London 1966.

Geoffrey of Monmouth: Vita Merlini. University of Illinois Press, Illinois 1925.

Gregorovius, Ferdinand: Geschichte der Stadt Rom im Mittelalter (7 Bde.). Deutscher Taschenbuch Verlag, München, 1978.

Gustafsson, A.: Merkwürdige Gesichte! Die Zukunft der

Haller, Reinhard: Prophezeiungen aus Bayern und Böhmen. Morsak Verlag, Grafenau, 1982.

Hancock, Graham: Die Wächter des Heiligen Siegels. Gustav Lübbe Verlag, Bergisch Gladbach, 1992.

Hauf, Monika: Der Mythos der Templer. Walter Verlag, Solothurn/ Düsseldorf, 1995.

Herm, Gerhard: Die Kelten. Rowohlt Verlag, Reinbek, 1988.

Hoensch, Jörg K.: Geschichte Böhmens. Verlag C. H. Beck, München, 1987.

Johannes von Jerusalem: Das Buch der Prophezeiungen. (Hg.: Galvieski). Heyne Verlag, München, 1995. (Hinweis: Die vorliegende Arbeit verarbeitet in vielen Fällen die Recherchen und Forschungsergebnisse, die Professor Galvieski in seinem Werk publizierte.)

Jungmann, Emanuel: Die Weissagungen des Blinden Jünglings. Keine Verlagsangabe, Lingen (Ems) 1922.

Kluge, Manfred (Hrsg.): Das Buch Merlin. Wilhelm Heyne Verlag, München 1988.

Kuckartz, Wilfried: Merlin, Mythos und Gegenwart. Verlag Die Blaue Eule, Essen 1988.

Loerzer, Sven: Visionen und Prophezeiungen. Weltbild Verlag, Augsburg, 1997.

Markale, Jean: Die Katharer von Montségur. Goldmann Verlag, München, 1990.

Milger, Peter: Die Kreuzzüge. C. Bertelsmann Verlag, München 1988.

San-Marte: Die Sagen von Merlin. Ohne Verlagsangabe, Halle 1853.

Schaller, Josef: Trilenium – Chronik der Zukunft. Verlag A. Maier, Zwiesel, 1994.

Schaller, Josef: Trilenium. Verlag A. Maier. Zwiesel 1994.

Sibylle, Michalda: Die Prophezeiung der Sibylle Michalda. Eger, 1616. (Private Übersetzung)

Stephen, Th.: Literature of the Kymry. Ohne Verlagsangabe, Llandovery 1949.

Stich, Josef: Sagen und Erzählungen aus dem ehemaligen Kreis Tachau-Pfraumberg im Egerland. Verlag G. Lewke, Geretsried, 1987.

Süddeutsche Zeitung: Im Kampf gegen Terroristen. USA erwägen auch einen Nukleareinsatz. Ausgabe Nr. 193 vom 24. August 1998, S. 7.

Tomasevic, Nebojsa Bato und **Djuric,** Rajko: Roma – Eine Reise in die verborgene Welt der Zigeuner. Flint River Press Ltd., London, 1988.

Walker, Barbara G.: Das geheime Wissen der Frauen. Deutscher Taschenbuch Verlag, München, 1995.

BILDNACHWEIS

S. 93, 109, 121
Arens, Detlev (Hrsg.): Kunstreiseführer Prag. DuMont, Köln 1991

S. 102
Gorys, Erhard (Hrsg.): Kunstreiseführer Tschechoslowakei. DuMont, Köln 1991

S. 179, 190, 198, 202, 221
Alois J. Weichslgartner, Trostberg

S. 264, 265
Evelyn Walther, München (Privatarchiv)

S. 266
Wolf-Crome, Elisabeth (Hrsg.): Pilger und Forscher im Heiligen Land. Wilhelm-Schmitz-Verlag, Gießen 1977.

S. 279
Talbot Rice, David (Hrsg.): Morgen des Abendlandes. Von der Antike zum Mittelalter. Droemer Knaur, München/Zürich 1965/1971.

S. 347, 391, 397, 400
Schreiber, Hermann: Geschichte der Päpste, Econ Verlag GmbH, Düsseldorf und Wien 1985

S. 399
Albrecht Dürer, Sämtliche Holzschnitte, Abb. 128, Tomus Verlag GmbH, München 1976

S. 401, 402, 405, 406, 407, 409, 411, 415, 416
Sämtliche Wappen aus: Troll, Hildebrand: Die Papstweissagung des Heiligen Malachias, Pattloch Verlag 1989

S. 627, 629, 630
Göll, Hermann: Illustrirte Mythologie. Faksimile Edition im F. Englisch Verlag, Wiesbaden 1979

S. 631
Seume, J. G.: Spaziergang nach Syrakus. Bruckmann, München 1962

S. 123, 132, 181, 183, 270, 272, 286, 413, 526, 530, 533, 534, 555, 564, 574, 575, 577, 588, 644, 673, 676, 680
Süddeutscher Verlag Bilderdienst

S. 646, 662, 675
Arens, Detlev: Prag – Eine Bilderreise. Ellert & Richter Verlag, Hamburg 1992

S. 670, 672
Johann, Ernst und Junker, Jörg: Illustrierte deutsche Kulturgeschichte der letzten hundert Jahre. Nymphenburger Verlagshandlung, München 1970

S. 684
Peter Ferstl, Regensburg

Von den Maya in Kürze prophezeite Schicksalswende? Was steht uns bevor?

Ist der 21. Dezember 2012 das Ende der Welt, wie wir sie kennen?

Nach dem Glauben der alten Maya wird unsere Welt am 21. Dezember 2012 enden. Genau um Mitternacht springt ihr Kalender zum ersten Mal in mehr als 5000 Jahren wieder auf null. Dieses »Enddatum« fasziniert die Gelehrten, seit vor etwa 100 Jahren das System der Zeitrechnung der Maya wiederentdeckt wurde.

Am darauffolgenden Tag, dem 22. Dezember 2012, wird die Sonne bei der Wintersonnenwende in einer Ebene mit einem »Sternentor« im Zentrum unserer Galaxis stehen. Da dies nur alle 25 800 Jahre geschieht, ist es das erste Mal seit Beginn der Geschichtsschreibung, daß die Menschheit Zeuge eines solchen Ereignisses wird. Damit stellt sich die offenkundige Frage: Weshalb erfanden die alten Maya, ein Steinzeitvolk, das noch nicht einmal Räder benutzte, von Teleskopen ganz zu schweigen, einen Kalender, der in einem einzigartigen astronomischen Ereignis gipfelt, das für sie Tausende von Jahren in der Zukunft lag? Sie prophezeiten, daß diesem Ereignis eine Reihe von gigantischen Naturkatastrophen vorausgehen werde. Diese Prophezeiungen wirken vor allem auch deshalb so alarmierend, weil die Maya ihren eigenen Untergang im 9. Jahrhundert vor Christus selbst richtig vorausgesagt haben.

gebunden
352 Seiten
zahlreiche Abbildungen
ISBN 978-3-938516-45-4
9,95 EUR

KOPP VERLAG
Pfeiferstraße 52
D - 72108 Rottenburg
Telefon (0 74 72) 98 06-10
Telefax (0 74 72) 98 06-11
Info@kopp-verlag.de
www.kopp-verlag.de

Eines der wichtigsten Bücher über die Ursprünge der Erde und der Menschheit, das jemals geschrieben wurde

Eindrucksvolle Belege für die Existenz eines zusätzlichen Planeten in unserem Sonnensystem: Nibiru – der Heimatplanet der Anunnaki, »jene, die vom Himmel auf die Erde kamen«.

Zecharia Sitchin schildert in diesem Ausnahmewerk die Ursprünge der Menschheit anhand von Erkenntnissen aus der Archäologie, der Mythologie und antiken Texten und dokumentiert außerirdische Einflüsse auf die Erdgeschichte. Er konzentriert sich dabei vorwiegend auf das alte Sumer und enthüllt mit beeindruckender Genauigkeit die vollständige Geschichte unseres Sonnensystems, wie sie von den Besuchern eines anderen Planeten erzählt wurde, der sich alle 3600 Jahre der Erde nähert. *Der zwölfte Planet* ist das kritische Standardwerk über die Astronauten der Antike – wie sie hierher gelangten, wann sie kamen und wie ihre Technologie und Kultur die menschliche Rasse seit Hunderttausenden von Jahren beeinflusst.

»Aufregend ... glaubwürdig ... sehr provokativ und zwingend. *Der zwölfte Planet* präsentiert Nachweise für eine völlig neue Theorie, die einige uralte Fragen beantwortet und einiges an Wellen schlagen wird.«
Library Journal

»Sitchin ist ein eifriger Erforscher der Ursprünge des Menschen. Eine unglaubliche Leistung.«
Kirkus Reviews

gebunden
352 Seiten
zahlreiche Abbildungen
ISBN 3-930219-58-1
9,90 EUR

KOPP VERLAG
Pfeiferstraße 52
72108 Rottenburg
Telefon (0 74 72) 98 06-10
Telefax (0 74 72) 98 06-11
info@kopp-verlag.de
www.kopp-verlag.de

Sensationelle Funde verändern die Welt

Michael Cremos und Richard Thompsons kontroverses Buch *Verbotene Archäologie* versetzt die Wissenschaftsgilde in basses Erstaunen. Es stellt bislang als gesichert geltende archäologische Erkenntnisse praktisch auf den Kopf und zeigt, daß die klassische Archäologie massenweise Fakten über die Entstehungsgeschichte der Menschheit unterdrückt. So liefert *Verbotene Archäologie* reichhaltige Beweise dafür, daß die menschliche Rasse seit Millionen von Jahren existiert.

»*Verbotene Archäologie* ist eine bemerkenswert umfassende Prüfung des wissenschaftlichen Beweismaterials über den Ursprung des Menschen. Das Buch wertet das gesamte Beweismaterial sorgfältig aus, auch das Material, das bisher außer acht gelassen wurde, weil es nicht in die vorherrschenden Paradigmen paßt. Wir alle können von den akribischen Forschungen und Analysen der Autoren viel lernen, egal, welche Schlüsse wir aus ihrer These über das Alter der Menschheit ziehen.«
Dr. Phillip E. Johnson, Universität von Kalifornien, Berkeley

»*Verbotene Archäologie* wurde hauptsächlich für den Laien geschrieben und ermöglicht eine kritische Überprüfung des für die menschliche Entwicklung sachdienlichen Beweismaterials. Darüber hinaus wird das Buch eine wertvolle Quelle für vergessene Literatur sein, die normalerweise nicht leicht zugänglich ist.«
Dr. Siegfried Scherer, Institut für Mikrobiologie, Technische Universität München

gebunden
1056 Seiten
zahlreiche Abbildungen
ISBN 978-3-938516-33-1
29,90 EUR

KOPP VERLAG
Pfeiferstraße 52
D - 72108 Rottenburg
Telefon (0 74 72) 98 06-10
Telefax (0 74 72) 98 06-11
Info@kopp-verlag.de
www.kopp-verlag.de

Bücher, die Ihnen die Augen öffnen

In unserem kostenlosen Gesamtverzeichnis
finden Sie Klassiker, Standardwerke,
preisgünstige Taschenbücher, Sonderausgaben
und aktuelle Neuerscheinungen rund um
die Themengebiete, auf die sich der
KOPP VERLAG spezialisiert hat:

- Verbotene Archäologie
- Fernwahrnehmung
- Kirche auf dem Prüfstand
- Verschwörungstheorien
- Geheimbünde
- Neue Wissenschaften
- Medizin und Selbsthilfe
- Persönliches Wachstum
- Phänomene
- Remote Viewing
- Prophezeiungen
- Zeitgeschichte
- Finanzwelt
- Freie Energie
- Geomantie
- Esoterik
- Ausgewählte Videofilme und anderes mehr

**Ihr kostenloses Gesamtverzeichnis aller
lieferbaren Titel liegt schon für Sie
bereit. Einfach anfordern bei:**

KOPP VERLAG
Pfeiferstraße 52
D-72108 Rottenburg
Tel. (0 74 72) 98 06-0
Fax (0 74 72) 98 06-11
info@kopp-verlag.de
www.kopp-verlag.de